진리의 말씀
지혜의 법문

법구경法句經 풀이

법구존자 찬술 · 오광익 역해

明文堂

남전과 북전의 《법구경》

양은용(원광대학교 명예교수)

「사랑하는 사람도 갖지 말라
미워하는 사람도 갖지 말라.
사랑하는 사람은 만나지 못해 괴로움이요
미워하는 사람은 만나서 괴로움이라.」

이 《법구경》의 시구〔偈頌〕를 고등학교 2학년 때 외웠다. 반
세기도 훌쩍 지난 일이다. 교과서에 실린 민태원 님의 「청춘예
찬」처럼 입을 열면 저절로 읊어졌으니, 일생을 그 가르침에 목
욕해온 셈이다. 나중에 불교학을 전공하면서 지혜로운 법문의
깊이를 실감하게 되었고, 지금도 외우면 거듭 새로운 깨달음으
로 다가온다. 그것은 석존 가르침의 본질인 사성제四聖諦의 여
덟 가지 괴로움〔八苦〕 가운데 「애별리고愛別離苦 원증회고怨憎會

苦」를 드러내고 있지만, 포광(김영수, 1884~1867) 선생님이 절구絶句한 『화엄경』의 「애착을 놓아버리면 뭇 괴로움이 가신다(愛盡衆苦息)。」는데 이르면, 아는 것으로 그치지 않기 때문이다.

일본 유학 중에 구모이 쇼젠〔雲井昭善〕 선생님께 《담마파다 Dhammapada》, 곧 팔리어로 전해지는 남전의 《법구경》 강의를 공부하게 되었다. 북전처럼 운율韻律로 읽지 못하고 산문으로 해석하게 되니 아무래도 맛이 떨어지는 느낌이 들었으나 수록된 법문의 중요성은 충분히 알게 되었다. 수승한 법문들을 가려 엮어 남전과 북전으로 모두 전해진 것이 오랜 세월을 두고 받들리고 애호되어 온 모습이다. 예컨대 심(心, citta)·의(意, manas)·식(識, vijñāna) 등이 싯귀에 따라 깊이나 의미가 달리 설명되고 차서次序가 섞여 있는 것은 법문 한 편 한 편의 소중함을 말해주는 바라 할 것이다.

마침 도반道伴인 궁산(宮山) 오광익(吳光益) 법형이 명문당明文堂 김동구金東求 사장님의 요청으로 이 경전번역을 상의해 와서 게송으로 된 북전의 한역漢譯 《법구경》을 권하였다. 시중에 10여 편의 번역본이 유통하여 보감 삼을 가르침을 전하고 있고, 학자들에 의한 선행연구 업적 또한 상당히 축적되어 있는 것을 익히 알고 있다. 그렇지만 일생을 옥안玉案에 불전佛典을 받들어 심중에 새기면서 경사자집經史子集을 두루 섭섭攝하여 비추어 온 법형이 매일 거듭 새롭게 한시를 지어 주옥같은 1만여 수를 어루만지는 모습을 보면서 그 격조格調로 이 경을 새롭게 풀이해주길 원하게 된 것이다.

「법구法句」란 진리의 말씀이라는 뜻이다. 《법구경》이 편집된 시기는 대개 B.C. 4~3세기로 일컬어지나 여러 곳에서 옛 표현을 간직하고 있다. 남전 팔리어본은 《법구경》이 2본, 《법구비유경》이 4본 전한다. 남전본은 26품 422송으로 이루어져 있다. 26품은 대구對句·불방일不放逸·마음·꽃·어리석은 사람·지혜로운 사람·예배하는 사람·천의 숫자·악·채찍·늙음·자기·세간·부처님·안락·애호·성냄·오염·진리의 삶·도·잡집雜集·지옥·코끼리·욕망·수행승·바라문 등이다.

한역본은 224년 지겸支謙·축장염쓰將焰의 《법구경》 26장 500송을 저본으로 하고, 13품 250송을 보충하고 있다. 그리고 《법구비유경》에서 3분의 2쯤을 채용하는 등으로 해서 오늘날의 39품 752송의 유행본이 이루어진다. 저본으로 한 《대정장大正藏》 권4 수록본은 법구法救존자 찬, 유지난維祇難 등 역으로 나타나 있다. 이 밖에도 티벳역본도 전하며, 한역 《출요경出曜經》 30권과 《법집요송경法集要頌經》 4권 등도 같은 계통이다. 그런데 이 북전은 싯귀로 번역하면서 풍토에 맞는 의역이 있어 남전과 대조하기 어려운 것이 사실이다. 이 한역본의 의역은 동토東土인들에게 맞는 법문의 창조적 표현이라 할 수 있을 것이다.

궁산 법형의 《법구경》 풀이에 당하여 《진리의 말씀, 지혜의 법문〔《법구경》 풀이〕》이라는 책 제목을 권하였다. 원래의 의미를 살려 오늘의 독자들에게 좀 더 가까이 다가설 수 있도록 하기 위해서였다. 새로운 번역을 마치고 주석과 풀이까지 이루었으니, 법형의 정진精進·적공積功에 경의를 표해 마지않는 바이다. 부디 법문의 지혜로 널리 독자들의 삶이 풍요롭게 가꾸어지길 기원한다.

2015년 3월 길일

다시 법문을 받들면서

내 속의 진리가 우주의 진리이요, 우주의 진리가 내 속의 진리이다. 부처님과 조사는 누구보다 먼저 진리를 내 속에서 알아차려 우주로 확대한 것이요, 어리석은 중생은 우주 것을 가져다가 내 좁은 속에다 담으려 한다. 이는 천지현격天地懸隔과 같은 것으로 둥근 구멍을 모난 나무로 막으려는 것이니 어림도 없는 일이다.

《법구경》은 법法의 경전이니 마음으로 받고, 마음으로 읽으며, 마음으로 깨닫고, 마음으로 실행해야 한다. 마음을 잃어버리고, 마음을 도둑맞고, 마음을 묵히고, 마음을 어둡게 해서 경전을 읽는다면 결국 서자서아자아書自書我自我가 되고 만다.

不二於頂點　둘이 아닌 꼭짓점에서
불 이 어 정 점

乃相遇爲一
내 상 우 위 일

이에 서로 만나 하나가 되고

直絶棄其一
직 절 기 기 일

바로 그 하나마저 끊고 버리면

佛法在其中
불 법 재 기 중

불법은 그 가운데 있으니

莫覓遠去窺
막 멱 원 거 규

멀리 가서 엿보아 찾으려 말라

眼前歷歷明
안 전 역 력 명

눈앞에 역력히 밝도다.

喜矣
희 의

아?

佛法之風
불 법 지 풍

불법의 바람이

席卷乾坤
석 권 건 곤

하늘땅을 휩쓸면

瀛中隱蚌
영 중 은 방

바다 가운데 숨은 조개가

口啓吞月
구 계 탄 월

입을 열어 달을 삼키고,

理體之氤
이 체 지 인

이체의 기운이

移動宇宙
이 동 우 주

우주를 움직이면

邃壑枯花
수 학 고 화

깊은 산골 마른 꽃이

胸懷紅日
흉 회 홍 일

가슴에 붉은 해를 안으리라.

2015년 4월 28일

익산 이우실泥藕室에서 오광익 합장

일러두기

1. 이 책의 저본底本은《대정신수대장경大正新修大藏經》
   4권에 수록본인《법구경》2권으로 하였다.

2. 원문과 번역을 병렬並列로 배치하였고, 원문에는 한
   글의 음을 애랫쪽에 달았다.

3. 번역은 의역意譯보다는 축자逐字 번역, 즉 직역直譯에
   가깝도록 하였고 법문다움을 살리기 위해 게송偈頌
   의 마무리를 고어투古語套의 경칭으로 끝맺었다.

4. 독자의 편의를 위해 주석을 달았다.

5. 법문의 뜻을 드러내기 위해 해설을 하였다. 해설에
   는 불전佛典과 함께 사서삼경四書三經, 도교道敎의 경
   전經典, 제자백가諸子百家 등에서 인용하였다.

6. 인거한 책은《 》로, 원문은 " "로, 번역은 ' '로
   표시하였으며 이름에는 되도록 생몰연대를 밝혔다.

7. 거듭 나오는 용어用語 가운데 필요에 따라 해설을
   보충한 경우도 있다.

차례

제 *1*

무상품無常品

1

無常品者 무 상 품 자	무상품이란
寤欲昏亂 오 욕 혼 란	욕심의 혼란을 깨우칠지라도
榮命難保 영 명 난 보	영화와 목숨 보전하기 어렵고
唯道是眞 유 도 시 진	오직 도만 이에 참된 것이니라.

주석註釋

1 無常 : 상주常住하는 것이 없다는 뜻으로, ① '나고 죽으며 흥하고 망
亡하는 것이 덧없음'의 일컬음. ② 모든 것이 늘 변變함. 무상함.

2 昏亂 : ① 마음이 어둡고 어지러움. ② 정신精神이 흐리고 어지러움.

3 榮命 : 영화와 목숨.

4 道 : ① 이치理致. ② 마땅히 지켜야 할 도리道理. ③ 종교宗敎 상으로,
교의敎義에 깊이 통하여 알게 되는 이치, 또는 깊이 깨달은 지경.

| 해의解義 |

　무상품의 취지에 대해 설명하고 있다. 삼독오욕三毒五慾은 수상
지말水上之沫이요, 부귀영화富貴榮華는 초상지풍草上之風이다. 즉 삼
독인 탐貪, 진瞋(눈을 부릅뜨고 성내다), 치癡(집착에서 오는 번뇌)는 물위
의 거품이요, 오욕인 재財, 색色, 식食, 명名, 수睡〔수면 (잠)욕〕는 풀 위
의 바람이다. 이러한 것을 다 누린다 할지라도 시간만 흐르면 허물
어지고 만다. 그러므로 우주나 천지나 세상에 오직 참된 도는 진리
眞理뿐이니, 이 진리를 믿고 따르며 수행을 해야 영원한 수명壽命을
보전하게 된다.

睡眠解寤　잠에서 깨어나면
수 면 해 오

宜歡喜思　마땅히 기쁨으로 생각을 할지니
의 환 희 사

聽我所說　내가 설명하는 바를 듣고
청 아 소 설

撰記佛言　기록된 부처의 말씀을 기억할지니라.
찬 기 불 언

| 주석註釋 |

1 睡眠 : ① 잠. ② 활동을 쉬는 일. ③ 잠을 잠.
2 歡喜 : ① 매우 즐거움. ② 불법佛法을 듣고 믿음을 얻어 느끼는 기쁨.
3 撰 : 지을 찬. ① 짓다. 시문詩文을 짓다. ② 적다. 기록하다.
4 佛言 : 불교의 교리敎理로 삼는 부처의 말.

| 해의解義 |

　잠에서 깨어난다는 것은 살아 있다는 것이니 삶을 기쁘게 엮어가
야 한다. 사람의 진정한 기쁨이라는 것은 말초신경末梢神經을 자극
하여 얻는 기쁨이 아니라 성자들의 금언金言을 많이 듣고 기억해서
행동의 지침을 삼는데 있다. 길에는 험로險路와 안로安路가 있듯이
성자의 가르침을 따르는 것은 편안한 길이요, 따라서 세상을 깨우는
경종警鐘이 된다는 것을 알아 뇌리腦裏에 깊이 새겨두었다가 경계를
당해서 용재用材로 삼아 부처의 삶을 이루어가야 한다.

3

원문原文 · 해역解譯

所行非常　행하는 바는 떳떳한 것 아니니
소 행 비 상

謂興衰法 위 흥 쇠 법	흥하고 쇠하는 법이라 이르네.
夫生輒死 부 생 첩 사	대저 생겨나면 문득 죽는 것이니
此滅爲樂 차 멸 위 락	이런 소멸을 즐거움으로 삼아야 하나니라.

| 주석註釋 |

1 非常 : 일정불변一定不變함이 없는 것. 정상적인 상태가 아닌 일.
2 興衰 : ① 흥함과 쇠함. ② 성쇠盛衰.
3 死 : 죽을 사. ① 죽다. ② 죽음. ③ 죽은 이.
4 樂 : 즐거울 락. ① 즐기다. ② 즐거워하다. ③ 즐겁게 하다. ④ 즐거움.

| 해의解義 |

이 세상에 일정불변一定不變을 이루는 것, 즉 떳떳한 것이란 하나도 없다. 모두가 성盛하면 쇠衰하고, 흥興하면 망亡하며, 나오면 죽어가고, 가면은 오게 되는 등등, 영원한 것은 이 세간 어디에도 없는 것임을 알아서 집착執着이나 애착愛着을 가져서는 안 된다. 그러므로 공부에 뜻을 둔 사람은 이렇게 변역變易되고 생멸生滅을 이루는 그 자체가 진리요 영원한 것임을 알아서 이를 체득體得하고 또 깨우치는 것을 즐거움으로 삼아 정진精進을 해나가야 한다.

4

譬如陶家　비유컨대 옹기 굽는 집에서
비 여 도 가

埏埴作器　찰흙을 이겨 질그릇 만들지만
연 식 작 기

一切要壞　모든 요점은 파괴되는 것이니
일 체 요 괴

人命亦然　사람의 목숨도 또한 그러하나니라.
인 명 역 연

주석註釋

1 陶家 : ① 옹기를 굽는 집. ② 옹기를 만드는 곳, 공장.

2 埏埴 : 도자기陶瓷器의 원료로 쓰는 흙을 개는 일.

3 壞 : 무너질 괴. ① 무너지다. ② 무너뜨리다. ③ 허물어지다. ④ 망가지다.

4 人命 : 사람의 목숨.

해의解義

　사람이 진흙을 이겨서 아름다운 그릇을 만들어 국보급國寶級이 된다 할지라도 결국은 깨어진다. 그릇의 재료 자체가 원래 불완전不完全한 것이기 때문에 산물産物도 마찬가지이다. 설사 이런 그릇이 골동품骨董品이 되어 수만의 값어치가 있어도 언젠가는 무너지는 것이지 장구長久할 수는 없다. 이와 같이 사람의 목숨도 일정기간 지니고 있을 뿐이니 죽지 않는다거나 영활永活할 수는 없는 것임을 알아서 생에 대한 애념愛念이나 착심着心을 갖지 않는 것이 아름다움이 된다.

5

원문原文 · 해역解譯

如河駛流 여 하 사 류	강물이 빨리 흘러서
往而不返 왕 이 불 반	돌아오지 않음과 같으니
人命如是 인 명 여 시	사람 목숨도 이와 같아서
逝者不還 서 자 불 환	가버린 자는 돌아오지 않느니라.

| 주석註釋 |

1 駛 : 달릴 사. ① (말이) 달리다. ② (말이) 빠르다. ③ 신속하다.

2 不返＝不還 : 둘 다 돌아오지 않는다는 뜻.

| 해의解義 |

공자孔子(기원전 551년~기원전 479년)는 유교의 시조始祖. 고대 중국 춘추시대의 정치가 · 사상가 · 교육자가 물 위에 서서 한 말씀이

있다. "자재천상왈자在川上日, '서자여사부逝者如斯夫, 불사주야不舍
畫夜.'"라 하였다. 즉 '가는 것이 이 물과 같구나, 밤낮으로 쉬지 않
는도다."란 뜻이다. 물이 낮은 데로 흐르는 것은 지극히 자연스러운
현상이다. 다만 그 물이 흘러간 뒤에 그 모습대로 다시 돌아오지 않
는다는 것으로, 사람이 가진 목숨도 저 흐르는 물과 같아 죽음을 향
해 달려가는 것이라고 할 수 있다.

6

원문原文 · 해역解譯

譬人操杖 비유컨대 사람이 몽둥이를 잡고
비 인 조 장

行牧食牛 목장으로 가서 소를 잡아먹음이니
행 목 식 우

老死猶然 늙음과 죽음도 오히려 그러하여
노 사 유 연

亦養命去 또한 목숨 길러도 가고 마나니라.
역 양 명 거

| 주석註釋 |

1 操杖 : 몽둥이를 잡다.

2 老死 : 늙어서 죽음.

3 養命 : ① 생명生命을 양생함. ② 목숨을 온전하게 지킴.

원효대사元曉大師(617~686)가 쓴《발심수행장發心修行章》에 "끽
감애양喫甘愛養 차신정괴此身定壞, 착유수호着柔守護 명필유종命
必有終."이라 하였다. 즉 '단 걸 먹이고 사랑하여 기를지라도 이 몸
은 결정코 무너지고, 부드럽게 옷을 입히고 지키며 보호를 해도 명
은 반드시 마침이 있게 된다.'는 뜻이다. 몽둥이로 소를 때리면 소
는 죽는다. 이처럼 우리의 목숨도 때가 이르면 늙게 되고 죽음에까
지 이르게 된다는 사실을 알아서 곱게 늙어가는 연습을 많이 하자.

원문原文 · 해역解譯

千百非一 　하나도 아닌 천이나 백
천 백 비 일

族姓男女 　가족의 남자나 여자가
족 성 남 녀

貯聚財産 　재산을 저축하고 모으지만
저 취 재 산

無不衰喪 　쇠망하여 잃어버리지 않음이 없나니라.
무 불 쇠 상

| 주석註釋 |

1 族姓 : ①겨레붙이와 성씨. ②어떤 종류의 문벌門閥이나 성망聲望을

이르는 말.

2 財産 : ① 개인이나 가정, 단체가 소유하는 재물. ② 경제적 가치가 있
  는 유형, 무형의 온갖 것.

3 喪 : 잃을 상. ① 잃다. ② 잃어버리다.

| 해의解義 |

사람이 이 세상에서 수많은 토지를 장만하고, 고대광실高臺廣室을
지니며, 미맥米麥을 쌓아놓았다 할지라도 하나라도 가지고 갈 수가
없는 것은 죽어서 가는 길이다. 따라서 사람이 살아가는 과정이나
살림살이가 무상無常하다고 아니할 수 없다. 우리는 이런 이치를 빨
리 깨닫고 부처님의 도를 힘써 배우고 또한 진리를 알아가는데 재미
를 붙여 노력해야 한다. 그래야 이런 상황을 조금이라도 극복하고
양력養力하여 자신의 삶을 값지게 엮어갈 수 있다.

生者日夜   산다는 것은 밤과 낮으로
생 자 일 야

命自攻削   목숨을 스스로 공격해 깎음이네.
명 자 공 삭

壽之消盡   목숨이 사라지고 다함은
수 지 소 진

如幣霤水　낙숫물과 같은 것이니라.
여 영 병 수

| 주석註釋 |

1 日夜 : 밤과 낮. 밤낮.
2 消盡 : 아주 사라져 다 없어짐.
3 幣霤水 : 낙숫물.

| 해의解義 |

대범 낮은 밤으로, 밤은 낮으로 돌고 돌아서 끝이 없다. 이러한 가
운데 사람이 세상을 산다는 것 그 자체는 자기의 목숨을 스스로 갉
아먹는 것과 다름이 없다. 세상에 사람이 가진 목숨이란 때가 이르
면 저절로 떠나가게 되어 있다. 그런데 사람들은 세상을 살아가면서
탐욕貪慾을 부리고 명예를 구하며 시기질투猜忌嫉妬를 내고 증애憎
愛하면서 살아가고 있으니 이러한 행위는 낙숫물이 떨어져서 돌을
뚫는 것처럼 결국 스스로 자신의 수명을 소진消盡시키게 된다.

원문原文 · 해역解譯

常者皆盡　떳떳한 것 모두 다 소진해지고
상 자 개 진

高者亦墮 고 자 역 타	높은 것도 또한 떨어지네.
合會有離 합 회 유 리	합하고 만나면 헤어짐이 있으니
生者有死 생 자 유 사	산 사람에게 죽음이 있나니라.

| 주석註釋 |

1 盡 : 다할 진. ① 다하다. ② 없어지다. ③ 죽다.
2 墮 : 떨어질 타. ① 떨어지다. ② 떨어뜨리다.

| 해의解義 |

"회자정리會者定離"라는 말이 있다. 이 말은 만나면 언젠가는 헤어지게 되어 있다는 뜻이다. 사랑하는 사람이든, 미워하는 사람이든 가릴 것 없이 때가 되면 저절로 떠나간다. 즉 인생의 무상無常을 인간의 힘으로는 어찌할 수 없어서 이별의 아픔을 당할 수밖에 없는 글귀라고 할 수 있다. 유상有常한 것은 결국 소멸이 되고, 유형有形한 것은 결국 무형無形으로 돌아가는 것처럼 형상을 가진 우리의 육신은 세상에 나왔으면 죽음에 이르게 되는 것이 당연한 이치라고 할 수 있다.

10

衆生相剋
중 생 상 극
　　　중생은 서로 이기려 해서

以喪其命
이 상 기 명
　　　써 그 목숨을 잃는 것이니

隨行所墮
수 행 소 타
　　　행함을 따라 떨어지게 되어

自受殃福
자 수 앙 복
　　　저절로 재앙과 복을 받나니라.

| 주석註釋 |

1 衆生 : ① 많은 사람들. ② 모든 사람과 동물을 통틀어 이르는 말. 제유
諸有. 회생懷生.

2 相剋 : ① 민속民俗의 오행설五行說에서, 금金은 목木을, 목木은 토土를,
토土는 수水를, 수水는 화火를, 화火는 금金을 이김을 일컫는 말. ② 둘
사이가 서로 화합和合하지 못하고 늘 충돌衝突함을 이르는 말.

3 殃福=禍福 : 재앙과 복.

| 해의解義 |

　세상은 뭇 생령이 함께 살아가는 공동의 장場이다. 이러한 장에서
서로 화합을 이루지 못하고 어긋나거나 속이거나 해치려 한다면 잘
살아갈 수가 없다. 이런 상황이 반복되다 보면 끝내 목숨까지 잃어버
리게 된다. 이에 우리의 행동 하나하나에는 반드시 죄과罪過가 따르

고 또한 복락福樂이 따르게 되어 있다. 죄과나 복락은 결국 남에게 미루지 못하고 스스로 받게 되는 것이니 길이 죄를 멀리하고 복을 받으려거든 심행心行을 깨끗하고 바르며 참되게 해야 한다.

老見苦痛
노 견 고 통   늙으면 고통을 당하고

死則意去
사 즉 의 거   죽으면 뜻(마음)도 사라지건만

樂家縛獄
낙 가 박 옥   즐거운 집이 감옥처럼 얽어매도

貪世不斷
탐 세 부 단   세상의 탐욕을 끊지 아니 하나니라.

| 주석註釋 |

1 苦痛 : 몸이나 마음의 괴로움과 아픔.

2 家=家庭 : ① 한 가족으로서의 집안. ② 부부夫婦를 중심으로 혈연血緣
관계자가 모여 사는 사회의 가장 작은 집단.

3 縛獄 : 결박을 당하여 감옥에 간히는 것을 말한다.

4 貪=貪慾 : ① 사물을 지나치게 탐하는 욕심. ② 삼구三垢의 하나, 또는
삼독三毒의 하나.

5 不斷 : ① 계속 잇달아 끊임이 없음. ② 결단력決斷力이 없음.

　늙음의 고통이나 병듦의 고통을 괘념掛念할 것은 없다. 죽음에 비한다면 그래도 견딜만한 고통으로 받아들여야 한다. 그래서 죽는 것이 가장 큰 괴로움이 되는 것임을 알아야 한다. 사람이 죽어버리면 마음도 사라지고 의욕도 잃어버리게 된다. 가정을 두고 이르는 말에 "처수자옥妻囚子獄"이라 한다. '아내는 가두고 자식은 감옥監獄(獄卒)이다.'는 뜻이다. 즐겁고 아름다운 가정이지만 공부하는 데는 방해가 될 수도 있다. 또한 세상도 욕심을 버리거나 끊지 못한다면 뇌옥牢獄 아님이 없다.

원문原文 · 해역解譯

咄嗟老至 잠깐 사이에 늙음에 이르면
돌 차 노 지

色變作耄 얼굴빛이 변해 늙은이가 되네.
색 변 작 모

少時如意 젊은 시절은 뜻과 같이 되지만
소 시 여 의

老見蹈藉 늙으면 짓밟힘을 당하나니라.
노 견 도 자

1 咄嗟 : ① 눈 깜짝할 사이. ② 혀를 차며 애석愛惜히 여김.

2 耄 : 늙은이 모. 늙은이. 늙어 빠지다. 혼몽하다. 늙다.

3 如意 : 일이 뜻대로 됨.

4 見 : 볼 견, 뵈일 현. ① 보다. ② 뵈다. ③ 당하다.

5 蹈藉 : 짓밟는다는 뜻. 짓밟힌다.

| 해의解義 |

　사실 늙는다는 것이 긴 것 같지만 눈을 깜박거리는 사이에 있고 숨을 한번 쉬는 사이에 있다. 어찌어찌 살다가 어느 날 거울을 보고 스스로 놀랄 때가 있다. 얼굴에는 주름이 깊게 파이고 머리는 눈이라도 온 것처럼 희며, 안개 낀 듯 눈도 침침하고, 귀도 콩알이라도 박힌 듯 잘 들리지 않는다. 이렇게 되면 무시를 당하거나 소외를 당하기가 쉬운 것이니 작은 능력이라도 가지고 있을 때 선행을 베풀고 도를 닦아 안분安分하고 안락安樂을 미리 준비해야 늙어서 외롭지 않게 된다.

원문原文 · 해역解譯

雖壽百歲　　비록 백 살을 장수해도
수　수　백　세

亦死過去　또한 죽으면 과거가 되네.
역 사 과 거

爲老所厭　늙어지면 사람들이 싫어하고
위 노 소 염

病條至際　병이 여럿으로 이르게 되나니라.
병 조 지 제

| 주석註釋 |

1 百歲 : ① 백 년. ② 백 살.
2 過去 : ① 지나간 때. ② 현재에 앞선 때. ③ 지난 적. ④ 삼세三世의 하
　나로 출생하기 전前. 전생前生. 전세前世.
3 厭 : 싫어할 염. ① 싫어하다. ② 물리다.

| 해의解義 |

　동방삭東方朔은 중국 한漢나라 무제武帝 때의 사람이다. 속설에
의하면, 서왕모西王母의 복숭아를 훔쳐 먹어서 죽지 않고 장수長壽를
하여 삼천三千의 갑자甲子를 살았다고 한다. 그러나 결국 그도 죽었
다. 죽으면 과거가 된다. 사람이 살아 있어야 현재이다. 사람이 늙고
병들면 다른 사람들이 싫어한다. 그러면 자연 추루醜陋해지고 아둔
해져서 붙여주려고 하지 않는다. 이렇게 되지 말자. 그러려면 부처
님의 가르침을 믿고 따르며 수행해서 진리를 증득證得해야 한다.

14

是日已過
시 일 이 과   오늘 하루 이미 지나가면

命則隨滅
명 즉 수 멸   목숨도 따라서 줄어들게 되어

如少水魚
여 소 수 어   적은 물에 물고기 같은 것이니

斯有何樂
사 유 하 락   이에 무슨 즐거움이 있겠는가?

| 주석註釋 |

1 水魚 : 물속의 물고기.

| 해의解義 |

비가 오면 웅덩이에 물이 고인다. 그러면 개구리들이 자연 모여들어 알을 낳는다. 얼마의 시간이 흐르면 부화되어 올챙이가 된다. 그러다가 날이 개어 웅덩이에 물이 줄어든다. 올챙이는 곧 죽게 될 것도 모르고 꼬리를 흔들면서 즐거워한다. 작은 물속에 꼬리를 흔들며 유영遊泳하는 고기도 마찬가지이다. 곧 물이 잦아들 텐데 역시 모르고 즐긴다. 우리가 시간이라는 괴귀怪鬼를 생각한다면, 어찌 편안하며 즐거워만 하겠는가? 그러니 부처님 공부 부지런히 하여 늙음에 이르러 후회後悔함이 없도록 해야 한다.

15

老則色衰
노 즉 색 쇠
늙으면 얼굴빛이 쇠퇴하고

所病自壞
소 병 자 괴
병들면 저절로 무너져서

形敗腐朽
형 패 부 후
형체가 부서지고 썩게 되니

命終自然
명 종 자 연
목숨도 마침내 저절로 그러하니라.

| 주석註釋 |

1 自壞 : ① 저절로 무너짐. ② 내부에서 자연적으로 붕괴함.

2 腐朽 : (목재 · 금속 등이) 썩어 문드러짐. 노후.

3 自然 : ① 저절로 그렇게 되는 모양. 사람의 힘을 더하지 않는 천연天
然 그대로의 상태. ② 조화調和의 힘에 의하여 이루어진 일체의 것.

| 해의解義 |

사람이 늙으면 신체가 다 늙는다. 얼굴도 늙고 몸도 늙으며, 행동
도 늙고 일처리도 늙는다. 여기에 병이 들게 되면 하나하나 무너져
가서 회복될 기약이 없고 형체도 또한 알아볼 수 없도록 썩어가는
것이다. 시간을 다툴 필요가 없이 순식간에 이루어진다. 이러면 명
도 마치게 되는데, 이것이 자연에 의한 자연의 조화調和임을 알아야
편안할 수 있다. 그러나 뭐니 뭐니 해도 부처님의 법에 몸과 마음을

맡겨서 수행을 부지런히 하여 가르친 진리를 깨우치는 것이 무병장수無病長壽의 큰 방도方途이다.

是身何用
시 신 하 용
이 몸을 어디에다 쓸 것인가?

恒漏臭處
항 루 취 처
항상 악취가 새어 나오는 곳으로

爲病所困
위 병 소 곤
병들고 피곤한 바가 되어서

有老死患
유 노 사 환
늙고 죽는 근심이 있을 뿐이니라.

| 주석註釋 |

1 漏 : 샐 루. ① 새다. ② 틈이 나다. ③ 〈불교〉 사물을 따라 마음에 생기는 번뇌. 눈, 귀 따위의 육근六根으로부터 새어 나와 그치지 않는 것이라는 뜻이다.

2 臭 : 냄새 취. ① 냄새. ② 지독하게. ③ 썩다.

3 老死 : ① 늙음과 죽음. ② 늙어서 죽음.

| 해의解義 |

"구류중생九類衆生"에서 사람의 몸을 받기가 어렵다. 사람이 인신人身을 받아야 부처님 공부도 하고, 부처님 사업도 하며, 중생도 건지고 세상에 평화도 실현한다. 몸이 없는 귀신이나 "이매망량魑魅魍魎〔(사람을 해치는) 온갖 도깨비나 귀신〕"으로는 이루기가 어렵다. 그러므로 몸이 늙고 병들고 냄새나고 썩는다고 치부恥部하지 말자. 그리고 집착執着을 하거나 탐욕貪慾을 부리거나 죄업罪業을 짓는데 사용하지 말고 불법佛法을 배우고 익히는데 활용한다면 이보다 더 귀중함이 없고 소중함이 없는 것임을 알아야 한다.

17

원문原文 · 해역解譯

嗜欲自恣　욕심 즐겨 스스로 방자하면
기 욕 자 자

非法是增　법 아님이 이에 더해지네.
비 법 시 증

不見聞變　변화를 보거나 듣지 못하니
불 견 문 변

壽命無常　수명이란 덧없음이니라.
수 명 무 상

1 嗜欲 : ① 즐기고 좋아함, 또 그 마음. ② (청각 · 시각 · 미각 · 후각 등
  에서의) 향락적인 욕구.

2 自恣 : 자기 마음대로 함. 제멋대로임.

3 非法 : ① 불법佛法이 아님. ② 법이나 도리道理에 어긋남.

4 見聞 : 듣거나 보거나 하여 깨달아 얻은 지식.

5 壽命 : ① 생물이 살아 있는 연한. 생명의 생존기간. 타고난 목숨. ②
  사물이 제 기능을 유지하여 사용될 수 있는 기간.

6 無常 : 상주常住하는 것이 없다는 뜻으로, ① '나고 죽으며 흥하고 망亡
  하는 것이 덧없음' 을 일컬음. ② 모든 것이 늘 변함.

| 해의解義 |

　인간이 세상에 나와서 산다는 것이 무엇인가? 재물을 가지고(財),
부부간에 화합하며(色), 일상의 삶에 구애됨이 없고(食), 남에게 기림
을 받으며(名), 구경과 쉼을 적당하게(睡) 누린다면 이것이 사람이 살
아가는 평상의 방도方途라고 할 수 있다. 여기에 욕심을 부리거나
축적蓄積하려 하지 말자. 반면에 여건이 되면 베풀면서 살아가자.
아울러 도리道理가 아니거나 정의正義가 아니면 단호하게 끊어야 한
다. 사람의 수명은 덧없는 것으로 앞을 가늠하기가 어려운 것이니
목숨이 있을 때 준비하면서 살아야 한다.

원문原文 · 해역解譯

非有子恃
비 유 자 시
아들이 있다 믿지 말고

亦非父兄
역 비 부 형
또 아버지 형 있음도 믿지 아니할지니

爲死所迫
위 사 소 박
죽음이 다가오게 되면

無親可怙
무 친 가 호
친근함도 믿을 것이 못 되나니라.

| 주석註釋 |

1 父兄 : 아버지와 형.
2 迫 : 핍박할 박. ① 가까이하다. ② 닥치다. ③ 핍박하다.
3 怙 : 믿을 호. ① 믿다. ② 의지하다.

| 해의解義 |

부설거사浮雪居士(본명은 진광세陳光世, 법명은 부설浮雪. 출생지는 신라 수도 경주 성내)의 사부시四浮詩 중 한 수에 "처자권속삼여죽妻子眷屬森如竹 금은옥백적사구金銀玉帛積似丘, 임종독자고혼서臨終獨自孤魂逝 사량야시허부부思量也是虛浮浮."라 하였다. 이는 '처자와 권속들이 삼대와 같고 금은 비단이 언덕처럼 쌓였어도, 임종에는 홀로 스스로 고혼이 되어 가나니 생각하면 이에 허망함이어라.'는 뜻이다. 죽음의 길을 가는데 아무리 친근해도 동행同行을 할 수는 없다.

19

晝夜慢惰 _{주 야 만 타}	밤과 낮으로 게으르고
老不止婬 _{노 부 지 음}	늙어도 음란을 그치지 않으며
有財不施 _{유 재 불 시}	재산이 있어도 베풀지 않고
不受佛言 _{불 수 불 언}	부처님의 말씀을 받지 않으니
有此四弊 _{유 차 사 폐}	이 네 가지 폐단이 있으면
爲自侵欺 _{위 자 침 기}	저절로 속임이 침노하나니라.

| 주석註釋 |

1 慢惰 : 거만하고 게으른 것.
2 婬 : 음탕할 음. ① 음탕하다. ② 음란하다.
3 侵 : 침노할 침. 차츰. 조금씩.
4 欺 : 속일 기. ① 속이다. ② 어슴푸레하다. ③ 분명하지 않다.

| 해의解義 |

부처님은 사람으로서 이 세상을 살아가는 길에 네 가지를 삼가라고 가르침을 편다. 밤낮으로 게으름피워서 일하지 않는 것, 나이가 들어서까지 음란한 행실을 그만두지 않는 것, 재산이 많이 있으면서

도 어려운 사람을 구제하지 않는 것, 부처님의 올바른 가르침을 신봉하지 않는 것을 들어서 말씀을 한다. 사람이 이 네 가지의 폐단을 스스로 끊지 아니하면 자신도 모르는 사이에 차츰차츰 속임으로 빠져들게 되어 사람 노릇을 하지 못하고 생을 마감하게 될 것이니 슬픈 일이 아닐 수 없다.

원문原文 · 해역解譯

非空非海中
비 공 비 해 중
허공도 아니고 바닷속도 아니며

非入山石間
비 입 산 석 간
산이나 돌 사이에 듦도 아니네.

無有地方所
무 유 지 방 소
땅 위의 방소〔방위(方位)〕는

脫之不受死
탈 지 불 수 사
벗어나거나 죽음을 받지 아니함이 없나니라.

| 주석註釋 |

1 海中 : 바닷속. 바다 가운데.
2 山石 : ① 산에 있는 돌. ② 능에서 산신제를 지낼 때에 쓰는 돌.
3 方所 : 공간의 어떤 점이나 방향이 한 기준의 방향에 대하여 나타내는 어떠한 쪽의 위치.

4 脫 : 벗을 탈. ① 벗다. ② 벗어나다. ③ 벗기다.

| 해의解義 |

사람이 세상을 살면서 가장 두려운 것이 죽음이다. 이는 누구도 경험이 되지 않은 것으로 불투명不透明하기 때문이다. 그리하여 허공에 올라가고 바닷속에 숨어들며 산골이나 돌 틈에 들어가서 피하고자 할지라도 소용이 없다. 즉 이 지상에는 형체를 가지고 나타난 생물生物은 반드시 죽음이라는 것을 맞게 된다. 이런 상황을 아주 사라져 없어지는 것이라고 보지 말고 일시적으로 숨는 것이라고 생각을 한다면 안위安慰를 얻을 수 있고 미래의 희구希求를 가질 수 있다.

21

원문原文 · 해역解譯

是務是吾作
시 무 시 오 작
이 일은 이에 내가 지어서

當作令致是
당 작 영 치 시
응당 지은 이것을 이루려 하네.

人爲此躁擾
인 위 차 조 요
사람들은 이런 소란을 피우면서

履踐老死憂
이 천 노 사 우
늙고 죽는 근심을 밟아 가나니라.

| 주석註釋 |

1 務 : 힘쓸 무. 여기서는 일로 풀었음.

2 躁擾 : 시끄럽게 떠들어대는 것.

3 履踐 : 약속이나 계약 등을 실행함, 또는 이행履行함.

4 老死 : ① 늙어서 죽음. ② 늙음과 죽음.

| 해의解義 |

사람이 이 세상을 살면서 온갖 것을 짓고 만들며, 또 부수고 없애는 것을 반복하며 살아가고 있다. 특히 자신이 어떤 계획을 세우고 그것을 성공시키기 위하여 모든 노력을 경주하는 그 자체가 표현할 수 없는 요란함이요 고통이다. 이러한 가운데 자기도 모르는 사이에 몸은 늙어가고 죽음은 눈앞에 다가오고 있다. 이런 경우를 당하여 정신을 차리려 하지만 이미 때는 늦은 것이니, 우리는 평소에 부처님의 가르침을 따라서 늙고 죽음을 벗어버리는 공부를 열심히 해야 한다.

22

원문原文 · 해역解譯

知此能自淨 이를 알아 능히 스스로 맑게 할지니
지 차 능 자 정

如是見生盡 이와 같아야 삶의 극치를 본다네.
여 시 견 생 진

比丘厭魔兵　비구는 악마의 병정을 싫어해서
비 구 염 마 병

從生死得度　생사로 좇아 제도를 얻을지니라.
종 생 사 득 도

| 주석註釋 |

1 盡 : 다할 진. ① 다하다. ② 완수하다. ③ 극치極致에 달하다. ④ 최고
에 달하다.

2 比丘 : 출가하여 불문佛門에 들어 구족계具足戒를 받은 남승男僧.

3 魔兵 : ① 불도를 방해하는 일체의 사악邪惡한 무리. ② 악마의 군대. 부
처가 성도成道할 때에 방해를 부렸던 마왕魔王과 그 졸개들을 말한다.

4 得度 : ① 불교 신자가 되어 부처의 제도濟度를 얻음. ② 미혹의 세계,
생사의 고해를 벗어나 깨달음의 세계, 열반의 세계로 들어가는 것.

| 해의解義 |

　이것을 안다는 것은, 곧 "마음"을 안다는 의미이다. 사람이 마음
을 알아야 스스로 자기의 마음을 맑게 할 수 있다. 마음이 맑아져야
자신의 삶이 완수되고 또한 최고의 극치에 달할 수 있다. 비구比丘
는 부처님의 법을 받들어 실행하는 제자로 마군의 졸개들을 싫어하
고 멀리해야 한다. 마군은 항상 수행자들에게 방해妨害가 되는 것으
로 도를 이루지 못하게 한다. 따라서 삶과 죽음은 있게 하는 것이니,
이 생사 가운데서 생사를 벗어나는 득도得度의 길을 찾아야 윤회輪
回를 면할 수 있다.

제2

교학품敎學品

1

원문原文 · 해역解譯

敎學品者 교 학 품 자	교학품이란
導以所行 도 이 소 행	행하는 바로써 인도하는 것이니
釋己愚闇 석 기 우 암	나의 어리석고 어두움을 깨우쳐서
得見道明 득 견 도 명	불도의 밝음을 얻어 보도록 함이니라.

| 주석註釋 |

1 敎學 : ① 불교에서는 선학禪學에 대비되는 개념을 교학이라 함. ② 교
    육敎育과 학문學問. ③ 가르치는 일과 배우는 일.

2 釋 : 풀 석. ① 풀다. ② 설명하다. ③ 풀리다. 깨닫다.

3 愚闇 : 어리석어 도리에 어두움.

교학품의 취지에 대해 설명하고 있다. 소나 말을 길들이지 아니하면 다 자라서도 제멋대로 뛰어서 어거駁車하기가 어렵다. 그러나 길을 잘 들여놓으면 사람들이 이롭게 부려 쓸 수 있다. 이와 마찬가지로 우리들의 심행心行을 부처님 법으로 길을 잘 들여놓으면 어리석거나 어둡지 아니하고 밝게 불도佛道를 보고 깨우쳐 얻을 수 있다. 천지의 어두움은 해가 뜨면 가셔지고 인간 세상의 어두움은 부처님의 법에 의해서 밝아지는 것이니 어서 빨리 불도에 나아가야 한다.

원문原文 · 해역解譯

咄哉何爲寐 돌 재 하 위 매	놀랍도다! 무엇 때문에 잠자는고?
蝎螺蜂蠹類 옹 나 봉 두 류	벌과 소라와 조개와 좀까지도
隱弊以不淨 은 폐 이 부 정	깨끗하지 못함으로써 숨고 가리는데
迷惑計爲身 미 혹 계 위 신	미혹으로 몸을 위한 도모를 하누나.

1 咄 : 꾸짖을 돌. ① 꾸짖다. ② 시끄럽다. ③ 놀라 지르는 소리.

2 寐 : 잘 매. ① (잠을) 자다. ② 아무 소리 없이 적적하다.

3 蝛 : 나나니벌 옹.

4 螺 : 소라 나.

5 蜂 : 벌 봉.

6 蠹 : 좀 두.

7 不淨 : ① 조촐하거나 깨끗하지 못함. 더러움. ② (꺼리고 피해야 할 때) 사람이 죽거나 아이를 낳는 일이 생김. ③ 무당굿의 첫 거리.

8 迷惑 : 마음이 흐려서 무엇에 홀림.

9 計 : 셀 계. ① 세다. ② 셈하다, 계산하다. ③ 도모하다. ④ 헤아리다.

| 해의解義 |

저 미물이라고 하는 나나니벌이나 소라, 또한 일반의 벌이나 좀까지도 놀랍도록 깊이 숨어서 들키지 않으려고 잠자는 듯 죽은 체한다. 만일 들키면 새나 짐승의 먹이가 되거나 사람에게 잡힘을 당한다. 그런데 사람들은 어떤가? 마음이 흐리고 홀린 미혹迷惑으로 자신이 살아가는 계획을 세우니 온전한 삶을 영위하기가 어렵다. 서산대사西山大師(1520-1604)는 "만국도성여의질萬國都城如蟻蛭, 천가호걸약혜계千家豪傑若醯鷄." 즉 '만국의 도성은 개미굴과 같고 천가의 호걸은 초병의 벌레와 같아라.' 고 하였다.

3

焉有被斫創　어찌 찍혀서 상처를 입음이 있으랴!
언 유 피 작 창

心如嬰疾痛　마음은 병에 아픔이 더한 것 같네.
심 여 영 질 통

遘于衆厄難　뭇 재액과 어려움을 만날지라도
구 우 중 액 난

而反爲用眠　도리어 잠자듯이 행할 지니라.
이 반 위 용 면

| 주석註釋 |

1 斫 : 벨 작. ① 베다. ② 자르다.
2 創 : 다칠 창. ① 다치다. ② 상傷하다.
3 嬰 : 어린아이 영. 더할 영.
4 疾痛 : 병으로 인因한 아픔.
5 厄難=災難 : 뜻밖에 일어나는 불행不幸한 일.

| 해의解義 |

　사람이 세상을 살아가다 보면 의도意圖를 하였던, 아니하였던 간에 어떤 상황에 의하여 찍히고 베어지는 상처를 입게 마련이다. 이렇게 되면 몸도 아픈 것이지만 마음은 정말로 아픔이 가중加重하게 된다. 그런데 어리석은 사람은 뜻하지 않은 액운厄運과 간난艱難을 만날 때까지도 태평한 것처럼 놀고 먹고 마신다. 그리하여 어려움을 이겨낼

방도를 찾지 못하고 허풍대니 가련可憐하기 이를 데 없다. 그러므로 자신에게로 눈을 돌려 심사深思하고 반성하여 고액苦厄에 들어가지 않도록 해야 한다.

思而不放逸
사 이 부 방 일
생각건대 방탕하거나 안일하지 않고

爲仁學仁迹
위 인 학 인 적
어짊을 위해 어진 자취를 배운다면

從是無有憂
종 시 무 유 우
이를 좇아 근심이 있을 수 없는 것이니

常念自滅意
상 념 자 멸 의
항상 생각에 자기의 사욕을 없앨지니라.

| 주석註釋 |

1 放逸 : 제멋대로 난봉이나 부리고 함부로 놂.

2 仁 : 어질 인. 어질다. 자애롭다. 인자하다.

3 滅 : 멸할 멸. ① 멸하다. ② 멸망하다. ③ 없어지다. ④ 다하다.

4 意 : 뜻 의. ① 뜻. 의미. ② 생각. ③ 사사로운 마음. 사욕私慾.

생각해보면, 사람으로서 제멋대로 난봉이나 부리고 함부로 노는 것은 인생의 길에 해는 될지언정 이익은 되지 않는다. 사람은 어질어야 한다. 자비가 있어야 하고 은혜가 넘쳐야 한다. 그리고 어짊(자비, 은혜, 사랑)에 대한 말만을 앞세울 것이 아니라 학습으로 익숙해지면 이에 따라 모든 근심은 저절로 없어지게 된다. 자신의 사사로운 마음, 곧 사욕私慾을 털어내고 소멸시키게 되면 안에서 일어나는 밝고 맑은 자기의 본모습을 알고 깨닫게 된다.

5

正見學務增
정 견 학 무 증
정견을 배우고 힘써서 더하면

是爲世間明
시 위 세 간 명
이것이 세상의 밝음이 될 것이니

所生福千倍
소 생 복 천 배
생겨나는 바 복은 천 배가 되어져서

終不墮惡道
종 불 타 악 도
마침내 악의 길로 떨어지지 않나니라.

| 주석註釋 |

1 正見 : 팔정도八正道의 하나. 사제四諦의 이치를 알고 제법諸法의 진상

眞相을 바르게 판단하는 지혜.

2 世間 : ① 세상. ② 유정有情의 중생衆生이 서로 의지하며 살아가는 세상.

3 福 : 복 복. 행복幸福.

4 惡道 : 나쁜 길. 악업惡業을 지어서 죽은 뒤에 나는 고통의 세계. 지옥地獄, 아귀餓鬼, 축생畜生, 수라修羅의 네 가지.

| 해의解義 |

　사람이 세상을 살면서 정견正見을 가져야 한다. 정견이라는 것은 부처님이 말씀한 사제四諦, 곧 고苦와 집集과 멸滅과 도道를 통관通觀하는 것이니, 이 이치를 앎과 동시에 제법諸法의 진상眞相을 바르게 판단하는 지혜智慧를 말한다. 이런 지혜라야 세간의 사마악취邪魔惡趣나 삼독오욕三毒五慾이 밝혀져서 저절로 중생의 복락이 천 배 만 배가 되어진다. 이렇게 되면 자연 악도가 멀어지고 그 문도 줄어들어서 들어가는 자가 없어 평화로운 극락極樂이 펼쳐진다.

6

원문原文 · 해역解譯 |

莫學小道　작은 도를 배워서
막 학 소 도

以信邪見　써 간사한 견해를 믿지 말고
이 신 사 견

莫習放蕩
막 습 방 탕　　방탕함을 익혀서

令增欲意
영 증 욕 의　　욕심의 사사를 더하지 말지니라.

1 小道 : ① 가치가 없는 실천 법. ② 불교 이외의 작은 길. ③ 작은 도의 道義.

2 邪見 : ① 올바르지 못하고 예사스러운 의견. 부정不正한 견해. ② 오견五見, 십혹十惑의 하나. 인간의 도리를 무시하는 망견妄見.

3 放蕩 : ① 주색잡기酒色雜技에 빠져서 행실이 좋지 못한 것. ② (마음이) 들떠 걷잡을 수 없는 것.

4 意 : 사사邪私로움.

| 해의解義 |

　작은 도나 삿된 견해見解를 배우고 믿어서는 안 된다. 또한 좁은 가르침이나 사사롭게 신인信人을 주장하는 집단에 들어가서도 안 된다. 이러한 교파나 집단은 혹세무민惑世誣民[세상 사람을 속여 미혹하게 하고 세상을 어지럽힘.]하고 기인취재欺人聚財[남을 속여 재산을 모으다.(축척하다)]를 한다. 즉 세상을 어지럽히고 백성을 속이며, 사람을 속이고 재물을 모으는 일에 혈안血眼이 되어 정당한 도리를 가르치거나 행하지 않는다. 만일 이런데 들어가게 되면 자연 방탕해지고 욕심이 치성熾盛해져서 인생의 대도大道를 밟지 못하여 결국 타락墮落의 길을 가게 된다.

7

善修法行　불법을 잘 닦고 수행하여
선 수 법 행

學誦莫犯　배우고 외워 잘못됨을 범하지 말지니
학 송 막 범

行道無憂　도를 행하면 근심이 없어서
행 도 무 우

世世常安　평생 동안 항상 안락하나니라.
세 세 상 안

| 주석註釋 |

1 修法 : ① 수도修道하는 방법. ② 밀교密敎에서 국가나 개인을 위하여
단壇을 설치하고 본존本尊을 안치하여 공양을 올리고 진언眞言을 외워
손에 인印을 맺고 마음에 불보살을 생각하며 법을 닦는 일.

2 行道 : ① 도를 닦음. ② 여러 승려가 경을 읽으면서 거닐거나 불상의
둘레를 도는 일.

3 無憂 : 아무 근심이 없음.

4 世世=代代 : 거듭된 세대世代.

| 해의解義 |

　부처님의 법을 받들고 가르침에 순응하여 부지런히 닦아나가야
앞길이 열리고 마장魔障이 사라지게 된다. 늘 배우고 외우며 함께하
는 일상이 되어 계율戒律에 어긋나는 행위를 하지 말고 범하지도 않

아야 불보살의 가피加被를 받게 된다. 도를 행하자는 것은 결국 근심과 걱정이 없고 고뇌苦惱와 망상妄想이 사라진 안락安樂을 누리자는 것으로 신수信修의 기준을 세워 나아가야 한다. 그러하면 금생뿐만 아니라 영생영겁을 통하여 기쁘고 즐거운 생활을 누리게 된다.

원문原文·해역解譯

懲學攝身 민 학 섭 신	총명하게 배우고 몸을 다스려
常愼思言 상 신 사 언	항상 삼가 생각하고 말한다면
是到不死 시 도 불 사	이는 죽지 않음에 이르리니
行滅得安 행 멸 득 안	악행이 소멸되어 편안을 얻나니라.

| 주석註釋 |

1 懲 : 총명할 민. 총명하다.

2 攝 : 다스릴 섭, 잡을 섭.

3 不死 : ① 죽지 아니함. ② 속인俗으로서 염불念佛을 공부하다가 죽은 사람의 혼령魂靈을 무당이 이르는 말. ③ 육체는 비록 죽은 후라도 혼魂은 살아 있다는 생각.

4 行 : 주로 악행惡行을 말함.

| 해의解義 |

"총명하게 배운다."는 것은 지혜를 갖추는 길이요, "몸을 다스린
다."는 것은 계행戒行을 잘 지켜가는 길이 된다. 공부하는 사람이 안
으로 지혜를 밝게 갈무리고 밖으로 행동이 방정方正하게 되면 생각
이나 말은 자연 삼가고 조심하게 된다. 이렇게 되면 몸은 비록 죽었
다 할지라도 정신(마음)은 살아 있는 것과 같아서 불사不死가 된다.
따라서 악한 행동도 점차 소멸하게 되는 것이니, 이러한 사람은 안
락安樂이 그 가운데서 저절로 얻어진다.

원문原文 · 해역解譯

非務勿學　힘쓰지 않으면서 배우려고만 말고
비 무 물 학

是務宜行　이에 힘써서 마땅히 행할지니
시 무 의 행

已知可念　이미 가히 외워야 할 것임을 안다면
이 지 가 념

則漏得滅　곧 고민거리가 없어짐을 얻나니라.
즉 루 득 멸

1 念 : 생각 념. 외우다. 읊다. 암송暗誦하다. 기억記憶하다.

2 漏 : 샐 루. ① 번뇌煩惱. ② 새다.

3 滅=滅度 : ① 모든 번뇌煩惱의 속박에서 벗어나고, 진리眞理를 깨달아 불생불멸不生不滅의 법을 체득한 경지. 불교의 최고 이상. ② 승려僧侶 가 죽음.

| 해의解義 |

세상에는 꼭 배워야 할 것이 있고 안 배워도 되는 것이 있다. 예를 들면, 도둑질하는 방법이나 기만欺瞞하는 방법은 안 배워도 되는 것이지만, 부처님의 가르침이나 바른 법은 누구든지 어떤 처지에 있든지 가릴 것 없이 꼭 배우고 익혀야 한다. 이렇게 불법佛法을 배우고 익히며 외워놓으면 마음속에 성석成石이 되어 행동을 하는데 자연 정로正路가 제시되는 것이므로 소홀해서는 안 된다. 이러하면 자연 번뇌煩惱가 사라져서 멸도滅度의 최고 경지를 체득할 수 있게 된다.

10

見法利身   법을 보고 몸에 이로운 것이라 여기면
견 법 이 신

夫到善方　그것이 좋은 방법에 이르는 것이요,
부 도 선 방

知利健行　이익 됨을 알고 행실을 건전하게 하면
지 리 건 행

是謂賢明　이것을 현명하다고 이르나니라.
시 위 현 명

| 주석註釋 |

1 見法 : 진실한 마음으로 실상實相을 자세히 관찰하여 그 참된 뜻을 통
  달하는 것.
2 善方 : 올바른 방법.
3 健行 : ① 씩씩하고 힘 있게 걸음. ② 일을 건전하고 힘 있게 밀고 나
  감.
4 賢明 : 어질고 슬기로워 사리에 밝음.

| 해의解義 |

　보통 사람들은 몸에 이롭다면 별것이라도 먹으려 하고 아무것이
라도 입으려 한다. 그러나 참으로 몸과 마음에 이롭고 도움이 되는
것은 부처님의 가르침이요 정법正法이다. 이 정법이라야 열반涅槃을
얻을 수 있고 깨달음을 이룰 수가 있기 때문이다. 또한 이익이 우리
의 행동을 바르게 하는데 길잡이가 된다고 할 때 진력盡力하여 행해
야 한다. 이렇게 해야 현명賢明한 사람이 될 수 있다. 세상에 부처님
의 가르침을 봉지奉持하는 사람보다 더 현명하고 자비로운 사람은
없다.

11

起覺義者
기 각 의 자
깨달음 일으킴이 옳은 자는

學滅以固
학 멸 이 고
멸도를 배워 써 진실해지네.

著滅自恣
착 멸 자 자
멸도에 집착하여 스스로 방자하면

損而不興
손 이 불 흥
손해되어 흥성하지 아니 하나니라.

| 주석註釋 |

1 滅=滅度 : ① 모든 번뇌煩惱의 속박에서 벗어나고, 진리眞理를 깨달아 불생불멸不生不滅의 법을 체득한 경지. 불교의 최고 이상. ② 승려僧侶 가 죽음.

2 恣 : 방자할 자. ① 마음대로, 제멋대로. ② 방자放恣하다. 방종放縱하 다. ③ 내키는 대로 하다.

3 不興 : 흥성하지 아니함.

| 해의解義 |

깨달음도 여러 종류가 있고 상태도 심천深淺이 있으며 명암明暗도 또한 있다. 그러기 때문에 깨달음이 과연 옳은 것인가, 아닌가의 문 제가 있을 수 있다. 또한 멸도滅度를 배운다는 것도 번뇌의 속박으 로부터 벗어나고 진리를 깨달아 불생불멸不生不滅을 이루어야 한다.

그런데 자칫 올바른 멸도를 이루지 못해서 집착執着하게 된다면 저절로 방자放恣한 마음이나 행동이 되어 손해가 되었으면 되었지 절대로 흥성興盛을 이루지 못하게 되리니 삼가지 않을 수 없다.

是向以强 시 향 이 강	이에 향함을 굳셈으로써 하고
是學得中 시 학 득 중	이에 배움으로 중도를 얻으면
從是解義 종 시 해 의	이를 따라 의를 알으리니
宜憶念行 의 억 염 행	마땅히 행함을 기억하고 생각할지니라.

| 주석註釋 |

1 得中 : ① 중도中道. ② 지나치거나 모자람이 없이 꼭 알맞음.

2 解義 : 이치를 깨닫는 것.

3 憶 : 생각할 억. ① 기억하다. ② 생각하다.

| 해의解義 |

"이에 향한다."는 의미는, 열반涅槃으로 향하는 것이라고 할 수 있

다. 열반이란 불도佛道의 궁극이요 수행의 극치로서 이 도를 알아야 하고 이 도를 깨쳐야 원만한 중도中道를 얻을 수 있다. 따라서 이 길이 옳은 길이요 꼭 배워서 성취해야 할 길이니, 공부하는 사람은 명심해서 수행해야 한다. 그러므로 일상에서 이 열반을 기억해야 하고, 이 열반을 생각해야 하며, 이 열반을 얻어야 한다. 그리하여 망행妄行이나 망위妄爲가 없이 공부의 바른길을 꾸준하게 밟아가야 한다.

원문原文 · 해역解譯

學先斷母
학 선 단 모
배움에는 우선 어미를 끊을지니

牽君二臣
솔 군 이 신
임금은 두 신하만을 거느리고

廢諸營從
폐 제 영 종
모든 따르는 자를 폐지시킨다면

是上道人
시 상 도 인
이에 최상의 도인이라 하나니라.

| 주석註釋 |

1 君 : 임금 군. ① 임금. 영주領主. ② 군자君子. ③ 어진 이. 현자賢者.

2 廢 : 폐할 폐, 버릴 폐. ① 폐하다. ② 못 쓰게 되다. ③ 버리다.

3 營從 : 종자從者를 말함.

4 道人 : 도사道士. 도교道教를 믿고 수행하는 사람. 도인道人, 도자道者, 도가자류道家者流. 불도를 닦는 사람. 진리에 눈뜬 사람.

"어머니를 끊어라"는 말은 불도를 배우고 닦으려면 우선 출가를 하여 모든 가족과 인연을 끊어야 하기 때문에 어머니, 곧 부모, 또는 형제 등의 세속 인연을 끊어야 한다고 강조한다. 또한 임금은 거느리는 사람도 많고 따르는 신하도 많다. 그러나 두 신하만 거느리라고 한 것은 세속적인 부귀나 영화를 버려야 수도를 할 수 있기 때문이다. 출가한 사람이 모든 집착이나 탐욕을 버리고 일체의 번뇌煩惱와 망상妄想이 끊어져야 최상의 법력法力을 갖춘 최고의 도인이 될 수 있다.

14

원문原文 · 해역解譯

學無朋類
학 무 붕 류
배움에 친구들이 없어서

不得善友
부 득 선 우
좋은 친구를 얻지 못한다면

寧獨守善
영 독 수 선
차라리 홀로 선을 지키되

不與愚偕　　어리석음과 함께하지 않을지니라.
불 여 우 해

| 주석註釋 |

1 善 : 착할 선. ① 착하다. ② 좋다. ③ 훌륭하다. ④ 잘하다.

2 善友 : 착하고 어진 벗.

3 愚 : 어리석을 우. ① 어리석다. 어리석게 하다. ② 우직하다. ③ 고지
　식하다.

| 해의解義 |

　《논어論語》에 "벗이 있어 멀리서 온다면, 또한 즐겁지 아니한
가?(有朋自遠方來, 不亦樂乎.)"라 하였다. 내가 이룬 학덕學德을 듣
고 먼 곳에서 찾아온다면 정말 기쁘고 즐거운 일이 아닐 수 없다. 우
리는 부처님의 도를 함께 배우는 도반道伴은 세상에서 가장 귀중한
친구이다. 그런데 같이 불도를 배우지만 어리석은 벗이 곁에 있어서
공부에 방해를 한다면 당연히 멀리하여야 한다. 이럴 땐 차라리 홀
로 부처님의 법을 잘 지키면서 자신을 추슬러가는 것이 좋은 방법이
라고 할 수 있다.

15

樂戒學行
낙 계 학 행 　계율을 즐기고 수행을 배움에 있어서

奚用伴爲
해 용 반 위 　어찌 동반자를 써야 하리요.

獨善無憂
독 선 무 우 　홀로라도 선하여 근심 없으면

如空野象
여 공 야 상 　빈 들판의 코끼리와 같나니라.

| 주석註釋 |

1 樂戒 : 계율戒律을 즐겨 지키는 것. 계율이란 수행자가 마땅히 지켜야
　할 율법律法.
2 戒 : ① 불교 도덕의 총칭. 소극적으로 방비지악防非止惡, 적극적으로
　는 수선修善의 뜻. 오계 · 십계 · 이백오십계 · 오백계 · 사미계 · 보살
　계 · 비구계 등이 있다. ② 죄를 범하지 못하게 하는 규정. 신라 화랑
　오계 등.
3 獨善 : ① 자기 혼자만이 선善으로 생각되는 바를 행하는 일. ② 자기
　혼자만이 옳다고 믿고 객관성客觀性을 생각지 아니하고 행동하는 일.
4 空野 : 텅 빈 들판.
5 象 : 코끼리 상. ① 코끼리. ② 상아象牙.

| 해의解義 |

계율을 즐겁게 지키고 수행을 배우는데 있어서 사실 친구가 필요

하지 않다. 친구란 실질적인 공부에 도움을 주지 않는다. 오직 홀로 진력盡力의 정진精進을 가加하여 나아가야 한다. 독선獨善이어야 한다. 혼자만이 부처님의 도를 체득體得하고 법을 해증解證하여 일체의 근심이 사라진 경지까지 이르러야 한다. 저 텅 비어버린 들판에서 코끼리가 혼자 있는 것처럼 용맹정진은 자신의 몫으로 이루어가야 할 과제課題이요 목표점目標點이라고 할 수 있다.

16

원문原文 · 해역解譯

戒聞俱善
계 문 구 선 　계율과 들음은 모두 선한 것이지만

二者孰賢
이 자 숙 현 　이 둘에서 어느 것이 현명하다 할 것인가?

方戒稱聞
방 계 칭 문 　바야흐로 계율을 듣는 것이라 일컬을지니

宜諦學行
의 제 학 행 　마땅히 살펴서 배우고 행해야 하나니라.

| 주석註釋 |

1 諦 : 살필 제(체). ① 진실. ② 살피다. ③ 자세히 알다. ④ 이치理致.
2 學行 : 배움과 행함, 또는 학문學問과 덕행德行.

　　수도하는 사람이 계율을 잘 지키는 것이나 스승의 법문을 잘 듣는 것은 모두 중요하기 때문에 어느 것이 더 낫고 좋은 것이라고 할 수 없다. 계율을 지킨다는 것은 수행자의 행동거지行動擧止를 바르게 추스르는 길이요, 법문을 잘 듣는다는 것은 수행자의 지혜를 계발啓發시키는 길이니, 어느 것 하나라도 소홀히 할 수가 없는 쌍철雙鐵의 길이다. 그러므로 학문學問과 덕행德行은 한 사람이 갖추어야 할 도리道理이요 임무임을 알아서 공부하는데 게으름을 피우지 말자.

| 원문原文 · 해역解譯 |

學先護戒　배움에 앞서서 계율을 지키고
학 선 호 계

開閉必固　열고 닫음을 반드시 굳게 하며
개 폐 필 고

施而無受　베풀지언정 받지는 말고
시 이 무 수

仍行勿臥　힘써 수행 할지언정 눕지는 말지니라.
늑 행 물 와

| 주석註釋 |

1 開閉 : ① 마음가짐과 몸가짐. ② 열고 닫음.

2 仂 : 힘쓸 륵(력). ① 힘쓰다. ② (힘을) 다하다.

| 해의解義 |

  계戒라는 것은, 일반적으로 죄를 범하지 않게 하는 규정이나 규칙이요, 또는 훈계訓戒를 목적으로 지은 글들을 말한다. 계는 소극적으로는 방비지악防非止惡, 즉 '그릇됨을 막고 악을 그친다.' 는 의미가 있고 적극적으로는 수선修善의 뜻이 있다. 그래서 마음가짐과 몸가짐을 튼실하게 해서 마군이 침해하지 않도록 해야 한다. 무엇이든 베풀기는 할지언정 받으려는 생각을 갖지 말고 계를 지키든, 아니면 수행을 하던 간에 함부로 누워서 게으름을 피우지 말고 진력盡力으로 정진해야 결과가 아름답게 된다.

원문原文 · 해역解譯

若人壽百歲
약 인 수 백 세
만일 사람이 백세를 장수한다 해도

邪學志不善
사 학 지 불 선
사악을 배워서 뜻이 선하지 않는다면

不如生一日
불 여 생 일 일
하루를 살지라도

精進受正法
정 진 수 정 법
정법을 받아 정진함만 같지 못 하나니라.

1 百歲 : ① 멀고 오랜 세월. ② 백 년. ③ 백 살.

2 邪學 : ① 요사妖邪스럽고 간사奸邪한 학문學問. 못된 학설學說. ② 조선
　　때에 주자학朱子學에 위배되는 학문을 가리킨 말.

3 不善 : ① 착하지 아니함. ② 좋지 못함. ③ 잘하지 못함.

4 精進 : 속俗된 생활을 버리고 선행을 닦아 오로지 불도佛道에만 열중
　　하는 일. 정력精力을 다해 나아감. 아주 열심히 노력함.

5 正法 : ① 바른 교법敎法. 불법佛法. ② 정법시正法時. ③ 바른 법칙法則.
　　④ 정형正刑. ⑤ 법의 이념에 비추어 객관적 정당성을 갖는다고 인정
　　된 법.

| 해의解義 |

　사람은 오래 사는 것이 목적은 될 수 없다. 사는 동안 어떻게 사느
냐가 중요한 것이지 장수長壽가 최선은 아니다. 사람이 사악邪惡한
것을 배워서 악한 짓을 행한다면 자비심慈悲心이 자연 말살될 뿐만
아니라 죄업을 쌓게 되어 전로가 막히고 죽은 뒤에는 지옥에 떨어지
게 된다. 그러므로 부처님의 바른 법을 받아서 쉼이 없이 정진하여
법력法力을 얻어야 한다. 그러면 설사 하루를 산다고 할지라도 백세
를 사는 것보다 그 값어치가 몇 배 나은 삶이라고 할 수 있다.

19

若人壽百歲
약 인 수 백 세

만일 사람이 백세를 장수한다 해도

奉火修異術
봉 화 수 이 술

불을 받들어 다른 술법을 닦는다면

不如須臾頃
불 여 수 유 경

잠깐이라도

事戒者福稱
사 계 자 복 칭

계율을 섬긴 자의 복을 일컬음만 같지 못하나
니라.

| 주석註釋 |

1 異術 : ① 요술妖術이나 마술魔術 따위의 이상한 술법術法. ② 불을 신
화神化하여 숭배하는 브라만교婆羅門敎(Brahmanism)나 조로아스터교
拜火敎(Zoroastrianism) 등을 가리킨 것으로 보여진다.
2 須臾=暫時 : ① 잠시간暫時間의 준말. ② 오래지 않은 동안.

| 해의解義 |

　사람이 세상에 살면서 정당한 법, 정당한 가르침, 정당한 길(道),
정당한 수행을 버리고 이상한 술수術數로 사람을 현혹眩惑시키는 이
술異術이나 이법異法에 끌려 다닌다면 바른 수행자라고 할 수 없다.
그러므로 사람은 잠깐이라도 계율을 받아 지키면서 살아간다면 받
아지는 복락을 이루 말할 수 없을 것이니 정법正法의 가르침이 그래
서 중요한 것이다.

能行說之可
능 행 설 지 가 　능히 행해진다면 말함이 옳지만

不能勿空語
불 능 물 공 어 　능하지 못하면 빈 말을 하지 말고

虛僞無誠信
허 위 무 성 신 　허위로 성실한 믿음이 없는 것을

智者所屛棄
지 자 소 병 기 　지혜 있는 사람은 물리치고 버리나니라.

| 주석註釋 |

1 空語 : 빈 말.
2 虛僞 : ① 사실이 아닌 것을 사실처럼 꾸민 것. ② 없는 사실을 거짓으로 꾸밈.
3 誠信 : ① 성실誠實. ② 성의誠意에서 나온 신앙信仰.
4 智者 : 슬기가 있는 사람.
5 屛棄 : 물리치고 버리는 것.

| 해의解義 |

사람이 세상의 많은 사람들을 상대하고 살면서 할 수 있는 것과 할 수 없는 것, 능한 것과 능하지 못한 것을 가릴 줄 알아야 한다. 만일 할 수 없는 것을 한다고 하거나 능하지 못한 것을 능하다고 한다면 올바른 행위라고 할 수 없다. 그래서 허위를 버려야 한다. 허위란

사실이 아닌 것을 사실인양 꾸민 것으로 실질實質이 없는 물거품이
나 마찬가지이다. 성실한 믿음을 가져야 한다. 성실한 믿음이 아닌
것들은 과감히 버려야 한다. 이것이 지자智者로서 살아가는 방도이
다.

學當先求解　　배워서 마땅히 먼저 깨달음을 구하고
학 당 선 구 해

觀察別是非　　보고 살펴서 옳고 그름을 분별하며
관 찰 별 시 비

受諦應誨彼　　진리를 받았으면 응당 남을 가르칠지니
수 제 응 회 피

慧然不復惑　　지혜로워서 다시는 미혹되지 않나니라.
혜 연 불 부 혹

| 주석註釋 |

1 求解 : 알음알이, 곧 깨달음을 구함.

2 觀察 : 사물事物을 잘 살펴 봄.

3 是非 : ① 옳음과 그름. ② 옳고 그름을 따지는 말다툼.

4 諦 : 살필 제. ① 진리眞理. 진실眞實. ② 이치.

5 慧然 : 슬기로운 모습.

6 惑 : 미혹할 혹. ① 미혹迷惑하다. ② 미혹케 하다. ③ 현혹眩惑시키다.
　④ 의심疑心하다. ⑤ 번뇌煩惱.

| 해의解義 |

　우리가 부처님의 법을 배우는 것은 깨달음을 구하고, 또 얻자는
데 있다. 만일 불법을 공부하고도 깨달음을 이르지 못한다면, 이는
불법공부를 잘 못한 것이다. 따라서 깨달음을 구하는 방법은 사물의
도리를 잘 관찰하여 옳고 그름을 밝게 판단하는데 있다. 이렇게 진
리를 깨쳤다면 그 깨친 진리를 널리 베풀어서 일체 생령을 구제하여
야 한다. 구제를 이루는데 있어서는 자신의 지혜가 밝은 것이 제일
이니, 그 밝은 지혜를 가져야 미혹迷惑이나 망념妄念에 매이거나 끌
리지 않게 된다.

22

원문原文 · 해역解譯 |

被髮學邪道　　머리를 풀어 헤치고 사악한 도를 배우며
피 발 학 사 도

草衣內貪濁　　풀 옷을 입고 안으로 탐내고 흐리면
초 의 내 탐 탁

矇矇不識眞　　어둡고 어두워서 진리를 알지 못하리니
몽 몽 불 식 진

如聾聽五音　귀머거리가 5음을 들으려는 것과 같나니라.
여 롱 청 오 음

| 주석註釋 |

1 被髮 : ① 머리를 풀어헤침. ② 친상親喪 때에 머리를 풂. 수시收屍한
    뒤부터 성복成服하기 전까지 함.
2 邪道 : 바르지 못한 도리道理.
3 草衣 : ① 속세俗世를 떠나서 숨어 사는 사람의 의복. ② 은자隱者.
4 曚曚 : 어둡고 또 어두운 것.
5 五音 : 음률音律의 다섯 가지 음. 궁宮, 상商, 각角, 치徵, 우羽.

| 해의解義 |

　정법正法이나 정도正道는 행동이나 몸가짐에 절대로 비정상적인
상황이 요구되지 않고 인도人道를 벗어나거나 요사妖邪스럽지 않다.
만일에 학도學道나 학법學法에 있어서 이상한 행동을 요구한다면,
이는 정도가 아닌 사도邪道라고 단정하여도 무방하다. 사람이 참된
진리를 추구하여 깨닫지 않으면 자연 가리고 어두워서 흑야黑夜와
같은 것이요 귀도 자연 막혀서 진리眞理소리, 천음天音소리, 불어佛
語소리를 듣고자 해도 들리지 않게 되는 것은 결국 밝지 못한 마음
의 소치召致이다.

23

원문原文 · 해역解譯

學能捨三惡 학 능 사 삼 악	배움은 능히 세 가지 악함을 버릴지니
以藥消衆毒 이 약 소 중 독	약으로써 뭇 독을 소멸하는 것과 같고
健夫度生死 건 부 도 생 사	건장한 사나이는 생사를 지나는 것이
如蛇脫故皮 여 사 탈 고 피	뱀이 옛 껍질을 벗는 것과 같나니라.

| 주석註釋 |

1 三惡=三惡道 : 살아서 지은 죄과罪過로 인하여 죽은 뒤에 간다는 지옥
도地獄道와 축생도畜生道와 아귀도餓鬼道의 세 악도.

2 毒 : 독 독.① 해독害毒. ② 해악害惡.

| 해의解義 |

사람이 세상을 살다보면 자의自意가 되었든, 타의他意가 되었든
죄악罪惡을 짓게 되는 경우가 있다. 그런데 사람이 어쩔 수 없이 죄
업을 짓게 된다 할지라도 최소한 삼악도三惡道(地獄, 畜生, 餓鬼)에 떨
어질 수 있는 죄악만은 짓지 말자. 또한 사람이 삶과 죽음을 벗어날
수 있는 방법을 멀리 찾지 말고 부처님의 가르침에서 찾는다면 쉬울
뿐만 아니라 영생을 안심할 수 있다. 이는 뱀이 허물을 벗어버리고
새로 태어나는 것과 같아서 영겁지로永劫之路(한없이 오랜 세월)가 탄
탄하게 열린다.

24

學而多聞　배우고 많이 들으며
학 이 다 문

持戒不失　계율을 지녀 잃지 아니하면
지 계 불 실

兩世見譽　두 세상에 기림을 만나서
양 세 견 예

所願者得　원하는 바를 얻게 되나니라.
소 원 자 득

| 주석註釋 |

1 多聞 : 들은 것이 많아 잘 앎. 많은 법문을 외워 지님이 많음.

2 持戒 : 계행戒行을 지킴.

3 兩世 : 두 세상. 이승과 저승을 말한다.

4 譽 : 기릴 예, 명예 예. ① 기리다. ② 찬양讚揚하다. ③ 칭찬하다. ④ 명예名譽. 영예榮譽.

4 所願 : 원願함, 또는 원願하는 바.

| 해의解義 |

사람은 배워야 한다. 배워야 진리에 대해 깨달음을 이룰 수 있다. 배우는데 있어서 가장 중요한 것이 귀담아 듣는 것이다. 선각자先覺者의 말을 듣고 선지자先知者의 가르침을 들을 줄 알아야 한다. 또 하나 중요한 것은 계율戒律을 가져야 한다. 계율은 행위를 절제節制

하여 행동거지行動擧止가 방정方正하도록 만들어 준다. 이러하면 현생에 있든, 저승에 있든 간에 기림(칭찬)을 만나서 소원하는 바를 충분히 이루게 되어 영생이 아름답게 펼쳐진다.

25

원문原文 · 해역解譯

學而寡聞
학 이 과 문
배우되 들음이 적고

持戒不完
지 계 불 완
계율을 지녀 완전하지 못하면

兩世受痛
양 세 수 통
두 세상에서 고통을 받아서

喪其本願
상 기 본 원
그 본래 소원을 잃게 되나니라.

| 주석註釋 |

1 寡聞 : 들은 바가 적음. 견문見聞이 좁음.

2 不完 : 완전하지 아니함.

3 痛 : 아플 통. ① (몸이) 아프다. 아파하다. 애석히 여기다. ② 번민煩悶하다. 고민苦悶하다.

많이 듣고 배우는 것이 좋은 줄 알면서도 한 생각 잘못 가지면 겸손을 잃고 만다. 각자가 스스로 훌륭하고 잘났다고 생각을 하고 있으니 남의 말이 필요없게 된다. 따라서 행위를 절제節制하는 계율도 가지지 않아 행동거지行動擧止가 저질低質이다. 이러하면 현생에 있든, 저승에 있든 간에 고통을 받고 소원을 이룰 수 없게 된다. 그러므로 공부하는 사람은 어떤 세상을 오고 또 간다 할지라도 본래의 소원을 간직하고 있게 되면 악도에 들지 않는다.

원문原文 · 해역解譯

夫學有二　무릇 배움에 두 가지가 있으니
부 학 유 이

常親多聞　항상 많이 듣는 것에 친근하여
상 친 다 문

安諦解義　편안하게 밝히어 도리를 깨달으면
안 체 해 의

雖困不邪　비록 곤궁해도 사악하지 않나니라.
수 곤 불 사

1 安諦 : 체諦는 진실. 깨달음. 진리를 의미하는 것으로, 진리에 안주安住하는 것을 말한다.

2 解義 : ① 바른 도리道理를 이해하는 것. ② 뜻을 풀어 밝힘.

3 不邪 : 사악한 마음을 가지지 않는 것을 말한다.

| 해의解義 |

학법學法, 곧 불법을 배우는데 두 가지 길이 있음을 제시하고 있다. 첫째는 법문을 많이 들어 깨침이 있는 선각자先覺者와 친근해야 한다. 그래야 나도 그를 따라 설법을 듣고 어리석은 마음을 깨우치게 된다. 둘째는 진리를 깨우쳐 지혜롭고 올바른 도리를 알아 안주安住하여야 한다. 그래야 내가 역경逆境이나 난경難境, 또는 망상妄想이나 번뇌煩惱에 빠졌을 때 밝은 지혜와 도리를 통해서 새로운 길을 모색하여 삿됨으로 흐르지 않고 바른길을 찾아가게 된다.

27

원문原文 · 해역解譯

稊稗害禾　피가 벼를 해치듯
제 패 해 화

多欲妨學　많은 욕심은 배움을 방해하나니
다 욕 방 학

耘除衆惡
운 제 중 악
뭇 악을 김맴처럼 제거하면

成收必多
성 수 필 다
수확 이룸이 반드시 많아지나니라.

| 주석註釋 |

1 稊稗 : 피. 볏과의 한해살이 풀.
2 耘除 : ① 김매다. ② 없애다. 제거하다.

| 해의解義 |

농사를 지을 때 잘 자랐으면 하는 벼는 자라지 않고 필요치 않는
피가 오히려 잘 자란다. 벼를 키우기 위해 거름도 하고 잡초도 뽑아
주지만, 기르지도 않는 피가 더 잘 자라서 벼의 성장을 방해한다. 이
와 같이 불법을 배우는데 있어서 가장 경계로 삼아야 할 것은 욕심
이다. 욕심이란 삼독三毒이나 오욕五慾으로 공부에 방해를 부리는 마
장이니 이를 제거해야 한다. 잡초가 제거된 논에서는 벼의 수확을 많
이 하듯이 모든 악이 제거된 심전心田에는 많은 복락을 거두게 된다.

28

원문原文 · 해역解譯

慮而後言
려 이 후 언
생각하고 뒤에 말하고

辭不强梁
사 불 강 량 　　말을 거칠게 아니하며

法說義說
법 설 의 설 　　법을 말하고 의를 말할지니

言而莫違
언 이 막 위 　　말을 함에 어긋남이 없어야 하나니라.

| 주석註釋 |

　1 後言 : 일이 끝난 뒤에 이러쿵저러쿵하는 말. 일이 끝난 뒤에 쓸데없
　　이 이러쿵저러쿵 다시 말하는 일. 겉으로 나서서 떳떳이 말하지 않고
　　뒤에서 이러니저러니 시비조是非調로 말하는 짓. 뒷공론空論.
　2 强梁 : 거칠어서 온순하지 못한 것.
　3 法說 : 종교에서 법적 성격을 가지는 말.

| 해의解義 |

　율곡栗谷 이이李珥가 기술한《자경문自警文》에 "시연후언時然後言,
즉언부득불간則言不得不簡." 이라는 말이 있다. 이는 '제때가 된 뒤에
말을 한다면 말이 간략하지 않을 수 없다.' 는 뜻이다. 말은 간단하
면서 의미가 깊어야 한다. 사실 한 사물에 맞는 말이란 오직 한마디
면 된다. 여러 말을 하는 것은 변명辨明이다. 그러므로 말하기 이전
에 잘 생각하고 입으로 토해낸다면 바로 설법說法이 되고 의설義說
이 되어 사람들의 앞길을 열고 깨워가는 목탁木鐸 소리가 된다.

善學無犯　잘 배워서 범함이 없고
선 학 무 범

畏法曉忌　법을 두려워하여 밝히기를 꺼리고
외 법 효 기

見微知者　기미를 보아서 아는 사람은
견 미 지 자

誡無後患　경계하여 뒤의 근심이 없나니라.
계 무 후 환

| 주석註釋 |

1 無犯 : 계율을 범함이 없는 것.
2 曉 : 밝게 안다는 뜻.
3 微 : 기미幾微. 일의 조짐兆朕.
4 誡 : 경계할 계. 경계하다.

| 해의解義 |

《사기史記》에 보면 "추호무범秋毫無犯"이라는 말이 있다. 곧 '가을 털끝만큼도 범하지 않는다.'는 뜻으로, 군기軍紀가 지극히 엄격하여 민간에 조금도 폐弊를 끼치지 않는 것을 비유하는 말이다. 그러므로 수행하는 사람이 부처님의 가르친 법을 범하지 않아야 하고, 다음으로 경계警戒로 세워준 계율戒律을 범함이 없어야 한다. 지혜가 있는 사람은 기미幾微를 보고 조짐兆朕을 볼 줄 알기 때문에 훗날

에 근심이 될 일을 만들지 않아서 항상 즐거운 생활을 하게 된다.

 30

원문原文 · 해역解譯

遠捨罪福   죄와 복을 멀리 버리고
원 사 죄 복

務成梵行   힘써 범행을 이루어
무 성 범 행

終身自攝   몸이 다하도록 스스로 다스리니
종 신 자 섭

是名善學   이를 이름해서 잘 배움이라 하나니라.
시 명 선 학

| 주석註釋 |

1 罪福 : 죄와 복. 악한 과보를 받을 나쁜 짓을 죄라 하고, 선한 과보를
   받을 착한 짓을 복이라 한다. 곧 악업을 죄라 하고, 선업을 복이라 한
   다.
2 梵行 : ①불도佛道의 수행. ②범梵은 청정 · 적정寂靜이라는 뜻. 맑고
   깨끗한 행실, 곧 음욕을 끊는 것을 말한다. 범천의 행법行法이란 말.
   ③맑고 깨끗한 자비심으로써 중생을 구제해 주는 보살행.
3 攝 : 다스릴 섭, 잡을 섭. ①다스리다. ②잡다. ③가지다.

"죄무자성罪無自性"이라는 말이 있다. 이 말은 두 가지 의미로 해석할 수 있는데, 하나는 '죄라는 자체의 성이 없다.'는 것이요, 둘은 '자성에는 죄가 없다.'는 말이다. 그렇다면 복은 있을까? 복도 결국 관념觀念이다. 자체의 성이 없고 자성에는 복이 없다. 그러면 저절로 멀리 놓아져버린다. 그리고 불도佛道를 닦아 이루어야 한다. 그래야 몸이 죽을 때까지 잘 다스려져서 마군이나 고경苦境에 들지 아니하고 아름답고 청정한 삶을 즐겁게 엮어갈 수 있다.

제3
다문품多聞品

1

多聞品者
다 문 품 자
다문품이란

亦勸聞學
역 권 문 학
또한 듣고 배우기를 권하며

積聞成聖
적 문 성 성
들음을 쌓아 성현을 이루어서

自致正覺
자 치 정 각
스스로 바른 깨달음에 이르게 함이니라.

| 주석註釋 |

1 多聞 : 들은 것이 많아 잘 앎. 많은 법문을 외워 지님이 많음.

2 聞學 : 들어서 배움.

3 正覺 : 청정한 본래 마음의 바른 깨달음. 대각大覺, 삼보리三菩提, 정등
각正等覺, 또는 등정각等正覺이라고도 함.

사람이 법문을 듣고, 또 듣고, 또 들으면 들으려 아니해도 저절로 들리게 된다. 즉 금구金口의 성언聖言뿐만 아니라 우주의 진리 소리까지 다 듣게 되고 마음의 소리까지 다 듣게 된다. 그러면 그 들음이 쌓이고 쌓여서 성현의 지혜智慧를 이루게 된다. 즉 사람이 성지聖智를 이룬다는 것은, 바른 깨달음을 이룬다는 의미로 우주의 진리에 정각正覺을 이룬 것이다. 대장부의 일생 내지 영생지사永生之事를 한 번에 해결을 한 것이나 다름이 없으니, 이는 오직 불법을 듣고 배운 데서 이룬 결과이다.

多聞能持固
다 문 능 지 고

많이 들어 능히 갖기를 굳게 하고

奉法爲垣牆
봉 법 위 원 장

법을 받들어서 울타리를 삼으며

精進難踰毁
정 진 난 유 훼

정진하여 넘거나 허물기가 어렵다 해도

從是戒慧成
종 시 계 혜 성

이로 좇아 계율과 지혜가 이뤄지나니라.

1 垣牆 : 울타리. 풀이나 나무 따위를 얽거나 엮어서 담 대신에 경계를 지어 막는 물건.

2 精進 : 속俗된 생활을 버리고 선행을 닦아 오로지 불도佛道에만 열중하는 일. 정력精力을 다해 나아감. 아주 열심히 노력함.

3 戒 : ① 불교 도덕의 총칭. 소극적으로 방비지악防非止惡, 적극적으로는 수선修善의 뜻. 오계·십계·이백오십계·오백계·사미계·보살계·비구계 등이 있다. ② 죄를 범하지 못하게 하는 규정. 신라 화랑오계 등.

4 慧 : 사리에 통달하여 모든 의심을 풀어버리는 슬기. 사리를 분명하게 분별하는 지혜. 무위법을 통달하는 것. 사리연구 공부로 대소유무大小有無의 이치와 시비이해是非利害의 일을 막힘없이 아는 힘.

| 해의解義 |

《논어論語》 "학이學而"편의 처음에 "학이시습지學而時習면 불역열호아不亦說乎."라는 구절이 있다. 즉 '배우고 때로 익히면 또한 기쁘지 아니한가.' 라는 뜻이다. 그 주석註釋에 "습習 조삭비야鳥數飛也 (數 자주 삭 ; 論語에서, 자주하다. 여러번 되풀이하다.) 학지불이學之不已 여조삭비야如鳥數飛也."라 하였다. 즉 '습은 새가 자주 나는 것이니 배움을 그치지 않기를 새가 나는 것처럼 해야 한다.' 는 뜻이다. 새가 처음 날기 위해서는 수많은 날갯짓이 필요하듯이 법을 많이 들어 담장처럼 쌓아 놓는다면 넘거나 허물지 못하여 계戒와 혜慧를 이루게 된다.

3

원문原文·해역解譯

多聞令志明　많이 들으면 하여금 뜻이 밝아지고
다 문 영 지 명

已明智慧增　이미 밝아지면 지혜가 더해지며
이 명 지 혜 증

智則博解義　지혜로우면 널리 이치를 아나니
지 즉 박 해 의

見義行法安　이치를 생각해보면 법을 행함이 편안하나니라.
견 의 행 법 안

| 주석註釋 |

1 智慧 : ① 삶의 경험經驗이 풍부하거나 세상 이치나 도리를 잘 알아 일
을 바르고 옳게 처리하는 마음이나 두뇌의 능력. 슬기. ② 미혹迷惑을
없애고 보리菩提를 성취하는 힘.
2 義 : 여기서는 '이치(理)'로 풀이하였음.
3 行法 : ① 행자行者의 닦는 법. ② 불도佛道를 닦는 방법.

| 해의解義 |

　고준高峻한 스승들의 법문을 많이 들어야 한다. 그러면 은연 중에
나의 뜻(마음)이 밝아진다. 뜻이 밝아지면 자연스럽게 지혜가 솟아
나게 된다. 지혜가 밝아 솟아나면 널리 이치(眞理)를 깨닫게 된다. 이
치를 깨달아 확실히 보게 되면 법을 행함이 편안하게 된다고 하였
다. 결국 마음이 깨어나야 한다. 그러려면 스승의 법문을 잘 들으라

고 하였다. 어리석은 스승은 어리석은 부류部類를 만들어내고, 지혜로운 스승은 슬기로운 제자들을 만들어내게 된다는 것을 알아야 한다.

多聞能除憂　많이 들으면 능히 근심이 제거되고
다 문 능 제 우

能以定爲歡　능히 선정으로써 기쁨을 삼을지니
능 이 정 위 환

善說甘露法　단 이슬과 같은 법을 잘 설하면
선 설 감 로 법

自致得泥洹　저절로 열반 얻음을 이루나니라.
자 치 득 니 원

| 주석註釋 |

1 定 : ① 정신수양 공부로써 마음 바탕에 요란함이 없게 정신 통일을 하는 것. 천만경계에 부딪쳐서도 정신이 흔들리지 않는 것. ② 안으로 분별 주착심을 제거하고, 밖으로 산란한 경계에 끌려가지 않는 것. ③ 마음을 한 곳에 머물게 하여 흩어지지 않게 하는 것. 삼매三昧 · 선정禪定. 태어나면서부터 마음을 한 곳에 머물러 두는 것을 생득生得 선정이라 하고, 수행으로 얻게 되는 것을 수득修得선정이라 한다.

2 甘露法 : 부처님의 교법을 믿으면 한없는 공덕과 이익이 있음을 감로
  에 비유한 말. 《법화경》에 「나는 중생들을 안온하게 하기 위하여 세
  상에 나타나 대중을 위해 감로의 정법淨法을 설한다. 그 법은 일미요,
  해탈이요, 열반이다.」라 했다. 《무량수경》에도 「마치 큰 비와 같이 감
  로법을 비오듯 뿌려 중생을 적시는 까닭에」라 하였다.

3 泥洹=涅槃 : 불교 수행의 최고 이상. 수행에 의해 진리를 깨치고 도를
  완전히 이루어 모든 괴로움과 번뇌를 끊고 일체의 속박에서 벗어나
  해탈을 얻는 경지. 열반은 범어梵語, 니르바나Nirvana의 한역漢譯으로
  서 「불어서(吸) 끄다」라는 뜻이 있다. 《잡아함경》에서는 「열반이란,
  탐욕이 영원히 다한 것이며 성냄과 우치, 일체의 모든 번뇌가 다 사라
  진 것.」이라 하였다. 열반을 입멸入滅·입적入寂·해탈·원적圓寂·
  적멸寂滅·멸도滅度·무작無作·무생無生·무위無爲라고도 한다.

| 해의解義 |

많이 들으면 근심이 제거된다는 것은, 설법자說法者의 법력法力이
나 위력威力에 의하여 번뇌 망상이 되는 모든 근심이 사라진다는 의
미이다. 그리고 또한 선정禪定을 통해서 자기의 마음을 깊이 닦아간
다면 기쁨이 자연 넘치게 된다. 따라서 감로甘露와 같은 부처님의
법을 잘 설명하여 대중을 제도한다면 그 공덕은 무엇으로도 형언할
수 없다. 따라서 우주의 진리를 깨치고 도를 완전히 이루어 모든 괴
로움과 번뇌를 끊고 일체의 속박에서 벗어나 해탈解脫의 열반涅槃을
얻게 된다.

5

聞爲知法律 들으면 법과 계율을 알게 됨으로
문 위 지 법 률

解疑亦見正 의심을 깨치고 또한 바름을 보리니
해 의 역 견 정

從聞捨非法 들음을 따라 법이 아닌 것을 버린다면
종 문 사 비 법

行到不死處 행하여 죽음이 없는 곳에 이르나니라.
행 도 불 사 처

| 주석註釋 |

1 法律 : 불법佛法과 계율戒律.
2 解疑 : ① 의문을 풀다. ② 난제를 해결하다. ③ 궁금증을 풀다.
3 非法 : ① 불법佛法이 아닌 모든 법. ② 법이나 도리道理에 어긋남.
4 不死 : 죽음이 없는 경지를 말하는 것으로, 곧 열반涅槃을 이른다.

| 해의解義 |

　많이 듣자. 그러면 저절로 부처님의 법을 알게 되고 계율도 알게
된다. 따라서 스스로 의심한 바가 되었든, 아니면 사물에 대한 의문
이 되었든 간에 풀어져서 바른 도리를 보게 된다. 또한 그릇된 외도
外道들의 이법異法은 불법이 아니기 때문에 단번에 놓아버리면 자연
히 정법正法을 알게 되어 안주安住를 하게 된다. 그리하여 수행을 열
심히 하게 되면 남도 없고 죽음도 없는 열반涅槃의 구경처究竟處〔사

물을 궁구(窮究)해 가다가 마침내 도달한 곳)에 이르게 되는 것이니, 이런 경지에 이르러야 수행자의 영생지사永生之事가 마쳐졌다 할 수 있다.

원문原文 · 해역解譯

能爲師現道
능 위 사 현 도
능한 스승이 되어 도를 보이고

解疑令學明
해 의 영 학 명
의심을 깨쳐 배움을 밝게 하며

亦興清淨本
역 흥 청 정 본
또한 청정한 근본을 일으켜

能奉持法藏
능 봉 지 법 장
능히 법장을 받들어 가질지나니라.

│주석註釋│

1 淸淨 : ①죄업이나 번뇌의 더러움에서 벗어나 깨끗한 것. 자성청정 심 · 자성극락. ②계행이 깨끗한 것. ③더럽거나 속되지 않고 맑고 깨끗한 것.

2 奉持 : ①〈불교〉 경건한 마음으로 받들어 지님. ②〈역사〉 조선 시대 에 임금이 거둥할 때 말을 타고 교룡기를 받들고 가던 금군禁軍.

3 法藏 : ①불교 경전을 가리키는 말. 온갖 법의 진리가 감추어져 있다 는 뜻. ②대도 정법을 실천함으로써 쌓은 공덕. ③진여법성. 일체 공 덕을 지녔다는 뜻.

| 해의解義 |

다른 사람의 제자가 된다는 것이 쉬운 일은 아니지만 스승이 되는 것은 더욱 어렵다. 단순히 문자文字나 가르치고 상식이나 전해준다면 모르지만 전정前程을 지도하는데 있어서는 신중히 생각하여야 한다. 스승은 도道를 갈무리하여 의혹疑惑을 해결해 주고 배우는데 밝게 나아가도록 해주며, 또한 청정한 자성극락自性極樂에 들어가도록 도움을 주어야 한다. 따라서 온갖 진리가 갊아 있는 자기 법장法藏을 터득할 수 있도록 깨우침을 주는 것이 또한 스승의 큰 역할이다.

7

원문原文 · 해역解譯

能攝爲解義 능섭위해의 — 능히 추워 잡으면 이치를 깨닫게 되고

解則義不穿 해즉의불천 — 깨달으면 이치에 천착하지 않나니

受法猗法者 수법의법자 — 법을 받아서 법에 의지하는 자는

從是疾得安 종시질득안 — 이로 좇아 빠르게 편안함을 얻나니라.

1 攝 : 흩어진 마음을 거두어 모으는 것.

2 穿 : 여기서는 천착穿鑿의 뜻으로, 알 수 없는 것을 억지로 알려고 하
  는 것을 말한다.

3 猗 : 의지할 의. ① 의지하다. ② 기대다.

| 해의解義 |

공부를 하는데 있어서 일체 경계를 따르고, 또한 사방으로 산발散
發된 마음을 추워 잡아 가라앉히며 안정을 시키는 것이 중요한 방향
이 된다. 그리하여 마음이 안정을 얻게 되면, 이치에 어떠한 천착穿
鑿이 있고 격장隔墻이 있다 할지라도 열려지고 깨달아 넘게 된다. 수
행하는 사람은 법을 받들고 받아야 한다. 또 법에 의지하여 법선法
線을 타야 한다. 그러하면 자연적으로 법으로 나아가는 길이 곧고
바르기 때문에 쉽게 모든 번뇌가 소진消盡된 안락의 경지에 도달하
게 된다.

若多少有聞　만일 다소라도 듣는 것이 있어서
약 다 소 유 문

自大以憍人　　스스로 큰 체하여 남들에게 교만하면
자 대 이 교 인

是如盲執燭　　이것은 소경이 촛불을 잡음과 같아
시 여 맹 집 촉

炤彼不自明　　거기에 비쳐도 스스로 밝지 못 하나니라.
소 피 부 자 명

| 주석註釋 |

1 多少 : ① 분량이나 정도의 많음과 적음. ② 조금이긴 하지만 어느 정
도.
2 自大 : 스스로 큰 체함, 또는 크게 여김.
3 盲 : 소경 맹, 눈 멀 맹. ① 소경(눈동자가 없는 장님). ② 눈이 멀다. ③
(사리에) 어둡다. ④ 무지無知하다.
4 炤 : 밝을 소. ① 밝다. 환하다. ② 환히 보이다. ③ 비추다, 비치다.

| 해의解義 |

"사광지총師曠之聰"이라는 말이 있다. 사광師曠은 중국 진晉의 평
공平公(재위 : B.C. 558~532) 때의 악사樂師로서 맹인이었다. 맹자孟子
에 '사광의 총명함으로도 육률을 쓰지 않으면 능히 오음을 바르게
하지 못한다.(師曠之聰, 不以六律, 不能正五音.)'고 하였다. 사람이
조금 듣고 보아서 아는 것이 있다 하여 남을 깔보고 교만하면 안 된
다. 소경이 촛불을 잡고 자신과 더불어 남을 비추고자 할지라도 비
출 수 없는 것과 같은 것이니, 결국 스스로 밝지 못한 상황이라고 할
수밖에 없다.

夫求爵位財
부 구 작 위 재
대저 벼슬과 재물을 구하여

尊貴升天福
존 귀 승 천 복
존귀함이 하늘 복에 올랐을지라도

辯慧世間卓
변 혜 세 간 탁
지혜의 분별로 세상에 뛰어나려면

斯聞爲第一
사 문 위 제 일
이는 듣는 것이 첫째가 되나니라.

| 주석註釋 |

1 爵位 : ① 벼슬과 지위, 관작官爵과 위계位階. ② 작爵의 계급階級.

2 天福 : 하늘에서 내린 복福.

3 辯 : 말씀 변. ① 분별分別하다. ② 변별辨別하다.

4 世間 : ① 세상. ② 유정有情의 중생衆生이 서로 의지하며 살아가는 세상.

5 卓 : 높을 탁. ① 뛰어나다. ② 높다. ③ 멀다. 높고 멀다.

| 해의解義 |

  불교에서는 "다문제일多聞第一, 아란존자阿難尊者."라고 한다. 부처님의 10대 제자 가운데서 법문 듣기를 제일 많이 하여 결집結集할 때에 주송자主誦者가 되었다. 높은 벼슬을 하고 재물이 많으며 존귀하여 하늘의 복락을 누린다 할지라도 지혜智慧가 갖추어진 것보다

더 훌륭하고 뛰어날 수는 없다. 따라서 지혜를 얻는다는 것이 천성적으로 영민英敏함도 있는 것이지만 법문을 많이 들음으로서 은연중에 지혜가 열리는 수도 있는 것이니 법문 듣기를 가볍게 여겨서는 안 된다.

帝王聘禮聞　　제왕이 빙례하는 것을 듣는 것이니
제 왕 빙 례 문

天上天亦然　　하늘 위의 하늘도 또한 그러하네.
천 상 천 역 연

聞爲第一藏　　듣는 것이 으뜸가는 함장이 되면
문 위 제 일 장

最富旅力强　　최고의 부유와 함께하여 힘이 굳세나니라.
최 부 려 역 강

| 주석註釋 |

1 帝王 : 황제黃帝나 국왕國王의 총칭.

2 聘禮 : ① 물건을 선사하는 예의. ② 혼인의 예절. 혼례婚禮.

3 天上 : ① 하늘의 위. ② 천상계天上界.

4 藏 : 불교의 경전을 말하는 것으로, 법의法義를 함장含藏하였다 하여 이렇게 말한다.

5 旅 : 함께할 려. 함께. 다같이.

| 해의解義 |

　불심천자佛心天子라고 통칭하는 남조南朝 양나라의 초대 황제인 양무제梁武帝(재위 502-549)는 천자로서 당대의 고승대덕高僧大德들을 예빙禮聘으로 궁중에 불러 법문을 들었고, 때로는 직접 강경講經도 하였으며 경주經註도 하였다. 들어야 한다. 법문을 많이 들어야 마음에 가득 차고 행동이 청정淸淨으로 가게 된다. 그리하여 부귀를 누린다면 더욱 힘이 합해져서 강하게 된다. 그러나 불법을 들어서 미혹迷惑을 깨우치고 떨쳐버려서 안주安住를 얻는 것만은 못하다.

원문原文 · 해역解譯

智者爲聞屈
지 자 위 문 굴
지혜가 있는 사람은 들으면 굽히고

好道者亦樂
호 도 자 역 락
도를 좋아하는 사람은 또한 즐기네.

王者盡心事
왕 자 진 심 사
왕인 사람을 마음을 다해 섬기며

雖釋梵亦然
수 석 범 역 연
비록 제석과 범천도 또한 그래야 하나니라.

1 盡心 : 마음과 정성精誠을 다함.

2 釋梵 : 제석帝釋과 범천梵天. 제석은 범왕梵王과 함께 불법佛法을 지키는 신神. 12천天의 하나로, 동쪽의 수호신. 수미산須彌山 꼭대기의 도리천忉利天에 살고, 희견성喜見城의 주인主人으로서 대위덕大威德을 가지고 있다 함. 범천은, 곧 범천왕梵天王을 말하는 것으로, ① 바라문교婆羅門教의 교조教祖로 우주 만물의 조화造化의 신神. 사바세계를 주재함. 특히 불교 보호의 신으로서 불교도의 존숭을 받고 있음. ② 십팔천十八天의 하나. 제석천帝釋天과 한 가지로 불상의 좌우에 모시는 불법 수호의 선신善神.

| 해의解義 |

설법을 많이 들으면 지혜로운 사람일수록 더욱 굽힐 줄을 알고 머리 숙일 줄을 안다. 또 도를 좋아하는 사람일수록 더욱 즐길 줄을 알아서 기뻐한다. 만일 한 나라의 왕으로서 지혜롭고 도를 좋아하여 직접적으로 부처님을 받들고 도를 배운다면 국운國運과 아울러 치민治民이 여반장如反掌이 된다. 이러하면 중생뿐만 아니라 제석천帝釋天이나 범천梵天도 그렇게 되는 것이니, 설법의 힘은 정말로 큰 위력威力이 있기 때문에 크나큰 화력化力을 발휘하게 된다.

원문原文 · 해역解譯

仙人常敬聞 선 인 상 경 문	선인도 항상 공경하여 듣는 것이니
況貴巨富人 황 귀 거 부 인	하물며 귀하고 큰 부자인 사람이랴!
是以慧爲貴 시 이 혜 위 귀	이로써 지혜를 귀하게 여기나니
可禮無過是 가 례 무 과 시	가히 예배란 이를 넘음이 없나니라.

| 주석註釋 |

1 仙人 : ① 신선神仙. ② 세속을 떠나 외도外道의 수행자로서 산속에서 여러 도의 법을 닦은 바라문婆羅門의 현자賢者.

2 巨富 : 큰 부자富者.

3 過 : 지날 과. ① 넘다. 초과超過하다. ② 지나치다.

| 해의解義 |

선인仙人, 곧 신선 또는 세속을 떠나서 깊은 수행을 하는 사람이라도 청정한 마음과 태도를 가지고 부처님의 설법을 공경하여 듣지 않을 수 없다. 또한 부처님의 법문을 듣게 되면 존귀한 사람이나 부유한 사람이라도 자연히 감화感化를 받게 된다. 법문은 항상 밝은 지혜로 심금心襟을 울려주어서 앞길에 등불이 되기 때문이다. 그러므로 이 세상에서 존숭하고 예배할 수 있는 사람은 부처님 밖에 없

고 부처님의 법 밖에 없음을 알아야 한다고 강조를 한다.

事日爲明故　해를 섬김은 밝음이 되기 때문이고
사 일 위 명 고

事父爲恩故　부모를 섬김은 은혜가 되기 때문이며
사 부 위 은 고

事君爲力故　임금을 섬김은 힘이 되기 때문이고
사 군 위 력 고

聞故事道人　들었기 때문에 도인을 섬기나니라.
문 고 사 도 인

| 주석註釋 |

1 明 : 밝을 명. ① 밝다, 밝히다. ② 명료明瞭하게 드러나다.

2 恩 : 은혜 은. ① 은혜恩惠. ② 혜택惠澤. ③ 사랑하다. ④ 감사感謝하게
여기다.

3 力 : 힘 력. ① 힘. ② 힘쓰다. 부지런히 일하다. ③ 일꾼. 인부人夫.

4 道人 : 도사道士. 도교道敎를 믿고 수행하는 사람. 도인道人, 도자道者,
도가자류道家者流.

　　세상은 섬겨할 것들이 많이 있다. 어찌 보면 내 몸을 비롯하여 우주나 하늘땅은 물론이지만 미물 곤충까지도 함부로 할 수 없고 섬겨야 할 대상이다. 이런 가운데서도 나타난 면으로 본다면, 공중에 뜬 해는 만물을 밝게 비춰 살리기 때문에 섬겨야 한다. 또한 부모는 낳고 길러준 은혜 때문에 섬겨야 한다. 또한 정치의 정점頂點에 있는 사람은 힘을 이용하여 치국안민治國安民하기 때문에 섬겨야 한다. 그리고 가장 섬겨야 할 사람은 도인道人으로 법문을 설하여 전로前路를 열어 제도濟度해주기 때문이다.

14

人爲命事醫　사람은 목숨을 위해 의원을 섬기고
인 위 명 사 의

欲勝依豪强　이기고자 해서 권력자에 의지하네.
욕 승 의 호 강

法在智慧處　법은 지혜로운 곳에 있는 것이니
법 재 지 혜 처

福行世世明　복이 행해지면 대대로 밝아지나니라.
복 행 세 세 명

1 醫 : 의원 의. ① 의원醫員. 의사醫師. ② 의술醫術. ③ 의학醫學.

2 豪强 : ① 세력이 뛰어나게 굳셈. ② 남보다 뛰어나고 강력한 것으로, 세력이 있는 집안을 호족豪族, 강력한 자를 강자强者라고 일컫는다.

3 世世=代代 : 거듭된 세대世代.

| 해의解義 |

　세상에 의사도 친근히 해야 할 사람이다. 자신의 아픔에 대한 치료와 생명의 안위安慰를 위하여 더욱 다가서고 친애親愛를 해야 한다. 또한 힘을 가진 자에게 의지하는 것은 나도 그렇게 되려는 것이라고 할 수 있다. 법은 방법으로 지혜를 생산해내는 덩어리이다. 부처님이 가르친 법을 공부해야 지혜가 나온다. 복락福樂도 저절로 나오는 것이 아님으로 복락을 짓고 축적해야 세세생생에 그 원천源泉이 마르지 아니하여 맑고 안락한 생활을 누리게 된다.

15

| 원문原文 · 해역解譯 |

察友在爲謀　　친구를 살핌은 (일을) 꾀함에 있고
찰 우 재 위 모

別伴在急時　　친구와 헤어짐은 위급할 때 있다네.
별 반 재 급 시

觀妻在房樂
관 처 재 방 락
아내를 봄은 방사의 즐거움에 있고

欲知智在說
욕 지 지 재 설
지혜를 알고자 함은 설법에 있나니라.

| 주석註釋 |

1 謀 : 꾀 모. ① 꾀. ② 지략智略, 계략計略, 계책計策.
2 伴 : 짝 반. ① 짝. ② 반려伴侶(짝이 되는 동무). ③ 동반자同伴者. ④ 벗, 동료同僚.
3 房 : 방 방. ① 방. 곁방. ② 규방閨房. 침실寢室. ③ 아내. 처첩妻妾. ④ 방사房事.

| 해의解義 |

증자曾子가 "위인모이불충호爲人謀而不忠乎"라 하였다. 이 말은 증자가 행行한 일일삼성一日三省 가운데 한 가지이다. '다른 사람을 위爲해서 일을 도모圖謀하는 데에 정성精誠을 다하지 아니하였는가? 라는 의미이다. 세상 사람들이 자기 위주로 살다보니까 필요하고 이익이 있으면 친구로 삼아 왕래하고, 없으면 헤어지는 것이 다 반사茶飯事이다. 사람이 설법을 들어서 지혜가 계발啓發되어야 자신의 앞길도 열리지만 대중의 전도前途를 위해서라도 수도자는 지혜를 밝혀야 한다.

16

원문原文 · 해역解譯

聞爲今世利　　듣는 것은 지금 세상에 이익 되고
문 위 금 세 리

妻子昆弟友　　아내와 아들과 형제와 친구는
처 자 곤 제 우

亦致後世福　　역시 후세의 복을 이루는 것이니
역 치 후 세 복

積聞成聖智　　들음을 쌓으면 성인의 지혜가 이뤄지나니라.
적 문 성 성 지

| 주석註釋 |

1 今世 : 이승. 지금의 세상.

2 昆弟 : 형과 아우.

3 後世 : ① 뒷세상. ② 뒤의 자손. ③ 뒤에 올 시대의 사람들. ④ 삼세三
世의 하나. ⑤ 죽은 뒤에 가서 산다는 미래의 세世.

4 聖智 : 성인의 지혜.

| 해의解義 |

　법문을 많이 듣는다는 것은, 들음으로서 미혹迷惑이 해소되고 이
치를 깨달아서 마음에 안락을 얻고 앞길이 트이기 때문이다. 따라서
지친至親의 인연으로 맺어진 아내, 자식, 형제자매, 친구 등은 내가
하기에 따라서 내세에 복락이 되기도 하고 재앙災殃이 되기도 하는
것이니, 인연의 관리를 잘 하고 또 잘 맺어야 한다. 설법을 많이 듣

게 되면 자연 마음이 청정하며 지혜가 밝아지고 솟아나서 해탈解脫
이나 열반涅槃의 경지에 이르게 될 것이니 지혜의 힘이 참으로 크다
고 아니할 수 없다.

원문原文 · 해역解譯

是能散憂恚 시 능 산 우 에	이에 능히 근심과 성냄을 흐트러뜨리고
亦除不祥衰 역 제 불 상 쇠	또한 상서롭지 못하고 쇠퇴함도 제거해서
欲得安穩吉 욕 득 안 온 길	안온하고 길함을 얻고자 하거든
當事多聞者 당 사 다 문 자	마땅히 많이 들은 사람을 섬겨야 하나니라.

| 주석註釋 |

1 恚 : 성낼 에. ① 성내다(화, 분노). ② 분노憤怒하다.
2 不祥 : 상서祥瑞롭지 못함. 불길不吉함.
3 安穩 : ① 조용하고 편안함. ② (날씨가) 따뜻하고 바람이 잔잔함.

| 해의解義 |

사람에게는 근심이라는 것이 있다. 자의적으로 만들어서 근심을

하든, 아니면 타의에 의하여 근심이 되든 간에 근심을 하게 된다. 성냄도 이와 같을 것이니 흩어버려야 한다. 또한 상서롭지 못한 사태이거나 쇠퇴衰退를 가져오는 상황을 빨리 제거해야 한다. 그래야 안온과 길함을 불러들여서 살아가는 길이 편안하게 되어 간다. 이러기로 하면 법문을 많이 들은 선지자先知者를 가까이하여 청문聽聞하기를 청해서 마음속에 담아 저장한다면 나도 선지자의 경지에 오를 수 있다.

18

斫創無過憂	찍힌 상처는 근심보다 더함이 없고
작 창 무 과 우	
射箭無過愚	쏜 화살은 어리석음보다 더함이 없으니
사 전 무 과 우	
是壯莫能拔	이는 굳세어 능히 뽑아내지 못하지만
시 장 막 능 발	
唯從多聞除	오직 많이 들음을 좇아서 제거되나니라.
유 종 다 문 제	

| 주석註釋 |

1 斫 : 벨 작. ① 찍다. ② 베다. ③ 자르다.
2 創 : 다칠 창. ① 다치다. 상傷하다. ② 상처.

3 拔 : 뽑을 발. 뽑다. 빼다.

| 해의解義 |

공부하는 사람은 자신의 내면에 깊숙이 뿌리를 내린 번뇌와 우치를 뽑아내야 한다. 그러나 번뇌와 우치가 세근細根을 뻗히고 있기 때문에 보통의 방법으로는 어렵고 오직 법문을 많이 들어서 힘을 갖춘 법사法師의 능력을 빌려서 제거를 해야 쉽게 해결이 된다. 그리하여 모든 번뇌와 우치가 뽑히고 제거되었을 때 맑고 밝은 지혜가 솟아올라서 어리석은 중생의 앞길을 비춰주는 등불의 역할을 할 수 있다.

19

원문原文 · 해역解譯

盲從是得眼
맹 종 시 득 안

소경은 이를 좇아 눈을 얻고

闇者從得燭
암 자 종 득 촉

어둠은 이를 따라 비침을 얻어서

亦導世間人
역 도 세 간 인

또한 세상 사람들을 인도하는 것은

如目將無目
여 목 장 무 목

눈이 있는 이가 눈 없는 자를 인솔함과 같나니라.

1 闇 : 어둘 암, 숨을 암. ① 어둡다, 어둡게 하다. ② 희미稀微하다. ③ 숨다.

2 將 : 장수 장, 장차 장. ① 인솔자引率者. ② 장수將帥.

| 해의解義 |

법문을 많이 들어서 마음의 눈이 떠진 것은 소경이 눈을 얻음과 같다. 역시 법문을 많이 배워서 마음의 지혜가 솟아난 것은 어둠에 등불을 가진 것과 같다. 소경이라도 마음의 눈이 열리면 소경이 아니요, 못난 사람이라도 지혜가 밝아지면 치자癡者가 아니다. 그러므로 사람이 불법을 배우고 익혀서 심안心眼과 심혜心慧를 갖추어 세상 사람들을 인도하고 구제하여 준다면 참으로 밝은 눈과 참으로 참된 지혜를 갖춤이 됨으로 선각자先覺者이요, 선도자先導者라고 할 수 있다.

20

원문原文 · 해역解譯

是故可捨癡   이런 까닭에 가히 어리석음을 버리고
시 고 가 사 치

離慢豪富樂   거만과 호방과 부유의 즐거움을 떠나서
이 만 호 부 락

務學事聞者	배움에 힘쓰고 들은 자를 섬기면
무 학 사 문 자	
是名積聚德	이것이 덕을 모아서 쌓는 것이라 이르나니라.
시 명 적 취 덕	

| 주석註釋 |

1 癡 : 어리석을 치. ① 어리석다. ② 미련하다.

2 豪富 : 세력勢力이 있는 부자.

3 積聚 : ① 쌓여서 모임. 쌓아 모음. ② 적積은 늘 한 곳에 있는 덩어리
를 뜻함이요, 취聚는 있다가 없다가 하고, 또 이리저리 돌아다님을 뜻
함. 오랜 체증滯症으로 인하여 뱃속에 덩어리가 생기는 병病.

4 德 : 큰 덕, 덕 덕. ① 크다. ② (덕으로) 여기다. ③ (덕을) 베풀다(일을
차리어 벌이다. 도와주어서 혜택을 받게 하다). ④ 고맙게 생각하다.

| 해의解義 |

"숙맥불변菽麥不辨"이라는 성어成語가 있다. 즉 '콩인지 보리인지
분별하지 못한다.'는 뜻으로, 어리석고 못난 사람을 일컫는 말이다.
그러므로 큰 세력과 부유를 가져서 교만驕慢을 부리고 또 즐거움을
누린다 해도 이런 것들을 떠나야 한다. 그리하여 오직 불도佛道를
배우기에 힘을 쓰고 또 법문을 많이 들은 사람을 친근하고 본받아서
자신의 삶을 맑고 아름답게 가꾸고 세상을 평화롭게 이루어야 하나
니, 이것이 바로 무상無上의 덕을 쌓는 길이 된다는 것을 알아야 한
다.

제4

독신품篤信品

1

篤信品者
독 신 품 자

독신품이란

入道之根果
입 도 지 근 과

도에 들어가는 뿌리이요 열매이니,

於因正見
어 인 정 견

인연을 바르게 보아서

行不回顧
행 불 회 고

행하고 돌아보지 아니할지니라.

주석註釋

1 篤信 : 독실篤實하게 믿음, 또는 그러한 신앙信仰.

2 入道 : ① 불문에 들어감, 또는 그 사람. ② 머리를 깎고 회색 옷을 입
어 승려가 됨.

3 根 : 힘이 있어 강한 작용을 가진다는 뜻. 이십이근二十二根이 있으며,

육근六根은 안眼 · 이耳 · 비鼻 · 설舌 · 신身 · 의意를 가리킴.

4 果 : 인연소생법因緣所生法, 즉 어떤 원인으로 말미암아 생기는 결과.

5 因 : 협의狹義로는 어떤 결과를 가져오는 직접적인 내적內的 원인을 인 因, 곧 내인內因이라 하고, 이것을 외부에서 돕는 간접적인 원인을 연緣, 곧 외연外緣이라 하지만, 광의廣義로는 두 가지를 합하여 인因 또 는 연緣이라고 함. 엄밀히 따지면 이들은 서로 상관관계에 있으며, 또 쌍방통행이라 말할 수도 있다. 다시 말해 인이 연이 되고, 연이 인이 될 수도 있다는 것.

6 正見 : 팔정도八正道의 하나. 사제의 이치를 알고 제법諸法의 진상眞相 을 바르게 판단하는 지혜.

7 回顧 : ① 뒤를 돌아다봄. ② 지나간 일을 돌이켜 생각함.

| 해의解義 |

공자孔子는 "위선자爲善者 천보지이복天報之以福, 위불선자爲不善 者 천보지이화天報之以禍."라 하였다. 즉 '선을 행하는 사람은 하늘 이 복으로써 보답하고, 선을 행하지 않는 사람은 하늘이 재앙으로써 보답한다.' 는 의미이다. 이것이 바로 인과因果의 원리原理이다. 그 래서 선인善因은 선과善果를 부르고, 악인惡因은 악과惡果가 따르게 되는 것이 누구도 거역할 수 없는 천리天理의 준칙準則이다. 우리는 부처님 법을 선인善因으로 하여 불과佛果를 얻어 중생을 건져내야 한다.

2

信慙戒意財　　　믿음과 부끄러움과 계율과 마음의 재산
신 참 계 의 재

是法雅士譽　　　이것은 법을 닦는 맑은 선비의 명예이네.
시 법 아 사 예

斯道明智說　　　이러한 도를 밝은 지혜로 설하였나니
사 도 명 지 설

如是昇天世　　　이같이 한다면 하늘의 세계에 오르나니라.
여 시 승 천 세

│ 주석註釋 │

1 慙 : 부끄러울 참. ① 부끄럽다, 부끄러워하다. ② 부끄럽게 여기다.
③ 부끄러움. ④ 수치羞恥.

2 雅士 : ① 아담雅澹한 선비. ② 고아高雅한 선비. ③ 바르고 깨끗한 선
비.

3 明智 : 밝은 지혜.

4 天世 : 하늘의 세상.

│ 해의解義 │

　불법을 신봉信奉하고 삶에 염치廉恥를 가지고 부처님의 계율을 지
키며 바른 뜻을 간직하고 마음의 재산을 갖는 것은, 불법을 닦는 깨
끗한 선비가 지녀야 할 덕목德目이요 명예名譽라고 할 수 있다. 수행
자라 해서 꼭 빈한貧寒해야 한다고 단정 지을 수는 없다. 이 불도佛道

는 밝은 지혜를 가진 이가 설하여 놓았으니, 여기에 따라 공부를 하게 되면 하늘 세상에 오르게 된다. 다시 말하면, 세상에 있을지라도 천상天上에 사는 것처럼 청정하게 살 수가 있다는 말이다.

3

원문原文 · 해역解譯

愚不修天行	어리석은 자는 천행을 닦지 않고
우 불 수 천 행	
亦不譽布施	또한 보시하는 것을 칭찬하지 않네.
역 불 예 보 시	
信施助善者	믿고 보시하며 선을 돕는 사람은
신 시 조 선 자	
從是到彼安	이로 좇아 저 피안에서 편안하나니라.
종 시 도 피 안	

| 주석註釋 |

1 天行 : ① 선행善行을 말한다. 사람에게 불성佛性이 있기 때문에 본질적으로 선행을 하게 되어 있다. ② 보살菩薩이 닦는 행.

2 布施 : ① 보시의 본딧말. ② 자비심慈悲心으로 남에게 조건 없이 베푸는 것. ③ 불공佛供 · 불사佛事를 할 때, 신도들이 절에 올리는 돈이나 물품.

3 彼安 : 피안彼岸의 안락을 말한다. 생사의 경계를 차안此岸이라 하고,

번뇌煩惱를 해탈한 열반涅槃의 세계를 피안彼岸이라 한다.

| 해의解義 |

어리석다는 것은 선행善行을 하지 않고 보살행菩薩行을 할 줄 모르는 것을 말한다. 따라서 보시를 하지도 않고 보시하는 사람을 칭찬하지도 않는다. 사람은 불법을 믿고 보시를 행하며 선을 하도록 도와줌으로써 진급이 되고 향상이 되는 것이다. 이리 실천없이 일체 번뇌를 소멸하고 해탈을 얻으며 열반의 피안彼岸에서 살아가려는 생각만 한다. 이는 마치 우물에서 숭늉을 찾는 것과 같아서 별반 소득이 없고 도리어 죄업만 쌓이게 되는 것이니 삼가할 일이다.

4

원문原文 · 해역解譯

信者眞人長
신 자 진 인 장
　믿는 자는 참으로 사람의 어른이고

念法所住安
염 법 소 주 안
　법을 외우면 머무는 데가 편안하다네.

近者意得上
근 자 의 득 상
　가까이 하는 자는 뜻이 높음을 얻고

智壽壽中賢
지 수 수 중 현
　지혜의 수명이란 수명 가운데서 어짊이니라.

1 信者 : 어떤 종교를 신앙하는 사람.

2 念 : 외울 념, 생각 념. ① 외우다. 읊다. 암송暗誦하다. ② 생각. 생각하다. (마음에) 두다. ③ 기억하다.

3 念法 : 큰 공덕이 있는 부처의 설법을 생각하는 일.

| 해의解義 |

부처님의 법을 믿고 받들며 외우고 생각하는 사람은 모든 번뇌가 저절로 소멸하여 많은 사람 가운데서 능히 어른이 될 수 있고 어느 곳, 어느 때나 항상 편안함을 느끼면서 살아가게 된다. 따라서 이런 사람을 가까이 하는 사람까지도 마음이 밝아짐을 얻게 되어 즐거움을 이룬다. 사람의 수명이 아무리 길다 할지라도 100년 미만인데, 지혜의 수명은 한량없이 영겁으로 이어져서 장류長流하게 되니 불법을 믿고 공부하는 사람이라야 이런 수명을 가져서 현자賢者가 될 수 있다.

| 원문原文 · 해역解譯 |

信能得道　믿음은 능히 도를 얻고
신 능 득 도

法致滅道 법 치 멸 도	법은 멸도를 이룬다네.
從聞得智 종 문 득 지	들음을 좇아 지혜를 얻으면
所到有明 소 도 유 명	이르는 데마다 밝음이 있나니라.

| 주석註釋 |

1 得道 : ① 도를 깨달음. ② 오묘한 뜻을 깨달음.
2 滅道 : 나고 죽음의 미망迷妄, 또는 일체의 고를 없애고 열반涅槃에 이르기 위한 수행. 사제 중 멸제와 도제를 아울러 일컫는 말로 계, 정, 혜의 수행을 통하여 얻음.

| 해의解義 |

《화엄경華嚴經》에 "신위도원공덕모信爲道元功德母"라 하였다. '믿음은 도의 으뜸이며 공덕의 어머니다.'는 뜻이다. 믿음이 있어야 도를 이룬다. 진리를 믿지 않고 어떻게 그 진리를 깨칠 수가 있겠는가? 또한 법을 가까이 하여야 멸도滅道를 이루게 된다. 불법은 미망迷妄을 벗어나 열반涅槃에 이르는 수행법이 갖추어 있기 때문에 최상의 법이 되는 것이다. 그러므로 많은 법문을 들어 마음이 열리면 지혜가 솟아나게 되리니, 솟은 그 지혜로 살아간다면 시처時處를 가릴 것 없이 밝은 삶을 엮어가게 된다.

6

信能度淵 _{신 능 도 연}	믿음은 능히 연못을 건너고
攝爲船師 _{섭 위 선 사}	계율은 뱃사공이 되며
精進除苦 _{정 진 제 고}	정진은 괴로움을 제거하고
慧到彼岸 _{혜 도 피 안}	지혜는 피안에 이르게 하나니라.

| 주석註釋 |

1 度 : 법도 도, 건널 도. ① 법도. ② 도渡와 통용한다.

2 攝 : 여기서는 계율戒律을 말한다.

3 船師 : 〈불교〉 '부처'를 달리 이르는 말. 부처가 중생으로 하여금 바다를 잘 건널 수 있게 해 주는 뛰어난 선장이라는 뜻으로 하는 말이다.

4 彼岸 : ① 강의 건너편 기슭. ② 사바세계娑婆世界의 저쪽에 있다는 정토淨土. ③ 도피안到彼岸의 준말이니, 도피안은 바라밀다波羅蜜多의 역어이다. 생사生死의 경계인 차안此岸에서 피안彼岸인 열반涅槃에 다다르는 일, 또는 그를 위한 보살菩薩의 수행.

| 해의解義 |

불법을 독실하게 믿으면 그 위력威力과 법력法力에 의하여 번뇌煩惱가 자연 사라져서 고해苦海를 무난하게 건너갈 수 있다. 이렇게 고해를 건너갈 때에 계율戒律이 뱃사공 구실을 하여 더욱 수월하게 건

너게 된다. 수행하는 사람이 수도를 게을리 하지 않고 부지런히 정
진精進을 하면 심력心力이 날로 증장되고 지혜가 날로 솟아난다. 이
러하면 해탈을 넘어서 열반을 얻게 되어 피안彼岸에 도달하여 안락
한 생활을 하게 되리니 불도佛道를 믿는 것이 얼마나 중요한지 모른
다.

원문原文 · 해역解譯

士有信行　　　선비에게 믿음과 행함이 있으면
사 유 신 행

爲聖所譽　　　성자의 기리는 바가 된다네.
위 성 소 예

樂無爲者　　　무위를 즐기는 사람은
낙 무 위 자

一切縛解　　　모든 속박이 풀어지나니라.
일 체 박 해

주석註釋

1 士 : 선비 사. 선비. 비록 학식은 있으나 벼슬하지 않은 사람을 이르던
　말.

2 信行 : ① 신信은 신앙, 행行은 수행. ② 성법聖法에 의하여 행하는 것
　을 법행法行이라 하며, 타교他敎를 믿고 행하는 것을 신행이라 한다.

신행은 둔근鈍根에게는 문혜聞慧가 되며, 법행은 이근利根에게는 사혜思慧가 된다.

3 無爲 : ① 자연自然 그대로 되어 있고, 사람이 힘들여 함이 없음. ② 인연因緣에 의하여 이루어진 것이 아닌 생멸불변生滅不變의 것. ③ 상주불변常住不變의 존재.

4 一切 : ① 모든 것. 온갖 것. ② 모든 것을 다.

| 해의解義 |

선비란, 공부하고 수행하는 사람이기 때문에 불법佛法을 독실하게 믿고 받들어 나아간다. 그러하면 모든 성인들이 찬사를 보낼 뿐만 아니라 많은 도움을 주어서 진리를 깨닫고 성품을 회복하도록 북돋아 준다. 또한 수행인이 상주불변常住不變의 존재인 무위無爲를 확신確信해서 나아간다면 역시 모든 속박束縛과 굴레에서 벗어나 완전한 자유自由인 해탈解脫을 얻게 되어 저 하늘을 나는 새처럼 걸리고 막힘이 없이 일생 내지 영생을 살아가게 된다.

8

원문原文 · 해역解譯

信之與戒   믿음과 더불어 계율을
신 지 여 계

慧意能行   지혜로운 마음으로 능히 행하면
혜 의 능 행

健夫度恚　　건장한 사나이가 성냄을 건너듯
건 부 도 에

從是脫淵　　이로 좇아 연못에서 벗어나리라.
종 시 탈 연

| 주석註釋 |

1 慧意 : 지혜로운 마음.
2 能行 : 행위의 주체. 이에 반해, 행위의 목표가 되는 객체는 소행所行
  이라 함.
3 健夫 : ① 건장健壯한 사나이. ② 기력이 강한 남자.

| 해의解義 |

불문佛門의 제자라면 믿음을 가져야 한다. 이 믿음이란 집을 짓는
데 기초基礎와 같아서 얼마만큼 튼튼하게 하였느냐에 따라 몇 층層
을 올리느냐가 결정이 된다. 또한 행동을 하는데 있어서 준칙準則이
되는 계율戒律을 지켜야 한다. 만일 계율을 지키지 않으면 많은 죄
업을 짓고 욕심의 늪으로 빠져들어서 나올 기약이 없게 된다. 그러
므로 올바르고 맑은 정신으로 불도佛道를 닦는 사람이라야 어떠한
역경逆境이나 난경難境도 쉽게 돌파할 수 있다.

9

信使戒誠   믿음은 계율을 정성스럽게 하고
신 사 계 성

亦受智慧   또한 지혜를 받는 것이라네.
역 수 지 혜

在在能行   이르는 곳마다 능히 행하면
재 재 능 행

處處見養   여러 곳에서 길러짐을 보나니라.
처 처 견 양

| 주석註釋 |

1 能行 : 행위의 주체. 이에 반해, 행위의 목표가 되는 객체는 소행所行
이라 함.
2 在在 : 이르는 곳. 여러 곳. 도처. 곳곳. 각 방면. 가는 곳.
3 處處 : 여러 곳, 또는 이곳저곳.

| 해의解義 |

믿음이라는 것은 계율을 확실하게 지켜가도록 정성을 다하는 것
이라 할 수 있다. 부처님이 계율을 내놓으며 그름을 미리 막고 악을
그치도록 하였지만(防非止惡), 이를 지켜가는데 정성을 쏟지 않으면
시비是非에 들고 죄악에 빠져서 나오기가 어렵게 된다. 반면 계율을
잘 지키면 지혜도 자연 밝아지고 죄악도 소멸한다. 이렇게 믿음과
계율과 지혜를 갖추면 어느 곳, 어느 때나 주체적인 행동을 하고 많

은 사람들의 공양供養을 받게 되어 도가 있고 법을 가진 어진 사람으로 자리매김하게 된다.

원문原文 · 해역解譯

比方世利
비 방 세 리
바야흐로 세상의 이익과 비교하면

慧信爲明
혜 신 위 명
지혜와 믿음은 밝음이 된다네.

是財上寶
시 재 상 보
이것이 재산에 최상의 보배이니

家産非常
가 산 비 상
집안의 살림은 항상 안주安住하는 게 아니니라.

| 주석註釋 |

1 世利 : 세상의 잇속.

2 家産 : 한 집안의 재산. 집 재산. 살림.

3 非常 : ①〈불교〉나고 죽고 흥하고 망하는 것이 덧없다. 상주常住하는 것이 없다는 뜻에서 나온 말. ② 예사롭지 아니하다. ③ 평범하지 아니하고 뛰어나다.

　세상을 사는 사람들은 누구를 막론하고 영구세리營求世利를 한다. 이는 곧 '세상의 잇속(世利)에 관심을 갖고 거기에 인연을 맺어 그 이익(營求)을 추구하는 것' 이라는 말이다. 그러나 불도佛道에 관심을 가진 사람은 믿음과 지혜를 훨씬 중요하게 여기고 밝혀서 영생의 보배를 삼는다. 세상에서 아무리 재산을 많이 쌓았어도 죽으면 끝이 나고 설사 죽지 않는다 할지라도 영구永久할 수는 없는 것이니, 불자들은 믿음과 지혜를 보배로 삼아서 살아가야 참된 삶이 된다.

원문原文 · 해역解譯

欲見諸眞　모든 진실을 보고자 하거든
욕 견 제 진

樂聽講法　강론하는 불법을 즐겨 들어서
낙 청 강 법

能捨慳垢　능히 아끼고 때 묻음을 놓으면
능 사 간 구

此之爲信　이것이 믿음이 되나니라.
차 지 위 신

| 주석註釋 |

　1 諸眞 : 모든 진실의 도리道理.

2 講法 : 불법을 강론하는 것을 말함.

3 慳 : 아낄 간. ①아끼다. ②인색吝嗇하다. ③쩨쩨하다.

4 垢 : 때 구. ①때, 티끌. ②때 묻다. ③더럽다.

| 해의解義 |

불법佛法에 진실眞實이 있고 진리眞理가 있으며, 진법眞法이 있고 진도眞道가 있다. 이를 듣고자 하거든 불법을 즐겨야 한다. 불법을 즐기지 않고는 강론하는 성리性理를 알아들을 수가 없다. 그러므로 강사나 법사가 불법을 설한다면 어느 곳, 어느 때나 다가가야 한다. 거리의 멀고 가까움을 가리지 말고 달려가야 한다. 이렇게 하려면 굳은 믿음을 바탕으로 해야 한다. 그리하여 인색吝嗇하고 탐욕貪慾하며 더럽고 티끌이 묻은 자신의 거짓 마음을 버리고 씻어서 맑게 하여야 한다.

信能度河
신 능 도 하
민음은 능히 물을 건너고

其福難奪
기 복 난 탈
그 복은 빼앗기가 어렵다네.

能禁止盜
능 금 지 도
능히 금하여 도둑질을 그친다면

野沙門樂　들판이라도 사문의 즐거움이 되나니라.
야 사 문 락

| 주석註釋 |

1 度(渡)河 : 강물을 건넘.

2 奪 : 빼앗을 탈. ① 빼앗다, 빼앗기다. ② 약탈하다. ③ 잃다.

3 盜 : 도둑 도. ① 도둑. 도둑질. ② 훔치다.

4 沙門 : 출가 수행자. '노력하는 사람'이라는 뜻의 산스크리트 '슈라
마나(śramaṇa)'의 음역. 인도에서 진리구도를 위해 출가하여 고행·
명상 등의 여러 가지 방법으로 수행하는 관습이 있었으며, 석가모니
부처님도 그러한 관습에 따라서 출가하여 한 명의 사문이 되어 수행
한 것이다. 사문에게는 사의四依라고 하는 생활규범이 있었는데, 걸
식을 의미하는 탁발托鉢, 남이 버린 옷을 입는 분소의糞掃衣, 나무 아
래에서 기거하며 수행하는 수하좌樹下座, 동물의 대소변으로 만든 약
인 진기약陳棄藥에 의해서 생활하는 것을 말한다. 불교에서 출가 수행
하는 전통이 여기서 시작되었다.

| 해의解義 |

　수행을 해서 마음에 도를 갈무리고 심력心力을 갖추었다면, 무엇
이 두려우며, 무엇이 괴로울 게 있겠는가? 이런 사람은 삶이 항상 즐
겁고 보람되며 더욱 생령구제라는 사명이 있기 때문에 쉴 틈이 없고
방종放縱할 시간이 없다. 따라서 업하業河를 건너고 고해苦海를 건너
게 되면 행복이 그 가운데 있다. 이러한 행복은 누구도 빼앗아가지
못한다. 그러므로 남의 재물이나 이익을 탐하거나 넘보아서는 안 된
다. 오직 자신에게 원래 갖추어진 청정한 혜심慧心을 진정한 복락으

로 삼아야 한다.

無信不習
무 신 불 습
믿음이 없어서 익히지 아니하고

好剝正言
호 박 정 언
바른 말을 상하게 하길 좋아한다면

如拙取水
여 졸 취 수
서툴게 물을 취하려고

掘泉揚泥
굴 천 양 니
샘을 파서 진흙을 올림과 같나니라.

| 주석註釋 |

1 無信 : ① 신의信義와 신용信用이 없음. ② 소식이 없음.

2 剝 : 벗길 박. ① 상傷하다. ② 괴롭히다. ③ 벗기다, 벗겨지다.

3 正言 : 사실대로 바르게 말함. 도리에 어긋나지 않은 바른 말을 함, 또
는 그 말. 단언端言. 직언直言.

4 拙 : 옹졸할 졸. ① 서툴다. ② 옹졸하다, 졸하다. ③ 어리석다.

5 掘 : 팔 굴. 파다, 파내다.

불제자가 되어 부처님의 법이나 도를 믿지 않는다면 부처님의 가르침을 학습學習할 수가 없다. 가르침을 익히지 않으면 깨달음을 이룰 수 없고, 깨달음을 이루지 못하면 지혜가 솟아나지 않는다. 지혜가 없으면 부처님의 올바른 말씀에 대하여 적의適宜하지도 않는 시비是非를 공연히 붙이게 된다. 물을 취하려는 사람이 샘을 파고 진흙만 퍼되 올리고 맑은 물을 얻지 못함과 같다고 할 수 있다.

원문原文 · 해역解譯

賢夫習智
현 부 습 지
현명한 사람은 지혜를 익히고

樂仰淸流
요 앙 청 류
맑은 흐름을 좋아하고 우러르니

如善取水
여 선 취 수
물을 좋게 취하는 것과 같아서

思令不擾
사 령 불 요
생각을 어지럽게 하지 않나니라.

| 주석註釋 |

1 淸流 : ① 맑게 흐르는 물. ② 명분名分 · 절의를 지키는 깨끗한 사람들. ③ 좋은 집안.

2 擾 : 시끄러울 요. ① 시끄럽다. ② 어지럽다. ③ 흐려지다. 탁해지다.

어진 수도자는 학습을 부지런히 한다. 그래야 지혜가 빨리 솟아난다. 지혜가 있어야 도덕이 높고 행실이 방정方正한 사람들과 교류를 하여 고준한 인격을 도야陶冶시킬 수가 있다. 만일 수도인이 자기 관리를 잘못하여 허송세월虛送歲月을 하게 되면 자기의 전정前程도 그르칠 뿐만 아니라 다른 사람의 앞길도 막아버리게 된다. 그러므로 수도를 잘 하는 것이 마치 맑은 물을 마셔 속이 트이고 시원한 것처럼 생각에 번뇌가 없고 행동에 어지러움이 없이 잘 살아가게 된다.

15

信不染他
신 불 염 타
믿음은 다른 것에 물들지 아니하고

唯賢與人
유 현 여 인
오직 현명함을 사람들에게 준다네.

可好則學
가 호 즉 학
가히 좋아할만한 것은 배울 것이요

非好則遠
비 호 즉 원
좋지 않은 것은 멀리해야 하나니라.

1 染 : 물들 염. ① 물들다. 염색하다. ② 적시다. 담그다.
2 與 : 더불 여, 줄 여. ① 더불다(둘 이상의 사람이 함께하다). ② 주다. 베풀
   어주다.

| 해의解義 |

독실篤實한 믿음을 가진 사람은 항상 진실하다. 또한 진실하게 수
행을 하면 자연스럽게 지혜가 밝아진다. 그리하여 다른 사람에게 삼
독三毒이나 오욕五慾에 빠져서 물들도록 하지 않을 뿐만 아니라 벗
어날 수 있는 방편을 베푼다. 따라서 어진 사람과 친하고 또한 친해
지도록 주선을 해 주어서 자기도 어짊을 갈무리한다. 그리하여 좋은
것은 함께 배워서 성공을 이루고, 좋지 않은 것은 멀리 여의도록 온
갖 방법을 강구講究하여 현명한 사람이 되어가도록 한다.

| 원문原文 · 해역解譯 |

信爲我轝   믿음을 나의 수레로 삼을지니
신 위 아 여

莫知斯載   여기에 탈 줄을 알지 못하거든
막 지 사 재

如大象調   큰 코끼리를 길들이는 것과 같이
여 대 상 조

自調最勝
자 조 최 승

자기를 길들임이 가장 수승(殊勝 ; 가장 뛰어난 일)
하나니라.

| 주석註釋 |

1 轝 : 수레 여. ① 수레. ② 가마. ③ 차상車上(타거나 물건을 싣는 수레 윗부
   분).
2 大象 : 코끼리. 큰 코끼리.
3 調 : 고를 조. ① 고르다. ② 길들이다. ③ 조절하다.

| 해의解義 |

우리가 일상에서 고장난 수레(차)를 타게 되면 사고事故를 낼 가
능성이 많이 있다. 반면에 좋은 수레를 타면 안전하다. 믿음도 정법
正法이 아닌 사도邪道를 믿게 되면 고장 난 수레처럼 위험할 수가 있
다. 그런데 사람들은 튼튼한 수레가 있고 좋은 법이 있건만 여기에
자신을 실을 줄 모르고 믿을 줄도 모른다. 큰 코끼리는 길을 들여서
부려 쓰기가 참으로 어렵다. 코끼리를 길들이는 공력처럼 자신을 길
들여간다면 수승殊勝한 인품을 이루어 어진 사람이 된다.

信財戒財
신 재 계 재

믿음이 재물이고 계율도 재물이며

慚愧亦財 참 괴 역 재	부끄러움과 자책함도 또한 재물이며
聞財施財 문 재 시 재	들음도 재물이고 베풂도 재물이며
慧爲七財 혜 위 칠 재	지혜까지 일곱 재물이 되나니라.

| 주석註釋 |

1 慚愧 : 부끄러워하며 괴로워함.
2 七財 : 불도佛道를 이루는 데 필요한 신信 · 계戒 · 참慚 · 괴愧 · 문聞 · 시施 · 혜慧의 일곱 가지를 재물에 비유한 말.

| 해의解義 |

신재信財는 믿음의 재물이니 보살의 원력을 구현해야 한다. 계재戒財는 계율의 재물이니, 법에 맞도록 올바르게 지켜야 한다. 참재慚財는 자신에게 부끄러워할 줄 아는 재물이니 떳떳한 삶이어야 한다. 괴재愧財는 남에게 부끄러워할 줄 아는 재물이니 자책自責을 엄격하게 행해야 한다. 문재聞財는 들음의 재물이니 부처님과 선각자의 법문을 잘 들어야 한다. 시재施財는 보시의 재물이니 베풀고 나누어야 한다. 혜재慧財는 지혜의 재물이니 세상과 내가 둘이 아니라는 불교적 통찰을 가져야 한다.

從信守戒
종 신 수 계

민음으로 좇아 계율을 지키고

常淨觀法
상 정 관 법

항상 깨끗하게 법을 관찰하며

慧而利行
혜 이 리 행

지혜롭게 이익을 행하여서

奉敬不忘
봉 경 불 망

받들고 공경하여 잊지 않을지니라.

| 주석註釋 |

1 守戒=守戒律 : 율법을 지키다.
2 觀法 : ①불법佛法의 진리를 잘 살피고 생각함. ②관심觀心을 수행하는 방법. ③인상人相을 보는 방법.
3 利行 : 선행善行으로 중생을 이롭게 함.
4 不忘 : 잊지 아니함.

| 해의解義 |

종교라는 것은 확고한 믿음을 바탕으로 삼아야 한다. 믿음이란 교량橋梁을 떠받드는 기둥 밑의 기초基礎와 같다. 그 기초가 얼마나 튼튼한가에 따라 다리의 수명이 좌우된다. 믿음에 근거를 두고 계율을 지키고 맑은 마음으로 부처님의 법을 관조觀照해서 깨달으며 지혜를 갖추어서 일체 생령에게 이익이 되도록 베풀어야 한다. 이 모

든 것을 받들어서 공경하고 잊지 않아야만 마음에 새겨지고 행동에
배여서 일거수일투족—擧手—投足에 부처님의 법이 드러나게 된다.

원문原文 · 해역解譯

生有此財
생 유 차 재
태어나면서 이 재물이 있어서

不問男女
불 문 남 녀
남자와 여자를 물을 것이 없이

終以不貧
종 이 불 빈
마침내 써 가난하지 않으니

賢者識眞
현 자 식 진
현명한 자라야 진실을 아나니라.

| 주석註釋 |

1 不問 : ① 묻지 아니함. ② 가리지 아니함.
2 男女 : 남자와 여자를 아울러 이르는 말.
3 賢者 : 어질고 총명聰明하여 성인聖人의 다음가는 사람.

| 해의解義 |

사람은 이 세상에 태어나면서 이미 일곱 가지 재물을 가지고 나
왔다. 그 일곱 가지는 믿음(信) · 계율(戒) · 부끄러운(慚) · 자책(愧) ·

문법(聞)·베풂(施)·지혜(慧)이다. 불도를 이루려면 이 일곱 가지를 실현해야 한다. 이렇게 보면 본래부터 남녀노소를 막론하고 가난하거나 미천微賤한 것이 아니다. 그러나 이런 일곱 재물이 갖추어 있다는 것을 알아차릴 수 있는 것은 수도를 오래하여 참된 진리를 알고 깨달은 현자賢者가 아니면 알 수가 없다. 오직 진리를 안 참되고 어진 사람만이 소유所有하게 된다.

제*5*

계신품誡愼品

1

誡愼品者
계 신 품 자

계신품이란

授與善道
수 여 선 도

선한 길을 가르쳐주고

禁制邪非
금 제 사 비

사악하고 그름을 금하고 억제하여

後無所悔也
후 무 소 회 야

뒤에 뉘우치는 바가 없게 함이니라.

| 주석註釋 |

1 誡愼 : 경계하고 삼가는 것.

2 授與 : ① 가르쳐 주는 것. ② 증서證書, 상장賞狀, 상품賞品 등을 줌.

3 善道 : ① 바르고 착한 도리道理. 선하고 아름다운 도리. ② 선취善趣.

　　③ 좋은 길로 올바르게 인도함.

4 禁制 : 어떤 행위, 또는 일을 못하게 말림.

| 해의解義 |

　계신품의 취지에 대하여 설명하고 있다. "성궁기계省躬譏誡"라는
말이 있다. 즉 '나무람과 경계함이 있을까 염려하며 몸을 살핀다.'
는 의미이다. 남들이 뭐라 하기 이전에 먼저 가기를 살펴야 한다. 또
한 "신종여시愼終如始"라 하였다. 즉 '일이 마지막에도 처음과 같이
신중을 기해야 한다.' 는 뜻이다. 결국 선善의 길을 가르쳐주어서 사
악邪惡과 그름을 예방豫防해야 한다. 그래야 훗날에 뉘우침이 없게
되고 뉘우치거나 후회함이 없어야 삶을 엮어가는 것이 아름답고 값
지게 펼쳐질 수 있다.

人而常淸
인 이 상 청
사람은 항상 맑아서

奉律至終
봉 률 지 종
계율을 받들어 끝까지 이르도록

淨修善行
정 수 선 행
선한 행위를 깨끗하게 닦을지니

如是戒成
여 시 계 성
이와 같아야 계율을 이루나니라.

1 至終 : 마지막에 이름 끝에 이름.

2 善行 : 착하고 어진 행실.

| 해의解義 |

계율을 이룬다는 것은 선행善行을 베푸는 것이라고 할 수 있다. 어느 곳, 어느 때를 막론하고 착한 행동이 미쳐간다면 거슬림이 없이 조화調和를 이루게 될 것이니 계율의 본의本意가 나타난 것이라고 할 수 있다. 이렇게 하려면 사람이 맑아야 한다. 흐리면 안 된다. 흐리면 멀고 가까운 곳을 바라볼 수 없는 것처럼 눈앞의 자기를 보지 못하고 미래의 자신도 보지 못하여 인생의 방향을 잃고 헤매게 된다. 그러므로 불제자는 부처님의 계율을 잘 받들어 가져서 가산家産으로 삼아야 한다.

원문原文 · 해역解譯

慧人護戒
혜 인 호 계
지혜 있는 사람은 계율을 보호하고

福致三寶
복 치 삼 보
복을 부처와 법과 스님에서 이루며

名聞得利
명 문 득 리
명예가 소문남으로 이익을 얻어서

後上天樂　뒤에 하늘에 올라 즐거워 하나니라.
후 상 천 락

| 주석註釋 |

1 護戒 : 부처님의 계율戒律을 수호하는 것.
2 三寶 : 이 세상에서 가장 소중한 세 가지 보물이라는 뜻으로 여러 가
　지가 말해지고 있으나, 불교에서는 불보佛寶·법보法寶·승보僧寶를
　말한다. 불보는 진리를 깨친 모든 부처님, 법보는 모범되고 바른 부처
　님의 교법, 승보는 화합하고 깨끗한 부처님의 가르침대로 수행하는
　사람이라는 뜻.
3 名聞 : ① 명성名聲, 또는 평판評判. ② 세상에 나있는 소문.
4 上天 : ① 하늘. ② 하느님. ③ 사천의 하나로, 겨울 하늘. ④ 하늘로 올
　라감.

| 해의解義 |

　지혜로운 사람은 부처님의 계율을 보호하고 지킬 줄을 안다. 계
율이 흐트러지면 망상이나 번뇌가 생겨서 지혜를 이루는데 크게 마
장(魔障 ; 일이 되어가던 중에 나타난 뜻하지 않은 탈)이 된다. 또한 부처님
과 정법正法과 스님인 삼보三寶를 받들고 공경함으로써 복락이 이루
어진다는 사실을 알기 때문에 귀명정례歸命頂禮((부처님 앞에서 머리
를 땅에 대고 절한다는 뜻으로) 불교에 귀의하고 정성을 다하여 예불하는 일.)
를 한다. 그리하여 공덕을 널리 드러내어 알리고 이익을 베풀고 얻
어서 하늘에 오르는 즐거움을 누리게 된다. 천상락天上樂, 곧 생사고
락을 해탈하고 육도윤회를 초월하며 심신의 자유를 얻게 되는 즐거
움을 누린다는 말이다.

4

常見法處　항상 법이 있는 곳을 보아서
상 견 법 처

護戒爲明　계율을 보호하여 밝음을 삼으면
호 계 위 명

得成眞見　참된 견해가 이뤄지고 얻게 되여
득 성 진 견

輩中吉祥　무리 가운데 길하고 상서롭나니라.
배 중 길 상

│ 주석註釋 │

1 常見 : 세계나 모든 존재는 영겁 불변不變의 실재實在이며, 사람은 죽으나 자아自我는 없어지지 않으며, 5온蘊은 과거過去나 미래未來에 상주常住 불변하여 영구永久히 존재한다는 망신妄信.

2 眞見 : 참답게 보는 것.

3 吉祥 : ① 행복 또는 기쁨. ② 운수運數가 좋을 조짐兆朕. ③ 경사가 날 조짐.

│ 해의解義 │

불제자는 항상 부처님의 바른 법을 볼 줄 알아야 한다. 만일에 일시적으로 혹惑하는 외도外道나 신술神術을 보아 빠지게 되면 정법으로 돌아오기가 어렵다. 그러므로 계율을 잘 지켜야 한다. 계율을 호지護持함이 밝고 맑으면 자연 행동이 정숙靜肅해져서 수행이 잘 이루어지고 수행이 잘 이루어지면 진리와 성품의 참 실상實相을 보게 된다. 이러면 일반의 무리 가운데서 드러나고 뛰어나서 길상吉祥을 얻게 된다. 즉 항상 행복과 기쁨을 한량없이 누리게 된다는 말이다.

원문原文 · 해역解譯

持戒者安　계율을 지니는 사람은 편안하여
지 계 자 안

令身無惱　몸으로 하여금 번뇌가 없어지고
영 신 무 뇌

夜臥恬淡　밤에 누워도 고요하고 맑아지며
야 와 염 담

寤則常歡　잠에서 깨어나도 항상 기쁘나니라.
오 즉 상 환

| 주석註釋 |

1 持戒 : 계를 받은 사람이 계법戒法을 지킴.
2 恬淡 : ① 욕심慾心이 없고 담백淡白함. ② 이익을 탐내는 마음이 없음.
3 寤 : 잠 깰 오. ① 잠 깨다. ② 깨닫다. 각성覺醒하다.

| 해의解義 |

계율을 "방비지악防非止惡"이라 한다. 즉 '그릇을 막고 악을 그치

게 한다.'는 의미이다. 사람은 번뇌와 근심이 없이 살아가는 것이 가장 즐겁고 편안하다. 아무리 권력을 누리고 부유하게 산다 할지라도 남에게 말할 수 없는 번뇌와 근심을 한두 가지씩 안고 살아간다. 이는 부처님이 미리 경계한 계율을 지키지 않고 멋대로 살았기 때문이다. "무욕염담無慾恬膽"이라 한다. 즉 '욕심이 없어야 담박하다.'는 뜻이다. 사람이 분수分數를 넘은 욕심이 없으면 잠을 자든 깨어나든 항상 기쁠 수 있다.

6

修戒布施
수 계 보 시
계율을 닦고 보시를 하며

作福爲福
작 복 위 복
복을 지어야 복이 됨이라.

從是適彼
종 시 적 피
이로 좇아 피안으로 가서

常到安處
상 도 안 처
항상 안락한 곳에 이르나니라.

| 주석註釋 |

1 修戒 : '계율'이라고 불리는 종교적 규율을 자신의 행위규범으로 실천하겠다는 선언.

2 布施 : 범어 dāna. 단나檀那라 음역. ①6바라밀의 하나. 자비심으로써 다른 이에게 조건 없이 물건을 줌. 이것을 재시財施. 보시는 재시·법시·무외시無畏施의 3종으로 나누며, 또 4종, 5종, 7종, 8종으로 나누기도 한다. 재시財施·법시法施·무외시無畏施. ②지금은 흔히 신도들이 스님들에게 독경을 청하거나 불사를 행하고 보수로 금전이나 물품을 주는 것을 보시라고 말한다.

3 彼 : 고해의 차안此岸이 아닌 열반의 세계인 피안彼岸을 말한다.

4 安處 : ①편안히 잘 지냄. ②편안히 잘 지내다.

| 해의解義 |

국가에서 제정한 법률이라는 것은 권장사항과 금지사항을 통해서 국민들이 편안하게 살아가도록 보호를 하는 장치라고 할 수 있다. 반면에 계율戒律이라는 것은 종교적인 규율로 입도入道한 사람들의 행위규범이니 꼭 밟아 나갈 지상至上의 법규法規이다. "춘불파추불확春不播秋不穫"이다. 봄에 씨를 뿌리지 않으면 가을에 거둘 것이 없다. 복은 지어야 받는다. 복을 짓지 않고 받아지는 법칙은 없다. 이렇게 계율을 잘 지키고 복을 많이 지으면 저 언덕인 열반에 들어서 길이 편안하게 살 수 있다.

何從爲善 하 종 위 선	무엇을 선으로 삼아서 좇으며
何善安止 하 선 안 지	무엇이 선이기에 편안히 그치며
何爲人寶 하 위 인 보	무엇을 사람이 보배로 삼는 것이며
何盜不取 하 도 불 취	무엇이 도둑질해도 취하지 못할 것인가?

| 주석註釋 |

1 善 : ①도덕실천의 가치개념으로서 악惡과 상대되는 말. 도덕적 생활의 최고 이상理想. ②착하고 올바르고 좋은 것. ③아름답고 뛰어난 것. ④양심이 있고 도덕을 갖춘 것.
2 不取 : 무엇을 취取하지 아니함.

| 해의解義 |

《대학大學》에 "지어지선止於至善"이라는 말이 있다. 즉 '지극히 선한 경지에 이르러서 움직이지 않는다.'는 뜻이다. 이는 사람이 최고의 선에 도달한 그 상태를 이상理想으로 유지하고 지켜서 엇나가지 않음을 이르는 말이다. 사람은 이런 선을 보배로 삼고 표준으로 삼아야 한다. 또한 이런 선은 도둑도 빼앗아가지 못한다. "종선여류從善如流"라 하였다. 물이 신속히 낮은 쪽으로 흐르듯이, 정말로 지

선至善임을 알았으면 지체遲滯없이 이에 따라가고 주저躕躇없이 이에 나아가야 한다.

8

戒終老安
계 종 노 안
계율은 마침내 늙도록 편안하고

戒善安止
계 선 안 지
계율은 선하니 편안히 머물지라.

慧爲人寶
혜 위 인 보
지혜는 사람의 보배가 되는 것이며

福盜不取
복 도 불 취
복은 도둑이 취하려 해도 못 하나니라.

| 주석註釋 |

1 老安 : 늙음에 이르도록 괴로움이 없이 편안하다.
2 慧 : 사리事理에 통달하여 모든 의심을 풀어버리는 슬기. 사리를 분명하게 분별하는 지혜. 무위법無爲法을 통달하는 것.

| 해의解義 |

계율이란 행동에 티끌이 묻지 않도록 하자는 것이다. 옥에 하자瑕疵가 있으면 진옥眞玉이라고 하기가 어렵다. 우리의 동지動止도 맑

아서 하자가 없는 참 옥과 같은 행위가 되어야 한다. 그래서 계율로 가르친 선善에 안주安住해야 괴로움에서 벗어날 수 있다. 따라서 지혜를 최고의 보배로 삼아서 복락福樂을 만들어가야 한다. 이렇게 지은 복락은 누구도 도둑질해갈 수 없고 빼앗아갈 수도 없는 것이니 일상의 생활에서 소홀하거나 가볍게 여기지 않아야 한다.

원문原文 · 해역解譯

比丘立戒 비 구 입 계	비구가 계율을 세워서
守攝諸根 수 섭 제 근	모든 근원을 지키고 거두며
食知自節 식 지 자 절	먹는 것을 스스로 절제할 줄 알면
悟意令應 오 의 령 응	깨달은 뜻(마음)에 응하게 되나니라.

| 주석註釋 |

1 根 : 뿌리 근. 한 작용을 일으키는 강력한 힘을 말한다.
2 應 : 응할 응. ①응하다. ②대답하다. ③맞장구치다.

비구가 되었든, 비구니比丘尼가 되었든 간에 부처님이 내놓은 계율은 그야말로 금과옥조金科玉條이니 꼭 지켜야 한다. 만일 스님이 되어 계율을 지키지 못한다면 속인俗人만도 못할 뿐만 아니라 죄업이 여산여해如山如海하여 벗어날 기약이 없게 된다. 또한 먹는다는 것도 중요하다. 그러나 수도하는 사람이 잘 먹으려는 것은 독약毒藥을 먹는 것과 같아서 결국 몸을 녹이고 마음을 황폐하게 만든다는 것을 알아서 절제해야 한다. 그러면 자연 마음도 밝고 깨쳐져서 모두에 응하게 된다.

원문原文 · 해역解譯

以戒降心
이 계 항 심
계율로써 마음을 항복받고

守意正定
수 의 정 정
뜻(마음)을 지켜 선정을 바르게 하며

內學正觀
내 학 정 관
안으로 바른 관찰을 배워서

無忘正智
무 망 정 지
바른 지혜를 잊음이 없어야 하나니라.

1 降心 : 항심은, 곧 "항복기심降伏其心"이라는 뜻으로, 각자의 마음속
    에 꿈틀거리는 번뇌와 망상을 스스로 제지해서 극복하라는 말이다.

2 正定 : 〈불교〉 팔정도의 하나. 번뇌로 인한 어지러운 생각을 버리고
    마음을 안정하는 일이다.

3 定 : 선정禪定. 곧 참선參禪을 통해서 삼매경三昧境에 이르는 것을 말
    한다.

4 正觀 : 올바른 통찰. 지혜로써 대상을 있는 그대로 파악함.

5 正智 : ① 〈불교〉 진리를 보는 바른 지혜. ② 정리正理에 맞는 지혜.

| 해의解義 |

우리 몸에 묻은 오진汚塵은 아무리 두텁다 할지라도 물이나 비누
로 씻으면 깨끗해진다. 그러나 깊은 마음에 번뇌煩惱나 망상妄想의
진애塵埃가 뿌리를 내리면 물이나 비누로는 씻을 수 없고 오직 선정
禪定이라야 녹여낼 수 있다. 이것이 바로 안으로 배우는 것이니 잘
배움으로서 지혜가 솟아나서 사물을 바르게 통찰할 수 있고 진리를
바르게 깨칠 수 있다. 수도를 하든 세상에 살든 간에 사람은 지혜가
있어야 한다. 지혜라야 무엇이든 바르게 보고 곧게 나갈 수 있다.

11

明哲守戒   명철하게 계율을 지키고
명 철 수 계

內思正智   안으로 올바른 지혜를 생각하며
내 사 정 지

行道如應   도를 행하면 응해지는 것 같이
행 도 여 응

自淸除苦   저절로 맑아져서 고뇌가 제거되나니라.
자 청 제 고

주석註釋

1 明哲 : 세태世態나 사리事理에 밝음.
2 行道 : ① 여러 승려僧侶가 경을 읽으면서 거닐거나 불상佛像의 둘레를 도는 일. ② 도를 닦음.

해의解義

"도속공수계道俗共守戒"란 삼계三戒의 하나로, 재가在家한 사람이나 출가出家한 사람이 함께 지켜야 할 계戒를 말한다. 즉 계에 대해서는 남녀노소나 지위고하를 막론하게 명철하게 지켜나가야 한다. 그래야 마음속에서 바른 지혜가 솟게 되고 밝은 지혜를 얻게 된다. 사람은 도를 행할 줄 알아야 한다. 부처님이 가르쳐준 올바른 길로 나아가야 죄업이 쌓이지 않고 만사를 응용應用하게 된다. 그러면 심신이 저절로 맑아지고, 맑아지면 모든 고뇌苦惱가 자연 제거되게 된다.

12

蠲除諸垢
견 제 제 구
　　모든 때를 덜어내서 제거하고

盡慢勿生
진 만 물 생
　　교만을 없애서 생기지 말게 하며

終身求法
종 신 구 법
　　몸이 다할 때까지 법을 구해서

勿暫離聖
물 잠 이 성
　　잠깐도 성스러움을 떠나지 말지니라.

| 주석註釋 |

1 蠲 : 덜 견. 덜다.

2 垢 : 때 구. ① 때, 티끌. ② 때 묻다. 더럽다.

3 盡 : 다할 진. ① 다하다. ② 극치極致에 달하다. ③ 다 없어지다.

4 慢 : 거만할 만. ① 거만하다. 오만하다. ② 게으르다, 게으름을 피우다.

5 終身 : 죽을 때까지.

6 求法 : ① 불법을 구함. 자기를 구제할 교법을 찾아 신앙을 얻으려는
　　　것. ② 불상 · 경전, 혹은 불사리를 구함.

| 해의解義 |

　사람이 때를 묻히는 일이 있으면 빨리 덜어내고 제거해야 한다.
그렇지 않으면 마음이 어두워져서 맑아지지 않는다. 또한 교만驕慢
이 있으면 빨리 잘라내고 솎아내어 다시는 싹이 자라지 않도록 해야

한다. 그리하여 이 몸이 죽음에 이를 때까지 오직 부처님 뵙기를 갈구渴求하고 부처님 법을 구하기에 매진邁進해야 한다. 그러지 않으면 욕심이 일어나고 교만이 생겨나서 불법佛法과는 영영 멀어진다. 만일 멀어지면 제도를 받기가 어렵게 되기 때문이다.

13

원문原文 · 해역解譯

戒定慧解
계 정 혜 해

계율과 선정과 지혜와 깨달음

是當善惟
시 당 선 유

이것을 마땅히 잘 생각하라.

都已離垢
도 이 이 구

이미 모두 때가 묻음을 벗어나면

無禍除有
무 화 제 유

재앙도 없고 가짐도 제거되나니라.

│주석註釋│

1 戒定慧 : 계율 · 선정 · 지혜의 준말. 이를 총칭하여 3학學. 계는 몸 · 입 · 뜻으로 범할 나쁜 짓을 방지하는 것. 정은 산란한 마음을 한 경계에 머물게 하는 것. 혜는 진리를 깨닫는 지혜. 이 셋은 서로 도와 증과 證果를 얻는 것이므로, 계에 의하여 정을 얻고, 정에 의하여 지혜를 얻는다. 이를 경 · 율 · 논 3장에 배대하면, 경은 정학定學, 율은 계학戒

學, 논은 혜학慧學이다.

2 解 : 깨달을 해. 깨닫다.

3 惟 : 생각할 유. 생각하다. 사려思慮하다.

4 有 : 있을 유, 가질 유. ① 있다. 존재하다. ② 가지다. 소지所持하다.

| 해의解義 |

대범 계율戒律과 선정禪定과 지혜智慧는 수행자뿐만 아니라 세속에 사는 모든 사람에게 절대적으로 필요한 길이 아닐 수 없다. 사람이 진리를 깨닫고자 한다면 이 세 길을 통하지 않을 수 없기 때문이다. 오직 이 세 길을 통해서만 진리를 깨달을 수 있다는 말이다. 또한 사람이 세상을 잘 살아나가려면 마음에 끼어 있는 때를 씻어내야한다. 만일 구진垢塵이 남아 있으면 바로 재앙이 되고 죄업이 되어앞길이 밝게 열리기가 어려운 것이니, 오직 삼학三學의 수행을 통해서 진리의 길로 나아가야 한다.

著解則度　　집착이 풀리면 곧 제도濟度라
착 해 즉 도

餘不復生　　나머지는 다시 생겨나지 않으리니,
여 불 부 생

越諸魔界 모든 악마의 세계를 넘어서면
월 제 마 계

如日淸明 해와 같이 맑고 밝나니라.
여 일 청 명

| 주석註釋 |

1 著解 : 집착하는 마음이 풀리는 것을 말한다.
2 濟度 : 중생을 고해苦海에서 건지어 극락으로 이끌어 주는 일을 이르
　는 말.
3 魔界 : 악마惡魔의 세계. 마귀의 세계.
4 淸明 : 날씨가 맑고 밝음.

| 해의解義 |

　집착執着이란 무엇을 의미하는 것일까? 어떤 사물에 고집固執하
고 애착愛着하는 것을 말한다. 또한 마음속에 깊이 새겨 두고 잊지
못하는 것이며, 대상對象에 고집하여 마음이 벗어나지지 않는 것을
말한다. 이런 집착의 마음은 생사 해탈에 큰 방해가 된다. 그래서 이
집착만 소멸消滅되고 제거除去되면 나머지는 자연히 일어나지 않게
되며 중생을 고해苦海에서 건지어 극락으로 이끌어 준다. 저 해가
중천에 뜨면 사방이 밝은 것처럼 일체 마군의 세계도 저절로 물러나
고 사라지게 된다.

15

狂惑自恣 <small>광 혹 자 자</small>	미치고 미혹하며 스스로 방자함을
已常外避 <small>이 상 외 피</small>	이미 항상 멀리 피하고
戒定慧行 <small>계 정 혜 행</small>	계율과 선정과 지혜로운 수행으로
求滿勿離 <small>구 만 물 리</small>	원만하기를 구하여 벗어나지 말지니라.

| 주석註釋 |

1 狂惑 : ① 미쳐서 혹함. ② 미쳐서 어떤 것에 반하거나 빠짐.

2 自恣 : 자기 마음대로 함.

3 外 : 바깥 외. 멀리하다.

| 해의解義 |

　수행하는 사람이 미친 짓을 하고 미혹에 빠지며 방자하게 행동을 하는 것은 바른 수행자라고 할 수 없다. 그러므로 자신이 완전한 심력心力을 갖추지 못할 경우에는 이런 경계를 멀리하고 피해야 한다. 만일 멀리하거나 피하지 못하면 그 속으로 들어가 엉망진창이 되고 만다. 그러니 수행자는 마땅히 계율戒律과 선정禪定과 지혜智慧로 수행의 바른길을 잡아 정진精進을 해서 원만圓滿한 부처 이루기를 구할지니, 이 구하는 마음을 잃지 않는 것이 수행자의 본분本分이라고 할 수 있다.

持戒清淨　계율을 지녀 맑고 깨끗하며
지 계 청 정

心不自恣　마음에 스스로 방자하지 않고
심 불 자 자

正智已解　올바른 지혜를 이미 깨달아
정 지 이 해

不覩邪部　사악한 부류를 보지 않을지니라.
부 도 사 부

| 주석註釋 |

1 持戒 : ① 계행戒行을 지킴. ② 6바라밀의 하나. 계율을 지켜 범하지 않음. 계상戒相에는 비구 250계, 비구니 500계가 있음.

2 正智 : ① 바른 지혜. ② 정리正理에 맞는 지혜. ③ 진리를 보는 바른 지혜.

3 邪部 : 사악한 부류.

| 해의解義 |

계율을 지녀서 지키자는 것은 안으로 맑은 마음을 지니고 밖으로

바른 행동을 하자는 것이다. 수행하는 사람이 마음이 맑지 않으면 행동이 바를 수가 없고, 행동이 바르지 않으면 마음이 맑을 수 없기 때문에 계율을 맑고 깨끗하게 지니라고 하였다. 그리하여 바른 지혜를 연마研磨하고 바른 깨달음을 이루게 되면 심혜心慧가 밝게 세워진 것이라 어떠한 외도外道의 부류部類나 사악邪惡의 부류를 볼 필요가 없고 상대할 필요가 없는 것임을 알아야 한다.

원문原文 · 해역解譯

是往吉處
시 왕 길 처
이러하면 길한 곳으로 가서

爲無上道
위 무 상 도
위 없는 도를 행하게 되고

亦捨非道
역 사 비 도
또한 도가 아닌 것을 버려서

離諸魔界
이 제 마 계
모든 악마의 세계에서 벗어나라.

주석註釋

1 吉處 : 길한 곳. 좋은 장소.
2 無上 : ① 위가 없는 보리菩提란 뜻으로, 불과佛果를 말한다. 부처님이 얻은 보리는 최상의 것이므로 이같이 이름 한다. ② 그 위에 더할 수

없이 높고 좋음.

3 非道 : ① 정도正道 아닌 사행邪行. 올바른 도에서 벗어난 길. ② 올바른 도리道理에 어긋남.

| 해의解義 |

무상無上의 도란, 그 위에 더할 나위 없이 훌륭한 도를 말하는 것이니, 바로 불도佛道를 이름이다. 오직 부처님의 가르침인 정법正法을 위주로 하여 삶을 꾸려가야 불보살의 보호를 받아 나아가는 길이나 하는 일에 마장이 없게 된다. 그리하여 비도非道인 사법邪法이나 외도外道인 이법異法을 멀리함으로써 모든 악마惡魔의 세계나 경계에서 벗어날 수가 있다. 사람이 한번 악마의 세계에 들면 벗어나기가 어려운 것이니 오직 정법으로 살아서 들어가지 않도록 해야 한다.

제6

유념품惟念品

1

惟念品者
유 념 품 자
유념품이란

守微之始
수 미 지 시
본래의 작은 마음을 지키는 처음이니

內思安般
내 사 안 반
안으로 안반을 생각하면

必解道紀
필 해 도 기
반드시 도기를 깨닫게 되나니라.

| 주석註釋 |

1 守微 : 미는 '본래 마음을 지키는 것' 이니, 즉 참선을 해서 본래 마음
을 구하는 것을 말한다.

2 安般 : 안나安那와 반나般那의 준말이다. 안나는 내쉬는 숨을 말하고
반나는 들이쉬는 숨을 말하나니, 내쉬고 들이쉬는 숨을 헤아려 마음

의 동요動搖를 막는 것을 말한다.

3 道紀: ①도의 본체本體. ②도道의 기율紀律.

| 해의解義 |

유념품에 대한 취지를 설명하고 있다. 수미守微라는 것은 각자의
본래 갖추어진 마음을 잘 지켜서 삼독三毒이나 오욕五慾에 끌리지
않고 번뇌煩惱나 미망迷妄에 들어가지 않도록 해야 한다. 그러기로
하면 선禪을 닦아야 한다. 선이라야 진리眞理를 깨치고 자성自性을
회복하는 빠른 길이 되기 때문에 도가에 출신하여 선을 하지 않고
빈둥빈둥 놀기만 하면서 무슨 요행僥倖으로 얻어 볼까 하는 것은 불
가佛家의 모리배謀利輩이니, 어디에도 쓸모가 없는 헌신짝과 같다고
할 수 있다.

원문原文 · 해역解譯

出息入息念　숨을 내쉬고 숨을 들이마시는 생각을
출식입식념

具滿諦思惟　모두 갖추어서 진리를 생각할지니
구만제사유

從初竟通利　처음부터 끝까지 환하게 통달한다면
종초경통리

安如佛所說　편안함이 부처님 말씀한 바와 같나니라.
안 여 불 소 설

| 주석註釋 |

1 諦 : ① 불변不變의 진리. ② 진실의 이치.

2 思惟 : ① 마음으로 생각함. ② 개념槪念, 구성構成, 판단判斷, 추리推理 등을 행하는 인간의 이성理性이 작용. 인간은, 이것에 의하여 논리적인 대상의 인식이나 관계의 파악 등을 할 수 있음. ③ 대상對象을 분별하는 일, 또는 정토淨土의 장엄을 관찰하는 일. 선정禪定에 들어가기 전의 일심一心. 여의륜관음如意輪觀音의 뺨에 댄 손을 사유수라 함.

3 竟 : 마침내 경. ① 끝. ② 끝나다, 끝내다. ③ 지경地境(땅의 가장자리, 경계). ④ 마침내. 드디어.

| 해의解義 |

부처님이 말씀하신 법이라는 것이 여러 가지 의미가 있겠지만 결국 우리의 마음 하나를 맑고 밝고 편안하게 가지자는 것이 아닌가 생각한다. 그렇다면 누구나 가진 이 마음이 누구나 맑고 밝고 편안한가? 아니다. 거개가 번뇌煩惱나 망상妄想이나 욕심慾心이 마음을 덮고 파고들어서 어두워졌다. 이렇게 어두워진 마음을 맑고 밝게 하려면 선정禪定을 익히지 않고는 어렵다. 선정을 익히려면 숨 쉼이 가장 중요하다. 들이쉬는 숨과 내쉬는 숨을 고르게 하는 것이 첫째의 관건關鍵이다.

3

是則炤世間
시 즉 조 세 간

이것으로 세간을 비추는 것은

如雲解月現
여 운 해 월 현

구름이 풀려 달이 나타남과 같나니,

起止學思惟
기 지 학 사 유

일어나거나 그치거나 배움을 생각하여

坐臥不廢忘
좌 와 불 폐 망

앉았거나 누웠거나 항상 잊지 않을지니라.

| 주석註釋 |

1 炤 : 밝을 소. 비출 조. ① 비추다, 비치다. ② 밝다. 환하다.

2 世間 : ① 세상. ② 유정有情의 중생衆生이 서로 의지하며 살아가는 세상.

3 坐臥 : 앉음과 누움.

4 廢 : 폐할 폐, 버릴 폐. ① 그치다. ② 못 쓰게 되다. ③ 버리다.

| 해의解義 |

진리는 밝다. 우주를 비추고 천지를 비추며 세간을 비춘다. 이런 진리를 깨닫는 것이 선정禪定에 있는 것이니 마음을 덮은 업운業雲을 걷어내야 한다. 마치 달에 구름이 흩어지면 밝음이 드러나는 것과 같다. 항상 일어나거나 그치거나 앉거나 눕거나를 가리지 말고 부지런히 배우고 생각하며 그만두거나 잊음이 없이 정진精進을 해야 한

다. 그러면 반드시 혜월慧月이 솟아나서 우주를 비추고 세간을 비추어 정화淨化된 불세佛世의 평화와 안락安樂을 이루고 누리게 된다.

比丘立是念
비 구 입 시 념

비구가 이런 생각을 세우면

前利後則勝
전 리 후 즉 승

앞에도 이롭고 뒤에도 훌륭하리.

始得終必勝
시 득 종 필 승

처음에 얻음이 끝까지 반드시 뛰어나

逝不覩生死
서 부 도 생 사

맹세코 나고 죽음을 보지 않게 되나니라.

| 주석註釋 |

1 勝 : 이길 승. ① 뛰어나다. ② 훌륭하다.

2 逝 : 갈 서. ① 맹세盟誓하다. ② 죽다. 세상을 떠나다. ③ 가다. 지나가다.

| 해의解義 |

부처님의 제자가 된 비구比丘나 비구니比丘尼는 부처님과 같은 마음을 세우고 견지堅持해야 한다. 만일에 출가를 한 스님으로 부처님

의 가르침을 마음에 새기지 않는다면 아무리 수행을 하더라도 깨달음을 이루기 어렵다. 그러니 초지일관初志一貫의 단단한 마음으로 진리를 깨달아 끝까지 지켜가야 한다. 사람은 죽는다. 누구나 죽음 앞에서는 자유로울 수 없다. 그러나 죽지 않는 사람은 생사를 넘어선 불보살이니 우리도 불보살이 되어 생사에 자유로워야 한다.

5

원문原文 · 해역解譯

若見身所住
약 견 신 소 주
만일 몸이 머문 바를 보려면

六更以爲最
육 경 이 위 최
6경으로써 최고를 삼아야 하네.

比丘常一念
비 구 상 일 념
비구가 항상 한 생각(마음)이라면

便自知泥洹
편 자 지 니 원
문득 스스로 열반을 알게 되나니라.

| 주석註釋 |

1 住 : 살 주. ① 살다. 거주居住하다. ② 머무르다. 유숙留宿하다.

2 六更 : 오경五更 다음의 시간이니, 오전 5시에서 7시 사이를 말한다.

3 一念 : ① 한마음. ② 한결같은 마음. ③ 전심專心으로 염불念佛함.

| 해의解義 |

수행자의 최후 구경究竟은 열반涅槃을 얻는데 있다. 열반이란, 산스크리트의 '니르바나(nirvāṇa)'의 음역인데, 니원泥洹 · 열반나涅槃那 · 멸도滅度 · 적멸寂滅 · 원적圓寂, 또는 무위無爲 · 부작不作 · 무생無生 등으로도 의한다. 열반의 본뜻은 '불어서 끄는 것', '불어서 꺼진 상태'를 뜻한다. 마치 타고 있는 불을 바람이 불어와 꺼버리듯이 타오르는 번뇌의 불꽃을 지혜로 꺼서 일체의 번뇌 · 고뇌가 소멸된 상태를 가리키는 것이니 적정寂靜한 최상의 안락安樂이라고 할 수 있다.

원문原文 · 해역解譯

已有是諸念   이미 이런 여러 가지 생각이 있거든
이 유 시 제 념

自身常健行   자기 몸으로 항상 굳세게 행할지니
자 신 상 건 행

若其不如是   만일 그것이 이와 같지 아니하면
약 기 불 여 시

終不得意行   마침내 뜻(마음)의 행함을 얻지 못 하나니라.
종 부 득 의 행

1 諸念 : 여러 가지의 온갖 생각.
2 健行 : ① 씩씩하고 힘 있게 걸음. ② 일을 건전하고 힘 있게 밀고 나
    감.
3 如是 : 이렇게. 이와 같음.
4 得意 : ① 바라던 일이 이루어져서 뽐냄. ② 뜻을 이루어 자랑함.

| 해의解義 |

사람은 생각을 가졌다. 자기의 생각이지만 사리事理나 의로義路
에 맞지 않으면 올바른 사고思考라고 하기가 어려울 뿐만 아니라 몸
으로 실행하기도 어렵다. 그러니 우리는 부처님의 법이나 말씀에 자
신을 대입代入시켜서 그 가르침대로 밟아간다면 별스런 힘을 들이
지 않고도 효과를 극대화極大化할 수 있다. 만일 이렇게 하지 않는다
면 마음에 얻은 바가 없어서 불보살의 도리道理를 하지 못하고 도리
어 죄업罪業을 장만하게 되는 것이니 주의해야 한다.

7

원문原文 · 해역解譯 |

是隨本行者   이 근본의 행에 따르는 사람은
시 수 본 행 자

如是度愛勞   이같이 하여 애욕의 번뇌를 건너네.
여 시 도 애 로

若能悟意念 만일 능히 뜻과 생각을 깨닫는다면
약 능 오 의 념

知解一念樂 한결 같은 마음의 즐거움을 아나니라.
지 해 일 념 락

| 주석註釋 |

　1 度 : 渡의 의미로 건넌다는 뜻.

　2 愛勞 : 애욕의 번뇌(煩惱).

　3 意念 : ① 생각. ② 의식意識. ③ 견해見解.

　4 知解 : 깨달아 앎.

| 해의解義 |

　세상에는 법法도 많고, 주의主義나 사상思想도 많으며, 학설學說도 많지만 가장 근본이 되는 것은 부처님의 가르침인 불법佛法 이외에는 없다고 볼 수 있다. 그러니 근본이 되는 가르침을 따라 행하면 어려움이 없이 애욕愛慾의 번뇌를 건너게 된다. 따라서 부처님의 가르침대로 공부하여 진리를 깨닫고 마음을 알게 되면 밝은 지혜가 자연히 솟아나서 사리事理를 명확하게 알게 된다. 그러면 이보다 더 즐거움은 세상에 다시 없을 것이며 더 나아가서는 불보살의 대열에 들게 된다.

8

應時等行法　　때에 응하여 통틀어 법을 닦으면
응 시 등 행 법

是度老死惱　　이것으로 늙고 죽음의 고뇌를 건너리.
시 도 노 사 뇌

比丘悟意行　　비구가 깨달은 뜻(마음)의 행로는
비 구 오 의 행

當令應是念　　마땅히 이 생각에 응하도록 해야 하나니라.
당 령 응 시 념

| 주석註釋 |

1 等 : 무리 등. ① 무리(모여서 뭉친 한 동아리). 부류部類. ② 통틀어.
2 行法 : ① 행자行者의 닦는 법. ② 불도佛道를 닦는 방법.
3 老死 : ① 늙어서 죽음. ② 늙음과 죽음.

| 해의解義 |

　부처님의 법은 미치지 않는 데가 없고 이르지 않는 때가 없다. 이
는 누구를 막론하고 능히 행할 수 있는 법이기 때문이다. 사람이 늙
고 죽는 것도 번뇌煩惱가 들어서 요사妖邪를 부리는 것이니, 원래 삶
과 죽음이 없는 참된 자리를 깨닫는다면 번뇌의 올가미에서 벗어나
서 자유를 누리게 된다. 그러기 때문에 수행하는 사람은 정당한 법
을 따라야 하고, 정당한 길을 걸어야 하며, 정당한 행동을 해야 할
때에 부처님의 법을 표준으로 삼는다면 절대로 어그러지는 바가 없

게 된다.

諸念生死棄　　뭇 생각에 나고 죽음을 버림으로
제 념 생 사 기

爲能作苦際　　능히 괴로움을 짓는 끝을 삼아
위 능 작 고 제

常當聽微妙　　항상 마땅히 미묘함을 들어서
상 당 청 미 묘

自覺悟其意　　스스로 그 뜻을 깨달을지니라.
자 각 오 기 의

| 주석註釋 |

1 作苦 : ① 괴로움을 지음. ② 힘쓰고 애씀.

2 際 : 즈음 제, 가 제. ① 끝. 가. ② 즈음. ③ 변두리.

3 微妙 : ① 본래 마음을 표현하는 말. 본래 마음은 한없이 크고 깊기 때
문에 미微라 하고, 분별심으로 사랑하고 언어로 논의할 수 없기 때문
에 묘妙라 한다. ② 아름다움이나 일이 이상야릇하여 잘 알 수가 없다
는 말. ③ 섬세하고 현묘한 것.

4 覺悟 : ① 도리道理를 깨달음. ② 앞으로 닥쳐 올 일을 미리 깨달아 마
음을 작정함. 결심함. ③ 이치나 도리를 깨우쳐 앎.

원효대사元曉大師(617~686)는 "막생혜莫生兮여 기사야고其死也苦
요, 막사혜莫死兮여 기생야고其生也苦로다."라 하였다. 즉 '태어나지
말지니 그 죽는 것이 고통이요, 죽지 말지니 그 태어나는 것이 고통
이다.'는 의미이다. 이렇게 보면 생사 자체가 고통이니, 차라리 태
어나지 않는 것이 최선의 방법이라고 할 수 있다. 그러나 부처님의
미묘微妙한 법문을 많이 듣고 받아서 우주의 진리를 깨닫고 본래 마
음으로 돌아가는 곳에 생사를 넘어선 해탈 열반의 길이 있음을 알아
야 한다.

원문原文 · 해역解譯

能覺者爲賢
능 각 자 위 현
능히 깨달은 사람을 현명하다 하고

終始無所會
종 시 무 소 회
끝이든 처음이든 모이는 바 없네.

以覺意能應
이 각 의 능 응
깨달은 뜻(마음)으로 능히 응하고

日夜務學行
일 야 무 학 행
밤이나 낮이나 힘써 배우고 행하면

當解甘露要
당 해 감 로 요
마땅히 단 이슬의 요긴함을 알지니

令諸漏得盡   모든 번뇌가 없어짐을 얻나니라.
영 제 루 득 진

| 주석註釋 |

1 覺者 : ① 깨달은 이. ② 진리를 깨닫고 중생을 오성悟性으로 인도하는
  사람.

2 終始 : 마지막과 처음.

3 學行 : 배움과 행함, 또는 학문學問과 덕행德行.

4 甘露 : ① 단 이슬, 옛날에 천하가 태평하면 하늘이 상서祥瑞로 내리는
  것이라 했음. ② 불사천주不死天酒라 번역하기도 하며, 부처의 가르침
  이나 깨달음을 뜻하는데, 도리천忉利天에 있는 달콤한 영액靈液으로
  한 방울만 먹어도 온갖 괴로움이 사라지고, 산 사람은 불로장생不老長
  生하며 죽은 사람은 부활한다고 함.

5 要 : 요긴할 요. 요긴要緊하다. 중요하다.

6 漏 : 샐 루. 번뇌煩惱.

| 해의解義 |

감로甘露란, 곧 감로법甘露法으로 '부처님의 교법教法'을 감로에
비유하여 일컫는 말이다. 공부하는 사람은 이 감로의 교법을 배우고
익히며 실행하고 깨달아야 한다. 이 감로를 불사천주不死天酒라 하
여 도리천忉利天에 있는 달콤한 영액靈液으로 한 방울만 먹어도 온갖
괴로움이 사라지고, 산 사람은 불로장생不老長生을 얻으며, 죽은 사
람은 부활復活한다고 한다. 이렇게 영험靈驗을 갖춘 법이 불법이니,
누구를 막론하고 불법을 공부하지 않을 수 없다.

夫人得善利
부 인 득 선 리

대저 사람이 좋은 이익을 얻으려면

乃來自歸佛
내 래 자 귀 불

이에 와서 스스로 부처님께 귀의할지니

是故當晝夜
시 고 당 주 야

이런 까닭에 마땅히 밤과 낮으로

常念佛法衆
상 념 불 법 중

항상 불과 법과 승을 생각해야 하나니라.

| 주석註釋 |

1 善利 : 좋은 이익. 복락이 되는 이익.
2 歸佛 : 부처님께 귀의함.
3 衆 : 스님을 뜻함.

| 해의解義 |

세상에 사는 사람이 스스로 노력하여 재물을 모으기도 하지만 잘 사는 부모나 친척에게 의지하면 많은 힘을 들이지 않고도 부유를 누릴 수 있다. 우리가 부처님께 귀의하는 것이 이와 같다. 참된 마음을 가지고 부처님과 바른 법과 열린 스님에게 귀의하여 믿고 받들어 나가면 힘을 다하여 수행을 하지 않더라도 좋은 이익을 얻게 된다. 그러므로 수행하는 사람은 주야 24시간을 통해서 삼보三寶인 불佛과 법法과 승僧을 항상 생각하며 공력功力을 드려야 한다.

已知自覺意
이 지 자 각 의　　이미 스스로 깨달음의 뜻을 알면

是爲佛弟子
시 위 불 제 자　　이에 부처의 제자가 되는 것이니

常當晝夜念
상 당 주 야 념　　항상 마땅히 밤이나 낮으로

佛與法及僧
불 여 법 급 승　　불과 법과 승을 생각해야 하나니라.

| 주석註釋 |

1 佛弟子 : 불교에 귀의한 사람들의 통칭. 부처님을 신봉하고 불법을 수
행하는 사람, 곧 불자.

2 佛法僧 : 삼보三寶를 말한다. 우주만유의 진리를 깨친 부처님(佛), 부
처님이 설한 모든 교법(法), 부처님의 교법을 믿고 따르며 수행하는
사람(僧)을 아울러 일컫는 말이다.

| 해의解義 |

　진리를 깨쳐야겠다는 마음을 먹고 뜻을 가진 사람은 모두가 부처
님의 제자들이다. 왜냐하면 불교야말로 바른 진리를 가르치고 깨칠
수 있는 길이 모두 원만하게 갖추어져있기 때문이다. 그러려면 삼보
三寶를 신봉해야 한다. 삼보란, 불제자들로 하여금 진리를 깨달을
수 있는 능력能力과 위력威力과 호력護力을 갈무리하여 한 생령도 버

림이 없이 괴로운 바다(苦海)에서 건져서 안락한 정토淨土에 영주永
住토록 할 수 있는 세상에서 가장 보배로운 도리道理이기 때문이다.

13

念身念非常   몸을 생각하되 떳떳하지 않다 생각하며
염 신 염 비 상

念戒布施德   계율과 보시와 덕을 생각하고
염 계 보 시 덕

空不願無相   공과 바람이 없음과 상이 없음을
공 불 원 무 상

晝夜當念是   밤낮으로 마땅히 이를 생각할지니라.
주 야 당 염 시

| 주석註釋 |

1 非常 : 또는 무상無常. 항상불변恒常不變하지 못하는 것, 곧 항상 하지
  않음을 말한다.

2 念戒 :【범】śīlānu-smti, 10념의 하나. 계戒는 번뇌 악업을 그치게 하
  고 성도聖道를 성취케 하는 것이라고 생각함.

3 布施 :【범】dāna, 단나檀那라 음역. ① 6바라밀의 하나. 자비심으로써
  다른 이에게 조건 없이 물건을 줌. 이것을 재시財施. 보시는 재시 · 법
  시 · 무외시無畏施의 3종으로 나누며, 또 4종, 5종, 7종, 8종으로 나누
  기도 한다. ② 4섭법攝法의 하나. 보살이 재시 · 법시로써 중생을 섭수

攝受하여 화도化導하는 것. ③ 지금은 흔히 신도들이 스님들에게 독경을 청하거나 불사를 행하고 보수로 금전이나 물품을 주는 것을 보시라고 말한다.

4 空 : 【범】śūnya, 순야舜若라 음역. ① 물건이 없는 곳. 보통 말하는 공간·공허·공무空無의 뜻. ② 유有가 아니란 뜻. 실체가 없고 자성自性이 없는 것. 불교에서 말하는 공의 종류는 매우 많으나 이를 크게 나누면, 실답지 않은 자아自我에 실재實在라고 인정하는 미집迷執을 부정하도록 가르치는 아공我空과, 나와 세계를 구성하는 요소에 대하여 항상 있는 것이라고 인정하는 미집을 부정하도록 가르치는 법공法空의 두 가지가 있음.

5 不願=無願 : 모든 법을 관觀하여서 더 바랄 것이 없는 것, 또는 마음이 안정된 상태를 말한다.

6 無相 : ① 진여眞如 법성法性은 미迷한 생각으로 인식하는 것과 같은 현상의 모양이 없는 것. ② 생멸 변천하는 모양이 없는 무위법無爲法. ③ 모든 집착을 여읜 경계. ④ 객관의 속박을 벗어나 만법이 환술幻術과 같은 줄을 아는 온갖 무루심無漏心.

| 해의解義 |

도를 닦는 사람은 인연因緣이나 경계境界나 활동活動을 될 수 있으면 줄여야 한다. 그래서 원래 몸이 없는 무상無常이라고 생각을 하여야 한다. 또한 계율과 보시와 덕과 공과 무원과 무상 등을 현실로나 마음으로 생각을 하고 행동해야 한다. 그러나 수행을 하는데 방해가 된다면 과감하게 버릴 줄도 알아야 한다. 우리가 출가를 하였든, 재가에 있든 간에 무루無漏의 복과 무갈無渴의 지혜를 갖추어서 불보살의 대열에 합류合流하자는 것이 부처님의 가르침이다.

제 7

자인품慈仁品

1

慈仁品者   자인품위란
자 인 품 자

是謂大人   이에 대인과
시 위 대 인

聖人所履   성인의 밟아가는 바
성 인 소 리

德普無量   덕이 넓어서 한량이 없음을 이르나니라.
덕 보 무 량

| 주석註釋 |

1 慈仁 : 자애慈愛롭고 인자함.

2 大人 : ① 거인巨人. 성인成人. 군자君子. 높은 신분 · 지위 · 관직官職에
   있는 사람. ② 남의 아버지의 존칭尊稱. 남에게 대한 경칭敬稱.

3 履 : 밟을 리(이). ① 밟다. ② 행하다.

4 無量 : 한량限量이 없음.

《맹자孟子》 이루하離婁下에 "대인이란, 그 적자의 마음을 잃지 않는 사람이다.(大人者, 不失其赤子之心者也.)"라고 하였다. 또《맹자孟子》》 고자상告子上에 공도자公都子가 대인大人과 소인小人의 물음에 "대체(良心)를 따르면 대인이 되고, 소체(情欲, 欲望)를 따르면 소인이 된다.(從其大體, 爲大人, 從其小體, 爲小人.)"고 하였다. 대인이란 바로 성인으로 머무는 곳마다, 행하는 것마다 공덕功德과 자은慈恩이 넓고 한량없이 미치게 되어 자연 불토佛土가 이루어진다.

爲仁不殺　　　인자하여 죽이지 않고
위 인 불 살

常能攝身　　　항상 능히 몸을 다스리면
상 능 섭 신

是處不死　　　이는 죽지 않음에 처하는 것이니
시 처 불 사

所適無患　　　가는 곳마다 근심이 없나니라.
소 적 무 환

1 仁 : 어질 인. ① 어질다. 자애롭다. 인자仁慈하다. ② 사랑하다.

2 不殺 : ① 죽이지 않음. ② 죽지 아니함.

3 攝 : 다스릴 섭. ① 다스리다. ② 잡다. ③ 가지다.

4 不死 : 불생불사不生不死를 의미하는 것이니, 생겨나지도 않고 소멸하
지도 않는 진여실상眞如實相이라. 진여실상은 우주만유의 실체實體로
서 절대적인 진리이고 끊임없이 변화하는 현상의 가상假相에 대한 말
이다.

5 無患 : 근심과 걱정이 없다.

| 해의解義 |

"견인여신見人如身"을 해야 한다. 즉 '남 보기를 내 몸같이 해야
한다.'는 의미이다. 일체 생령 보기를 내 몸같이 여긴다면 생령 하
나하나를 사랑을 하고 보호는 할지언정 핍박逼迫하거나 죽일 수는
없다. 반면에 내 몸(마음)을 잘 다스리고 모든 번뇌를 끊어서 청정한
마음을 이뤄 남도 없고 죽음도 없는 진여실상眞如實相의 경지에 이
른다면 바로 불사지신不死之身이 되리니 어디를 가고, 어디에 처해
도 근심과 걱정이 완전히 사라진 정토淨土의 극락極樂을 이루게 된
다.

3

不殺爲仁　죽이지 않음을 인으로 삼고
불 살 위 인

愼言守心　말을 삼가며 마음을 지킨다면
신 언 수 심

是處不死　이는 죽지 않음에 처하는 것이니
시 처 불 사

所適無患　가는 곳마다 근심이 없나니라.
소 적 무 환

| 주석註釋 |

1 愼言 : 말을 삼감.
2 守心 : 본래 마음을 잃지 않고 지킴.

| 해의解義 |

"수심정기守心正氣"라는 말이 있다. 본래 청정한 그 마음을 항상 지켜서 잃지 아니하고 사특邪慝한 기운을 버리고 도기道器를 길러서 천인합일天人合一을 이루자는 의미이다. 이렇게 하려면 중생을 죽이지 않아야 한다. 인자仁慈한 마음을 가져서 생령을 내 몸처럼 아끼고 사랑해야 한다. 그리하여 본래지심本來之心으로 돌아간다면 바로 실상實相에 들어서 불사신不死身이 되리니, 어느 곳을 간들 근심과 걱정이 없는 정토淨土의 낙원樂園을 이루게 된다.

4

彼亂已整 저 혼란함을 이미 정리하고
피 난 이 정

守以慈仁 사랑하고 어짊으로 지키며
수 이 자 인

見怒能忍 성냄을 보아도 능히 참으면
견 노 능 인

是爲梵行 이것이 범행이 되나니라.
시 위 범 행

| 주석註釋 |

1 亂 : 어지러울 란. ① 어지럽다. ② 어지럽히다. 손상損傷시키다. ③ 다
스리다.

2 整 : 가지런할 정. ① 가지런하다, 가지런히 하다. ② 정돈하다. ③ 정
연整然하다(가지런하고 질서가 있다).

3 忍 : 참을 인. 참다.

4 梵行 : 【범】brahmacarya, 범은 청정 · 적정의 뜻으로, 맑고 깨끗한
행실. 정행淨行과 같음. ① 더럽고 추한 음욕을 끊는 것을 범행이라 한
다. 곧 범천의 행법이란 말. ② 5행行의 하나. 공空 · 유有의 양쪽에 치
우쳐 물들지 않고, 맑고 깨끗한 자비심으로 중생의 고통을 건지고 낙
을 주는 보살행.

| 해의解義 |

사람이 세상을 살다 보면 자의自意가 되었든, 타의他意가 되었든

간에 욕심을 부리고 끌려서 혼란混亂스러운 때가 있는데 이를 잘 정리해서 자비와 어짊으로 지켜야 한다. 또한 남들이 나를 공연히 모멸侮蔑하는 경우가 있는데, 이런 때를 당하여 성질을 부릴 것이 아니라 참아내는 마음을 가져야 한다. 이것이 범행梵行이다. 범행이란 범천梵天의 행법行法이란 말로 맑고 깨끗하다는 의미의 정행淨行이다. 더럽고 추잡한 음욕淫慾을 끊어서 청정淸淨에 들고 적정寂靜에 잠겨야 한다.

至誠安徐
지 성 안 서
지극히 정성하고 편안하며 평온하여

口無麤言
구 무 추 언
입으로는 거친 말이 없을 것이며

不瞋彼所
부 진 피 소
다른 사람에게 성내지 않는 것

是謂梵行
시 위 범 행
이것이 범행이라 이르니라.

| 주석註釋 |

1 至誠 : 지극한 정성精誠.
2 徐 : 천천히갈 서. ① 천천히 하다. ② 평온하다. ③ 조용하다.

3 麤 : 거칠 추. ① 거칠다. ② 섞이다. ③ 추醜하다.

4 麤言 : 거친 말. 말투가 곱지 못한 말.

5 瞋 : 부릅뜰 진. ① (눈을) 부릅뜨다. ② 성내다.

6 彼所 : 저곳. 여기서는 '다른 사람'을 뜻한다.

7 梵行 : ① 불도佛道의 수행. ② 음욕淫慾을 끊은 맑고 깨끗한 행실.

| 해의解義 |

"지성여신至誠如神"이라 한다. 지극한 정성이 있는 사람은 그 힘이 신神과 같다는 뜻이다. 마음이 신과 같다면 무엇을 못하겠는가? 편안하고 평온한 몸과 마음을 가진다면 입에서 나오는 말 한마디라도 거칠거나 천박淺薄하지 않고 자비로운 말로 다른 사람을 따뜻하게 감싸 안아서 살려주고 키워주게 된다. 그러므로 우리는 혼자 사는 것이 아닌 사람은 물론 만물과 어울려 살고 있기 때문에 정성스럽게 자비를 베풀지 않을 수 없다. 이것이 범행梵行이다.

원문原文 · 해역解譯

垂拱無爲　팔짱을 끼어서 함이 없고
수 공 무 위

不害衆生　중생을 해치지 않으며
불 해 중 생

無所嬈惱   번거로운 번뇌가 없다면
무 소 요 뇌

是應梵行   이것이 범행에 응함이니라.
시 응 범 행

| 주석註釋 |

1 垂拱 : 옷소매를 늘어뜨리고 팔짱을 낀다는 뜻으로, 아무 일도 하지
  아니하고 남하는 대로 내버려둠.

2 無爲 : ① 자연自然 그대로 되어 있고, 사람이 힘들여함이 없음. ② 인
  연因緣에 의하여 이루어진 것이 아닌 생멸生滅 불변不變의 것. ③ 하는
  일이 없음.

3 衆生 : ① 많은 사람들. ② 모든 사람과 동물을 통틀어 이르는 말. 제유
  諸有. 회생懷生.

4 嬈 : 번거로울 요. ① 번거롭다. 괴로워하다. ② 번뇌하다. ③ 어지럽
  히다, 어지럽다.

| 해의解義 |

"수공평장垂拱平章"이라는 말이 있다. 이 말은 '밝고 평화스럽게
다스리는 길을 겸손하게 생각하는 것'을 말한다. 무엇인가 한다는
것은 무엇인가가 부족한 바가 있어서 그 부족을 메꾸려고 하는 것으
로 무위無爲의 자연이 아니다. 이렇게 하다 보면 중생을 해칠 수도
있고 번뇌에 괴로워할 수도 있으니 이를 벗어나야 한다. 이를 벗어
나기가 결코 쉬운 것이 아니기 때문에 부처님의 위덕威德을 빌릴 수
밖에 없다. 또한 음욕淫慾을 끊은 맑고 깨끗한 행실. 이것이 범행이
다.

7

常以慈哀　　항상 사랑하고 불쌍히 여김으로써
상 이 자 애

淨如佛教　　깨끗하기가 부처님 가르침 같나니
정 여 불 교

知足知止　　만족함을 알고 그칠 줄을 안다면
지 족 지 지

是度生死　　이것이 삶과 죽음을 건넘이니라.
시 도 생 사

| 주석註釋 |

1 慈哀 : 사랑과 불쌍히 여김.
2 知足 : 제 분수를 알아 마음에 불만함이 없음, 곧 무엇이 넉넉하고 족
　한 줄을 앎.
3 知止 : 자기 분에 지나치지 않도록 그칠 줄을 앎.
4 度生死 : 살고 죽는 것을 건너는 것이니, 생사의 번뇌가 있는 고해를
　건너는 것으로 열반의 피안彼岸에 도달하게 됨.

| 해의解義 |

　사람은 사랑을 가슴에 안고 불쌍히 여김을 마음에 담아야 한다.
사람이 사랑하기도 어렵지만 불쌍히 여기기는 더욱 어렵다. 진정한
깊은 마음으로 부처님의 심법心法이 된다면 불쌍한 사람들을 외면
할 수가 없다. 매사에 만족할 줄을 알고 또 그 만족에 머무를 줄을

알아야 한다. 이를 알지 못하면 탐심貪心이 생기고 욕심慾心이 생겨
업력業力만 쌓이게 된다. 그러므로 우리가 생사의 고해苦海를 건너
가려면 올바르게 가르쳐준 불법을 따르지 않을 수 없다.

원문原文 · 해역解譯

少欲好學　　욕심이 적고 배우기를 좋아하며
소 욕 호 학

不惑於利　　이익에 미혹되지 않고
불 혹 어 리

仁而不犯　　어질어서 범하지 않는 것을
인 이 불 범

世上所稱　　세상에서는 칭송하는 바이니라.
세 상 소 칭

| 주석註釋 |

1 好學 : ① 학문學問을 좋아함. ② 배우기를 좋아함.

2 不惑 : 미혹迷惑하지 아니한다는 뜻으로, 나이 마흔 살을 일컫는 말.

3 不犯 : ① 남의 것을 침범侵犯하지 않음. ② 남녀가 사통私通하지 않음.

4 稱 : 일컬을 칭. 칭찬하다.

물질에 대한 기대와 욕심이 적어야 배우려는 마음이 생겨나서 좋아하게 된다. 《논어論語》에 "호학근호지好學近乎知"라 하였다. 학문은 격물치지格物致知하는 길이므로, 학문을 좋아하는 것 자체가 지혜智慧에 가깝다는 말이다. 사람이 지혜로워야 이욕利慾에 미혹되지 않고 끌리지 않는다. 따라서 어질어야 한다. 《논어》에 "역행근호인力行近乎仁"이라 하였다. 힘써 실행을 하면 어짊에 가깝게 된다. 어질어야 남의 것을 침범하지 않는다. 이러하면 세상에서 칭송이 자자하게 될 것이다.

仁壽無犯
인 수 무 범
인자하여 장수하므로 침범당하지 않고

不興變怏
불 흥 변 앙
변고나 불만을 일으키지 않으며

人爲諍擾
인 위 쟁 요
사람들이 다투어 요란하게 해도

慧以嘿安
혜 이 묵 안
지혜로움으로써 잠잠케 하여 편안하나니라.

1 仁壽 : 인덕仁德이 있고 수명壽命이 긺.

2 不興 : 일어나지 아니함.

3 怏 : 원망할 앙. ① 원망하다. ② 불만스럽다.

4 諍 : 간할 쟁. 다투다.

5 擾 : 시끄러울 요. ① 시끄럽다. ② 요란하다.

6 嘿 : 고요할 묵. ① 고요하다. ② 말을 아니하다. 입을 다물다.

| 해의解義 |

《논어論語》에 "인자수仁者壽"라 하였다. 즉 '어짊을 좋아하는 사람은 장수를 한다.' 는 말이다. 어진 사람은 남을 함부로 침범하거나 핍박하지 않는다. 또 어떤 변고變故나 불만不滿을 일으키지도 않는다. 사람들과 더불어 화합을 이루되 원망하거나 다투지 아니하며 시끄럽거나 요란을 피우지 않는다. 그러므로 이러한 사람은 근심과 걱정이 없으니 장수를 누리지 않을 수 없다. 따라서 지혜롭기 때문에 잠잠해지고, 잠잠하면 편안해지며, 편안하면 장수를 하게 된다.

원문原文 · 해역解譯

普憂賢友　널리 현명한 친구를 걱정하고
보 우 현 우

哀加衆生　　중생을 불쌍하게 더욱 여기며
애 가 중 생

常行慈心　　항상 인자한 마음을 행하면
상 행 자 심

所適者安　　가는 곳마다 편안하나니라.
소 적 자 안

| 주석註釋 |

1 賢友 : 어진 벗.
2 常行 : ① 일상 하는 일. ② 항상 취取하는 행동.
3 慈心 : 자비심慈悲心의 준말이다. 자비심이란, 첫째 사랑하고 가엽게
　　여기는 마음이요, 둘째 중생衆生에게 자비를 베푸는 마음을 말한다.

| 해의解義 |

《논어論語》에 "익자삼요益者三樂"라는 구절이 있다. 이는 "요절예
악樂節禮樂하고 요도인지선樂道人之善하며, 요다현우樂多賢友하면 익
의益矣라."는 말이다. 이는 '유익한 좋아함이 세 가지이다.' 는 뜻으
로, '예악으로 절제하기를 좋아하며, 사람의 선함을 말하기 좋아하
며, 어진 벗이 많음을 좋아하면 유익하다.' 는 뜻이다. 어진 벗을 격
정하는 그 마음으로 중생을 불쌍히 여기고 자비로운 마음으로 제도
를 하게 되면 어느 곳, 어느 때라도 편안하지 않을 수 없게 된다.

11

仁儒不邪   어진 선비는 사악하지 아니하고
인 유 불 사

安止無憂   편안하고 그침에 근심이 없어서
안 지 무 우

上天衛之   위의 하늘이 그를 호위해주나니
상 천 위 지

智者樂慈   지혜로운 사람이라야 인자함을 즐기나니라.
지 자 낙 자

| 주석註釋 |

1 仁儒 : 어짊을 갖춘 선비.

2 不邪 : ① 사악邪惡하지 아니함. ② 부정不正한 도리에 어긋나지 아니
함. ③ 간사하지 아니함.

3 無憂 : 아무 근심이 없음.

4 上天 : ① 하늘. ② 하느님. ③ 사천의 하나로, 겨울 하늘. ④ 하늘로 올
라감.

| 해의解義 |

어진 선비는 사악邪惡하지 않다. 또한 부정不正하거나 도리道理에
어긋나거나 간사奸邪하지 않고, 순선純善하고 정의롭게 행동을 하며
많은 무리들을 가르치고 깨우치는데 정성을 다한다. 이러기 때문에
머무는 곳마다 편안하여 일체 근심이나 걱정거리가 없다. 그래서 하
늘이 그를 호위하여 사마악취邪魔惡趣가 함부로 덤비지 못하도록 막

아주어서 모든 일을 마음먹은 대로 할 수 있다. 그러니 지혜로운 사람일수록 인자仁慈를 즐기면서 삶을 아름답게 엮어간다.

晝夜念慈　　낮이나 밤이나 자비를 생각하여
주 야 염 자

心無剋伐　　마음에 이기고 자랑함이 없으며
심 무 극 벌

不害衆生　　뭇 생령을 해치지 않는다면
불 해 중 생

是行無仇　　이와 같은 행실에는 원수가 없나니라.
시 행 무 구

| 주석註釋 |

1 剋伐 : 극은 '남을 이기는 것'이요, 벌은 '내 위세를 자랑하는 것'이다.
2 仇 : 원수 구. 원수怨讐. 적.
3 衆生 : 부처의 구제의 대상이 되는 이 세상의 모든 생물을 통틀어 이르는 말.

| 해의解義 |

《사십이장경四十二章經》에 부처님께서 말씀하기를 "내가 무엇을

생각할꼬, 도를 생각하리라. 내가 무엇을 행할꼬, 도를 행하리라. 내가 무엇을 말할꼬 도를 말하리라 하야, 잠깐이라도 도를 생각하는 마음을 잊지 않나니라.(吾何念고 念道하리라. 吾何行고 行道하리라. 吾何言고 言道하리라 하야, 吾念締道를 不忘須臾也니라.)"고 하였다. 부처님처럼 도를 생각하고 말하듯이 우리가 밤낮으로 자비를 생각한다면, 남을 이기거나 미워함이 없고 또한 중생을 해치지 않음으로 원수를 맺는 인연이 없게 된다.

13

원문原文 · 해역解譯

不慈則殺 부 자 즉 살	자비롭지 못하여 생명을 죽이고
違戒言妄 위 계 언 망	계율을 어겨 말을 망령되게 하며
過不與他 과 불 여 타	지나치게 저것과 함께 않는다면
不觀衆生 불 관 중 생	뭇 생령을 살펴보지 못 하나니라.

| 주석註釋 |

1 殺 : 죽일 살. ① 죽이다. ② 죽다. ③ 없애다.
2 妄 : 망령될 망. ① 망령되다. 어그러지다. ② 허망하다. 헛되다.

3 過 : ① 과하다. 지나치다. ② (분수에) 넘치다.

| 해의解義 |

사람이 사랑하지 않으면 죽이는 것과 마찬가지이다. 가령 꽃을 화분에 심어놓고 한 화분은 사랑을 퍼부어주고, 한 화분은 분노忿怒를 퍼부어주면 사랑을 준 화분은 잘 살아 아름다운 꽃을 피워내지만, 다른 화분은 말라 비틀어 죽게 된다. 계율을 어기면 자연 망령된 말과 행동을 하게 되고, 도리道理를 벗어나고 지나치게 되면 다른 사람과 함께 하지 못하게 됨으로 결국은 뭇 생령을 살피고 돌보지 않는 것이라 이렇게 한다면 생령을 죽게 하는 것과 다름이 없다.

14

원문原文 · 해역解譯

酒致失志
주 치 실 지
술은 뜻을 잃게 만들고

爲放逸行
위 방 일 행
방탕하고 안일하게 행동을 해서

後墮惡道
후 타 악 도
뒤에는 악도에 떨어지게 하나니

無誠不眞
무 성 부 진
정성이 없으면 참되지도 않나니라.

1 酒 : 술 주. ① 술. ② 잔치. 주연酒宴. ③ 술자리. 주연酒筵.

2 失志 : ① 뜻을 잃음. ② 마음이 나갈 방향을 잃음, 또는 낙담落膽함.

3 放逸 : 제멋대로 난봉이나 부리고 함부로 놂.

4 惡道 : 나쁜 길. 악업惡業을 지어서 죽은 뒤에 나는 고통의 세계. 지옥地獄, 아귀餓鬼, 축생畜生, 수라의 네 가지.

| 해의解義 |

《사기史記》 은본기殷本紀에 "대범 술이란 본성을 쳐내는 미친 약이라, 그러므로 우임금은 술맛을 보고 미워하며 뒷날 세상에 반드시 술로 나라를 망하게 하는 자가 있으리라고 일렀다.(夫酒者, 伐性之狂藥故, 大禹惡旨酒, 謂後世必有以酒亡國者.)"고 하였다. 이는 주왕紂王과 달기妲己라는 여자의 이야기다. 그들은 '술로 못을 만들고 고기를 달아 숲을 만든 다음에(以酒爲池, 懸肉爲林) 남녀가 벌거벗고 그 사이에서 밤낮없이 술을 퍼마시며 즐겼다.' 하였으니, 술로 인한 폐해弊害는 이루 말할 수 없다.

원문原文 · 해역解譯

履仁行慈   인을 실행하고 자비를 행하며
이 인 행 자

博愛濟衆 널리 사랑하여 중생을 제도하면
박 애 제 중

有十一譽 열한 가지의 영예로움이 있어서
유 십 일 예

福常隨身 복이 항상 몸을 따르나니라.
복 상 수 신

| 주석註釋 |

1 博愛 : 모든 것을 널리 평등하게 사랑함.
2 濟衆 : 모든 사람을 구제함.

| 해의解義 |

《논어論語》에 이런 이야기가 있다. "자공이 묻기를 '만일 널리 백
성에게 베풀고 능히 대중을 구제함이 있다면 어떻습니까? 가히 인
하다 이르겠습니까? 공자가 대답하기를 '어찌 인을 일삼겠는가?
필시 성인이라 요와 순임금도 오히려 어려워하였나니라.' (子貢日
'如有博施於民, 而能濟衆 何如 可謂仁乎.' 子日 '何事於仁, 必也聖乎, 堯舜其
猶病諸.')"고 하였다. 이것이 유교儒敎의 박애주의博愛主義이다. 이렇
게 하면 열한 가지의 영예榮譽와 복락福樂이 항상 몸에 따르게 된다
고 하였다.

16

臥安覺安
와 안 각 안
누워도 편안하고 깨어나도 편안하며

不見惡夢
불 견 악 몽
악한 꿈을 보지 않고

天護人愛
천 호 인 애
하늘이 보호하며 사람이 사랑하고

不毒不兵
부 독 불 병
독이 해를 끼치지 않으며 무기도 침범하지 않고

水火不喪
수 화 불 상
물과 불에도 해쳐지지 않으며

在所得利
재 소 득 리
있는 곳마다 이로움을 얻고

死昇梵天
사 승 범 천
죽어서는 범천에 올라가나니

是爲十一
시 위 십 일
이것이 열한 가지이니라.

| 주석註釋 |

1 惡夢 : 무섭거나 기괴奇怪하거나 불길不吉한 꿈.

2 水火 : ① 물과 불. ② 물에 빠지고 불에 타는 고통. ③ 서로 상극이 됨.
④ 사이가 매우 나쁨. ⑤ 이상생활理想生活에 필요불가결必要不可決한
것의 비유. 홍수洪水와 화재火災.

3 得利 : 이익을 얻음.

4 梵天 : ①【범】brahma-deva, 바라하마천婆羅賀麼天이라고도 쓴다. 색

계 초선천. 범은 맑고 깨끗하단 뜻. 이 하늘은 욕계의 음욕을 여의어서 항상 깨끗하고 조용하므로 범천이라 한다. 여기에 세 하늘이 있으니, 범중천·범보천·대범천. 범천이라 통칭. 범천이라 할 때는 초선천의 주主인 범천왕을 가리킴. ②범천梵天은 범천왕梵天王으로 바라문교婆羅門敎의 교조敎祖로, 우주 만물의 조화의 신神. 사바세계娑婆世界를 주재함. 특히 불교 보호의 신으로서 불교도의 존숭을 받고 있음. ③십팔천十八天의 하나. 제석천帝釋天과 한 가지로, 불상의 좌우에 모시는 불법 수호의 선신善神.

| 해의解義 |

열한 가지 영예로움을 나열하고 있다. 앞에서 나온 바 "(1) 복이 항상 따르는 것. (2) 누워 있어도 편안한 것. (3) 잠에서 깨어나도 편안한 것. (4) 악한 꿈이 보이지 않는 것. (5) 하늘이 보호해주는 것. (6) 사람들이 사랑해주는 것. (7) 독을 입지 않는 것. (8) 병란兵亂의 침범을 받지 않는 것. (9) 물과 불의 재난에도 몸을 잃지 않는 것. (10) 이르는 곳마다 이익을 받는 것. (11) 죽은 뒤에 범천에 올라가는 것"을 말한다. 이러한 영예는 인자仁慈와 박애博愛와 제중濟衆을 하는데서 오게 된다.

17

若念慈心 약 념 자 심	만일 자비로운 마음을 생각하여
無量不廢 무 량 불 폐	한량없도록 그만두지 않는다면
生死漸薄 생 사 점 박	나고 죽음이 점점 엷어져서
得利度世 득 리 도 세	이익을 얻고 세상을 제도하나니라.

주석註釋

1 慈心 : 자비심慈悲心의 준말.

2 無量 : 한량이 없음.

3 廢 : 폐할 폐, 버릴 폐. ① 그만두다. ② 버리다. ③ 못 쓰게 되다.

4 度世 : ① 삶과 죽음의 현실을 극복하고 열반涅槃에 들어감. ② 도생度生. 중생을 제도함. ③ 출세出世 · 출세간出世間 · 이세간離世間이라고도 한다. 생사의 바다를 건너서 이상향인 열반에 이르는 것.

해의解義

사람이 항상 자비로운 마음을 품고, 자비로운 행동 나투기를 생각하며 살아가야 한다. 이런 마음을 길이 행할지언정 중도이폐中道而廢해서는 안 된다. 사람에 있어서 삶과 죽음이라는 것은 자연적인 현상이지만 매여서 근심 걱정하는 사람이 있는가 하면, 훨훨 털고 해탈解脫하여 열반涅槃에까지 이른 사람도 있다. 사람에게 이익이라는 것은 물질적인 부유富裕도 있지만 세상에 공적功績을 끼치는 바가 이익이 큰 것이며, 참으로 더 큰 이익은 일체 생령을 제도濟度하는 것이라고 할 수 있다.

仁無亂志
인 무 난 지
어짊은 뜻을 어지럽히지 않고

慈最可行
자 최 가 행
자비는 최고로 가히 행할만한 것이니

愍傷衆生
민 상 중 생
중생이 상할까 가엾게 여긴다면

此福無量
차 복 무 량
이러한 복은 한량이 없나니라.

| 주석註釋 |

1 亂 : 어지러울 란. ① 어지럽다. ② 어지럽히다. 손상시키다. ③ 다스리다. ④ 음란淫亂하다.

2 愍 : 근심할 민. ① 근심하다(속을 태우거나 우울해하다). 걱정하다. ② 가엾어 하다. ③ 불쌍히 여기다. 가엾게 여기다.

어질어야 한다. 어진 마음을 가져야 한다. 그러면 뜻을 세운 바가 어지럽지 않게 실현이 된다. 자비가 있어야 한다. 이 자비는 누구를 대하든지 퍼부어 주게 되면 되살아나서 제 몫을 하게 된다. 중생을 가엾고 불쌍하게 여겨야 한다. 부처님이 때를 따라 나오는 것도 가엾은 중생을 제도하려고 출세出世를 한다. 이렇게 실천을 해 나아가면 받아지는 복락은 이루 말할 수 없다. 세상에서 해야 하고, 또 해 볼 만한 사업은 중생을 구제하는 사업이라고 할 수 있다.

원문原文 · 해역解譯

假令盡壽命
가 령 진 수 명
이를테면 수명이 다할 때까지

懃事天下人
근 사 천 하 인
정성스럽게 천하 사람들을 섬길지니

象馬以祠天
상 마 이 사 천
코끼리와 말로써 하늘에 제사지낼지라도

不如行一慈
불 여 행 일 자
한 번의 자비를 행하는 것만 못 하나니라.

| 주석註釋 |

1 假令 : 어떠한 일을 가정假定하고 말할 때 쓰는 말. 예를 들면, 이를테면.

2 壽命 : ① 생물이 살아 있는 연한. 생명의 생존기간. 타고난 목숨. ② 사물이 제 기능을 유지하여 사용될 수 있는 기간.

3 懃 : 은근할 근. ① 은근慇懃(깊고 그윽하다)하다. 정성스럽다. ② 일에 힘쓰다. 부지런히 일하다.

4 懃事 : 정성껏 섬김.

5 祠 : 사당 사. ① 사당祠堂. ② 제사祭祀 지내다.

| 해의解義 |

사람이 이 세상에 태어나서 사는 기간이 수명壽命이다. 이 수명이 긴 사람도 있고 짧은 사람도 있다. 정성을 다하여 세상 사람을 다 섬기며 인연을 잘 맺는 것이 사람으로서 할 일이다. 또한 코끼리나 말을 잡아 보이지도 않는 하늘에 제사를 지내서 어떤 이익을 얻고자 하고 무슨 일을 이루고자 한다. 그러나 이러한 행위는 잘못된 것으로 권장할 만한 사항이 아니다. 오직 깨인 사람이라면 중생을 향하여 무한한 자비를 베풀어서 구제하는데 목표를 두어서 끝까지 실행을 멈추지 않는다.

제*8*
언어품言語品

1

言語品者
언 어 품 자

언어품이란

所以戒口
소 이 계 구

입을 경계하는 것이니

發說談論
발 설 담 론

말을 발하여 담론함에

當用道理
당 용 도 리

마땅히 도리에 적용되도록 할지니라.

| 주석註釋 |

1 言語 : ① 사람이 생각이나 느낌을 소리나 글자로 나타내는 수단手段.
② 사람의 생각이나 느낌을 입으로 나타내는 소리, 또는 그 행위나 내용.

2 戒口 : 입을 경계하는 것.

3 談論 : 담화談話와 의논議論, 또는 담화하고 의논함.

4 道理 : ①사람이 마땅히 행해야 할 바른길. ②사물事物의 정당한 이치. 이理. 방도方道와 사리事理.

| 해의解義 |

이 문단文段은 언어품의 전체적인 취지를 설명하고 있다. 면대面對에 있어서 눈으로 보는 것이 먼저라면 따르기 쉬운 것이 입을 열어 토해내는 말이다. 그러니 말하기를 삼가고 조심해야 한다. 만일 말을 삼갈 줄 모르면 행실이 바르지 못하여 재앙과 근심을 불러오게 된다. 즉 형상에 그림자가 따르듯이 악구지언惡口之言에는 악시비惡是非가 따르기 마련이니, 한마디 말의 발설이 도리에 맞으면 토해내고, 맞지 않으면 갈무리해 두는 것이 여러 가지로 좋은 것이라고 할 수 있다.

惡言罵詈
악 언 매 리
악한 말로 꾸짖고

驕陵蔑人
교 능 멸 인
교만하여 사람을 업신여기는

興起是行
흥 기 시 행
이와 같은 행동을 일으키면

疾怨滋生　미워함과 원망이 불려져서 생겨나나니라.
질 원 자 생

| 주석註釋 |

1 惡言=惡舌 : 나쁘게 욕하는 말. 남을 해害치려고 하는 못된 말. 다른
　사람에게 악한 말을 하는 짓. '십악' 의 하나로 여김.

2 罵詈 : 욕하고 꾸짖음.

3 驕 : 교만할 교. ① 교만驕慢하다. ② 경시輕視하다. ③ 오만傲慢하다.

4 陵蔑 : 업신여기어 깔봄.

5 興起 : 감동感動되어 떨쳐 일어남.

6 疾怨 : 미워하고 원망함.

7 滋 : 불을 자. ① 불다. 증가하다. ② 늘다. 많아지다. ③ 번식하다.

| 해의解義 |

　어진 사람은 자기를 낮출 줄을 안다. 반면에 어질지 않은 사람은
자기를 내세워서 교만을 부리고 남을 무시하기가 쉽다. 이런 사람은
남이 자기의 뜻에 맞지 않으면 악한 말로 꾸짖어 무안無顔을 주게 된
다. 사람이 이런 행동을 자주 일으키면 올바른 사람이 될 수 없어서
남에게 미움을 받게 되고 원망을 받아 어진 사람 되기가 어렵다. 그
러니 "수구여병守口如甁"이라는 옛말처럼 입을 지키고 다물기를 병
을 병마개로 막듯이 해서 잘못 새어나가지 않도록 해야 한다.

3

遜言順辭   겸손한 말과 순한 말로
손 언 순 사

尊敬於人   사람을 높이고 공경하여
존 경 어 인

棄結忍惡   원한 맺음을 버리고 악함을 참으면
기 결 인 악

疾怨自滅   미움과 원망이 저절로 소멸하나니라.
질 원 자 멸

| 주석註釋 |

1 順辭 : 말이 순하고 부드러움.
2 尊敬 : 존중尊重히 여겨 공경恭敬함.
3 棄結 : 원한을 맺는 것을 버리는 것.
4 忍惡 : 악을 참는 것.
5 自滅 : ① 스스로 멸망을 가져 옴. ② 자연히 멸망함.

| 해의解義 |

　"온언순사溫言順辭"라는 말이 있다. 곧 '따뜻하고 부드러운 말씨'
라는 의미이다. 사람이 말 한마디라도 남을 존중하고 공경을 하면
남도 나를 그렇게 대접한다. 우리는 원한怨恨을 버려야 한다. 원한
은 원한을 낳기 마련이니 내가 먼저 버려야 쉬어진다. 또한 악한 경
계를 참는 인악忍惡이 아니라 제악除惡이 되어야 한다. 악을 참아내

는 것도 필요하지만 악의 뿌리를 끊고 제거하는 것은 더욱 중요한
일이다. 이러하면 모든 미움이나 원망은 저절로 소멸하게 된다.

4

夫士之生　대저 선비가 살아감에
부 사 지 생

斧在口中　도끼가 입 가운데 있어서
부 재 구 중

所以斬身　몸을 베이는 원인이니
소 이 참 신

由其惡言　그것은 악한 말에 말미암은 것이니라.
유 기 악 언

| 주석註釋 |

1 斧 : 도끼 부. ① 도끼. ② (도끼로) 베다. ③ (도끼로) 찍다.
2 斬身 : 몸이 베어지다.

| 해의解義 |

　우리나라 속담에 '혀 아래 도끼 들었다' 는 말이 있다. 만일에 말
을 잘못하게 되면 큰 재앙을 받게 되는 것이니, 말은 언제나 조심해
야 한다는 뜻이다. 격언에 "구시상인부口是傷人斧"라 말을 했다. 곧

'입은 사람을 상하게 하는 도끼'라는 뜻이다. 차라리 몸에 상처를 입게 되면 병원에서 꿰매고 치료하면 낫는다. 그러나 말로 인해서 속에 입은 상처는 여간해서 가셔지기가 어렵다는 사실을 알아서 남을 대해 말을 주고받을 때 조심하고 삼가서 재앙이 생기지 않도록 예방豫防해야 한다.

5

諍爲小利 쟁 위 소 리	조그만 이익을 위하여 다투는 것은
如掩失財 여 엄 실 재	재산 잃었음을 가리는 것과 같아서
從彼致諍 종 피 치 쟁	그것을 따라 다툼에 이르른다면
令意向惡 영 의 향 악	뜻(마음)이 악으로 향하게 함이니라.

| 주석註釋 |

1 諍 : 간할 쟁. ① 간諫(웃어른이나 임금에게 옳지 못하거나 잘못된 일을 고치 도록 말하다)하다. ② 다투다.

2 小利 : 적은 이익.

3 掩 : 가릴 엄. ① 가리다. ② 숨기다.

"탐소리실대리貪小利失大利"라는 말이 있다. '작은 이익을 탐내다가 오히려 큰 이익을 잃는다.'는 뜻이다. 작은 것에 연연하다가는 큰 것을 잃게 된다. 사자나 호랑이를 잡으려는 포수는 꿩이나 토끼를 보아도 함부로 총을 쏘지 않는다. 만일 꿩이나 토끼를 잡다가는 정작 잡으려는 사자나 호랑이를 놓치게 된다. 조그만 이익이나 재산을 다투어서 마음이 그 방향으로 나아가게 되면 결국 악의 구덩이로 들어가게 되어 좀처럼 빠져 나올 수 없게 되는 것이니 소리小利를 가지고 다투지 않아야 한다.

원문原文 · 해역解譯

譽惡惡所譽
예 악 악 소 예
악함을 칭찬하고 악함에 칭찬받는 바

是二俱爲惡
시 이 구 위 악
이는 둘 다 함께 악이 되는 것이라.

好以口儈鬪
호 이 구 쾌 투
입으로써 거간꾼 노릇하여 다투길 좋아하면

是後皆無安
시 후 개 무 안
이 뒤로는 모든 편안함이 없어지나니라.

1 譽 : 기릴 예, 명예 예. ① 기리다. ② 찬양하다. 칭찬하다. ③ 명예名譽.
2 儈 : 거간 쾌. ① 거간居間(사고 파는 사람 사이에 들어 홍정을 붙임. 거간꾼). ② 중개인仲介人.
3 鬪 : 싸울 투, 싸움 투. ① (두 병사가 손에 병기를 들고) 싸우다. 싸우게 하다. 투쟁하다. ② 승패를 겨루다.

| 해의解義 |

사람이 악으로 세상에 드러나는 것은 정말로 잘못이요, 또한 악으로 칭찬을 받는 것도 크게 잘못된 일이다. 이는 둘 다 악으로 도리道理에 어긋나는 일이기 때문에 해서는 안 된다. 대개 사람이 입으로 거간꾼 노릇하는 것을 좋아해서 시비是非나 득실得失을 가지고 다투다가 나중에는 어느 것이 바른 것인가, 어느 것이 삐뚤어진 것인가도 확실히 구분하지 못하고 말려들어서 올바른 판단도 내리지 못한다. 그러면 뒷날 편안함을 누릴 수 없게 될 것이니 조심해야 한다.

無道墮惡道   도가 없으면 악도에 떨어지나니
무 도 타 악 도

自增地獄苦 자 증 지 옥 고	저절로 지옥의 괴로움이 더해지네.
遠愚修忍意 원 우 수 인 의	어리석음을 멀리하고 참는 마음을 닦아서
念諦則無犯 염 제 즉 무 범	진리를 생각하면 악을 범함이 없나니라.

| 주석註釋 |

1 無道 : ① 도리道理를 어겨 막됨. ② 도리에 벗어남.
2 惡道 : 나쁜 길. 악업惡業을 지어서 죽은 뒤에 나는 고통苦痛의 세계.
  지옥地獄, 아귀餓鬼, 축생畜生, 수라修羅의 네 가지.
3 地獄 : ① 중생衆生이 자기가 지은 죄업으로, 가서 나게 된다는 지하의
  세계. ② 큰 죄인으로서 그 죄의 사함을 얻지 못하고 영벌을 받는다는
  곳. ③ 어둡고 추하고 처참悽慘한 곳의 비유. ④ 아주 괴로운 지경.
4 諦 : 살필 제. ① 살피다. ② 진실眞實. ③ 이치. 불법의 진리.

| 해의解義 |

　수행자가 되었든, 보통 사람이 되었든 간에 도리道理를 알지 못하
고 자비慈悲가 없으면 떨어질 곳은 악도惡道이다. 악도는 곧 지옥地
獄으로, 한번 지옥에 들면 받아지는 고통은 이루 말할 수가 없다. 이
런 상황을 벗어나려면 어리석음을 멀리 여의고 죽기로써 참아가며
마음을 닦아야 한다. 마음이 닦여지지 않으면 불법의 진리를 알 수
도 없고 깨칠 수도 없다. 진리를 깨닫지 못하면 번뇌煩惱를 끊을 수
없고, 번뇌가 끊어지지 않으면 해탈解脫의 열반涅槃을 이룰 수 없게
된다.

8

從善得解脫
종 선 득 해 탈

선을 좇으면 해탈을 얻고

爲惡不得解
위 악 부 득 해

악을 하면 깨달음을 얻지 못하리.

善解者爲賢
선 해 자 위 현

잘 깨달은 사람은 현명하게 되어서

是爲脫惡惱
시 위 탈 악 뇌

이에 악의 번뇌에서 벗어나게 되나니라.

| 주석註釋 |

1 解脫 : ① 얽매임을 벗어 버림. ② 번뇌煩惱의 속박을 풀어 삼계의 업
고業苦에서 벗어남.
2 惡惱 : 사악邪惡하다 뜻이 있는 것으로, 마음이 몹시 괴로운 것.

| 해의解義 |

수도자의 궁극적인 목적은 해탈解脫을 이루고 열반涅槃에 들자는
데 있다. 여기에 단서端緒가 되는 것이 선善을 실행하는 길이라고 할
수 있다. "종선여류從善如流"라는 말처럼 물이 신속하게 낮은 쪽으
로 흐르듯이, 선임을 알았다면 지체하거나 주저하지 말고 나아가야
한다. 악을 한다면 깨침을 얻을 수가 없고, 깨침이 없으면 어진 사람
이 될 수 없다. 오직 어진 수도자가 되어야 사악한 번뇌에서 벗어나
해탈을 이룰 수 있다.

9

解自抱損意	깨달아 스스로 억제할 뜻(마음)을 품어서
해 자 포 손 의	
不躁言得中	조급하게 말하지 않으면 중도를 얻으리.
부 조 언 득 중	
義說如法說	의로운 말은 법을 설함과 같으니
의 설 여 법 설	
是言柔軟甘	이런 말이란 부드럽고 연하며 달콤하나니라.
시 언 유 연 감	

주석註釋

1 損意 : 손은 '억제抑制'의 뜻이 되어 '욕심을 억제할 마음'.

2 得中 : ① 중中은 중도中道로, 지나침도 미치지 못함도 없는 중정中正
의 도리. ② 지나치거나 모자람이 없이 꼭 알맞음.

3 法說 : ① 대도 정법을 강설講說하는 말씀. 진리·도道를 설하는 말씀.
② 말씀에 법이 있고, 진리·도가 들어 있어서 듣는 사람에게 감화를
주는 말씀. ③ 불법의 진리를 깨친 사람이 하는 말씀. 깨친 사람의 말
씀을 법설이라 하고, 깨치지 못한 사람의 말을 마설魔說이라 한다.

4 柔軟 : 부드럽고 연함.

해의解義

 사람이 진리를 깨닫게 되면 모든 욕심이 담박해지고 또한 억제抑
制를 할 수 있어서 뭇 번뇌煩惱에서 벗어나게 된다. 사람이 매사에

조급躁急함이 없이 말 한마디라도 깊이 생각하여 중정中正의 도리를 벗어나지 않는다면, 바로 정의로운 말이 되고 법다운 말이 되어서 사람들의 심금心襟을 울려주게 된다. 그러므로 사람이 행동 하나를 하고 말 한마디를 할지라도 부드럽고 연하여 거슬림이 없다면 두루 화합하게 되므로, 단 꿀을 먹는 것처럼 달콤하게 된다.

是以言語者
시 이 언 어 자
이러므로 말하는 사람은

必使己無患
필 사 기 무 환
반드시 자기로 하여금 근심이 없게 하고

亦不剋衆人
역 불 극 중 인
또 다른 사람을 이기려 해서도 안 되나니

是爲能善言
시 위 능 선 언
이래야 능히 말을 잘함이 되나니라.

| 주석註釋 |

1 言語 : ①사람이 생각이나 느낌을 소리나 글자로 나타내는 수단. ②사람의 생각이나 느낌을 입으로 나타내는 소리, 또는 그 행위나 내용.

2 無患 : ①근심이 없음. ②뒷걱정이 없음.

3 善言 : ①여기서는 '착한 말'이 아니라 '말을 잘한다.'는 뜻. ②교훈

敎訓이 될 만한 좋은 말 선언.

| 해의解義 |

우리 속담에 '한마디 말로 천 냥 빚을 갚는다.' 는 말이 있다. 그
만큼 입을 벌려서 말을 하기가 어렵다는 뜻이다. 남을 이해함도 없
이 말을 한다거나, 마음을 읽지도 못하고 말을 한다거나, 장점을 인
정하지 않고 말을 한다거나, 상대방의 말에 귀를 기울이지 않고 제
말만 세워서는 안 된다. 그러면 자기도 근심일 뿐만 아니라 여러 사
람을 설득하려 해도 되지 않을 것이니 이러한 몇 가지를 감안勘案하
여 말을 해야 참으로 말을 잘 하는 사람이라는 칭송을 듣게 된다.

원문原文 · 해역解譯

言使投意可　　말을 남의 마음에 맞게 하고
언 사 투 의 가

亦令得歡喜　　또한 하여금 기쁨을 얻게 하며
역 령 득 환 희

不使至惡意　　악이 뜻(마음)에 이르지 않게 한다면
불 사 지 악 의

出言衆悉可　　말을 함이 많아도 모두 옳으니라.
출 언 중 실 가

제8 언어품言語品 *203*

1 投意 : 남의 뜻에 맞는 것을 말한다.

2 歡喜 : ① 매우 즐거움. ② 불법佛法을 듣고 믿음을 얻어 느끼는 기쁨.

3 惡意 : ① 남을 해치려는 마음. ② 나쁘게 받아들이는 뜻. ③ 어떤 사
정을 알고 있는 일.

4 衆 : 무리 중. ① 무리(모여서 뭉친 한 동아리). ② 많음.

| 해의解義 |

말을 하는 것은 대개 상대를 대해서 한다. 그러면 상대의 뜻에 맞
아야 한다. 상대를 무시하고 혼자 말하는 것은 떠드는 것이지, 말하
는 것이 아니다. 그 말이 도리에 맞으면 자연 상대도 기쁘게 되고 말
하는 자신도 즐겁게 된다. 그러나 만일 악의적惡意的으로 무시하고
꼬집어서 말을 하게 되면 재앙을 심는 것과 같다. 후당後唐 때 재상
을 지낸 풍도馮道는 "입은 재앙을 불러들이는 문이요, 혀는 몸을 자
르는 칼이라.(口禍之門, 舌斬身刀.)"고 하였다. 사리에 맞는 말은 아무
리 많아도 모두 좋아한다.

至誠甘露說   지극히 정성스러운 단 이슬 말은
지 성 감 로 설

如法而無過	법과 같아서 허물이 없으리.
여 법 이 무 과	
諦如義如法	이치가 도의와 같고 법과 같으면
제 여 의 여 법	
是爲近道立	이것이 도를 가까이 세움이 되나니라.
시 위 근 도 립	

| 주석註釋 |

1 至誠 : 지극한 정성精誠.
2 甘露 : ① 단 이슬. 옛날에 천하가 태평하면 하늘이 상서祥瑞로 내리는
것이라 했음. ② 불사천주不死天酒라 번역飜譯하기도 하며, 부처의 가
르침이나 깨달음을 뜻하는데, 도리천忉利天에 있는 달콤한 영액靈液으
로 한 방울만 먹어도 온갖 괴로움이 사라지고, 산 사람은 불로장생不
老長生하며, 죽은 사람은 부활復活한다고 함.
3 如法 : ① 여래如來의 교훈에 맞음. ② 법령法令, 또는 법식法式에 맞음.
합법合法.

| 해의解義 |

　지극히 정성스럽게 하는 말은 많은 말이 아닐지라도 사람에게 감
동을 주게 된다. 목눌木訥이라 하였다. 고지식하고 둔하며 말 재주
가 없다는 뜻으로, 진실眞實 그대로이요 수식修飾의 말이 아니라는
의미이다. 이러한 말은 법다워서 허물됨이 없고 치우침이 없어서 원
융圓融한 말이다. 사람은 몸과 마음에 도를 가까이 하고 도를 얻어
야 한다. 그래야 행동이 바르고 마음이 흐트러지지 아니하여 어진
이의 반열에 들게 될 것이니 심행心行의 운전이 참으로 중요하다.

원문原文·해역解譯

說如佛言者 설 여 불 언 자	말함이 부처님 말씀과 같은 자는
是吉得滅度 시 길 득 멸 도	이에 길하여 멸도를 얻고
爲能作浩際 위 능 작 호 제	능히 극치 이룸을 짓게 되나니
是謂言中上 시 위 언 중 상	이를 말 가운데 최상이라 이르나니라.

주석註釋

1 佛言 : 불교의 교리敎理로 삼는 부처님의 말씀.
2 滅度 : 열반涅槃을 번역한 말. 나고 죽는 큰 환난을 없애어 번뇌의 바다를 건넜다는 뜻.
3 浩際 : 극치를 이룸.

해의解義

수행자가 깊은 수행을 통해 진리를 깨달아서 토해내는 말이 부처님의 말씀과 같다는 것은 바로 부처가 되었다는 의미이다. 이렇게 되면 시처時處에 길상吉祥이 나타나지 아니함이 없을 뿐만 아니라, 더 나아가 나고 죽음에 있어서 모든 번뇌가 사라져 해탈解脫의 열반涅槃을 얻게 되나니, 이것이 불법佛法의 극치極致라고 할 수 있다. 이와 같은 말은 말 가운데서 최상의 말이 되어 모든 사람들이 듣고 귀감龜鑑을 삼아서 도업道業을 이루는 길을 삼게 된다.

제 9
쌍요품雙要品

1

雙要品者
쌍 요 품 자
쌍요품이란

兩兩相明
양 양 상 명
쌍쌍이 서로 밝히는 것으로

善惡有對
선 악 유 대
선과 악은 상대가 있는 것이니

擧義不單
거 의 부 단
도의를 들되 홀 하지 않아야 하나니라.

| 주석註釋 |

1 善惡 : 윤리 도덕의 중요한 개념으로서, 선이란 착하고 올바른 것, 어
질고 좋은 것, 양심이 있고 도덕성을 갖춘 것으로 윤리 도덕의 가장
높은 가치이다. 악이란 선과는 반대로 착하지 않고 올바르지 않는 것,
양심을 따르지 않고 도덕성을 상실한 것.

2 單 : 홑 단. ① 홑. 하나. ② 오직. 다만.

진리는 절대적絶對的이다. 반면에 세상은 상대적相對的이다. 상대
라는 것은 서로 마주 보고 있거나, 마주 겨루는 것이며, 서로 대립對
立이 되는 것을 말한다. 항상 다른 것과 관계가 있어서 그것과 떨어
져서는 존재存在하기가 어려운 것을 이른다. 그래서 변화도 함께 겪
게 된다. 선악善惡이나 시비是非나 출입出入이나 이해利害 등등, 이
쌍요품에서는 둘씩 서로 견주어서 사태事態나 생활을 밝히고 있으
며 홑으로 드러나기는 어려운 것이라 말하고 있다.

원문原文 · 해역解譯

心爲法本
심 위 법 본   마음은 법의 근본이 되나니

心尊心使
심 존 심 사   마음은 존귀하여 마음을 부리네.

中心念惡
중 심 염 악   가운데 마음이 악을 생각하여

卽言卽行
즉 언 즉 행   바로 말하고 바로 행동한다면

罪苦自追　죄와 괴로움이 저절로 따르는 것이
죄 고 자 추

車轢於轍　수레가 수레바퀴를 억눌림이 되나니라.
거 력 어 철

| 주석註釋 |

1 心尊 : 마음이 존귀한 것임을 말하는 것. 마음이 몸의 주인이 된다는
  것을 말함이다.
2 罪苦 : 지은 죄 때문에 받는 괴로움.
3 轢 : 삐걱거릴 력(역). 억눌리다.
4 轍 : 바큇자국 철. ① 바큇자국. ② 궤도軌道. ③ 노선路線. 행적行蹟.

| 해의解義 |

전한前漢의 문신文臣인 가의賈誼가 문제文帝에게 이런 이야기를
해준다. "전거가감前車可鑑"이라 하는데, 이는 앞 수레가 엎어진 것
을 보고 뒤 수레는 경계警戒하여 넘어지지 않도록 해야 한다는 말이
다. 즉 전인前人의 실패失敗를 보고 후인後人은 이를 경계로 삼아야
한다. 마음이 언행言行을 좌우하는 것이니, 마음에 악惡을 품고 잘못
쓰게 되면 저절로 죄고罪苦가 따르게 되어서 전로前路가 막히고 사
세事勢가 풀리지 않을 것이니 용심用心을 잘 해야 한다.

3

心爲法本　　마음은 법의 근본이 되나니
심 위 법 본

心尊心使　　마음은 존귀하여 마음을 부리네.
심 존 심 사

中心念善　　가운데 마음속에 선을 생각하며
중 심 염 선

卽言卽行　　바로 말하고 바로 행동한다면
즉 언 즉 행

福樂自追　　복과 즐거움이 저절로 따르는 것이
복 락 자 추

如影隨形　　그림자가 형체를 따르는 것과 같나니라.
여 영 수 형

| 주석註釋 |

1 福樂 : 행복幸福과 즐거움.
2 形 : 모양 형. ① 모양. 꼴. ② 형상形狀.

| 해의解義 |

"전거복후거계前車覆後車戒"라 한다. 앞의 수레가 넘어지면 뒤를 따르는 수레는 경계警戒를 해야 한다는 뜻이다. 만일 앞을 보지 못하고 따라가면 넘어지지 않을 수 없다. 그러므로 선배先輩의 실패失敗를 후배後輩는 경계로 삼아야 함을 이르는 말이다. 마음이 언행言

行을 좌우한다. 마음에 선善을 품고 그 마음을 잘 쓰게 되면 저절로 복락福樂이 따르게 되어서 전로前路가 열리고 사세事勢가 풀리게 되는 것이니 용심用心을 잘 해야 한다.

隨亂意行
수 난 의 행
어지러운 뜻(마음)에 따라 행동하고

拘愚入冥
구 우 입 명
어리석음에 사로잡혀 어둠으로 들어가

自大無法
자 대 무 법
자기를 큰 체하여 법이 없다면

何解善言
하 해 선 언
어찌 선한 말을 깨달았다고 하랴!

| 주석註釋 |

1 拘 : 잡을 구. 잡다, 잡히다.

2 冥 : 어두울 명. (날이) 어둡다.

3 自大 : 스스로 큰 체함, 또는 크게 여김.

4 無法 : 법도法度가 없음. 예법禮法이 없음.

5 善言 : 교훈敎訓이 될 만한 좋은 말.

　사람이 어지러운 마음을 가지면 생각도 어지럽게 되고, 행동도 어지럽게 되며, 결과도 어지럽게 된다. 이러한 사람은 어리석음에 구속이 되어 어두운 곳으로 빠져 들어간다. 그런데 스스로 잘난 체를 하고 스스로 위대偉大하다는 과대망상誇大妄想에 사로 잡혀 법이 없이 자행자지自行自止를 한다면 부처님의 선한 가르침을 알아듣지도 못하고 진리도 깨닫지 못하게 된다. 이런 사람은 결국 나락가奈落迦,곧 지옥으로 떨어지게 되어 사람답지 못한 삶을 엮어가게 된다.

隨正意行 수 정 의 행	바른 뜻(마음)에 따라 행동하고
開解淸明 개 해 청 명	깨달음이 열려 맑고 밝으며
不爲妬嫉 불 위 투 질	질투하거나 미워하지 않으면
敏達善言 민 달 선 언	민첩하게 선한 말에 통달한 것이니라.

| 주석註釋 |

　1 正意 : 바른 뜻, 또는 올바른 생각.

2 淸明 : 맑고 밝음.

3 妬嫉=嫉妬 : ① 자기가 사랑하는 이성異性이 다른 이성을 좋아하거나 호의적인 태도로 대하거나 하여 미움을 느끼고 분하게 여기는 것. 강샘. ② 잘나거나 앞선 사람을 시기猜忌하고 미워하는 것.

4 達 : 통달할 달. ① 통달하다. ② 통하다. 막힘이 없이 트이다. ③ 이르다. 도달하다. 달하다.

| 해의解義 |

형상이 굽은 나무는 그림자도 굽은 것이요, 형상이 곧은 나무는 그림자도 곧다. 사람이 살면서 바른 마음을 가졌다면 행동이나 일이 바르지만, 삿된 마음을 가졌으면 행동도 삿되고 일도 삿될 수밖에 없다. 바른 사람은 앎이나 깨달음이 맑고 밝아서 걸림이 없다. 또한 남을 미워한다거나 질투하지 않고 함께 하려는 마음을 가졌으므로 부처님의 법문이나 어진 자의 교훈을 잘 듣고 받아들여서 귀감龜鑑을 삼기 때문에 행동이 단정하고 일을 처리하는 것도 역시 정의正義롭게 되어 간다.

6

원문原文 · 해역解譯

慍於怨者   원망하는 사람에게 성질을 내면
온 어 원 자

未嘗無怨
미 상 무 원

일찍이 원망이 없어지는 것이 아니요,

不慍自除
불 온 자 제

성질내지 않으면 저절로 제거되리니

是道可宗
시 도 가 종

이런 길을 가히 숭상해야 하나니라.

| 주석註釋 |

1 慍 : 성낼 온. ① 성내다. 화를 내다. ② 원망하다.

2 未嘗=未嘗不 : ① 아닌 게 아니라. ② 아마도, 과연.

3 宗 : 마루 종. 종은 '높임'을 뜻하는 것이니, '숭상하다'의 뜻이다.

| 해의解義 |

《논어論語》에 "인부지이불온人不知而不慍, 불역군자호不亦君子乎."
라 하였다. 이는 '남이 (나를) 알아주지 않아도 성내지 아니하면 또
한 군자가 아니겠는가?'의 의미이다. 나를 알아주지 않는다고 상대
를 원망하고 언짢아하는 것은 미숙未熟한 처사이다. 이처럼 나를 원
망하는 사람에게 성질을 부려보았자 그 원망이 없어지는 것이 아니
다. 따라서 성질을 부리지 않는다면 원망은 저절로 제거되는 것이
니, 이 길이 가장 올바른 길로 잘 챙겨가면서 나아가면 원망 없이 살
아가게 된다.

7

不好責彼　남을 꾸짖길 좋아하지 않고
불 호 책 피

務自省身　스스로 몸을 살피기에 힘쓸지니
무 자 성 신

如有知此　이를 앎이 있을 것 같으면
여 유 지 차

永滅無患　영원히 다툼을 멸하여 근심이 없나니라.
영 멸 무 환

| 주석註釋 |

1 責 : 꾸짖을 책. ① 꾸짖다. ② 나무라다. ③ 책망責望하다.
2 省身 : 몸을 잘 살피는 것.
3 永滅 : 영원히 멸망함.
4 無患 : 근심이나 걱정이 없다.

| 해의解義 |

증자曾子는 "오일삼성오신吾日三省吾身"한다고 하였다. 곧 '나는 날마다 내 몸을 세 번 살핀다.' 는 뜻이다. 사람의 눈은 바깥에 달렸기 때문에 남의 허물이나 잘못은 잘 보이지만 정작 자신을 돌아보는 데는 소홀하기가 쉽다. 그래서 "책인지심책기責人之心責己하라." 하였다. 즉 '남을 책망하는 마음으로 자기를 책망하라.' 는 의미이다. 남 질책하기를 좋아하지 말고, 안으로 자신을 돌아보아 살피고 채찍

질을 가한다면 심신心身에 과오過誤를 범하는 일이 없게 된다.

行見身淨　　행동함에 몸이 깨끗하다고 보아서
행 견 신 정

不攝諸根　　모든 근본을 다스리지 않고
불 섭 제 근

飮食不節　　음식을 절제하지 않으며
음 식 부 절

慢墮怯弱　　게을르고 겁이 많으면
만 타 겁 약

爲邪所制　　사악에 압제 되는 바가 되서
위 사 소 제

如風靡草　　바람이 풀을 쓰러뜨림과 같나니라.
여 풍 미 초

| 주석註釋 |

1 攝 : 다스릴 섭, 잡을 섭. ① 다스리다. ② 잡다.

2 根 : ① 【범】 mūla, 근본이란 뜻. 선근善根 등의 근. ② 【범】 indriya, 5
관官 등의 기관이란 뜻으로, 증상增上하고 능생能生하는 작용이 있는
것을 말함. 5근 · 22근 따위가 이것. 기근機根이란, 근도 또한 이런 능
력이 있다는 뜻.

3 不節=不節制 : 의욕을 이기지 못해 절제節制 있는 생활을 하지 않음.

4 怯弱 : 겁이 많아서 마음이 약弱함.

4 靡 : 쓰러질 미. ① 쓰러지다. ② 쓰러뜨리다.

| 해의解義 |

우리 몸은 결코 깨끗하다고 볼 수 없다. 눈과 귀와 코와 입과 몸의 오관五官에서 갖가지 더러운 물질들이 쏟아져 나온다. 그런데 보통 사람들은 목욕을 하고 옷을 잘 입으면 깨끗한 것이라 생각해서 방치放置를 한다. 그리하여 절제하고 다스리지 않으면 겁이 나고 약해져서 못된 행동을 얼마든지 할 수 있다. 즉 사악邪惡을 억제하지 못하고 오히려 이끌림을 당해서 정처定處가 없이 온갖 죄업을 짓게 되나니 실로 한스럽다. 힘이 없이 키만 큰 풀은 바람이 불면 쓰러지기 마련이다.

9

원문原文·해역解譯

觀身不淨
관 신 부 정
몸을 깨끗하지 못하다고 보아서

能攝諸根
능 섭 제 근
능히 모든 근본을 다스리고

食知節度
식 지 절 도
먹는 것도 절도를 알며

常樂精進	항상 정진을 즐겨한다면
상 락 정 진	
不爲邪動	사악에 동요가 되지 않는 것이
불 위 사 동	
如風大山	바람이 큰 산에 부는 것과 같나니라.
여 풍 대 산	

| 주석註釋 |

1 不淨 : ① 조촐하거나 깨끗하지 못함. 더러움. ② (꺼리고 피해야 할 때) 사람이 죽거나 아이를 낳는 일이 생김.
2 節度 : 일이나 행동 등을 똑똑 끊어 맺는 마디.

| 해의解義 |

수도하는 사람에게 몸은 아주 중요하다. 몸이 없으면 지혜를 이룰 수 없고, 복을 지을 수도 없으며, 부처의 경지에 오를 수도 없다. 다만 이 몸에 대해서 애착愛着을 갖지 말자는 것이지 부정不淨한 것으로만 보아버리면 안 된다. 그러므로 음식을 조절하여 건강을 지키고 항상 즐겁게 정진精進을 하는 것도 몸의 바탕이 있어야 하는 것이니 사악邪惡에 동요가 되지 말고 수도를 잘 해야 한다. 큰 산은 태풍이 분다 할지라도 산체山體는 끔쩍도 아니하여 의연依然하다.

10

원문原文 · 해역解譯

不吐毒態　독한 태도를 토해내지 않고
불 토 독 태

欲心馳騁　욕심으로 달려가서
욕 심 치 빙

未能自調　능히 스스로 조절하지 않으면
미 능 자 조

不應法衣　법의에 응하지 못 하나니라.
불 응 법 의

주석註釋

1 毒 : 독 독. ①독毒. 해독害毒. 해악害惡. ②비참悲慘하고 참혹慘酷한
방법. ③해치다. 죽이다.

2 欲心＝慾心 : ①자기만을 이롭게 하고자 하는 마음. ②탐내는 마음.
③분수分數에 지나치게 하고자 하는 마음. 욕기慾氣.

3 馳騁 : ①말을 타고 달리는 것. ②이곳저곳 바삐 돌아다니는 것.

4 應 : 응할 응. ①응하다. ②당하다. ③화답하다. ④맞장구치다.

5 法衣 : 승의僧衣 · 승복僧服 · 법복法服이라고도 한다. 비구 · 비구니가
입는 옷. 처음에는 삼의三衣, 곧 가사를 일컫던 것인데, 후세에는 가사
밖에 편삼編衫 · 군자裙子 · 직철直綴 등을 입게 되니 이것들도 모두 법
의라 부름.

해의解義

법의法衣를 입고 수도문중에 들어서 부처님의 제자가 된다는 것

이 절대로 쉬운 일이 아니다. 만일에 수도를 잘못하여 부처님께 죄를 짓고 사문寺門에 거추장거리가 된다면, 그동안 진 빚을 어떻게 감당할 것이며 업고業苦를 어떻게 해결할 것인가? 그러므로 독한 태도를 드러내고 목구멍까지 차오른 욕심을 절제節制하지 않는다면 법의를 입을 자격이 없는 것이니 빨리 벗고 물러나는 것이 신상에도 좋을 뿐만 아니라 승도僧徒에게도 좋은 모습으로 남게 된다.

원문原文 · 해역解譯

能吐毒態
능 토 독 태   능히 독한 태도를 토해내고

戒意安靜
계 의 안 정   계율의 뜻이 편안하고 고요하여

降心己調
항 심 기 조   마음을 항복받아 몸을 다스리면

此應法衣
차 응 법 의   이는 법의에 적응하는 것이니라.

│ 주석註釋 │

1 安靜 : ① 정신이 편안하고 고요함. ② 편안하고 고요하게 하는 일.

2 降心 : 마음을 항복 받는 것. 마군魔軍을 항복 받는 것.

생선을 싼 보자기에서는 비린내가 나고, 향을 싼 보자기에서는 향내가 난다. 사람이 마음에 독을 품으면 독기毒氣가 뿜어져 나와 많은 사람을 괴롭게 한다. 이러한 행동은 계율의 뜻을 잘 알고 지켜서 편안하고 바름을 얻어야 한다. 그리하여 사악邪惡하고 번뇌煩惱로 들끓는 마음을 항복받고 또 자기를 잘 고르고 다스려서 부처님의 가르침에 어긋남이 없어야 한다. 이런 사람이라야 법의를 입고 대중을 향도嚮導하며 또 그들 앞에 서서 법문을 설하여 깨우칠 수가 있다.

원문原文 · 해역解譯

以眞爲僞
이 진 위 위
참된 것을 거짓이라 하고

以僞爲眞
이 위 위 진
거짓됨을 참됨이라 한다면

是爲邪計
시 위 사 계
이것은 사악한 계교가 되나니

不得眞利
부 득 진 리
참다운 이익을 얻지 못 하나니라.

1 眞僞 : 정말과 거짓말. 진짜와 가짜.
2 邪計 : ① 바르지 못한 계책計策. ② 올바르지 못한 꾀.

| 해의解義 |

"숙맥불변菽麥不辨"이라는 말이 있다. 콩인지 보리인지 분간하지 못한다는 뜻으로, 어리석은 사람을 비유적으로 이르는 말이다. 사람에게 있어서 삿된 잔꾀라는 것은 무엇이 참된 것이며, 무엇이 거짓된 것인지를 분간하지 못하고 무턱대고 달려드는 것이라고 할 수 있다. 이러하면 무엇이 이익이 될 것인가? 아마 하나도 없으리라. 부처님 법이란 최후의 구경에 이르러서 열반涅槃에 들어가는 것인데, 이러한 큰 이익이 있는 것을 사악邪惡한 계교를 가진 사람은 알지 못한다.

원문原文 · 해역解譯

知眞爲眞　　참됨을 알아 참됨이라 하고
지 진 위 진

見僞知僞　　거짓을 보고 거짓임을 안다면
견 위 지 위

是爲正計　　이것은 올바른 계책이 되나니
시 위 정 계

必得眞利 반드시 참다운 이익을 얻나니라.
필 득 진 리

| 주석註釋 |

1 正計 : ① 바른 계책計策. ② 올바른 꾀.

| 해의解義 |

"도금비금鍍金非金"이다. 쇠에다가 금물을 입혔다고 금이 되는
것은 아니다. 진금眞金은 원래 가공이 없는 것으로 그대로. 진금이
다. 이 진금을 진흙 속에 묻어두었다가 꺼낼지라도 그 색깔은 변하
지 않는다. 거짓은 어떤가? "구피상피狗被象皮"이다. 개가 코끼리 가
죽을 입었다고 해서 코끼리가 되는 것은 아니다. 거짓은 아무리 참
인 것처럼 꾸밀지라도 드러나기 마련이다. 이런 사람은 부처님의 바
른 도리를 알지도 못하고 깨닫지도 못하여 중생의 고통을 면할 수
없게 된다.

원문原文·해역解譯

蓋屋不密 지붕을 덮음에 빽빽하지 않으면
개 옥 불 밀

天雨則漏 하늘에서 비가 오면 곧 새네.
천 우 즉 루

| 意不惟行 | 뜻(마음)으로 생각하여 행하지 않으면 |
| 의 불 유 행 | |

| 淫佚爲穿 | 음욕에 뚫어지게 되나니라. |
| 음 일 위 천 | |

| 주석註釋 |

1 蓋屋 : 지붕을 덮는 것.
2 天雨 : 비.
3 惟 : 생각할 유. ① 생각하는 것. ② 조심하는 것.
4 淫佚 : ① 음란함. ② 유흥에 탐닉함. ③ 마음껏 음탕淫蕩하게 놂. ④ 방탕放蕩.
5 穿 : 뚫을 천. ① 뚫다. ② 꿰뚫다. ③ 뚫어지다.

| 해의解義 |

지붕을 덮는 사람이 주밀하게 덮지 않으면 하늘에서 내리는 비를 감당하지 못하여 샌다. 사람이 무슨 일을 할 때에 마음속에서 생각하지 않으면 실행을 하기도 어렵다. 여러 면으로 생각하여 결론을 도출導出해 낸 뒤에 일을 시작하면 실패할 확률이 적다. 그런데 생각하지도 않고 무턱대고 달려들어서 시행을 한다면 구멍이 뚫어지기 마련이다. "교사음일驕奢淫佚"을 하면 안 된다. 교만驕慢하며 사치奢侈스럽고 방탕放蕩한 사람이 된다면 온전한 사람노릇을 하기가 어렵다.

15

원문原文 · 해역解譯

蓋屋善密 _{개 옥 선 밀}	지붕 덮기를 빽빽하게 잘하면
雨則不漏 _{우 즉 불 루}	비가 와도 새지 않나니
攝意惟行 _{섭 의 유 행}	뜻(마음)을 다스려 생각해서 행하면
淫佚不生 _{음 일 불 생}	음탕한 마음이 생기지 않나니라.

| 주석註釋 |

1 善密 : 정밀하게 잘하는 것.
2 不生 : 생겨나지 않음. 나오지 않음.

| 해의解義 |

지붕을 덮는데 촘촘하게 잘 덮으면 하늘에서 큰 비가 온다고 할지라도 비가 새지 않는다. 사람이 무엇인가 할 때에 마음을 다잡고 잘 다스리며 생각을 많이 하여 실천으로 옮긴다면 실패하는 일이 적다. 그런데 깊이 생각하지도 않고 방탕放蕩하거나 교만驕慢한 마음을 가지고 한다면 일의 성공을 거두기가 어렵다. 그러므로 불법을 배우는 사람은, 아닌 생각들이 나올 때는 과감하게 그 싹을 자르고 물리쳐서 뿌리를 내리지 못하게 하여야 부처님의 참된 가르침으로 들어가게 된다.

16

鄙夫染人
비 부 염 인
비루한 사나이는 사람을 물들임이

如近臭物
여 근 취 물
냄새나는 물건을 가까이하는 것과 같아

漸迷習非
점 미 습 비
점점 미혹하여 그릇됨을 익혀서

不覺成惡
불 각 성 악
악이 이뤄지는 것을 깨닫지 못 하나니라.

| 주석註釋 |

1 鄙夫 : 마음씨가 더럽고 못된 사내. 비루鄙陋한 남자.

2 染 : 물들 염. ① 물들다. 염색하다. ② 적시다. 담그다.

3 臭 : 냄새 취. ① 냄새. ② 썩다. ③ 더럽다.

4 臭物 : 냄새나는 물건.

5 習非 : 그른 것을 익힘.

6 不覺 : 깨닫지 못하거나 생각하지 못함.

| 해의解義 |

생선을 파는 시장을 돌아다녀 보면 처음에는 비린 냄새가 맡아지지만 얼마 지나면 동화되어 냄새를 맡을 수가 없다. 그런데 생선시장을 나온 뒤에 사람들이 피하는 것은 비린내가 나기 때문이다. "근주자적近朱者赤"이다. 붉음에 가까이 하면 반드시 붉게 된다는 뜻으

로, 주위 환경이 중요하다는 의미이다. 우리가 처음에는 그른 것인
줄을 알지만 습화習化되다 보면 점점 미혹迷惑되고 빠져들어서 헤어
나오기가 어렵게 되어 자신도 모르는 사이에 악을 이루게 된다.

원문原文 · 해역解譯

賢夫染人   어진 사나이의 타인을 물들임은
현 부 염 인

如近香熏   향기의 스밈에 가까이 하는 것 같아
여 근 향 훈

進智習善   지혜에 나아가고 선함을 익혀서
진 지 습 선

行成潔芳   행동에 깨끗하고 꽃다움을 이루나니라.
행 성 결 방

| 주석註釋 |

1 熏 : 연기낄 훈. ① 연기가 낀다. ② 스미다, 스머들다.

| 해의解義 |

"근묵자흑近墨者黑"이라 한다. 먹을 가까이하면 검어진다는 뜻으
로, 나쁜 사람을 가까이하면 그 버릇에 물들기 쉽다는 말이다. 어진
사람 곁에 있으면 나도 모르는 사이에 어짊의 물이 들어서 언행이

곱게 된다. 마치 향기가 스며들면 쉽게 없어지지 않는 것과 같다고 할 수 있다. 그래서 지혜에 나아가고 선을 익히면 몸을 놀리는 행동이 자연 깨끗하고 꽃다움을 이루어 어느 곳, 어느 때든지 향기로운 냄새가 풍겨나리니 어진 사람의 심행心行은 이렇게 해서 널리 드러난다.

造憂後憂
조 우 후 우
근심을 만들어 뒤에 근심하고

行惡兩憂
행 악 양 우
악을 행하여 이승과 저승을 근심하네.

彼憂惟懼
피 우 유 구
그걸 근심하고 오직 두려워한다면

見罪心懅
견 죄 심 거
죄를 봄에 마음이 부끄러워 지나니라.

| 주석註釋 |

1 懼 : 두려워할 구. ① 두려워하다, 두렵다. ② 걱정하다. ③ 염려하다.
2 懅 : 부끄러울 거. ① 부끄럽다. ② 부끄러워하다.

　사람이 살면서 근심을 하지 않을 수 없다. 그런데 안 해도 될 근심을 공연히 만들어서 하는 수가 많이 있다. 고시古詩에 보면 "생년불만백生年不滿百, 상회천세우常懷千歲憂라." 하였다. 즉 '사는 해는 백년을 채우지도 못하면서 항상 천년의 근심을 품었어라.' 라는 뜻이다. 그러니 근심 걱정 털어내고 항상 자기를 돌아보면서 살아야 한다. 혹시 내가 하는 일거수일투족一擧手一投足이 죄업을 만드는 것이 아닌가를 돌아보면서 정진精進을 해야 아름다운 인생을 엮을 수 있다.

造喜後喜　기쁨을 만들어 뒤에 기뻐하고
조 희 후 희

行善兩喜　선을 행하여 이승과 저승에서 기뻐하네.
행 선 양 희

彼喜惟歡　그걸 기뻐하고 오직 즐거워한다면
피 희 유 환

見福心安　복을 봄에 마음이 편안해 지나니라.
견 복 심 안

1 福 : 복 복. 복福. 행복幸福.
2 心安 : ① 근심 없다. ② 마음이 편안하다. ③ 편안하다.

| 해의解義 |

　사람이 살다보면 기쁨이라는 것이 자연적으로 주어지기도 하지만 만들어서 기뻐하기도 한다. 이는 다름이 아니라 선을 행하였을 때 가장 큰 기쁨이 된다. 만일에 악을 행하면서 기쁨을 찾을 수는 없다. 옛말에 "건강제일부健康第一富, 심안제일락心安第一樂."이라 하였다. 즉 '건강한 것이 제일가는 부유이요, 마음 편함이 으뜸가는 즐거움이다.' 라는 의미이다. 행복이라는 것도 건강하고 마음을 편안할 때 누릴 수 있는 것이지, 늙고 병들면 매사가 뜻과 같지 않아서 기쁨이나 즐거움을 만끽하기가 어렵다.

원문原文 · 해역解譯

今悔後悔 금 회 후 회	지금도 뉘우치고 뒤에도 뉘우쳐서
爲惡兩悔 위 악 양 회	악을 하였을지라도 둘을 뉘우치네.
厥爲自殃 궐 위 자 앙	그는 스스로 재앙을 만들었기에

受罪熱惱　죄를 받아 뜨겁도록 괴로워 하나니라.
수 죄 열 뇌

| 주석註釋 |

1 悔 : 뉘우칠 회. 뉘우치다.
2 厥 : 그 사람.
3 熱惱 : ① 극심極甚한 괴로움. ② 심한 고뇌苦惱.

| 해의解義 |

　사람이 이 세상을 살면서 뉘우칠 사태를 만들지 않아야 한다. 그
것은 악을 행하지 않아야 한다는 의미이다. 남에게 손가락 받을 악
행惡行을 만들지 아니하면 후회後悔할 일이 없다. "회과자책悔過自
責"이라 한다. 즉 '허물을 뉘우쳐서 스스로 꾸짖는다.' 는 의미이다.
만일 자기의 지은 허물을 돌아보고 스스로 꾸짖을 정도만 된다면 이
런 사람은 죄업罪業을 짓지 아니하여 재앙을 받을 일이 없고 또한 극
심한 고통에 시달릴 일도 없이 맑고 편안한 삶을 누리게 된다.

원문原文 · 해역解譯

今歡後歡　이승에서 기뻐하고 저승에서 기뻐하며
금 환 후 환

爲善兩歡
위 선 양 환
선을 행하여 두 곳에서 기뻐하네.

厥爲自祐
궐 위 자 우
그는 스스로 돕는 걸 하였기에

受福悅豫
수 복 열 예
복을 받아 기뻐하고 즐거워 하나니라.

| 주석註釋 |

1 祐 : 도울 우. ① 도움. 돕다. ② 도와주다.
2 悅豫 : 기뻐하고 즐거워함.
3 豫 : 즐길 예. ① 기뻐하다. ② 즐기다.

| 해의解義 |

"천우신조天佑神助"라 한다. 즉 '하늘이 돕고 신이 돕는다.'는 말
이다. 기쁨이나 즐거움이라는 것도 스스로 만들기도 하지만 남들이
도와서 기쁨을 누리기도 하고 즐거움을 받기도 한다. 이는 선을 행
하며 남을 도울 줄 아는 데서 오다. 이기적利己的이고 기회적機會的
인 사람에게는 기쁨이나 즐거움이 왔다가도 도망가게 된다. 사람은
누구나 복을 받으면 즐겁고 기뻐한다. 이도 또한 선행으로 남들을
보우保佑하는 데서 와지는 것이기 때문에 위기爲己만을 하는 사람은
얻기가 어렵다.

巧言多求 교묘한 말로 구하는 것은 많고
교 언 다 구

放蕩無戒 방탕하여 계율이 없으며
방 탕 무 계

懷婬怒癡 음란과 성냄과 어리석음을 품어
회 음 노 치

不惟止觀 정과 혜 닦음을 생각하지 않으면
불 유 지 관

聚如群牛 모여드는 것이 소떼와 같을지니
취 여 군 우

非佛弟子 부처님의 제자가 아니니라.
비 불 제 자

| 주석註釋 |

1 巧言 : ① 교묘巧妙하게 꾸며대는 말. ② 재치 있는 말.

2 放蕩 : ① 주색잡기酒色雜技에 빠져서 행실이 좋지 못한 것. ② (마음이) 들떠 걷잡을 수 없는 것.

3 止觀 : 지止는 범어로 śamatha, 관觀은 vipaśyanā. 정定 · 혜慧를 닦는 2법法. 불교의 중요한 수도 방법. 지는 정지停止. 마음을 고요히 거두어 망념을 쉬고, 한 곳에 집중하는 것. 관은 관달觀達. 지혜를 일으켜 관조하여 진여에 계합하는 것. 이 둘은 서로 떨어질 수 없는 일대一對의 법이어서, 두 법이 서로 의지하고 도와서 해탈의 중요한 길을 이루므로 지관이라 함.

"교언난덕巧言亂德"이라 한다. 즉 '교묘한 말은 시비를 어지럽게 하고 인덕仁德을 잃게 한다.'는 의미이다. 여기에다 구하는 것까지 많으면 온전한 사람이라 할 수 없다. 이런 사람은 방탕무뢰放蕩無賴하기가 쉽다. 즉 술이나 여색에 빠져 일은 하지 아니하고 불량不良한 짓만 골라서 하게 된다. 부처님의 가르침인 지관止觀의 정혜定慧를 수행하여 해탈解脫의 길로 나아가지 않고 제멋대로 뛰어다닌다면, 이는 소떼가 풀을 보고 달려드는 것과 같을 뿐이요 진정한 부처님의 제자라고 볼 수 없다.

원문原文 · 해역解譯

時言少求
시 언 소 구 　　때에 말해서 구함이 적고

行道如法
행 도 여 법 　　도를 행함이 법과 같으며

除婬怒癡
제 음 노 치 　　음란과 성냄과 어리석음을 제거하여

覺正意解
각 정 의 해 　　올바른 뜻을 알고 깨달아

見對不起
견 대 불 기 　　이득을 볼지라도 탐욕의 마음이 일어나지 않으면

是佛弟子　이것이 부처님의 제자이니라.
시 불 제 자

| 주석註釋 |

1 時言 : 말을 해야 할 때에 말하는 것.
2 行道 : ① 여러 승려僧侶가 경을 읽으면서 거닐거나 불상佛像의 둘레를 도는 일. ② 도를 닦음.
3 如法 : ① 법령法令, 또는 법식法式에 맞음. 합법合法. ② 여래의 교훈에 맞음.
4 正意 : 바른 뜻, 또는 올바른 생각.
5 對 : 이득利得을 대하는 것.
6 不起 : ① 탐욕의 마음이 일어나지 않음. ② 병들어 자리에 누운 채 다시 일어나지 못하고 세상을 버림.

| 해의解義 |

《논어論語》 헌문憲問에 "부자夫子 시연후언時然後言, 인불염기언人不厭其言."이라 하였다. 즉 '공자께서는 때인 연후에 말하는지라, 사람들이 그 말을 싫어하지 아니한다.' 는 의미이다. 때에 맞고 또 맞아지는 말을 하면 사람들이 그 말을 싫어하지 않는다. 또한 부처님의 교법敎法대로 수행하는 여법수행如法修行을 해나가야 하고, 이득利得만을 챙기려는 마음이 없어야 하며 탐욕貪慾을 일으켜서 이것저것 취하고 구하려하지 않는다면 이것이 진정한 부처님의 제자라고 할 수 있다.

제 *10*
방일품放逸品

放逸品者 방 일 품 자	방일품이란
引律戒情 인 율 계 정	계율을 끌어서 욕정을 경계하고
防邪撿失 방 사 검 실	사악함을 막고 잃어짐을 살펴서
以道勸賢 이 도 권 현	도로써 현명하기를 권장하는 것이니라.

| 주석註釋 |

1 放逸 : 【범】pramadā, 심소心所의 이름. 대번뇌지법大煩惱地法의 하나.
   20수번뇌隨煩惱의 하나. 인간으로서 해야 할 착한 일이나 방지해야 할
   악한 일을 뜻에 두지 않고, 방탕하고 함부로 하는 정신 작용을 말함.
2 情 : 뜻 정. 욕정欲情, 즉 욕심의 충동.

3 撿 : 살필 검, 검사할 검. ① 살피다. ② 검사하다. ③ 조사하다.
4 失 : 잃을 실. 본마음을 잃는 것.
5 勸 : 권할 권. ① 권하다. ② 권장하다. ③ 가르치다.

| 해의解義 |

　방일放逸하지 않음이 불방일不放逸이다. 불방일이란 심소心所의
이름이니 대선지법大善地法의 하나로 나쁜 짓을 막고 마음을 한 경
계에 집중하여 모든 착한 일을 닦는 정신 작용이다. 이러면 계율이
지켜지고 계율을 지키면 욕정欲情이 일어나지 않으며, 욕정이 일어
나지 않으면 삿됨으로 흐르지 않고 본래 마음을 간직하게 되어 흐트
러지지 않는다. 그러하면 자연 도가 갖추어지게 되어 누구에게나 부
처님의 법을 설파說破하여 가르칠 수 있는 어진 사람이 된다.

2

원문原文 · 해역解譯

戒爲甘露道　계율은 감로의 길이 되고
계 위 감 로 도

放逸爲死徑　방일은 죽음의 지름길이 되나니
방 일 위 사 경

不貪則不死　탐내지 않으면 죽지 않고
불 탐 즉 불 사

失道爲自喪　도를 잃으면 저절로 죽게 되나니라.
실 도 위 자 상

| 주석註釋 |

1 甘露 : 【범】amṛta, 아밀리다阿密哩多라 음역. 불사不死·천주天酒라
　번역. 소마蘇摩의 즙, 천신들의 음료. 또 하늘에서 내리는 단 이슬이라
　하여 감로라 이름. 예로부터 훌륭한 정사를 행하면 천지가 이 상서를
　내린다고 함. 불경에는 감로란 말이 많은데, 불타의 교법이 중생을 잘
　제도함에 비유한 것임.

2 甘露道 : 감로의 길, 즉 열반의 길을 말한다.

3 徑 : 지름길 경, 길 경. ① 지름길. 질러가는 길. ② 길. 논두렁길.

4 不死 : ① 죽지 아니함. ② 속인으로서 염불을 공부하다가 죽은 사람
　의 혼령魂靈을 무당이 이르는 말. ③ 육체는 비록 죽은 후라도 혼魂은
　살아 있다는 생각.

5 喪 : 잃을 상. ① 잃다, 잃어버리다. ② 죽다. 사망하다.

| 해의解義 |

　계율을 잘 지키는 것이 감로甘露, 곧 열반涅槃을 이루는 길이 된다
고 하였다. 반면에 방일放逸을 하게 되면 죽음이 지름길로 온다고
말을 하고 있다. 탐욕貪慾을 내려놓아야 한다. 탐욕은 죽음의 길이
다. 사람이 탐욕을 부릴 때 죽음은 문 앞에 다가와 있다. 또한 부처
님의 가르친 도道를 잃어서는 안 된다. 도를 잃었을 때 심신心身도
저절로 잃게 되는 것이다. 부처님의 제자가 되어 도를 잃는다는 것
은 멸망滅亡의 길로 나아가고 지옥地獄으로 빠져 들어가는 것이라고
할 수 있다.

원문原文 · 해역解譯

智慧守道勝 　지혜로 도의 뛰어남을 지키며
지 혜 수 도 승

終不爲放逸 　끝까지 방일하지 않고
종 불 위 방 일

不貪致歡喜 　탐내지 아니하여 기쁨을 이루면
불 탐 치 환 희

從是得道樂 　이로 좇아 도의 즐거움을 얻나니라.
종 시 득 도 락

주석註釋

1 道勝 : 도의 수승殊勝함. 도의 뛰어남.
2 歡喜 : ① 매우 즐거움. ② 불법佛法을 듣고 믿음을 얻어 느끼는 기쁨.
3 道樂 : 도 닦기를 좋아하는 것. 도를 깨달아 스스로 즐기는 것.

해의解義

　사람이 수도하는 문중에 들어온 이유는 도를 닦는 것이라고 할 수
있다. 도를 닦는 것은 우주의 이치를 깨닫자는 것이요, 우주의 이치
를 깨닫는 것은 지명至明의 지혜를 밝혀내는 것이다. 그래서 지혜가
밝으면 방일放逸하지 않고, 방일하지 않으면 탐욕貪慾을 부릴 것이
없으며, 탐욕이 없으면 즐거움이 저절로 나타나게 된다. 이러한 상황
은 도를 알고 깨닫고 즐기는데서 솟아나는 것이요, 반면에 도를 알지
못하면 낙도樂道의 경지를 이루기가 어렵다.

4

常當惟念道
상 당 유 념 도
항상 마땅히 도를 생각하여

自强守正行
자 강 수 정 행
스스로 굳세게 올바른 행실을 지키라.

健者得度世
건 자 득 도 세
건실한 자는 세상을 건너감을 얻어서

吉祥無有上
길 상 무 유 상
행복 또는 기쁨이 더 이상 됨이 없나니라.

주석註釋

1 自强 : 스스로 가다듬어 힘씀.

2 正行 : 맑고 깨끗한 행실, 또는 그러한 사람.

3 度世 : 세상을 건넘. 인간의 고해苦海를 건너 열반涅槃의 피안彼岸에 이름을 뜻한다.

4 吉祥 : ① 행복幸福, 또는 기쁨. ② 운수運數가 좋을 조짐兆朕. ③ 경사가 날 조짐.

5 無有 : ① 없다. ② 있는 것과 없는 것.

해의解義

《사십이장경四十二章經》에 부처님이 말씀하기를 "내가 무엇을 생각할고, 도를 생각하리라.(吾何念, 念道.)"고 하였다. 수도하는 사람은 자나 깨나 도만을 생각해야 한다. 도 이외에 다른 것을 생각하면 도를 이룰 수가 없다. 또한 스스로 가다듬고 힘써서 바른 행실을 해야 한다. 그래야 세상의 어떠한 고난苦難이나 고해苦海를 넘어설 수 있다. 이를 넘어서는 곳에 열반涅槃의 피안彼岸이 있는데, 이곳은 길운吉運과 상서祥瑞가 넘쳐흐르는 낙원樂園의 극처極處라고 할 수 있다.

5

원문原文 · 해역解譯

正念常興起 정 념 상 흥 기	바른 생각을 항상 일으키고
行淨惡易滅 행 정 악 이 멸	행실이 깨끗하면 악이 쉽게 사라지니
自制以法壽 자 제 이 법 수	스스로 억제하여 법으로써 살아간다면
不犯善名增 불 범 선 명 증	범하지 않게 되어 좋은 이름이 날로 더한다.

주석註釋

1 正念 : ① 팔성도八聖道의 한 가지. 즉, 제법諸法의 성상性相을 바로 기억하여 잊지 아니함. ② 정법正法에 의하여 극락에 왕생함을 믿는 생각. ③ 아미타불阿彌陀佛에 열심히 염불念佛하는 일.

2 行淨 : 행실이 깨끗하고 조촐한 것.

3 自制 : 스스로 자기의 감정과 욕심을 억누름.

4 壽 : 목숨 수. ① 목숨. ② 오래 살다. ③ 수명壽命. 장수長壽.

| 해의解義 |

수도하는 사람은 항상 바른 생각을 가져야 한다. 이런 생각이 없으면 일부러라도 일으켜야 한다. 그래야 행실이 깨끗해져서 악惡을 쉽게 소멸할 수 있다. 또한 자제할 줄을 알아야 한다. 자제하지 못하면 법답게 살 수가 없다. 그러므로 자제할 수 있는 힘을 가져야 끊임없이 일어나는 탐욕貪慾이나 망념妄念에 의해 끌리지 아니하고 유방백세流芳百世의 아름다운 이름을 후세에 남기게 된다. 또한 명불허전名不虛傳이라는 말처럼 이름 3자를 영존永存토록 세상에 남겨두기가 어렵다.

發行不放逸
발 행 불 방 일
행동을 발하는 것이 방일하지 않고

約以自調心
약 이 자 조 심
제약하여 스스로 마음을 조절할지니

慧能作定明
혜 능 작 정 명
지혜가 능히 선정의 밝음을 지어가면

不返冥淵中
불 반 명 연 중
어두운 연못 가운데로 돌아오지 않나니라.

1 約 : 맺을 약. ① 맺다. ② 약속하다. ③ 제약하다. 제한하다. 한정하다. 규제하다.
2 定 : 마음을 한 곳에 집중하여 움직이지 않는 안정安定의 상태. 정에는 자제自制, 수행에 의한 산정散定, 참선參禪에 의한 선정禪定 등이 있다.
3 冥淵 : 어두운 속계俗界를 이름.

| 해의解義 |

행동하는데 제일로 삼갈 것은 방일放逸이다. 방일을 제약制約하면 마음이 저절로 골라져서 다른 곳으로 흘러가지 않게 된다. 지혜란 오래도록 선정禪定을 익힌 가운데서 밝아지게 된다. 수도문중에 들어와서 선정을 익히지 않으면 지혜는 절대로 솟아나지 않는다. 만일 수도하는 사람이 지혜가 없으면 미로迷路를 헤매게 된다. 그러면 어둡고 음침한 속계俗界로 돌아가기가 쉽지만, 반대로 부처님의 바른 도리道理를 알게 되면 속계를 벗어나서 불토佛土에서 즐겁게 살아가게 된다.

7

| 원문原文 · 해역解譯 |

愚人意難解　　어리석은 사람은 뜻(마음)을 깨닫기 어려워
우 인 의 난 해

貪亂好諍訟 탐내고 혼란하여 쟁송을 좋아하지만
탐 란 호 쟁 송

上智常重愼 최상의 지혜는 항상 무겁고 신중하고 삼가서
상 지 상 중 신

護斯爲寶尊 이를 지켜서 보배의 존귀함으로 여기나니라.
호 사 위 보 존

| 주석註釋 |

1 愚人 : 어리석은 사람.

2 難解 : ① 풀기가 어려움. ② 알기가 어려움. ③ 깨닫기가 어려움.

3 貪亂=貪饕 : ① 음식이나 재물을 탐냄. 탐람貪婪. ② 칠죄종七罪宗의
  하나. 마시고 먹는 일을 정도에 지나치게 함.

4 諍訟=爭訟 : 서로 다투며 송사訟事를 일으킴.

5 上智 : ① 상급의 지혜. ② 보통의 사람보다 지혜가 뛰어난 사람.

| 해의解義 |

  어리석은 사람은 자신에 대해서도 모르지만 불법의 진리를 깨닫
지 못했기 때문에 탐욕貪慾을 부리고 혼란混亂스러워서 조그만 일이
나 큰일을 막론하고 송사訟事하기를 좋아하여 영일寧日이 없다. 그
러나 진리를 깨쳐 최상의 지혜를 갖춘 사람은 매사를 신중하게 처리
하며 맑고 밝게 살아감으로 남과 다툴 일이 없다. 아울러 이런 상황
을 잘 지켜서 최상의 보배로 삼기 때문에 모든 사람과 잘 어울리고
원만圓滿하게 행동하여 손가락질 받을 염려가 없게 된다.

8

莫貪莫好諍
막 탐 막 호 쟁

탐내지 말고 다투기를 좋아하지 말며

亦莫嗜欲樂
역 막 기 욕 락

또한 탐욕의 즐거움을 즐기지 말지니

思心不放逸
사 심 불 방 일

생각하는 마음이 방일하지 않으면

可以獲大安
가 이 획 대 안

가히 써 크게 편안함을 얻나니라.

| 주석註釋 |

1 嗜欲 : ① (청각 · 시각 · 미각 · 후각 등에서의) 향락적인 욕구. ② 기
호嗜好의 욕심. 즐기고 좋아하는 욕심.

2 獲 : 얻을 획. ① 얻다. ② 얻어지다.

3 大安 : 제반諸般이 평안平安하다는 뜻으로, 평교간平交間의 편지에서
상대방의 안부安否를 물을 때에 쓰는 말.

| 해의解義 |

사람이 살아가면서 탐욕貪慾을 부려서는 안 된다. 또 남들과 다투
기를 좋아하여 분란紛亂을 일으켜서도 안 된다. "기욕무염嗜欲無厭"
이라 하였다. 즉 '끝없이 향락을 탐한다.' 는 뜻으로, 한번 향락에 빠
지면 헤어 나오기가 여간 어려운 게 아니다. 그러므로 생각이든, 마
음이든 간에 절대로 방일放逸을 해서는 안 된다. 방일은 인생을 크

게 타락墮落시키는 길라잡이가 된다. 마치 마약痲藥과 같은 성분性分
이 있는 것으로 크게 안정을 얻을 수 없는 것이니 삼가야 한다.

원문原文 · 해역解譯

放逸如自禁
방 일 여 자 금
방일을 스스로 금할 것 같으면

能却之爲賢
능 각 지 위 현
능히 물리쳐서 현명함이 되리니

已昇智慧閣
이 승 지 혜 각
이미 지혜의 누각에 올라서

去危爲卽安
거 위 위 즉 안
위험을 버리고 편안으로 나가게 되나니라.

| 주석註釋 |

1 自禁 : 일정一定한 행동을 스스로 금禁함.
2 閣 : 집 각. ①집. ②크고 높다랗게 지은 집. 높은 집.
3 卽 : 곧 즉. ①곧. ②나아가다.

| 해의解義 |

　사람은 방일을 절대적으로 금해야 한다. "불금이자금不禁而自禁"
이 되어야 한다. 즉 '금하지 아니하여도 저절로 금해진다.' 는 뜻이다. 다시 말하면, 의식적으로 금하려고 아니해도 저절로 금해져서 두 번 다시 범하지 않는다는 의미이다. 그래야 어진 이가 된다. 어진 이가 되면 지혜를 갖추어서 크고 높다란 집에 올라가 사는 것과 같아서 근심 걱정이 없이 항상 편안을 누리게 된다. 즉 거평안내편안 去平安來平安하게 된다. 가든지, 오든지 상관이 없이 평안하고 즐겁게 살게 된다는 말이다.

원문原文·해역解譯

明智觀於愚 밝은 지혜로 어리석음을 볼지니
명 지 관 어 우

譬如山與地 비유하자면 산과 평지 같네.
비 여 산 여 지

居亂而身正 어지러움에 있지만 몸이 바르면
거 란 이 신 정

彼爲獨覺悟 그는 홀로 깨달음이 되리니
피 위 독 각 오

是力過師子 이 힘은 사자라도 뛰어넘어
시 력 과 사 자

棄惡爲大智 악을 버려 큰 지혜가 되나니라.
기 악 위 대 지

1 明智 : 밝은 지혜.

2 覺悟 : ① 도리道理를 깨달음. ② 앞으로 닥쳐 올 일을 미리 깨달아 마음을 작정함. 결심함.

3 師子=獅子 : ① 포유류哺乳類 고양잇과의 맹수. 몸집이 크고 기운이 세어 백수百獸의 왕으로 불림. 몸 털은 짧고 회갈색灰褐色, 또는 황토색이며, 수컷은 머리와 목 주위에 갈기가 더부룩하게 나 있음. 사바나 지대에 무리 지어 삶. 라이온(lion). ② 부처님의 설법說法을 사자후獅子吼라 한다.

4 大智 : 아주 뛰어난 지혜.

| 해의解義 |

사람의 밝은 지혜를 높은 산에 비유하고, 어리석음을 낮은 땅에 비유하고 있다. 밝은 지혜로 어리석음을 비춰보라고 한다. 혼란 속에 살면서 몸가짐을 바르게 할 수 있다면 그는 틀림없이 도리道理의 깨달음을 이룬 사람이다. 이러한 사람의 힘이란 백수百獸의 왕이 되는 사자와 같아서 무섭거나 두려울 게 없이 자유로울 수 있다. 이 힘으로 능히 악을 막게 되면 밝은 지혜가 솟아나게 되어 일체 번뇌煩惱를 여의고 해탈解脫을 얻어서 기쁘고 즐겁게 살아가게 된다.

11

睡眠重若山 　 잠자는 것이란 무겁기가 산과 같아서
수 면 중 약 산

癡冥爲所弊 　 어리석고 어두움을 해치는 바가 되며
치 명 위 소 폐

安臥不計苦 　 편안히 누워 괴로움을 헤아리지 않나니
안 와 불 계 고

是以常受胎 　 이런 까닭에 항상 잉태를 받게 되나니라.
시 이 상 수 태

| 주석註釋 |

1 睡眠 : ① 잠. ② 활동을 쉬는 일. ③ 잠을 잠.

2 弊 : 폐단 폐, 해질 폐. ① 폐단弊端. ② 부정행위不正行爲. ③ 해害. 폐해
弊害.

3 受胎 : 아이를 뱀. 수정란受精卵이 자궁子宮 내막에 달라붙는 일, 이에
의해서 임신이 시작됨. 수정受精과 같은 뜻으로도 씀.

| 해의解義 |

《자경문自警文》에 "광겁장도曠劫障道, 수마막대睡魔莫大."라 하였
다. 즉 '긴긴 세월에 도의 장애가 되는 것은 수마보다 더 큰 것이 없
다.'라는 뜻이다. 잠이라는 것은 어두운 것이요 폐해弊害가 되는 것
인데, 이런 것을 모르고 우선은 편안하게 누워서 앞으로 다가올 고
통을 헤아리지 못하고 있으니 답답할 일이라 한다. 이러면 죽은 후

에 영식靈識이 어둡기 때문에 인간에 수생受生이 어렵고 우마육축牛馬六畜으로 들어가 수태受胎가 될 것이니 어서 잠에서 깨어 수행을 해야 한다.

不爲時自恣
불 위 시 자 자

때에 스스로 방자하지 아니하고

能除漏得盡
능 제 루 득 진

능히 억제하면 번뇌가 다함을 얻네.

自恣魔得便
자 자 마 득 편

스스로 방자하면 악마가 뜻을 얻듯이

如獅子搏鹿
여 사 자 박 록

사자가 사슴을 잡는 것과 같나니라.

| 주석註釋 |

1 漏 : 곧 번뇌煩惱를 말함.

2 得便 : 편의便宜를 얻는 것이니, 여기에서는 '뜻을 얻는 것' 임.

3 搏 : 붙잡을 박. ① 잡다. ② 찾아내 붙잡다.

4 鹿 : 사슴 록. ① 사슴. ② 제위帝位의 비유.

사람이라면 어느 곳, 어느 때를 막론하고 방자放恣한 행동을 삼가야 한다. 만일에 방자한 행동을 하게 되면 번뇌煩惱가 자연적으로 치성熾盛하게 되어 많은 마졸魔卒들이 일어나 바람 잘 날 없게 만든다. 그러면 무수한 죄고罪辜를 짓게 되고, 죄고를 지으면 생전의 천대賤待를 면할 수 없으며, 아울러 사후死後에도 악도에 들어가서 나올 기약이 없게 된다. 이것은 사자獅子가 사슴을 먹잇감으로 잡은 것과 같아서 절대로 놓아주지 않고 생명을 앗아가고 만다.

13

원문原文 · 해역解譯

能不自恣者 능 불 자 자 자	능히 스스로 방자하지 않는 사람은
是爲戒比丘 시 위 계 비 구	이에 계율을 지키는 비구라 할 것이요,
彼思正淨者 피 사 정 정 자	저 올바르고 깨끗함을 생각하는 사람은
常當自護心 상 당 자 호 심	항상 마땅히 스스로 마음을 지킴이니라.

| 주석註釋 |

1 比丘 : 【범】bhikṣu, bhikkhu, 또는 필추苾芻 · 픽추煏芻 · 비호比呼라

고도 함. 걸사乞士·포마怖魔·파악破惡·제근除饉·근사남勤事男이라 번역. 남자로서 출가하여 걸식으로 생활하는 승려로 250계를 받아 지니는 이. 걸사라 함은 비구는 항상 밥을 빌어 깨끗하게 생활하는 것이니, 위로는 법을 빌어 지혜의 목숨을 돕고, 아래로는 밥을 빌어 몸을 기른다는 뜻. 포마라 함은 비구는 마왕과 마군들을 두렵게 한다는 뜻. 파악이라 함은 계戒·정定·혜慧 3학學을 닦아서 견혹見惑·사혹思惑을 끊는다는 뜻. 제근이라 함은, 계행戒行이란 좋은 복전福田이 있어 능이 물자를 내어 인과의 흉년을 제한다는 뜻. 근사남이라 함은 계율의 행을 노력하여 부지런하다는 뜻.

| 해의解義 |

부처님이 주신 계율을 잘 지켜서 갈무린 비구比丘는 절대로 방자한 행동이 없이 수행에 전력하며 살아간다. 또한 항상 바르고 맑게 살려는 사람은 절대로 자신의 본래 마음을 저버리지 않고 잘 지키며 흐트러지지 않게 하려고 노력을 한다. 그러니 우리도 부처님이 경계警戒한 계율을 잘 지키면 죄고罪苦를 지음이 없을 것이요, 보통 사람들도 자기의 마음을 잘 두호斗護하면 과고過辜를 범하는 일이 없이 편안하게 살 수가 있는 것이니 부처님의 길을 밟아 나가기에 힘써야 한다.

14

比丘謹愼樂　　비구는 삼가면 즐겁지만
비 구 근 신 락

放逸多憂愆　　방일하면 근심과 허물이 많다네.
방 일 다 우 건

變諍小致大　　작은 다툼이 변하여 큼을 이루고
변 쟁 소 치 대

積惡入火焰　　악이 쌓여서 불길로 들어 가나니라.
적 악 입 화 염

| 주석註釋 |

1 謹愼 : 언행言行을 삼가고 조심함. 과오過誤나 잘못에 대하여 반성하
고 들어앉아 행동을 삼감.

2 憂愆 : ① 허물. ② 악질惡疾(고치기 힘든 병).

3 積惡 : 못된 일을 많이 하여 죄악罪惡을 쌓음.

4 火焰 : ① 지옥의 불길 속. ② 불꽃. 타는 불에서 일어나는 붉은빛의 기
운.

| 해의解義 |

　　부처님의 제자인 비구는 항상 계율에 의하여 행동해야 한다. 그
리하여 수도修道에서 나오는 즐거움을 참된 자신의 즐거움으로 삼
을 줄을 알아야 한다. 만일 방일하여 제멋대로 살려 한다면 많은 허
물을 짓게 된다. 그러면 작은 허물이 변하여 커다란 죄업罪業이 되

어서 앞길의 장애가 된다. 옛말에 "복재적선福在積善, 화재적악禍在積惡."이라 하였다. 곧 '복은 선을 쌓는 데 있고, 화는 악을 쌓는 데 있다.' 는 뜻이다. 선善이 아닌 악惡을 쌓으면 지옥의 불길 속으로 들어가 나올 기약이 없게 된다.

15

원문原文 · 해역解譯

守戒福致善
수 계 복 치 선
계율을 지키면 복의 선이 이르고

犯戒有懼心
범 계 유 구 심
계율을 범하면 두려운 마음이 있네.

能斷三界漏
능 단 삼 계 루
능히 삼계의 번뇌를 끊으면

此乃近泥洹
차 내 근 니 원
이는 곧 열반에 가까워 지나니라.

| 주석註釋 |

1 犯戒 : 계율戒律을 어김.

2 懼心 : 두려워하는 마음.

3 三界 : ① 천계天界, 지계地界, 인계人界의 세계. ② 일체 중생이 생사生死 윤회輪廻하는 세 가지 세계. 곧 욕계欲界, 색계色界, 무색계無色界. 삼유三有. ③ 사방 제불과 일체 중생과 자기 일심의 세 가지. 곧 불계

佛界, 중생계衆生界, 심계心界. ④ 과거過去, 현재現在, 미래未來의 세 세계. 삼세三世.

| 해의解義 |

"계문왕생戒門往生"이라는 말이 있다. 곧 '계율을 잘 지키면 극락에 가서 다시 태어난다.'는 의미이다. 재가출가를 막론하고 부처님이 제시한 계율을 잘 지키면 한량없는 복락이 이르게 된다. 그러나 계율을 범하여 심행心行을 함부로 하게 되면 두려운 마음이 생겨서 죄업을 짓게 된다는 것은 두말할 필요가 없다. 부처님의 제자가 된 수행자가 수도를 잘하면 저절로 마음이 맑고 밝아져서 삼계의 모든 번뇌가 끊어지고, 번뇌가 끊어지면 자연적으로 열반의 세계에 들어가게 된다.

16

원문原文 · 해역解譯 ┃

若前放逸   만일 전에는 방일했을지라도
약 전 방 일

後能自禁   뒤에 능히 스스로 금한다면
후 능 자 금

是炤世間   이는 세상을 밝게 비추리니
시 소 세 간

念定其宜   마음을 모아서 그 마땅함을 생각할지니라.
염 정 기 의

| 주석註釋 |

1 自禁 : 일정한 행동을 스스로 금함.

2 炤 : 밝을 소. ① 밝다. 환하다. ② 비추다, 비치다.

3 世間 : ① 세상 일반. ② 유정有情의 중생이 서로 의지하며 살아가는
세상. ③ 영원하지 않은 것들이 서로 모여 있는 우주 공간.

4 定 : 마음을 한 곳에 모음.

| 해의解義 |

옛글에 "인수무과人誰無過, 개지위선改之爲善."이라 하였다. 즉
'사람이 누가 잘못이 없으리요, 그것을 고치면 착하게 된다.'는 의
미이다. 사람은 누구나 잘못을 범할 수 있다. 다만 고칠 줄을 알지
못하기 때문에 잘못된 사람으로 낙인烙印이 될 수가 있다. 방일이라
는 것도 스스로 금하면 된다. 안 하면 되는데 습관이 되면 고치기가
여간 어려운 것이 아니다. 그러므로 우리가 마음을 한 곳에 모으고,
맑히고 밝혀서 살아간다면 세간의 어떤 고난이라도 저절로 해결이
되어 아름다운 길이 된다.

17

過失爲惡　　과실로 악을 하였을지라도
과 실 위 악

追覆以善　　추후에 선으로써 덮는다면
추 복 이 선

是炤世間　　이는 세상을 밝게 비추리니
시 소 세 간

念善其宜　　그 마땅함을 잘 생각할지니라.
염 선 기 의

| 주석註釋 |

1 過失 : ① 조심을 하지 않거나 부주의不注意로 저지른 잘못이나 실수失
手. 허물. ② 부주의로 인하여 어떤 결과의 발생을 예견豫見하지 못한
일. 민법民法 상으로는, 주의하면 인식認識할 수 있었음에도 불구하고
부주의로 인해 이를 인식하지 못한 심리心理 상태. 형법刑法 상으로
는, 행위자行爲者가 범죄 유형類型에 해당하는 사실과 그 위법성違法性
을 인식하는 경우에만 비난받는 것이 아니라, 인식해야 하고 인식하
였으리라는 사실이 있는 경우에도 비난받음.

| 해의解義 |

　　사람이 과실을 범하는 것은 분명히 악惡을 행하는 것이라고 볼 수
있다. 그런데 보통 사람들은 악인 줄도 모르고 지나쳐버린다. 그러
나 트인 사람들은 이 악을 선善으로 덮고 고칠 줄을 안다. 즉 악을

덮어서 미화美化시킨다는 것이 아니라 악을 선으로 바꾸고 끌어갈 줄을 안다는 뜻이다. 그러면 선이 자연스럽게 밝은 빛이 되어 세상을 비추는 아름다운 등불이 되니, 이러한 생각이나 마음을 놓아버리지 말고 항상 간직하면서 살아간다면 허물을 짓지 않고 밝게 살아가게 된다.

少壯捨家
소 장 사 가
어리고 젊어서 집을 버리고

盛修佛敎
성 수 불 교
왕성하게 부처님의 가르침을 닦으면

是炤世間
시 초 세 간
이는 세상을 밝게 비추리니

如月雲消
여 월 운 소
달에 구름이 사라짐과 같나니라.

| 주석註釋 |

1 少壯 : 나이가 젊고 혈기血氣가 왕성함. 젊고 씩씩함.

2 捨家 : 집을 버리고 불문佛門에 들어감. 승려僧侶가 되는 일.

"사가기욕捨家棄欲"이라는 말이 있다. 곧 '집이나 세속적世俗的인 욕망을 버리고 불문佛門에 들어가라.' 는 의미이다. 출가出家를 해서 스님이 되어야 한다는 뜻이다. 이런 사람은 부처님의 가르침을 충실하게 닦아서 불보살佛菩薩의 인격을 이루게 된다. 그리하여 고해에서 헤매는 모든 생령을 구제하는 반야般若의 용선龍船의 선장船長이 되라는 의미이다. 이렇게 되면 세상을 비추는 밝은 빛이 되는 것이니 구름에 가렸던 달이 구름이 사라지면 그 빛이 우주를 비추는 것과 같다.

19

人前爲惡　　사람이 전에 악을 자행 했을지라도
인 전 위 악

後止不犯　　뒤에 그치고 범하지 않으면
후 지 불 범

是炤世間　　이는 세상을 밝게 비추리니
시 소 세 간

如月雲消　　달에 구름이 사라짐과 같나니라.
여 월 운 소

1 不犯 : ① 남의 것을 침범侵犯하지 않음. ② 남녀가 사통私通하지 않음.

| 해의解義 |

사람이 지혜가 없이 어리석으면 몸가짐이나 행동이 비오非誤되기 마련이다. 곧 그른 것이 된다는 말로, 이것이 악惡이다. 악이란 큰 것만이 아니라 작은 것도 악이 될 수 있다. 그러나 이것이 잘못되어진 것임을 알아서 그치면 바로 선善이 된다. 다시 말하면, 악을 범하고도 뉘우칠 줄을 모르면 악이 커가지만, 뉘우침을 통해서 새롭게 다져간다면 악이 선으로 변하여 더 단단하고 굳어지게 된다. 그러면 세상을 비추는 밝은 빛이 되어 구름에 덮이지 않는 밝은 달과 같다.

원문原文 · 해역解譯

生不施惱
생 불 시 뇌
살아서 괴로움 베풀지 않고

死而不慼
사 이 불 척
죽어서 근심하지 않는다면

是見道悍
시 견 도 한
이는 도를 빠르게 본 것으로

應中勿憂
응 중 물 우
중정에 응함이니 걱정하지 말지니라.

1 惱 : 번뇌할 뇌. ① 번뇌하다. ② 괴로워하다, 괴롭히다.

2 慼 : 근심할 척. ① 근심하다(속을 태우거나 우울해하다). ② 슬퍼하다.

3 悍 : 사나울 한. ① 사납다. 억세고 모질다. ② 세차다. 빠르다.

4 應中 : 중정中正의 도리에 맞는 것.

| 해의解義 |

사람이 세상을 살아가는 동안 악은 행하지 않고 선을 행하여 남을 괴롭히거나 해치지 않아야 한다. 이렇게 세상을 잘 살아나가면 죽는 다고 할지라도 근심이나 걱정이 없게 되어 아름다운 생을 엮어갈 수 있다. "척사환초慼謝歡招"라 한다. 즉 '마음 가운데의 슬픈 것은 없어 지고 즐거움만 부른 듯이 오게 된다.' 는 의미이다. 이렇게 근심 걱정 의 번뇌가 없으면 빠르게 도를 보게 되고, 도를 보면 응중應中으로 도 리에 맞게 살아서 남에게 손가락질을 받지 않는 가생嘉生이 된다.

| 원문原文 · 해역解譯 |

斷濁黑法　　흐리고 검은 방법을 끊고
단 탁 흑 법

學惟淸白　　오직 맑고 깨끗한 것을 배워
학 유 청 백

度淵不返 도 연 불 반	연못을 건너서 돌아오지 않고
棄猗行止 기 의 행 지	의지함을 버리고 행함을 그쳐서
不復染樂 불 부 염 락	다시는 쾌락에 물들지 않으면
欲斷無憂 욕 단 무 우	욕심이 끊어져서 근심이 없나니라.

| 주석註釋 |

1 法 : 법 법. ① 법. ② 방법. ③ 불교의 진리眞理.

2 濁黑 : 혼탁하고 검다.

3 淸白 : 청렴淸廉하고 결백潔白함.

4 度淵 : 깊은 연못을 건너는 것. 연못은 번뇌의 고해苦海를 뜻한다. 현
　세를 차안此岸이라 한다. 번뇌를 물의 흐름에 비유하고, 열반의 정토
　淨土를 피안彼岸으로 표현한다.

5 行止 : 행은 일체의 행위이니, 곧 일체의 행위를 멈추는 것을 말한다.

6 染樂 : 즐거움에 물드는 것. 쾌락快樂에 빠져 들어가는 것.

7 無憂 : 아무 근심이 없음.

| 해의解義 |

　혼탁混濁해지고 검어지는 길을 끊고 버려야 한다. 그리하여 오직
맑고 밝은 방법을 배워서 나아가야 심신心身이 흐려지지 않고 바를
수 있다. 사람이 깊은 연못에 빠지면 나오기가 어렵듯이 번뇌의 늪
에 들어가면 여간해서는 나오기가 어렵게 되는 것이니 빨리 피안彼
岸의 열반涅槃을 터득해야 한다. 사람이 살면서 지나친 쾌락快樂에

도度를 넘지 않으면 사람 사는 즐거움이 그 가운데 있다. 그러므로 모든 욕심을 끊으면 자연 근심 걱정이 사라지게 되는 것임을 알아야 한다.

제 *11*
심의품心意品

1

心意品者
심 의 품 자
심의품이란

說意精神
설 의 정 신
뜻(마음)과 정신이

雖空無形
수 공 무 형
비록 비어서 형상은 없지만

造作無竭
조 작 무 갈
조작하는 것이 다함이 없음을 말한 것이니라.

| 주석註釋 |

1 心意 : 마음과 뜻.

2 精神 : ① 마음이나 생각, 또는 영혼靈魂. 신사神思. 성령聖靈. ② 의식
意識. ③ 사물에 접착하는 마음. 근기根氣. 기력氣力. ④ 물질 · 육체에
대하여 마음의 일컬음. ⑤ 지성적知性的 · 이성적理性的인, 능동적能動

的·목적의식적目的意識的인 능력能力. ⑥ 형이상학形而上學에서 상정想定되어 있는 비물질적非物質的 실체實體. 만물의 이성적인 근원력根源力이라고 생각되는 헤겔의 절대적 정신은 그 대표적인 것임.

3 空 : 물건이 없는 곳. 보통 말하는 공간·공허·공무空無의 뜻.

4 無形 : 형상이나 형체가 없음.

5 造作 : ① 물건을 지어서 만듦. ② 일부러 무엇과 비슷하게 만듦. ③ 일을 꾸미어 만듦.

6 竭 : 다할 갈. ① 다하다. ② 없어지다. ③ 끝나다.

| 해의解義 |

불가佛家에서는 마음을 놓고 심心, 의意, 식識의 세 부분으로 나누어서 이야기하고 있다. 이에 의, 즉 뜻을 사량思量하는 정신精神의 본체本體로 간주看做하고 있다. 그러한 의미에서 이 심의품은 뜻인 정신이 비록 텅 비어서 형체는 없다고 할지라도 일체 사물을 만들어내는 능력이나 공덕은 한량없는 것임을 말하고 있다. 다시 말하면, 마음과 정신이 분명이 있어서 어떻게 작용을 하느냐에 따라 선악善惡, 시비是非, 극락지옥極樂地獄, 화복禍福 등의 과보를 가져오게 된다.

2

원문原文·해역解譯

意使作狗   뜻(마음)으로 하여금 개를 만들면
의 사 작 구

難護難禁	지키기도 어렵고 금하기도 어렵지만
난 호 난 금	
慧正其本	지혜로 그 근본을 바루면
혜 정 기 본	
其明乃大	그 밝음이 이에 커지게 되나니라.
기 명 내 대	

| 주석註釋 |

1 狗 : 개 구. 개(작은 개). 강아지.

2 本 : 근본 본. ① 근본根本. ② (초목의) 뿌리. ③ 근원根源. 원천源泉. ④ 본원本源. 시초始初. ⑤ 마음. 본성本性.

| 해의解義 |

만일에 사람이 내 마음을 내가 들어서 개로 만들어버릴 경우 얼마나 끔찍하겠는가? 그야말로 천방지축天方地軸이 되어 온갖 말썽을 부리고 피울 것이니, 어떻게 보호하여 지키며 또한 금할 수가 있겠는가? 그러므로 가장 근본이 되는 마음을 밝혀서 지혜로워야 한다. 그래야 바로 잡을 수가 있고 그것을 맑혀서 우주에 꽉 채울 수가 있다. 우주가 비록 크다고 할지라도 마음 안에 들어있는 것이니 이 마음만 잘 맑히고 밝히면 우주에서 자유롭게 유영遊泳을 할 수 있다.

3

輕躁難持
경 조 난 지
경망하고 조급하면 지니기 어려워

唯欲是從
유 욕 시 종
오직 욕심이 이에 따르고

制意爲善
제 의 위 선
뜻(마음)을 제어하여 선을 행하면

自調則寧
자 조 즉 녕
저절로 절제되어 곧 편안 하나니라.

| 주석註釋 |

1 輕躁 : 하는 짓이 방정맞고 성미性味가 조급躁急함. 침착沈着하지 아니함.
2 制 : 절제할 제, 지을 제. ① 절제하다. ② 억제하다. ③ 짓다. 만들다.

| 해의解義 |

"의마심원意馬心猿"이라 한다. 곧 '생각은 말처럼 달리고, 마음은 원숭이처럼 설렌다.'는 뜻으로, 번뇌煩惱와 정욕情慾 때문에 마음이 흐트러져 억누를 수 없음을 이르는 말이다. 그러므로 이 뜻과 마음을 어떻게 제어하고 조절하느냐에 따라 선이 될 수도 있고 악이 될 수도 있으며, 편안할 수도 있고 괴로울 수도 있다는 것을 알아서 마음을 다스리기에 노력을 해야 한다. 만일 이렇게 아니하고 내버려두면 생전사후生前死後를 막론하고 악도惡道를 면하기가 정말로 어렵

게 된다.

意微難見
의 미 난 견
뜻(마음)은 미묘하여 보기 어렵지만

隨欲而行
수 욕 이 행
욕심을 따라서 행해진다네.

慧常自護
혜 상 자 호
지혜는 항상 스스로 보호하나니

能守則安
능 수 즉 안
능히 지키면 곧 편안 하나니라.

| 주석註釋 |

1 微 : 미묘微妙의 뜻으로, ① 어떤 현상이나 내용이 뚜렷하게 드러나지
않으면서 야릇하고 묘妙함. ② 섬세纖細하고 묘함.

| 해의解義 |

뜻(마음)이란 미묘微妙하다고 아니할 수 없다. 이 뜻이 일어나는
가 하면 어느 사이 변하여 다른 뜻이 되어서 도저히 종잡을 수가 없
고 뚜렷이 볼 수도 없다. 그러나 만일에 욕심을 따라서 행하게 되면
사악邪惡으로 흐르고 해독害毒으로 흐르며 지옥地獄으로 흘러서 돌

이킬 수가 없게 된다. 어디로 튈 줄 모르는 공과 같다. 그러므로 지혜를 가지고 이 마음을 잘 지키고 보호하여 바르게 흐르도록 하고, 바르게 행동하도록 한다면 자연 맑고 밝고 편안하게 살아갈 수 있다는 것을 알아야 한다.

獨行遠逝　　홀로 행해서 멀리 갈지라도
독 행 원 서

覆藏無形　　덮고 감추어져 형상이 없나니
부 장 무 형

損意近道　　사욕을 덜어내어 도에 가까이하면
손 의 근 도

魔繫乃解　　악마의 얽음에서 이에 풀려나게 되나니라.
마 계 내 해

| 주석註釋 |

1 獨行 : ① 혼자서 길을 감. ② 혼자서 여행함. ③ 남의 도움 없이 혼자의 힘으로 일을 행함. ④ 세속世俗을 따르지 아니하고 높은 지조志操를 가지고 혼자 나아감.

2 遠逝=長逝 : ① 곧 죽음을 빙 둘러서 이르는 말 서거逝去. ② 멀리 떠남.

3 覆 : ① 뒤집힐 복. ② 덮을 부.

4 意 : 뜻 의. ① 뜻. 의미意味. ② 사사로운 마음. 사욕私慾.

5 魔繫 : 악마의 결박.

| 해의解義 |

사람의 마음은 안쪽에 깊이 감추어져 있다. 또 형상도 없고 냄새
도 없으며 소리도 없는 것이지만, 온갖 조화造化를 부려서 형상을 나
타내기도 하고 냄새를 풍기기도 하며 소리를 지르기도 한다. 그러므
로 안 좋은 마음을 자꾸 버리고 던져서 비우고 맑히면 자연 도에 가
깝게 된다. 그러나 악마惡魔의 결박에 걸리게 되면 그 속박에서 벗
어날 수가 없는 것이니 평소에 욕심 부리지 말고 맑고 밝게 살아간
다면 악마의 결박으로부터 얼마든지 자유로울 수가 있다.

원문原文·해역解譯

心無住息　마음이 멈춰서 쉬어짐이 없고
심 무 주 식

亦不知法　또한 법을 알지 못한다면
역 부 지 법

迷於世事　세상의 일에 미혹하여
미 어 세 사

無有正智　바른 지혜가 없게 되나니라.
무 유 정 지

| 주석註釋 |

1 世事 : 세상의 일.
2 正智 : ① 바른 지혜. ② 정리正理에 맞는 지혜.

| 해의解義 |

사람이 종일토록 움직일 수는 없다. 때에 맞게 쉬어주어야 한다. 이와 같이 마음도 머물러서 쉴 곳이 있어야 한다. 쉬지 아니하면 마군에게 휘감겨 못된 짓을 하게 된다. 옛 시에 "세사금삼척世事琴三尺, 생애주일배生涯酒一杯."라 하였다. 즉 '세상일은 거문고 석 자요, 한평생은 술 한 잔이다.' 라 하였으니, 거문고를 켜면서 세상일을 잊어버리기도 하고, 술 한 잔 마시면서 일생이 '이런 것이구나.' 해보기도 해야 한다. 사람이 바른 지혜가 없고 여유가 없으면 난측難測한 세상살이를 풀어가기가 어렵다.

7

원문原文 · 해역解譯

念無適止　생각을 적당히 그치지 않으면
염 무 적 지

不絶無邊 부 절 무 변	끊어지지 아니하여 끝이 없네.
福能遏惡 복 능 알 악	능히 악을 막아야 복이 되고
覺者爲賢 각 자 위 현	깨달은 자만이 현명하게 되나니라.

| 주석註釋 |

1 適止 : 알맞게 그치거나 멎음.

2 無邊 : ① 끝이 닿은 데가 없음. ② 무변리無邊利의 준말.

3 遏 : 막을 알. ① 막다. 저지하다. ② 가리다. 은폐하다. ③ 끊다. 단절
하다.

4 覺者 : ① 깨달은 이. ② 진리를 깨닫고 중생을 오성으로 인도하는 사
람.

| 해의解義 |

"일석천념一夕千念"이라 한다. 곧 '하루 저녁에 천 가지 생각을
한다.'는 뜻이다. 생각이라는 것이 잠시 동안이라도 아주 많은 것을
생각하여 그치지 않는다는 의미이다. 그야말로 이 생각이란 끝이 없
어서 끊어지지 않는다. 수도도 복이 있어야 깨달음이 쉬운 것이니,
이 복은 악을 막는 것이 급선무라고 할 수 있다. 반면에 악이 막히면
일체 번뇌가 쉬워짐으로 자연 진리를 깨닫게 되어 어진 불보살이 되
리니 모두가 생각을 잘 요리하는데서 올 수 있는 결과라고 할 수 있
다.

8

원문原文 · 해역解譯

佛說心法　부처님은 마음 법을 말씀하기를
불 설 심 법

雖微非眞　"비록 미묘하나 참됨이 아니라" 하였으니,
수 미 비 진

當覺逸意　마땅히 편안하게 뜻을 깨달을 것이요
당 각 일 의

莫隨放心　놓쳐진 마음을 따르지 말지니라.
막 수 방 심

| 주석註釋 |

1 心法 : 색법色法. 우주 만유를 색色·심心의 둘로 분류할 때는 심왕心
王·심소心所를 말하고, 5위位로 분류할 때는 심왕만을 말함.
2 放心 : 안심安心하여 주의를 하지 않음.

| 해의解義 |

　부처님은 말씀하셨다. 심법心法이라는 것이 '비록 미묘微妙한 것
이기는 하지만 진실眞實은 아니다.'라 하였다. 근본적으로 텅 빈 마
음이면 몰라도 그렇지 않은 마음은 언제나 외마外魔의 부림을 당하
기가 쉽고 외물外物에 끌려 다니기가 쉬워서 참될 수가 없다. 그러
므로 원래 편안한 그 마음을 깨달아서 잡아야 한다. 만일 제하는 대
로 놔둔다면 마치 길들여지지 않은 말이나 원숭이처럼 오두방정을
떨게 될 것이니, 이러하면 오히려 죄악을 낳는 악마惡魔나 다름이 없

274 진리의 말씀 지혜의 법문

다고 할 수 있다.

9

見法最安   법을 본다면 가장 편안하고
견 법 최 안

所願得成   원하는 바 이룸을 얻으리니
소 원 득 성

慧護微意   지혜의 미묘한 뜻을 지켜서
혜 호 미 의

斷苦因緣   괴로움의 인연을 끊을지니라.
단 고 인 연

| 주석註釋 |

1 見法 : 법을 본다는 뜻. 진언을 공부하는 이가 소원을 성취하는 일에
대하여 물들지 않고, 애착하지 않고, 깨끗하고 진실한 마음으로 실상
實相을 자세히 관찰하여 그 참된 뜻을 잘 통달하는 것.

2 所願 : 원願함, 또는 원하는 바.

3 因緣 : ① 어떤 사물들 사이에 맺어지는 관계. 내력. ② 연분. 어떤 사
물과 관계되는 연줄. ③ 결과를 얻을 직접 원인과 그 인因으로 말미암
아 얻을 간접적인 힘. 유연由緣. ④ 일체 중생은 인과 연에 의하여 생
멸生滅한다고 함. ⑤ 일의 내력 또는 이유.

  부처님의 가르침을 따라 실천하면 모든 소원을 다 이루게 된다. 진리도 깨닫고 정법正法도 알게 된다. 이것이 불자佛子의 가장 편안함으로 소원성취가 된 것이다. 따라서 지혜의 미묘微妙한 의미를 지키고 보호해야 한다. 그렇지 않고 쓸데없는 인연의 줄을 만들면 안 된다. 인연이란 얽인 실타래와 같아서 풀기가 대단히 어려운 것이니, 고인생고苦因生苦케 하지 말고 낙연초락樂緣招樂이 되도록 해야 한다. 즉 괴로운 인은 괴로움을 낳고 즐거운 인연은 즐거움을 부르게 된다.

원문原文 · 해역解譯

有身不久
유 신 불 구
몸이 있다지만 오래지 않아서

皆當歸土
개 당 귀 토
모두 마땅히 땅으로 돌아가네.

形壞神去
형 괴 신 거
형체가 무너지고 정신도 가버리니

寄住何貪
기 주 하 탐
잠시 붙어서 머묾이거늘 무엇을 탐하랴!

1 不久 : ① 토씨 '에' 와 어울려 어찌 말로 쓰이어, 오래지 아니하여 곧.
② 앞으로 올 때가 오래지 아니함.

2 歸土 : 흙으로 돌아감이라는 뜻으로, 사람의 죽음을 일컫는 말.

3 神 : 귀신 신. ① 귀신鬼神. ② 신령神靈. ③ 정신精神. 혼魂. ④ 마음.

4 寄住 : ① 이 세상에 잠시 붙이어 사는 것. ② 한동안 남의 집에 몸을
의지하고 지냄.

| 해의解義 |

원효대사의 《발심수행장發心修行章》에 "끽감애양喫甘愛養, 차신정
괴此身定壞, 착유수호着柔守護, 명필유종命必有終." 이라고 하였다. 곧
'달게 먹이고 사랑해서 길러도 이 몸은 반드시 무너질 것이요, 부드
러운 옷을 입혀서 지키고 보호하여도 목숨은 반드시 마침이 있다.'
는 의미이다. 몸은 흩어져 흙으로 돌아가나니 그 형상이 무너지면
자연 정신은 떠나가게 된다. 즉 어디 머물 곳이 없고 붙일 곳이 없기
때문이다. 그러니 무엇을 탐하고 취할 것이 있겠는가, 모두가 부질
없음을 알아야 한다.

원문原文 · 해역解譯

心豫造處   마음이 미리 만들어 내는 곳은
심 예 조 처

往來無端
왕 래 무 단
가고 오는 것이 끝이 없고

念多邪僻
염 다 사 벽
생각에 사악과 편벽이 많으면

自爲招惡
자 위 초 악
저절로 악을 부르게 되나니라.

| 주석註釋 |

1 往來 : 가고 오고 함.
2 無端=無斷 : 미리 연락을 하거나 승낙을 받거나 하지 않고 함부로 행동하는 일.
3 邪僻=邪辟 : ① 사악과 편벽. ② (마음이) 사사邪邪스럽고 편벽偏僻함.

| 해의解義 |

 사람 마음의 움직임이란, 정처定處가 없어서 별별 짓을 다한다. 그래서 "일원육창—猿六窓"이라 하였다. 즉 한 마리 원숭이가 눈과 귀와 코와 입과 몸과 마음의 여섯 창문을 드나들면서 무엇인가를 만들어내고 있다는 말이다. 이런 상황이 끝날 때가 있으면 좋으련만 기약이 없이 월창越窓을 하고 있으니 한심하다. 우리들의 생각이 만일에 사악邪惡하고 편벽偏僻되면 저절로 죄고罪苦를 부르게 되는 것이니, 바른 생각을 가져서 고인苦因子을 미연未然에 방지해야 한다.

是意自造 시 의 자 조	이는 뜻(마음)이 스스로 만든 것이지
非父母爲 비 부 모 위	부모가 해 준 것은 아니라네.
可勉向正 가 면 향 정	가히 힘써서 바름으로 향하면
爲福勿回 위 복 물 회	복이 되나니 돌아서지 말지니라.

| 주석註釋 |

1 父母 : 어버이. 아버지와 어머니.

2 勉 : 힘쓸 면. 힘쓰다. 부지런히 일하다.

3 回 : 돌아올 회. ① 돌아오다. ② 돌이키다. ③ 간사姦邪하다.

| 해의解義 |

우리는 흔히 눈으로 똑똑히 보았다고 하지만 사실은 마음이 본 것
이요, 귀로 분명히 들었다고 하지만 사실은 마음이 들은 것이다. 그
래서 입으로 말하고 몸으로 움직이는 모두가 마음이 들어서 그렇게
한다. 이는 부모가 시킨 것도 아니요, 귀신이나 부처가 들어서 그렇
게 하는 것도 아니다. 오직 자신의 마음이 들어서 그렇게 하는 것이
니, 항상 바른 방향으로 향할지언정 비뚤어지거나 글러지지 않도록
해야 한다. 그러면 자연 복락福樂이 그 가운데서 구족具足하게 된다.

13

원문原文 · 해역解譯

藏六如龜
장 육 여 귀
여섯 뿌리 감추기를 거북처럼 하고

防意如城
방 의 여 성
뜻(사욕) 막기를 성곽과 같이 하며

慧與魔戰
혜 여 마 전
지혜로 더불어 악마와 싸워서

勝則無患
승 즉 무 환
이긴다면 곧 근심이 없나니라.

주석註釋

1 藏六 : 여섯 가지 뿌리(六根)를 감추는 것을 말한다.

2 龜 : 거북 귀. ① 거북(거북 목의 동물 총칭). ② 거북 껍데기.

3 防意如城 : 이기적인 생각과 사욕私慾이 생기지 않도록 자신을 단속함을 이르는 말.

4 無患 : ① 우환憂患을 당하지 않음. ② 뒷걱정이 없음.

해의解義

거북이는 위험한 상황에 부딪치면 머리를 비롯한 손발을 다 감추어서 하나의 돌멩이처럼 되어 버린다. 이는 자기 방어가 철저하다는 의미이다. 이와 같이 우리도 육근六根(눈, 귀, 코, 입, 몸, 마음)의 문을 잘 열고 닫을 줄을 알아야 한다. 특히 마음을 잘 단속하여 이기적이거나 욕심이 생기지 않도록 해야 한다. 그리하여 마군과 무턱대고

싸우려 말고 지혜를 가지고 싸워서 승리를 이루어야 한다. 그래서
승리를 이루면 세월이 흐르더라도 우환憂患을 당할 일이 없다.

제 12
화향품華香品

1

華香品者
화 향 품 자

화향품이란

明學當行
명 학 당 행

배움을 마땅히 행하여

因華見實
인 화 견 실

꽃으로 인해 열매를 보듯이

使僞反眞
사 위 반 진

거짓으로 하여금 참됨으로 돌아오도록 밝힘이
니라.

| 주석註釋 |

1 華香=香華 : 불전에 올리는 향과 꽃.
2 當行 : 응당 가야할 곳이라는 말.
3 僞眞 : 거짓과 참.

| 해의解義 |

  화향품의 취지에 대해 설명을 하고 있다. 사람이 부처님의 가르침을 잘 배우고 받아서 실천을 해야 한다. 이제 이만큼 배우고 받았으니 더 이상은 배우거나 받을 필요가 없다 하면서 간직하고만 있으면 활짝 핀 꽃에 열매가 맺지 않는 것과 같아서 별무소용別無所用이다. 꽃으로 인해서 열매를 보듯이 실천을 통해 불법佛法을 증명證明해야 한다. 그럼으로써 거짓의 삶을 돌려서 참된 삶으로, 거짓의 행위를 돌려서 참된 행복으로 나아갈 수가 있어지기 때문이다.

원문原文·해역解譯

孰能擇地　누가 능히 택지를 골라서
숙 능 택 지

捨鑑取天　경계함을 버리고 하늘을 취할까?
사 감 취 천

誰說法句　누가 법구 설명하기를
수 설 법 구

如擇善華　좋은 꽃을 고르는 것과 같이 할까?
여 택 선 화

| 주석註釋 |

  1 擇地 : 좋은 땅을 고름.

2 鑑 : 거울 감. ① 거울. ② 본보기. ③ 경계하다. ④ 보다. 살펴보다.
3 法句 : 불경佛經의 문구文句.

| 해의解義 |

주자朱子의 《산릉의장山陵議狀》에 "근세이래近世以來, 복서지법수
폐卜筮之法雖廢, 이택지지설유존而擇地之說猶存."이라 하였다. 즉 '근
세 이래로 복서(길흉吉凶을 알기 위해 점占을 침)의 법은 비록 폐하였으
나, 그러나 택지(좋은 땅을 고름)의 설은 오히려 존재한다.'는 뜻이다.
사는 터가 비록 배산임수背山臨水는 아닐지라도 공기 좋은 곳을 가
릴 필요는 있다. 우리가 법구를 받아들이는 것도 좋은 꽃을 고르듯
잘 선택해서 받아들인다면 영육靈肉을 살찌우는데 제호醍醐가 된다.

원문原文 · 해역解譯

學者擇地　　배운 사람은 택지를 고름에
학 자 택 지

捨鑑取天　　경계를 버리고 하늘을 취하며
사 감 취 천

善說法句　　법구를 잘 설명하여
선 설 법 구

能採德華　　능히 공덕의 꽃을 따게 하나니라.
능 채 덕 화

1 學者 : ① 학문에 능통한 사람이나 연구하는 사람. ② 경학經學, 예학禮
學에 능란能爛한 사람.

2 善說 : 잘 설명하는 것.

3 採 : 캘 채. ① 캐다. ② 따다. ③ 뜯다. 채취採取하다.

| 해의解義 |

  사람이 세상에 태어나면 주어진 시간이 똑같다. 그렇지만 다른
점이 분명이 있다. 선용善用하는 사람과 그렇지 않은 사람이다. 선
용하는 사람은 열심히 배워서 지식과 지혜를 갖춘 사람이다. 이런
사람은 살 곳을 잘 가려서 터를 잡는다. 법구를 잘 설명할 줄 알아야
한다. 같은 법구라 할지라도 어떻게 설명하느냐에 따라 받아들이는
강도가 다를 수 있는 것이니, 마치 좋은 꽃을 골라서 따는 것처럼 사
람들이 잘 받아서 귀감龜鑑을 삼을 수 있도록 해야 한다.

원문原文 · 해역解譯

知世坏喩   세상을 질그릇에 비유하는 것으로 안다면
지 세 배 유

幻法忽有   허깨비의 법이 홀연히 있게 되고
환 법 홀 유

斷魔華敷
단 마 화 부
악마의 꽃 피어남을 끊어버리면

不覩生死
부 도 생 사
삶과 죽음을 보지 않게 되나니라.

| 주석註釋 |

1 坯 : 언덕 배. ① 언덕. ② (아직 굽지 않은) 질그릇이나 기와.

2 幻法 : 남의 눈을 속여 괴상한 것을 나타나 보이게 하는 기술.

3 生死 : ① 태어남과 죽음. 삶과 죽음. 사생死生. ② 생로병사老病死의
4고苦의 시작과 끝.

| 해의解義 |

세상에 있는 모든 질그릇은 잘못 다루면 깨지기가 쉽다. 사람의
죽고 나는 것도 알 수가 없다. 그러나 현실은 그릇이 있고 또 나고
죽음도 있다. 이러한 것이 원래 있었던 것이 아니고 홀연히 있는 존
재存在들로 영구할 수는 없다. 마치 환술幻術과 같아서 은현隱顯을
하는 것이 매우 빠르다. 그러므로 이런 마군의 장난에 놀아나지 말
고 본래 자기 마음으로 돌아가 안주安住한다면 남과 죽음이 없는 해
탈解脫과 열반涅槃의 극락極樂에서 안락安樂을 누리게 될 것이다.

5

見身如沫 _{견 신 여 말}	몸이 물거품 같다고 보면
幻法自然 _{환 법 자 연}	허깨비의 법도 저절로 그러하네.
斷魔華敷 _{단 마 화 부}	악마의 꽃 피어남을 끊어버리면
不覩生死 _{부 도 생 사}	삶과 죽음을 보지 않게 되나니라.

| 주석註釋 |

1 沫 : 물거품 말. ① 물거품. ② 침. 침방울. ③ 흐르는 땀.

2 自然 : ① 저절로 그렇게 되는 모양. 사람의 힘을 더하지 않는 천연天 然 그대로의 상태. ② 조화調和의 힘에 의하여 이루어진 일체의 것.

| 해의解義 |

《금강경金剛經》에 "일체유위법一切有爲法, 여몽환포영如夢幻泡影, 여로역여전如露亦如電, 응작여시관應作如是觀."이라 하였다. 곧 '모든 함이 있는 법은 꿈, 환상, 물거품, 그림자와 같고 이슬과 같으며, 또 한 번개와 같은 것이니 응당 이와 같이 보아야 하느니라.'고 부처님 이 말씀하셨다. 사람의 몸을 비롯한 유형유상有形有象의 자연 현상은 영구한 것이 아니다. 그러므로 이런 악마의 꽃이 피어나는 것을 끊 어버린다면 남과 죽음이 원래 없는 열반의 안락을 누리게 된다.

6

身病則萎　몸이 병들면 시드는 것은
신 병 즉 위

若華零落　꽃이 시들어 떨어짐과 같고
약 화 영 락

死命來至　죽음의 목숨이 와서 이르는 것은
사 명 래 지

如水湍聚　물이 여울로 모임과 같나니라.
여 수 단 취

| 주석註釋 |

1 萎 : 시들 위. ① 시들다. ② 마르다. ③ 쇠미하다.
2 零落 : ① 권세權勢나 살림이 줄어서 보잘것없이 됨. ② 초목이 시들어
　떨어짐.
3 湍 : 여울 단. ① 여울. ② 급류急流. ③ 소용돌이치다.
4 聚 : 모을 취. ① 모으다. 모이다. ② 거두어 들이다.

| 해의解義 |

　사람이 건강한 몸으로 죽는 수도 있지만 대개는 앓다가 여위어서
죽게 된다. 이는 꽃과 같아서 활짝 필 때는 아름다울지라도 결국 시
들어 떨어지고 만다. 곧 화무십일홍花無十日紅이다. 열흘 피어있기
가 어렵다. 그리고 죽음이 이르는 것은 세찬 물이 여울로 모여서 빠
르게 흘러가는 것과 같다. 이에 멈추는 바가 없이 쏜살같이 가버려

서 돌아올 기약이 전연 없다. 바로 인생의 무상無常이다. 그러므로
불법을 공부하여 생사生死가 원래 없는 열반을 얻어야 한다.

원문原文 · 해역解譯

貪欲無厭   탐욕을 싫증냄이 없다면
탐 욕 무 염

消散人念   사람 생각이 흩어져 사라지네.
소 산 인 념

邪致之財   사악하게 이룬 재물은
사 치 지 재

爲自侵欺   자기를 범하고 속임이 되나니라.
위 자 침 기

| 주석註釋 |

1 無厭 : 물리지 않고 싫증남이 없음.

2 消散 : 흩어지고 사라지고 하여 없어짐.

3 人念 : 사람의 생각, 곧 사람의 마음.

4 欺 : 속일 기. ① 속이다. ② 어슴푸레하다, 분명하지 않다.

| 해의解義 |

"무염지욕無厭之慾"이라 한다. 곧 '만족할 줄을 모르는 끝없는 욕

심慾心. 한량없는 욕심'을 말한다. 욕심이란 위로도 한계가 없고, 넓이로도 한계가 없으며, 깊이로도 한계가 없어서 밑이 뚫린 항아리에 물 붓기보다 더 어렵다. 이런 욕심이 사람의 마음을 흩어서 사라지게 한다. 또한 삿되게 재물을 모아 부고府庫에 가득할지라도 결국은 그 재물로 인하여 침해侵害를 당하고 기만欺瞞을 당하여 물노物奴를 면할 수가 없게 되는 것이니 분수分數에 맞춰 사는 것이 으뜸이다.

8

| 원문原文 · 해역解譯 |

如蜂集華
여 봉 집 화
벌들이 꽃에 모여들어

不嬈色香
불 요 색 향
빛깔과 향기를 어지럽히지 않고

但取味去
단 취 미 거
단지 맛만 취해 가는 것과 같이

仁入聚然
인 입 취 연
비구가 마을에 들면 그러해야 하나니라.

| 주석註釋 |

1 嬈 : 번거로울 요. ① 번거롭다. 괴로워하다. ② 어지럽히다. ③ 희롱하다.

2 色香 : 색깔과 향기.

3 仁 : '어진 사람'이라는 뜻으로, 곧 비구比丘를 말함.

4 聚 : 모을 취. ① 모임. ② 마을.

| 해의解義 |

꽃이 활짝 아름답게 피어 있다. 나비도 날아들고 벌들도 날아든
다. 그리고 꽃 깊숙이 들어가 꿀을 빨아서 모은다. 나비나 벌들이 날
아간다. 꽃을 보니 색깔도 그대로이요, 향기도 그대로이다. 다만 나
비나 벌이 단 꿀을 취했을 뿐이다. 비구比丘들은 부처님의 제자가
되어 수도修道를 한다. 그리하여 어느 때, 어느 곳이든지 나아가서
설법을 해서 뭇 생령을 제도할 뿐 아무것도 바람이 없고 혼란을 일
으키지도 않으며 붙어 살려고도 않는 자유로운 영혼靈魂을 지닌 사
람들이다.

원문原文 · 해역解譯

不務觀彼   남의 잘못을 보려 하지 말고
불 무 관 피

作與不作   행하는 것과 행하지 않는 것을 보기를 힘쓰지
작 여 부 작   아니하고

常自省身   항상 스스로 몸을 살펴서
상 자 성 신

知正不正　　바른가, 바르지 않는 가를 알아야 하나니라.
지 정 부 정

| 주석註釋 |

1 觀彼 : 저 사람의 하는 가를 본다.

2 作 : 지을 작. ① 짓다. 만들다. ② 행하다. 행동하다. ③ 일하다. 노동하다.

3 不作 : ① 행하지 않는다. ② 일하지 않는다.

4 正 : 바를 정. ① 바르다. ② 올바르다. 정직하다. ③ 정당하다. 바람직하다.

5 不正 : ① 옳지 않음. ② 바르지 않음. ③ 정당하지 아니함.

| 해의解義 |

　내가 지금 행하고 앞으로 행해야 할 일이 정말 사리事理에 맞는가 안 맞는가를 면밀하게 살펴서 추진해야 한다. 그렇지 않으면 후일에 크게 뉘우침이 있게 된다. 그러려면 먼저 자신을 살필 줄 알아야 한다. 과연 내가 옳은 사람인가 아니면 반대인가. 내가 바른 사람인가 아니면 반대인가를 점검하여 미치지 못한 바가 있으면 고치기에 주저躊躇함이 없어야 한다. 그리하여 남의 잘못을 바로 잡으려고 눈을 돌릴 것이 아니라 자신을 다스려가는데 지혜의 빛을 쏟아야 한다.

10

如可意華　뜻(마음)에 맞는 꽃이
여 가 의 화

色好無香　빛깔은 좋아도 향기가 없는 것처럼
색 호 무 향

工言如是　도리에 맞는 말도 이와 같아서
공 언 여 시

不行無得　행하지 않으면 얻음이 없나니라.
불 행 무 득

| 주석註釋 |

1 可意華 : '가의'는 뜻에 맞는 것이니, 즉 뜻에 맞는 꽃.

2 工言 : 도리에 맞아서 듣기 좋은 말.

| 해의解義 |

여기에 아름답고 탐스러운 꽃이 있다. 사람들은 오다가다 꽃을 바라보면서 탄성을 자아낸다. 그런데 그 꽃은 향기가 없다. 향기가 없으면 꽃의 가치도 없다. 사람은 언행상반言行相反이 되면 안 된다. 하는 말과 하는 짓이 서로 반대가 되어서는 안 된다는 말이다. 사람이 아무리 도리道理에 맞는 말을 하였다 할지라도 그 말에 대해서 실행이 없거나 책임을 지지 않는다면, 이는 공염불空念佛과 같아서 사람 사는 세상에서 함께 살아가기가 어려워서 결국 퇴출退出하고 만다.

11

如可意華 　 뜻(마음)에 맞는 꽃이
여 가 의 화

色美且香 　 빛깔이 아름답고 또 향기로운 것처럼
색 미 차 향

工言有行 　 도리에 맞는 말을 행함이 있으면
공 언 유 행

必得其福 　 반드시 그 복을 얻게 되나니라.
필 득 기 복

| 주석註釋 |

1 有行=行實 : ① 실지로 드러난 행동. ② 행동에 드러나는 품행品行.

| 해의解義 |

　꽃의 빛깔도 아름다운 데다 향기가 풍긴다면 그 꽃은 누구든지 눈으로 보고 향기를 맡으면서 감탄을 한다. 즉 꽃의 가치를 알아준다는 말이다. 사람은 언행일치言行一致를 이루어야 한다. 말을 한 대로 행동을 아니하고 말은 말대로 행동은 행동대로 분리가 되어서는 안 된다는 말이다. 물과 기름처럼 겉돌지 말고 일치를 이루어야 한다. 그리하여 무슨 말이든 그 말에 대한 책임責任을 확실하게 져주어야 사람 사는 세상에서 함께 살아갈 수가 있다는 사실을 알아야 한다.

12

多作寶花
다 작 보 화
보배로운 꽃을 많이 만들어

結步搖綺
결 보 요 기
묶으면 걸음마다 비단처럼 움직이듯

廣積德者
광 적 덕 자
널리 공덕을 쌓은 사람은

所生轉好
소 생 전 호
생겨나는 데마다 좋아지나니라.

| 주석註釋 |

1 寶花 : 아름다워 보배와 같은 꽃.

2 綺 : 비단 기. ① 비단緋緞. 무늬 좋은 비단. ② 곱다. 아름답다.

3 積德 : 은혜恩惠를 많이 베풀어 덕德을 쌓음.

4 轉好 : 갈수록 좋아지는 것.

| 해의解義 |

 어여쁘고 아름다운 꽃을 많이 만들어서 이곳저곳에다 놓아두면 걸음을 옮길 때마다 비단처럼 움직여서 곱게 보인다. "적덕누선積德累善"이라는 말이 있다. 즉 '덕을 쌓고, 선행善行을 거듭한다.' 는 뜻이다. 사람이 어울려 세상을 살면서 작든 크든 덕을 베풀 줄 알아야 한다. 활인적덕活人積德처럼 사람의 목숨을 구救하여 음덕陰德을 쌓지는 못한다 할지라도 사람들에게 손가락질을 당해서는 안 된다는

말이다. 생전에 공덕을 많이 쌓게 되면 태어나는 세상마다 자신이
그 복을 받게 된다.

奇草芳花   기이한 풀과 향기로운 꽃도
기 초 방 화

不逆風熏   바람을 거슬리면 향기롭지 못하네.
불 역 풍 훈

近道敷開   도를 가까이하여 펼치고 열어가는
근 도 부 개

德人逼香   덕스러운 사람은 향기처럼 가까워 지나니라.
덕 인 핍 향

| 주석註釋 |

1 奇草 : 진기珍奇한 풀.

2 芳花 : 향기香氣로운 꽃.

3 逆風 : ① 자기가 가는 방향에서 마주 불어오는 바람. ② 거슬러 부는
바람. 앞바람.

4 熏 : 불길 훈. ① 불길. ② 연기. 연기끼다. ③ 향기롭다.

5 德人 : ① 도덕道德을 갖춘 사람. ② 덕이 높은 사람. 덕사德士.

6 逼 : 핍박할 핍. ① 핍박하다. ② 닥치다. ③ 가까이하다.

《명심보감明心寶鑑》에 "유사자연향有麝自然香, 하필당풍립何必當風立."이라는 글귀가 있다. 즉 '사향을 지녔으면 저절로 향기가 풍겨나리니, 어찌 바람을 맞아 설까보냐.' 라는 뜻이다. 정말로 노루가 사향을 지니고 있다면 어디서나 저절로 그 향기가 풍기게 마련이다. 이처럼 참으로 고명한 도덕을 갈무리하였다면 세상에 자랑하지 않아도 저절로 도향덕풍道香德風이 풍겨나게 마련이다. 만일 자신의 도덕을 자랑하러 나선다면, 이는 참된 도덕을 갖춘 사람이라고 보기 어렵다.

14

원문原文 · 해역解譯

栴檀多香
전 단 다 향
전단의 많은 향기와

青蓮芳花
청 연 방 화
청연의 향기로운 꽃을

雖曰是眞
수 왈 시 진
비록 이것이 참이라 말할지라도

不如戒香
불 여 계 향
계율의 향기만은 못 하나니라.

| 주석註釋 |

1 栴檀 : 【범】candana, 전단旃檀 · 전단나旃檀娜 · 전탄나旃彈那라고도

음역. 여약與藥이라 번역. 향나무 이름. 상록수로 보통 20-30피트(呎)의 크기. 향기를 머금고 있어서 조각도 하고, 뿌리와 함께 가루를 만들어 향으로 쓰거나 향유를 만들기도 한다. 1-2촌 되는 칼끝 모양의 잎이 마주나고, 꽃은 주머니 모양이며, 씨가 굳고 둥근 열매가 연다. 인도의 남쪽 데칸 고원 지방에서 많이 난다.

2 青蓮=靑蓮華 : 우발라화優鉢羅華. 인도에 나는 연꽃의 일종. 곧 수련睡蓮을 말함.

3 戒香 : 계를 잘 가지면 덕이 저절로 갖추게 되어 향기가 사방에 퍼지는 것과 같이 그 이름이 널리 퍼지는 것.

| 해의解義 |

전단栴檀은 인도의 남쪽 데칸(Deccan) 지방에서 많이 나는데, 향기를 머금고 있어서 조각彫刻도 하고 향료香料로도 사용한다. 또한 청연靑蓮도 인도에서 나는 연꽃으로 향기를 머금고 있다. 그런데 사람들은 코로 맡아지는 향내를 진짜로 알고 좋아한다. 그러나 이런 것들은 덧없는 것으로, 곧 사라져서 없어지고 만다. 계향戒香은 그렇지 않다. 계율을 잘 지키면 덕德이 저절로 쌓여져 향기롭게 되어 사방으로 퍼져서 풍기게 된다. 그래서 향기 중에는 계덕향戒德香이 제일이다.

15

華香氣微　꽃의 향은 기운이 미약하여
화 향 기 미

不可謂眞　참된 것이라고 이를 수 없지만
불 가 위 진

持戒之香　계율을 지니는 향기는
지 계 지 향

到天殊勝　하늘에 이르도록 뛰어 나나니라.
도 천 수 승

| 주석註釋 |

1 華香=花香 : 꽃의 향내. 불전佛殿에 올리는 꽃과 향.

2 持戒 : 6바라밀의 하나. 계율을 지켜 범하지 않음. 계상戒相에는 비구
  250계, 비구니 500계가 있음.

3 殊勝 : 특별히 뛰어남.

| 해의解義 |

　꽃이 아무리 아름답다 할지라도 열흘을 넘기기가 어렵다. "화무
십일홍花無十日紅, 인불백일호人不百日好."이라 한다. 즉 '꽃은 열흘
붉은 것이 없고, 사람은 백 일을 좋을 수 없다.' 는 뜻이다. 활짝 핀
꽃은 10일을 지속하기가 어렵고, 사람의 형세도 100일만이라도 좋
게 유지할 수 없다. 그래서 참된 것이라고 하기 어렵다. 그러나 계율
을 받아서 지키고 실행을 한다면, 이런 사람은 인간계는 물론 저 천

상天上에 이른다 할지라도 우월優越하게 뛰어나서 계향戒香을 우주에 풍기게 된다.

戒具成就
계 구 성 취
계율을 갖추어 성취하고

行無放逸
행 무 방 일
행동에 방일함이 없으면

定意度脫
정 의 도 탈
뜻(마음)을 정하고 번뇌를 벗어나

長離魔道
장 리 마 도
길이 악마의 도를 여의게(떠나게) 되나니라.

| 주석註釋 |

1 成就 : 목적目的대로 일을 이룸.
2 定意 : 마음을 한 곳에 머물러 흩어지지 않게 하는 것.
3 度脫 : ① 생사의 바다를 건너서, 미계迷界를 벗어나 오계悟界에 들어가는 것. ② 번뇌라는 인간 고해를 건너 벗어남을 말한다.
4 魔道 : ① 부정不正한 도리道理. 나쁜 길. ② 악마惡魔의 세계.

계구戒具라는 것은 구족계具足戒라는 의미이다. 구계具戒라고도 한다. 이는 비구比丘·비구니比丘尼가 받아 지킬 계법으로 비구는 250계, 비구니는 348계이다. 이 계를 받으려는 사람은 젊은이로서 일을 감당할 만하고, 몸이 튼튼하여 병이 없으며 모든 죄과가 없고, 이미 사미계沙彌戒를 받은 사람이어야 한다. 이러하면 방일放逸에 흘러가지 않고 모든 인간의 고해苦海를 건너고 벗어났기 때문에 길이 마도魔道인 악마惡魔의 세계를 여의어서 열반의 피안에 들 수 있다.

17

원문原文 · 해역解譯

如作田溝
여 작 전 구
밭에 도랑을 만들어

近于大道
근 우 대 도
큰 길에 가까울지라도

中生蓮花
중 생 연 화
가운데 연꽃이 생겨나서

香潔可意
향 결 가 의
향기가 깨끗하여 뜻(마음)에 들듯

有生死然
유 생 사 연
생사에도 그러함이 있듯이

凡夫處邊
범 부 처 변
보통 사나이가 거처하는 곳이라도

慧者樂出
혜 자 낙 출
지혜로운 자는 즐겁게 출가하여

爲佛弟子
위 불 제 자
부처님의 제자가 되나니라.

| 주석註釋 |

1 田溝 : 밭도랑.

2 可意 : 마음에 드는 것.

3 凡夫 : 지혜가 얕고 우둔한 중생. 불교에서는 대승·소승을 물론하고,
견도見道 이전으로 올바른 이치를 깨닫지 못한 이는 다 범부라 한다.
그 가운데서 4선근위善根位를 내범內凡이라 하고, 3현위賢位를 외범外
凡이라 하며, 외범 이하는 저하底下의 범부라 함.

4 處邊 : 사는 곳. 거처하는 곳.

| 해의解義 |

큰 길에 가까운 논밭이 있다. 거기에는 반드시 도랑이 나 있다.
그 도랑에 연꽃이 피어서 조촐한 향기를 풍긴다. 사람들이 그 향기
를 맡고 좋아하며 구경을 한다. 범부가 무리 지어 사는 마을이 있다.
모두 그만그만하여 잘난 것도 없고 다툴 것도 없이 서로 돕는 듯 마
는 듯하며 그런대로 살아간다. 그런데 이 가운데도 지혜가 있는 사
람은 반드시 기쁘고 즐거운 마음으로 출가出家를 단행한다. 그리하
여 부처님의 제자가 되어 불도를 닦아 해탈解脫을 얻어 열반涅槃을
맞이한다.

제 *13*
우암품愚闇品

1

愚闇品者
우 암 품 자

우암품이란

將以開曚
장 이 개 몽

장차 어둠을 열어주는 것이니

故陳其態
고 진 기 태

그러므로 그 상태를 열어서

欲使闚明
욕 사 규 명

밝음을 엿보고려 하는 것이니라.

│ 주석註釋 │

1 愚闇 : 어리석고 어두운 것.

2 開曚 : 몽매함을 열어 주는 것.

3 闚明 : 밝음을 엿보는 것.

우암품의 전반적인 지취旨趣에 대해서 설명을 하고 있다. 대저 어리석고 어두운 사람은 누군가가 어둠을 부수고 열어주지 않으면 거기에 갇혀서 도저히 벗어날 수가 없다. 그런데 지혜로운 자가 있어서 여러 가지 방편方便을 베풀어 어리석고 몽매한 모습을 깨트려서 밝음을 엿보도록 한다. 다시 말하면, 성자들이 때를 따라 출현하여 중생을 제도하는 것이니 살아서는 부처님의 가르침을 받들어 실행하고, 죽은 뒤에는 정토극락淨土極樂에 태어나나 무환무우無患無憂로 살아야 한다.

2

원문原文 · 해역解譯

不寐夜長 _{불 매 야 장}	잠을 자지 않으면 밤이 길고
疲倦道長 _{피 권 도 장}	피곤하여 게으르면 길이 멀며
愚生死長 _{우 생 사 장}	어리석으면 생사가 긴 것이니
莫知正法 _{막 지 정 법}	올바른 법을 알지 못한 것이니라.

1 夜長 : 밤이 길다. 긴 밤.

2 疲倦 : 피로疲勞하여 싫증이 남.

3 正法 : ①바른 법칙. ②바른 교법敎法. 불법佛法. ③정법시正法時. ④ 바른 진리. 부처님의 가르침.

| 해의解義 |

　잠을 이루지 못하는 사람에게는 밤이 길게 여겨진다. 피곤하고 게으른 사람에게는 길이 멀 수밖에 없다. 또한 어리석은 사람에게는 낳고 죽고, 오고가는 것이 길게 느껴진다. 이는 부처님의 바른 도리道理나 바른 법장法藏을 알지도 못하고 깨닫지도 못하여 나타나는 현상이라고 할 수 있다. 만일에 부처님의 가르침인 진리나 정법을 안다면 이러한 망념妄念을 갖지 않고 자연스럽게 오고 간다는 것을 알기 때문에 걸리고 막힘이 없이 자유롭게 살아갈 수가 있다.

癡意常冥　어리석은 뜻(마음)은 항상 어두워서
치 의 상 명

逝如流川　가는 것이 흐르는 개울과 같네.
서 여 유 천

在一行疆　혼자 있어도 굳세게 행하고
재 일 행 강

獨而無偶　홀로라고 어리석은 자와 짝함이 없어야 하나
독 이 무 우 　니라.

| 주석註釋 |

1 癡 : 어리석을 치. ① 어리석다. ② 미련하다.
2 癡意 : 어리석은 뜻, 어리석은 마음.
3 疆 : 지경 강. ① 지경地境(땅의 가장자리. 경계). ② 굳세다. 강성强盛하다.

| 해의解義 |

　마음이 어리석은 사람은 항상 어둠속에 갇혀 사는 것과 같다. 아주 작은 호롱불과 같아서 켜놓아도 희미하여 어둡게 된다. 또한 저 대해장강大海長江은 알지 못하고 실개천의 졸졸 흐르는 물만 보고 살기 때문에 마음이 열려지지 않고 닫혀 있다. 그러므로 혼자 있어서 짝이 없다 할지라도 부처님의 가르침을 굳게 지켜서 끊임없는 수행을 해야 한다. 만일에 저들과 휩쓸리게 되면 어둡고 어리석음을 면할 수도 없고 그들을 깨우칠 수도 없어서 범부중생을 면하기가 어렵다.

4

愚人著數 _{우 인 착 수}	어리석은 사람은 수에 집착하여
憂慼久長 _{우 척 구 장}	근심과 슬픔이 오래고 길다네.
與愚居苦 _{여 우 거 고}	어리석은 자와 살면 괴로워서
於我猶怨 _{어 아 유 원}	나에게 오히려 원망을 하나니라.

| 주석註釋 |

1 著數 : 그 숫자에 집착하는 것.
2 憂慼 : 근심하여 슬퍼함.

| 해의解義 |

사람이 어리석으면 탐욕貪慾하려는 마음이 있어서 항상 그 숫자
에만 집착함으로 근심과 슬픔이 가시지 않고 오래오래 간다. 만일
어리석은 사람과 함께 산다면 나도 그렇게 되어서 번뇌가 끊어지지
않고 계속되어 갈피를 잡을 수가 없게 된다. 이에 따라 결국은 내가
내 자신을 원망하게 될 것이니 될 수 있으면 어리석은 사람과 떨어
져서 지내는 것이 좋다. 반면에 혼자라도 불법을 굳세게 행하여 힘
을 얻어서 어리석은 사람들을 깨우치고 이끌어 가야 한다.

5

有子有財 　자식이 있고 재산이 있음에
유 자 유 재

愚惟汲汲 　어리석은 사람은 오직 골똘하지만
우 유 급 급

我且非我 　나도 또한 내가 아니듯이
아 차 비 아

何憂子財 　어찌 자식과 재산을 근심하리오.
하 우 자 재

| 주석註釋 |

1 汲汲 : 골똘하게 한 가지 일에만 정신을 쏟음, 또는 한 가지 일에만 정
　신을 쏟아 골똘함.
2 非我 : ① 나 밖의 모든 것. ② 자아自我의 대상으로서 존재하는 모든
　사물.

| 해의解義 |

　세상에 아끼고 사랑하는 자식이나 재산 등 어느 것이나 영구불변
永久不變한 것은 없다. 시간이 지나면 갈 것은 가고 흩어질 것은 흩
어진다. 그런데 어리석은 사람은 변역變易되는 물질에 급급하여 제
정신을 차리지 못하고 있다. 더 나아가서는 나라는 것도 내가 아니
다. 과연 나라는 존재가 어디에 있는가. 과연 실체實體가 존재하는
가. 결국 무아無我라고 주장을 한다. 무아이기 때문에 나라는 것은

없다. 그리하여 내가 없으니 자식이 어디 있으며 재물이 어디 있겠는가. 모두가 허상虛像을 붙들고 실지인양 살아간다.

원문原文 · 해역解譯

暑當止此 　더우면 마땅히 여기에 머물고
서 당 지 차

寒當止此 　추위도 마땅히 여기에 머무네.
한 당 지 차

愚多務慮 　어리석어 걱정에 힘씀이 많지만
우 다 무 려

莫知來變 　오는 변화를 알지는 못 하나니라.
막 지 래 변

| 주석註釋 |

1 暑 : 더울 서. ① (날씨가) 덥다. ② 더위. ③ 여름. 더운 계절.

2 慮 : 생각할 려. ① 생각하다. ② 이리저리 헤아려 보다. ③ 근심하다
(속을 태우거나 우울해하다). 걱정하다.

| 해의解義 |

우주의 사시四時는 늘 변한다. 따뜻한 봄인가 했더니 어느새 여름이고 가을이며 겨울이다. 또한 더운가 했더니 추위가 오고, 추운가

했더니 또한 덥다. 이런 변화에 미리 대비對備하고 적응適應하면서 살아야 한다. 그런데 어리석은 사람들은 탐욕貪慾이나 망상妄想에 얽매어서 이런 변화를 생각지도 못하고 근심하고 걱정을 한다. 인생은 무상無常이다. 이런 무상을 깨달아 불법佛法에 귀의歸依하여 불변의 진리를 터득해야 참된 인생을 살 수 있다고 가르침을 편다.

愚矇愚極
우 몽 우 극

어리석어 어둡고 어리석어 괴로운데

自謂我智
자 위 아 지

스스로 나는 지혜롭다 이르네.

愚而勝智
우 이 승 지

어리석으면서 지혜로움을 이기려 함은

是謂極愚
시 위 극 우

이를 일러 지극한 어리석음이라 하나니라.

| 주석註釋 |

1 矇 : 어두울 몽. ① (날이) 어둡다. 어스레하다(빛이 조금 어둑하다). 어둑어둑하다. ② 어리석다. (사리에) 어둡다.

2 極 : 극진할 극, 다할 극. ① 극진하다. ② 지극하다. ③ 괴롭히다.

지우불우知愚不愚이요, 지몽불몽知矇不矇이다. 자기가 정말로 어리석다는 사실을 알면 참으로 어리석은 것이 아니요, 또한 정말로 어둡다는 사실을 알면 어둔 것이 아니다. 대개 사도邪道들은 지혜롭지 못하면서 지혜로운 체하니, 이보다 더 큰 어둠과 어리석음이 없다. 이는 참된 도리를 알지 못하여 저지르는 과오過誤이니, 어서 여기를 벗어나 부처님의 정법正法에 귀의하여 우주의 진리를 깨닫고 인생의 정로正路를 밟아가야 한다.

頑闇近智   완고하고 어두면서 지혜에 가까이 함은
완 암 근 지

如瓢斟味   표주박의 국 맛을 짐작하는 것과 같아
여 표 짐 미

雖久狎習   비록 오래 친하고 익숙하게 익힐지라도
수 구 압 습

猶不知法   오히려 법을 알지 못 하나니라.
유 부 지 법

| 주석註釋 |

1 頑 : 완고할 완. ① 완고하다. ② 미련하다. ③ 무디다.

2 瓢 : 바가지 표. ① 바가지. ② 표주박(박으로 만든 작은 바가지). ③ 구기
(자루가 달린 술 따위를 푸는 용기).
3 斟味 : 맛을 짐작하는 것이니, 곧 맛보는 것.
4 狎習 : 친하고 익히는 것.

| 해의解義 |

완고頑固하고 어둡고 어리석은 자가 지혜로운 사람을 가까이 해
서 알아보려 하는 것은 거의 불가능不可能한 일이다. 이는 마치 국자
같은 기구를 통해서 국의 맛을 짐작斟酌하려는 것과 같은 것이니, 국
의 진미珍味를 어찌 알 수 있겠는가? 그러므로 불법은 헤아리고 짐
작하는 법이 아니라 바로 깨닫는 법임을 알아서 깨치려고 해야 한
다. 어떤 친분이나 알음알이를 통해서 진리의 궁극처窮極處를 알리
는 것이 아니고, 또한 주어지지도 않는 것이니 오직 스스로 닦아서
오회(悟悔 ; 깨닫고 뉘우침)를 이루어야 한다.

9

원문原文 · 해역解譯

開達近智   열리고 통달해서 지혜를 가까이 함은
개 달 근 지

如舌嘗味   혀로 국 맛을 맛보는 것과 같아서
여 설 상 미

雖須臾習　비록 잠깐 동안 익힐지라도
수 수 유 습

卽解道要　곧 도의 요체를 깨닫게 되나니라.
즉 해 도 요

| 주석註釋 |

1 開達 : 머리가 열려서 사리事理에 밝은 것.

2 嘗味 : 맛을 보기 위하여 조금 먹어봄.

3 須臾=暫時 : ① 잠시간暫時間의 준말. ② 오래지 않은 동안.

4 要=要諦 : ① 중요한 점. ② 중요한 깨달음.

| 해의解義 |

　윗 구절에서는 진리를 짐작하기도 어렵다고 하였다. 어리석은 사람에 있어서는 사실이지만, 머리가 열린 총명한 사람에게는 일탄지一彈指에 있고 일수유一須臾에 있다. 즉 '손가락을 한 번 퉁기는 정도의 몹시 짧은 시간에 있다' 는 의미이다. 다시 말하면, 진리를 깨닫고 도법道法을 아는 것이 어려운 것이 아니요 시간을 요하는 것도 아니다. 언하즉각言下卽覺이다. 곧 말이 떨어지면 바로 도체道體를 알아차릴 수 있는 것이니, 어찌 수많은 세월을 닦아야 이룬다고 말을 하리요.

愚人施行　어리석은 사람이 베푼 행동은
우 인 시 행

爲身招患　몸에 근심을 부르게 되나니
위 신 초 환

快心作惡　유쾌한 마음으로 악을 지어서
쾌 심 작 악

自致重殃　스스로 무거운 재앙을 이루나니라.
자 치 중 앙

| 주석註釋 |

1 愚人 : 어리석은 사람.
2 施行 : ① 실제로 행함. ② 법령法令의 효력을 실제로 발생시킴.
3 快心 : 만족하게 여기는 마음, 또는 마음이 유쾌함.

| 해의解義 |

어리석다는 것은 자기의 본래 모습을 모르고 자기의 행동을 제어
制御할 줄 몰라서 생각나는 대로 행동하는 자행자지自行自止를 말한
다. 이러하면 자연 몸으로 근심 불러들일 짓을 해서 헤어날 줄을 모른
다. 또한 어쩌다 유쾌愉快한 마음이 나올지라도 경거망동輕擧妄動이
되어서 악을 짓게 되어 벗어날 수가 없다. 이렇다면 결과는 어떨 것인
가? 짊어지지 못할 몹시 무거운 재앙災殃이 저절로 덮여져서 죄고罪苦
에서 벗어날 수가 없게 될 것이니 삼가고 조심하며 살아야 한다.

行爲不善　착하지 못함을 행한다면
행 위 불 선

退見悔悋　물러나 뉘우치고 안타까워서
퇴 견 회 린

致涕流面　눈물이 얼굴에 흐르게 되나니
치 체 류 면

報由宿習　묵은 습관으로 말미암은 응보이니라.
보 유 숙 습

| 주석註釋 |

1 行爲 : ① 사람이 행하는 짓. ② 권리權利의 득실得失, 이전移轉 등의 원
　　인이 되는 의사의 표시. ③ 사람의 도덕적道德的 성질性質을 띤 의식적
　　意識的인 행동.

2 不善 : ① 착하지 아니함. ② 좋지 못함. ③ 잘하지 못함.

3 悔悋 : 뉘우치고 안타까워하는 것.

4 涕 : 눈물 체. ① 눈물. ② 울다. ③ 눈물을 흘리며 울다.

5 宿習 : ① 예부터의 풍습風習. ② 전세前世부터의 풍습. ③ 묵은 습관.

| 해의解義 |

《논어論語》안연顔淵에 "소인한거위불선小人閑居爲不善"이라는 말
이 있다. 곧 '소인은 한가로이 혼자 있으면 좋지 못한 일을 한다.'는
뜻이다. 즉 소인이란, 남이 보지 않는 것을 기회로 삼아서 못된 짓을

한다는 말이다. 그러다가 잠깐이라도 정신이 들면 뉘우치고 안타까워서 울고불고 하지만 그 순간만 지나가면 언제 그랬는가 한다. 그러므로 사람은 평상의 생활에서 선을 가까이 하여 실행하고 또한 좋은 습관習慣을 만들고 쌓아가기에 노력을 해야 한다.

원문原文 · 해역解譯

行爲德善 행실이 덕과 선을 한다면
행 위 덕 선

進覩歡喜 나아가 기쁨을 보는 것으로
진 도 환 희

應來受福 보응이 와서 복을 받나니
응 래 수 복

喜笑悅習 좋은 습관의 기쁨과 웃음이니라.
희 소 열 습

| 주석註釋 |

1 德善 : 덕행德行과 선행善行.

2 歡喜 : ① 매우 즐거움. ② 불법佛法을 듣고 믿음을 얻어 느끼는 기쁨.

3 喜笑 : 기뻐서 웃는 웃음.

4 悅 : 기쁠 열. ① 기쁘다, 기뻐하다. ② 좋다. ③ 심복하다(心服:마음속으로 기뻐하며 성심을 다하여 순종하다).

《역경易經》건괘坤卦 문언文言에 "적선지가積善之家, 필유여경必有
餘慶."이라 하였다. 곧 '선을 쌓는 집안에는 반드시 경사가 남아 있
다' 는 뜻이다. 착한 일을 계속해서 하게 되면 복이 자신뿐만 아니라
자손子孫에까지도 미쳐 간다는 말이다. 이러하면 저절로 기쁨과 즐
거움이 이르고 웃음꽃이 피어나며 무한한 복락福樂을 수용하게 되
어 오던 재앙災殃도 멀리 물러나게 된다. 이런 것은 하루아침에 와
지는 것이 아니라 누겁累劫을 통해서 좋은 습관으로 좋은 일을 많이
한 결과라고 할 수 있다.

원문原文 · 해역解譯

過罪未熟
과 죄 미 숙

허물과 죄가 아직 익숙하지 않는다면

愚以恬淡
우 이 염 담

어리석은 듯 편안하고 담박하지만

至其熟處
지 기 숙 처

그 익숙한 곳에 이르게 되면

自受大罪
자 수 대 죄

저절로 큰 죄를 받게 되나니라.

1 過罪 : 그릇된 허물.
2 未熟 : ① 열매가 채 익지 못함. ② 음식 따위가 덜 익음. ③ 일에 서
  툶.
3 恬淡 : ① 욕심이 없고 담백함. ② 이익을 탐내는 마음이 없음.
4 大罪 : 큰 죄罪. 거죄巨罪. 대범大犯. 본죄本罪의 하나.

| 해의解義 |

　중생은 받게 되는 것을 걱정하고, 보살들은 짓는 것을 걱정한다. 중생은 인과因果를 확실하게 깨닫지 못하였기 때문에 죄고罪苦를 받을 때에 나만 받는다고 불평을 하지만, 보살은 인과를 알기 때문에 받는 것은 차후로 넘기고 지을 때를 삼간다. 죄과가 미숙할 때에는 그저 편안하고 즐거운 것 같지만 농숙濃熟하게 익었을 때에는 결국 받게 된다. 그리하여 큰 죄를 받는 것이 싫어서 사방으로 도망가고 숨지만 꼭 형상에 그림자처럼 따라다니며 보복報復을 하니 어찌 삼가지 않으랴!

愚所望處　　어리석어서 소망하는 곳이
우 소 망 처

不謂適苦 괴로움에 가는 것이라 말하지 않다가
불 위 적 고

臨墮厄地 재액의 땅에 떨어지게 되어서야
임 타 액 지

乃知不善 이에 선이 아닌 줄을 알게 되나니라.
내 지 불 선

| 주석註釋 |

1 所望 : 어떤 일을 바람, 또는 그 바라는 것.

2 適苦 : 괴로움의 땅으로 가는 것.

3 厄 : 액 액. ① 액. 불행한 일. ② 재액災厄, 재앙災殃.

| 해의解義 |

우리가 미로迷路에 들어서면, 저기가 여기 같고 여기가 저기 같아서 좀처럼 출로出路를 찾기가 어렵다. 어리석은 사람은 자기의 애타게 바라고 구하는 것이 고뇌苦惱와 고통苦痛으로 들어가는 길임을 알지 못하고 아무데나 조금만 좋은 점이 있으면 무조건 돌진을 한다. 그러다가 재액災厄이나 재앙災殃에 떨어지면 아차하고 후회를 하지만 이미 늦어버림이 된다. 그러므로 평상시에 불선不善한 행동이나 사악邪惡한 일을 짓지 말고 선하고 덕스럽게 살아가야 한다.

15

愚蠢作惡 우 준 작 악	어리석게 악을 지어서
不能自解 불 능 자 해	능히 스스로 깨닫지 못하고
殃追自焚 앙 추 자 분	재앙을 좇아 자기를 불태우니
罪成熾燃 죄 성 치 연	죄가 왕성한 불길을 이루나니라.

주석註釋

1 愚蠢 : 어리석고 민첩敏捷하지 못함.
2 蠢 : 꾸물거릴 준. ① 꾸물거리다. 꿈틀거리다. ② 어리석다.
3 自焚 : 자신을 태우는 것.
4 熾燃 : 불길이 타오르는 것이니, 왕성함을 뜻한다.

해의解義

허브[herb] 농장을 가본 적이 있다. 처음에 들어가니 너무 향내가 진하여 코를 둘 곳이 없었다. 그러나 한참을 돌아다니니 이제는 허브냄새를 전혀 맡을 수가 없다. 어리석은 사람이 악을 행하는 것이 이와 같다. 정말 악인 줄을 안다면 죄를 짓지 않을 테지만, 악인 줄도 모르고 취입醉入이 되어 그러는 것인 줄로 안다. "완화자분玩火自焚"이라 한다. '불을 가지고 놀다가 자신을 태워 버린다.'는 뜻이다.

작은 죄라도 자꾸 짓다 보면 불길처럼 타올라서 큰 죄가 되는 것이
니 작을 때 잡아야 한다.

愚好美食 우 호 미 식	어리석어 아름다운 음식을 좋아하며
月月滋甚 월 월 자 심	다달이 점점 더 심해져도
於十六分 어 십 육 분	십육의 분에
未一思法 미 일 사 법	일분도 법을 생각지 아니 하나니라.

| 주석註釋 |

1 美食 : 맛난 음식을 먹음, 또는 그 음식.

2 滋甚 : 더욱 심甚함.

3 十六分 : 진언종眞言宗이나 밀교密敎에서는 "십육十六"의 수數를 만수
滿數로 보기 때문에 나온 말이다.

| 해의解義 |

어리석은 사람은 의衣 · 식食 · 주住에 있어서 '먹는 것' 에 신경을

쓰는 수가 많다. 고량진미膏粱珍味를 찾아서 사방으로 헤매어서 갈수록 더욱 심해져 가니 말릴 수가 없게 된다. 그러나 부처님의 법에 대해서는 16분 가운데서 1분도 생각하지 않고 살아가니 한심스러운 일이다. 세락世樂이 아무리 좋다 할지라도 일생一生에 한한 것이거늘, 이런 이치를 알지 못하고 끝이 되는 음식 같은 것에 정신을 팔고 있으니, 선각자先覺者들이 바라보면서 얼마나 불쌍하게 여길까?

17

원문原文 · 해역解譯

愚生念慮
우 생 염 려
어리석으면 생각을 낼지라도

至終無利
지 종 무 리
끝에 이르도록 이익이 없고

自招刀杖
자 초 도 장
스스로 칼과 몽둥이를 불러들여

報有印章
보 유 인 장
응보에 낙인이 있게 되나니라.

주석註釋

1 念慮 : 여러 가지로 헤아려 걱정하는 것, 또는 그 걱정.
2 至終 : 마지막에 이름 끝에 이름.
3 刀杖 : 칼과 몽둥이.

4 印章 : ① 도장圖章. 인감印鑑. ② 낙인烙印.

| 해의解義 |

어리석은 사람은 일상적인 생각이 바르지 못하고 삿되거나 악의
적惡意的이어서 마지막에 이르고 보면 이익 되는 것은 하나도 없이
자칫 살상殺傷하는 칼이나 때리는 몽둥이를 불러들여 업業을 만드는
경우가 많이 있다. 그러다가 이 업과業果를 갚아 가는데 있어서는
업만큼 응보應報의 표식標式이 낙인烙印처럼 찍혀서 지워지지 않는
다. 그러므로 애초부터 부처님의 법을 신봉信奉하고 따라서 가르침
대로 살아간다면 불리不利를 받거나 악보惡報를 받을 필요가 없이
여생을 마치게 된다.

18

觀處知其愚
관 처 지 기 우
처함을 보면 그 어리석음을 알고

不施而廣求
불 시 이 광 구
베풀지는 않고 널리 구한다면

所墮無道智
소 타 무 도 지
도가 없는 지혜에 떨어져서

往往有惡行
왕 왕 유 악 행
때때로 악한 행실이 있게 되나니라.

1 廣求 : 널리 구함.

2 無道 : 도리道理를 어겨 막됨.

3 往往 : 이따금. 때때로.

4 惡行 : 악한 행실.

| 해의解義 |

그 사람의 처세處世하는 것을 보면 사람의 됨됨이를 알 수 있다.
대체로 어리석은 사람은 남에게 베풀어주기는 적게 하면서 바라는
바는 많다. 따라서 도리道理가 없는 지식知識이나 무지無智를 가지고
처신處身을 하려고 하니 올바르게 나타날 수가 없다. 결국 잘못된
곳으로 떨어져서 괴로움이 더할 뿐만 아니라 때때로 악한 행동까지
스스럼없이 자행하여 남에게 지탄指彈이 되고 매장이 되며 왕따를
당하여 온전한 삶을 유지할 수 없게 된다.

19

원문原文 · 해역解譯

遠道近欲者　도를 멀리하고 욕심을 가까이 하는 자는
원 도 근 욕 자

爲食在學名　먹는 것을 위주로 하고 배움은 이름뿐이니
위 식 재 학 명

貪猗家居故　집에서 의지해 살기를 탐하는 까닭에
탐 의 가 거 고

多取供異姓　많이 취해놨다가 이성에게 공양을 하나니라.
다 취 공 이 성

| 주석註釋 |

1 家居 : ① 집에서 사는 것. 곧 불문佛門에 귀의하지 않고 혼탁한 속세
  에 연연해하는 것. ② 집에만 박히어 있음. ③ 시집 가지 아니하고 생
  가生家에 있음. ④ 벼슬하지 않고 자기 집에서 지내는 것. ⑤ 집.
2 供 : 이바지할 공. ① 이바지하다. ② 받들다. 모시다. ③ 베풀다(일을
  차리어 벌이다, 도와주어서 혜택을 받게 하다).
3 異姓 : 다른 성姓.

| 해의解義 |

　《중용中庸》에 공자孔子가 "도불원인道不遠人, 인지위도이원인人之
爲道而遠人, 불가이위도不可以爲道."라 하였다. 즉 '도는 사람에게서
먼 것이 아닌데 사람이 도를 하면서 사람에게서 멀어진다면 가히 써
도를 하는 것이라고 못하리라.' 는 의미이다. 만일 사람이 도를 멀리
하면 가까워질 것은 오직 탐욕貪慾뿐이라고 할 수 있다. 그러므로
사람이 속세에서 살아가는 것도 좋기는 하지만 불사佛舍를 가까이
하여 부처님의 가르침을 배우는 것이 실속 있는 소득所得이 된다.

學莫墮二望
학 막 타 이 망
배움에는 두 가지 욕망에 떨어지지 말고

莫作家沙門
막 작 가 사 문
집을 가진 사문이 되지 말지니

貪家違聖教
탐 가 위 성 교
집을 탐하면 성스런 가르침을 어겨서

爲後自匱乏
위 후 자 궤 핍
뒤에 저절로 다 없어지게 되나니라.

| 주석註釋 |

1 二望 : 이익과 명예.

2 沙門 : 【범】 śramaṇa, 상문桑門(喪門) · 사문婆門 · 사문나沙門那 · 사라마나舍囉摩拏라고도 쓰며, 식심息心 · 공로功勞 · 근식勤息이라 번역. 부지런히 모든 좋은 일을 닦고, 나쁜 일을 일으키지 않는 이란 뜻. 외도 · 불교도를 불문하고, 처자 권속을 버리고 수도 생활을 하는 이를 총칭함. 후세에는 오로지 불문에서 출가한 이를 말한다. 비구와 같은 뜻으로 씀.

3 聖教 : 올바른 이치에 계합하는 교敎. 성인이 말한 언교言教와 교를 말한 전적유문典籍遺文.

4 匱乏 : ① (물건 따위가) 없어져서 다함. ② 다 없어짐.

| 해의解義 |

흔히 '배운 사람이 더한다.' 고 말한다. 이는 배우는 사람이 성인

의 성스러운 도덕道德은 배우지 않고 이익이나 명예만을 구하는 욕
망欲望이나 욕심慾心을 배웠기 때문에 그런 것이라고 할 수 있다. 또
한 출가를 하여 스님이 되었어도 집을 가지지 말라고 한다. 집을 가
지면 탐욕貪慾이 생기고 애착愛着이 생겨 성인의 가르침을 멀리하게
된다. 그러므로 속세에 있든, 스님이 되었든 간에 부처님의 가르침
과 멀어지고 위배된 뒤에는 반드시 사단事端이 생긴다는 사실을 알
아야 한다.

此行與愚同 차 행 여 우 동	이런 행위는 어리석음과 한 가지로
但令欲慢增 단 영 욕 만 증	다만 욕망과 거만을 더할 뿐이니
利求之願異 이 구 지 원 이	이익을 구하는 소원이 다르고
求道意亦異 구 도 의 역 이	도를 구하는 뜻(마음)도 또한 다르나니라.

| 주석註釋 |

1 慢 : 거만할 만. ① 거만倨慢하다. 오만傲慢하다. ② 게으르다, 게으름
  을 피우다.

2 欲慢 : 욕심과 교만.

3 求道 : ① 불법佛法의 도를 탐구探究함. ② 안심입명安心立命의 길을 구
　求함.

| 해의解義 |

　사람이 이익과 명예만을 구하는 것은 영리한 행위가 아니라 어리
석은 행위와 다를 바가 없다. 그래서 구하면 구할수록 욕심이 쌓이
고 교만이 나타나서 자칫 구렁텅이로 몰려 들어가고 만다. 그래서
이익을 구하는 소원과 도를 구하는 마음이 다를 수밖에 없다. 즉 이
익을 구하는 소원은 무슨 방면으로든지 이익을 취할 수만 있다면 물
불을 가리지 않고 행하는 것이요, 반면에 도를 구하는 마음은 부처
님의 법을 공부하는 것이기 때문에 봉대하고 삼가며 닦아가는 것이
라고 할 수 있다.

是以有識者　이런 까닭에 식견이 있는 사람은
시 이 유 식 자

出爲佛弟子　출가하여 부처님의 제자가 되어
출 위 불 제 자

棄愛捨世習　애욕을 버리고 세상 습관도 놓아서
기 애 사 세 습

終不墮生死　마침내 생사에 떨어지지 아니 하나니라.
종 불 타 생 사

| 주석註釋 |

1 識者 : 학식, 견식, 상식이 있는 사람.

2 佛弟子 : 불교佛教에 귀의한 사람.

3 世習 : ① 세상의 풍습風習. ② 속세에서 익힌 습관.

| 해의解義 |

사람이 밝은 지혜를 가졌다면 용감하게 집을 떠나서 출가하여 불문佛門에 귀의한다. 그리고 열심히 수도하여 세상에서 물든 갖가지 애착愛着이나 욕심慾心이나 습성習性을 버리고 환골탈태換骨奪胎하여 불제자로 거듭나게 된다. 그리하여 생사전변生死轉變이 무상無常한 이 세상을 뛰어 넘어서 불지佛地를 향하여 끊임없이 정진精進을 한다. 그러면 자연적으로 일체의 번뇌煩惱가 소멸되고 해탈의 열반을 얻어서 무위안락無爲安樂한 피안彼岸에 도달하게 된다.

제 *14*
명철품明哲品

1

明哲品者
명 철 품 자
명철품이란

擧智行者
거 지 행 자
지혜로운 수행자가

修福進道
수 복 진 도
복을 닦고 도道로 나아가

法爲明鏡
법 위 명 경
법을 밝은 거울로 삼을 것을 제시한 것이니라.

| 주석註釋 |

1 明哲 : 재지才智가 뛰어나고 사리에 깊이 통달함; 또는 그런 사람.

2 擧 : 들 거. ① 들다. ② 제시하다. ③ 행하다.

3 行者 : 불도를 수행하는 사람. 주지승住持僧의 시자를 일컫는 말이기도 하다.

4 修福 : ① 복덕福德을 닦음. ② 죽은 사람의 명복冥福을 빌어 불공佛供을 드리는 일.

5 明鏡 : ① 맑은 거울. ② 저승의 길 어귀에 염마왕이 가지고 있다는 거울. 여기에 비추면 죽은 이의 생전生前에 지은 착한 일, 악惡한 일의 행업이 나타난다고 함.

| 해의解義 |

명철품의 취지에 대해서 설명을 하고 있다. 지혜가 있는 행자行者는 복덕福德을 닦을 줄도 알아야 한다. 수행이라는 것이 정신적精神的으로 밝은 지혜를 갖는다는 것이 전부는 아니기 때문에 복덕을 많이 지어서 중생을 건지는데 활용을 해야 한다. 그러면 도道에 나아가기도 쉽고 깨우치기도 쉬워진다. 따라서 부처님의 법을 거울로 삼아 늘 비추어서 망상妄想이나 번뇌煩惱를 털어버리고 법신法身의 진체眞體에 합일을 이루어야 한다고 말하고 있다.

深觀善惡 깊이 선과 악을 관찰하면
심 관 선 악

心知畏忌 마음이 두렵고 꺼림을 알 것이니
심 지 외 기

畏而不犯　그것을 두려워하여 범하지 않으면
외 이 불 범

終吉無憂　마침내 길하여 근심이 없나니라.
종 길 무 우

| 주석註釋 |

1 善惡 : 착한 것과 악한 것. 선과 악.

2 畏忌 : 두려워하고 꺼려하는 것.

3 不犯 : ① 남의 것을 침범侵犯하지 않음. ② 남녀男女가 사통私通하지
않음.

| 해의解義 |

우리가 현상의 상대적인 면에서 본다면 선善과 악惡이 있어서 선
은 선이요, 악은 악으로 융화融和가 될 수 없다. 그러나 "선악불이善
惡不二"이다. 선이나 악이 각각 둘이 아니고, 평등하여 차별差別이
없는 한 가지 불리佛理로 귀착이 된다는 말이다. 그래서 선과 악이
둘이 아님을 안다면 두렵거나 꺼릴 것이 없다. 사람이 세상을 살아
가는 가운데 두려움의 침범侵犯을 당하지 않으면 항상 길상吉祥이
나타나서 일체의 근심 걱정이 사라지게 된다.

3

故世有福 고 세 유 복	그러므로 세상에 복이 있는 이를
念思紹行 염 사 소 행	생각하고 사모하며 이어서 행하면
善致其願 선 치 기 원	그 소원이 잘 이루어져서
福祿轉勝 복 록 전 승	복과 녹이 점점 더욱 뛰어나게 되나니라.

│ 주석註釋 │

1 紹行 : 소紹는 계승의 뜻이니, 남의 한 일을 그대로 따라 행하는 것을 말한다.
2 福祿 : 타고난 복과 나라에서 주는 벼슬아치의 녹봉祿俸.

│ 해의解義 │

복이나 지혜가 많은 사람을 늘 생각하고 사모思慕하여 그 뜻을 이어가면 자신의 소원이 이루어져서 대등하게 된다. 그러면 복록福祿도 점점 많아지고 증장增長 되어서 부처님을 위해 불사佛事도 많이 하고 세상을 위해 구제사업救濟事業도 많이 하게 된다.

4

원문原文 · 해역解譯

信善作福　　선을 믿어서 복을 만들고
신 선 작 복

積行不厭　　선행 쌓기를 싫어하지 않으며
적 행 불 염

信知陰德　　음덕을 믿고 알지니
신 지 음 덕

久而必彰　　오래되어지면 반드시 나타나나니라.
구 이 필 창

| 주석註釋 |

1 積行 : 선행善行을 쌓는 것.

2 陰德 : 숨은 덕행德行.

3 彰 : 드러날 창. ① 드러나다. ② 드러내다. 나타내다. ③ 밝다. 뚜렷하다.

| 해의解義 |

　대개 선善에는 복福이 따르고, 악惡에는 재앙災殃이 따른다. 우리는 선복善福, 악화惡禍를 굳게 믿어야 한다. 그리하여 선행善行을 쌓는데 주저하지 않으면 복이 가득하게 된다. "음덕유이명陰德猶耳鳴"이라는 말이 있다. 즉 '음덕은 귀의 울림과 같아서 자기만 알고 남은 모른다.'는 뜻이다. 남들이 알 수 없이 베푸는 것이 음덕이다. "음덕양보陰德陽報"라 한다. 사람이 보지 않는 곳에서 좋은 일을 베

풀면 반드시 그 일이 드러나서 크게 갚아짐을 받게 된다.

常避無義　항상 의리가 없으면 피하고
상 피 무 의

不親愚人　어리석은 사람과 친하지 아니하며
불 친 우 인

思從賢友　어진 벗을 생각하여 따르고
사 종 현 우

押附上士　최상의 보살을 친하여 따를지니라.
압 부 상 사

| 주석註釋 |

1 無義 : 신의信義나 의리義理가 없음.

2 愚人 : 어리석은 사람.

3 賢友 : 어진 벗.

4 押付 : ① 친하여 따르는 것. ② 죄인罪人을 압송하여 넘김.

5 上士 : 보살菩薩.

| 해의解義 |

세상에 상종할 수 없는 사람은 "무의무신無義無信"한 사람이다.

즉 '의리義理도 없고 믿음도 없는 사람이라' 는 뜻이다. 이러한 사람은 바로 어리석고 이기적인 사람으로 가까이하면 할수록 검은 물이 들어서 나도 그렇게 되기 마련이다. 반면에 어진 사람이나 착한 벗은 늘 가까이하여 그의 가르침을 받고 행동을 본뜬다면 은연중에 나도 지혜가 열려서 현명하게 된다. 그러므로 우리는 불보살을 친근하고 따라서 나도 그 대열에 합류合流가 되도록 진력盡力해야 한다.

6

원문原文 · 해역解譯

喜法臥安 희 법 와 안	법을 좋아하면 누워도 편안하고
心悅意淸 심 열 의 청	마음이 기쁘고 뜻이 맑아지네.
聖人演法 성 인 연 법	성인이 법을 연설하면
慧常樂行 혜 상 낙 행	지혜롭게 항상 즐겨 행할지니라.

| 주석註釋 |

1 臥安 : 누워있는 것처럼 편안함. 지극히 편안함을 뜻한다.

2 聖人 : 사리事理에 통달하고 덕과 지혜가 뛰어나 길이길이 우러러 받들어지고 만인의 스승이 될 만한 사람을 일컫는 말.

3 演法 : 법을 풀이하여 설명하는 것.

| 해의解義 |

불법佛法을 좋아하는 사람은 부처님의 가르침대로 살아가기 때문에 마음에 망념妄念이나 번뇌煩惱가 자연적으로 사라져서 마음이 항상 기쁘고 뜻이 맑아 누워있는 것처럼 편안하다. 따라서 성인을 가까이 하고 그 법문을 잘 듣기 때문에 살아가는데 걸리거나 막힘이 없이 트인다. 또한 지극히 지혜로워서 모든 행하는 일이나 공부가 즐거워 시간이 지나는 줄도 모르고 열심히 정진精進한다. 그러면 마음이 깨어나고 진리가 알아져서 성현聖賢의 반열에 오르게 된다.

원문原文 · 해역解譯

仁人智者 어진 사람과 슬기로운 자는
인 인 지 자

齋戒奉道 계율을 공경하고 도를 받들어
재 계 봉 도

如星中月 별들 속의 달과 같이
여 성 중 월

照明世間 밝게 세상을 비추나니라.
조 명 세 간

1 仁人=仁者 : 마음이 어진 사람.

2 智者 : 슬기가 있는 사람.

3 齋戒 : 식사와 행동하는 것을 삼가고 몸과 마음을 깨끗하게 함. 8재계의 준말.

4 照明 : ① 빛으로 밝게 비추는 것, 또는 그 빛 ② (연극演劇) 무대 효과나 촬영撮影 효과를 높이기 위하여 광선光線을 비추는 일, 또는 그 빛. 인공조명. ③ (어떤 대상을) 일정한 관점에 비추어 살펴보는 것.

| 해의解義 |

《논어論語》에 "지자불혹知者不惑, 인자불우仁者不憂."라 하였다. 즉 '지혜로운 사람은 미혹되지 아니하고, 어진 사람은 걱정하지 아니한다.'는 뜻이다. 이에 슬기로운 사람은 사물事物에 미혹됨이 없기 때문에 행동을 자유롭게 할 수 있고, 어진 사람은 도리道理에 따라서 양심良心에 거리낌이 없으므로 근심이 없다. 여기다가 부처님이 준 계율을 공경하게 받아 지키고 그 법을 받들어 수행을 철저하게 해나가니 마음의 지혜가 솟아나서 세상과 만물을 비추지 아니함이 없다.

원문原文 · 해역解譯

弓工調角　활을 만드는 공장은 뿔을 고르고
궁 공 조 각

水人調船
_{수 인 조 선}
물가 사람은 배를 고르며

材匠調木
_{재 장 조 목}
목수 장인은 나무를 고르고

智者調身
_{지 자 조 신}
지혜로운 자는 몸을 고르나니라.

| 주석註釋 |

1 調 : 고를 조. ① 고르다. ② 조절하다.
2 匠 : 장인 장. ① 장인, 장색, 바치(물건을 만드는 것을 업으로 삼는 사람).
   ② 기술자技術者.

| 해의解義 |

　활을 만드는 사람은 그 기본 재료가 되는 뿔을 잘 골라야 한다. 또한 물에서 일을 하는 사람은 주로 배를 만드는 튼튼한 나무를 잘 골라야 한다. 또한 집을 짓는 일을 하는 사람은 기둥이나 들보나 서까래가 되는 나무를 잘 골라야 한다. 이렇게 자기가 하고 있는 일을 따라서 재료를 골라 다스림을 대단히 중요하게 여긴다. 반면에 슬기로운 사람, 지혜로운 사람은 어떨까? 이런 사람은 몸(마음)을 잘 고를 줄 안다. 마음을 맑고 밝게 닦고 키워서 미혹迷惑되거나 어리석지 않게 잘 조절할 줄 안다.

9

譬如厚石 _{비 여 후 석}	비유하자면 두터운 돌을
風不能移 _{풍 불 능 이}	바람은 능히 옮기지 못하는 것처럼
智者意重 _{지 자 의 중}	지혜로운 사람은 뜻(마음)이 묵중하여
毀譽不傾 _{훼 예 불 경}	헐뜯거나 칭찬에 기울지 아니 하나니라.

| 주석註釋 |

1 厚石 : ① 두터운 돌. ② 두껍고 무거운 돌.
2 毀譽 : 남을 비방함과 칭찬함.

| 해의解義 |

들판에 바람이 불면 가벼운 것들은 날아서 춤을 춘다. 산에 바람
이 불면 잔 나뭇가지는 줏대 없이 흔들린다. 그러나 굵은 나무, 무거
운 바위는 아무리 거센 바람이 분다 할지라도 옮겨지거나 흔들림이
없다. 지혜롭고 슬기로운 자는 이와 같다. 어떤 사람이 아무리 추켜
올리고 헐뜯는다 할지라도 조금도 동요됨이 없이 제자리를 지킬 수
있다. 마치 무거운 바위와 같아서 함부로 할 수가 없다. 이런 사람은
"위무불굴威武不屈"을 한다. 즉 '어떤 위력이나 무력도 그를 굽히게
하지 못한다.' 는 뜻이다.

譬如深淵 비 여 심 연	비유하자면 깊은 연못이
澄靜淸明 징 정 청 명	맑고 고요하고 깨끗하고 밝은 것처럼
慧人聞道 혜 인 문 도	지혜 있는 사람은 도를 들으면
心淨歡然 심 정 환 연	마음이 깨끗하고 기뻐지나니라.

| 주석註釋 |

1 深淵 : 깊은 못.
2 淸明 : 날씨가 맑고 밝음.
3 聞道 : 도를 들음, 또는 도를 듣고 깨달음.
4 歡然 : 마음에 즐겁고 기뻐하는 모양.

| 해의解義 |

깊은 연못은 밑이 잘 보이지 않는다. 그곳에는 많은 어패류들이 의지하고 살아간다. 어패류가 산다는 것은 그만큼 물이 맑고 고요하여 쉽게 흐려지지 않고 빠르게 뒤집히지 않기 때문이다. 지혜로운 사람은 참된 도를 들으면 일체 의심이 생기거나 의혹이 일어나지 않고 바로 깨달음을 얻어서 이체理體의 묘처妙處를 알게 된다. 그러면 마음이 저절로 깨끗하고 조촐하여 기쁘고 즐거움이 저 심원心源에

서 솟아나 손으로 춤추고 발로 뛰어서(手舞足蹈) 좋아하고 기뻐하게
된다.

大人體無欲
대 인 체 무 욕
큰 사람은 몸에 욕심이 없음으로

在所照然明
재 소 조 연 명
있는 곳마다 밝게 비추어서

雖或遭苦樂
수 혹 조 고 락
비록 혹 괴로움과 즐거움을 만나도

不高現其智
불 고 현 기 지
높은 체 그 지혜를 나타내지 않나니라.

| 주석註釋 |

1 大人 : 덕이 높은 사람.
2 無慾 : 욕심이 없음.
3 苦樂 : 괴로움과 즐거움.

| 해의解義 |

대개 대인군자大人君子는 말과 행실이 옳고 점잖거나 덕이 높은
사람을 지칭한다. 이런 사람을 무욕염담無慾恬淡한 사람이라고 한

다. 즉 욕심이 없이 마음이 깨끗하여 담담淡淡하게 살아가는 사람이다. 지덕智德을 갖춘 사람이 사는 곳은 항상 맑아지고 밝아진다. 그리하여 어떤 괴로움이나 즐거움을 만난다고 할지라도 쉽게 빠지거나 흔들리지 않는다. 따라서 지혜를 갖추었지만 함부로 그 지혜를 나타내지 않고 깊이 숨겨서 보통 사람들이 알 수 없도록 한다.

원문原文 · 해역解譯

大賢無世事
대 현 무 세 사
크게 어질면 세상에 일이 없고

不願子財國
불 원 자 재 국
자식과 재산과 나라도 원치 않으며

常守戒慧道
상 수 계 혜 도
항상 계율과 지혜의 도를 지켜서

不貪邪富貴
불 탐 사 부 귀
그릇된 부와 귀를 탐내지 않나니라.

| 주석註釋 |

1 大賢 : ① 매우 현명함. ② 아주 뛰어난 현인賢人.

2 世事 : 세상일.

3 富貴 : 재산이 넉넉하고 지위地位가 높음.

참으로 크게 어진 사람은 세상에 어려운 일이 있으면 적극적으로 나서서 바로 잡아 세우는 사람이다. 그러나 자신이 그 일을 감당할 수가 없으면 초야草野에 묻혀서 지내다가 간다. 그리하여 자식을 비롯한 재물이나 나라까지도 원하지 않고 살아간다. 아울러 불문佛門에 귀의하여 계율을 지키고 지혜의 도를 닦아 마음을 맑고 밝게 하며 진리를 깨달아 불보살로 살아가게 된다. 이러한 사람이 어찌 부유富裕를 탐하고 벼슬을 탐하겠는가. 조로연무朝露煙霧이요, 초말지현草末之懸으로 여길 뿐이다.

원문原文 · 해역解譯

智人知動搖
지 인 지 동 요
지혜로운 사람은 흔들리고 움직임을

譬如沙中樹
비 여 사 중 수
마치 모래 가운데 나무로 비유하여 안다네.

朋友志未强
붕 우 지 미 강
친구들의 뜻이 굳세지 않으면

隨色染其素
수 색 염 기 소
빛깔 따라 그 바탕을 물들이게 되나니라.

1 動搖 : ① 흔들려 움직임, 또는 그 움직여 흔들림. ② 어수선하고 떠들 썩하여 갈팡질팡함.

2 沙中 : 모래 속, 또는 사원沙原의 가운데.

3 染其素 : 소는 흰 바탕의 뜻이니, 즉 그 흰 바탕을 물들인다는 말이다.

4 素 : 본디 소, 흴 소. ① 본디. ② 바탕. ③ 흰 깁. 희다.

| 해의解義 |

지혜가 있는 사람은 세사난측世事難測을 안다. 즉 세상일이란 변 천이 심하여 헤아리거나 알기가 어렵다는 뜻이다. 마치 모래의 언덕 에 외롭게 선 나무와 같아서 조그만 바람에도 뿌리까지 뽑힐 정도로 흔들리는 것이 세상에서 일어나는 일이다. 그러나 지혜가 있는 사람 은 여기에 휩쓸리지 않고 의연하게 제 자리를 지킨다. 주위에 혹 불 량不良한 사람이 있다 할지라도 의지意志가 건강堅强하여 끌려가지 않는다. 베가 색깔에 물드는 것처럼 되지 않고 고고孤高한 소지素地 를 지키며 살아간다.

원문原文 · 해역解譯

世皆沒淵　세상이 모두 연못에 빠져
세 개 몰 연

鮮剋度岸　능히 언덕으로 건너가기가 드므네.
선 극 도 안

如或有人　만일 혹 사람이 있어서
여 혹 유 인

欲度必奔　건너려 하면 기필코 달려가야 하나니라.
욕 도 필 분

| 주석註釋 |

1 沒淵 : 못을 번뇌煩惱의 고해苦海로 보아 번뇌의 고해에 빠짐.
2 剋 : 이길 극. ① 이기다. ② 능하다.
3 度岸 : 저 언덕, 곧 피안彼岸으로 건너가다.
4 奔 : 달릴 분. ① 달리다. ② 달아나다. ③ 향해 가다. 급急히 향해 가다.

| 해의解義 |

　세상 사람들이 다 그런 것은 아니지만 대개는 번뇌의 깊은 연못에 빠져 허우적거리고 있다. 그러니 저 열반涅槃의 피안彼岸에 이른 사람이 극히 드물다. 혹시 뜻을 굳게 가져서 저 언덕에 이르고자 하지만 온갖 마장魔障으로 인하여 갈 수가 없다. 그렇다면 어떻게 갈 것인가? 부처님이 가르친 법선法線을 밟아야 하고 철저한 계율戒律을 잘 지키면 된다. 쉬파리가 날아서는 천리를 갈 수 없지만, 천리를 달리는 말의 엉덩이에 붙으면 천리에 이르듯 신행信行이 투철하면 쉽게 이른다.

15

誠貪道者 성 탐 도 자	진실로 도를 탐하는 사람은
覽受正敎 남 수 정 교	바른 가르침을 열람하고 받는다면
此近彼岸 차 근 피 안	이는 저 언덕에 가까워지나니
脫死爲上 탈 사 위 상	죽음을 벗어나는 것이 최상이 되나니라.

주석註釋

1 正敎 : 사교邪敎가 아닌 바른 종교宗敎.
2 彼岸 : ①강의 건너편 기슭. ②사바세계娑婆世界의 저쪽에 있다는 정
  토淨土. ③도피안到彼岸의 준말.

해의解義

'탐할 탐貪'이라는 글자의 의미가 좋은 것은 아니지만 도道를 알
고, 도를 배우고, 도를 깨닫고자 하는데 있어서는 '탐貪'을 부려야
한다. 그리하여 부처님의 바른 가르침을 받아서 저 언덕에 한발이라
도 가까이 가야 한다. 그것은 원願이다. 그런 의미에서 낳고 죽고,
가고 오는 생사生死가 없는 해탈解脫의 경지에 이르는 것을 최상으로
삼아야 한다. 다시 말하면, 해탈의 열반 세계인 저 언덕에 이르려면
생사에 대해 자유자재를 이루지 못하고는 어려울 것이기 때문에 생

사를 최상으로 여겨야 한다.

16

원문原文 · 해역解譯

斷五陰法 _{단 오 음 법}	오음의 법을 끊고
靜思智慧 _{정 사 지 혜}	고요히 지혜를 생각하면
不反入淵 _{불 반 입 연}	반대로 연못에 들어갈지라도
棄猗其明 _{기 의 기 명}	그 밝음을 버리지 않게 되나니라.

| 주석註釋 |

1 五陰=五蘊 : 【범】pañca-skandhāḥ, 【팔】pañca-kkhandha, 5취온取
蘊 · 5음陰 · 5중衆 · 5취聚라고도 함. 온蘊은 모아 쌓은 것, 곧 화합하
여 모인 것. 무릇 생멸하고 변화하는 것을 종류대로 모아서 5종으로
구별. ① 색온色蘊 ; 스스로 변화하고 또 다른 것을 장애하는 물체. ②
수온受蘊 ; 고苦 · 락樂 · 불고불락不苦不樂을 느끼는 마음의 작용. ③
상온想蘊 ; 외계外界의 사물을 마음속에 받아들이고 그것을 상상하여
보는 마음의 작용. ④ 행온行蘊 ; 인연으로 생겨나서 시간적으로 변천
함. ⑤ 식온識蘊 ; 의식意識하고 분별함.
2 靜思 : 고요히 생각함.

3 猗 : 의지할 의. ① 의지하다. ② 어조사語助辭.

오음五陰인 색色, 수受, 상想, 행行, 식識이 세속적인 인간의 생활에 있어서는 끊을 수가 없다. 반면에 이 오음을 끊지 못한다면 지혜를 얻기 어려운 것도 사실이다. 그래서 고요한 마음으로 늘 지혜를 생각을 해야 한다. 이런 생각을 굳게 가지면 어쩌다 번뇌가 우글거리는 연못에 들어간다 할지라도 그 밝음을 잃지 않게 된다. 그러므로 오음을 끊어야 번뇌煩惱가 사라지고, 번뇌가 사라져야 지혜智慧가 솟아나며, 지혜가 솟아나야 사람들을 바르게 인도할 수 있다.

원문原文 · 해역解譯

抑制情欲　정욕을 억제하고
억제정욕

絶樂無爲　끊어서 무위를 즐기며
절락무위

能自拯濟　능히 자신을 건진다면
능자증제

使意爲慧　뜻(마음)이 지혜가 되어지나니라.
사의위혜

1 抑制 : 억눌러 제지制止함.

2 情欲 : ① 마음에 생기는 온갖 욕망. ② 사욕四欲의 하나. 물건을 탐내
고 집착執着하는 마음.

3 無爲 : ① 자연 그대로 되어 있고, 사람이 힘들여 함이 없음. ② 인연因
緣에 의하여 이루어진 것이 아닌 생멸生滅 불변不變의 것. ③ 하는 일
이 없음.

4 拯濟 : 건져 구제救濟함.

| 해의解義 |

사람이 스스로 모든 감정이나 욕망을 억제하고 끊어야 한다. 그
리하여 무위無爲를 즐길 줄 알아야 한다. 무위란, 바로 진리眞理요
법法이며 자연自으로, 생멸生滅이 없고 변역變易이 없는 절대 자리이
니 영겁의 귀의처歸依處로 삼아야 한다. 그래야 구원救援이 된다. 남
에 의하여 구원되는 것도 중요하지만 자신이 자신을 구원하는 것은
최상의 구원이라고 할 수 있기 때문이다. 즉 마음이 열리고 깨달음
을 이루며 지혜가 솟아났을 때 참다운 구원이 된다.

원문原文 · 해역解譯

學取正智   배워서 올바른 지혜를 얻고
학 취 정 지

意惟正道 의 유 정 도	뜻(마음)으론 오직 바른 도를 생각하며
一心受諦 일 심 수 제	한마음으로 진리를 받아서
不起爲樂 불 기 위 락	집착하지 않음을 즐거움으로 삼으면
漏盡習除 누 진 습 제	번뇌가 끊어지고 습관이 제거되어
是得度世 시 득 도 세	이는 세상에 건넘을 얻게 되나니라.

| 주석註釋 |

1 正智 : 【범】samyag-jñāna, 바른 지혜. 정리正理에 맞는 지혜.

2 正道 : 무루無漏의 진실하고 올바른 도. 만유 제법의 체성이 일미평등 一味平等한 이치를 체달한 무루지는 평등한 정리正理에 계합하고 이 지혜로 말미암아 불과에 도달하므로 정도라고 함.

3 一心 : ① 만유의 실체인 진여眞如.『기신론』에서는 일심을 세워 만유 의 본체인 진여의 모양과 만유가 전개하는 상태를 설명하고,『화엄 경』에서는 3계界가 별법別法이 아니고, 오직 일심으로 된 것이라 함. ② 우리들 평상시의 마음. 천태종天台宗에서 일심삼관一心三觀의 교리 를 말한 것은 우리들 평상시의 심념心念에 대하여 3제諦의 도리를 관 하는 것.

4 諦 : 【범】satya, 【팔】sacca, 진실한 도리. 변하지 않는 진리. 여如와 여如한 진상眞相 등의 여러 가지 뜻으로 해석.

5 不起 : 정욕情欲을 일으키지 않음.

6 漏 : 【범】āsrava, 번뇌의 다른 이름. 누漏는 흐른다 · 샌다는 뜻. 번뇌 는 눈 · 귀 따위의 6근根으로 밤낮 새어나와 그치지 아니하므로 누라

하고, 또 그치지 않고 우리 마음을 흘러 달아나게 하므로 누라 한다.

세속에서 살든, 출가를 하였든 간에 바른 지혜智慧라야 바른 처세를 하면서 바르게 살아갈 수가 있다. 그러면 자연 바른 도道를 생각하여 다가서고 깨치게 된다. 또한 사람은 한마음을 뭉쳐야 한다. 한마음이 되어야 진리를 깨달을 수 있고, 진리를 깨달아야 일체 정욕情欲이 일어나지 않아 맑고 밝다. 따라서 모든 번뇌를 끊고 세속적인 습관을 버려서 인세人世의 고해苦海를 건너 열반의 피안彼岸에 도달해야 일생 내지 영생의 일을 마쳤다고 할 수 있다.

제 *15*
나한품羅漢品

1

羅漢品者 _{나 한 품 자}	나한품이란
言眞人性 _{언 진 인 성}	참다운 사람의 성품은
脫欲無着 _{탈 욕 무 착}	욕심을 벗어나 집착함이 없어서
心不渝變 _{심 불 투 변}	마음이 변하지 않음을 말함이니라.

│ 주석註釋 │

1 羅漢=阿羅漢 : ①【범】arhan, 소승의 교법을 수행하는 성문聲聞 4과
의 가장 윗자리. 응공應供 · 살적殺賊 · 불생不生 · 이악離惡이라 번역.
② 여래 10호의 하나. 성문 아라한과 구별하기 위하여 '아라하' 라고
하나, 원어의 뜻은 같음.

2 眞人 : 아라한의 번역. 진리를 깨달은 사람이란 뜻. 보통은 아라한을
말하나 부처님을 진인이라고도 함.

3 性 : 성질. 나면서부터 가진 본연의 성품. 기성機性이란 것과 같음. ②
사물의 자체 · 본체. 현상 차별의 상대적 모양에 대하여 5온 또는 평
등진여를 말함. ③ 불변불개不變不改하는 뜻. 본래부터 으레 고쳐지지
않는 성질. 금성金性 · 화성火性 · 불성佛性과 같은 것.

4 無着 : 어떠한 것에도 착심이 없는 것. 애착 · 탐착 · 집착 · 편착이 없
는 것. 곧 자유 · 해탈을 얻은 경지.

5 渝 : 변할 투. ① 변하다. 바뀌다. ② 변경하다.

| 해의解義 |

　나한품의 취지에 대해서 말하고 있다. 나한羅漢이나 진인眞人은
모두 자신의 성품을 보고 진리를 깨달은 사람들이기 때문에 번뇌나
욕심에서 벗어나 어떤 집착執着도 없어서 그 마음은 언제나 고요하
고 맑으며 깨끗하여 변함이 없이 여일如一하다. 사람의 마음이란 경
계境界를 따라 요란해지기도 하고 어리석어지기도 하며, 글러지기
도 하여 순수純粹하지 않아서 요동搖動을 친다. 그러나 나한이나 진
인은 이런 바가 없어서 욕심이나 집착에서 벗어나 자유의 해탈을 얻
은 사람들이다.

2

去離憂患　　근심과 걱정을 버리고 여의어
거 리 우 환

脫於一切　　모든 것에서 벗어나
탈 어 일 체

縛結已解　　얽히고 맺음이 이미 풀리면
박 결 이 해

冷而無煖　　차갑고 따사로움마저 없나니라.
냉 이 무 난

| 주석註釋 |

1 憂患 : ① 근심이나 걱정되는 일. 질병. ② 가족 가운데 병자 있는 가정.

2 一切 : ① 모든 것. 온갖 것. ② 모든 것을 다.

3 煖 : 따뜻할 난. ① 따뜻하다. ② 온난하다. 날씨가 따뜻하다.

| 해의解義 |

　사람에게 근심과 걱정이라는 것이 없을 수는 없다. 그러나 이 근심과 걱정이 근본적으로 있는 것이 아니고 우리의 미망迷妄에 의해서 이루어지는 것이기 때문에 미망만 부서버리면 자연 없어진다. 그래서 원래 얽어맴이 없는 것이니, 속박束縛에서 벗어날 수 있는 방법의 수행이 절대적으로 필요하다. 차갑다, 따사롭다 한 것은 상대를 지어서 말하는 것에 불과한 것으로 근원에 있어서는 둘 다 없는 본체本體이니, 여기에 안주安住를 얻는다면 근심과 걱정이 있을 수 없다.

원문原文 · 해역解譯

心淨得念   마음이 깨끗하고 삼감을 얻으면
심 정 득 념

無所貪樂   탐내고 즐길 것도 없다네.
무 소 탐 락

已度癡淵   이미 어리석음의 연못을 건넜으니
이 도 치 연

如鴈棄池   기러기가 연못을 버린 것과 같나니라.
여 안 기 지

| 주석註釋 |

1 念 : 생각 념. ① 생각. ② 삼가다(몸가짐이나 언행을 조심하다).
2 貪樂 : 탐하거나 즐거워함.
3 鴈 : 기러기 안. 기러기.

| 해의解義 |

《채근담菜根譚》에 "안도한담鴈渡寒潭, 안거이담불유영鴈去而潭不留影."이라 하였다. 즉 '기러기가 차가운 연못을 건너감에 기러기가 가버리면 연못에는 그림자가 머물지 않는다.' 라는 뜻이다. 마음이 맑은 사람은 생각이나 행동을 삼가기 때문에 탐하고 즐거움에 빠져서 헤어나지 못할 정도로 어리석지 않는다. 다시 말하면, 어리석음으로 가득 찬 연못을 이미 건너서 해탈의 자유경지에 도달하여 있기 때문에 결박당할 일이 없다. 저 기러기가 미우尾羽의 한 가닥도 연

못에 남겨두지 않듯이 말이다.

量腹而食 배를 헤아려서 먹고
양 복 이 식

無所藏積 감추어 쌓아 둔 바가 없어서
무 소 장 적

心空無想 마음이 비어 생각이 없으면
심 공 무 상

度衆行地 온갖 행하는 곳을 건넘이 되나니라.
도 중 행 지

| 주석註釋 |

1 腹 : 배 복. ① 배. 오장육부五臟六腑의 하나. ② 마음. 속마음. ③ 가운
  데. 중심 부분.
2 心空 : ① 심성心性이 끝없이 넓고 커서 온갖 것을 다 포함한 것을 허
  공에 비유한 말. ② 온갖 장애가 다 없어진 공공적적空空寂寂한 심경心
  境.
3 無想 : 아무 상념想念이 없음.
4 行地 : 행하는 곳.

　대개 사람이 고량진미膏粱珍味가 있다 할지라도 허기를 헤아려서 먹을 수밖에 없고 어디에 쌓아두었다가 되씹을 수도 없다. 결국 마음은 원래 텅 비어서 미세微細한 사려思慮의 기멸起滅도 없다. 아울러 우리의 온갖 행은 결국 현상의 인연지결因緣之結로, 곧 인연의 맺음을 말하는 것이니, 인연이란 고정불변固定不變이 아니라 시처時處를 따라서 변천유동變遷流動을 한다. 그래서 종잡기가 어렵다는 실지를 알아서 결연結緣에 신중을 기해야 후환後患이 없게 된다.

5

원문原文 · 해역解譯

如空中鳥	공중을 나는 새가
여 공 중 조	
遠逝無礙	멀리 가도 걸림이 없는 것 같이
원 서 무 애	
世間習盡	세상의 익힘이 다하였으니
세 간 습 진	
不復仰食	다시 먹는 것을 우러르지 않나니라.
불 부 앙 식	

| 주석註釋 |

　1 空中 : 하늘. 하늘 가운데. 중천中天.

2 遠逝=長逝 : 멀리 떠남, 곧 죽음을 빙 둘러서 이르는 말. 서거逝去.

3 無礙 : 아무런 장애障礙가 되는 것이 없음.

4 仰 : 우러를 앙. ① 우러러보다. 경모景慕하다. 앙모仰慕하다. ② 따르다.

| 해의解義 |

　새가 허공을 날지만 걸림이 없고, 고기가 물속을 헤엄치지만 역시 걸림이 없다. 이처럼 사람이 세상의 습기習氣가 다하고 세착世着이 없는 원래 무장무속無障無束한 해탈解脫이요 자유이니, 무슨 구박拘縛이 있으며 애영礙縈이 있겠는가? 사람의 탐욕貪慾은 의식주衣食住에 있다고 할 수 있다. 물론 권리나 명예도 바라는 바이지만 어느 정도 시간이 지나면 사라진다. 그러나 입고, 먹고, 거처하는 것은 죽을 때까지 이어지기 때문에 이를 벗어나는 것이 진정한 무애無礙라고 할 수 있다.

6

원문原文 · 해역解譯

虛心無患
허 심 무 환
마음을 비워서 근심이 없으면

已到脫處
이 도 탈 처
이미 해탈한 곳에 이른 것이니

譬如飛鳥
비 여 비 조
비유하자면 나는 새가

暫下輒逝 　잠깐 내렸다 문득 가는 것과 같나니라.
잠 하 첩 서

1 虛心 : 마음속에 아무 망상妄想이 없음.

2 脫處 : 해탈의 경지.

3 飛鳥 : 날아다니는 새.

| 해의解義 |

"허심평의虛心平意"라 한다. 이는 아무것도 생각하지 않고 조용
히 있다는 뜻으로, 애증愛憎이나 호오好惡의 감정感情이 없는 공평무
사公平無私한 태도態度를 이르는 말이다. 이런다면 무슨 근심 걱정이
있겠는가? 이미 해탈解脫을 이룬 사람이다. 비유하자면, 날아다니던
새가 잠깐 지상에 모이를 먹고 놀다 다시 날아가는 것과 같다. 해탈
을 이룬 사람은 어쩌다 망념妄念에 잠깐 사로잡혔다가 곧바로 청정
한 본심本心으로 돌아가는 것이 순간에 이루어지는 것임을 알아야
한다.

7

制根從止　뿌리를 억제하여 그침을 좇음은
제 근 종 지

如馬調御　말을 길들이는 것과 같네.
여 마 조 어

捨憍慢習　교만한 습관을 버릴지니
사 교 만 습

爲天所敬　하늘이 공경하는 바가 되나니라.
위 천 소 경

| 주석註釋 |

1 根 : ①【범】mūla, 근본이란 뜻. 선근(善根) 등의 근. ②【범】indriya,
5관官 등의 기관이란 뜻으로, 증상增上하고 능생能生하는 작용이 있는
것을 말함. 5근 · 22근 따위가 이것. 기근機根이란 근도 또한 이런 능
력이 있다는 뜻.

2 調御 : 조복제어調伏制御의 뜻. 중생의 3업을 잘 다스려서 여러 가지
악한 행위를 굴복시키고 다시는 악업을 짓지 않도록 바르게 다스리는
것.

3 憍慢=驕慢 : ① 잘난 체하며 겸손함이 없이 건방짐. 잘난 체하고 뽐내
며 방자放恣함. ② 잘난 체하는 태도로 겸손함이 없이 건방짐.

| 해의解義 |

근根이란 바로 육근六根이다. 육근은 안眼, 이耳, 비鼻, 설舌, 신身,
의意를 말한다. 사람이 말을 잘 길들여 타고 다니듯이 육근의 작용

을 법도法度에 맞추고 멈추게 해야 한다는 뜻이다. 그러기로 하면 교만驕慢한 태도 버리는 것을 첫째로 삼아야 한다. 만일에 교만한 태도가 지나치면 과대망상誇大妄想이나 아집我執에 사로잡혀서 남을 깔보고 업신여기기가 쉽다. 이러지 않아야 한다. 이러지 않으면 하늘도 경의敬意를 표하여 복록福祿을 내린다.

원문原文 · 해역解譯

不怒如地   성내지 않음은 땅과 같고
불 노 여 지

不動如山   움직이지 않음은 산과 같아
부 동 여 산

眞人無垢   참다운 사람은 때가 없어서
진 인 무 구

生死世絶   생사의 세상이 끊어졌나니라.
생 사 세 절

| 주석註釋 |

1 不動 : ① 물건이나 몸이 움직이지 아니함. ② 생각이나 의지가 흔들리지 아니함.

2 眞人: 아라한의 번역. 진리를 깨달은 사람이란 뜻. 보통은 아라한을 말하나, 부처님을 진인이라고도 함.

3 無垢 : ① 유마維摩. ② 잡물雜物이 섞이지 않고 순수純粹함. ③ 마음이
나 몸이 깨끗함. ④ 꾸밈새 없이 자연 그대로 순후醇厚함. ⑤ 죄가 없
음.

4 生死 : 【범】jāti-maraṇa, 중생의 일생 시종을 말함. 선마말랄남繕摩末
剌諵 · 사제말랄남闍提末剌諵이라 음역. 이에 분단생사分段生死 · 변역
생사變易生死의 구별이 있음.

| 해의解義 |

진인眞人은 대체로 아라한阿羅漢을 말한다. 이런 사람은 진리를
깨달았고 자기의 성품을 보았기 때문에 함부로 성을 낸다거나 동요
되는 일이 없다. 따라서 일체 번뇌가 자연적으로 소멸消滅이 되고
망상妄想이 거의 일어나지 않음으로 어떤 미망迷妄에 빠지거나 우치
愚癡에 흐를 일도 없는 무구청정無垢淸淨한 보살들이다. 사람의 생사
生死라는 것은 현실의 문제로 생령生靈들이 겪어야 할 과정이다. 그
러나 깨달음을 얻은 진인은 생사에 대해 걸리거나 막힘이 없이 자유
롭게 왕래한다.

9

원문原文 · 해역解譯

心已休息   마음이 이미 쉬어지고
심 이 휴 식

言行亦正 말과 행동 또한 올바르니
언 행 역 정

從正解脫 올바름을 좇아 해탈하면
종 정 해 탈

寂然歸滅 고요하여 멸도로 돌아 가나니라.
적 연 귀 멸

| 주석註釋 |

1 休息 : 하던 일을 멈추고 잠깐 동안 쉼.

2 言行 : 말과 행동.

3 解脫 : 【범】 vimoka;vimuki;mukti, 【팔】 vimokkha;vimutta;vimutti,
비목차毘木叉 · 비목저毘木底 · 목저木底라 음역. ① 번뇌의 속박을 벗
어나 자유로운 경계에 이르는 것. ② 열반의 다른 이름. 열반은 불교
가 추구하는 궁극적인 이상의 경지이며, 여러 가지 속박에서 벗어난
상태이므로 해탈이라 함. ③ 선정의 다른 이름. 속박을 벗고 자유자재
로와지는 것이 선정의 덕이므로 해탈이라 함.

4 寂然 : 아무 기척이 없이 조용하고 기괴奇怪함. 고요하고 쓸쓸함.

5 滅 : ① 유위법有爲法이 없어지는 것. 여기에 잠시멸暫時滅 · 구경멸究
竟滅의 2종이 있다. ② 멸상滅相. ③ 멸제滅諦. ④ 열반涅槃.

| 해의解義 |

　일원육창一猿六窓이라고도 하고, 육창일원六窓一猿이라고도 한다.
이것은 여섯 창문이 있는 방에 한 마리의 원숭이를 넣어 둔 이야기
로 원숭이는 이 방의 여섯 창문으로 얼굴을 내민다는 뜻이니, 육창
은 곧 우리의 육근六根〔눈(眼), 귀(耳), 코(鼻), 입(舌), 몸(身), 마음(意)〕이다.
이런 마음 하나가 쉬어지면 언행言行이 바르고 그 바름을 따라 해탈

解脫을 얻게 되며, 해탈을 얻으면 지극히 고요하여 일체가 돈망頓忘된 진멸盡滅에 들게 되는 열반涅槃의 진경眞境을 체득하게 된다.

원문原文 · 해역解譯

棄欲無着 기 욕 무 착	욕심을 버려서 집착이 없고
缺三界障 결 삼 계 장	삼계의 장애가 이지러졌으며
望意已絶 망 의 이 절	바라는 마음이 이미 끊어졌다면
是謂上人 시 위 상 인	이를 상등의 사람이라 이르나니라.

주석註釋

1 無着 : 집착執着이 없음.

2 缺 : 이지러질 결. ① 이지러지다. ② 없다, 없어지다.

3 三界 : 【범】Trayo-dhātavaḥ, 【팔】Tayodhātavo, 생사 유전流轉이 쉴 새 없는 미계迷界를 셋으로 분류한 것. 욕계 · 색계 · 무색계. ① 욕계 欲界 ; 욕은 탐욕이니, 특히 식욕 · 음욕 · 수면욕睡眠欲이 치성한 세계. ② 색계色界 ; 욕계와 같은 탐욕은 없으나, 미묘微妙한 형체가 있는 세계. ③ 무색계無色界 ; 색계와 같은 미묘한 몸도 없고, 순 정신적 존재의 세계. 이 3계를 6도道 · 25유有 · 9지地로 나누기도 함.

4 上人 : ① 지덕智德이 갖추어져 있는 불제자佛弟子. ② 승려僧侶를 높이
어 일컫는 말.

| 해의解義 |

욕심은 계한界限이 없다. 가진 자는 더 가지려고 불을 켜고 달려
드는 것이 욕심이다. 그러나 욕심이 없으면 집착執着은 자연 끊어진
다. 이에 따라 삼계三界의 장애障礙가 제거되고 미망迷妄이 걷히게 되
면 지혜가 솟아나게 된다. 마치 구름이 덮인 하늘에 달이 없는 것 같
지만 구름만 걷히면 밝은 달이 드러나는 것과 같다. 부처님의 제자
들은 가르침인 법도法道를 생명으로 알기 때문에 공부를 부지런히
하여 혜복慧福을 갖추면 바로 훌륭한 승려요, 상등의 사람이 된다.

원문原文 · 해역解譯

在聚若野　모아놓음이 들과 같고
재 취 약 야

平地高岸　평지의 높은 언덕에 있지만
평 지 고 안

應眞所過　응진이 지나가버림에
응 진 소 과

莫不蒙祐　복을 입지 아니함이 없나니라.
막 불 몽 우

1 聚 : 모을 취. 모으다, 모이다.

2 應眞 : 소승불교小乘佛敎의 수행자修行者 가운데 최고의 경지. 온갖 번
뇌煩惱를 끊고, 사제四諦의 이치를 밝히어 얻어서 세상 사람들의 존경
을 받을 만한 공덕功德을 갖춘 성자聖者. 열 가지 부처의 칭호 가운데
하나. 생사生死를 이미 초월하여 배울 만한 법도가 없게 된 자리의 부
처.

3 蒙 : 어두울 몽. ① (사리에) 어둡다. ② 입다. 무릅쓰다.

4 祐 : 복 우. 복福. 행복.

| 해의解義 |

사람 가운데서 왕후장상王侯將相이 귀하다고 할지 모르지만 사실
은 진리를 깨달은 불보살佛菩薩들이 귀중최귀貴中最貴의 성자들이
다. 이런 불보살은 어느 곳, 어느 때, 어디에 있는 중생이든지 구제
하려고 온갖 방편方便을 다하기에 진력盡力을 한다. 그래서 불보살
이 머물고 지나가는 곳에 무량한 생령들이 제도의 은혜를 입게 되고
영생의 복락福樂을 받게 된다. 그러므로 우리는 불보살을 가까이 하
고 그 법에 젖어야 득도得度를 쉽게 할 수 있고 득도가 되어야 안심
을 할 수 있다.

彼樂空閑
피 락 공 한
그는 텅 비고 한가함을 즐기지만

衆人不能
중 인 불 능
뭇 사람은 능하지 못 하네.

快哉無望
쾌 재 무 망
통쾌하도다! 바램이 없고

無所欲求
무 소 욕 구
구하고자 하는 바도 없을지니라.

| 주석註釋 |

1 空閑 : 하는 일이 없어 한가함.

2 不能 : ① 능력能力이 없음. ② 할 수 없음.

3 快哉 : 마음먹은 대로 잘되어 만족스럽게 여김. '통쾌痛快하다' 고 하
는 말.

4 欲求 : 본능적本能的 · 충동적衝動的으로 뭔가를 구하거나 얻고 싶어
하는 생리적生理的 · 심리적心理的 상태.

| 해의解義 |

참으로 진실한 깨달음을 얻은 사람은 마음이 비워지고 한가로워
서 심락心樂을 누릴 줄을 알기 때문에 현상의 즐거움은 그다지 중요
하게 생각하지 않는다. 즉 바라는 바가 없고, 구하는 바가 없으며,
소유하려는 바가 없기 때문에 할 것도 없고 이뤄야 할 것도 없다. 이

것이 진정으로 통쾌痛快하고 상쾌爽快한 일이다. 그러나 진리를 깨
닫거나 알지 못하는 보통 사람들에 있어서는 절대 불가능한 일이니
우리도 열심히 공부하여 진리를 깨치는데 매진邁進을 해야 성취成就
를 얻게 된다.

제 *16*
술천품術千品

1

述千品者   술천품이란
술 천 품 자

示學者經   배우는 자가 경을 볼지라도
시 학 자 경

多而不要   많은 요점을 잡지 못함에
다 이 불 요

不如約明   집약해서 밝혀줌만 같지 못 하나니라.
불 여 약 명

| 주석註釋 |

1 學者 : ① 학문學問에 능통한 사람이나 연구하는 사람. ② 경학經學, 예
   학禮學에 능란한 사람.

2 經 : 【범】sutra의 번역으로, 수다라修多羅라 음역하고 정경正經이라고
   도 번역함. 곧 석존釋尊께서 설법하신 가르침을 말하며, 율律 · 론論과

함께 삼장三藏의 하나로 경장經藏이라고 말한다.

3 不要 : 요약하지 못하는 것. 요점을 잡지 못하는 것.

4 約明 : 조금 집약해도 밝게 아는 것.

| 해의解義 |

"서자서아자아書自書我自我"라 한다. 즉 '글은 글대로 나는 나대로' 라는 뜻으로, 글을 읽되 정신을 딴 데에 쓰기 때문에 귀에 들어오지도 않고 마음에 새겨지지도 않는다는 말이다. 이 술천품에서는 아무리 불경佛經을 많이 읽었다 할지라도 요약要約이나 요점要點을 간추리지 못하면 한낱 읽었을 뿐이고 실제의 소득이 없다. 그러기 때문에 비록 조금 읽었을지라도 그 뜻을 집약集約해서 밝게 드러낸다면 천만 경전을 다 보고 읽을 필요가 없다는 것을 여실如實하게 알아야 한다고 하였다.

원문原文 · 해역解譯

雖誦千言
수 송 천 언
비록 천 마디 말을 외울지라도

句義不正
구 의 부 정
구절의 뜻이 올바르지 아니하면

不如一要
불 여 일 요
한 가지 요점을

聞可滅意   들어서라도 뜻을 소멸시킴만 못 하나니라.
문 가 멸 의

| 주석註釋 |

　1 千言 : 많은 말.
　2 句義 : 글귀의 뜻.
　3 不正 : ① 옳지 않음. ② 바르지 않음. ③ 정당하지 아니함.

| 해의解義 |

　송宋나라 황정견黃庭堅은 "천언만당萬言萬當, 불여일묵不如一默."
이라 하였다. 즉 '많은 말들이 다 합당할지라도 한 번의 침묵만 같
지 못하다.' 는 뜻이다. 하나의 일, 하나의 이치에는 거기에 맞는 것
은 오직 하나요 둘이 될 수 없다. 그러므로 그 말에 맞는 것은 한 마
디면 되는 것이지 많은 말이 필요가 없다. 그래서 한 글귀를 바르게
알지 못하면 다른 요점要點도 파악하거나 깨닫기가 어렵게 되는 것
이니, 한 이치라도 명확하게 듣고 보고 알아서 뜻을 밝게 한다면 다
른 것은 그 가운데 있다.

원문原文 · 해역解譯

雖誦千言   비록 천 마디 말을 외울지라도
수 송 천 언

不義何益	도리가 아니면 어찌 유익하리오.
불 의 하 익	

不如一義	한 가지 도리라도
불 여 일 의	

聞行可度	듣고 행하여 가히 건넘만 같지 못 하나니라.
문 행 가 도	

| 주석註釋 |

1 義 : 도리道理란 뜻. 정의·사의라 함과 같이 도리 상의 정正과 사邪를
말함.

2 度 : ① 갖추어 제도濟度라 함. 생사의 고해苦海에서 괴로워하는 이를
구제하여 열반의 피안彼岸에 이르게 하는 것. 생사·윤회를 물 흐르
는데 비유, 그 흐름을 벗어나서 이상의 피안에 건너간다는 뜻. 도度는
도渡의 뜻. 변하여 교화하는 것도 도度라 함. ②【범】pāramitā, 바라
밀다波羅蜜多라 음역, 도피안到彼岸이라 번역. 이상의 경지인 피안에
도달하는 보살 수행의 총칭.

| 해의解義 |

성어成語에 "우이독경牛耳讀經"이라 한다. 즉 '쇠귀에 경 읽기'란
뜻으로, 우둔愚鈍한 사람은 아무리 가르치고 일러주어도 알아듣지
못함을 비유하여 이르는 말이다. 더 나아가 설사 알아듣기는 한다
할지라도 깨닫지 못하면 역시 쓸모가 없다. 정당한 도리道理가 아니
라면 이익 됨이 없다. 또한 정당한 도리라고 할지라도 이를 잘 들어
서 자신을 제도하고 중생을 제도하는 것만 같지 못하다. 그러므로
우리가 공부를 하는데 있어서 아는 것도 중요하지만 깨닫는 것은 더

욱 중요하다.

雖多誦經　비록 불경을 많이 외울지라도
수 다 송 경

不解何益　그 뜻을 알지 못하면 어찌 유익하리오.
불 해 하 익

解一法句　단 한 법구라도 알면
해 일 법 구

行可得道　그것을 행하면 가히 도를 얻나니라.
행 가 득 도

| 주석註釋 |

1 誦經 : ① 점치는 소경이 경문經文을 읽음. ② 불경佛經을 욈.
2 一法句 : 진여법성眞如法性의 이체理體. 불체佛體의 경우로 말하자면, 법성법신法性法身. 천친보살이 지은 《정토론淨土論》에 극락세계의 장엄을 나누어 29구句 3종 장엄으로 하다. 이러한 큰 장엄도 줄여 말하면 일법구에 거둘 수 있다는 것.
3 得道 : 대도大道를 깨달은 것, 곧 개오開悟를 말함.

팔만사천의 무량한 경전을 거꾸로 다 에워 꿰뚫는다 할지라도 경의經義를 알고 깨닫지 못하면 아무 소용이 없다. 자칫 경다반미經多反迷라는 말처럼 되기 쉽다. 경전을 많이 읽었지만 그 뜻을 파악하지 못하면 도리어 미혹迷惑해진다는 뜻이다. 그러므로 한 법구라도 알고 깨닫는 것이 중요하다. 알고 깨달으면 도를 얻을 수 있지만 알지 못하고, 깨닫지 못하면 돼지가 진주珍珠를 가진 것과 같아서 별반 쓸모가 없는 것이니 수행하는 사람은 알고 깨닫기에 힘을 써야 한다.

千千爲敵　수천을 적으로 삼아
천 천 위 적

一夫勝之　한 지아비가 이길지라도
일 부 승 지

未若自勝　자신을 이기지 못한다면
미 약 자 승

爲戰中上　싸움 중에 상등이 됨만 같지 못 하나니라.
위 전 중 상

| 주석註釋 |

1 千千 : 무수하다. 수가 매우 많다. 수천의.

2 自勝: ① 자기가 남보다 나은 줄로만 여김. ② 자기의 욕망을 억누름.

| 해의解義 |

이백李白의 시구에 "일부당관一夫當, 만부막개萬夫莫開."라는 말이 있다. 즉 '한 사람이 관문關門을 지키면 만 사람이 와도 뚫지 못한다.'는 의미이다. 이는 수비하기는 쉬워도 공격攻擊하기는 어려운 험한 지세地勢를 비유하는 말로, 한 사람이 수많은 적을 이길 수도 있다. 또한《여씨춘추呂氏春秋》에 "욕승인자欲勝人者, 필선자승必先自勝."이라 하였다. 곧 '남을 이기고자 하는 사람은 반드시 먼저 자신을 이겨야 한다.'는 의미이다. 자신에게 지면 풀벌레 한 마리도 이길 수 있는 힘이 없게 된다.

6

원문原文 · 해역解譯

自勝最賢 자신을 이기는 게 가장 현명하나니
자 승 최 현

故曰人雄 그러므로 사람 중에 영웅이라 말하네.
고 왈 인 웅

護意調身 뜻(마음)을 지키고 몸을 조절하여
호 의 조 신

自損至終 자신을 덜어서 끝까지 이를지니라.
자 손 지 종

1 雄 : 수컷 웅. ① 수컷. ② 두목. ③ 씩씩하다. 용감하다.
2 損 : 덜 손. ① 덜다. 줄이다. ② 줄다. 감소하다.

| 해의解義 |

노자老子의 《도덕경道德經》에 "승인자유력勝人者有力, 자승자강自勝者强." 이라 하였다. 즉 '남을 이기는 사람은 힘이 있지만, 자신을 이기는 사람은 강하다.' 는 뜻이다. 남을 이기는 것은 단지 힘이고, 자신을 이기는 것이 진정한 강이다. 다시 말하면, 자신의 탐욕과 번뇌, 그리고 온갖 유혹誘惑을 극복하는 사람이 어진이요, 영웅이며, 강자强者이다. 이런 사람은 항상 마음을 잘 수호하고 몸을 잘 조절하여 불같이 일어나는 욕심을 제어制御해서 사악邪惡으로 흐르지 않고 정선正善으로 끝까지 나아간다.

원문原文 · 해역解譯

雖曰尊天　　비록 높은 하늘과
수 왈 존 천

神魔梵釋　　귀신과 악마와 범천과 제석을
신 마 범 석

皆莫能勝　다 능히 이길지라도
개 막 능 승

自勝之人　자신을 이긴 사람은 이기지 못 하나니라.
자 승 지 인

| 주석註釋 |

1 神 : 귀신 신. 귀신鬼神.

2 魔 : 마귀 마. ① 마귀魔鬼. ② 악마惡魔.

3 梵 : 불경 범. ① 불경佛經. ② 범천梵天의 왕.

4 釋 : 풀 석. 제석천의 약칭. 제석천의 제석은 도리천忉利天의 임금이므
　　로 제석천이라 함.

| 해의解義 |

　세상에서 흔히 말하는 높다는 것보다도 훨씬 높은 것은 하늘이나
마왕魔王 파순波旬이나 범천왕梵天王이나 제석천帝釋天의 임금들이
다. 이들은 대단히 무서운 존재들이다. 그러나 열심히 수도를 하여
도를 깨달아 모든 탐욕貪慾을 제거하고 번뇌煩惱를 소멸하여 심력心
力을 얻은 사람 앞에서는 무력無力할 수밖에 없다. 그러므로 자승자
강自勝者强이라 하였으니, 자신을 이기는 사람은 강자 중에서도 최
고의 강자라 누구도 이길 수 없다는 것을 알아서 강력强力을 얻어야
한다.

8

月千反祠 월 천 반 사	한 달에 천 번 반복 제사 지내서
終身不輟 종 신 불 철	종신토록 그치지 아니할지라도
不如須臾 불 여 수 유	잠시 동안
一心念法 일 심 염 법	한마음으로 법을 생각함만 같지 못하리니
一念道福 일 념 도 복	한마음으로 생각하는 도의 복은
勝彼終身 승 피 종 신	그가 종신토록 한 것보다 뛰어나니라.

| 주석註釋 |

1 反祠 : 반은 반복의 뜻이니, 즉 되풀이 하여 제사지내는 것.

2 祠 : 사당 사. ① 사당祠堂. ② 제사 지내다.

3 終身 : 죽을 때까지.

4 輟 : 그칠 철. ① 그치다. ② 버리다.

5 念法 : 【범】dharma-anu-smṛti, 10념念의 하나. 수행하는 법칙인 부처님의 교법을 전심으로 생각함.

6 一心 : ① 만유의 실체인 진여眞如.《기신론》에서는 일심을 세워 만유의 본체인 진여의 모양과 만유가 전개하는 상태를 설명하고, 『화엄경』에서는 3계界가 별법別法이 아니고, 오직 일심으로 된 것이라 함. ② 우리들 평상시의 마음. 천태종天台宗에서 일심삼관一心三觀의 교리

를 말한 것은 우리들 평상시의 심념心念에 대하여 3제諦의 도리를 관하는 것.

사람이 한 달에 천만 번씩 하늘에 제사를 지내기 시작하여 이 몸이 세상을 떠날 때까지 그치지 않는다면 소홀하다기보다는 정성精誠이 들어간 것이라고 보아야 한다. 그러나 이렇게 하는 것이 한마음에 부처님의 바른 법을 생각하고, 한 생각 도를 실행하여 받는 복에 비유한다면 족탈불급足脫不及일 수밖에 없다고 하였다. 다시 말하면, 제사를 그치지 않는 것은 소득所得을 바람이 있지만, 반면에 일심으로 법을 생각하는 것은 곧 깨달음을 이룰 수 있기 때문이라 할 수 있다.

9

雖終百歲 비록 백 살을 마치기까지
수 종 백 세

奉事火祠 불을 제사하여 받들어 섬겨도
봉 사 화 사

不如須臾 잠시 동안
불 여 수 유

供養三尊
공 양 삼 존
삼존을 공양함만 같지 못하리니

一供養福
일 공 양 복
한 번 공양한 복은

勝彼百年
승 피 백 년
저 백 년보다 뛰어나니라.

| 주석註釋 |

1 奉事 : 웃어른을 받들어 섬기는 것.
2 火神 : 불을 맡은 신神. 부엌을 맡았다는 신. 부엌에 늘 있어서 모든 길 흉吉凶을 판단한다고 함.
3 供養 : ① 어른에게 음식을 드림. ② 부처에게 와구, 탕약湯藥, 의복을 바치는 사사 공양과 공경恭敬, 찬탄讚歎, 예배禮拜 등을 바치는 정신精神 공양.
4 三尊 : 본존과 양편에 모시고 있는 분을 함께 일컫는 말. ① 미타 3존 ; 아미타불과 관세음보살 · 대세지보살. ② 약사 3존 ; 약사여래와 일광보살 · 월광보살. ③ 석가 3존 ; 석가여래와 문수보살 · 보현보살.

| 해의解義 |

　중동의 종교에 배화교拜火教가 있다. 배화교는 불을 숭배하는 신앙信仰으로 조로아스터가 창시하여 페르시아에서 일어난 고대 종교의 이름이다. 중국에서는 수隋 · 당唐 시대에 유행하였으나 7세기부터 회교가 일어남에 갑자기 쇠퇴衰退하였다. 이렇게 불을 섬기는 것에 비하여 잠시 동안 삼존三尊을 한 번만이라도 공양하는 것보다 못하다고 하였다. 즉 한 번의 공양으로 얻어지는 복이 백 년의 불을 섬

기는 것보다 훨씬 수승殊勝한 것이라고 할 수 있다.

10

祭神以求福 <small>제 신 이 구 복</small>	신에게 제사 지내서 복을 구하고
從後觀其報 <small>종 후 관 기 보</small>	따라서 뒤에 그 갚음이 나타났으면 하지만
四分未望一 <small>사 분 미 망 일</small>	4분의 1도 바라지 못하리니
不如禮賢者 <small>불 여 예 현 자</small>	어진 사람에게 예배함만 같지 못 하나리라.

| 주석註釋 |

1 祭神 : 제사로서 모시는 신神.
2 求福 : 복을 구하는 것.
3 觀 : 볼 관. ① 보다. ② 나타내다. ③ 보이게 하다, 보게 하다.
4 四分 : 복을 4분으로 보는 것.
5 賢者 : 어질고 총명하여 성인聖人의 다음 가는 사람.

| 해의解義 |

사실 신神이나 기물奇物이나 유처幽處에 제사를 지내고 기도祈禱

를 하는 것은 양화구복禳禍求福이 짙은 것이라고 할 수 있다. 즉 개인이나 집안에 재앙은 물러가고 복만 있어지기를 구하는 행위이다. 그러나 여기에 대한 보답이 없는 것은 아니로되 몇십 분의 1도 바랄 수가 없다. 그러므로 부처님의 법을 받들어 신앙信仰과 수행修行을 쌓은 어진 불보살들에게 예법禮法에 맞게 재齋도 올리고 기도도 드리는 것이 훨씬 복을 많이 받게 되는 것임을 알아야 한다.

원문原文 · 해역解譯

能善行禮節
능 선 행 예 절

능히 예절을 잘 행하여

常敬長老者
상 경 장 로 자

항상 장로를 공경하는 사람은

四福自然增
사 복 자 연 증

네 가지 복이 자연히 늘어나리니

色力壽而安
색 력 수 이 안

빛과 힘과 목숨과 편안함이니라.

| 주석註釋 |

1 禮節 : ① 예의禮儀에 관한 모든 질서나 절차. ② 예의와 절도節度. ③ 예의범절禮儀凡節.

2 長老 : 【범】 āyuṣmat, 아유솔만阿瑜率滿이라 음역. 존자尊者 · 구수具壽

라고도 번역. 지혜와 덕이 높고 법랍이 많은 비구를 통칭. 젊은 비구가 늙은 비구를 높여 부르는 이름. 기년耆年 장로 · 법法 장로 · 작作 장로의 3종이 있음.

3 四福 : 네 가지 복이니, 색色과 역力과 수壽와 안安을 말하는 것으로, 색은 얼굴빛, 역은 건강, 수는 오래 사는 것, 안은 편안한 것임.

| 해의解義 |

예의범절禮儀凡節을 잘 알고 잘 실행해야 사람들에게 칭찬을 듣게 된다. 특히 도가에서는 학덕學德을 갖춘 장로長老를 공경해야 교풍敎風이 식지 않고 이어지며 네 가지 복이 충만해진다. 이에 네 가지란, 얼굴의 환한 빛과 육신의 건강과 오래 사는 목숨과 처지에 편안함을 말하는 것이니, 이 가운데서 하나만 부족해도 온전한 삶을 꾸려가기가 어렵다. 그러므로 우리가 도덕이 높은 불보살들을 공경하고 공양을 드리는 것이 하나라도 헛된 것이 아니라 때가 이르면 복덕福德을 고스란히 받게 된다.

若人壽百歲
약 인 수 백 세
만일 사람이 백 살을 장수할지라도

遠正不持戒
원 정 부 지 계
올바름을 멀리하고 계율을 갖지 않는다면

不如生一日 불 여 생 일 일	하루를 살지라도
守戒正意禪 수 계 정 의 선	계율을 지키고 뜻(마음)을 바르게 하여 선을 하는 것만 같지 못 하나니라.

| 주석註釋 |

1 持戒 : 6바라밀의 하나. 계율을 지켜 범하지 않음. 계상戒相에는 비구
  250계, 비구니 500계가 있음.
2 守戒 : 부처님의 계율을 지키는 것.
3 正意 : 바른 뜻, 또는 올바른 생각.
4 禪 : 범어 선나禪那의 준말. 정정定 · 정려靜慮 · 기악棄惡 · 사유수思惟修
  라 번역. 진정한 이치를 사유思惟하고, 생각을 고요히 하여 산란치 않
  게 하는 것. 마음을 한 곳에 모아 고요한 경지에 드는 일. 조용히 앉아
  선악을 생각지 않고, 시비에 관계하지 않고, 유무有無에 간섭하지 않
  아서 마음을 안락 자재한 경계에 소요逍遙케 하는 것. 곧 좌선坐禪의
  약칭.

| 해의解義 |

  사람은 누구나 오래 살기를 바라고 있다. 즉 어떻게 살 것인가를
심각하게 고민하는 사람도 있지만 단순하게 이 좋은 세상에 오래 살
고 즐겼으면 하는 바람도 있다. 신라의 자장율사慈藏律師는 높은 벼
슬을 주겠다는 임금에게 "오녕일일지계이사吾寧一日持戒而死, 불원
백년파계이생不願百年破戒而生."이라 하였다. 곧 '내 차라리 하루 동
안이라도 계를 지키다 죽을지언정, 계를 파하고 백 년 살기를 원하
지 않는다.'는 뜻이다. 이에 계율을 받아 지키며 선정禪定을 익히고

지혜를 밝혀가는 것이 값진 삶이다.

13

若人壽百歲 약 인 수 백 세	만일 사람이 백 살을 장수할지라도
邪僞無有智 사 위 무 유 지	사악하고 거짓되며 지혜가 없으면
不如生一日 불 여 생 일 일	하루를 살더라도
一心學正智 일 심 학 정 지	한마음으로 올바른 지혜를 배움만 같지 못하나니라.

| 주석註釋 |

1 邪僞 : ① 위선적인. ② 거짓의.
2 正智 : ① 바른 지혜. ② 정리正理에 맞는 지혜.

| 해의解義 |

세상을 살아가는데 즐거움보다는 고통苦痛이 많이 따른다. 그래도 우리가 살아가는 것은 오늘보다 더한 고통이 내일은 없고 즐거움이 오리라는 기대를 가지고 사는 것이라 할 수 있다. 바른 지혜智慧를 갖

추고 살아야 한다. 지혜가 없이 사는 것은 속이 텅 비어버린 풍선과 같아서 겉이 찢어지면 쓸모가 없다. 그러므로 오직 바른 지혜라야 세상의 모든 삿된 것, 거짓된 것을 물리칠 수 있는 것이니 수도인의 최후 바람은 지혜를 갖추고 갖는 일이다.

원문原文 · 해역解譯

若人壽百歲	만일 사람이 백 살을 장수할지라도
약 인 수 백 세	
懈怠不精進	게을러서 정진하지 아니하면
해 태 부 정 진	
不如生一日	하루를 살아도
불 여 생 일 일	
勉力行精進	힘써 정진을 행함만 같지 못 하나니라.
면 력 행 정 진	

| 주석註釋 |

1 懈怠 : ① 게으름. ② (법률 · 법학) 어떤 법률 행위를 해야 할 기일을 이유 없이 넘겨 책임을 다하지 않는 일. ③ 칠죄종七罪宗의 하나. 선행善行에 있어서의 게으름. 태만怠慢의 옛 용어.

2 勉力 : 애쓰고 힘씀.

  세상에 사람이 백 년을 넘게 살면서 온갖 누릴 것 다 누리고, 가질 것 다 가졌다고 할지라도 뒤에 남겨지는 것은 과연 무엇이 있을까? 아마 위인소시爲人少施하고 위국소충爲國少忠이라면, 당대는 기억을 할지 몰라도 시간이 지나면 잊게 마련이다. 그러므로 부처님의 제자가 되어 법을 받고 진리를 깨닫기에 정진精進을 한다는 것은 그 이름이 허공법계에 심어져서 영겁을 함께 하리니, 어찌 저 세상에서 부귀영화를 누리며 사는 것에 비유하리요, 그러므로 정신을 차려서 정진精進을 해야 한다.

若人壽百歲
약 인 수 백 세
만일 사람이 백 살을 장수한다 할지라도

不知成敗事
부 지 성 패 사
성공과 실패의 일을 알지 못한다면

不如生一日
불 여 생 일 일
하루를 살더라도

見微知所忌
견 미 지 소 기
미묘함을 보고 꺼리는 바를 아는 것만 같지 못하나니라.

1 成敗 : 성공成功과 실패失敗.

2 微 : 작을 미. ① 작다. 자질구레하다. ② 정교하다. 미묘하다. 정묘하다. 자세하고 꼼꼼하다.

3 忌 : 꺼릴 기. ① 꺼리다. ② 질투하다. ③ 시기하다.

| 해의解義 |

사람이 세상을 살아가면서 기미幾微를 볼 줄 알아야 한다. 기미란 앞일에 대한 다소 막연한 예상豫想이나 짐작斟酌이 들게 하는 어떤 현상이나 상태를 말한다. 곧 낌새를 알아야 한다는 뜻이다. 사람이 일에 있어서 성공과 실패가 판가름나는 순간은 멀리 있는 것이 아니라, 그 일의 기미를 잘 아느냐, 아니면 모르느냐에 달려 있다고 할 수 있다. 잘 알면 성공이 쉽고 잘 모르면 실패를 한다. 그러므로 세상에 단 하루를 산다 할지라도 미묘微妙한 이치를 보고 거리낌이 없이 살아야 한다.

若人壽百歲
약 인 수 백 세
만일 사람이 백 살을 장수한다 할지라도

不見甘露道
불 견 감 로 도
단 이슬의 도를 보지 못하면

不如生一日 　하루를 살더라도
불 여 생 일 일

服行甘露味 　단 이슬의 맛을 먹고 복종하여 행함만 같지
복 행 감 로 미 　못하나니라.

| 주석註釋 |

1 甘露 : 【범】amṛta, 아밀리다阿密哩多라 음역. 불사不死・천주天酒라
　번역. 소마蘇摩의 즙, 천신들의 음료. 또 하늘에서 내리는 단 이슬이라
　하여 감로라 이름. 예로부터 훌륭한 정사를 행하면 천지가 이 상서를
　내린다고 함. 불경에는 감로란 말이 많은데, 불타의 교법이 중생을 잘
　제도함에 비유한 것임.
2 甘露道 : 부처님의 길을 단 이슬에 비유한 말이다.
3 服行 : 복종하여 행함.

| 해의解義 |

　사람에게 주어진 시간은 거의 같다. 그런데 이 시간을 이용하여
죄업罪業을 만드는 사람이 있는가 하면, 복락福樂을 장만하기에 노
력하는 사람이 있다. 우리는 부처님의 다디단 이슬을 마실 줄을 알
아야 하고 그 길로 나아갈 줄을 알아야 참다운 제자가 된다. 그리하
여 하루를 산다 할지라도 부처님의 법과 도에 복종하여 순행循行한
다면 마음을 보고 진리를 깨닫게 될 것이니, 이것이 바로 내가 영겁
永劫을 가지고 다닐 보물이요 금강金剛임을 알아야 한다.

*금강金剛이란, 대일여래大日如來의 지덕智德이 견고堅固하여 일체의 번뇌
　煩惱를 깨뜨릴 수 있다는 것을 표현한 말이다.

17

若人壽百歲 약 인 수 백 세	만일 사람이 백 살을 장수할지라도
不知大道義 부 지 대 도 의	큰 도의 뜻을 알지 못하면
不如生一日 불 여 생 일 일	하루를 살더라도
學推佛法要 학 추 불 법 요	불법의 요체를 미루어 배움만 같지 못하나니라.

| 주석註釋 |

1 大道 : ① 모든 사람이 마땅히 신앙하고 수행해야 할 크고 넓고 바른 길. ② 큰 깨달음, 불생불멸의 진리와 인과보응의 이치를 깨닫는 것. ③ 도교에서 도道 및 만물의 모母. ④ 유교에서 천하를 다스리는 큰 이 치.

2 佛法 : 부처님이 말씀하신 교법.

3 要=要諦 : ① 중요한 점. ② 중요한 깨달음.

| 해의解義 |

옛날에는 100살을 넘긴 사람이 거의 없었고 지금도 수명이 많이 늘었지만 100살을 살기가 어렵다. 설령 100살을 넘겨서 산다고 할지라도 부처님의 도를 알지 못하면 그야말로 허송세월虛送歲月을 할 가능성이 많이 있다. 세상에 도가 많이 있지만 부처님의 도만큼 광

대廣大하고 호방豪放한 법도法道는 없다. 그러므로 불법의 요체要諦를 배워서 알고 깨우쳤다면 어디에 가고, 어느 세계에 낳게 된다 할지라도 청정한 몸과 마음으로 살아갈 수 있을 것이니, 위대偉大하도다 부처님의 법이여!

제 *17*
악행품惡行品

1

惡行品者 악 행 품 자	악행품이란
感切惡人 감 절 악 인	악한 사람이
動有罪報 동 유 죄 보	움직임에 죄의 응보가 있음을 절실히 느껴서
不行無患 불 행 무 환	행하지 않는다면 근심이 없나니라.

| 주석註釋 |

1 惡行 : 악한 행실.

2 惡人 : 악업을 짓는 사람. 남에게 악한 일을 하는 사람. 극악무도한 사람. 성질이 매우 흉악하고 나쁜 사람.

3 罪報 : ① 죄의 갚음. ② 죄에 대한 응당한 갚음.

악행품의 취지趣旨에 대해서 설명을 하고 있다. 악한 사람은 악이 속에 가득 찼기 때문에 손을 한 번 휘졌고, 발을 한 번 움직일 때마다 죄과罪果가 주렁주렁 달렸다가 다 익어서 떨어지는 곳마다 죄에 대한 응보應報가 틀림없이 있게 된다. 그러므로 누가 되었든 간에 죄를 지으면 그 과보果報를 받는 것은 절대로 면할 수가 없다는 이치를 정확하게 알고 확실하게 깨우쳐야 한다. 그래서 악행을 저지르지 않으면 근심 걱정이 남을 이유가 없어서 편안하고 즐거운 삶을 누릴 수 있다.

| 원문原文 · 해역解譯 |

見善不從
견 선 부 종
착함을 보고도 좇지 않으면

反隨惡心
반 수 악 심
도리어 악한 마음이 따르게 되고

求福不正
구 복 부 정
복을 구함이 올바르지 않으면

反樂邪婬
반 락 사 음
도리어 사악하고 음란을 즐기게 되나니라.

| 주석註釋 |

1 惡心 : 악한 마음.

2 邪婬 : 5계戒의 하나. 재가在家 2중衆으로서 우바새는 자기 처첩妻妾이
아닌 다른 여자와 음사婬事를 하는 것. 우바이도 우바새의 경우와 같
음.

| 해의解義 |

선즉복善卽福이요, 복즉선福卽善이라고 할 수 있다. 복이 바로 선
이요, 선이 바로 복이라는 말이다. 선에는 복이 따르지만, 악에는 복
이 따르지 않는다. 강태공姜太公은 "견선여갈見善如渴, 문악여롱聞惡
如聾." 하라고 말하였다. 즉 '착함을 보거든 목마른 것같이 하고, 악
함을 듣거든 귀먹은 듯이 하라.' 하였으니, 선은 좇을지언정 악은
버려야 한다. 아울러 복을 구하는 것도 바르게 행동하면 와 지고, 악
하게 행동하면 죄고罪苦가 이르게 됨을 철저하게 알아서 행동을 삼
가야 한다.

3

원문原文 · 해역解譯

凡人爲惡   평범한 사람은 악을 행하고도
범 인 위 악

不能自覺   능히 스스로 깨닫지 못하여
불 능 자 각

愚癡快意   어리석은 뜻(마음)을 유쾌하게 여기면
우 치 쾌 의

令後鬱毒　뒤에는 악독이 쌓이게 되나니라.
영 후 울 독

| 주석註釋 |

1 凡人 : 평범한 사람.

2 自覺 : 스스로가 자기를 깨달음. 즉 지위. 상태. 가치를 깨달음. 자기 경험의 반성反省에 따른 자기 인식認識. 삼각三覺의 한 가지. 자기의 인격. 가치를 의식意識함. 어떤 행위. 경험을 자아自我의 활동 또는 상태라고 판단하는 자아의식의 한 가지.

3 快意 : ① 시원스러운 마음. ② 유쾌愉快한 뜻.

4 鬱 : 답답할 울. ① 답답하다. ② 우울하다. ③ 울적하다.

5 鬱毒 : 악독惡毒을 쌓음.

| 해의解義 |

세상을 살아가는 그저 평범한 사람들은 자신이 자의自意든 타의他意든 간에 악을 행하고는 그것을 알지도 못하고 깨닫지도 못한다. 즉 죄의식罪意識이 망각忘却된 체 행동하는 것이 대부분이라고 하여도 과언過言이 아니다. 여기에다가 어리석게 되면 쾌의당전快意當前이라는 말처럼 현재를 즐기거나 현재의 만족을 꾀할 뿐 뒤에 악독惡毒이 쌓여짐을 알지 못한다. 결국 악독은 전로前路를 막고 사태事態를 흐려지게 하여 성공을 이루지 못하고 죄업罪業만 쌓이게 만든다.

凶人行虐 흉 인 행 학	흉한 사람이 모진 짓을 행하면
沈漸數數 침 점 삭 삭	자주 여러 번 빠지게 된다네.
快欲爲人 쾌 욕 위 인	유쾌한 욕심을 이루는 사람에겐
罪報自然 죄 보 자 연	죄의 갚음이란 자연스러운 것이니라.

| 주석註釋 |

1 凶人 : 흉악凶惡한 사람.
2 虐 : 모질 학. ①모질다. ②사납다. 험악하다. ③혹독하다. ④해치
다. 학대하다.
3 沈漸 : 마음이 거기에 빠져서 벗어나지 못하는 것.
4 數數 : 자주자주. 자주 여러 번.
5 罪報 : 죄업罪業에 따른 응보應報.

| 해의解義 |

흉악凶惡한 사람은 모진 짓을 조장하여 사람을 구렁으로 점점 빠
져들도록 해서 나오지 못하게 만든다. "조걸위학助桀爲虐"이라는 말
이 있다. 이는 중국 하夏나라의 폭군인 걸桀을 부추겨 포악暴惡을 일
삼게 한다는 뜻으로, 악惡한 사람을 도와서 악한 짓을 더할 수 있도

록 부추긴다는 뜻이다. 또한 욕심 부리기를 오히려 즐겁게 여겨서 자주자주 행하는 사람은 천리天理가 가만히 두지 않고 그 죄업罪業에 상응한 갚음을 내리는 것은 자연이요 억지가 아니다.

吉人行德
길 인 행 덕
길한 사람이 덕을 행하면

相隨積增
상 수 적 증
서로 따라서 쌓음을 더한다네.

甘心爲之
감 심 위 지
달가운 마음으로 이를 함에

福應自然
복 응 자 연
복이 보응됨은 자연스러운 것이니라.

| 주석註釋 |

1 吉人 : 성정性情이 바르고 복스럽게 생긴 팔자가 좋은 사람. 좋은 사람.
2 行德 : 불법佛法을 닦은 공덕功德.
3 甘心 : 괴로움이나 책망責望을 달게 여김, 또는 그런 마음.

| 해의解義 |

성정性情이 바르고 팔자가 좋은 길상吉相의 사람이 불법佛法을 오

래 닦아 공덕功德을 이룬다면 주위의 사람들도 자연히 본받고 따르게 되어 자연 공덕이 쌓이고 증장增長하게 된다. 이것은 형상에 그림자가 따르듯이 형상의 크고 작음에 따라 공덕의 증감됨이 다르기 때문이다. 또한 속 깊은 마음에서 자발적으로 우러나 이런 일 행하기를 즐겨한다면 한량없는 복록福祿이 응하게 되는 것은 지극히 자연스러운 일이요 억지를 부리는 것이 아니다.

妖孼見福 요 얼 견 복	악한 사람이 복을 만나는 것은
其惡未熟 기 악 미 숙	그 악이 아직은 익지 않음이니
至其惡熟 지 기 악 숙	그 악이 익음에 이른다면
自受罪虐 자 수 죄 학	저절로 죄의 재앙을 받게 되나니라.

| 주석註釋 |

1 妖孼 : ① 괴이하고 불길한 사물(징조). 재앙. ② 나쁜 짓을 하는 놈. 요사스러운 마귀. 요괴. ③ 요악한 사람.
2 見 : 볼 견. ① 보다. ② 당하다. ③ 보이다.

3 未熟 : ① 열매가 채 익지 못함. ② 음식 따위가 덜 익음. ③ 일에 서툶.
4 罪虐 : 죄의 재앙.

| 해의解義 |

　세상에 사는 사람들을 보면 악한 사람도 있고 선한 사람도 있다.
그런데 선한 사람이 복을 받아 잘 살아야 하지만 경우에 따라서는
악한 사람이 오히려 복을 받으며 잘 살아간다. 왜 그럴까? 이는 아직
그 악惡이 무르익지 않았기 때문이다. 다시 말하면, 악과惡果를 받을
시기時期가 아직 도래到來하지 않았음으로 받지 않고 있을 뿐이다.
반면에 그 악과가 무르익어 받을 시기가 이르면 저절로 죄고罪苦에
시달려서 삶이 괴롭고 비천卑賤하게 되는 것은 명약관화明若觀火한
일이다.

원문原文 · 해역解譯

貞祥見禍　마음이 곧고 선한 사람이 재앙을 당하는 것은
정 상 견 화

其善未熟　그 선의 열매가 아직은 익지 않았음이니
기 선 미 숙

至其善熟　그 선의 열매가 익음에 이른다면
지 기 선 숙

必受其福　반드시 그 복을 받게 되나니라.
필 수 기 복

1 貞祥 : 마음이 곧고 선함.

| 해의解義 |

　세상에는 악한 사람도 있고 선한 사람도 있다. 그런데 악한 사람이 죄를 받아 잘못 살아야 하는데, 경우에 따라서는 선한 사람이 오히려 고통苦痛을 받으며 잘못 살아간다. 왜 그럴까? 이는 아직 그 선善이 무르익지 않았기 때문이다. 다시 말하면, 선과善果를 받을 시기時期가 아직은 도래하지 않았음으로 받지 않는 것뿐이다. 반면에 그 선이 무루 익음에 이르면 저절로 선업善業에 대한 복과福果를 받게 되어서 삶이 윤택潤澤하고 고준高峻하게 된다.

8

원문原文 · 해역解譯

擊人得擊　사람을 공격하면 공격을 얻고
격 인 득 격

行怨得怨　원망을 행하면 원망을 얻으며
행 원 득 원

罵人得罵　사람을 꾸짖으면 꾸짖음을 얻고
매 인 득 매

施怒得怒　성냄을 베풀면 성냄을 얻나니라.
시 노 득 노

| 주석註釋 |

1 擊 : 칠 격. ① 치다. ② 공격하다.

2 怨 : 원망할 원. ① 원망하다. ② 고깝게 여기다.

3 罵 : 꾸짖을 매. ① 꾸짖다. ② 욕하다. 욕, 욕설.

4 怒 : 성낼 노(로). ① 성내다. 화내다. ② 꾸짖다. 나무라다.

| 해의解義 |

　공명共鳴이라는 말이 있다. 이 말은 맞울림이라는 뜻으로, 남의 생각이나 말에 동감同感하여 자기도 그와 같이 따르려는 생각을 일으키는 것을 뜻한다. 우리가 남을 공격하면 그 사람도 공격을 한다. 또한 남을 원망하면 그 사람도 원망을 한다. 반면에 남에게 보시하면 그 사람도 보시를 한다. 또한 남에게 선행善行을 하면 그 사람도 선행을 한다. 이에 혹자는 이런 현상은 우연히 그렇게 되는 것이라고 할지 모르지만 그렇지 않다. 이는 인사人事가 아니라 우주의 조화造化이다.

世人無聞　세상 사람들은 들음이 없어서
세 인 무 문

不知正法　올바른 법을 알지 못하네.
부 지 정 법

生此壽少　세상에 태어나서 목숨도 짧은데
생 차 수 소

何宜爲惡　어찌 마땅히 악을 행하랴!
하 의 위 악

| 주석註釋 |

1 世人 : 세상 사람.
2 正法 : ① 바른 진리. 부처님의 가르침. ② 일체중생을 제도하여 불보
살의 길로 이끌어 주는 교법이라는 말.

| 해의解義 |

　세상에서 멋대로 살아가는 사람들은 부처님 가르침의 법문을 듣
지도 못하고 바른 법의 깨우침을 알지도 못하여 올바르게 살지도 못
할 뿐만 아니라 미망迷妄에 빠져들어서 허우적거린다. 더구나 어찌
다 사람의 몸을 얻어 세상에 태어났을지라도 세상에 머무는 시간은
극히 짧다. 이렇게 짧은데 남을 괴롭히고 모략謀略하여 사복私腹을
채우는 악행惡行을 스스럼없이 저지르고 있으니, 어찌 잘하는 일이
라 하겠는가. 이러면 뒷날에 나도 그만큼 받게 되는 것이 호리毫釐

도 틀림이 없다.

莫輕小惡   작은 악을 가볍게 여겨서
막 경 소 악

以爲無殃   써 재앙이 없다고 하지 말라.
이 위 무 앙

水渧雖微   물방울이 비록 작을지라도
수 제 수 미

漸盈大器   점점 큰 그릇을 채우나니
점 영 대 기

凡罪充滿   무릇 죄가 충만한 것은
범 죄 충 만

從小積成   작은 것을 좇아 쌓여 이루어진 것이니라.
종 소 적 성

| 주석註釋 |

1 小惡 : 작은 나쁜 일. 조그마한 악행惡行.

2 渧 : 물방울 제. 물방울.

3 大器 : ① 큰 그릇. ② 넓은 기량器量, 또는 그러한 인재人材. ③ 신령神
靈에게 제사 지낼 때 쓰는 그릇.

4 充滿 : 가득 참.

소열황제昭烈皇帝:劉玄德가 자식인 유선劉禪을 가르친 말에 "물위
선소이불위勿爲善小而不爲, 물위악소이위지勿爲惡小而爲之."고 하였
다. 이는 '선이 작다고 하지 아니치 말고, 악이 작다고 해서 하지 말
라'는 뜻이다. 다시 말하면, 아무리 작은 악이라도 행동화行動化해
서는 안 되고, 아무리 작은 선이라도 하지 않아서는 안 된다는 말이
다. 재앙災殃이나 죄업罪業이 우연히 이르는 것이 아니라 처음에 보
잘 것 없는 악의 씨 하나가 자라나서 그렇게 되는 것이니 선악의 씨
를 잘 골라 심어야 한다.

원문原文 · 해역解譯

莫輕小善
막 경 소 선

작은 선을 가볍게 여겨서

以爲無福
이 위 무 복

복이 없다고 하지 말라.

水滴雖微
수 적 수 미

물방울이 비록 작을지라도

漸盈大器
점 영 대 기

점점 큰 그릇을 채우나니

凡福充滿
범 복 충 만

무릇 복이 충만한 것은

從纖纖積　미세함으로 좇아 쌓인 것이니라.
　종 섬 섬 적

| 주석註釋 |

　1 無福 : 복이 없는 것.
　2 纖 : 가늘 섬. ① 가늘다. ② 잘다. ③ 가냘프다.
　3 纖纖 : ① 가냘프고 여림. ② 연약軟弱하고 가냘픈 모양.

| 해의解義 |

　'선은 작아도 항상 선근을 증장시키고, 악은 작아도 항상 탐욕과
성냄과 어리석음을 증장케 한다.(善小常爲增長善根, 惡小常做增長貪瞋
癡.)'고 할 수 있다. 그러므로 복록福祿이나 부윤富潤이 우연히 이르
는 것이 아니라 보잘 것 없는 선의 씨 하나가 자라나서 그렇게 된다
는 것을 알아서 선악의 씨를 잘 가려 심어야 한다. 저 산중의 아름드
리 나무가 몇 년에 큰 것이 아니라 오랜 세월을 두고 작은 씨 하나가
눈보라 치고 비바람 부는 온갖 시련을 이긴 뒤에 대목大木을 이룬다.

원문原文 · 해역解譯

夫士爲行　대저 선비가 행동을 함에
　부 사 위 행

好之與惡　좋아함과 더불어 싫어함이
호 지 여 오

各自爲身　각각 자신의 몸을 위한다면
각 자 위 신

終不敗亡　마침내 패망을 하지 않나니라.
종 불 패 망

| 주석註釋 |

1 士 : 선비 사. ① 선비(학식은 있으나 벼슬하지 않은 사람을 이르던 말). ② 관리官吏. 벼슬아치. ③ 사내. 남자男子.

2 好之與惡 : 之는 어조사. 好之는 좋아하는 것. 與는 ……와(과)의 뜻. 惡는 싫어하는 것이니, 즉 좋아하는 것과 싫어하는 것을 말한다.

3 敗亡 : ① 싸움에 져서 망亡함. ② 싸움에 져서 죽음. 패상敗喪. 경복傾覆.

| 해의解義 |

선비하면 학식學識이 넉넉하고 덕을 갖추어서 비록 벼슬은 아니했을지라도 능히 사람들의 멘토(Mentor)가 될 만한 사람을 가리킨다. 그리하여 모두가 좋아할 만한 것이 있으면 사람들과 함께 나아가고, 싫어해야 할 것이 있으면 차단을 시켜서 사람들이 빠져들지 않도록 해야 한다. 그래서 자신뿐만 아니라 사람들로 하여금 흥패興敗나 존망存亡에 좌우되지 않도록 해야 한다. 이런 일은 선지자先知者의 몫이니 앞장을 선다면 세상이나 대중의 전로가 환히 열려가게 된다.

13

好取之士   남의 것을 취하기를 좋아하는 선비는
호 취 지 사

自以爲可   스스로 써 옳다고 하지만
자 이 위 가

沒取彼者   그것을 취함에 빠지는 자는
몰 취 피 자

人亦沒之   다른 사람도 또한 그를 빠져들게 하나니라.
인 역 몰 지

| 주석註釋 |

1 好取 : 취하기를 좋아하는 것.

2 沒 : 빠질 몰. ①(물에) 빠지다. 가라앉다. ②잠수하다. 무자맥질하다
   (물속에서 팔다리를 놀리며 떴다 잠겼다 하다).

3 沒取 : 민사소송民事訴訟에서 일정한 물건의 소유권所有權을 박탈剝奪
   하여 국가에 귀속시키는 법원法院의 결정.

| 해의解義 |

　중국의 전통적인 사고방식에 "내 것은 내 것이고, 네 것도 내 것
이다"라는 관념이 있다. 이는 중국이 통일과 분열의 역사를 수도 없
이 반복한데서 생겨났다고 하여도 과언은 아니다. 즉 중국이 요遼,
금金, 원元, 청淸의 이민족들한테 분열을 당했을 당시 한족漢族들은
문화와 민족이 말살되면서도 자기네 땅에 자기네 민족이 왔다 하면

서도 칭찬을 아꼈다고 한다. 사람이 남을 구렁텅이로 몰아넣으면 자기도 언제인가는 들어갈 각오를 해야 한다.

14

惡不卽時　악이 곧 때가 아닌 것은
악 부 즉 시

如搆牛乳　우유를 짜내는 것과 같고
여 구 우 유

罪在陰伺　죄가 그늘에 있어서 엿보는 것은
죄 재 음 사

如灰覆火　재로 불을 덮는 것과 같나니라.
여 회 복 화

│주석註釋│

1 搆 : 짜낼 구. ① 짜내다. ② (생각을) 얽어 짜내다.

2 牛乳 : 소의 젖.

3 伺 : 엿볼 사. ① 엿보다. 노리다. ② 정찰하다. 정탐하다.

4 覆 : 다시 복, 덮을 부. ① 다시. ② 덮다. ③ 엎어지다.

│해의解義│

위산영우潙山靈祐 스님이 소시에 백장회해百丈懷海 선사의 시중을 들고 있을 때 이야기다. 백장이 위산에게 화로를 가리키며 "불씨가 있나 보라."고 하자, 위산은 화로를 한 번 찔러보고는 "불이 없습니다."라 했다. 백장은 화로를 뒤져 조그만 불씨를 꺼내 보이며 "이것은 불이 아닌가?"라고 하자, 위산 스님이 언하言下에 대오大悟했다. 사람이 악惡으로 죄罪를 지어놓으면 마치 재로 덮인 불씨처럼 숨어서 엿보고 있다가 때가 이르면 나타나서 괴롭히나니 선善은 지을지언정 악을 지어서는 안 된다.

戱笑爲惡
희 소 위 악
희롱하는 웃음은 악이 되나니

以作身行
이 작 신 행
몸으로 행하여 짓는다면

號泣受報
호 읍 수 보
부르짖어 울지라도 갚음을 받고

隨行罪至
수 행 죄 지
행함을 따라 죄가 이르나니라.

| 주석註釋 |

1 戱 : 희롱할 희. ① 희롱하다. ② 놀이하다, 놀다.
2 戱笑 : 희롱하는 웃음. 실없는 장난.

3 號泣 : 소리를 내어 부르짖으며 욺, 또는 그 울음.

| 해의解義 |

"증자살체曾子殺彘"라 한다. 즉 '증자가 돼지를 잡았다' 는 뜻이
다. 공자의 제자인 증자의 아내가 시장을 가는데 아이가 울며 따라
나섰다. 아내는 "집에 있으면 돌아와 돼지를 잡아주겠다."고 약속
했다. 아내가 시장에서 돌아오니 증자는 돼지를 잡고 있었다. 아내
가 아이를 달래려 한 말이라 하니, 증자는 "아이와의 약속은 지켜야
한다."고 하였다. 희롱의 악惡이 되는 웃음을 몸으로 행하면서 뒤에
오는 죄는 받지 않겠다 하며 울고불고 할지라도 행동한 만큼의 죄는
반드시 이르게 되어 있다.

16

원문原文 · 해역解譯

作惡不覆   악을 짓고 덮어두지 않기를
작 악 불 복

如兵所截   병기를 다스리는 것 같이 하다가
여 병 소 절

牽往乃知   끌려가서야 이에 알게 될지라도
견 왕 내 지

已墮惡行   이미 악행에 떨어져서
이 타 악 행

後受苦報　뒤에 괴로움의 갚음을 받는 것이
후 수 고 보

如前所習　전에 익혔던 바와 같나니라.
여 전 소 습

| 주석註釋 |

1 作惡 : ① 나쁜 짓을 하다. ② 우울해 하다. ③ 악을 행하다.

2 兵 : 병사 병. ① 병사兵士. 병졸兵卒. 군사軍士. 군인軍人. ② 무기武器.
병기兵器.

3 截 : 끊을 절. ① 끊다. ② 다스리다.

4 牽往 : 끌리어 가는 것.

5 惡行 : 악독한 행위. 악한 행실.

6 苦報 : 자기 행위에 대해서 받는 고통스러운 보복.

7 所習 : ① 평소에 배워서 익힌 바. ② 평소의 습관習慣. 버릇.

| 해의解義 |

"여석압초如石壓草"라 한다. 이는 '돌로 풀을 누름과 같다' 는 뜻
이다. 풀을 제거하는 사람이 베거나 뽑지도 않고 넓은 돌로 눌러놓
고 제초除草를 다했다 한다면 안 된다. 곧 바로 옆으로 삐져나온다.
이와 마찬가지로 악을 아무리 덮어둘지라도 곧 드러난다. 드러나면
악행惡行을 저지르게 되고 저지른 결과는 고통苦痛을 받아야 하나
니, 모두가 전세前世에 지은 것을 금세今世에 받는 것이기 때문에 지
을 때를 당해서 잘 지어놓아야 받을 때에 뉘우침이 없이 기쁘게 받
는다.

如毒摩瘡 여 독 마 창	독으로 부스럼을 문지르는 것이
船入洄澓 선 입 회 복	배가 소용돌이에 들어간 것 같아서
惡行流衍 악 행 유 연	악한 행실이 흘러넘치면
靡不傷剋 미 불 상 극	상해되지 아니함이 없나니라.

| 주석註釋 |

1 瘡 : 부스럼 창. ① 부스럼. ② 종기腫氣(피부가 곪으면서 생기는 큰 부스럼). ③ 헌데. 상처傷處.
2 洄澓 : 물이 돌아 흐르는 소용돌이.
3 澓 : 돌아 흐를 복. ① 돌아 흐르다. ② 스미어 흐르다.
4 衍 : 넓을 연. ① 넓다, 넓히다. 확충하다. ② 넘치다. 흐르다.
5 傷剋 : 상해傷害. 즉 다치게 하여 해를 입힘.

| 해의解義 |

사람이 옹종擁腫이 생기면 몹시 아프다. 그런데 독毒으로 문지르면 얼마나 쓰라릴까? 또한 배가 앞으로 나아가야 하는데, 소용돌이 속에 들어가서 뱅뱅 돌기만 한다면 어떻게 가겠는가? 웅덩이에 물이 가득 찬 뒤에는 흘러넘친다. 이와 같이 악이 차오르면 넘치고 흘

러서 이르는 곳, 당하는 곳마다 다치게 하고 상해傷害를 입히지 아니함이 없으리니 삼가야 한다. 특히 한 번 악행에 빠지면 좀처럼 헤어나기가 어렵다는 것은 깊이 각성하여 악갱惡坑에 들어가지 않도록 정신을 차려 공부해야 한다.

加惡誣罔人
가 악 무 망 인
악을 더하여 사람을 속일지라도

淸白猶不汚
청 백 유 불 오
맑고 깨끗하면 오히려 더럽히지 못하네.

愚殃反自及
우 앙 반 자 급
어리석은 재앙은 도리어 자신에게 미치나니

如塵逆風坌
여 진 역 풍 분
티끌이 바람을 거슬려 모이는 것과 같나니라.

| 주석註釋 |

1 誣罔=欺瞞 : 남을 그럴 듯하게 속여 넘김.

2 逆風 : ① 자기가 가는 방향에서 마주 불어오는 바람. ② 거슬러 부는 바람. 앞바람.

3 坌 : 먼지 분. 먼지. 티끌.

사람이 악을 가하여 남을 속인다고 해서 과연 얼마나 속아 넘어
갈까? 아주 희고 깨끗한 곳을 더럽힌다고 해서 과연 얼마나 더럽힐
수가 있을까? 그러나 죄업罪業이나 재앙災殃은 사람이 속일 수 있는
것이 아니다. 죄를 지은 사람이 어느 곳에 있더라도 기어이 찾아내
어 보복報服을 하나니 어찌 어리석게 함부로 하겠는가. 한 알의 종
자가 수천 개의 열매를 매달듯이 하나의 악惡은 수많은 고통苦痛을
초래招來하게 한다.

원문原文 · 해역解譯

過失犯非惡
과 실 범 비 악　　잘못하여 그름과 악을 범했을지라도

能追悔爲善
능 추 회 위 선　　능히 따라서 뉘우치면 선이 되리니

是明照世間
시 명 조 세 간　　이는 밝게 세상을 비추어서

如日無雲曀
여 일 무 운 에　　해에 구름 덮임이 없는 것과 같나니라.

| 주석註釋 |

1 過失 : ①조심을 하지 않거나 부주의不主意로 저지른 잘못이나 실수失

手. 허물. ② 부주의로 인하여 어떤 결과의 발생을 예견豫見하지 못한 일. 민법民法 상上으로는, 주의主意하면 인식認識할 수 있었음에도 불구하고 부주의로 인해 이를 인식하지 못한 심리心理 상태. 형법刑法 상으로는, 행위자行爲者가 범죄犯罪 유형類型에 해당하는 사실과 그 위법성違法性을 인식하는 경우에만 비난받는 것이 아니라, 인식해야 하고 인식하였으리라는 사실이 있는 경우에도 비난 받음.

2 非惡 : 비는 그릇된 일. 악은 악행.

3 追悔 : 지난 일을 뉘우침. 추후에 뉘우침.

4 雲曀 : 구름이 낌.

5 曀 : 음산할 에. ① 음산陰散하다. ② 덮어 가리다.

6 曀 : 噎(목멜 열). ① 목메다. ② 근심하다. ③ 가리어 막다 라고도 씀.

| 해의解義 |

《좌전左傳》에 "인수무과人誰無過, 과이능개過而能改, 선막대언善莫大焉."이라 하였다. 즉 '사람이 누가 허물이 없을 것인가, 허물을 능히 고치면 선이 이보다 더 큼이 없다.' 는 뜻이다. 사람이 살다 보면 자의든 타의든 허물을 범할 수가 있다. 이렇게 범하는 것은 잘못이지만 이를 뉘우치고 고치면 바로 선이 된다. 그리하여 이 선으로 세간을 밝게 비춘다면 마치 해를 덮은 구름이 걷힌 것과 같이 세상이 단번에 밝아질 수 있다. 그러나 허물을 알고도 고치지 않으면 아무 소용이 없다.

20

원문原文 · 해역解譯

夫士所以行
부 사 소 이 행
대저 선비가 수행을 하는 까닭은

然後身自見
연 후 신 자 견
그러한 뒤에 자신에게서 스스로 보나니

爲善則得善
위 선 즉 득 선
선을 행하면 선을 얻고

爲惡則得惡
위 악 즉 득 악
악을 행하면 악을 얻게 되나니라.

| 주석註釋 |

1 所以 : 까닭. 일이 생기게 된 원인이나 조건.
2 自見 : 스스로 보는 것. 자기를 비춰 보는 것.

| 해의解義 |

사람들이 무언가를 행하려는 까닭은 그 결과를 보고자 함이다. 저 히말라야(Himalayas) 산을 오를 때 사투死鬪를 벌이며 오르는 과정도 중요하지만, 사실은 설봉雪峰에 서고자 함이 있기 때문이다. "목단어자견目短於自見"이라 한다. 즉 '눈은 물건을 잘 보지만 자기의 눈 속은 보지 못한다.' 는 뜻으로, 사람이 자신의 선악善惡을 잘 모르는 것을 비유하여 이르는 말이다. 위선최락爲善最樂이요, 위악최고爲惡最苦이다. 선을 행함이 가장 큰 즐거움이요, 악을 행함이 가장 큰 괴로움이다.

21

| 원문原文 · 해역解譯 |

有識墮胞胎　　지혜가 있으면 포태에 떨어지고
유 식 타 포 태

惡者入地獄　　악한 자는 지옥에 들어가며
악 자 입 지 옥

行善上昇天　　선을 행하면 하늘에 오르고
행 선 상 승 천

無爲得泥洹　　무위가 되어지면 열반을 얻나니라.
무 위 득 니 원

| 주석註釋 |

1 識 : 알다. 지혜. 지식. 사물에 대한 의식意識을 말한다. 예를 들어, 눈이 빛깔을 아는 것을 안식眼識이라 한다.

2 胞胎 : ① 포의胞衣 ; 태胎 ② 자궁. 아기집. ③ 임신함.

3 地獄 : 【범】naraka;niraya, 나락가那落迦 · 니리泥梨라 음역. 불락不樂 · 가염可厭 · 무유無有 · 무행처無幸處라 번역. 지옥은 뜻 번역. 3도途의 하나. 3악도惡道의 하나. 6취趣의 하나. 중생들이 자기가 지은 죄업으로 말미암아 가서 나게 되는 지하의 감옥. 남섬부주의 아래로 2만 유순을 지나서 무간無間지옥이 있다. 이 지옥들은 염라대왕이 다스리면서 그곳에 떨어진 중생들에게 여러 가지 고통을 준다고 한다. 또 이러한 지옥과는 달리 현재 우리가 사는 세계의 산이나 넓은 들에도 지옥이 있다는데, 이것을 고독孤獨지옥이라 한다 함.

4 昇天 : ① 하늘에 오름. ② 가톨릭에서 '죽음'을 이르는 말.

5 無爲 : 【범】asaṃskṛta, 모든 법의 진실체眞實體를 말함. 위爲는 위작

爲作 · 조작造作의 뜻. 곧 인연인 위작 · 조작을 여의고, 생 · 주 · 이 · 멸 4상相의 변천이 없는 진리를 말한다. 열반 · 법성 · 실상 등은 무위의 다른 이름. 구사종俱舍宗에서는 3무위를 세우고, 유식종唯識宗에서는 6무위를 세웠다.

| 해의解義 |

인과因果를 알아야 한다. 원인原因과 결과結果이다. 원인이 없는 결과가 없고, 결과 없는 원인도 없다. 사람이 재물에 대한 욕심의 의식意識을 가지면 동물의 태胎 속에 떨어지기가 쉽다. 또한 악행惡行을 저지르게 되면 지옥에 들어간다. 반면에 선행을 많이 쌓으면 하늘에 오르게 된다. 모든 법의 진실체眞實體는 무위無爲이다. 무위라야 일체 번뇌가 잠자서 열반涅槃의 즐거움을 얻게 된다. 열반을 얻어야 영생을 안심安心하여 걸리고 막힘이 없이 오고 가고 가고 온다.

非空非海中　　허공도 아니고 바닷속도 아니며
비 공 비 해 중

非隱山石間　　산의 바위 사이에 숨음도 아니네.
비 은 산 석 간

莫能於此處　　능히 이런 곳일지라도
막 능 어 차 처

避免宿惡殃　　묵은 악의 재앙을 면하지 못 하나니라.
피 면 숙 악 앙

| 주석註釋 |

1 避免 : 피하여 면함.
2 宿惡 : ① 이전에 잘못한 죄악罪惡. ② 전세에서 범한 악행.

| 해의解義 |

　선악지간善惡之間에 대인접물待人接物하야, 작이불피作而不避하고 행이불면行而不免이다. 즉 선이든 악이든 간에 사람을 대하고 사물을 접하여 지었으면 피하지 못하고 행하였으면 면하지 못하게 된다. 다시 말하면, 좋은 업業이든 나쁜 업이든 한번 지었다 하면 어느 누구도 피면避免할 수가 없다. 그래서 정업난면定業難免이라 한다. 작위作爲하여 업으로 결정되어 뭉쳐지면 그 업에서 벗어나기가 어렵다는 말이다. 이렇게 본다면 선업善業을 쌓는 길이 으뜸이다.

23

원문原文 · 해역解譯

衆生有苦惱　　중생은 고뇌가 있어서
중 생 유 고 뇌

不得免老死	늙고 죽음 면함을 얻지 못하지만
부 득 면 노 사	
唯有仁智者	오직 어질고 지혜가 있는 사람만이
유 유 인 지 자	
不念人非惡	남의 그름과 악을 생각하지 않나니라.
불 념 인 비 악	

| 주석註釋 |

1 衆生 : 범어 살타薩埵(sattva)의 번역. 마음과 인식작용이 있는 생물. 당
나라 현장玄奘 이전의 번역. 현장 이후에는 유정有情이라 번역. 중생
이란 말에는, 여러 생을 윤회한다, 여럿이 함께 산다, 많은 연이 화합
하여 비로소 생긴다는 뜻이 있다. 넓은 뜻으로 해석하면 깨달음의 세
계에 있는 불·보살에게도 통하나, 보통으로는 미계迷界의 생류生類
들을 일컫는 말.

2 苦惱 : ① 몸과 마음이 괴로움. ② 괴로워하고 번뇌煩惱함.

3 老死 : 【범】jarā-maraṇa, 12인연의 하나. 늙어서 목숨이 다함을 말함.

4 仁智 : ① 인애仁愛스럽고 지혜가 뛰어남. ② 어질고 슬기로움. ③ 자
애慈愛롭고 똑똑함.

| 해의解義 |

누구든 고뇌苦惱를 가지고 있으면 늙고 죽는 것을 면할 수가 없
다. 즉 고뇌 자체가 늙으면 병들고, 병들면 죽어가는 과정으로 생명
을 가진 중생에 있어서는 가장 큰 괴로움이요 면할 수가 없기 때문
이다. 그러나 어질고 지혜가 있는 성자들은 모든 번뇌를 끊고 미망
迷妄에서 벗어났으므로 생로병사生老病死에 자유를 얻었다. 그리하

여 때가 되면 오고, 때가 되면 가서 걸리고 막힘이 없이 출몰出沒하기 때문에 우주의 어느 세계에 들어가더라도 상관하지 않고 시의時宜만 따를 뿐이다.

제 *18*
도장품刀杖品

1

원문原文 · 해역解譯

刀杖品者 _{도 장 품 자}	도장품이란
教習慈仁 _{교 습 자 인}	자비와 인을 가르치고 익히게 해서
無行刀杖 _{무 행 도 장}	칼이나 몽둥이로
賊害衆生 _{적 해 중 생}	중생 해치는 행동을 없게 함이니라.

| 주석註釋 |

1 刀杖 : 칼과 몽둥이.

2 教習 : ① 가르쳐서 익히게 함. ② 특수한 공무원이 될 자격을 얻으려
고 훈련받는 과정.

3 慈仁 : 자애慈愛롭고 인자함.

4 賊害 : ① 남을 해치는 것. ② 도둑에게서 받은 피해被害.

| 해의解義 |

도장품의 취지를 설명하고 있다. 세상에는 상하上下가 있고 지치智癡가 있으며, 선악善惡이 있고 미오迷悟가 있는 등 갑을甲乙이 있다. 이런 의미로 볼 때 갑은 주체자主體者요, 을은 피주체자被主體者이다. 다시 말하면, 갑의 위치에 있는 사람들을 어짊과 자비를 가르쳐서 익숙하게 해야 한다. 그렇지 아니하면 칼이나 몽둥이나 필묵筆墨을 가지고 맘대로 휘둘러 생령을 해치고 구렁텅이로 몰아넣는 수가 있다. 여기에서는 갑이 함부로 할 수 없도록 예방豫防해야 한다는 말을 하고 있다.

원문原文 · 해역解譯

一切皆懼死
일 체 개 구 사
모든 것은 다 죽음을 두려워하듯

莫不畏杖痛
막 불 외 장 통
몽둥이의 아픔을 두려워하지 않음이 없네.

恕己可爲譬
서 기 가 위 비
자기를 용서하는 것을 가히 비유로 삼아서

勿殺勿行杖
물 살 물 행 장
죽이지도 말고 몽둥이를 행하지도 말지니라.

1 懼 : 두려워할 구. ① 두려워하다, 두렵다. ② 걱정하다. 염려하다. ③ 으르다. 위협하다.

2 恕己 : 자기를 용서하는 것.

3 爲譬 : 비유로 삼는 것.

| 해의解義 |

사람을 비롯한 생령生靈들이 가장 두려워하는 것이 죽음이다. 이에 반하여 몽둥이의 아픔을 두려워하지 않음이 없다는 것은 그냥 죽는 것도 서러운데 몽둥이에 맞아서 아픔을 견디다가 죽는 것이 억울하기 때문이다. 옛 글귀에 "서기지심서인恕己之心恕人"이라 하였다. 즉 '나를 용서하는 마음으로 남을 용서하라.'는 의미이다. 대개 사람이 자기에 대해서는 관대寬待하면서 남에 대해서는 엄격嚴格하다. 그러지 말고 반대로 생각하여 중생을 함부로 죽이거나 때리거나 해치지 않아야 한다.

원문原文 · 해역解譯

能常安群生　　능히 항상 뭇 생령을 편안히 하여
능 상 안 군 생

不加諸楚毒　　모든 고통을 가하지 않는다면
불 가 제 초 독

現世不逢害 현세에서 해를 만나지 않고
현 세 불 봉 해

後世長安穩 뒤 세상도 길이 편안하나니라.
후 세 장 안 온

| 주석註釋 |

1 群生 : ① 많은 생물生物. ② 많은 사람. 중생. ③ 식물 따위가 한곳에
몰려서 남.
2 諸楚毒 : 여러 가지 심한 고통.
3 安穩 : ① 조용하고 편안함. ② (날씨가) 따뜻하고 바람이 잔잔함.

| 해의解義 |

불교에서는 방생放生을 중요하게 여긴다. 이 방생이 바로 자비慈
悲의 실천이기 때문이요, 무연자비無緣慈悲의 실현이기 때문이다.
그래서 벌레나 풀 한 포기까지도 아끼고 사랑해야 할 의무와 책임이
있다고 보아야 한다. 그러면 현세에서 살아갈 때 사람이나 생령에게
서 해害를 당하지 않고 도움을 받는다. 따라서 죽는다고 할지라도
결코 괴로운 삼악도三惡道의 지옥地獄, 아귀餓鬼, 축생畜生에는 떨어
지지 않고 길이 편안한 극락極樂에 나게 된다는 사실을 자각해야 한
다.

4

不當麤言　마땅히 거칠게 말하지 아니하며
부 당 추 언

言當畏報　말하면서 마땅히 갚아짐을 두려워할지니
언 당 외 보

惡往禍來　악이 가면은 재앙이 오듯이
악 왕 화 래

刀杖歸軀　칼과 몽둥이가 몸에 돌아오나니라.
도 장 귀 구

| 주석註釋 |

1 麤 : 거칠 추. ① 거칠다. ② 굵다. ③ 추醜하다.
2 麤言 : 말을 거칠게 하는 것.
3 歸軀 : 내 몸에 돌아옴.

| 해의解義 |

옛 글귀에 "구시화문口是禍門"이라 하였다. 이 말은 곧 "구화지문口禍之門"이라는 말이다. 즉 '입은 재앙을 불러들이는 문이다.' 는 뜻으로, 말조심을 해야 한다는 경계警戒의 말이다. '말 한마디에 천 냥 빚을 갚는다.' 는 속담처럼 거친 말이 아닌 고운 말을 쓰면 자타가 감화感化를 받아서 매사가 잘 풀려나가게 된다. 즉 재앙이나 복락도 어떤 큰 사체事體로 인하여 오기도 하지만 소소한 말 한마디로 인하여 곤욕困辱을 당하는 수가 있으니 삼가서 입을 열고, 삼가서 말을

해야 한다.

원문原文 · 해역解譯

出言以善　말을 내기를 선으로써 하면
출 언 이 선

如叩鐘磬　종과 경쇠를 두드림 같아
여 고 종 경

身無論議　몸에 논의가 없고
신 무 논 의

度世則易　세상을 건너기가 쉬워지나니라.
도 세 즉 이

| 주석註釋 |

1 出言 : 입에서 말을 꺼내는 것.

2 叩 : 두드릴 고. ① 두드리다. 때리다. ② 조아리다. 꾸벅거리다.

3 鐘磬 : 종鐘과 경磬을 아울러 이르는 말.

4 論議 : 어떤 문제에 대하여 서로 의견을 내어 토의함, 또는 그런 토의.

| 해의解義 |

　음악音樂은 사람의 몸과 마음을 순화純化시키는 작용을 한다. 그래서 음악을 좋아하는 사람은 악惡한 사람이 없다. 우리가 선善을

말한다는 것은 종이나 경쇠를 울리는 음향音響과 같아서 사람의 감
정을 기쁘게 하고 남에게 호감을 주어서 이익은 가져올지언정 손해
는 끼치지 않는다. 그리하여 이 몸으로 세상을 살아갈 때에 특별한
의견이 없이 순수하게 살면 된다. 그러면 자연스럽게 고해苦海를 건
너고 미망迷妄을 벗어나서 저 열반의 세계에 도달하게 된다.

원문原文 · 해역解譯

歐杖良善 구 장 양 선	어질고 착한 이를 매질하고
妄讒無罪 망 참 무 죄	망령되게 죄 없는 이를 참소하면
其殃十倍 기 앙 십 배	그 재앙이 열 곱절이 되어
災迅無赦 재 신 무 사	재앙이 빨라 용서가 없게 되나니라.

| 주석註釋 |

1 歐杖 : 매질하는 것.

2 良善 : 어질고 착함.

3 讒 : 참소할 참. ① 참소讒訴(남을 헐뜯어서 죄가 있는 것처럼 꾸며 윗사람에
게 고하여 바치다)하다. ② 알랑거리다.

4 災迅 : 재앙이 빨리 닥침.
5 赦 : 용서할 사. ① (죄를) 용서하다. ② 탕감하다.

지나다니는 개나 고양이를 때리고 괴롭히는 것을 보면 마음이 언짢아진다. 하물며 어질고 착한 사람을 함부로 구타毆打하면 어떻게 될까? 또한 망령되게 아무 죄도 없는 사람은 참소讒訴한다면 어떻게 될까? 아마 받아지고 돌아오는 재앙이 십 배 백 배 더하게 될 것이다. 따라서 그 결과에 대해서는 용서 받기가 어렵고 용서를 하기도 어렵다. 그러므로 어질고 착한 사람을 가까이 하여 보고 배우며 본받을지언정 무함誣陷하는 일은 절대로 없어야 하고 버려야 한다.

7

원문原文 · 해역解譯

生受酷痛   살아서 혹독한 고통을 받아
생 수 혹 통

形體毁折   형체가 무너지고 꺾이어서
형 체 훼 절

自然惱病   자연히 고뇌에 병이 들고
자 연 뇌 병

失意恍惚   뜻(마음)을 잃어서 어두워 지나니라.
실 의 황 홀

1 酷痛 : 혹독한 아픔, 곧 혹독한 고통苦痛.

2 毁折 : ① 닥쳐서 꺾임. ② 부딪쳐서 꺾임.

3 惱病 : 고뇌 때문에 병이 듦.

4 失意=失望 : ① 희망希望을 잃어버림. ② 일이 뜻대로 되지 않아 낙심落心함.

5 恍惚 : ① 광채光彩가 어른어른하여 눈이 부심. ② 사물에 마음이 팔려 멍하니 서 있는 모양. ③ 미묘微妙하여 헤아려 알기 어려움. ④ 흐릿하여 분명하지 아니함.

| 해의解義 |

이 글은 어질고 착한 사람을 매질하고 죄가 없는 사람을 참소讒訴 함으로서 받아지는 네 가지 조항을 들어서 말하고 있다. 첫째는 살아서 극심한 고통을 받게 되는 것이요, 둘째는 형체가 허물어지고 꺾기는 것이며, 셋째는 고뇌로 인하여 무서운 병이 드는 것이요, 넷째는 실의에 빠져서 흐려지고 멍청해지는 것이라고 하였다. 이 네 가지가 사람에게 심입深入되어 있다면 누구도 편안하고 즐겁게 살아갈 수 없을 것이니 늘 삼가는 마음으로 세상을 살아나가야 한다.

8

원문原文 · 해역解譯

人所誣咎   사람들이 없는 허물까지 꾸며 비방하고
인 소 무 구

或縣官厄   혹은 고을 관아의 액운과
혹 현 관 액

財産耗盡   재산이 소모되어 다한다면
재 산 모 진

親戚離別   친척들이 이별하게 되나니라.
친 척 이 별

| 주석註釋 |

1 誣咎 : 무함하여 허물하는 것. 없는 허물까지 꾸며서 비방하는 것.
2 誣 : 속일 무. ① 속이다. ② 꾸미다. ③ 더럽히다.
3 咎 : 허물 구. ① 허물. 저지른 잘못. 죄과. ② 재앙災殃. 근심거리. ③ 미움. 증오憎惡.
4 官厄=관재官災 : 관으로부터 오는 재앙. 관청의 재액. 관청에 잡혀가 문초를 당하는 것.
5 耗盡 : 줄거나 또는 해져서 다 없어짐.

| 해의解義 |

이 문장도 앞의 글에 이어서 재앙을 당하게 되는 점을 네 가지를 들고 있다. 다섯째는 남들에게 실제는 없는 허물까지 뒤집어씌운 비방을 받게 되는 것이요, 여섯째는 우연히 관청에 잡혀가서 신문訊問

을 당하여 형벌을 받게 되는 것이며, 일곱째는 재산이 있든 없든 간에 탕진蕩盡이 되어 없어지는 것이요, 여덟째는 여러 친척에게 버림을 받아서 이별하게 되는 것이라고 하였다. 그러므로 세상을 살아가면서 죄를 짓지 말고 선행善行을 쌓으며 덕을 베풀어서 함께 살아가야 한다.

원문原文 · 해역解譯

舍宅所有 사 택 소 유	소유한 집이
災火焚燒 재 화 분 소	화재에 타버리듯
死入地獄 사 입 지 옥	죽으면 지옥에 들어가나니
如是爲十 여 시 위 십	이와 같이 열 가지가 되나니라.

| 주석註釋 |

1 舍宅 : 기업체企業體나 기관에서 근무하는 직원을 위하여 그 기업체나 기관에서 지은 살림집.

2 所有 : 가지고 있음, 또는 그 물건.

3 焚燒 : 살라 버림. 태움.

앞의 글에 이어서 재앙을 당하게 되는 점을 두 가지를 들고 있다. 아홉째는 집안에 가지고 있던 모든 물건이 우연히 불에 타서 다 없어져버리는 것이요, 열째는 사람이 죽게 되면 지옥에 들어가서 나올 수 있는 기한이 없게 되는 것이라고 하였다. 이렇게 위에서 말한 네 가지와, 다음으로 말한 네 가지와, 여기서 말하는 두 가지를 합하여 열 가지의 재앙을 받게 된다고 하였으니 정말 무섭게 생각하고 두렵게 여겨서 부처님의 가르침을 따라 근신謹愼하면서 살아가야 재앙을 받지 않게 된다.

10

원문原文 · 해역解譯

雖裸剪髮
수 라 전 발
비록 벌거벗고 머리를 깎고

長服草衣
장 복 초 의
길게 풀 옷을 입고

沐浴踞石
목 욕 거 석
목욕하고 돌에 걸터앉았을지라도

奈癡結何
내 치 결 하
어리석음의 결과를 어찌 하리오.

1 裸 : 벗을 라. ① 벗다. 벌거벗다. ② 벌거숭이. ③ 나체裸體. 알몸.

2 剪髮 : ① 머리를 깎다. ② 이발하다. ③ 머리를 깎고 중이 되다.

3 草衣 : ① 속세俗世를 떠나서 숨어 사는 사람의 의복. ② 은자隱者.

4 踞石 : 걸터앉을 수 있는 돌.

5 癡結 : 어리석음에서 오는 번뇌.

| 해의解義 |

　속세를 떠나 출가하면 자연 모든 면에서 검소하게 살아간다. 풀로 만든 옷이야 어떻게 입으랴마는 대개는 분소의糞掃衣를 입는다. 분소의란 세속 사람이 버린 헌 천을 주어다가 빨아서 지은 가사袈裟를 의미한다. 또한 흐르는 물에 목욕을 하고 사방에 널려 있는 돌 위에 앉아서 쉬거나 참선參禪을 한다. 그렇다면 산중에 경계도 없을 터인데, 무슨 번뇌가 있을 것인가. 일체의 망념妄念이나 욕정欲情들이 제거되어 청정해야 하는데 현실은 그렇지 않다.

원문原文 · 해역解譯

不伐殺燒　치고 죽이고 불태우지 않고
불 벌 살 소

亦不求勝　또한 이기기를 구하지 않으며
역 불 구 승

人愛天下　사람으로서 천하를 사랑한다면
인 애 천 하

所適無怨　가는 곳마다 원망이 없나니라.
소 적 무 원

| 주석註釋 |

1 燒 : 사를 소. 사르다. 불사르다. 불태우다.
2 不求 : ① 구하지 않다. ② 바라지 않다. ③ 부탁하지 않다.
3 無怨 : 원망이 없다. 원망하지 않는다.

| 해의解義 |

　사람은 선량善良한 마음, 곧 어질고 착한 마음을 가져야 한다. 그리하여 누구를 때리거나 혹은 죽이거나 또한 불태워서는 절대로 안 된다. 아울러 어떤 사태가 작든 크든 간에 기어이 이기기를 구하여 남보다 앞서려고 발버둥을 쳐서도 안 된다. 오직 사람으로서 심신心身에 갖춘 힘을 가지고 천하 생령을 사랑하여 어려움에서 구제해야 한다. 그러면 세상 어느 곳에 가고 어디에 처하게 될지라도 미워한다거나 원망을 받지 않고 기쁘고 즐겁게 세상 사람들과 어울려 살아갈 수 있다.

12

世儻有人 세 당 유 인	세상에 혹 사람이
能知慚愧 능 지 참 괴	능히 부끄러운 줄을 아는 것이 있다면
是名誘進 시 명 유 진	이를 유도해서 나아가게 할지니
如策良馬 여 책 양 마	좋은 말에 채찍질하는 것과 같음이라.
如策善馬 여 책 선 마	좋은 말에 채찍질을 하면
進道能遠 진 도 능 원	도에 나아감이 능히 영원하나니라.

주석註釋

1 儻 : 빼어날 당. ① 빼어나다. 뛰어나다. ② 갑자기. 별안간瞥眼間. ③
만일. 혹시.

2 慚愧 : 부끄러워하며 괴로워함.

3 誘進=勸誘 : ① 유도하여 도에 나아간다는 뜻. ② 상대편이 어떤 일을
하도록 권勸함.

4 策 : 꾀 책, 채찍 책. ① 꾀. 계책計策. ② 채찍.

5 良馬 : 좋은 말.

　　세상에 사는 사람들은 자신의 허물은 덮어버리고 부끄러워할 줄을 모른다. 부끄러워할 줄을 알면 도에 나아갈 수 있는데 말이다. 《금강경오가해金剛經五家解》에 "양마良馬, 견편영이추풍천리見鞭影而追風千里."라는 말이 있다. 즉 '좋은 말은 채찍의 그림자만 보고도 바람처럼 천리를 달린다.' 는 의미이다. 도에 나아가는 것이 이처럼 빠르다는 의미이다. 그러므로 수도하는 사람들이 도가 어렵다고 머뭇거리지 말고 각심刻心을 해서 뛰어가면 멀지 않은 곳에서 도의 진체眞體를 만날 수 있다.

人有信戒　사람이 믿음과 계율과
인 유 신 계

定意精進　선정에 뜻하여 정진이 있다면
정 의 정 진

受道慧成　도를 받고 지혜를 이루리니
수 도 혜 성

便滅衆苦　문득 뭇 괴로움이 소멸되나니라.
변 멸 중 고

1 信 :【범】śraddhā, ① 구사俱舍의 대선지법大善地法의 하나. 우리의 심왕心王 · 심소心所로 하여금 대경을 올바르게 인식케 하며, 마음에 의혹이 없게 하는 정신 작용. ② 신심信心.

2 戒 : ①【범】śīla,【팔】śīla, 3학學의 하나. 6도度의 하나. 3장藏 중 율장에서 말한 것. 불교 도덕의 총칭. 범어 시라尸羅(śīla)는 금제禁制의 뜻으로, 소극적으로는 방비防非 · 지악止惡의 힘, 적극적으로는 만선萬善 발생의 근본이다.

3 定 : 마음을 한 곳에 머물게 하여 흩어지지 않게 하는 것. 2종이 있다. ① 생득선정生得禪定. 나면서부터 마음을 한 곳에 머물러 두는 심작용心作用이 있음을 말함. ② 수득선정修得禪定. 색계 · 무색계의 심지心地의 작용. 수행하여 얻어지는 것. 3학學의 정학定學과 6도度의 선정바라밀을 말함.

4 慧 :【범】prajñā, 반야般若라 음역. 사물의 이치를 추리하는 정신작용. 심소心所의 이름. 우주 간의 일체 만법을 『구사론』에서는 75, 『유식론』에서는 100으로 분류하며, 『구사론』에서는 혜慧라는 심소를 대지법大地法의 하나로 하여 모든 심식心識에 따라서 일어난다 하고, 『유식종』에서는 어리석고 우매한 마음에는 이 심소가 없다 하며, 바깥 경계에 대하여 사邪 · 정正과 득 · 실을 판단하여 좋은 것은 취하고 나쁜 것은 버리는 작용이 있다고 한다.

5 苦 :【범】duḥkha,【팔】dukkha, 두카(豆佉) · 납카(納佉) · 낙카(諾佉)라 음역. 마음과 몸을 괴롭게 하여 편안치 않게 하는 상태.

| 해의解義 |

성어成語에 "주마가편走馬加鞭"이라 한다. 즉 '달리는 말에 채찍을 더한다.' 는 뜻이다. 잘 달려가는 말에다 채찍을 더하면 얼마나

빨리 달리겠는가? 공부를 하는데 있어서 채찍이 되는 믿음을 굳게 갖고 계율戒律을 잘 지키며 선정禪定을 근수勤修하여 정진을 한다면 달리는 말에 채찍을 가함과 같으리니, 도를 받아들이고 지혜를 이루는 길이 더욱 빠르게 된다. 그러면 삼세에 지은 모든 업장이 소멸되고 뭇 고통苦痛이 사라져서 진리를 깨달아 불보살을 이루게 된다.

14

원문原文 · 해역解譯

自嚴以修法   스스로 엄하게 해서 법을 닦아
자 엄 이 수 법

滅損受淨行   멸하고 덜어서 깨끗한 행실을 본받으며
멸 손 수 정 행

杖不加群生   몽둥이를 뭇 생령에게 더하지 않는다면
장 불 가 군 생

是沙門道人   이는 사문의 도인이니라.
시 사 문 도 인

| 주석註釋 |

1 修法 : 진언 밀교에서 가지기도加持祈禱하는 작법作法. 여기에 식재息 災 · 증익增益 · 경애敬愛 · 조복調伏의 네 종류가 있음. 혹 구소狗召를 더하여 5종으로도 함. 기도하는 경우에 따라 각기 본존을 달리하며, 입으로 본존에 관계있는 진언 다라니를 외우고, 손으로 결인結印을 하

며, 마음으로 그 본존의 모양을 관상觀想하는 방법.

2 淨行 : 청정淸淨한 수행修行.

3 沙門 : 출가出家하여 불도를 닦는 사람. 승려.

4 道人 : ① 불도에 들어간 사람, 곧 출가한 수행자. ② 도교道敎를 받드는 사람. ③ 속계俗界를 버리고 선도仙道 등을 배우는 사람.

| 해의解義 |

　수도에 뜻을 둔 사람은 수행하는 방법부터 느슨하게 해서는 절대 안 된다. 정말 엄하게 닦달하여 갈고 닦아야 무엇인가를 이루고 깨쳐서 모든 번뇌나 미망迷妄을 덜어내고 버려 다시 발을 붙이지 못하게 해야 한다. 또한 일체 생령을 동체대비同體大悲로 생각하여 때리고 다치게 해서는 안 된다. 무슨 방면으로든지 방편方便을 다하고 사랑을 다하여 저 고해苦海에서 건져내어 함께 살아가야 한다. 이것이 사문沙門의 하는 일이요, 도인의 숙원宿願이라고 할 수 있다.

無害於天下　천하에 해로움이 없었다면
무 해 어 천 하

終身不遇害　종신토록 해로움을 만나지 않고
종 신 불 우 해

常慈於一切　　항상 모두에게 자비롭다면
상 자 어 일 체

孰能與爲怨　　누가 능히 더불어서 원수가 되리요.
숙 능 여 위 원

| 주석註釋 |

1 無害 : 해害롭지 아니함.
2 天下 : ①하늘 아래의 온 세상. ②한 나라 전체. ③온 세상 또는 한
　나라가 그 정권政權 밑에 속屬하는 일.
3 終身 : 죽을 때까지.

| 해의解義 |

《논어論語》에 "덕불고필유린德不孤必有隣"이라 하였다. 즉 '덕이
있으면 외롭지 않아 이웃이 있다.'고 한 말이다. 내가 세상이나 사
람들에게 해를 끼치지 않는다면, 어찌 세상이나 사람들이 나를 미워
하고 원망하리요. 오직 사랑과 자비를 가지고 일체 생령을 고통苦痛
에서 구제를 한다면 누구든지 따르고 도와주어서 그 일이 빨리 이뤄
지게 된다. 큰 덕을 베푸는 사람에게는 많은 사람들이 따라서 함께
하는 것처럼 죽을 때까지 자비를 행하면 원망하는 사람은, 좇는 사
람은 많게 된다.

제 *19*
노모품老耗品

1

老耗品者　　노모품이란
노 모 품 자

誨人懃仂　　사람들이 부지런히 힘써서
회 인 근 륵

不與命競　　목숨과 더불어 다투지 않는다면
불 여 명 경

老悔何益　　늙어 뉘우쳐도 무슨 이익이 되겠는가를 가르침
노 회 하 익　　이니라.

| 주석註釋 |

1 老 : 늙을 로. ① 늙다. ② 익숙하다. 노련老鍊하다. ③ 숙달熟達하다.

2 耗 : 소모할 모. ① 소모消耗하다. ② 쓰다. 소비하다. ③ 없애다.

3 懃 : 은근할 근. ① 은근慇懃(깊고 그윽하다)하다. 정성스럽다. ② 일에

힘쓰다. 부지런히 일하다.

4 仂 : 힘쓸 륵(력). ① 힘쓰다. ② (힘을) 다하다.

5 懃仂 : 부지런히 힘씀.

6 不與命競 : 목숨과 다투지 않음.

7 何益 : 소용所用이 없음.

| 해의解義 |

노모품의 취지에 대해서 말하고 있다. 《발심수행장發心修行章》에 "파거불행破車不行, 노인불수老人不修."라 하였다. 즉 '부서진 수레는 가지 못하고, 늙어지면 닦지 못한다.' 는 뜻이다. 사실 인생은 무상無常하다. 붙잡아 맬 수가 없다. 자신도 모르는 사이에 늙고 병이 들어서 죽게 된다. 그러기 때문에 생명生命을 경쟁競爭으로 삼아서 젊었을 때 부지런히 도를 닦아 해탈解脫의 경지에 이르도록 힘을 다해야 한다. 이미 늙어진다면 몇 천 번 뉘우쳐도 아무 소용없이 소모消耗만 할 뿐이다.

2

원문原文 · 해역解譯

何喜何笑   무엇을 기뻐하고 무엇을 웃으랴!
하 희 하 소

命常熾然 명 상 치 연	생명은 항상 불타오르지만
深蔽幽冥 심 폐 유 명	깊이 그윽한 어두움에 가렸는데
如不求錠 여 불 구 정	등불을 찾지 않는 것과 같나니라.

| 주석註釋 |

1 熾然 : 성하게 불타는 것. 왕성하게 불타는 것.
2 幽冥 : 그윽하고 어두움. 저승. 유명계幽冥界.
3 錠 : 촛대의 뜻이니, 여기서는 등불로 본다.

| 해의解義 |

　사람은 시간의 차이는 있을지라도 죽음에 이르러서는 늙고 젊음
이 없다. 물론 종착終着에는 죽음이지만 늙지 않고 죽는 사람도 많
다. 이는 업화業火의 불이 항상 태우고 있기 때문이다. 그러니 무엇
을 기뻐하고 어찌 웃을 것인가? 늘 어둠에 덮여 있는 세상에 살아가
면서 번뇌에 찌들고 몽매蒙昧의 그늘에서 벗어나야 한다. 그러기로
하면 광명을 찾아야 하는데, 바로 부처님의 법등法燈이다. 이 법등
을 앞에 밝혀놓고 살아간다면 사로邪路에 흐르지 않고 정로正路를
밟아 해탈을 이루게 된다.

3

見身形範　자신의 형상을 보고
견 신 형 범

倚以爲安　그것에 의지하면 편안하다네.
의 이 위 안

多想致病　많은 생각은 병을 이루나니
다 상 치 병

豈知非眞　어찌 진실이 아닌 것을 알려 하리오.
기 지 비 진

주석註釋

1 形範 : 형상. 모양.
2 豈 : 어찌 기. ① 어찌. ② 어찌하여.

해의解義

대개 사람들은 자신의 형체形體에 윤기가 흐르면 일체의 병이 없는 것처럼 생각하며 살아간다. 그러나 그렇지 않는 사람도 있다. 겉은 멀쩡한데 속에 병이 들어 활발하지 못한 사람이 얼마든지 있는데 겉의 건강에 의지하여 편안하게 지내려고 한다. 생각이 많으면 병을 이루기가 쉽다. 신병身病은 오히려 보양保養이나 수술을 통해서 낫기가 쉽지만 마음의 병은 여간해서는 낫기가 어렵다. 그러므로 참된 부처님의 법을 믿고 받들어 수행을 한다면 거짓은 저절로 털려져 나가게 된다.

4

老則色衰　늙으면 빛깔도 쇠약해지고
노 즉 색 쇠

病無光澤　병들면 광택이 없어져서
병 무 광 택

皮緩肌縮　피부는 늘어지고 살갗은 쭈그러드니
피 완 기 축

死命近促　죽음이 목숨 가까이에서 재촉하나니라.
사 명 근 촉

| 주석註釋 |

1 色衰 : 용모가 시들음.
2 光澤 : 빛의 반사反射에 의하여 물체의 표면에 어른어른하게 번쩍이는
　윤기潤氣.
3 肌 : 살가죽 기. 살가죽. 살. 피부.
4 縮 : 줄일 축. 줄이다. 감축減縮하다. 오그라들다.
5 促 : 재촉할 촉. 재촉하다. 다그치다. 촉진하다.

| 해의解義 |

《한비자韓非子》의 세난편說難篇에 "색쇠애이色衰愛弛"라는 문구가
있다. 이 뜻은 '사랑을 받던 아름다운 여자도 나이가 들어서 늙으면
그 사랑을 잃어버린다.' 는 말이다. 사람이 젊어서는 모르지만 나이
가 들면 얼굴 빛도 변하고 파리하여 반들거리던 광택光澤도 사라진

다. 따라서 피부도 늘어지고 살도 수축이 되어 주름이 잡혀서 몰골이 흉측하게 된다. 그러면 남은 것은 죽음이다. 명부사자冥府使者가 항상 문 앞에서 기다리고 있다가 때만 되면 잡아가려고 엿보고 있다.

身死神徙
신 사 신 사   육신이 죽고 정신이 옮겨지면

如御棄車
여 어 기 거   어거하던 수레를 버리는 것과 같이

肉消骨散
육 소 골 산   살은 사라지고 뼈는 흩어지니

身何可怙
신 하 가 호   몸을 어찌 가히 믿겠는가?

| 주석註釋 |

1 神徙 : 정신이 옮겨지는 것, 곧 정신이 몸에서 떠나는 것.

2 徙 : 옮길 사. 옮기다. 이사하다.

3 御 : 거느릴 어. ① 거느리다. 통솔하다. ② 다스리다. 통치하다. ③ 어거馭車하다.

4 怙 : 믿을 호. 믿다. 의지하다.

부처님이 길을 가시다가 백골白骨을 보고 절을 하였다. 제자들이 왜 절을 하느냐고 물었다. 부처님은 '나의 부모다. 우리의 선망부모 先亡父母다. 그러니 내가 어찌 절을 안 하고 그냥 지나갈 수가 있겠느냐?'고 하셨다. 몸이 죽으면 정신(영혼)이 떠나서 타던 수레가 버려진 것과 다름이 없다. 살은 다 썩어서 없어지고 뼈도 녹아 흙이 되니, 어떻게 이 몸을 믿고 천년만년 부귀영화를 누리면서 살려고 발버둥을 치겠는가? 무상無常한 것이 이 몸이니 애착愛着이나 집착執着을 버려야 한다.

身爲如城　이 몸은 성과 같나니
신 위 여 성

骨幹肉塗　뼈의 줄기에 살을 발라서
골 간 육 도

生至老死　태어나 늙고 죽음에 이르기까지
생 지 노 사

但藏恚慢　다만 성냄과 교만을 갈무리 하였음이라.
단 장 에 만

1 塗 : 칠할 도. ① 칠하다. ② 바르다.

2 老死 : 늙어서 죽음.

3 恚 : 성낼 에. ① 성내다. ② 분노憤怒하다. ③ 성(화, 분노).

4 恚慢 : 성냄과 교만.

| 해의解義 |

우리가 성곽城郭을 지을 때는 돌이나 벽돌을 써서 튼실하게 지어야 외적外敵을 막을 수 있다. 사람의 몸이 성과 같다고 하지만 아주 부실해서 뼈의 줄기에 피부가 덮여 있는 것과 같다. 또한 살아가면서 늙기도 하고 병도 들어서 나중에는 죽게 되어 문드러지고 만다. 반면에 부처님 법을 공부하지 못한 사람들은 욕정欲情에 사로잡히고 미망迷妄에 허덕여서 해탈解脫을 이루지 못한다. 따라서 성질을 내고 교만을 부려서 사람답지 못하게 살고 있으니 부처님의 안목眼目에서 본다면 얼마나 불쌍할까?

7

원문原文 · 해역解譯

老則形變 늙으면 형체도 변하나니
노 즉 형 변

喩如故車 비유하자면 낡은 수레와 같네.
유 여 고 거

法能除苦
법 능 제 고
법은 능히 괴로움을 제거하나니

宜以仂學
의 이 륵 학
마땅히 힘써 배워야 하나니라.

1 喩 : 깨우칠 유. ① 깨우치다, 깨닫다, 깨우쳐 주다. ② 비유하다.

2 仂 : 나머지 륵, 힘쓸 력. ① 나머지. 10분의 1, 또는 3분의 1. ② 힘쓰
다. (힘을) 다하다.

| 해의解義 |

무릇 사람이 늙게 되면 몸까지 변형되어진다. 허리는 꼬부라지고
볼은 축 쳐지며 주름은 물살을 이루고 눈은 무겁다. 이런 모습이 마
치 헌 수레와 같아서 아무런 쓸모가 없게 된다. 그러나 불법을 닦고
받들며 가르침을 따르는 사람은 능히 모든 고뇌가 자연적으로 제거
되어 맑고 밝은 인품을 이룬다. 그러기 때문에 우리는 주어진 시간
을 허송虛送할 것이 아니라 마땅히 참선參禪을 하고 수양을 깊이 한
사람을 표본으로 삼아 힘써 배워서 익히고 닦아 깨쳐 부처가 되어야
한다.

8

원문原文·해역解譯

人之無聞　　사람이 들음이 없으면
인 지 무 문

老若特牛　　늙은 황소와 같아서
노 약 특 우

但長肌肥　　다만 길이 살만 찌고
단 장 기 비

無有福慧　　복이나 지혜는 없나니라.
무 유 복 혜

| 주석註釋 |

1 特牛 : 튼튼하고 힘센 황소.
2 肌 : 살가죽 기. ① 살가죽. 살. ② 피부.
3 慧福 : 지혜와 복락. 지혜가 밝고 복락이 많은 것은 인생에 있어서 행복과 성공의 열쇠가 된다. 불법을 수행하는 것은 지혜를 밝히고 복락을 장만하기 위한 것이다.

| 해의解義 |

　사람은 누구나 주어진 시간을 살면서 어떻게 사는 것이 값진 삶인가를 고민해보지 않는 사람은 없다. 그런데 가장 쉬우면서도 값지게 사는 길은 분명히 있다. 그것은 부처님의 법문을 많이 들어서 나의 피가 되고 살이 되도록 하는 길이다. 만일 이렇게 하지 않으면 살만 찐 황소와 같아서 식용食用으로 밖에 더한 가치는 찾을 수가 없

다. 다시 말하면, 이러한 황소에게 복이 어디 있으며 지혜가 어디 있겠는가? 오직 사람만이 혜복慧福을 갖출 수 있는 것이니, 그 길이 바로 부처님의 가르침에 있다.

9

生死無聊
생 사 무 료
나고 죽음에 탐탁함이 없으면

往來艱難
왕 래 간 난
가고 오며 어려움을 겪는다네.

意猗貪身
의 의 탐 신
뜻(마음)을 탐욕스런 육신에다 의지하니

生苦無端
생 고 무 단
살아가는 괴로움이 끝이 없나니라.

| 주석註釋 |

1 無聊 : ① 어울리지 아니하여 탐탁한 맛이 없음. ② 조금 부끄러운 생각이 있음, 열없음, 열적음.

2 艱難 : 괴롭고 고생苦生스러움.

3 生苦 : ①【범】jātir-dukha, 4고苦의 하나. 모태母胎에 있을 때부터 출생할 때까지에 받는 고통. ② 태어나서 살아가는 동안에 받는 고통.

4 無端 = 無斷 : 사전에 허락이 없음, 또는 아무 사유가 없음.

사람이 살아가는데 중요한 것이 '깨달음을 이루는 일'이다. '뜨고도 못 보는 당갈봉사'라는 속담이 있다. 바로 청맹靑盲과니이다. 청맹과니란, 겉으로 보기에는 눈이 멀쩡하나 앞을 보지 못하는 눈을 말한다. 사람이 깨달음이 없는 것이 이와 같다. 그래서 생사生死를 오고 가는데 어려움이 있다. 또한 몸에 대한 애착愛着을 가지고 마음에 미혹迷惑을 부르니 살아가는 그 자체가 고뇌苦惱뿐으로 끝날 날이 없는 고로苦路가 아닐 수 없다.

10

| 원문原文 · 해역解譯 |

慧以見苦 지혜로써 괴로움을 볼지니
혜 이 견 고

是故棄身 이러기 때문에 몸을 버리고
시 고 기 신

滅意斷行 뜻(마음)을 멸하고 행을 끊어서
멸 의 단 행

愛盡無生 애욕이 다하면 태어남이 없나니라.
애 진 무 생

| 주석註釋 |

1 斷行 : 결단하여 실행함.

2 愛 : 【범】taṇhā, ① 12인연의 하나. 애지愛支.《구사론俱舍論》에서는 남녀 16~17세 이후에 애욕이 생기기 시작하나 아직 음욕을 만족함에 이르지 못한 때,《성유식론成唯識論》에서는 다음 생을 받을 인연이 될 탐번뇌貪煩惱라 함. 모두 임종 시에 일어나는 탐애貪愛. ② 남녀의 성욕에 근거하여 서로 사랑하는 연애 · 처자애妻子愛 · 명리애名利愛 등 좋지 못한 마음에서 일어나는 것이므로 염오애染汚愛라 함. ③ 불 · 보살 등이 중생을 구제하려는 것 같이 아무 데도 치우치지 아니한 대자비심으로서 순전한 정에서 일어나는 사랑. 이것은 불염오애不染汚愛.

3 無生 : ① 무생멸無生滅 · 무생무멸無生無滅과 같음. 모든 법의 실상은 생멸이 없다는 것. ② 아라한 · 열반의 뜻 번역. 다시 미계迷界의 생을 받지 않는다는 뜻.

| 해의解義 |

사람이 살아가는데 심적心的 고통苦痛이 주가 되겠지만 몸을 가지고 있는 이상 육신의 괴로움도 결코 작은 것이라 말하기는 어렵다. 그래서 이러한 고통을 보통의 눈이 아니라 지혜의 눈으로 바라보아야 한다. 그러면 고인苦因이 전세前世에 지은 업業의 실마리임을 알게 된다. 이렇게 되면 현세의 심신心身 간에 탐욕貪慾이나 애착愛着을 줄이게 된다. 그러면 남과 죽음이 없는 열반涅槃의 극처極處에 무생이생無生而生하리니, 여기는 무고유락無苦有樂의 놀이동산이다.

不修梵行　범행을 닦지 아니하고
불 수 범 행

又不富財　또한 부유와 재물도 없다면
우 불 부 재

老如白鷺　늙은 흰 해오라기가
노 여 백 로

守伺空地　빈 땅을 지키며 엿보는 것과 같나니라.
수 사 공 지

| 주석註釋 |

1 梵行 :【범】brahmacarya, 범은 청정 · 적정의 뜻. 맑고 깨끗한 행실.
정행淨行과 같음. ① 더럽고 추한 음욕을 끊는 것을 범행이라 한다. 곧
범천의 행법이란 말. ② 5행行의 하나. 공空 · 유有의 양쪽에 치우쳐
물들지 않고, 맑고 깨끗한 자비심으로 중생의 고통을 건지고 낙을 주
는 보살행.

2 白鷺 : ① 백로과 백로 속屬에 딸린 대백로 · 백로 · 중백로 따위를 통
틀어 일컬음. ② 백로과에 딸린 새. 날개 길이 27cm, 꽁지 10cm쯤.
온 몸이 흰데, 발가락은 연두색이고 앞이마의 눈 주위周圍는 털이 없
이 누르스름함. 부리와 다리는 검고 긺.

3 空地 : ① 집, 전답田畓들이 없는 빈 땅, 또는 빈 터. ② 하늘과 땅. 공중
과 지상.

출가 수행자가 열심히 수행을 쌓아 진리의 깨침을 이루지 못하고 늘는다면 얼마나 서글플까? 또한 세상에 사는 사람이 부지런히 일을 하여 재물을 모아야 하는데 어영부영하다가 빈손이 된다면 얼마나 억울할까? 이러한 현상은 아름다운 자태姿態를 가진 해오라기가 젊어서는 허공이 좁다 하고 날아다녔지만, 늙고 보니 몸이 쇠약하고 날개가 늘어져서 날지도 못하고 걷지도 못하여 물고기도 없는 빈 땅을 지키는 신세가 된 것과 다름이 없으리니 얼마나 한심寒心한 일인가?

원문原文 · 해역解譯

旣不守戒
기 불 수 계
이미 계율도 지키지 않았고

又不積財
우 불 적 재
또한 재물을 쌓지도 않았는데

老羸氣竭
노 리 기 갈
늙고 야위어 기운이 다하니

思故何逮
사 고 하 체
옛일을 생각한들 어찌 미치리랴!

1 積財 : 재산을 쌓아 모음, 또는 그 재산.

2 老羸 : 늙어서 쇠약해짐, 또는 그 사람.

3 羸 : 파리할 리. ① 파리하다(핏기가 전혀 없다). ② 고달프다. 지치다.

| 해의解義 |

　출가 수행자는 계율戒律을 생명으로 알고 지켜서 호리毫釐도 범함이 없어야 한다. 또한 보통 사람은 부지런히 노력하여 자기 힘으로 재산을 모아서 남을 도우며 살아야 한다. 사람이 늙으면 재가在家나 출가出家가 힘이 부치고 몸이 여위며 기운이 다하여 마음 따로 몸 따로 움직이게 된다. 그러면 자연 옛날 젊은 시절을 생각하며 자칫 한숨을 쉬게 된다. 오직 부처님 법을 잘 수행하지 못한 죄스러움이 나에게 있음을 알아서 부처님에게 이실직고以實直告를 해야 한다.

13

원문原文 · 해역解譯

老如秋葉　늙으면 가을 이파리 같아서
노 여 추 엽

行穢鑑錄　행위의 더러움이 거울처럼 기록되고
행 예 감 록

命疾脫至　목숨이 병들어 곧 닥치리니
명 질 탈 지

不用後悔　후회해도 소용이 없나니라.
불 용 후 회

| 주석註釋 |

1 穢 : 더러울 예. ① 더럽다. ② 거칠다. ③ 더러워지다, 더럽히다.

2 鑑錄 : 밝게 기록함.

3 脫至 : 곧 닥침.

4 後悔 : 일이 지난 뒤에 잘못을 깨치고 뉘우침.

| 해의解義 |

우주의 이치는 만물을 대하여 똑같이 적용한다. 그러므로 사람이 늙고 초목도 낙엽이 되며 생령도 노사老死를 한다. 그래서 늙은 사람의 모습이 가을에 떨어지는 이파리 같다고 할 수 있다. 우리가 선행善行도 그렇지만 예행穢行은 더 밝게 기억이 되어져서 사람들이 더 잘 알아본다고 할 수 있다. 이에 따라 죽음의 전초前哨인 병이 들어서 죽음이 이르게 되리니 이를 당하여 후회를 하는 것은 어리석은 일이다. 그러므로 수도인은 후회막급後悔莫及의 상황이 되지 않도록 공부를 잘 해야 한다.

14

命欲日夜盡
명 욕 일 야 진
목숨은 낮과 밤으로 다하려 하니

及時可懃力
급 시 가 근 력
때가 미치거든 부지런히 힘쓰고

世間諦非常
세 간 제 비 상
세상이 덧없음을 자세히 알아서

莫惑墮冥中
막 혹 타 명 중
어둠속에 떨어져 미혹되지 말지니라.

| 주석註釋 |

1 日夜 : 밤과 낮. 밤낮.
2 懃 : 은근할 근. ① 은근하다(慇懃 : 깊고 그윽하다). 정성스럽다. ② 일에 힘쓰다. 부지런히 일하다.
3 諦 : 살필 제(체). ① 살피다. 자세히 알다. ② 진실. ③ 이치.
4 非常 : 또는 무상無常. 항상불변恒常不變하지 못하는 것. 곧 항상 하지 않음.

| 해의解義 |

성삼문成三問(1418-1456)이 단종端宗의 복위復位를 꾀하다가 죽으면서 지은 시가 "임사부절명시臨死賦絶命詩"로, '죽음에 다달아 절명을 노래' 한 시이다. 그 시에 "격고최인명擊鼓催人命, 서풍일욕사西風日欲斜, 황천무객점黃泉無客店, 금야숙수가今夜宿誰家." 이다. 즉 '북

을 쳐서 사람 목숨을 재촉하는데 서풍에 해는 지려 하누나, 황천에
는 주막도 없다는데 오늘 밤은 누구의 집에서 잘까? 라는 시이다.
밤과 낮으로 시간이 흘러간다는 것은 자의自意든 타의他意든 우리의
명命을 재촉한다는 의미이다.

當學燃意燈 당 학 연 의 등	마땅히 마음의 등불 밝히길 배우고
自練求智慧 자 련 구 지 혜	스스로 단련하여 지혜를 구하며
離垢勿染汚 이 구 물 염 오	티끌을 여의어 더러움에 물들지 말고
執燭觀道地 집 촉 관 도 지	촛불을 잡고 도의 경지를 살펴볼지니라.

| 주석註釋 |

1 燃意燈 : 마음의 등불을 켜는 것.
2 染汚 : ① 더럽게 물듦. ② 마음이 시달려서 괴로움.

| 해의解義 |

사람이 깊은 학문을 하는 것은 심성心性을 밝히고 진리眞理를 깨

닫는 것이 극치極致이다. 즉 도덕을 배우고 지혜를 밝혀서 세상에 등불이 되라는 것이 목적이라고 할 수 있다. 그러기로 하면 티끌이 되는 번뇌나 미망迷妄, 그리고 삼독三毒이나 오욕五慾 등을 벗고 던져서 물들지 않고 맑고 밝아야 한다. 그리하여 법등法燈이나 혜등慧 燈을 잡고 도道의 상지上地에 올라서야 한다. 그리고 그 힘을 가지고 고해苦海에서 헤매는 불쌍한 중생을 구제하여 극락으로 인도해야 한다.

제 *20*
애신품愛身品

1

愛身品者 애 신 품 자	애신품이란
所以勸學 소 이 권 학	학문을 권하는 까닭은
終有益己 종 유 익 기	마침내 자기에게 이익이 있도록 하여
滅罪興福 멸 죄 흥 복	죄를 멸하고 복을 일으키도록 함이니라.

| 주석註釋 |

1 愛身 : 자신의 몸을 사랑하는 것.

2 勸學 : 학문學問을 힘써 배우도록 함.

3 益己 : 제 몸을 이익 되게 하는 것.

4 滅罪 : 참회와 염불 등의 수행으로써 전에 지은 죄를 없애는 것.

애신품의 취지에 대해서 말을 하고 있다. 우리가 불도佛道를 배우는 까닭은 먼저 내 자신이 청정清淨하게 되고자 하는데 있다고 할 수 있다. 내가 먼저 맑고 밝아야 남을 맑고 밝게 할 수 있다. 그래서 학문이라는 것이 문자를 배우고 이론을 정리하자는 뜻도 있지만 사실은 자신의 진면목眞面目을 깨워서 도등導燈이 되자는 것이 주목적이라고 할 수 있다. 다시 말하면, 모든 사람들이 죄업罪業에서 벗어나도록 인도해서 복락福樂을 일으켜 살아가도록 돕고 끌어주어야 한다.

원문原文 · 해역解譯

自愛身者
자 애 신 자
자신을 사랑하는 자는

愼護所守
신 호 소 수
지킬 바를 삼가 보호하는 것이요.

悕望欲解
희 망 욕 해
깨달음을 바란다면

學正不寐
학 정 불 매
바르게 배워서 잠들지 않아야 하나니라.

1 愼護 : 삼가 보호함.

2 悕望 : 바라는 것.

3 不寐=不眠 : ① 잠을 자지 아니함. ② 잠을 못 잠.

| 해의解義 |

사람이 정말로 자신을 사랑하는 사람은 몸놀림을 절대로 가볍거
나 망령되게 아니한다. 항상 부처님이 내놓은 계율을 잘 지켜서 행
동이 흐트러지지 않도록 삼가고 조심한다. 아울러 안으로는 불리佛
理를 깨우치기 위하여 쉼이 없이 수행하고 정진하며 시간을 허송虛
送하지 않는다. 그야말로 공부하기에 전전불매輾轉不寐가 된 상태,
즉 누워서 이리저리 뒤척이며 잠을 이루지 못한다. 그러므로 열의熱
意를 가지고 수행에 진력盡力을 해서 영겁의 각오覺悟를 다져야 한
다.

원문原文 · 해역解譯

爲身第一　자기 몸을 제일로 여기어
위 신 제 일

常自勉學　항상 스스로 배우기에 힘쓰고
상 자 면 학

利乃誨人　　남을 가르치는 것을 이롭게 여겨서
이 내 회 인

不倦則智　　게을리 하지 않는다면 지혜로운 것이니라.
불 권 즉 지

| 주석註釋 |

1 第一 : ① 첫째. 으뜸. ② 가장 훌륭함.
2 勉學 : 학문學問에 힘써 공부함.
3 不倦 : ① 게으르지 않음. ② 싫증을 내지 않음.

| 해의解義 |

세상에 자기 몸이 으뜸이다. 자기가 먼저 배우고 깨어나야 한다.
즉 선학후교先學後教요, 선지후각先知後覺이다. 이에 내가 먼저 배운
뒤에 남을 가르칠 수가 있고, 내가 먼저 안 뒤에 남을 깨우칠 수가
있다는 말이다. 그래서 면학勉學을 하지 않을 수가 없다. 남을 가르
치고 깨우치는 것이 결코 쉬운 일이 아니기 때문에 힘을 다하여 배
워야 한다. 내 등불이 밝지 않으면 남의 앞길을 비춰줄 수가 없는 것
이니 게으르거나 싫증내지 말고 배우고 익혀서 원만圓滿한 지혜를
갖추어야 한다.

4

學先自正 학 선 자 정	배움은 먼저 자신을 바르게 하고
然後正人 연 후 정 인	그런 뒤에 사람을 바르게 하는 것이니
調身入慧 조 신 입 혜	자신을 조절하여 지혜에 들어가면
必遷爲上 필 천 위 상	반드시 첫째가 되는대로 옮겨 가나니라.

| 주석註釋 |

1 正人 : 마음이 올바른 사람.
2 上 : 윗 상. ① 위, 윗. ② 앞. ③ 첫째.

| 해의解義 |

《소학小學》에 "우기정인友其正人, 아역자정我亦自正." 이라 하였다.
이 말은 '바른 사람을 벗하게 되면, 나도 또한 저절로 바르게 된다.'
는 의미이다. 세상은 모든 일이 나로부터 시작이 되고 나에게서 끝
이 난다. 내가 먼저 바르면 다른 사람도 바르게 된다. 아울러 내가
바르게 되려면 바른 사람을 벗하여 보고 배우면 자연히 발라지게 된
다. 사람이 자신을 잘 조절하고 닦아간다면 자연히 지혜가 솟아나게
되어서 최상의 경지에 오르게 될 것이니 어서 부지런히 수행을 해야
한다.

5

身不能利
신 불 능 리

자신을 이롭게 하지 아니하고

安能利人
안 능 이 인

어찌 능히 사람을 이롭게 할 것인가.

心調體正
심 조 체 정

마음을 고르고 몸을 바르게 한다면

何願不至
하 원 부 지

어떤 소원인들 이루지 못하랴!

| 주석註釋 |

1 願 : 원할 원. ① 원하다. ② 빌다. 기원하다.
2 至 : 이를 지. ① 이르다. 도달하다. ② 이루다. ③ (영향을) 미치다. ④
지극하다.

| 해의解義 |

사람이 자기를 이롭게 할 줄을 모른다면 다른 사람을 어떻게 이롭게 할 수 있을 것인가? 이롭게 한다는 것은 욕심을 부리고 의義를 져버린 이기利己를 말하는 것이 아니라 부처님의 법으로 단련이 되어 진리를 깨달은 그 이利를 말한다고 할 수 있다. 그래야 남을 바르게 인도할 수 있기 때문이다. 그러려면 마음을 잘 조절하고 몸을 바르게 하여 수행자의 본분本分을 잃지 않아야 한다. 그리하여 큰 원력願力을 세우고 정진精進을 할 때 어찌 그 원력이 이뤄지지 아니하

겠는가?

本我所造
본 아 소 조
본래 내가 지은 바는

後我自受
후 아 자 수
뒤에 내가 스스로 받나니

爲惡自更
위 악 자 갱
악을 하고 스스로 고치는 것은

如剛鑽珠
여 강 찬 주
금강석으로 구슬을 뚫음과 같나니라.

| 주석註釋 |

1 自受 : 자기가 저지른 일의 과보를 자기가 받음.

2 更 : 고치는 것.

3 剛 : 금강석金剛石을 뜻한다.

4 鑽 : 뚫을 찬. 뚫다.

| 해의解義 |

《맹자孟子》에 "출호이자出乎爾者, 반호이자야反乎爾者也."라 하였
다. 즉 '너에게서 나온 것은 너에게로 돌아간다.'는 뜻이다. 이는

"자작자수自作自受"라는 말과 같은 의미로, 내가 지은 선악善惡의 과보果報를 자기가 받는 것이지 남에게 주거나 전가轉嫁시킬 수 없다는 말이다. 그런데 보통의 사람들은 악을 하고는 또 악을 지어 쌓는다. 그러므로 쌓인 악이 태산 같다는 말이 허언虛言이 아니다. 우리 수행인은 자성自性의 금강金剛을 가졌으니 활용을 잘 하자.

人不持戒
인 부 지 계
사람이 계율을 가지지 않으면

滋蔓如藤
자 만 여 등
등나무가 무성하게 엉킴 같으리니

逞情極欲
영 정 극 욕
감정을 맘대로 하고 욕망을 극도로 부려

惡行日增
악 행 일 증
악한 행동이 날마다 더하게 되나니라.

| 주석註釋 |

1 持戒 : 계행戒行을 지킴.
2 滋蔓 : ① 점점 늘어서 퍼짐. ② 뻗어나감.
3 藤 : 등나무 등. ① 등나무(콩과의 낙엽 덩굴성 식물). ② 덩굴. ③ 지팡이.
4 逞 : 쾌할 령. ① 쾌하다(마음이 유쾌하다). 즐겁다. ② 마음대로 하다.

5 逞情 : 뜻에 맡겨 행동함.

6 極欲 : 욕심을 극도로 부림.

7 日增 : 나날이 늘어감.

| 해의解義 |

부처님의 최후 법문에 "이계위사以戒爲師"라 하였다. 즉 '계율을 스승으로 삼으라.'는 말씀이다. 수행하는 사람이든, 아니든 간에 계율을 잘 지켜가야 한다. 만일에 안 지킨다면 등나무 덩굴이 무성하게 엉김과 같아서 가리를 타기가 매우 어렵다. 사람은 자기의 욕망欲望을 억제할 줄을 알아야 하고 또한 욕심慾心을 끊을 줄도 알아야 한다. 만일에 감정이 나오고 탐욕貪慾이 치성하게 되면 악행을 더하게 되어서 죄업罪業의 장場이 될 것이니 항상 삼가고 조심해야 한다.

惡行危身
악 행 위 신
악한 행동은 자신을 위태롭게 하지만

愚以爲易
우 이 위 이
어리석은 자는 쉽게 여기고

善最安身
선 최 안 신
선은 몸을 가장 편안하게 하지만

愚以爲難   어리석으면 어렵게 여기나니라.
우 이 위 난

| 주석註釋 |

1 危身 : ① 몸이 위태로움. ② 몸을 위험한 곳에 둠.
2 安身 : 몸을 편안히 함.

| 해의解義 |

　사람이 악한 행동을 하면 악의 업業이 쌓여서 악과惡果를 받게 되어 자기 몸을 위태롭게 하는 것이지만, 어리석은 사람은 오히려 쉽게 여겨서 대수롭지 않게 생각한다. 또한 선을 행하게 되면 선의 업을 지어서 선과善果를 받게 되어 자기의 몸을 편안하게 하는 것인데, 어리석은 사람은 오히려 어렵게 여겨서 실행을 하지 않는다. 이렇게 반대적인 행동을 하게 되면 나중에는 갈라져서 한쪽은 고뇌苦惱 속에서 살아가게 되고, 한쪽은 낙원樂園에서 살아가게 됨이 명약관화 明若觀火이다.

9

원문原文 · 해역解譯

如眞人敎   진인의 가르침과 같이
여 진 인 교

以道法身	도로써 법의 몸이 되면
이 도 법 신	
愚者疾之	어리석은 자는 그를 미워하여
우 자 질 지	
見而爲惡	보고는 악이라 하네.
견 이 위 악	
行惡得惡	악을 행하여 악을 얻는 것은
행 악 득 악	
如種苦種	괴로움의 종자를 심는 것과 같나니라.
여 종 고 종	

| 주석註釋 |

1 眞人 : 아라한의 번역. 진리를 깨달은 사람이란 뜻. 보통은 아라한을
  말하나, 부처님을 진인이라고도 함.
2 道法 : 도리道理와 법도法度. 깨달음에 이르는 올바른 법. 불법佛法. 도
  교道敎의 법.
3 愚者 : 어리석은 사람.

| 해의解義 |

  부처님의 가르침대로 수행하는 진인眞人을 보고는 어리석은 사람
들은 미워하고 시기猜忌하며 질투嫉妬를 부린다. 그러나 진인은 부
처님의 도와 법으로 몸을 삼아서 수행을 하기 때문에 계율을 범하여
악의 소굴로 들어가지 않는다. 옛말에 "종과득과種瓜得瓜, 종두득두
種豆得豆."라 하였다. 즉 '오이를 심으면 오이를 얻고, 콩을 심으면
콩을 얻는다.'는 뜻이다. 결국 심은 대로 거두게 되는 것이고, 지은
대로 받게 되는 것이 호리毫釐도 틀림없는 천리天理의 원칙原則이다.

10

惡自受罪 악 자 수 죄	악은 저절로 죄를 받고
善自受福 선 자 수 복	선은 저절로 복을 받나니
亦各須熟 역 각 수 숙	또한 각각 모름지기 무르익어서
彼不自代 피 불 자 대	남이 자기를 대신하지 못 하네.
習善得善 습 선 득 선	선을 익히면 선을 얻는 것이
亦如種甛 역 여 종 첨	또한 달콤한 씨를 심는 것과 같나니라.

| 주석註釋 |

1 受罪 : 죄罪를 받음.
2 熟 : 익을 숙. ① 익다. ② 여물다. ③ 무르익다.
3 習善 : 선을 익힘.
4 種甛 : 달콤한 것을 심음.
5 甛 : 달 첨. 달다.

| 해의解義 |

　악한 짓을 행하였으면 저절로 죄를 받게 되고, 선을 행하였으면 복을 받게 되는 것이 변變하지 않는 인과因果의 법칙이다. 따라서 이

선과 악은 각각 지은 사람의 심전心田에서 자라나서 무르익는 것으로 바꿔지거나 대신代身할 수 있는 것이 아니다. 마치 형상에 그림자가 따르듯이 꼭 그 사람만을 따라서 죄복罪福으로 나뉘게 된다. 그러므로 복숭아를 심어서 복숭아를 얻듯이 항상 달콤한 종자를 사위四圍에 심고 잘 가꾸어서 좋은 열매를 얻어 천년만년 행복하게 살아야 한다.

원문原文 · 해역解譯

自利利人   자기도 이롭고 남도 이로운 것은
자 리 이 인

益而不費   유익이요 허비하는 것이 아니니
익 이 부 비

欲知利身   자신을 이롭게 함을 알고자 하거든
욕 지 이 신

戒聞爲最   계율을 들음이 최상이 되나니라.
계 문 위 최

| 주석註釋 |

1 自利 : ① 자기의 이익. ② 스스로 수행하여 자기를 위하는 이익을 얻음. 자기를 위하여 닦는 불법佛法.

2 利人 : 다른 사람도 이로운 것.

3 最 : 가장 최. ① 가장. 제일. 으뜸. ② 최상最上. 가장 뛰어난 것.

| 해의解義 |

　부처님이 이런 말씀을 하였다. "자리이인自利利人, 법계구족法皆
具足."이라, 즉 '자기도 이롭게 하고 남도 이롭게 하는 법이 원래 다
구족되어 있다.'는 말이다. 원래 자리이타自利利他(自行化他=自益益
他)라는 말처럼 근본적으로 서로 이익이 될 수 있도록 구비되어 있
다. 그러나 이런 이치를 알지 못할 경우에는 "불비지혜不費之惠"를
해야 한다. 즉 자기에게는 해가 될 것은 없어도 남에게는 이익이 될
수 있도록 베풀어 줄 은혜가 있어야 하고 여기다 계율戒律을 잘 지킨
다면 금상첨화錦上添花가 된다.

　如有自憂　만일 스스로 근심이 있어서
　여 유 자 우

　欲生天上　천상에 나고자 한다면
　욕 생 천 상

　敬樂聞法　공경하여 법문 듣기를 즐기고
　경 락 문 법

　當念佛教　부처님의 가르침을 생각해야 하나니라.
　당 념 불 교

1 天上 : ① 하늘의 위. ② 천상계天上界. ③ 6도道의 하나. 욕계 · 색계 · 무색계의 여러 하늘.

2 聞法 : 설법說法을 들음.

3 佛敎 : 석가모니불께서 말씀하신 교법과, 그 발달하고 분파한 온갖 교리와 법문과 종지宗旨의 총칭.

| 해의解義 |

사람들이 근심 걱정이 많고 온갖 고통으로 얼룩진 고해苦海의 사바세계娑婆世界를 버리고 천상세계에 나서 살고자 한다면 공경과 정성을 다하여 견불문법見佛聞法을 해야 한다. 즉 눈으로는 대자대비大慈大悲하신 부처님을 보고, 귀로는 오묘奧妙한 설법說法을 들어서 피가 되고 살이 되도록 하며 여기에다가 수행의 모진 노력을 가해야 한다. 그러지 아니하고 건성으로 하거나 쉽게 얻으려고 생각을 해서 게으름을 피우고 미룬다면 큰 공부를 이뤄낼 수가 없다는 것을 명심해야 한다.

원문原文 · 해역解譯

凡用必豫慮　　무릇 쓸 것을 반드시 미리 생각하여
범 용 필 예 려

勿以損所務 　힘써야 할 바를 잃어버리지 말지니
물 이 손 소 무

如是意日修 　이와 같이 뜻(마음)을 날마다 닦으면
여 시 의 일 수

事務不失時 　해야 할 일에 때를 놓치지 않나니라.
사 무 불 실 시

| 주석註釋 |

1 豫慮 : 미리 생각함.
2 損 : 덜 손. ① 덜다. 줄이다. ② 줄다. 감소하다. ③ 잃다. 손해를 보다.
3 所務 : 힘쓸 것.
4 事務 : 맡고 있는 직에 관련된 모든 것을 다루고 처리하는 여러 활동.
5 失時 : 시기時機를 놓침.

| 해의解義 |

《서경書經》의 열명說命 중中에 이런 글귀가 있다. "여선이동慮善以動, 동유궐시動有厥時, 유기선유기선有其善, 상궐선喪厥善, 긍기능矜其能, 상궐공喪厥功, 유사사惟事事, 내기유비乃其有備, 유비무환有備無患."이다. 즉 '착함을 생각하시며 행동하시고 행동은 그때를 맞추어 하십시오. 스스로 그가 착함이 있다고 하면 그의 착함을 잃고, 스스로 그가 능력을 자랑하면 그의 공을 잃을 것입니다. 모든 일마다 그 준비가 있어야 하는 것이니 준비가 있으면 걱정이 없을 것입니다.' 하였으니, 유추類推하면 뜻을 알 수 있다.

夫治事之士
부 치 사 지 사
대저 일을 다스리는 사람은

能至終成利
능 지 종 성 리
능히 마침내 이로움을 이루기에 이르러

眞見身應行
진 견 신 응 행
참된 견해를 몸으로 응당 행하나니

如是得所欲
여 시 득 소 욕
이같이 하면 하고자 하는 바를 얻나니라.

| 주석註釋 |

1 眞見 : 진실한 견해.
2 應行 : 응당 행함.
3 所欲 : 하고 싶어 하는 바, 또는 하고자 하는 바.

| 해의解義 |

사람이 일을 하는데 있어서는 너와 나, 내편과 네 편을 가르지 말고 이익이 되도록 해야 한다. 혹 한편만 이익을 얻고 다른 한편은 이익이 돌아가지 않는다면 참된 일이라고 할 수 없다. 그러므로 참된 견해와 의견이라면 적극적으로 몸소 실행을 해서 소득을 얻도록 해야 한다. 만일 옳은 길이요, 옳은 법인데도 실천을 하지 않는다면 얻음을 이룰 수 없고 도법道法을 깨달을 수가 없다. 따라서 도와 법을 알지 못하면 해탈解脫 열반涅槃의 구경처究竟處에 안주安住하기가 어렵다.

제 *21*
세속품世俗品

1

원문原文 · 해역解譯

世俗品者
세 속 품 자

세속품이란

說世幻夢
설 세 환 몽

세상이 허깨비이며 꿈으로

當捨浮華
당 사 부 화

마땅히 허공의 꽃을 버리고

勉修道用
면 수 도 용

도의 수행을 닦기에 힘쓸 것을 말한 것이니라.

| 주석註釋 |

1 世俗 : ① 세상에 흔히 있는 풍속風俗. ② 속세俗世. ③ 속되고 저열함.

2 幻夢 : 허황虛荒한 꿈.

3 浮華 : 실속은 없이 겉만 화려함.

4 道用 : 도에 맞는 수행.

세속품의 취지에 대하여 말하고 있다. 어제 보이던 사람이 오늘은 안 보이고, 어제 부유한 사람이 오늘은 노숙자露宿者가 되며, 어제는 관위官位에 있던 사람이 오늘은 영락零落한 신세가 되는 등 세상은 그야말로 무상無常이요 환상幻像으로, 허깨비요 꿈이라는 것을 설명하고 있다. 그러므로 부처님의 법을 받들어 제자가 된 사람은 속세俗世의 허황된 부귀영화를 헌신짝처럼 버리고 도를 닦아 청정淸淨을 이루고 해탈解脫을 얻어서 영겁을 잘 살아가야 한다.

원문原文 · 해역解譯

如車行道
여 거 행 도
만일 수레로 길을 가면서

捨平大途
사 평 대 도
평탄하고 큰 길을 버리고

從邪徑敗
종 사 경 패
그릇된 지름길을 따르면 부서지고

生折軸憂
생 절 축 우
굴대마저 꺾어질까 근심이 생기나니라.

| 주석註釋 |

1 行道 : ① 여러 승려僧侶가 경을 읽으면서 거닐거나 불상佛像의 둘레를

도는 일. ②도를 닦음. ③길을 감.

2 邪徑 : ①곧지 아니한 길. ②부정不正한 마음 또는 행위.

3 軸 : 굴대 축. 굴대(한가운데에 뚫린 구멍에 끼우는 긴 나무 막대나 쇠 막대).

| 해의解義 |

사람이 수레(자동차)를 타고 길을 가면서 법규를 잘 지켜 나아가면
충돌이나 사고가 없이 무사하게 목적지에 닿을 수 있다. 그런데 반
대로 수레를 거칠게 몰고 법규를 어겨서 곧지 않은 길로 나아가면
틀림없이 사고를 일으켜 피해를 주게 된다. 군경절축群輕折軸이라는
말처럼 아무리 가벼운 것이라도 많이 모이면 수레의 굴대를 구부러
뜨릴 수 있다는 뜻이다. 그러므로 수도하는 사람은 많고 큰 것을 어
떻게 하려 말고 적고 작은 것부터 적공積功하기에 힘을 쏟아야 한다.

3

離法如是　　법을 여임도 이와 같아서
이 법 여 시

從非法增　　법이 아님을 좇아 더하며
종 비 법 증

愚守至死　　어리석음을 지켜서 죽음에 이르나니
우 수 지 사

亦有折患　또한 꺾어야 할 근심이 있음이니라.
역 유 절 환

| 주석註釋 |

1 非法 : 법이나 도리道理에 어긋남.
2 至死 : 죽을 지경에 이름.

| 해의解義 |

《금강경金剛經》에 부처님이 말씀하였다. "여등비구汝等比丘, 지아
설법여벌유자知我說法如筏喩者, 법상응사法尚應捨, 하황비법何況非
法!"이다. 이는 곧 '너희들 비구들아, 나의 설법이 뗏목의 비유와 같
음을 아는 자들은 법도 오히려 버려야 하거늘, 어찌 하물며 법이 아
님에 있어서랴!'의 의미이다. 수도하는 사람이 어리석게 흥얼거리
며 놀고 먹다가 죽음에 이르러서 되돌리려 하지만 이미 떠나버린 배
와 같은지라 도저히 꺾어나 내쫓을 수 없는 근심 걱정이 산처럼 쌓
이게 된다.

| 원문原文 · 해역解譯 |

順行正道　바른 도리를 순순히 행하고
순 행 정 도

勿隨邪業
물 수 사 업
사악한 업을 따르지 않는다면

行住臥安
행 주 와 안
가고 머물고 눕는 것이 편안하리니

世世無患
세 세 무 환
세상마다 근심이 없게 되나니라.

| 주석註釋 |

1 順行 : ① 떠돌이 별이 서에서 동으로 향向하여 공전公轉과 자전自轉을 하는 일. ② 차례대로 진행함.
2 正道 : ① 올바른 길. ② 사람이 행해야 할 바른길. 정당한 도리道理.
3 世世=代代 : 거듭된 세대世代.

| 해의解義 |

바른 도리道理라는 것은 부처님의 도道요 진리眞理이다. 부처님의 도와 진리같이 바른 것이 세상에는 없으니 그 도에 순순히 따라 수행에 힘을 써야 한다. 그리하여 삿된 업을 짓거나 따르지 않으면 가거나 머무르거나 누울지라도 항상 편안하여 근심 걱정이 없게 된다. 이렇게 되면 이승뿐만 아니라 다음 생애生涯에까지 우환憂患이 없어져서 세세생생世世生生 해탈의 진경眞境에 안주하여 즐거운 생활을 누리게 된다. 그러니 부처님 법을 신봉하여 한시 반시라도 여의지 말고 공부하자.

5

萬物如泡 _{만 물 여 포}	만물은 물거품과 같고
意如野馬 _{의 여 야 마}	뜻(마음)은 아지랑이와 같으며
居世若幻 _{거 세 약 환}	세상에 사는 것은 허깨비 같나니
奈何樂此 _{내 하 낙 차}	어떻게 이것을 즐거워하랴!

| 주석註釋 |

1 萬物 : ① 세상에 있는 모든 것. ② 갖가지 수많은 물건.
2 泡 : 거품 포. ① 거품. ② 물 흐르는 소리.
3 野馬 : ① 맑은 봄날 멀리 땅 위에 아른거리는 공기 현상. 복사열輻射熱 때문에 공기의 밀도가 고르지 아니하여 아른아른하게 보임. 아지랑이. ② 야생野生하는 말.
4 奈何 : 어찌함, 어떻게. 옛말에서처럼 물음씨끝 '-오'가 직접 붙어 '내하오'로만 쓰이는 옛 글투.

| 해의解義 |

《금강경金剛經》에 "일체유위법一切有爲法, 여몽환포영如夢幻泡影." 이라 하였다. 즉 '모든 유위법은 꿈, 환상, 물거품, 그림자와 같다.'는 뜻이다. 여기서 유위법有爲法이란, 인연因緣에 의하여 생멸生滅하

는 만유일체萬有一體의 법法을 말하는 것으로 우주만물을 가리키기
도 한다. 이러한 것들이 물거품 같고 아지랑이 같다는 것이다. 아울
러 세상을 사는 것도 허깨비가 요술을 부리는 것과 같은 것인데 여
기에 재미와 즐거움을 붙이고 살다가 어느 날 갑자기 눈앞에서 사라
지면 어찌 하리요.

6

若能斷此 만일 능히 이것을 끊고
약 능 단 차

伐其樹根 그 나무의 뿌리를 잘라낼지니
벌 기 수 근

日夜如是 낮이나 밤이나 이와 같이하면
일 야 여 시

必至于定 반드시 선정에 이르게 되나니라.
필 지 우 정

| 주석註釋 |

1 樹根 : 나무의 뿌리.
2 日夜 : 밤과 낮. 밤낮.
3 定=禪定 : 6바라밀의 하나. 선은 범어 선나의 준말. 정은 한문으로 번
역한 말. 선정이라 함은 범어와 한문을 함께 일컫는 것으로 선禪이라

는 말이기도 하다. 그래서 선이란 범어 선나禪那의 준말. 정定·정려
靜慮·기악棄惡·사유수思惟修라 번역. 진정한 이치를 사유思惟하고,
생각을 고요히 하여 산란치 않게 하는 것. 마음을 한 곳에 모아 고요
한 경지에 드는 일. 조용히 앉아 선악을 생각지 않고, 시비에 관계하
지 않고, 유무有無에 간섭하지 않아서 마음을 안락 자재한 경계에 소
요逍遙케 하는 것을 이른다.

| 해의解義 |

위에서 말한 허깨비 같은 세상에서 살아가는 즐거움을 끊어야 한
다. 이를 끊어버리기를 나무를 베듯이 해야 한다. 나무를 베는 사람
이 가지나 줄기를 베고 뿌리를 그대로 두면 또 다시 싹이 나오는 것
이니 완전히 뿌리를 파내야 한다. 이러하듯이 세락世樂이나 욕정慾
情 억제하기를 밤과 낮을 잊고 정진하여 선정禪定에까지 들어가야
한다. 현실적인 생각이나 의욕만 가지고는 그 뿌리를 파버리기가 어
려운 것이니 입정入定 상태가 되어야 그 흔적까지도 녹여낼 수 있
다.

7

一施如信　　한 번의 보시도 믿음과 같이하고
일 시 여 신

如樂之人	좋아하는 사람과 같이해야 하지만
여 요 지 인	

或從惱意	혹시 고뇌의 뜻(마음)을 좇으며
혹 종 뇌 의	

以飯食衆	밥을 대중에게 먹일지라도
이 반 식 중	

此輩日夜	이러한 무리는 밤과 낮으로
차 배 일 야	

不得定意	뜻(마음)의 고요함을 얻지 못하나니라.
부 득 정 의	

| 주석註釋 |

1 樂 : 좋아할 요, 즐길 락, 노래 악 ; ① 좋아하다. ② 즐기다. 즐거워하
다. ③노래. 음악音樂.
2 食衆 : 사食는 먹인다는 뜻이 되어 여러 사람에게 먹이는 것을 말한다.

| 해의解義 |

사람이 단 한 번의 보시를 할지라도 부처님을 믿고 그 법을 봉대
하는 마음과 좋아하는 마음을 가지고 한다면 그 공덕功德이 수승하
게 된다. 즉 유상보시有相布施가 아닌 무상보시無相布施가 되어야 참
된 보시라고 할 수 있다. 비록 욕심이 없는 그 마음으로 대중에게 공
양하기를 밤과 낮으로 부지런히 할지라도 이런 자세로는 보시하는
본인도 그러하지만 대중의 마음도 일체 번뇌煩惱가 사라진 참 선정
禪定을 이룰 수 없고 안정安定을 꾀할 수도 없다는 것을 알아야 한
다.

8

世俗無眼
세 속 무 안
세속 사람들은 눈이 없어서

莫見道眞
막 견 도 진
도의 진실을 보지 못하나니

如少見明
여 소 견 명
만일 조금이라도 밝음을 보려거든

當養善意
당 양 선 의
마땅히 착한 뜻(마음)을 길러야 하나니라.

| 주석註釋 |

1 世俗 : ① 세상에 흔히 있는 풍속風俗. ② 속세. ③ 속되고 저열함.

2 無眼 : '눈이 없다' 는 뜻으로, '불도佛道를 보거나 믿지 않음' 을 일컫는 말이다.

3 善意 : ① 선량한 마음. 착한 마음. ② 남을 위해서 좋게 보거나 좋은 면을 보려고 하는 마음. ③ 관계의 발생과 소멸消滅 및 그 효력에 영향을 끼치는 사실을 모름.

| 해의解義 |

　세속 사람들은 눈이 없다 하면 장님이나 소경을 생각하기가 쉬운데, 불교의 입장에서는 눈이 없다는 것은 심안心眼이 열리지 않았다는 것으로, 부처님의 도를 알아보지도 못하고 믿지도 아니하여 법도法度가 없이 살아가는 것을 말한다. 이러한 사람은 도의 진실眞實 됨

을 보지 못할 뿐만 아니라 미망迷妄으로 흘러가기가 쉽다. 그러므로
부처님을 믿는 사람들은 자신의 마음을 잘 길러서 자기의 부처가 나
타나도록 하여야 영겁을 통해서 해탈의 열반세계에서 살아갈 수 있
다.

원문原文 · 해역解譯

如鴈將群
여 안 장 군
마치 기러기가 무리를 거느리고

避羅高翔
피 라 고 상
그물을 피하여 높이 날아가듯

明人導世
명 인 도 세
밝은 사람은 세상을 인도하고

度脫邪衆
도 탈 사 중
삿된 무리를 제도해서 벗어나게 하나니라.

주석註釋

1 羅 : 벌일 라, 그물 라. ① 벌이다(일을 계획하여 시작하거나 펼쳐 놓다). ②
  그물을 치다, 그물질하다.
2 高翔 : 높이 날아오름.
3 度脫 : 중생을 제도하여 번뇌煩惱 · 미망迷妄에서 벗어나 오도悟道의
  경지에 이르게 함.

4 邪衆 : 사악邪惡한 무리.

| 해의解義 |

　기러기가 나는데 반드시 무리를 이끄는 대장 기러기가 있다. 무리들이 대장 기러기의 뒤를 잘 따라 날면 탈이 안 생기지만 무리에서 이탈을 하면 변을 당하는 수가 있다. 이와 같이 지혜롭고 밝은 사람은 반드시 세상을 인도하는 리더(leader)로 조직이나 단체 따위에서 전체를 이끌어 가는 위치에 있을 수밖에 없다. 결국 이러한 역할을 선지자先知者 또는 선각자先覺者가 할 수밖에 없는 것이니 부처님의 제자가 되어 못 건질 한 생령이라도 남아있다면 부처님의 제자 역할을 잘못한 것이라고 할 수 있다.

10

원문原文·해역解譯

世皆有死　　세상은 모두 죽음이 있고
세 개 유 사

三界無安　　삼계도 편안함이 없으니
삼 계 무 안

諸天雖樂　　모든 하늘이 비록 즐거우나
제 천 수 락

福盡亦喪　　복이 다하면 또한 잃게 되나니라.
복 진 역 상

1 三界 : 【범】Trayo-dhātavaḥ, 【팔】Tayodhātavo, 생사유전生死流轉이 쉴 새 없는 미계迷界를 셋으로 분류한 것. 욕계 · 색계 · 무색계. ① 욕계欲界 ; 욕은 탐욕이니, 특히 식욕 · 음욕 · 수면욕睡眠欲이 치성한 세계. ② 색계色界 ; 욕계와 같은 탐욕은 없으나 미묘微妙한 형체가 있는 세계. ③ 무색계無色界 ; 색계와 같은 미묘한 몸도 없고, 순 정신적 존재의 세계. 이 3계를 6도道 · 25유有 · 9지地로 나누기도 함.

2 諸天 : 모든 하늘. 불교佛敎에서는 하늘이 여덟으로 되어 있는데, 그 여러 하늘은 마음을 수양修養하는 경계를 따라서 나뉘어 있으며, 이 여덟의 모든 하늘을 말함.

| 해의解義 |

천하를 통일한 진시황秦始皇은 부귀영화를 그대로 두고 죽을 수는 없었다. 그리하여 서불徐市의 의견을 받아 삼신산三神山으로 불로초不老草를 캐러 보냈지만 간 사람들은 소식이 없는지라 진시황은 기다리다가 죽고 말았다. 또한 욕계欲界, 색계色界, 무색계無色界인 삼계三界도 편안하지 않으니 어디 간들 편안하겠는가? 모든 하늘의 세계가 비록 즐거운 곳이라고 하지만 거기서 누릴 복을 다 누리게 되면 떨어지게 된다. 이것을 복진타락福盡墮落이라고 한다.

觀諸世間 관 제 세 간	모든 세상 사이를 관찰해 보면
無生不終 무 생 부 종	생겨나서 마치지 아니함이 없으니
欲離生死 욕 리 생 사	생사를 여의(벗어나)고자 할진대
當行道眞 당 행 도 진	마땅히 도의 진실을 행해야 하나니라.

| 주석註釋 |

1 無生 : ① 모든 법의 실상實相은 나고 없어짐이 없다는 뜻. ② 다시 미
계에 나지 않는다는 뜻으로, 아라한阿羅漢 열반涅槃의 일컬음. ③ 세상
에 태어나지 않음.

2 生死 : 【범】 jāti-maraṇa, 중생의 일생 시종을 말함. 선마말랄남繕摩末
剌諵, 사제말랄남闍提末剌諵이라 음역. 이에 분단생사分段生死 · 변역생
사變易生死의 구별이 있음.

| 해의解義 |

무릇 세간으로 나온 형상을 가진 모든 것들은 반드시 죽음이라는
관문關門을 통과하도록 되어 있다. 나면 죽지 않음이 없다는 말이
다. 옛날 사람들이 "불로문不老門"이라는 문을 만들어 놓고 그 문으
로 출입을 하면 늙지도 않고 죽지도 않는다고 하였지만 헛된 믿음에

지나지 않는다. 그러나 정말로 죽지 않고 오래 살려면 불도佛道를
수행하여 원래 생멸거래生滅去來가 끊어진 열반涅槃의 경지에 이르
지 않고는 이 생사를 벗어날 수가 없다는 것을 깊이 깨닫고 알아야
한다.

원문原文 · 해역解譯

癡覆天下   어리석음이 천하를 덮고
치 복 천 하

貪令不見   탐욕은 보지 못하며
탐 령 불 견

邪疑却道   사악한 의심은 도를 물리치니
사 의 각 도

苦愚從是   괴로움과 어리석음이 이를 따르나니라.
고 우 종 시

| 주석註釋 |

1 天下 : ① 하늘 아래의 온 세상. ② 한 나라 전체. ③ 온 세상, 또는 한
  나라가 그 정권政權 밑에 속屬하는 일.
2 苦愚 : 괴로움과 어리석음.

세상의 모든 존재는 자연 그대로이기 때문에 삿되거나 미혹迷惑
되지 아니하여 맑고 밝다. 그런데 인간이라는 사악邪惡한 동물이 자
연의 질서에 개입介入을 하면서부터 어리석음과 삿됨으로 세상을
흔들어서 탐욕貪慾과 미망迷妄이 판을 치고 참된 도가 어디로 갔는
지 알 수가 없게 되었다. 다시 말하면, 정도正道가 사도邪道에 밀려
서 사라지다보니까 사람마다 고통이요 어두워서 제 앞길도 비추지
못하고 고뇌苦惱 속에서 겨우겨우 살아가고 있다.

一法脫過　한 법을 벗어나고 지나쳐서
일 법 탈 과

謂妄語人　망령된 말을 일컫는 사람은
위 망 어 인

不免後世　뒷세상에 (태어남을) 면하지 못하리니
불 면 후 세

靡惡不更　갚아지지 않는 악은 없나니라.
미 악 불 경

| 주석註釋 |

1 妄語 : 10악惡의 하나. 입(口)으로 지은 4과過의 하나. 허광어虛誑語라

고도 한다. 진실치 못한 허망한 말을 하는 것. 거짓말.

2 後世 : 죽은 뒤에 다시 오는 세상, 곧 미래에 태어날 세계. 후생과 같음.

3 靡 : 쓰러질 미. ① 쓰러지다, 쓰러뜨리다. ② 말다. 금지하다. 없다.

4 不更 : 경은 보상報償의 뜻이니, 즉 갚지 않음을 이르는 말이다.

| 해의解義 |

한 법을 여러 가지로 해설을 할 수 있지만, 여기서는 계율戒律에 중점을 두어서 입을 통한 말의 출입出入을 가지고 설명하는 것이 타당할 것 같다. 즉 망령된 말을 경계한 것으로 보기 때문이다. 소승小乘이라고 다 그런 것은 아니지만 소승은 주로 괴로운 이 세상에 태어나기를 싫어한다. 그러나 망령된 말을 많이 하여 업력業力이 쌓이게 되면 다시 세상으로 나올 수 밖에 없다. 이에 나오게 되면 악으로 지어놓은 업장業障의 갚음을 받지 않을 수 없게 되나니 업業을 잘 만들어야 한다.

14

雖多積珍寶
수 다 적 진 보
비록 진귀한 보배를 많이 쌓아

嵩高至于天
숭 고 지 우 천
높이가 하늘에까지 이르듯

如是滿世間
여 시 만 세 간
이와 같이 세상에 가득할지라도

不如見道迹
불 여 견 도 적
도의 자취를 보는 것만 같지 못 하나니라.

| 주석註釋 |

1 珍寶 : 진귀珍貴한 보배.
2 嵩高＝崇高 : 존엄尊嚴하고 고상高尙함.

| 해의解義 |

　무릇 어리석은 사람이 칼을 쥐게 되면 자신도 상상傷하지만 다른 사
람도 상하게 만든다. 이와 같이 미혹迷惑하고 탐욕貪慾이 많은 사람
이 재물을 축적蓄積하여 하늘까지 닿고 이 세상에 가득 채우게 되었
다면 어떨까? 아마 그 재물이나 보배로 인하여 죄업을 쌓게 되어 온
전한 생활도 못할 뿐만 아니라 죽은 뒤에는 지옥으로 들어갈 수밖에
없다. 따라서 도道의 자취는 절대로 볼 수가 없게 되어 해탈이나 열
반은 꿈도 못 꾸고 중생계에 있으면서 온갖 고통을 받게 된다.

不善像如善
불 선 상 여 선
선하지 않으면서 선한 것 같은 모습이고

愛如似無愛
애 여 사 무 애

사랑하면서 사랑이 없는 것 같이 하며

以苦爲樂像
이 고 위 낙 상

괴로우면서 즐거운 모습을 하는 것은

狂夫爲所猒
광 부 위 소 염

미친 사나이도 싫증내는 바이니라.

| 주석註釋 |

1 不善 : ① 착하지 아니함. ② 좋지 못함. ③ 잘하지 못함.
2 像 : 모양 상. ① 모양. 형상. 모습. ② 본뜬 형상, 본떠 그린 모양.
3 無愛 : 사랑하지 않음. 사랑이 없음.
4 狂夫 : 미친 사내.
4 猒 : 물릴 염. ① 물리다. ② 싫증이 나다.

| 해의解義 |

사람은 2중 3중으로 장막帳幕을 가리고 사는 지도 모른다. 자기를 드러내기도 하지만 어쩐지 숨겨야 할 비밀秘密이 많은 사람은 정상적인 행동을 아니 한다. 즉 착하지도 않으면서 착한 체를 하고, 사랑하지도 않으면서 사랑하는 체를 하며, 괴로우면서도 즐거운 체를 하는 등, 변수가 많이 있어서 하게 되는 말이다. 이것은 위선僞善일 수도 있고, 위애僞愛일 수도 있으며, 위락僞樂일 수도 있다. 이러한 상황은 어리석은 사람이나 미친 사나이까지도 오히려 싫어하는 바가 되는 것이니 삼가야 한다.

제 *22*
술불품述佛品

1

원문原文 · 해역解譯

述佛品者
술 불 품 자
술불품이란

道佛神德
도 불 신 덕
부처님의 신령한 덕은

無不利度
무 불 이 도
이로움으로 제도하지 않음이 없으니

明爲世則
명 위 세 칙
분명히 밝혀서 세상의 법칙이 됨을 말함이니라.

| 주석註釋 |

1 佛神 : 부처의 신령神靈함.

2 世則 : 세상의 법칙.

술불품의 취지에 대해서 말하고 있다. 부처님은 복락과 지혜를 무진無盡하게 갖추어서 신령神靈한 덕화德化를 한량없이 나툰다. 그러므로 세상에서 가장 존귀하고 광흉廣胸하여 뭇 생령生靈의 자비불慈悲佛로 일체 중생을 모두 제도하여 극락으로 인도하는 반야용선般若龍船의 선주船主이시다. 따라서 부처님이 실천하셨던 행동, 설파하셨던 법문, 가르치셨던 진리 등등은 바로 세상의 법칙法則이 되는 것이니 우리는 그 길을 밟고 나아가서 부처님이 뜻한 세상을 만들어야 한다.

2

원문原文 · 해역解譯

已勝不受惡
이 승 불 수 악
이미 승리하여 악을 받지 않고

一切勝世間
일 체 승 세 간
일체 세상에서도 승리하여

叡智廓無疆
예 지 확 무 강
밝은 지혜가 넓어 끝이 없으니

開矇令入道
개 몽 영 입 도
어둠을 열어서 도에 들어가게 하나니라.

1 叡智 : ① 뛰어난 깊은 지혜智慧. 지혜롭고 밝은 마음과 생각. ② 인식 認識하는 능력. 칸트에 의하면, 감각적感覺的으로 주어지지 않는 것을 주관적主觀的으로 표상表象할 수 있는 힘.

2 廓 : 클 확. ① 크다. ② 넓다, 넓히다. ③ 휑하다. 텅 비다. ④ 열리다. 확장하다.

3 無疆 : 얼마 또는 어디까지라고 정함이 없음. 한이 없음. 끝이 없음.

4 開矇 : 몽매蒙昧함을 열어 줌.

4 入道 : 불교佛敎에 들어감.

| 해의解義 |

부처님은 일체 마군魔軍을 항복받아 노복奴僕같이 부려 쓰고 위덕威德이 출중하여 어떤 악도 받지 않는다. 그래서 일체 세상에 뛰어난 조어장부調御丈夫로 수승殊勝한 분이다. 따라서 예지叡智를 갈무리고 자비를 갖추어서 생령을 남김없이 제도한다. 또한 아무리 무지몽매無知蒙昧한 중생이라 할지라도 무량한 방편方便을 써서 몽암矇闇의 마음을 열어 자기 부처를 스스로 보고, 알고, 깨닫도록 인도하여 해탈의 열반에 들어가도록 무량의 교화를 펼친다.

決網無罣礙 결 망 무 패 애	그물을 터서(끊어서) 걸림이 없듯이
愛盡無所積 애 진 무 소 적	애욕이 다하여 쌓인 바가 없으니
佛意深無極 불 의 심 무 극	부처님의 뜻(마음)은 깊고 끝이 없어서
未踐迹令踐 미 천 적 령 천	아직 밟지 못한 자취를 밟게 하나니라.

| 주석註釋 |

1 決網 : 그물을 트다.
2 罣礙 : 괘罣는 사면四面의 장애, 애礙는 앞길이 막힌 것. 곧 앞뒤 좌우 상하에 장애되어 진퇴할 길이 없음을 말함.
3 佛意 : 진리眞理를 완전히 깨달은 부처의 지혜智慧.
4 無極 : ① 끝이 없음. ② 동양東洋 철학哲學에서 태극의 처음 상태를 일컫는 말. ③ 전극電極이 존재하지 않음.
4 未踐迹 : 아직 밟지 못한 자취. 일찍이 사람들이 알지 못했던 바른 도를 뜻한다.

| 해의解義 |

부처님의 지혜란 얽어놓은 그물의 망이 확 터진 것과 같아서 걸리고 막힌 바가 없이 하늘땅에 널리 펼쳐 있다. 따라서 애욕愛慾이라는 것이 조금이라도 쌓이거나 남음이 없어서 만 생령이 한 품에

안겨있다. 이렇게 부처님의 마음은 넓고, 높고, 커서 끝이 없는 우주이다. 그리하여 우리가 알음알이나 깨달음으로 밟아보지도 못하고 가보지도 못한 진리의 세계를 밝게 파헤치고 가르쳐서 미답未踏의 답踏을 하고, 미지未知의 지知를 이루도록 하였으니 참으로 위대한 성자聖者이시다.

원문原文 · 해역解譯

勇健立一心 용 건 입 일 심	용감하고 건실하게 한마음 세우고
出家日夜滅 출 가 일 야 멸	집을 나와서 낮과 밤으로 탐욕을 멸하여
根斷無欲意 근 단 무 욕 의	근을 끊어 욕망의 뜻(마음)을 없앴으니
學正念淸明 학 정 념 청 명	바른 생각을 배워 맑고 밝나니라.

| 주석註釋 |

1 勇健 : 용감勇敢하고 건실健實함.

2 一心 : ① 만유의 실체인 진여眞如.《기신론起信論》에서는 일심을 세워 만유의 본체인 진여의 모양과 만유가 전개하는 상태를 설명하고,《화엄경華嚴經》에서는 3계界가 별법別法이 아니고, 오직 일심으로 된 것

이라 함. ② 우리들 평상시의 마음. 천태종天台宗에서 일심삼관一心三
觀의 교리를 말한 것은 우리들 평상시의 심념心念에 대하여 3제諦의
도리를 관하는 것.
3 出家 : 【범】 Pravrajita, 번뇌에 얽매인 속세의 생활을 버리고 성가聖家
의 생활에 들어감, 또는 출가한 사람.
4 滅 : 없애는 것이니, 즉 탐욕貪慾의 마음을 없애는 것.
5 根 : 한 작용을 일으키는 강력한 힘. 육근六根(眼·耳·鼻·舌·身·意)인
근의 총칭이다.
6 正念 : 8정도正道의 하나. 그릇된 생각을 버리고 항상 수행하기에 정
신을 집중하는 것.
7 淸明 : 맑고 밝음.

| 해의解義 |

　사문유관四門遊觀을 한 고타마 싯달타(Gautama Siddhartha) 태자는
동문에서는 늙은이를 보고, 남문에서는 병든 이를 보았으며, 서문에
서는 죽은 사람을 보고, 북문에 나가서는 승려를 보고는 곧 유성출
가踰城出家를 하였다. 그리하여 설산雪山에서 밤낮을 가리지 않고 용
맹정진勇猛精進하여 육근六根의 욕망을 모두 끊고 소멸하여 견명성
오도見明星悟道를 이루었다. 그러하니 일체의 번뇌煩惱와 미망迷妄이
사라지고 바른 생각, 맑은 마음, 밝은 진리를 이루어 크게 깨달은 성
자가 되었다.

원문原文 · 해역解譯

見諦淨無穢 견 제 정 무 예	진리를 보아 깨끗하여 더러움 없으니
已度五道淵 이 도 오 도 연	이미 다섯 갈레의 깊은 연못을 건넜네.
佛出照世間 불 출 조 세 간	부처님이 나와서 세상을 비춤은
爲除衆憂苦 위 제 중 우 고	뭇 근심과 괴로움 없애기 위함이니니라.

| 주석註釋 |

1 諦 : 살필 제(체). ① 살피다. ② 진실眞實. ③ 진리. 이치.

2 穢 : 더러울 예. ① 더럽다. ② 거칠다.

3 五道 : 또는 5취趣. 도道는 중생이 업인業因에 따라 왕래하는 곳. 지
　옥 · 아귀 · 축생 · 인도 · 천도.

4 憂苦 : 근심하고 괴로워함.

| 해의解義 |

　진리를 보고 진리를 깨달으면 순정순명純淨純明으로 일체 구예垢
穢가 없다. 그리하여 이미 지옥地獄 · 아귀餓鬼 · 축생畜生 · 인도人
道 · 천도天道의 오도五道의 깊은 연못을 건너서 해탈열반解脫涅槃의
경지에 도달하였다. 이런 분이 바로 부처님이니 항상 지혜의 광명을
내어 모든 세간을 비추어 사마악취邪魔惡趣를 소멸시킨다. 그리고

일체 생령들의 근심과 괴로움을 제거하여 희락喜樂이 넘치는 정토淨
土에서 살도록 하는데 온갖 방편方便을 다하여 제업濟業을 행하신
다.

원문原文 · 해역解譯

得生人道難
득 생 인 도 난
사람의 세계에 태어나기를 얻기가 어렵고

生壽亦難得
생 수 역 난 득
태어나서 오랜 삶을 또한 얻기 어려우며

世間有佛難
세 간 유 불 난
세상에 부처님 계셔 있기도 어렵고

佛法難得聞
불 법 난 득 문
부처님 법을 얻어 듣기도 어렵나니라.

| 주석註釋 |

1 人道 :【범】manuṣya, 5도道의 하나. 6도의 하나. 인간계界를 말함.
과거에 5계戒나 중품中品 10선善의 인因을 닦은 이가 나는 갈래(趣).

2 難得 : 구求하여 얻기 어려움.

3 佛法 : 부처님이 말씀하신 교법.

무릇 무수無數 많은 생령 가운데 사람의 몸을 받아서 세상에 태어난다는 것이 절대로 쉬운 일이 아니다. 또한 세상에 태어났다고 할지라도 정명定命을 다 누리고 살기가 어렵다. 부처님이 세상에 오더라도 늘 오는 것이 아니다. 따라서 무복자無福者는 세상에 태어나더라도 부처님 앞이나 부처님 뒤에 나와서 부처님을 만나지 못한다. 그러는데 어떻게 부처님의 법문을 직접 들을 수가 있겠는가. 뒤에라도 불법에 발심發心하여 공부를 하는 것도 인생에 가장 귀중한 불연佛緣임을 알아야 한다.

我旣無歸保
아 기 무 귀 보
나는 이미 돌아가서 지킬 것도 없고

亦獨無伴侶
역 독 무 반 려
또한 홀로 짝할 벗도 없이

積一行得佛
적 일 행 득 불
한길로 수행을 쌓아 부처를 얻어

自然通聖道
자 연 통 성 도
저절로 거룩한 도를 통달하였나니라.

1 保 : 지킬 보. 지키다. 보호하다.
2 伴侶 : 짝이 되는 것.
3 一行 : 한길로 수행하는 것.
4 聖道 : ① 성인聖人의 길. ② 거룩한 길.

| 해의解義 |

부처님이 수행하여 깨달아 부처를 이룬 과정을 말씀한 것이다. 부처님이 궁성宮城을 넘어 설산雪山에 들어가니, 이제는 왕궁으로 돌아갈 일도 없고 왕위王位를 물려받을 것도 없었다. 오직 혼자의 몸으로 짝할 사람도 없이 외롭게 지내며 도를 알고 진리를 깨닫기 위하여 수행정진修行精進할 뿐이었다. 그리하여 결국 새벽에 밝은 별을 보고 크게 깨달음을 얻어서 부처가 되어 성스러운 도, 거룩한 법을 걸리고 막힘이 없이 다 통달하여 삼계三界의 도사導師요, 사생四生의 자부慈父가 되었다.

8

원문原文 · 해역解譯

船師能渡水　　뱃사공은 능히 물을 건너듯
선 사 능 도 수

精進爲橋梁　　정진을 교량으로 삼음이라.
정 진 위 교 량

人以種姓繫　사람으로 써 종성에 얽매었어도
인 이 종 성 계

度者爲健雄　건너는 자는 굳건한 영웅이 되나니라.
도 자 위 건 웅

| 주석註釋 |

1 船師 : 뱃사공.
2 橋梁 : 강이나 내 등을 사람이나 차량이 건널 수 있게 만든, 비교적 큰 규모의 다리.
3 種姓=四姓 : ① 인도에서 예로부터 내려온 극단적인 세습적世襲的 신분 제도의 네 계급. 곧 승려僧侶로서의 바라문婆羅門, 왕족王族이나 무인武人으로서의 찰제리剎帝利, 평민平民으로서의 비사, 노예奴隷로서의 수다라首多羅의 넷. 카스트. ② 씨족氏族을 뜻함.

| 해의解義 |

　능란한 뱃사공은 어떠한 악천우惡天雨의 조건이라도 파도와 싸워서 저 언덕까지 사람을 무사히 도착시킨다. 또한 수행에 정진精進을 하는 사람은 어떤 마군이가 훼방을 부린다 할지라도 진력盡力하여 진리의 세계에 도달한다. 인도에서는 예로부터 내려오는 굳은 풍습의 카스트(caste) 제도가 있다. 그리하여 차별을 받는 종족種族이 많이 있다. 그러나 이들도 모든 고난과 역경을 이겨내고 부처님의 법에 귀의歸依하여 깊은 수도로 진리를 깨치고 성품을 보아서 얼마든지 부처를 이룰 수 있다.

9

원문原文 · 해역解譯

壞惡度爲佛
괴 악 도 위 불

악을 부수고 건넘을 부처라 하고

止地爲梵志
지 지 위 범 지

멈추는 자리를 범지라 하며

除饉爲學法
제 근 위 학 법

제근하는 것은 법을 배우는 것이라 하고

斷種爲弟子
단 종 위 제 자

종자를 끊음을 제자라 하나니라.

| 주석註釋 |

1 止地 : 멈추는 자리. 지止는 선정禪定의 딴 이름이니 마음이 일정한 곳에 멈추는 것을 말하는 것으로, 마음을 고요하게 멈추어서 망념妄念을 털어버리고 진리를 관증觀證하는 것을 말한다.

2 梵志 :【범】brahma-cārin, 범사梵士라고도 쓴다. 정예淨裔 · 정행淨行이라 번역. 바라문의 생활 가운데 4기期가 있다. 이것은 그 제1기로 스승에게 가서 수학하는 동안을 말함.

3 除饉 : 불교에 귀의하여 구족계具足戒를 받은 자를 말함. 남자 중을 제근남, 또는 비구比丘, 여자 중을 제근녀, 또는 비구니比丘尼라 함.

4 斷種 : 결혼하지 아니하여 자손을 두지 않음.

5 弟子 : 스승으로부터 가르침을 받는 사람.

| 해의解義 |

부처님은 모든 악을 무너뜨리고 육도六道의 윤회를 벗어나서 자

재自在를 이루었다. 구도자求道者는 선정禪定을 익혀야 한다. 선정을 익히지 않고는 번뇌煩惱나 망념妄念을 끊고 녹일 수가 없다. 출가를 한 사람은 남녀를 불문하고 구족계具足戒를 받아야 비구比丘가 되고 비구니比丘尼가 되어 진리의 길, 법의 길을 배운다. 따라서 승려는 결혼을 하지 않고 살기 때문에 자녀를 둘 필요가 없다. 오직 부처님을 믿고 받드는 제자가 되어 일생 내지 영생을 살아가야 한다.

원문原文 · 해역解譯

觀行忍第一　관행에는 참음이 으뜸이고
관 행 인 제 일

佛說泥洹最　부처는 열반이 최고라 말하였네.
불 설 니 원 최

捨罪作沙門　죄를 버리고 사문이 되었다면
사 죄 작 사 문

無嬈害於彼　남을 괴롭히거나 해쳐서는 안 되나니라.
무 요 해 어 피

| 주석註釋 |

1 觀行 : ① 마음으로 진리를 관하며, 진리와 같이 몸소 실행함. ② 자기
　마음의 본 성품을 밝게 관조하는 방법, 곧 관심의 행법行法.
2 嬈 : 번거로울 요. ① 번거롭다. 괴로워하다. ② 희롱하다. ③ 번뇌하다.

무릇 관행觀行이라는 것은 마음으로 진리와 성품을 관조觀照하는 방법으로, 일체의 곤경困境을 참고 끝까지 뚫어가는 것을 으뜸으로 삼는다. 또한 부처님은 생사의 해탈을 통해서 열반을 얻음이 최고라고 하였다. 이러한 가운데 부처님의 제자인 사문沙門이 되었다면 남을 괴롭히는 행위가 없어야 하고 피해被害를 주는 행동도 없어야 한다. 이러한 작태作態를 부리지 않고 바른 법을 실행하고 바른 도를 깨닫는다면 진정한 부처님의 제자로 자리매김하게 될 것이니, 이것이 바로 참된 사문이다.

원문原文 · 해역解譯

不嬈亦不惱　번거롭지도 않고 또한 괴롭히지 않으며
불 요 역 불 뇌

如戒一切持　계율을 모두를 가져 지니고
여 계 일 체 지

少食捨身貪　음식을 조금하여 육신의 탐욕을 버리며
소 식 사 신 탐

有行幽隱處　그윽하고 은밀한 곳에서 수행함이 있고
유 행 유 은 처

意諦以有黠　진리에 뜻(마음)에서 지혜를 얻으면
의 제 이 유 힐

是能奉佛教　이것이 능히 부처의 가르침을 받듦이니라.
시 능 봉 불 교

| 주석註釋 |

1 幽隱處 : 그윽하고 남이 보지 못하는 곳.

2 黠 : 지혜 힐, 약을 힐. ① 영리하다. ② 교활狡猾하다. 간교奸巧하다. ③
약다.

| 해의解義 |

부처님의 가르침을 신봉하는 사람은 먼저 계율戒律을 잘 지켜서
위배됨이 없어야 한다. 계율을 잘 지키면 탐욕貪慾을 부릴 일도 없
고 자신만을 위하려 아니하며, 음식도 존절히 먹고 무관사無關事에
도 부동不動을 한다. 그리하여 진리와 하나를 이루어서 맑고 밝은
지혜가 솟아나며 일체 생령을 건져 올리고 앞길을 열어주게 될 것이
니 불법이 아니면 절대적으로 할 수 없다. 그러니 이 세상에 사는 모
든 인류가 불도佛道에 다가서는 눈뜬 사람들이 되어야 한다.

원문原文 · 해역解譯

諸惡莫作　온갖 악을 짓지 말고
제 악 막 작

諸善奉行 제 선 봉 행	모든 선을 받들어 행하며
自淨其意 자 정 기 의	스스로 그 뜻(마음)을 밝히면
是諸佛教 시 제 불 교	이것이 모든 부처님의 가르침이니라.

| 주석註釋 |

1 諸惡 : 모든 악. 온갖 악.

2 奉行 : 시키는 대로 받들어 행行함.

3 自淨 : ① 바다, 강, 대기大氣 등이 자력으로 오염汚染을 지워 없애는
일. ② 어떤 조직이 자체 내의 나쁜 부분을 자력으로 없애는 일.

| 해의解義 |

불교에서는 이를 "칠불통계게七佛通戒偈"라 하고 있다. 즉 일곱
부처님이 공통으로 금계禁戒의 근본으로 삼는 게문偈文이라는 뜻이
다. "제악막작諸惡莫作, 제선봉행諸善奉行, 자정기의自淨其意, 시제불
교是諸佛教."이다. 즉 '온갖 악을 짓지 말고, 모든 선을 받들어 행하
며 스스로 그 뜻(마음)을 깨끗이 하면, 이것이 모든 부처님의 가르침
이니라.'는 의미이다. 즉 사람이 이 세상을 살아가면서 나쁜 짓은
절대로 하지 말고 착한 일만 골라 행하며, 내 마음에 흐림이 없이 깨
끗하고 밝으면 이것이 부처의 가르침이다.

13

佛爲尊貴
불 위 존 귀
부처님은 높고 귀하니

斷漏無婬
단 루 무 음
번뇌가 끊어지고 음욕이 없으며

諸釋中雄
제 석 중 웅
모든 석가족 가운데 영웅으로

壹群從心
일 군 종 심
한 무리가 마음으로 따랐나니라.

| 주석註釋 |

1 尊貴 : 높고 귀함.

2 漏 : 샐 루. 번뇌의 다른 이름. 누漏는 흐른다, 샌다는 뜻. 번뇌가 눈·
귀·코·입 등의 육근을 통해서 밤낮 새어 나와 그치지 않기 때문에
번뇌를 누라고 한다.

3 婬 : 음탕할 음. 음탕하다. 음란하다.

4 釋 : 석가釋迦·설기야設枳也의 약칭. 부처님의 성姓. 불교가 중국에
들어온, 처음에는 스님들이 축竺, 또는 사승師僧의 성을 따르더니, 진
나라 도안道安이 불제자들은 모두 석가의 성을 쫓아야 한다는 말을 한
뒤로 스님들의 성으로 씀.

5 壹 : 한 일. ① 한, 하나. ② 오직. ③ 오로지.

| 해의解義 |

부처님은 본디 왕궁가의 태자로 탄생하였다. 출가를 하지 않았으

면 바로 임금이 될 위치이다. 그러나 모든 부귀영화나 처첩妻妾의 호사豪奢나 장악掌握의 권력을 던져버리고 설산雪山으로 출가하여 고행苦行을 겪고 마침내 우주의 진리를 깨쳐 사생四生의 자비로운 사부師傅가 되었으니, 이보다 더 큰 일이 어디 있겠는가? 석가족釋迦族 뿐만 아니라 온 인류가 우러러 받들며 가르침을 받아 혜복慧福이 구족具足한 불보살이 되어 세상에 평화를 실현해야 한다.

14

원문原文 · 해역解譯

快哉福報
쾌 재 복 보
상쾌하도다! 복의 과보로

所願皆成
소 원 개 성
원하는 바를 모두 이루어서

敏於上寂
민 어 상 적
최상의 고요함에 총명하였으니

自致泥洹
자 치 니 원
스스로 열반을 이루었나니라.

주석註釋

1 快哉 : 마음먹은 대로 잘되어 만족스럽게 여김. '통쾌痛快하다' 고 하는 말.
2 福報 : 복의 과보.

3 所願 : 원願함, 또는 원하는 바.
4 敏 : 민첩할 민. ① 민첩하다. ② 영리하다. ③ 총명聰明하다.
5 上寂 : 최상의 적정寂靜.

| 해의解義 |

부처님은 무루無漏의 복을 갖추었다. 전생도 그러했지만 현생도 그러했고 열반 후에도 지금까지 전 세계 사원寺院마다 향화香華를 바치고 곡물穀物을 드리며 성적聖迹을 칭송稱頌하고 가르침을 받들어 글이나 회화繪畵나 음악 등으로 찬양讚揚하니, 세상에 어떤 누가 이런 대우待遇와 대접待接을 받을 자가 있는가. 아마 지구가 존속存續하고 인류가 존재하는 한 추모지정追慕之情은 끊이질 않을 것이니 우리도 어서 공부하여 불보살이 되어야 한다.

원문原文 · 해역解譯

或多自歸   혹 많은 (사람들이) 스스로
혹 다 자 귀

山川樹神   산이나 시내나 나무의 신에게 돌아가며
산 천 수 신

廟立圖像   사당에다 도상을 세워놓고
묘 립 도 상

祭祠求福　제사를 지내며 복을 구하나니라.
제 사 구 복

| 주석註釋 |

1 廟 : 사당 묘. ①사당祠堂(조상의 신주를 모신 곳). ②묘당廟堂(종묘와 명당을 아울러 이르는 말).

2 圖像 : 회화繪畫 · 조각彫刻 · 공예품工藝品 등에 나타낸 인물이나 그 밖의 형상形象(形像). 이것을 만든 구도構圖가 어떤 유형類型을 나타내고, 이것이 종교宗敎 · 신화神話, 또는 그 밖의 관념체계觀念體系에 어떤 특징적인 의의意義를 갖는 것.

3 求福 : 복을 구하는 것.

| 해의解義 |

사람들은 이상한 바위나 동굴, 또는 나무나 산천山川, 묘당廟堂에 입신立神하고 은처隱處에 도상圖像하여 제수祭需를 차려놓고 기도를 드리며 우리 집안에 "양화구복禳禍求福"하기를 바란다. 즉 '재앙災殃은 물러나고 오직 복만 오기를 구求한다.'는 뜻이다. 과연 이러한 행동이 타당성이 있을까? 정말로 복이 주어지고 재앙이 물러나서 부귀영화富貴榮華를 누리며 사업이 승승장구乘勝長驅하고 권력權力이 개문開門하고 들어올까, 아마 그렇지 않을 것 같다.

16

自歸如是   스스로 돌아감이 이와 같으면
자 귀 여 시

非吉非上   길상도 아니고 최상도 아니니
비 길 비 상

彼不能來   저들이 능히 올지라도
피 불 능 래

度我衆苦   우리의 온갖 괴로움을 제도하지 못 하나니라.
도 아 중 고

| 주석註釋 |

1 自歸 : ① 스스로 돌아감. ② 스스로 귀의함.
2 衆苦 : ① 중인衆人의 괴로움. ② 많은 고통苦痛.

| 해의解義 |

윗글을 이어서 한 말이다. 위에서 산이나 내, 나무나 신神, 묘당의 도상들에게 귀의한다는 자체가 잘못된 것으로 옳은 도가 아니요, 바른 법이 아니니 구복求福을 내려주기가 어렵다. 그러니 올바른 부처님의 가르침을 봉대하여 계율戒律을 잘 지키고 탐욕貪慾을 내려놓으며 우치愚癡를 밝혀간다면, 이 가운데 복락과 지혜가 구족具足하게 된다. 그러므로 수도하는 사람은 사도邪道나 외도外道에 흐르지 아니하고 정도正道나 불도佛道를 수행해 나가기에 힘을 써야 한다.

| 원문原文 · 해역解譯 |

如有自歸
<small>여 유 자 귀</small>
　만일 스스로

佛法聖衆
<small>불 법 성 중</small>
　부처님과 법과 거룩한 성중에 돌아감이 있으면

道德四諦
<small>도 덕 사 제</small>
　도덕인 고苦와 집集과 멸滅과 도道로

必見正慧
<small>필 견 정 혜</small>
　반드시 바른 지혜를 보게 되나니라.

| 주석註釋 |

1 佛法僧 : ① 3보寶라 하니, 우주의 진리를 깨달은 불타, 불타가 설하신 교법, 교법을 따라 수행하는 승려를 아울러 일컫는 말. ② 불보佛寶 · 법보法寶 · 승보僧寶. 1) 불보 ; 여러 부처님이 깨달았다는 뜻. 2) 법보 ; 부처님이 말씀한 교법, 모범된다는 뜻. 3) 승보 ; 교법대로 수행하는 이, 화합이란 뜻. 보寶는 귀중하다는 뜻.

2 道德 : 인간으로서 마땅히 지켜야 할 도리, 또는 인간의 이름에 합당한 행동 기준. 선善 · 덕德 · 의무 · 윤리 같은 것.

3 四諦 : 【범】 Catvāri-āryasatyāni, 【팔】 Cattāri-āriyasaccāni, 사성제四聖諦라고도 함. 고苦 · 집集 · 멸滅 · 도道. 불교의 강격綱格을 나타낸 전형典型으로서 유력有力한 것. 제諦는 불변여실不變如實의 진상眞相이란 뜻. (1) 고제苦諦 ; 현실의 상相을 나타낸 것이니, 현실의 인생은 고苦라고 관하는 것. (2) 집제集諦 ; 고苦의 이유근거理由根據, 혹은 원인原因이라고도 하니, 고의 원인은 번뇌인데, 특히 애욕과 업업業을 말함. 위

의 2제는 유전流轉하는 인과. (3) 멸제滅諦 ; 깨달을 목표. 곧 이상理想의 열반. (4) 도제道諦 ; 열반에 이르는 방법, 곧 실천하는 수단. 위의 2제는 오悟의 인과. 이 사제설四諦說 자신에는 아무런 적극적인 내용이 들어 있지 않지만, 후대에 이르면서 매우 중요시하게 된 데는 여러 가지 체계를 포괄包括하여 조직적으로 취급한 것이 있다. 고제는 무상無常 · 고苦 · 무아無我 · 5온蘊 설설을, 집제 · 멸제는 연기설緣起說을, 도제는 8성도聖道 설을 표하는 것. 그리고 고제 · 집제는 12인연의 순관順觀에, 멸제 · 도제는 역관逆觀에 각각 해당함.

| 해의解義 |

핏덩이로 세상에 나온 어린아이는 부모에 의지하지 않으면 생존하기가 어렵다. 오직 부모의 보살핌으로 인하여 성장을 하게 된다. 이와 같이 우리도 돌아가서 의지할 곳이 있어야 한다. 이는 곧 거룩한 부처와 바른 법과 청정한 스님이다. 이 삼보三寶에 귀의歸依를 해야 영원히 악도惡道에 드는 것을 면하게 된다. 이렇게 삼보에 귀의한 뒤에는 사제四諦의 진리를 부지런히 연마하고 익혀서 깨달음을 얻어야 한다. 그러면 자연적으로 바른 지혜를 솟게 되어 불보살의 대열에 합류合流한다.

18

生死極苦　　나고 죽음은 지극히 괴로운 것이지만
생 사 극 고

從諦得度　　진리를 따르면 건넘을 얻나니
종 제 득 도

度世八道　　세상을 제도하는 여덟 가지 길은
도 세 팔 도

斯除衆苦　　온갖 괴로움을 없애 주나니라.
사 제 중 고

| 주석註釋 |

1 生死 : 【범】jāti-maraṇa, 중생의 일생 시종을 말함. 선마말랄남繕摩末刺諭 · 사제말랄남闍提末刺諭이라 음역. 이에 분단생사分段生死 · 변역생사變易生死의 구별이 있음.

2 極苦=極苦生 : 극심한 고생.

3 得度 : ①도度는 범어 바라밀波羅蜜(pāramitā)을 번역한 말. 이 생사의 고해를 건너 이상향인 열반에 이르는 것. 바라밀을 얻는 것을 득도라 한다. ②출가하여 승려가 되는 것을 말함. 출가하여 승려가 되고 계행戒行을 닦는 것은 생사해를 건너는 시초이고, 미래에 반드시 이상理想의 저쪽 언덕에 도달할 것이므로 득도라 함.

4 八道=八正道=八正道支 : 【범】āryāṭāṅga-mārgaḥ, 또는 팔성도지八聖道支 · 팔정도분八正道分 · 팔정도八正道. 불교의 실천 수행하는 중요한 종목을 8종으로 나눈 것. 이것이 중정中正 · 중도中道의 완전한 수행법이므로 정도, 성인의 도이므로 성도, 또 8종으로 나누었으므로 지, 또는 분이라 한다. 정견正見 · 정사유正思惟 · 정어正語 · 정업正業 · 정

명正命 · 정정진正精進 · 정념正念 · 정정正定의 중정 · 중도의 완전한 수행법. 부처님이 최초의 설법에서 설하셨으며 4제 · 12인연과 함께 불교의 원시적 근본 교의가 되는 것.

| 해의解義 |

생사대사生死大事라 한다. 낳고 죽는 일이 큰 일이라는 말이다. 시비이해是非利害로 건설된 이 세상을 유한有限한 생명을 유지하고 살아가는 것이 쉬운 일이 아니다. 생각해보면, 낳고 죽는 것이 괴로운 것이다. 그러나 괴롭다고만 하고 그대로 있을 수는 없다. 그래서 팔도八道, 즉 팔정도八正道를 닦으라고 하였다. 이 팔정도를 잘 수행하면 능히 생사를 벗어나서 해탈解脫의 자유를 누릴 수 있기 때문이다.

19

원문原文 · 해역解譯

自歸三尊
자 귀 삼 존
삼존에 스스로 귀의하는 것이

最吉最上
최 길 최 상
가장 길하고 가장 으뜸이니

唯獨有是
유 독 유 시
오직 홀로 이것만이 있어서

度一切苦
도 일 체 고
모든 괴로움을 건너게 되나니라.

| 주석註釋 |

1 三尊 : 본존과 양편에 모시고 있는 분을 함께 일컫는 말. ① 미타 3존 ;
  아미타불 · 관세음보살 · 대세지보살. ② 약사 3존 ; 약사여래 · 일광
  보살 · 월광보살. ③ 석가 3존 ; 석가여래 · 문수보살 · 보현보살.

| 해의解義 |

서울행 버스를 타니 몸에 붙은 파리도 함께 탄다. 그야말로 무임
승차無賃乘車이다. 파리가 잘 날아다닌다 해도 먼 곳으로부터 자력
으로 서울까지 가기는 어렵다. 그런데 사람 몸에 붙으니 힘 안들이
고 서울까지 가게 된다. 이와 같이 우리가 삼존三尊에 귀의를 하면
많은 수행을 하지 않고도 해탈解脫을 얻어서 일체 괴로움을 벗어나
자유로울 수 있다. 그런데 사람들은 이를 알지 못하고 저 산천山川
이나 궁곡窮谷에 빌어서 복락福樂이나 안녕安寧을 얻으려 하니 어리
석은 행동 아님이 없다.

20

원문原文 · 해역解譯

士如中正   선비가 만일 중정하여
사 여 중 정

志道不慳   도에 뜻을 두어 인색하지 않으면
지 도 불 간

利哉斯人 이로우리로다, 이 사람들이여!
이 재 사 인

自歸佛者 스스로 귀의하는 불자들이니라.
자 귀 불 자

| 주석註釋 |

1 中正 : ① 지나치거나 모자람이 없고 치우침이 없이 곧고 올바름. ②
　동학東學의 교직教職인 육임六任의 제육위第六位.

2 慳 : 아낄 간. ① 아끼다. ② 인색吝嗇하다. ③ 쩨쩨하다.

3 佛者 : 불교에 귀의歸依한 사람의 통칭.

| 해의解義 |

"중정이무사中正而無私"라 하였다. 즉 '군주君主는 마땅히 치우치
지 않고 바른 도리道理를 지켜 사사私事로움이 없어야 한다.'는 의미
이다. 어찌 군주에 한한 것이겠는가. 모든 사람이 중정의 도를 지키
면서 살면 편견偏見이 없고 인색吝嗇함이 없어 원만한 관계를 유지
하며 살 수 있으니 이롭다. 어떤 상황에 처해서도 차별이 없으니 이
로울 수밖에 없다. 사람들이 자신에 이로우면 제 발로 걸어서 부처
님께 돌아오고 정법正法의 수행을 쌓아서 진실한 불자로 거듭난다.

21

원문原文·해역解譯

明人難值　밝은 사람 만나기가 어렵나니
명 인 난 치

亦不比有　또한 빈번히 있는 것이 아니라네.
역 불 비 유

其所生處　그가 태어나는 곳에는
기 소 생 처

族親蒙慶　친족들도 경사를 입게 되나니라.
족 친 몽 경

| 주석註釋 |

1 比 : 견줄 비. ① 견주다. ② 자주. 빈번히. ③ 언제나.

2 親族 : ① 촌수寸數가 가까운 겨레붙이. 흔히 사종四從 이내를 말함. 족
류族類. 친속. 친척. ② 민법民法 상 8촌 이내의 혈족血族, 4촌 이내의
인척姻戚 및 배우자配偶者의 일컬음.

3 慶 : 경사 경. ① 경사慶事. ② 선행善行.

| 해의解義 |

　대저 밝은 사람은 지혜智慧가 있는 사람이요, 덕화德化가 있는 사
람이며, 배려配慮와 이해理解가 있고 학문學問 등이 있는 사람이라고
할 수 있다. 이런 사람은 세상에 자주 나오는 것이 아니기 때문에 사
귀고 또 이웃하여 살기란 그렇게 쉬운 것이 아니다. 또한 이런 사람
은 인류 구원救援의 사명을 부여賦與받아 나온 어진 사람이기 때문

에 친족은 물론이지만 온 고을, 온 나라, 온 세상이 자연히 경행慶幸
을 입고 은혜를 입어서 산무도적山無盜賊하고 도불습유道不拾遺하게
된다.

諸佛興快 부처님이 일어남이 즐거움이요
제 불 흥 쾌

說經道快 경전의 도리를 설함이 즐거움이며,
설 경 도 쾌

衆聚和快 무리가 모여 화합함이 즐거움이니
중 취 화 쾌

和則常安 화합을 하면은 항상 편안하나니라.
화 즉 상 안

| 주석註釋 |

1 諸佛 : 여러 부처.

2 快 : 쾌할 쾌. ① 쾌하다(마음이 유쾌하다). 상쾌하다. ② 즐겁다. 기뻐하
다. 즐기다. 좋아하다.

3 說經 : ① 경을 말함. ② 경전經典, 교의敎義를 풀어 중서衆庶를 화도化
導함.

만일 세상에 365일 어둠만 있다면 과연 살아갈 수 있을까? 아마 누구든지 살 수가 없다고 말을 한다. 이와 같이 세상이 무법천지無法天地가 되고 약육강식弱肉强食이 되어진다면 역시 살아가기가 어렵다. 이러한 때에 성자들은 반드시 출현하여 세상의 질서秩序를 바로 잡는다. 또한 진리의 말씀이나 도리를 설하여 경전經典으로 꾸며져서 후세에 전하게 된다. 따라서 성인을 받드는 무리가 자연히 생겨 삶에 화합和合을 이루고 그 화합이 전파되어 어느 때, 어느 곳이든 항상 편안하게 된다.

제 **23**
안녕품安寧品

1

安寧品者 안 녕 품 자	안녕품이란
差次安危 차 차 안 위	편안함과 위태함의 차례를 가린 것이니
去惡卽善 거 악 즉 선	악을 버리고 선으로 나아가면
快而不墮 쾌 이 불 타	즐거울지언정 떨어지지는 않게 되나니라.

| 주석註釋 |

1 安寧 : ① 걱정이나 탈이 없음. ② 몸이 건강하고 마음이 편안함.

2 差 : 다를 차. ① 다르다. ② 가리다. 선택하다.

3 安危 : 편안함과 위태함.

4 卽善 : 선으로 나아가는 것.

무릇 선善과 악惡은 상대적일 수도 있지만 견취見取하는 사람의 입장에서 보면 보완補完이 될 수도 있다. 악을 볼 경우 나는 저러지 않으리라 다짐하고, 선을 볼 경우 나도 저러리라 한다면 충분한 보완이 된다. 결국 선을 행하면 편안한 것이고, 악을 행하면 위태로운 것임을 알아야 거악취선去惡就善을 할 수가 있다. 즉 악한 것을 버리고 선한 것으로 나아갈 수 있다는 뜻이다. 그러면 지옥이나 악도에 떨어지지 아니하고 항상 선도善道에서 살아가게 된다.

원문原文 · 해역解譯

我生已安
아 생 이 안
내 삶이 이미 편안하니

不慍於怨
불 온 어 원
원망에도 성내지 않으리.

衆人有怨
중 인 유 원
뭇 사람은 원망이 있지만

我行無怨
아 행 무 원
나는 원망 없음을 행하나니라.

| 주석註釋 |

1 慍 : 성낼 온. ① 성내다. 화를 내다. ② 원망하다.

2 怨 : 원망할 원. ① 원망하다. ② 고깝게 여기다. ③ 책망하다.

| 해의解義 |

사람이 수행을 통해서 한 경지를 이루었다면 제일 먼저 마음이
편안하여 언행言行이 골라진다. 이런 사람은 성낼 것도 없고 원망할
일도 없다. 설사 모든 사람이 원망이 있다고 할지라도 나는 원망이
없는 경지에서 바라보기 때문에 원망이 없다. 예를 들면, 빈이무원
貧而無怨을 할 수 있다. 즉 가난해도 세상에 대한 원망이 없다. 모이
무원侮而無怨을 할 수 있다. 즉 업신여겨도 사람에 대한 원망이 없
다. 앙이무원殃而無怨을 할 수 있다. 즉 재앙이라도 지었기 때문에
원망이 없을 수 있다.

3

원문原文 · 해역解譯

我生已安
아 생 이 안
　　　내 삶이 이미 편안하니

不病於病
불 병 어 병
　　　괴로워도 근심하지 않으리.

衆人有病
중 인 유 병
　　　뭇 사람은 근심이 있지만

我行無病
아 행 무 병
　　　나는 근심 없음을 행하나니라.

1 病 : 병 병. ① 병. ② 근심. ③ 괴로워하다, 괴롭히다. 욕보이다.

2 有病 : ① 병을 앓다. 병이 나다. 병에 걸리다. 질환이 있다. ② 비정상
　　적이다(풍자나 해학적인 의미를 내포함).

3 無病 : 병이 없음.

| 해의解義 |

　사람이 수행을 통해서 한 경지를 이루었다면 제일 먼저 마음이
편안하여 언행言行이 골라진다. 이런 사람은 괴로울 것도 없고 근심
할 일도 없다. 설사 모든 사람이 괴로움이 있다고 할지라도 나는 괴
로움이 없는 경지에서 바라보기 때문에 근심이 없다. 예를 들면, 빈
이무병貧而無病을 할 수 있다. 즉 가난해도 세상에 대한 괴로움이 없
다. 모이무병侮而無病을 할 수 있다. 즉 업신여겨도 사람에 대한 괴
로움이 없다. 앙이무병殃而無病을 할 수 있다. 즉 재앙이라도 지었기
때문에 괴로움이 없을 수 있다.

| 원문原文 · 해역解譯 |

我生已安　내 삶이 이미 편안하니
아 생 이 안

不慼於憂 　슬퍼도 걱정하지 않으리.
불 척 어 우

衆人有憂 　뭇 사람은 걱정이 있지만
중 인 유 우

我行無憂 　나는 걱정 없음을 행하나니라.
아 행 무 우

| 주석註釋 |

1 慼 : 슬플 척. ① 슬퍼하다. ② 서러워하다. ③ 근심하다(속을 태우거나
우울해하다).

2 憂 : 근심 우. ① 근심. 걱정. ② 병病. 질병疾病. ③ 괴로움. 환난患難.

| 해의解義 |

　사람이 수행을 통해서 한 경지를 이루었다면 제일 먼저 마음이
편안하여 언행言行이 골라진다. 이런 사람은 괴로울 것도 없고 걱정
할 일도 없다. 설사 모든 사람이 괴로움이 있다고 할지라도 나는 걱
정이 없는 경지에서 바라보기 때문에 괴로움이 없다. 예를 들면, 빈
이무원貧而無憂을 할 수 있다. 즉 가난해도 세상에 대한 걱정이 없
다. 모이무원侮而無憂을 할 수 있다. 즉 업신여겨도 사람에 대한 걱
정이 없다. 앙이무원殃而無憂을 할 수 있다. 즉 재앙이라도 지었기
때문에 걱정이 없을 수 있다.

원문原文 · 해역解譯

我生已安
아 생 이 안　내 삶이 이미 편안하니

淸淨無爲
청 정 무 위　청정하여 함이 없네.

以樂爲食
이 락 위 식　즐거움으로 써 먹을 것을 삼나니

如光音天
여 광 음 천　광음천과 같나니라.

주석註釋

1 淸淨 : 【범】śuddha, 나쁜 짓으로 지은 허물이나, 번뇌의 더러움에서
　벗어난 깨끗함. 자성청정自性淸淨 · 이구청정離垢淸淨의 2종이 있음.

2 無爲 : 【범】asaṃskṛta, 모든 법의 진실체를 말함. 위爲는 위작爲作 ·
　조작造作의 뜻. 곧 인연인 위작 · 조작을 여의고, 생 · 주 · 이 · 멸 4상
　相의 변천이 없는 진리를 말한다. 열반 · 법성 · 실상 등은 무위의 다
　른 이름. 구사종俱舍宗에서는 3무위를 세우고, 유식종唯識宗에서는 6
　무위를 세웠다.

3 光音天 : 색계의 이선천二禪天의 셋째 하늘. 이 하늘의 중생은 말할 때
　에 음성音聲 대신 입에서 빛을 내어 말의 작용을 한다고 함.

해의解義

　사람이 수행을 통해서 한 경지를 이루었다면 제일 먼저 마음이
편안하여 언행言行이 골라진다. 이는 근본적으로 청정淸淨의 극치를

알기 때문에 집착執着이나 사리私利나 사욕私慾이 끊어져서 할 일도 없지만 하는 일도 없이 한가롭고 기쁘고 넉넉하게 살아갈 뿐이다. 그리하여 즐긴다는 것은 먹는 것을 대신代身해서 빛을 가지고 말소리를 상호 전달하는 광음천光音天을 연상聯想하게 한다. 그러므로 우리는 다행히 부처님의 법을 만났으니 굳게 믿고 살아가야 한다.

원문原文 · 해역解譯

我生已安
아 생 이 안
내 삶은 이미 편안하니

澹泊無事
담 박 무 사
담박하여 일이 없어라.

彌薪國火
미 신 국 화
온 나라에 가득한 섶나무 불이라도

安能燒我
안 능 소 아
어찌 능히 나를 태우랴!

주석註釋

1 澹泊=淡泊 : 담박하다. 욕심이 없고 마음이 깨끗하다. 명리를 좇지 않다.

2 無事 : 아무 일도 없음.

3 薪 : 섶 신. ① 섶. 땔감용 나무. ② 잡초雜草. 풀.

　사람이 수행을 통해서 한 경지를 이루었다면 제일 먼저 마음이 편안하여 언행言行이 골라진다. 이러한 사람은 모든 욕심이 사라져서 마음이 깨끗하고 모든 것에 일이 없다. 제갈량諸葛亮의 계자서戒子書에 "담박명지澹泊明志, 영정치원寧靜致遠."이라는 글이다. 이 말은 '담박해야 뜻을 밝히고, 편안하고 정숙해야 원대함을 이룬다.'는 의미이다. 즉 사람이 맑은 마음을 가져야 능히 뜻한 바를 밝힐 수 있고, 편안하고 정숙한 자세를 가져야 원대함을 이루게 된다는 뜻이다.

7

원문原文 · 해역解譯

勝則生怨　이기면 원망이 생겨나고
승 즉 생 원

負則自鄙　지면 저절로 비굴해 지네.
부 즉 자 비

去勝負心　이기고 지는 마음을 버리면
거 승 부 심

無爭自安　다툼이 없어 저절로 편안하나니라.
무 쟁 자 안

1 怨 : 원망할 원. ① 원망하다. ② 고깝게 여기다.

2 鄙 : 더러울 비. ① 더럽다. ② 비루鄙陋하다.

3 勝負 : 이김과 짐.

4 無爭 : 싸우고 다툴 일이 없음.

| 해의解義 |

사람이 이긴다는 것은 남의 마음을 아프게 하는 것이요, 반면에 진다는 것은 자신을 비굴卑屈하게 만드는 경우가 되기 쉽다. 혹 현실의 운동 경기나 격투格鬪에 있어서는 승부勝負를 가릴지 몰라도 진리나 본래 마음에 있어서는 승부가 없다. 사실 진리의 세계에서 볼 때 이긴들 무엇 하며 진들 어찌 하겠는가? 지고 이기는 다툼이 없어야 마음이나 몸이 편안한 것이니, 굳이 현실의 승부를 다투려 하지 말고 마군魔軍이나 번뇌煩惱와 다투어서 이김을 이루어 항마降魔해야 한다.

8

원문原文·해역解譯

熱無過婬　뜨거움은 음욕보다 지나침이 없고
열 무 과 음

毒無過怒
독 무 과 노
독함은 성냄보다 지나침이 없으며

苦無過身
고 무 과 신
괴로움은 신체보다 지나침이 없고

樂無過滅
낙 무 과 멸
즐거움은 멸도보다 지나침이 없나니라.

| 주석註釋 |

1 婬 : 음탕할 음. ① 음탕하다. ② 음란하다.
2 怒 : 성낼 노(로). ① 성내다. 화내다. ② 꾸짖다. 나무라다.
3 滅 : 멸할 멸. ① (불이) 꺼지다. 끄다. ② 멸하다, 멸망하다. 없어지다.
  ③ 열반涅槃.

| 해의解義 |

사람이 음욕婬慾을 지나치게 탐익貪溺하면 이로 인하여 몸이 불태워지게 된다. 또한 노에怒恚를 지나치게 부리면 이로 인하여 몸에 해독害毒이 쌓이게 된다. 또한 고뇌苦惱를 지나치게 걱정하면 이로 인하여 몸(마음)이 여의어진다. 그러므로 이러한 것들을 가까이 하지 말고 원래 청정淸靜하고 명량明亮한 해탈解脫의 세계에 들고 열반涅槃을 얻어서 극락極樂을 누려야 한다. 이것이 수행자의 본분本分이요 사명使命으로 악도惡道에 떨어지지 않는 요체要諦가 된다.

無樂小樂 무 락 소 락	조그만 즐거움과
小辯小慧 소 변 소 혜	조그만 변재와 조그만 지혜를 즐겨함이 없이
觀求大者 관 구 대 자	자세히 살펴서 큰 것을 구하면
乃獲大安 내 획 대 안	이에 크게 편안함을 얻나니라.

| 주석註釋 |

1 小樂 : 조그만 즐거움.

2 小辯 : 조그만 변재辯才.

3 小慧 : 작은 지혜.

4 觀 : 볼 관. ① 보다. ② 자세히 살피다.

5 獲 : 얻을 획. ① 얻다, 얻어지다. ② (과녁에) 맞히다.

| 해의解義 |

　무릇 작은 즐거움은 육체적인 즐거움이나 또는 먹는 것, 입는 것, 여행 등의 즐거움을 말하는 것이요, 작은 말 재주는 교언영색巧言令色, 곧 남에게 잘 보이려고 그럴듯하게 꾸며 대는 말과 알랑거리는 태도라고 할 수 있으며, 작은 지혜는 전문적인 지식이 아닌 상식常識을 벗어나지 못하는 알음알이라고 할 수 있다. 그래서 이런 데에 재미를 붙이게 되면 참된 즐거움, 참된 말, 참된 지혜를 낼 수가 없다. 따라서 편안함을 누리지 못할 뿐만 아니라 오히려 괴로움에서 허덕이게 된다.

我爲世尊
아 위 세 존
나는 세존이 되었으니

長解無憂
장 해 무 우
길이 해탈하여 근심이 없도다.

正度三有
정 도 삼 유
바르게 삼유를 제도하며

獨降衆魔
독 항 중 마
홀로 온갖 마구니를 항복시켰나니라.

| 주석註釋 |

1 世尊 : 【범】Bhagavat;lokanātha;loka-jyeṣṭha, 바가범婆伽梵 · 로가나타路迦那他 · 로가야슬타路伽惹瑟吒라 음역. 부처님 10호號의 하나. 부처님은 온갖 공덕을 원만히 갖추어 세간을 이익케 하며, 세간에서 존중을 받으므로 세존이라 하고, 또 세상에서 가장 높다는 것을 이렇게 이름.

2 無憂 : 아무 근심이 없음.

3 三有 : 【범】trayo-bhava, (1) 유有는 존재한다는 뜻으로, 욕유欲有 ·

색유色有 · 무색유無色有. 삼계三界와 같음. (2)① 생유生有 ; 처음 나는
일찰나. ② 본유本有 ; 나서부터 죽을 때까지의 존재. ③ 사유死有 ; 죽
는 일찰나. (3) 유루有漏의 다른 이름. (4) 수론數論 외도가 세우는 선
성유善成有 · 성득유性得有 · 변이유變異有.

| 해의解義 |

석가모니께서 6년을 설산雪山에서 수도하여 부처가 된 것은 부처
님만의 독존獨尊이 아니라 일체 생령의 영광榮光이요 득도得度이며,
피안彼岸이요 해탈解脫이며, 적정寂靜이요 열반涅槃이다. 오직 부처
님이 이 땅에 오셔서 마왕魔王인 파순波旬을 항복시켰으니 일체 생
령이 영원히 근심 걱정이 없을 뿐만 아니라 밝은 지혜의 길이 저절
로 열려졌다. 그리하여 바른 법을 펴고 또 바르게 제도를 해서 불토
낙원佛土樂園을 만들었으니 누구든 여기에 들어가서 노닐면 된다.

원문原文 · 해역解譯

見聖人快   성인을 보는 것이 즐겁고
견 성 인 쾌

得依附快   의지하고 붙임을 얻으니 즐겁네.
득 의 부 쾌

得離愚人   어리석은 사람 여임(떠남)을 얻어서
득 리 우 인

爲善獨快　　선을 하게 됨이 홀로 즐거움이니라.
위 선 독 쾌

| 주석註釋 |

1 聖人 : ① 불·보살, 또는 중생 제도를 위하여 출현한 성자聖者. ② 사
리事理에 통달하고 덕과 지혜智慧가 뛰어나 길이길이 우러러 받들어
지고 만인萬人의 스승이 될 만한 사람을 일컫는 말

2 快 : 쾌할 쾌. ① 쾌하다(마음이 유쾌하다). 상쾌하다. 시원하다. ② 즐겁
다. 기뻐하다. 즐기다. 좋아하다.

3 愚人 : 어리석은 사람.

| 해의解義 |

　성인이란, 이 세상에 일반 사람들처럼 쉽게 보거나 만날 수 있는
분이 아니다. 그야말로 드물게 현신現身하기 때문에 큰 복락과 큰
인연이 있어야 만나볼 수 있다. 그래서 성인은 보는 것이 즐겁고 더
나아가 귀의歸依하여 가르침을 받는다면 금상첨화錦上添花가 된다.
반면에 어리석은 사람을 보지 않는 것도 즐거움이지만 떠날 수 있는
계기를 얻음도 큰 즐거움이라 하였다. 위선최락爲善最樂이라 한다.
곧 선을 행行함이 가장 큰 즐거움이라는 말이니, 선행善行의 길로 나
가는 것을 즐거움으로 삼자.

守正道快 　바른 도를 지키는 것이 즐겁고
수 정 도 쾌

工說法快 　설법을 공교롭게 하니 즐거우며
공 설 법 쾌

與世無諍 　세상과 더불어 다투지 않고
여 세 무 쟁

戒具常快 　계율을 갖추는 것이 항상 즐거움이니라.
계 구 상 쾌

| 주석註釋 |

1 正道 : 무루無漏의 진실하고 올바른 도. 만유 제법의 체성이 일미평등
一味平等한 이치를 체달한 무루지는 평등한 정리正理에 계합하고 이
지혜로 말미암아 불과에 도달하므로 정도라고 함.

2 工說法 : '공'은 잘한다는 뜻이니, 설법을 잘하는 것을 말한다.

3 無諍 : ① 공리空理에 철저하게 안주安住하여 다른 것과 다투는 일이
없는 것. ② 쟁諍은 번뇌, 번뇌를 늘게 하지 않는다는 뜻으로, 무루법
無漏法을 말함.

4 戒 : 【범】śīla, 【팔】śīla, 3학學의 하나. 6도度의 하나. 3장藏 중 율장에
서 말한 것. 불교 도덕의 총칭. 범어 시라尸羅(śīla)는 금제禁制의 뜻으
로, 소극적으로는 방비防非 · 지악止惡의 힘, 적극적으로는 만선萬善
발생의 근본이라 함.

여기서는 세 가지 즐거움을 이야기 하고 있다. 첫째는 바른 도를 지켜가는 것이라 한다. 외도外道나 사도邪道에 흐르거나 빠지지 않고 정도를 배우는 즐거움이다. 둘째는 설법을 잘하는 것이라 한다. 대중을 가르치는데 말을 먼저 하게 되므로 잡설雜說이나 마설魔說이 아닌 정법의 설법이니 즐거움이다. 셋째는 세상과 다투지 않는 것이라 한다. 행동은 나타나는 것이므로 정기正己와 정행正行이 되니 즐거움이다. 결국 계율을 잘 지키면 항상 즐거움이 넘쳐나게 된다.

依賢居快
의 현 거 쾌
어진 이를 의지하여 사는 즐거움은

如親親會
여 친 친 회
친척들이 모인 것과 같다네.

近仁智者
근 인 지 자
어질고 지혜로운 자를 가까이 하면

多聞高遠
다 문 고 원
높고 원대함을 많이 듣나니라.

| 주석註釋 |

1 親親 : (마땅히 가깝게 지내야 할 사람과) 썩 친함.

2 仁智 : ① 인애仁愛스럽고 지혜智慧가 뛰어남. ② 어질고 슬기로움. ③ 자애慈愛롭고 똑똑함.

3 多聞 : 들은 것이 많아 잘 앎. 많은 법문을 외워 지님이 많음.

4 高遠 : ① 멀고 높음. ② 고상高尙하고 원대遠大함.

| 해의解義 |

여기에 두 쇠막대가 있다. 두 막대를 쇳가루에 대어본다. 하나는 쇳가루가 달라붙고 하나는 달라붙지 않는다. 이와 같이 어진 사람에 게는 지남철의 쇠막대에 쇳가루가 붙는 것처럼 사람들이 따르고 의 지하기 마련이다. 이는 친척들이 모여 사는 것과 같은 즐거움이다. 그러므로 우리는 인애仁愛하고 지혜智慧가 뛰어난 사람을 가까이 하 여 함께 살아간다면 진리眞理의 법문을 많이 듣게 되어서 자연 인격 이 고상高尙해지고 원대遠大해지는 것이니 살아가는 길에 근현원치 近賢遠癡를 해야 한다.

원문原文 · 해역解譯

壽命鮮少   수명은 사소한 것이니
수 명 선 소

而棄世多   세상의 많은 것을 버리고
이 기 세 다

學當取要　배움에 마땅히 요점을 취하면
학 당 취 요

令至老安　늙음에 이르러 편안하나니라.
영 지 노 안

| 주석註釋 |

1 壽命 : ① 생물生物이 살아 있는 연한. 생명의 생존生存 기간. 타고난
목숨. ② 사물이 제 기능機能을 유지하여 사용될 수 있는 기간.
2 鮮少＝尠少 : 적음. 사소些少함.
3 世多 : 세상에 많은 일.
4 取要 : 요점要點을 취하는 것.

| 해의解義 |

사람은 생존기간生存期間을 저마다 다르게 가지고 있다. 물론 이
세상의 모든 생명체들도 마찬가지이다. 그중에서도 사람이 귀하다
는 것은 사는 동안 무엇인가를 만들어낸다는 것이다. 자동차도 만들
고 비행기도 만들며, 인공위성도 만들고 살아가는 집도 만들었다.
이렇게 훌륭한 자질資質이 사람에게 있으니 세상에 잡다한 일들을
버리고 우리에게 필요한 요점만을 취해야 한다. 그리하여 다 함께
배우고 익혀 성장成長을 거듭하며 늙음에 이르러서 편안을 즐기고
내세來世를 준비해야 한다.

15

諸欲得甘露 제 욕 득 감 로	모든 단 이슬을 얻고자 한다면
棄欲滅諦快 기 욕 멸 제 쾌	욕심을 버려야 멸제가 즐겁네.
欲度生死苦 욕 도 생 사 고	생사의 괴로움을 건너고자 한다면
當服甘露味 당 복 감 로 미	마땅히 단 이슬을 맛봐야 하나니라.

| 주석註釋 |

1 甘露 : 【범】amṛta, 아밀리다阿密哩多라 음역. 불사不死 · 천주天酒라
번역. 소마蘇摩의 즙, 천신들의 음료. 또 하늘에서 내리는 단 이슬이라
하여 감로라 이름. 예로부터 훌륭한 정사를 행하면 천지가 이 상서를
내린다고 함. 불경에는 감로란 말이 많은데, 불타의 교법이 중생을 잘
제도함에 비유한 것임.

2 滅諦 : 4제諦의 하나. 깨달음의 목표, 곧 이상의 열반을 말한다. 멸滅
은 멸무滅無의 뜻. 생사의 인과를 없애므로 멸이라 하고, 그 이치가 진
실하므로 제라 함.

3 生死 : 【범】jāti-maraṇa, 중생의 일생 시종을 말함. 선마말랄남繕摩末
剌諵 · 사제말랄남闍提末剌諵이라 음역. 이에 분단생사分段生死 · 변역
생사變易生死의 구별이 있음.

  아무리 흔한 물이라도 목이 마른 사람에게는 귀한 물이 되고, 반대로 귀한 물이라도 목이 마르지 않는 사람에게는 천한 물이 된다. 그러나 부처님의 감로甘露는 갈증渴症과는 관계가 없고 귀천貴賤과도 상관이 없는 세상에서 가장 진귀한 물로 오직 부처님만 가진 참된 법수法水이다. 그러므로 이런 법수의 맛을 보아야 일체 번뇌煩惱가 소멸되고 모든 생사의 괴로움을 벗어나서 바른 진리를 깨닫게 되며 열반의 극락을 수용하게 되는 것이니 우리는 늘 감로수甘露水를 마시며 살아가야 한다.

제*24*
호희품好喜品

1

好喜品者
호 희 품 자
호희품이란

禁人多喜
금 인 다 희
사람들이 많은 기쁨을 금하고

能不貪欲
능 불 탐 욕
능히 탐욕하지 않으면

則無憂患
즉 무 우 환
근심과 걱정이 없나니라.

| 주석註釋 |

1 好喜 : ① 애호하다. ② 좋아하다.

2 貪欲=貪慾 : 3독毒의 하나. 또는 탐食 · 탐애貪愛 · 탐착貪着. 자기의 뜻
  에 맞는 일이나 물건을 애착하여 탐내고 만족할 줄을 모르는 것. 곧
  세간의 색욕 · 재물 등을 탐내어 그칠 줄 모르는 욕심.

3 憂患 : 집안에 복잡한 일이나 환자가 생겨서 나는 걱정이나 근심.

다른 생물生物도 마찬가지이지만 사람은 감각기관感覺器官이 아주 발달해 있다. 그래서 이 감각기관을 통해 희락喜樂을 성취하려는 의욕이 어떤 생물보다 강하다고 할 수 있으나 만일에 지나치면 탐욕貪慾이 된다. 이 탐욕은 안분安分을 넘어 과도過度하게 구하려는 것으로 구해지면 다행이지만, 만일 구해지지 않을 때에는 근심과 걱정이 이루 말할 수 없다. 그러므로 근심과 걱정을 억제하려면 감각기관을 통해 얻으려는 좋아하는 것과 기뻐하는 것을 먼저 제거해야 한다.

| 원문原文 · 해역解譯 |

違道則自順
위 도 즉 자 순   도를 어기면 자기를 따름이 되고

順道則自違
순 도 즉 자 위   도를 따르면 자기를 어김이 되나니

捨義取所好
사 의 취 소 호   의를 버리고 좋아하는 것을 취한다면

是爲順愛欲
시 위 순 애 욕   이는 애욕을 따르는 것이 되나니라.

| 주석註釋 |

1 違 : 어긋날 위. ① 어긋나다. ② 어기다. ③ 다르다.

2 順 : 순할 순. ① 순하다. 유순하다. ② 좇다. ③ (도리에) 따르다. 순응
하다.

3 愛欲=愛慾 : ① 애정愛情과 욕심慾心. ② 사랑하고 싶어 하는 욕망.

| 해의解義 |

무릇 바른 도리道理와 아울러 애욕愛慾은 양립兩立 될 수 없고 조
화調和를 이룰 수도 없다. 그리하여 자기의 애욕을 채우려면 도리를
버리거나 어겨야 하고, 도리를 따르려면 애욕을 버리거나 억제를 해
야 한다. 그런데 보통의 사람들은 애욕에 젖어서 살기를 바랄지언정
버리기를 꺼려하기 때문에 그 그물을 벗어날 수가 없다. 이에 따라
의리義理를 져버리고 이목耳目의 좋아하는 바를 따라서 살고자 함으
로 밤과 낮을 통해 근심 걱정이 떠날 날이 없게 된다.

원문原文 · 해역解譯

不當趣所愛
부 당 취 소 애
마땅히 사랑에도 달려가지 아니하고

亦莫有不愛
역 막 유 불 애
또한 사랑하지 않음도 가지지 말지니

愛之不見憂
애 지 불 견 우
사랑하는 것은 보지 못해서 근심이고

不愛見亦憂　사랑하지 않는 것은 보아서 또한 걱정이니라.
불 애 견 역 우

| 주석註釋 |

1 不當 : ① 정당正當하지 않거나 이치에 맞지 않음. ② 마땅하지 아니
함.

2 趣 : 뜻 취. ① 뜻. 취지趣旨. ② 달리다. 빨리 달려가다.

3 有 : 있을 유. ① 있다. 존재하다. ② 가지다. 소지하다.

4 見 : 볼 견, 만날 현. ① 보다. ② 만나다.

| 해의解義 |

불가에서 말하는 팔고八苦 가운데 "애별이고愛別離苦"와 "원증회
고怨憎會苦"라는 것이 있다. 애별이고란 사랑하는 사람과 헤어져야
하는 괴로움을 말하고, 원증회고는 미운 사람을 만나야 하는 괴로움
을 말한다. 이러한 의미에서 볼 때 사랑한다는 것도 끝은 괴로운 것
이요, 미워한다는 것도 끝에는 괴로움이 남는다. 그러므로 차라리
사랑도 미움도 가지지 않는다면 이로 인하여 파생되는 근심 걱정은
없을 것이 아닌가. 그러나 사람이 살아가는 데는 둘의 대립對立보다
는 포용包容을 주로 해야 한다.

4

원문原文 · 해역解譯

是以莫造愛	이런 까닭에 사랑을 만들지 말지니
시 이 막 조 애	
愛憎惡所由	사랑은 미움의 말미암는 바라네.
애 증 오 소 유	
已除縛結者	이미 결박이 제거된 사람에겐
이 제 박 결 자	
無愛無所憎	사랑도 없고 미워하는 바도 없나니라.
무 애 무 소 증	

| 주석註釋 |

1 造 : 지을 조. ① 짓다. ② 만들다.

2 憎惡 : 몹시 미워함.

3 縛結=結縛 : 몸을 자유自由롭게 움직이지 못하도록 두 팔이나 다리를 묶음.

| 해의解義 |

흔히들 '사랑하기 때문에 헤어진다.'고 한다. 정말로 사랑하였다면 왜 헤어지는 것일까? 이러한 경우라면 알든, 모르든 간에 우리의 무의식無意識 속에 미움, 곧 증오憎惡의 종자가 잠재潛在하고 있었다가 때에 이르러 발로發露된 것이지 그렇지 않으면 헤어질 이유가 타당하지 않다고 할 수 있다. 그러므로 모든 사랑과 증오의 결박結縛으로부터 벗어난 사람은 사랑하는 바도 없고 미워하는 바도 없는 것

이지만, 그러나 능히 사랑할 줄도 알고 능히 미워할 줄도 안다.

愛喜生憂 _{애 희 생 우}	사랑과 기쁨이 근심을 낳고
愛喜生畏 _{애 희 생 외}	사랑과 기쁨이 두려움을 낳나니
無所愛喜 _{무 소 애 희}	사랑과 기뻐하는 바가 없다면
何憂何畏 _{하 우 하 외}	무엇을 근심하고 무엇을 두려워하랴!

| 주석註釋 |

1 愛喜 : 사랑과 기쁨.
2 畏 : 두려워할 외. ① 두려워하다. ② 경외하다. ③ 꺼리다.

| 해의解義 |

사랑에서 사랑을 낳으면 영원한 사랑이 된다. 기쁨에서 기쁨이 낳아지면 영원한 기쁨이 된다. 그런데 사랑에서 미움이 생기고 기쁨에서 슬픔이 생김으로 인하여 근심과 두려움도 자연적으로 따르게 된다. 마음이 열리고 진리를 깨달은 어진 사람은 사랑과 기쁨이 하

나가 되어서 가슴 가운데 채워져 있기 때문에 사랑해야 할 경우에는 사랑이 나오고 기뻐해야 할 경우에는 기쁨이 나온다. 그리하여 서로 상치相馳되는 바가 없음으로 모든 근심과 모든 두려움을 승화昇華시켜갈 수 있다.

6

원문原文 · 해역解譯

好樂生憂　좋아하고 즐겨함이 걱정을 낳고
호 락 생 우

好樂生畏　좋아하고 즐겨함이 두려움을 낳나니
호 락 생 외

無所好樂　좋아하고 즐겨할 바가 없다면
무 소 호 락

何憂何畏　무엇을 근심하고 무엇을 두려워하랴!
하 우 하 외

| 주석註釋 |

1 好樂 : 좋아하고 즐거워하는 것.

| 해의解義 |

좋아함에서 좋아함이 낳아지면 영원한 좋아함이 된다. 즐거움에서 즐거움이 낳아지면 영원한 즐거움이 된다. 그런데 좋아함에서 싫

어함이 생기고 즐거움에서 괴로움이 생김으로 인하여 근심과 두려움도 자연적으로 따르게 된다. 마음이 열리고 진리를 깨달은 어진 사람은 좋아함과 즐거움이 하나가 되어서 가슴 가운데 채워져 있기 때문에 좋아해야 할 경우에는 좋아함이 나오고, 즐거워야 할 경우에는 즐거움이 나온다. 그리하여 서로 상치相馳되는 바가 없음으로 모든 근심과 모든 두려움을 승화昇華시켜갈 수 있다.

원문原文 · 해역解譯

貪欲生憂   탐욕이 근심을 낳고
탐 욕 생 우

貪欲生畏   탐욕이 두려움을 낳나니
탐 욕 생 외

解無貪欲   해탈하여 탐욕이 없다면
해 무 탐 욕

何憂何畏   무엇을 근심하고 무엇을 두려워하랴!
하 우 하 외

| 주석註釋 |

1 貪欲=貪慾 : ①사물을 지나치게 탐하는 욕심慾心. ②삼구三垢의 하나, 또는 삼독三毒의 하나.

2 解=解脫 : ①얽매임을 벗어 버림. ②번뇌煩惱의 속박을 풀어 삼계三

界의 업고에서 벗어남.

| 해의解義 |

사람이 세상을 살면서 과도過度한 탐욕貪慾으로 인하여 근심과 두려움이 생긴다. 또한 이 탐욕은 번뇌煩惱의 속박을 벗어날 수 없게 만드는 철쇄鐵鎖와 같아서 묶고 감기게 만든다. "탐자원지본貪者怨之本"이라 한다. 즉 '무엇을 탐한다는 것은 남의 원한怨恨을 사는 근본이 된다.'는 뜻이다. 그러므로 "취이불탐取而不貪"을 해야 한다. 곧 '취할 것은 취하지만 탐하지는 않아야 한다.' 또한 욕심이라는 것도 "무염지욕無厭之慾", 곧 '만족滿足할 줄 모르는 끝없는 욕심이 되어서는 안 된다.'

8

원문原文 · 해역解譯

貪法戒成   법을 탐구하여 계율을 이루고
탐 법 계 성

至誠知慚   지극한 정성으로 부끄러움을 알며
지 성 지 참

行身近道   몸으로 행함이 도에 가까우면
행 신 근 도

爲衆所愛   뭇 사람이 사랑하는 바 되나니라.
위 중 소 애

1 貪=貪求 : 탐내어 구求함.

2 至誠 : 지극至極한 정성精誠.

3 慚 : 부끄러워할 참. ① 부끄러워하다. ② 부끄럽다, 부끄러움. ③ 수치.

4 行身 : 몸을 가지거나 행동하는 일.

| 해의解義 |

'탐할 탐貪'의 글자를 '탐욕貪慾'으로 생각하여 '의미가 좋지 않은 글자'라고 생각하기가 쉽다. 그러나 탐貪의 의미는 '바라다. 희망하다.'는 의미도 가졌기 때문에 좋은 의미도 있다. 부처님의 바른 법을 탐구貪求해야 한다. 그리고 계율戒律도 탐취貪取해야 한다. 또한 지극한 정성이라야 자신의 부끄러움을 알 수 있다. 그리하여 무괴無愧한 몸으로 행동하는 것이 부처님이 제시한 도와 가까워진다면 모든 사람이 사랑하고 공경하며 준칙準則으로 삼아서 닮아가려고 더 가까이 하게 된다.

9

| 원문原文 · 해역解譯 |

欲態不出　욕심스런 태도를 짓지 아니하고
욕 태 불 출

思正乃語 사 정 내 어	바르게 생각하여 이에 말하며
心無貪愛 심 무 탐 애	마음에 탐욕과 애착을 없앤다면
必截流渡 필 절 유 도	반드시 번뇌를 끊고 건너가나니라.

| 주석註釋 |

1 欲態 : 탐욕스러운 모습. 태도.
2 不出 : ① 어리석고 못난 사람을 조롱嘲弄하여 이르는 말. 못났음. ② (밖으로) 나가지 아니함.
3 思正 : 정도正道를 생각하는 것.
4 貪愛 : ① 남의 물건을 탐내고 제 것은 아낌. ② 탐욕貪慾과 애착愛着.
5 截流 : 번뇌를 끊음.

| 해의解義 |

사람은 내면內面에 욕심의 싹이 트고 뿌리를 내려서 밖으로 나타나지 않도록 해야 한다. 또한 말을 할 때도 바른 도리道理를 먼저 생각하여 말 한마디라도 토해 내야 한다. 또한 마음 가운데는 언제나 탐욕貪慾이나 애착愛着을 끊고 버려서 청정淸靜한 본심을 간직해야 한다. 이렇게 하면 어떠한 번뇌煩惱나 생사生死나 업장業障이라도 능히 녹이고 소멸消滅시키고 해탈解脫하여 피안彼岸의 열반에 들어서 즐기게 될 것이니 부처님의 제자가 되었다면 어떤 보람이든 찾아야 한다.

10

譬人久行
비 인 구 행
비유하자면 사람이 간 지 오래되었다가

從遠吉還
종 원 길 환
먼 데로부터 무사히 돌아옴에

親厚普安
친 후 보 안
친척들이 두텁고 두루 편안해서

歸來歡喜
귀 래 환 희
돌아온 것을 기쁘게 환영하나니라.

| 주석註釋 |

1 吉還 : 길하게 돌아옴, 즉 무사히 돌아온 것을 말함.

2 親厚 : 서로 친하여 정분情分이 두터움.

3 普 : 넓을 보. ① 넓다. 광대하다. ② 두루 미치다.

4 歸來 : 돌아옴. 원래 있던 곳으로 다시 옴.

5 歡喜 : ① 매우 즐거움. ② 불법佛法을 듣고 믿음을 얻어 느끼는 기쁨.

| 해의解義 |

　사람이 멀고 가까움을 상관하지 않고 열심히 수행하여 한 경지를 이루어 모든 번뇌煩惱가 끊어지고 해탈解脫의 열반涅槃을 얻게 되었다면 이 기쁨과 즐거움은 무엇으로도 비유할 수가 없다. 그리하여 오랜만에 고향에 돌아오니 친척들의 정분情分이 더욱 두터워지고 두루 편안한 것을 보면 이보다 더한 기쁨이 솟고 즐거움이 어깨를 들썩이게 한다. 우리가 공부하는 과정이 이렇다는 것을 비유한 것으로 처음은 어렵지만 나중에는 도를 깨쳐서 기쁨과 즐거움으로 살아가게 됨을 알아야 한다.

원문原文 · 해역解譯

好行福者
호 행 복 자
즐겁게 복을 행하는 사람은

從此到彼
종 차 도 피
이로 따라 저기에 이르러서

自受福祚
자 수 복 조
스스로 복을 받는 것이

如親來喜
여 친 래 희
일가 친척들이 와서 기뻐함과 같나니라.

| 주석註釋 |

1 行福 : 삼복三福의 하나. 스스로 불도佛道를 닦으면서 다른 사람을 이끌어 불도를 믿게 하여 얻은 복福.

2 到彼=到彼岸 : ① 파라밀다波羅蜜多의 역어. 생사生死의 경계인 차안此岸에서 피안彼岸인 열반涅槃에 다다르는 일. ② 또 그를 위한 보살菩薩의 수행修行.

3 福祚 : 복福.

　　열매가 열리지 않은 나무에서 과실을 딸 수는 없다. 복을 짓지 않은 사람은 복을 받을 수가 없다. 세상에 가난을 짊어지고 사는 사람들이 자칫 부자들을 미워하는 수가 있는데 절대로 그래서는 안 된다. 진리의 인과因果과 실현되는 데 있어서는 누구에게나 공평무사公平無私하기 때문에 죄복罪福 간에 지은 만큼 받게 되는 것이 호리毫釐도 틀림이 없다. 그러므로 과거에 지은 죄복은 현생으로 이어지고, 현생에 지은 죄복은 미래로 이어져서 순환이 된다는 이치를 확실히 알아야 한다.

12

원문原文 · 해역解譯

起從聖教
기 종 성 교
성스런 가르침을 좇아 일어나고

禁制不善
금 제 불 선
선하지 않음을 금하고 억제할지니

近道見愛
근 도 현 애
도에 가까이 하면 사랑이 나타나지만

離道莫親
이 도 막 친
도를 여의면 친할 수가 없나니라.

1 聖教 : ① 성인聖人의 교教. ② 석가釋迦 소설의 교법, 또는 그 밖의 성
자聖者의 불교전적佛敎典籍. ③ 성인의 가르침.

2 禁制 : 어떤 행위 또는 일을 못하게 말림.

3 不善 : ① 착하지 아니함. ② 좋지 못함. ③ 잘하지 못함.

| 해의解義 |

세상에는 가르침이 많이 있다. 저 돌고래나 원숭이도 가르쳐놓으
면 온갖 재주를 다 부린다. 이러한 가르침 가운데 가장 으뜸가는 가
르침은 성인聖人의 가르침이다. 성인의 가르침은 영생으로 이어져
서 혜복慧福의 길을 열어갈 수 있게 된다. 그러므로 불선不善을 엄금
嚴禁하고 억제하여 바르게 펼쳐가도록 해야 한다. 또한 몸과 마음에
도道가 채워진 사람은 자비와 사랑이 나타나고 드러나서 뭇 사람의
존경을 받게 된다. 그러니 도를 떠나 보내버린 사람과는 친분을 쌓
지 않는 것이 공부에 도움이 된다.

원문原文·해역解譯

近與不近   도를 가까이함과 가까이 하지 않음은
근 여 불 근

所住者異 거주하는 데가 다르나니
소 주 자 이

近道昇天 도를 가까이 하면 하늘에 오르고
근 도 승 천

不近墮獄 가까이하지 않으면 지옥에 떨어지나니라.
불 근 타 옥

| 주석註釋 |

1 住 : 살 주. 살다. 거주하다.
2 昇天 : ① 하늘에 오름. ② 가톨릭에서 '죽음'을 이르는 말.
3 墮獄 : 지옥地獄에 떨어짐.

| 해의解義 |

도를 가까이 하면 적선積善을 하게 되고, 도를 멀리하면 적악積惡
을 하게 된다. 선을 쌓으면 복락福樂을 누리어 선도善道에 거주居住
하게 되고, 악을 쌓으면 죄고罪苦가 쌓여서 악도惡道에 거주하게 된
다. 또한 도를 가까이 하여 행하면 하늘에 올라 극락極樂에 살게 되
고, 도를 멀리하여 내치면 지옥地獄에 떨어져 고통을 받으며 살게 된
다. 그러므로 우리가 지금 생애를 살면서 내생來生에는 어떻게 될
것인가까지 헤아리며 준비하는 삶을 엮어가야 한다.

제 **25**
분노품忿怒品

1

忿怒品者 분 노 품 자	분노품이란
見瞋恚害 견 진 에 해	성내고 해치려는 사람을 보더라도
寬弘慈柔 관 홍 자 유	너그럽고 자비롭고 부드러우면
天祐人愛 천 우 인 애	하늘이 도와주고 사람들이 사랑하나니라.

│주석註釋│

1 忿怒=憤怒 : 분憤하여 성을 냄.

2 瞋恚 : ①노여움. 분노. ②삼독三毒의 하나. 자기 의사에 어그러짐에 대하여 성내는 일. 성을 내는 마음의 작용.

3 寬弘 : 너그럽고 도량度量이 큼.

4 慈柔 : 자비慈悲와 유순柔順.

5 天祐=天佑 : 하늘의 도움, 또는 신명神明의 가호加護.

| 해의解義 |

　　송나라 주자朱子는 "기소물욕己所勿欲, 물시어인勿施於人."을 네 글자로 줄여서 "추기급인推己及人", 곧 '나를 미루어서 상대를 헤아린다."라고 하였다. 그러므로 내 자신이 어려우면 남도 어려울 것이고, 내가 좋으면 남도 좋은 것임을 알아야 한다. 우리 속담에 '제 배부르면 남의 배고픈 줄 모른다.' 가 아니라, 나도 배고프면 남도 배고프다는 사실을 느끼고 알아야 한다. 그리하여 성냄을 보더라도 항상 너그럽고 자비로우면 자연 하늘이 도와주게 되고 사람들이 좋아하여 따르게 된다는 실지實地를 알아야 한다.

원문原文 · 해역解譯

忿怒不見法　분노하면 법을 보지 못하고
분 노 불 견 법

忿怒不知道　분노하면 도를 알지 못하나니
분 노 부 지 도

能除忿怒者　능히 분노를 제거하는 자는
능 제 분 노 자

福喜常隨身　복과 기쁨이 늘 몸에 따르나니라.
복 희 상 수 신

| 주석註釋 |

1 見法 : 진실眞實한 마음으로 실상實相을 자세히 관찰하여 그 참된 뜻을 통달함.
2 知道 : ① 진리인 도, 또는 도리를 알았다는 뜻. ② (임금이) 알았다는 뜻으로, 글에만 쓰던 말.
3 隨身 : ① 붙어 따름. ② 따라 감.

| 해의解義 |

　사람이 성을 내면 얼굴이 달아오르고 눈알이 충혈充血되어 물불이 보이지 않을 정도가 된다. 이렇게 되면 어떻게 진실한 실상實相의 법을 알 것이며, 진리인 도리道理를 알 수가 있겠는가? 그러므로 비록 성질을 내야하고 분심忿心을 표출해야 할 경우를 당하더라도 죽기로써 참고 견디며 또한 제거除去를 해야 한다. 그러면 복락福樂과 기쁨이 항상 몸에 붙어있고 따라다녀서 어느 곳, 어느 때든지 안락한 생활을 누리게 된다는 사실을 꼭 알아야 한다.

원문原文 · 해역解譯

貪婬不見法 탐 음 불 견 법	음욕을 탐하면 법을 보지 못하고
愚癡意亦然 우 치 의 역 연	어리석은 마음도 또한 그러하나니
除婬去癡者 제 음 거 치 자	음욕과 어리석음을 제거하는 자는
其福第一尊 기 복 제 일 존	그 복이 제일로 높나니라.

주석註釋

1 貪婬=貪淫 : 지나치게 색을 탐냄. 여색女色에 빠짐.
2 婬 : 음탕할 음. ① 음탕하다. ② 음란하다.
3 愚癡 : 【범】moha, 3독毒의 하나. 모하慕何라 음역. 사상事象에 의혹되어 진리를 분별치 못하는 어리석음.
4 第一 : ① 첫째. ② 가장 훌륭함. ③ 으뜸.

해의解義

　중국의 황제皇帝들로 장수長壽한 사람을 들자면 여색女色을 가까이 하지 아니함이 드러나는데 그 황제들 가운데 양무제소연梁武帝蕭衍을 들 수 있다. 《양사梁史》에 "소연은 '50살에 밖으로 문득 안방 출입을 끊었다.(蕭衍 '五十外便斷房室.')"고 하였다. 다시 말하면, '여인과 같은 방을 쓰지 않았다.(不與女人同屋.)'는 의미로 86세까지 수명을 누렸다 한다. 수행자는 수도修道에 있어서 음욕婬慾이라는 것이 대단히 중요하다고 여겨지기 때문에 자고로 음계婬戒를 크게 경계하였다.

원문原文 · 해역解譯

恚能自制 에 능 자 제	성내는 마음 스스로 억제하기를
如止奔車 여 지 분 거	달리는 수레를 멈추는 것 같이 하면
是爲善御 시 위 선 어	이는 잘 어거하는 것이니
棄冥入明 기 명 입 명	어둠을 버리고 밝음으로 들어가나니라.

| 주석註釋 |

1 恚 : 성낼 에. ① 성내다. ② 분노憤怒하다. ③ 성(화, 분노).
2 自制 : 스스로 자기의 감정感情과 욕심慾心을 억누름.
3 奔車 : 달리는 수레를 이름.
4 善御 : 어거하기를 잘 하는 것.

"에결恚結"이란 9결結의 하나이다. '결'은 결박이라는 뜻으로, 번뇌煩惱의 다른 이름이다. 진에瞋恚의 번뇌는 살생 등 악한 행위를 짓고 3계에 유전流轉하는 결과를 받아 해탈解脫할 시기가 없다는 말이다. 사람은 성을 내는 것을 컨트롤(control)할 줄 알아야 한다. 이는 달리는 수레를 잘 어거馭車하는 것과 같은 것으로 사고事故가 생기기 이전에 미리 방지하는 것과 같다. 이러하면 능히 어둠을 버리고 밝은 데로 들어가는 것과 같아서 길이 무명無明의 업장業障을 벗어날 수 있다.

忍辱勝恚
인 욕 승 에
인욕은 성냄을 이기고

善勝不善
선 승 불 선
선은 선하지 않음을 이기네.

勝者能施
승 자 능 시
이기는 사람은 능히 베푸는 것이니

至誠勝欺
지 성 승 기
지극한 정성은 속임을 이기나니라.

1 忍辱 :【범】kṣānti, 6바라밀의 하나. 10바라밀의 하나. 욕됨을 참고 안주安住하는 뜻. 온갖 모욕과 번뇌를 참고 원한을 일으키지 않음.

2 善 : 소승에서는 결과로 보아서 편안하고 즐거운 낙보樂報를 받을만한 것. 대승에서는 현재 · 미래에 걸쳐 자기와 남을 순익順益하는 것을 말함.

3 不善 : ① 착하지 아니함. ② 좋지 못함. ③ 잘하지 못함.

4 布施 :【범】dāna, 단나檀那라 음역. 6바라밀의 하나. 자비심으로써 다른 이에게 조건 없이 물건을 줌. 이것을 재시財施. 보시는 재시 · 법시法施 · 무외시無畏施의 3종 등으로 나눈다.

5 至誠 : 지극至極한 정성精誠.

6 欺 : 속일 기. ① 속이다. ② 업신여기다.

| 해의解義 |

인욕忍辱은 수행적인 입장에서 볼 때 6바라밀波羅蜜의 하나이지만 글자 그대로 '욕됨을 참는다.'는 의미이다. 욕됨은, 곧 분노忿怒로 이를 가라앉힐 수 있어야 한다. 그리고 선善은 결국 불선不善을 이기게 되어있다. 그러므로 욕됨을 참아서 분노를 이기고 선으로 선하지 못함을 이기는 사람은 남에게 보시布施의 은혜恩惠를 줄 줄을 안다. 이러한 사람은 언제나 성실하고 진실하여 일체 사물의 도리道理에 밝기 때문에 남을 속이거나 또는 속임을 당하지 않고 세상을 살아가게 된다.

6

不欺不怒　속이지 않고 성내지 않으며
불 기 불 노

意不多求　뜻(마음)으로 많이 구하지 않는 것.
의 불 다 구

如是三事　이와 같은 세 가지 일을 올바로 행하면
여 시 삼 사

死則上天　죽으면 곧 천상에 오르게 되나니라.
사 즉 상 천

| 주석註釋 |

1 不欺 : 속이지 아니함.
2 不怒 : 성내지 아니함.
3 上天 : ① 하늘. ② 하늘로 올라감. ③ 사천의 하나로, 겨울 하늘.

| 해의解義 |

　사람은 삼불기三不欺를 해야 한다. 첫째 사람을 속이지 않고(不欺人), 둘째 하늘을 속이지 않으며(不欺天), 셋째 마음, 곧 양심良心을 속이지 않아야(不欺心) 한다. 또한 성을 내서는 안 된다. 자기만족이 채워지지 않는다고 공연히 성질을 부리는 것은 옳지 않다. 또한 구하기를 많이 해서는 안 된다. 분수分數를 벗어나 구하는 것은 탐욕貪慾으로 안분安分이 아니다. 이러한 행동을 하지 않은 사람은 몸을 여의게 되면 바로 하늘로 올라가서 무량無量한 복을 받으면서 살아가

게 된다.

원문原文 · 해역解譯

常自攝身　　항상 스스로 몸을 굳게 지키고
상 자 섭 신

慈心不殺　　자비로운 마음으로 죽이지 않는다면
자 심 불 살

是生天上　　이에 천상에 사는 것이니
시 생 천 상

到彼無憂　　그곳에 이르면 근심이 없나니라.
도 피 무 우

| 주석註釋 |

1 慈心=慈悲心 : ① 사랑하고 가엾게 여기는 마음. ② 중생에게 자비慈
　悲를 베푸는 마음.
2 不殺 : ① 죽이지 않음. ② 죽지 아니함.

| 해의解義 |

　사람은 의지적意志的인 판단判斷을 가졌기 때문에 자기 몸은 자기
가 지켜야 한다. 그리하여 몸으로 지어지는 갖가지 죄업罪業을 미연
에 방지를 해야 한다. 《설원說苑》에 "인자불살仁者不殺"이라 하였다.

즉 '어진 사람은 살생을 하지 않는다.'는 뜻이다. 자비慈悲의 마음을 가진 사람은 항상 생명을 경외敬畏하여 살릴지언정 죽이지는 않는다. 그러므로 이러한 사람이 몸을 버리는 즉시에 바로 하늘 세계에 나게 되어 모든 근심 걱정이 사라져서 안락安樂을 누리게 된다.

원문原文 · 해역解譯

意常覺寤　　뜻(마음)이 항상 깨어서
의 상 각 오

明暮勤學　　낮이나 밤이나 부지런히 배우면
명 모 근 학

漏盡意解　　번뇌가 없어지고 뜻(마음)이 해탈하여
누 진 의 해

可致泥洹　　가히 열반을 이루나니라.
가 치 니 원

| 주석註釋 |

1 覺寤 : ① 깨어 있는 것. ② 꿈에서 깸.

2 明暮 : ① 밝음과 저묾. ② 낮과 밤.

3 勤學 : ① 학문學問에 힘씀. ② 부지런히 공부함.

4 漏 : 【범】āsrava, 번뇌의 다른 이름. 누漏는 흐른다 · 샌다는 뜻. 번뇌는 눈 · 귀 따위의 6근根으로 밤낮 새어나와 그치지 아니하므로 누라

하고, 또 그치지 않고 우리 마음을 흘러 달아나게 하므로 누라 한다.

5 意解 : 마음이 속박에서 풀린 것.

| 해의解義 |

마음은 항상 깨어 있어야 한다. 저절로 깨어 있으면 다행이지만 어두울 경우에는 부처님의 가르침을 따르는 수밖에 다른 방도方途가 없다. 그러기 때문에 밤낮을 가리지 않고 부지런히 배우고 익혀서 청정淸淨하여야 한다. 또한 번뇌煩惱를 끊어야 한다. 번뇌가 있으면 마음이 속박되어 자유가 없기 때문에 죄업罪業의 길로 치닫기 마련이다. 이에 빨리 방향을 돌려서 영생永生을 보장하는 저 열반涅槃의 세계로 들어가는 수행의 길을 찾아 한 걸음으로 달려가야 한다.

원문原文 · 해역解譯

人相謗毀
인 상 방 훼
사람들이 서로 헐뜯고 비방하여

自古至今
자 고 지 금
예로부터 지금에 이르렀네.

旣毀多言
기 훼 다 언
이미 말이 많아도 헐뜯고

又毀訥忍
우 훼 눌 인
또 어눌하고 참아도 헐뜯으며

亦毀中和　또한 중화라도 헐뜯으니
역 훼 중 화

世無不毀　세상에 헐뜯지 아니함이 없나니라.
세 무 불 훼

| 주석註釋 |

1 謗毀=毀謗 : ① 남을 헐뜯어 비방誹謗함. ② 남의 일을 방해妨害함.
2 多言 : ① 말수가 많음. ② 여러 말.
3 訥忍 : 말을 적게 하여 참는 것.
4 中和 : 치우치지 않고 조화調和를 이룸.

| 해의解義 |

　나의 말은 남이 하고, 남의 말은 결국 내가 한다. 칭찬을 하고 덕
담德談을 하면 얼마나 좋으련만 대개는 비방誹謗을 한다거나 헐뜯는
말로 흉허물을 보기 마련이다. 그러다 보면 말을 많이 하여도 헐뜯
고 말이 적어도 헐뜯으며, 말이 어눌하여도 헐뜯고 말을 차마 할 수
없어도 헐뜯는다. 심지어는 좌우左右에 치우치지 않고 중도中道를
잡아서 하는 말까지도 헐뜯는다. 이렇게 되면 세상에는 헐뜯을 수
없는 말이 하나도 없다고 보아도 과언過言이 아닐 것이니 수구여병
守口如瓶을 해야 한다.

欲意非聖
욕 의 비 성

욕심의 뜻(마음)은 슬기로운 것이 아니니

不能制中
불 능 제 중

능히 제어하여 중도가 아니면은

一毀一譽
일 훼 일 예

한 번 헐뜯고 한 번 칭찬하는 것이

但爲利名
단 위 이 명

다만 이익과 명예를 위함이니니라.

| 주석註釋 |

1 聖 : 성인 성. ① 성인. ② 거룩하다. 슬기롭다.

2 制中 : 제어하여 중도中道에 맞게 하는 것.

3 毀譽 : 남을 비방誹謗함과 칭찬稱讚함.

4 利名＝名利 : 명예名譽와 이익利益.

| 해의解義 |

우리가 욕심慾心을 동반同伴한 마음을 진실眞實한 마음, 청정淸淨한 마음, 정의正義로운 마음, 슬기로운 마음이라고 할 수 없다. 그러므로 이 욕심을 억제하여 중도中道에 맞게 쓰는 용심用心이 대단히 중요하다고 아니할 수 없다. 훼예포폄毀譽褒貶이라 한다. 칭찬稱讚하고 비방誹謗하는 말과 행동을 말하는 것으로, 정말로 칭찬할 만한 꺼리가 있으면 마음껏 칭찬을 해주어야 한다. 사람이 칭찬을 많이 들

으면 남을 비방하려는 마음이 누그러질 수 있다.

明智所譽　밝은 지혜란 칭찬할 바이니
명 지 소 예

唯稱是賢　오직 이에 현명하다 일컬어지고
유 칭 시 현

慧人守戒　슬기로운 사람은 계율을 지킴으로
혜 인 수 계

無所譏謗　비웃고 비방하는 바가 없나니라.
무 소 기 방

| 주석註釋 |

1 明智 : 밝은 지혜智慧.
2 譏 : 비웃을 기. ① 비웃다. ② 나무라다. ③ 기찰譏察(행동 따위를 넌지시 살피다)하다.
3 謗 : 헐뜯을 방. ① 헐뜯다. ② 나무라다. ③ 헐뜯는 말.
4 譏謗 : 남을 헐뜯어서 말함.

| 해의解義 |

　사람이 밝은 지혜가 있으면 남들에게 칭찬을 받는 것은 사실이

다. 그런데 이 지혜를 잘못 사용하여 남에게 피해被害가 주어지고 불이익不利益이 되어진다면 원망을 듣게 된다. 이런 사람은 어진 사람이라고 할 수가 없다. 또한 슬기로운 사람은 계율戒律을 지킬 줄 안다. 계율이란 방비지악防非止惡으로 모든 그릇됨을 미리서 막고 일체의 악을 끊어버리는 것이니, 남의 비웃음이나 헐뜯음을 미리서 막아서 차단시키고 못된 짓을 미리서 그쳐버리게 하는 것을 말한다.

원문原文 · 해역解譯

如羅漢淨
여 나 한 정   마치 아라한처럼 깨끗하여

莫而誣謗
막 이 무 방   속이거나 헐뜯음이 없으면

諸人咨嗟
제 인 자 차   여러 사람이 찬탄하여

梵釋所稱
범 석 소 칭   범천이나 제석이라 일컫나니라.

| 주석註釋 |

1 羅漢=阿羅漢 : ①【범】arhan, 소승의 교법을 수행하는 성문聲聞 4과의 가장 윗자리. 응공應供 · 살적殺賊 · 불생不生 · 이악離惡이라 번역. ② 여래 10호의 하나. 성문 아라한과 구별하기 위하여 '아라하'라고

하나 원어의 뜻은 같음. 아라한의 준말.

2 誣謗 : 없는 사실을 꾸며서 남을 헐뜯음.

3 咨嗟 : 애석哀惜하게 여겨 탄식歎息함.

4 梵 : 【범】brahman, 범마梵摩 · 발람마勃嚂摩 · 바라하마婆羅賀摩 · 몰
라함마沒羅憾摩 · 범람마梵覽磨라고도 음역. 이욕離欲 · 청정淸淨 · 적
정寂靜 · 청결淸潔이라 번역. 인도의 우파니샤드 철학 및 바라문교에
서 세운 우주 최고의 원리, 곧 우주 만유의 근본을 범이라 하고, 온갖
세계는 이 최고인 범梵이 스스로 번식하려는 뜻을 내므로 말미암아
생긴 것이니, 범에서 생긴 세계는 차별 · 욕망 · 고통 · 허망의 세계인
것. 이제 허망하고 고통인 세계를 벗어나려면 우리가 저마다의 정신
이 차별의 속박을 여의고, 최고 지대至大한 정신인 범과 합일하지 않
고는 될 수 없는 것이다. 우리 각자의 정신은 애착하는 것에 혹惑하여
고통의 세계에서 헤매거니와, 그 자성은 최고 정신인 범과 동일한 것
이므로 우리는 자기의 성품을 깨닫고 최고 정신을 알면, 곧 범과 합일
하여 허망하고 고통스런 세계를 해탈하게 된다고 함.

5 釋=帝釋天 : 제석은 도리천의 임금이므로 제석천이라 함.

| 해의解義 |

수도문중修道門中에 들어온 사람이라면 열심히 수행하여 최소한
아라한阿羅漢을 이루어야 한다. 아라한이란 응공應供 · 살적殺賊 · 불
생不生 · 이악離惡이라는 의미로 내외적으로 청정淸淨을 이룬 상태
이다. 그러므로 아무리 헐뜯기를 좋아하는 사람이라도 아라한을 속
이거나 비방을 할 수가 없는 것으로 이미 그 경지를 넘어섰기 때문
이다. 오히려 많은 사람이 찬탄讚嘆을 보낼 뿐만 아니라 저 범천梵天
이나 제석천帝釋天까지라도 칭찬하고 도움을 아끼지 않는 초성위初

聖位이다.

원문原文 · 해역解譯

常守愼身   항상 몸을 지키고 삼가며
상 수 신 신

以護瞋恚   성냄을 수호하고
이 호 진 에

除身惡行   몸의 악한 행을 제거하여
제 신 악 행

進修德行   나아가 덕의 행을 닦아야 하나니라.
진 수 덕 행

| 주석註釋 |

1 護 : 도울 호. ① 돕다. ② 지키다. ③ 보호하다.

2 瞋恚 : ① 노여움. 분노. ② 삼독三毒의 하나. 자기 의사에 어그러짐에
　대하여 성내는 일. 성을 내는 마음의 작용.

3 惡行 : 악한 행실.

4 德行 : ① 어질고 너그러운 행실. ② 덕성德性스러운 행실. ③ 공덕功德
　과 행법行法.

　사람이라면 자신을 잘 지키거나 삼갈 줄 알아야 한다. 만일에 모르고 있다면 다른 사람들에게 손가락질을 받기가 쉽다. 이렇게 손가락질을 받다 보면 자신도 모르게 성질을 부리기가 쉬운데 마음을 다잡고 지켜서 절대적으로 성을 내어서는 안 된다. 왜냐하면 성을 내는 그 자체가 바로 악행惡行으로 이어져서 죄고罪苦의 씨앗을 뿌리는 꼴이 되기 때문이다. 그러므로 수행자는 오직 덕을 닦고 덕을 베푸는 일에 정성을 다할지언정 몸과 마음으로 죄업을 만드는 일은 하지 않아야 한다.

14

常守愼言
상 수 신 언　항상 말을 지키고 삼가며

以護瞋恚
이 호 진 에　성냄을 감시하고

除口惡言
제 구 악 언　입의 악한 말을 제거하여

誦習法言
송 습 법 언　법의 말씀을 외우고 익힐지니라.

1 護 : 보호할 호. 통솔하다. 감시하다.

2 惡言=惡舌 : 나쁘게 욕하는 말. 남을 해害치려고 하는 못된 말. 다른 사람에게 악惡한 말을 하는 짓. '십악+惡'의 하나로 여김.

3 誦習 : 외면서 익힘. 외면서 배움.

4 法言 : ① 부처님의 말씀. ② 법도法度가 될 만한 말.

《경행록景行錄》에 "구불언인지과口不言人之過"라 하였다. 즉 '입으로는 남의 허물을 말하지 않아야 한다.' 는 뜻이다. 우리나라 속담에 '똥 묻은 개가 겨 묻은 개를 나무란다.' 고 하였다. 사람이 안으로 자기를 돌아보면 더 많은 허물을 가지고 있을 수가 있으니 말을 삼가야 한다. 또한 《경행록景行錄》에 "구부도비례지언口不道非禮之言"이라 하였다. 곧 '입으로 예의가 아닌 말은 하지 않아야 한다.' 는 뜻이다. 평상에서 실례失禮가 되는 말은 남에게 해서는 안 된다.

15

원문原文 · 해역解譯

常守愼心　항상 마음을 지키고 삼가며
상 수 신 심

以護瞋恚　성냄을 감시하고
이 호 진 에

除心惡念　마음의 악한 생각을 제거하여
제 심 악 념

思惟念道　도를 기억하고 생각할지니라.
사 유 염 도

| 주석註釋 |

1 心 : 【범】citta, 색色. 심왕心王 · 심소心所로 나누면, 대경의 특수상特殊
相을 인취認取하는 심소에 대하여 의식 작용의 본체이며, 대경의 일반
상一般相을 인지認知하는 정신작용을 말함. 이 심에 심心 · 의意 · 식識
의 이름을 붙이기도 하며, 또 분류하여 6식識 · 8식 · 9식으로 하는 경
우도 있고, 또 4심心으로 나누기도 함.

2 惡念 : 나쁜 마음이나 생각.

3 思惟 : ①마음으로 생각함. ②개념槪念, 구성構成, 판단判斷, 추리推理
등을 행하는 인간의 이성理性이 작용. 인간은, 이것에 의하여 논리적
論理的인 대상對象의 인식認識이나 관계의 파악 등을 할 수 있음. ③대
상을 분별하는 일, 또는 정토淨土의 장엄莊嚴을 관찰觀察하는 일. 선정
禪定에 들어가기 전의 일심一心.

4 念道 : 부처님의 도를 생각하는 것.

| 해의解義 |

《동경대전東經大全》에 "수심정기守心正氣"라 하였다. 즉 한울님
마음을 항상 잃지 아니하며 사특邪慝한 기운을 버리고 도기道氣를
길러 천인합일天人合一을 목적으로 하는 수련修練 방법으로 천도교
天道教에서 강조하는 말이다. 우리가 속세에서 삶을 엮어가는 데 있
어서 종교를 떠나서 어찌 되었든 간에 본래 마음을 잃지 아니하여

악으로 내닫는 나쁜 생각을 제거해야 한다. 그리하여 항상 부처님의 도를 사유思惟하고 기억記憶하며 실천해야 복락福樂이 구족한 삶을 누리게 된다.

16

節身愼言
절 신 신 언
몸가짐을 절제하고 말을 삼가며

守攝其心
수 섭 기 심
그 마음을 지키고 거두어

捨恚行道
사 에 행 도
성냄을 버리고 도를 행할지니

忍辱最強
인 욕 최 강
욕됨을 참는 것이 가장 굳셈이니라.

| 주석註釋 |

1 愼言 : 말을 삼감.

2 行道 : ① 불도를 수행함. ② 요불遶佛, 또는 요당遶堂. 줄을 지어 길을 걸어감. 여러 스님들이 경을 읽으면서 부처님의 주위를 도는 것. 부처님의 오른쪽으로부터 등 뒤를 돌아서 왼쪽으로 돌아가는 것이 원칙.

3 忍辱 : 【범】kṣānti, 6바라밀의 하나. 10바라밀의 하나. 욕됨을 참고 안주安住하는 뜻. 온갖 모욕과 번뇌를 참고 원한을 일으키지 않음.

4 最强 : ① 가장 강함, 또는 그런 것. ② 가장 셈.

　사람이라 하면 자신을 자기가 절제節制할 줄을 알아야 한다. 사람의 행동이란 자칫하면 길들지 않는 망아지와 같아서 한번 뛰면 어거하기가 힘든 것이니 조절調節을 잘 해야 한다. 그러기로 하면 출입하는 그 마음을 잘 살피고 이끌어야 한다. 여기서 중요한 것은 물불을 가리지 않는 성냄이다. 이 성냄은 도를 수행하는 것으로서 대치對峙를 해야 한다. 이렇게 대치하는 실질적인 방법으로는 욕됨을 참는 것이 최상이다. 인욕忍辱의 단련이 되어야 가장 강한 힘이 쌓이게 된다.

17

원문原文 · 해역解譯

捨恚離慢
사 에 리 만
성냄을 버리고 거만을 여의어

避諸愛貪
피 제 애 탐
모든 애욕과 탐함을 피하고

不著名色
불 착 명 색
명예와 여색에 집착하지 않으면

無爲滅苦
무 위 멸 고
그릇됨이 없어서 괴로움이 소멸하나니라.

1 慢 : 거만할 만. ① 거만倨慢하다. 오만傲慢하다. ② 게으르다. 게으름
　을 피우다.

2 名色 : ①【범】nāma-rūpa, 12인연의 하나. 구사종俱舍宗에서는 명名
　은 심법心法을 가리킨다. 심왕心王·심소心所는 크고 작은 모양새가
　없고, 단지 이름으로만 부르는 것이므로 명이라 한다. 색色은 색법色
　法을 말한다. 크고 작은 모양새는 있으나 아직 6근根이 구족되지 못하
　여 단지 몸과 뜻만 있는 것을 말한다. 이를 5온蘊으로 말하면, 색온色
　蘊 이외의 나머지 4온은 명, 색온은 색에 해당. 곧 명색은 탁태托胎 제2
　찰나 이후 6근을 갖추기까지의 5온을 이름 한 것. ② 명예와 여색.

3 無爲 :【범】asaṃskṛta, 모든 법의 진실체를 말함. 위爲는 위작爲作·
　조작造作의 뜻. 곧 인연인 위작·조작을 여의고, 생·주·이·멸 4상
　相의 변천이 없는 진리를 말한다. 열반·법성·실상 등은 무위의 다
　른 이름. 구사종俱舍宗에서는 3무위를 세우고, 유식종唯識宗에서는 6
　무위를 세웠다.

　사람이 살아가는데 있어서 버리고 놓아야 할 것이 있다. 우선 성
냄을 버려야 한다. 성냄은 자기 고집固執을 부르기 때문이다. 거만倨
慢을 던져야 한다. 거만은 자기를 대중과 멀어지게 한다. 애정愛情을
놓아야 한다. 애정은 끝이 없는 터널이다. 탐욕貪慾을 끊어야 한다.
탐욕은 한계限界가 없기 때문이다. 그리고 명예와 여색으로부터 될
수 있으면 멀리 떨어져서 살아야 한다. 그리하여 인위人爲의 조작造
作이 없는 구경究竟에 사무쳐 살아간다면 모든 괴로움을 벗어날 수
있다.

18

起而解怒　　성이 나거든 풀어야 하고
기 이 해 로

婬生自禁　　음욕이 생기면 스스로 금하여
음 생 자 금

捨不明健　　밝지 못함을 버려서 굳건하면
사 불 명 건

斯皆得安　　이에 다 편안함을 얻나니라.
사 개 득 안

| 주석註釋 |

1 婬 : 음탕할 음. 음탕淫蕩하다. 음란淫亂하다.
2 自禁 : 일정한 행동을 스스로 금함.
3 不明 : ① 확실하지 않음. ② 사리事理에 어두움.

| 해의解義 |

　우리가 자신을 스스로 억제하지 못하면 성을 내지 않으려 해도 저절로 성냄이 일어난다. 이는 습관적習慣的인 성냄이라고 할 수 있다. 음욕淫慾도 마찬가지이다. 음심婬心을 내지 아니하려 하여도 습관적으로 생겨난다. 그러므로 공부를 잘하여 "불금이자금不禁而自禁"이 되도록 해야 한다. 즉 '금하지 아니하여도 저절로 금해져야 한다.' 그리하여 밝지 못한 무명無明을 버리고 맑고 밝게 살아간다면 어느 곳, 어느 때를 막론하고 편안함을 얻게 된다.

19

瞋斷臥安　　성냄을 끊으면 누워도 편안하고
진 단 와 안

恚滅婬憂　　분노하는 음욕의 근심을 없애며
에 멸 음 우

怒爲毒本　　성냄은 독의 근본이 되고
노 위 독 본

耎意梵志　　부드러운 뜻(마음)은 부처의 뜻이고
연 의 범 지

言善得譽　　말이 착하면 칭찬을 받고
언 선 득 예

斷爲無患　　성냄을 끊으면 근심이 없나니라.
단 위 무 환

| 주석註釋 |

1 恚 : 성낼 에. ① 성내다. 성(화, 분노). ② 분노憤怒하다.

2 耎 : 가냘플 연. ① 가냘프다. ② 부드럽다.

3 梵 : 불경 범. ① 불경. ② 깨끗하다. ③ 부처.

4 斷爲 : 조작을 끊음. 조각조각 잘라내다. 없애다.

| 해의解義 |

　사람이 성냄을 끊으면 앉고 누움에 편안하다. 또한 음욕淫慾을 소
멸한다면 모든 근심이 사라진다. 이렇게 보면 성냄이나 음욕을 제거
해야 독毒이 제거되어서 새로운 자신으로 거듭나게 된다. 그러므로

자신의 마음을 항상 부드럽고 깨끗하게 하여 염독染毒이 되지 않도록 해야 한다. 평상의 말이 선하면 저절로 남의 칭찬을 받게 되고 인위적人爲的인 조작造作을 끊어서 무위無爲의 자연으로 돌아간다면 작고 큰 근심이 저절로 사라져서 안락安樂을 얻어서 아름다운 삶을 꾸릴 수 있다.

同志相近
동 지 상 근
뜻이 같으면 서로 가까이해서

詐爲作惡
사 위 작 악
거짓으로 속여 악을 짓다가는

後別餘恚
후 별 여 에
이별한 뒤에는 분노만 남아

火自燒惱
화 자 소 뇌
불이 되어 자신을 태우고 괴롭히나니라.

| 주석註釋 |

1 同志 : 뜻 · 주의主義 · 주장主張 · 목적目的이 서로 같음, 또는 그런 사람.

2 詐 : 속일 사. ① 속이다. 거짓말하다. ② 가장假裝(태도를 거짓으로 꾸미다)하다.

3 作惡 : ① 나쁜 짓을 하다. ② 우울해 하다. ③ 싫어하다.

| 해의解義 |

《황석공소서黃石公素書》안례安禮에 "동지상득同志相得, 동인상우同仁相憂."라는 말이 있다. 즉 '뜻이 같으면 서로 얻게 해주고, 어짊이 같으면 서로 근심해준다.'는 뜻이다. 사람이 가까워진다는 것은 뜻이 통한다는 말로 무엇이든 얻도록 한다. 우리가 거짓을 부리고 속여서 악행惡行을 지으면 끝에는 분노憤怒로 남아 심화心火가 끓어오르게 된다. 그러면 그 불길이 자신을 태우고 괴롭혀서 세상을 살아가는데 마장이 되는 것이니 속이거나 악업을 만들지 않아야 한다.

원문原文 · 해역解譯

不知慚愧
부 지 참 괴
부끄러워할 줄을 알지 못하면

無戒有怒
무 계 유 로
계율이 없음으로 성냄이 있나니

爲怒所牽
위 로 소 견
성내는데 끌리는 바가 됨이라.

不厭有務
불 염 유 무
일이 있음을 싫어하지 않고

有力近兵　힘이 있으면 전쟁에 가까우며
유 력 근 병

無力近耎　힘이 없으면 가냘픔에 가까워 지나니라.
무 력 근 연

| 주석註釋 |

1 慚愧 : 부끄러워하며 괴로워함.

2 務 : 힘쓸 무. ① 힘쓰다. ② 권면하다. ③ 일. 업무業務.

3 有務 : 힘씀이 있다. 즉 일이 있음을 뜻함.

4 兵 : 병사 병. ① 병사兵士, 병졸兵卒, 군사軍士, 군인軍人. ② 무기武器.
병기兵器. ③ 싸움. 전쟁戰爭.

4 無力 : ① 힘이 없음. ② 능력能力이나 활동력이 없음.

4 耎 : 가냘플 연. ① 가냘프다. ② 부드럽다.

| 해의解義 |

사람이 계율을 받아 지킴이 없으면 조그만 경계에도 성질을 내기
가 쉽고 부끄러움이 있을지라도 알지를 못하여 염치廉恥가 없어진
다. 따라서 성을 내는데 끌려가게 되면 어떤 일, 곧 사건이 벌어지는
것을 싫어하지 아니하고 뛰어 들어서 곧 해결할 것처럼 날뛰기가 쉽
다. 그리하여 쌓인 힘이 좀 있으면 무력武力을 일으키고 전쟁하려고
기회를 엿보고, 반면에 힘이 없으면 너무 가냘프고 여리어서 제 할
일을 찾지 못하고 바람을 따라 흔들리는 갈대와 같아지게 된다.

원문原文 · 해역解譯

夫忍爲上
부 인 위 상
무릇 참는 것이 으뜸이 되나니

宜常忍羸
의 상 인 리
마땅히 항상 약하더라도 참으며

擧衆輕之
거 중 경 지
온갖 무리가 업신여길지라도

有力者忍
유 력 자 인
힘이 있는 사람은 참나니라.

| 주석註釋 |

1 忍 : 참을 인. ① 참다. ② 잔인하다. ③ 차마 못하다.

2 羸 : 파리할 리. ① 파리하다(핏기가 전혀 없다). ② 약하다. ③ 고달프다. 지치다.

3 輕 : 가벼울 경. ① 가볍다. ② 업신여기다. ③ 가벼이 여기다, 가벼이 하다.

4 有力 : ① 세력勢力이 있음. 유세력有勢力. ② 목적에 달할 가능성이 많음.

| 해의解義 |

"인지위덕忍之爲德"이라 한다. 즉 '참는 것이 덕이 된다.'는 뜻이다. 생각해 보면 사람이 강한 자의 앞에 참는 것은 두렵기 때문이라 할 수 있고, 자기와 비슷한 사람과는 다투기 싫어서겠지만, 자기보

다 높고 유세有勢한 사람 앞에서 참을 줄을 아는 것이 진정한 참음이라고 할 수 있다. 그러므로 참으로 심력心力을 갖춘 사람만이 자신이 강하더라도 약한 것처럼 참고, 자신이 유력有力하더라도 무력無力한 것처럼 참아서 대중으로 더불어 상극相剋이 없는 상생相生을 이루게 된다.

夫忍爲上
부 인 위 상
무릇 참는 것이 으뜸이 되나니

宜常忍羸
의 상 인 리
마땅히 항상 약하더라도 참으며

自我與彼
자 아 여 피
자신과 나와 더불어 그와

大畏有三
대 외 유 삼
크게 두려워함이 세 가지가 있으니

如知彼作
여 지 피 작
만일 그가 하는 것을 알았거든

宜滅己中
의 멸 기 중
마땅히 내 속에서 사라지게 할지니라.

| 주석註釋 |

1 畏 : 두려워할 외. ① 두려워하다. ② 경외敬畏하다.

2 彼作 : 그가 하는 것, 즉 상대방이 하는 것.

3 己中 : 내 마음속.

| 해의解義 |

여기서도 참는 것에 대한 도리를 강조하고 있다. 우리 속담에 '참을 인忍자 3자면 살인도 면한다.' 하였으니, 참는다는 것이 어렵지만 한 번 참으면 두 번 참을 수 있고, 두 번 참으면 서너 번은 능히 참을 수 있다. 즉 능인자인能忍自忍이 된다. 능히 참으면 저절로 참아진다. 나와 더불어 상대방, 그리고 두려워할 줄 알아야 할 것이 세 가지이다. 우리가 사람을 상대하고 살면서 상대방의 주장이 옳은 바가 있다면 공연히 내가 나서지 말고 능히 자기주장을 닫아서 다투지 않아야 한다.

원문原文 · 해역解譯

俱兩行義 두 가지 행동이 의리를 함께해서
구 양 행 의

我爲彼教 내가 그를 위해 가르치더라도
아 위 피 교

如知彼作 만일 그가 하는 것을 알았거든
여 지 피 작

宜滅己中 　마땅히 내속에서 사라지게 할지니라.
의 멸 기 중

| 주석註釋 |

1 俱兩 : 두 가지 행. 즉 나의 행하는 것과 상대방의 행하는 것을 말한다.
2 義 : 의리義理. 이치理致.

| 해의解義 |

내가 행하는 일이 이치에 맞을 수도 있고 안 맞을 수고 있으며, 상
대방이 행하는 일이 이치에 맞을 수도 있고 안 맞을 수도 있다. 만일
상대방이 옳으면 내 주장을 가라앉히는데 참음을 발휘해야 한다. 또
한 상대방을 무조건 가르치려고 하지 말고 그 사람의 자존심自尊心
을 상하지 않는 범위에서 설득說得을 하는 것이 더욱 중요하다. 그
러므로 사람이 나의 말을 들어주지 않으면 설득을 해야 한다. 설득
을 해도 듣지 않을 때에는 마음속에서 완전히 비우고 또 지워서 상
대와 다투지 않아야 한다.

25

| 원문原文 · 해역解譯 |

善智勝愚 　좋은 지혜는 어리석음을 이기나니
선 지 승 우

麤言惡說　거친 말과 악한 말로
추 언 악 설

欲常勝者　언제나 이기고자 하는 자는
욕 상 승 자

於言宜嘿　말에 마땅히 침묵해야 하나니라.
어 언 의 묵

| 주석註釋 |

1 麤言 :〈불교〉거친 말이라는 뜻으로, 불법佛法을 말함에 부족한 것을
이르는 말. 대승의 가르침에 대하여 소승의 가르침을 이르고, 적극적
으로 선행을 권하는 권문權門의 가르침에 대하여 악을 행하지 않도록
막고, 불심佛心을 의심하지 않도록 경계하는 계문誡門의 가르침을 이
른다.

2 惡說=惡舌 : 나쁘게 욕하는 말. 남을 해害치려고 하는 못된 말. 다른
사람에게 악惡한 말을 하는 짓. '십악' 의 하나로 여김.

3 宜嘿 : 마땅히 침묵을 해야 한다.

| 해의解義 |

《유마경維摩經》에 이런 이야기가 있다. 유마거사가 병으로 앓아
눕자 부처님은 지혜智慧 제일인 사리불舍利佛과 가섭迦葉·수보리須
菩提 등에게 병문안을 가라고 하였지만 유마거사의 높은 법력에 문
병 가기를 꺼린다. 결국 문수보살文殊菩薩이 가게 되었다. 여기서
문수보살의 불이법문不二法門이 나왔다. 무엇무엇이 둘이 아니라는
등등 무수히 불이不二를 말하였지만 유마거사의 한 번 침묵沈默에
모두가 빨려들어 토를 달수가 없이 명명할 뿐으로 침묵의 위력은

대단하다.

원문原文 · 해역解譯

夫爲惡者   대저 악을 하는 자는
부 위 악 자

怒有怒報   성내면 성냄으로 갚음이 있네.
노 유 노 보

怒不報怒   성냄을 성냄으로 갚지 않는다면
노 불 보 노

勝彼鬪負   그와 다퉈서 지는 것보다 낫다.
승 피 투 부

| 주석註釋 |

1 勝 : 이길 승. ① 이기다. ② 뛰어나다. ③ 낫다.
2 鬪 : 싸울 투, 싸움 투. ① (두 병사가 손에 병기를 들고) 싸우다. ② 싸우게 하다. ③ 승패를 겨루다.

| 해의解義 |

《진서晉書》「선제기宣帝紀」에 "적선삼년積善三年, 지지자소知之者
少, 위악일일爲惡一日, 문우천하聞于天下."라는 말이 있다. 즉 '3년 동
안 선을 쌓아도 알아주는 사람이 적으나 하루만 악을 하면 소문이

세상에 퍼진다.' 는 뜻이다. 선은 약간해서는 알려지지 않지만 악은
바로 알려지게 된다. 그러므로 성을 낸다면 성을 낸 만큼의 과보가
있게 된다. 만일에 악한 사람이 나에게 성을 내더라도 나는 침묵을
지켜서 되갚지 않는다면 일은 그것으로 끝나게 되는 것이니 굳이 다
툴 필요가 없다.

제26
진구품塵垢品

1

원문原文·해역解譯

塵垢品者 　진구품이란
진 구 품 자

分別淸濁 　깨끗하고 흐림을 분별하여
분 별 청 탁

學當潔白 　마땅히 깨끗한 것을 배우고
학 당 결 백

無行汚辱 　더럽고 욕됨을 행함이 없을지니라.
무 행 오 욕

| 주석註釋 |

1 塵垢 : 먼지와 때.

2 淸濁 : ① 맑음과 흐림. ② 선인善人과 악인惡人. 현인賢人과 우인愚人.
　③ 청음淸音과 탁음濁音.

3 潔白 : ① 깨끗하고 흼. ② 욕심慾心이 적고 마음이 맑음. 지조志操를

더럽힘 없이 깨끗함. ③ 죄가 없음. 공명정대公明正大함.

4 汚辱 : 명예를 더럽히고 욕되게 함.

| 해의解義 |

진구품塵垢品의 취지에 대해서 말을 하고 있다. 세상을 살면서 선한 사람과 악한 사람, 어진 사람과 어리석은 사람 정도는 구분할 줄 알아야 사귐이 아름답게 된다. 그러므로 응당 욕심이 없는 맑은 마음과 지조志操를 지키는 깨끗한 마음을 가져서 세상의 온갖 경계에 끌려가거나 물들지 않고 조촐한 삶을 열어가야 한다. 따라서 당당堂堂하고 고결高潔한 자신의 명예名譽를 스스로 더럽혀서는 절대 안 된다. 명분名分에 맞는 명예란 금은보화보다 훨씬 귀중한 가치가 있기 때문이다.

2

원문原文 · 해역解譯

生無善行
생 무 선 행
　살아서 착한 행동이 없으면

死墮惡道
사 타 악 도
　죽어서 악도에 떨어지나니

往疾無間
왕 질 무 간
　가는 것을 빨리하여 틈이 없으면

到無資用　도착할지라도 밑천이 없나니라.
도 무 자 용

| 주석註釋 |

1 善行 : 착하고 어진 행실.
2 惡道 : 악취惡趣와 같음. 나쁜 일을 지은 탓으로 장차 태어날 곳. 여기
   에 3악도 · 4악도 · 5악도 등이 있음.
3 無間 : ① 틈이 없음. ② 쉴 사이가 없는 것. ③ 허물없이 가까움.
4 資用 : ① 필요한 돈과 물품. ② 밑천으로 씀.

| 해의解義 |

　사람이 세상을 살면서 "가언선행嘉言善行"이 있어야 한다. 이는
아름다운 말과 착한 행실이라는 뜻으로, 언행言行이 일치되어 아름
답고 착하게 드러나야 한다. 그렇지 않으면 죽은 뒤에는 악도에 떨
어지지가 쉽다. "시부대인時不待人"이라는 말처럼 시간은 사람을 기
다려주지 않고 흘러가는 것이니 삶이 끝나고 죽음에 이르러 저승의
문을 열고 들어갈 때 내가 써야 할 물품이나 금전金錢이 저축되어 있
지 않는다면 당황唐惶하게 된다. 그러므로 살아서 선행을 많이 쌓아
야 한다.

3

當求智慧 당 구 지 혜	마땅히 지혜를 구하면
以然意定 이 연 의 정	그것으로써 마음이 안정되고
去垢勿汚 거 구 물 오	때를 버려서 더럽히지 않으면
可離苦形 가 리 고 형	가히 괴로움의 형체를 여의나니라.

| 주석註釋 |

1 智慧 : ① 삶의 경험이 풍부하거나 세상 이치나 도리道理를 잘 알아 일을 바르고 옳게 처리하는 마음이나 두뇌의 능력能力. 슬기. ② 미혹迷惑을 없애고 보리菩提를 성취成就하는 힘.
2 苦形 : 괴로움을 받는 형체.

| 해의解義 |

사람은 지혜智慧를 가져야 한다. 상식常識은 주워들으면 되고 지식知識은 배우면 되지만 지혜는 오랜 수행을 통해서 솟아나는 것이니 이런 지혜라야 밝은 등불이 될 수 있다. 따라서 이 지혜를 전초前哨로 써야 마음의 안정을 얻어서 고요한 경지에 들 수 있다. 때를 씻어야 한다. 온갖 욕심慾心이나 번뇌煩惱를 다 씻어내서 맑고 밝은 마음이 되어야 한다. 그래야 모든 괴로움을 받게 되는 이 형체形體를 여일(떠

나 보낼) 수 있고 또한 법력法力을 갖추어져 자재自在를 누릴 수 있다.

慧人以漸
혜 인 이 점
지혜로운 사람은 차츰차츰

安徐稍進
안 서 초 진
편안하게 천천히 점점 나아가

洗除心垢
세 제 심 구
마음의 때를 씻어 제거하나니

如工鍊金
여 공 연 금
공장쟁이가 쇠를 연마하는 것과 같나니라.

| 주석註釋 |

1 稍 : 점점 초. ① 점점. 점차. 차츰차츰. ② 이미. 벌써. ③ 자못. 매우. 심히.

2 洗除 : 더러운 것을 씻어 버림.

3 心垢 : 마음에 끼인 때라는 뜻으로, 번뇌煩惱를 이르는 말.

4 鍊金 : 쇠를 불림. 쇠를 연마하다.

| 해의解義 |

"점철성금點鐵成金"이라는 말이 있다. 이는 쇳덩이를 다루어서

황금을 만든다는 뜻이다. 즉 쇠라는 것은 두들기면 두들길수록 잡철
雜鐵이 빠져서 정금精金이 되어 진다. 지혜를 이룬 사람은 편안한 마
음으로 조금씩 정진하여 마음의 때가 되는 번뇌煩惱를 씻어내는 것
이 마치 무쇠를 다루어서 좋은 쇠를 만드는 것과 같다. 사실 공부라
는 것이 단번에 되는 수도 있지만 대개는 오랜 시간을 두고 자신을
단금鍛金질해야 이루어지는 것임을 알아서 조급躁急하거나 서두르
지 않아야 한다.

원문原文 · 해역解譯

惡生於心 악 생 어 심	악이 마음에서 생겨
還自壞形 환 자 괴 형	도리어 자신의 형체를 허무는 것이
如鐵生垢 여 철 생 구	쇠에서 때(녹)가 생겨서
反食其身 반 식 기 신	도리어 그 몸을 먹는 것과 같나니라.

| 주석註釋 |

1 還 : 돌아올 환. ① 돌아오다. ② 도리어.
2 壞形 : 형체를 파괴하는 것. 몸을 허무는 것.

3 垢: 때 구. ① 때. 티끌. ② 때 묻다. 더럽다.

| 해의解義 |

  불수강不銹鋼이라는 쇠가 있다. 크롬을 12% 이상 함유含有하고
있는 합금合金으로 공기 중에서나 물속에서 쉽사리 녹이 슬지 않는
다고 한다. 그러나 일반의 쇠는 공기나 물과 닿으면 쉽게 녹이 생겨
서 자신의 몸을 무너지게 한다. 여기에 빗대어서 자기의 마음에서
생겨난 조그만 악惡이 점점 자라나고 커져서 자신의 형체形體는 물
론이지만 마음까지도 망가지게 한다. 이는 쇠에서 생긴 때, 곧 녹이
자신을 녹여먹는 것과 같은 것이니 마음에서 악의 종자가 심어지지
않도록 해야 한다.

6

원문原文 · 해역解譯

不誦爲言垢　　(글을) 읽지 않음은 말의 때가 되고
불 송 위 언 구

不勤爲家垢　　부지런하지 않음은 집안의 때가 되며
불 근 위 가 구

不嚴爲色垢　　근엄하지 않음은 얼굴의 더러운 때가 되고
불 엄 위 색 구

放逸爲事垢　　제멋대로 생활함은 일의 때가 되나니라.
방 일 위 사 구

1 不誦 : 글을 읽지 않는 것. 경전經典을 읽지 아니함.

2 不勤 : 부지런하지 아니함.

3 不嚴 : 엄숙하지 아니함.

4 放逸 : 제멋대로 난봉이나 부리고 함부로 놂. 행동이나 생활 태도 따위가 제멋대로임.

| 해의解義 |

사람이 "성경현전聖經賢典"을 읽지 않으면 말을 하는데 때가 묻어 나와서 속俗되기가 쉽다. 또한 부지런히 행하지 않으면 가솔家率의 삶이 불안정不安定하여 흩어지기가 쉽다. 또한 엄숙嚴肅함을 갖추지 않으면 얼굴빛이 천박淺薄하고 처세處世가 경솔輕率하기가 쉽다. 또한 제멋대로 난봉을 부리면 행동이 침착하지 않고 방종放縱으로 흘러서 크고 작은 일을 막론하고 대충하기 때문에 성공을 거두기가 어렵다. 이 네 가지를 사람들이 행行의 귀감龜鑑으로 삼아야 한다.

원문原文·해역解譯

慳爲惠施垢　　인색함은 은혜를 베푸는데 때가 되고
간 위 혜 시 구

不善爲行垢　　선하지 않음은 행실의 때가 되나니
불 선 위 행 구

今世亦後世
금 세 역 후 세
지금 세상이나 또한 뒤의 세상에

惡法爲常垢
악 법 위 상 구
악한 법은 항상 때로 물드나니라.

| 주석註釋 |

1 慳 : 아낄 간. ① 아끼다. ② 인색吝嗇하다.

2 惠施 : 은혜恩惠를 베풂.

3 不善 : ① 착하지 아니함. ② 좋지 못함. ③ 잘하지 못함.

4 惡法 : ① 사회에 해독害毒을 끼치는 나쁜 법률法律. ② 나쁜 방법.

| 해의解義 |

"인색지심吝嗇之心"이라 한다. 즉 인색한 마음을 말한다. 사람이 인색하면 받기를 좋아는 할지언정 남에게 베풀기를 싫어한다. 또한 마음이 선하지 않으면 자연 행실도 따라서 선할 수가 없다. 집안에서 새는 바가지가 밖에 나간다고 안 새고 메꿔질 수는 없다. 부처님의 대도정법大道正法이 아닌 외도外道나 사도邪道는 이승에서나 저승에서 모두 자신을 얽어매는 쇠사슬이 된다. 그러므로 금세에서 풀지 못하면 다음 세상에서 더 큰 족쇄足鎖가 되어 더욱 조이게 됨을 알아서 가능하면 금세에 풀어야 한다.

8

垢中之垢 구 중 지 구	때 가운데 때는
莫甚於癡 막 심 어 치	어리석음보다 더한 것은 없으니
學當捨惡 학 당 사 악	마땅히 악을 버리는 것을 배워서
比丘無垢 비 구 무 구	비구로서 때가 없어야 하나니라.

| 주석註釋 |

1 癡 : 어리석을 치. ① 어리석다. ② 미련하다.

2 比丘 : 【범】bhikṣu, bhikkhu, 또는 필추苾蒭 · 픽추煏蒭 · 비호比呼라고도 함. 걸사乞士 · 포마怖魔 · 파악破惡 · 제근除饉 · 근사남勤事男이라 번역. 남자로서 출가하여 걸식으로 생활하는 승려로 250계를 받아 지니는 이. 걸사라 함은 비구는 항상 밥을 빌어 깨끗하게 생활하는 것이니, 위로는 법을 빌어 지혜의 목숨을 돕고, 아래로는 밥을 빌어 몸을 기른다는 뜻. 포마라 함은 비구는 마왕과 마군들을 두렵게 한다는 뜻. 파악이라 함은 계戒 · 정定 · 혜慧 3학學을 닦아서 견혹見惑 · 사혹思惑을 끊는다는 뜻. 제근이라 함은 계행戒行이란 좋은 복전福田이 있어 능히 물자를 내어 인과의 흉년을 제한다는 뜻. 근사남이라 함은 계율의 행을 노력하여 부지런하다는 뜻.

불교에는 삼구三垢라는 것이 있다. 즉 사람의 마음을 더럽게 하는 세 가지 욕심慾心으로 삼독三毒이나 마찬가지이다. 이는 탐욕貪慾과 진욕瞋慾과 치욕癡慾을 말한다. 여기서는 때를 어리석음이라 하였다. 또한 심구心垢라는 말도 있는데, 마음에 끼인 때라는 뜻으로 번뇌煩惱를 이르는 말이다. 부처님의 제자가 된 비구比丘는 마음에 때도 없어야 하지만 행동이나 처사에도 때가 없어야 한다. 만일에 조금이라도 때가 끼어 있으면 참다운 부처님의 제자가 못 된다.

9

苟生無恥
구 생 무 치
구차하게 살아도 부끄러움 없으면

如鳥長喙
여 조 장 훼
새의 긴 부리와 같은 것이네.

强顔耐辱
강 안 내 욕
굳센 얼굴로 욕됨을 참는 것을

名曰穢生
명 왈 예 생
이름해서 더러운 삶이라 하나니라.

| 주석註釋 |

1 苟生 : 구차苟且하게 겨우 살아감.

2 無恥 : 부끄러움이 없음.

3 喙 : 부리 훼. ① (새의) 부리, 주둥이. ② (사람의) 입.

4 强顏 : 얼굴 가죽이 두껍다는 뜻으로, 부끄러움을 모름.

5 穢 : 더러울 예. ① 더럽다. ② 거칠다. ③ 더러워지다, 더럽히다.

| 해의解義 |

　사람이 구차苟且하다는 말은 몹시 가난하고 궁색窮塞하다는 의미이다. 이렇게 살면서 예의범절禮儀凡節을 지키면 모르지만 후안무치厚顏無恥로 얼굴이 두껍고 부끄러움이 없는 뻔뻔스런 삶이 된다면 사람들과 어울릴 수 없는 외로운 삶이 되고 마나니 삼가야 한다. 사람이 이 세상을 살아가는 것이 100년 안쪽이나 바깥쪽이라 "여리박빙如履薄氷"으로 얇은 얼음을 밟듯이 조심하면서 살아야 오점汚點을 남기지 않는 아름다운 생으로 마감을 짓게 된다.

원문原文 · 해역解譯

廉恥雖苦　청렴하고 부끄러움이 비록 괴롭지만
염 치 수 고

義取淸白　청백의 의리를 취함이니
의 취 청 백

避辱不妄　욕됨을 피하여 망령되지 않으면
피 욕 불 망

名曰潔生　　이름해서 깨끗한 삶이라 하나니라.
명 왈 결 생

| 주석註釋 |

1 廉恥 : 남에게 신세를 지거나 폐를 끼치거나 할 때 부끄럽고 미안한 마음을 가지는 상태.

2 淸白 : 청렴淸廉하고 결백潔白함.

3 妄 : 망령될 망. ① 망령妄靈되다. 어그러지다. ② 허망하다. 헛되다. ③ 속이다.

4 潔 : 깨끗할 결. ① 깨끗하다. 맑다. ② 조촐하다. 간결하다. ③ (품행이) 바르다. 청렴하다.

| 해의解義 |

사람이 살아가는 데는 예의염치禮義廉恥가 있어야 한다. 사실 사람이 금수禽獸와 다르다는 것은 예의염치를 가졌기 때문이다. 즉 예절禮節과 의리義理와 청렴淸廉한 마음과 부끄러워하는 태도가 있음으로 사람의 구실을 한다. 또한 살아가는데 있어서 욕辱을 당해야할 때가 많이 있다. 그래서 이 욕을 당할 때 정당한가 아닌가를 판단하여 정당하다면 구차하게 피하거나 도망 다니지 말고 받아들여야한다. 이러면 삶에 있어서 오점汚點이 찍히지 않는 조촐하고 아름다운 삶이 된다.

11

愚人好殺 우 인 호 살	어리석은 사람은 죽이길 좋아하고
言無誠實 언 무 성 실	말함에 성실함이 없으며
不與而取 불 여 이 취	주지 않는데 취하려 하고
好犯人婦 호 범 인 부	남의 아내를 범하길 좋아하며
逞心犯戒 영 심 범 계	마음대로 계율을 범하여
迷惑於酒 미 혹 어 주	술에 미혹되나니
斯人世世 사 인 세 세	이런 사람은 세세토록
自掘身本 자 굴 신 본	스스로 자신의 근본을 파헤치는 것이니라.

| 주석註釋 |

1 愚人 : 어리석은 사람.

2 誠實 : ① 정성스럽고 참됨. ② 착실着實함.

3 逞 : 쾌할 령. ① 쾌하다(마음이 유쾌하다), 즐겁다. ② 마음대로 하다.

4 犯戒 : 파계破戒라고도 함. 부처님께서 제정한 계율을 범하여 파한 것.
파계한 이에게는 다섯 가지 허물이 있다. ① 자신을 해害치고, ② 지혜
있는 이에게 꾸중을 듣고, ③ 나쁜 소문이 멀리 퍼지고, ④ 죽을 때에

후회가 생기고, ⑤ 죽어서 악도에 떨어진다.

5 迷惑 : 마음이 흐려서 무엇에 홀림.

6 世世=代代 : 거듭된 세대世代.

| 해의解義 |

어리석은 사람은 인과因果를 모르기 때문에 남의 생명 끊기를 좋아한다. 또한 하는 말은 신실信實하지 않고 허황虛荒하다. 또한 사람이 주지도 않는데 제 물건인 것처럼 빼앗아 간다. 또한 제 아내도 아닌 남의 부인을 겁탈劫奪하길 즐긴다. 또한 제 맘대로 부처님이 주신 계율을 범하고도 뉘우침이 없다. 또한 술에 찌들어서 비몽사몽간非夢似夢間에 살아간다. 이러한 사람은 세세생생에 자신의 근본을 파헤치고 갉아먹어서 악도惡道에 떨어져 갖은 고통을 받게 된다.

人如覺是　　사람이 이를 깨달을 것 같으면
인 여 각 시

不當念惡　　마땅히 악을 생각하지 않으리니
부 당 염 악

愚近非法　　어리석으면 법이 아님을 가까이하여
우 근 비 법

久自燒沒 　오래되면 자신을 불태워 없애 버리나니라.
구 자 소 몰

| 주석註釋 |

1 非法 : 법이나 도리道理에 어긋남.
2 燒沒 : 태워서 없애버림.

| 해의解義 |

　위에서 말한 여섯 가지를 확실하게 깨달은 사람은 악을 생각하거
나 그 악에 끌림을 당하지 않는다. 그래서 세상을 떳떳하고 당당하
게 살아가서 누구에게나 유익한 사람이 된다. 따라서 도리道理에 어
긋나는 비법非法인 외도外道나 사도邪道를 가까이 하지 않고 부처님
의 바른 법을 받들고 살아간다. 만일에 사람이 어리석어서 법이 아
닌데 발을 들여놓으면 되돌아 나오기가 어렵다. 이런 데서 오래 있
다 보면 자신도 모르게 태워지고 빠져들게 되나니 조심해야 한다.

13

원문原文·해역解譯

若信布施 　만일에 믿음으로 보시를 하면서
약 신 보 시

欲揚名譽 　명예를 드날리려 하거나
욕 양 명 예

會人虛飾　남의 허식을 알려 한다면
회 인 허 식

非入淨定　청정한 선정에 들지 못 하나니라.
비 입 정 정

| 주석註釋 |

1 布施 :【범】dāna, 단나檀那라 음역. ①6바라밀의 하나. 자비심으로써
다른 이에게 조건 없이 물건을 줌. 이것을 재시財施. 보시는 재시·법
시·무외시無畏施의 3종으로 나누며, 또 4종, 5종, 7종, 8종으로 나누
기도 한다. 재시財施·법시法施·무외시無畏施. ②4섭법攝法의 하나.
보살이 재시·법시로써 중생을 섭수攝受하여 화도化導하는 것. ③지
금은 흔히 신도들이 스님들에게 독경을 청하거나 불사를 행하고 보수
로 금전이나 물품을 주는 것을 보시라고 말한다.
2 名譽 : ①세상世上에서 인정認定 받는 좋은 이름이나 자랑. ②어떤 직
위職位나 직명職名 앞에 쓰이어 그 권위權威나 공로功勞를 존경尊敬하
는 뜻으로 쓰이는 이름
3 會 : 모일 회, 알 회. ①모이다, 모으다. ②알다. 이해하다. 깨닫다.
4 虛飾 : 겉으로만 보기 좋게 꾸미는 일. 실상實相없는 겉치레.
5 淨定 : 조촐한 선정禪定.

| 해의解義 |

　부처님을 믿고 받드는 신자信者라면 힘닿는 대로 보시布施를 행하
는 것이 불문율不文律로 되어 있다. 그런데 간혹 정재淨財를 베풀어
놓고는 스님이나 신도들이 알아주지 않는가 하는 아닌 마음, 즉 명
예를 바라고 우대優待를 바람이 있다면 이는 진정한 무상無相의 보
시가 될 수 없다. 따라서 형식적인 허식虛飾을 부리고는 사람들이

알아봐주기를 바라는 것도 진실한 행동이 될 수 없다. 이러한 사람은 절대로 청정淸淨한 선정禪定에 들 수 없고, 선정에 들지 못하면 자연 진리를 깨달을 수 없다.

14

一切斷欲   모든 욕심을 끊고
일 체 단 욕

截意根原   뜻(마음)의 근원을 잘라내어
절 의 근 원

晝夜守一   밤이나 낮이나 한결같이 지키면
주 야 수 일

必入定意   반드시 안정된 뜻(마음)에 들어 가나니라.
필 입 정 의

| 주석註釋 |

1 根原=根源 : ① 물줄기의 근본. ② 사물이 생겨나는 본바탕. ③ 일의 밑바탕.

2 守一 : ① 일一은 부처님의 가르침, 즉 불법을 말한다. ② 본분을 지킨다는 말.

3 定意 : 마음이 안정됨. 마음이 한 곳에 멈추어 동요되지 않음을 말한다.

　모든 욕심을 끊어야 한다. 욕심이란 한계가 없는 것으로 있으면 있을수록 더 두고자 하고, 가지면 가질수록 더 쌓고자 하는 것이 욕심이니 조절을 잘 해야 한다. 우리가 생각해보면, 욕심도 마음에서 일어나는 것이라 마음의 근원을 무無로 돌리고 공空으로 만든다면 욕심을 내고 싶어도 일어나지 않는다. 그리하여 밤낮으로 하나인 근원根源을 지켜서 여의지 않으면 자연적으로 선정禪定의 상태가 되어 마음이 안정安定되고 적정寂靜하여 동요動搖됨이 없게 된다.

15

| 원문原文 · 해역解譯 |

著垢爲塵　　때에 붙으면 티끌이 되고
착 구 위 진

從染塵漏　　티끌을 좇아 물들면 번뇌가 되나니
종 염 진 루

不染不行　　물들지 않고 행하지 않으면
불 염 불 행

淨而離愚　　깨끗하여 어리석음을 여의나니라.
정 이 이 우

| 주석註釋 |

　1 塵 : 【범】artha, 또는 viṣaya의 구역舊譯. 신역新譯에서는 경境, 또는

경계境界라 말함. 육근六根, 곧 감각기관과 마음에 따라 일어나는 대상 또는 대경對境의 여섯 가지 색色 · 성聲 · 향香 · 미味 · 촉觸 · 법法을 말하며, 그중에서도 특히 색향미촉色香味觸을 사진四塵이라 말한다.

2 漏 : 【범】āsrava, 번뇌의 다른 이름. 누漏는 흐른다 · 샌다는 뜻. 번뇌는 눈 · 귀 따위의 6근根으로 밤낮 새어나와 그치지 아니하므로 누라 하고, 또 그치지 않고 우리 마음을 흘러 달아나게 하므로 누라 한다.

| 해의解義 |

때가 묻은 옷은 더럽다. 때가 묻으면 묻을수록 더러워진다. 이와 같이 우리의 마음도 때가 묻게 되면 티끌이 되는 탐욕貪慾이 일어나게 된다. 따라서 탐욕이 일어나게 되면 번뇌煩惱가 자연적으로 좇아오게 되어서 마졸魔卒이 날뛰게 된다. 그러므로 우리가 공부를 잘하여 번뇌에 물들지 않고 악을 행하지도 않으면 항상 마음이 밝고 맑아서 어리석음을 여의게 된다. 그러므로 수행자가 부처님의 법을 믿고 받들고 가르침을 따른다면 그 위덕威德을 입어서 심력心力을 갖추게 된다.

見彼自侵　그가 스스로 침범하는 것을 보고
견 피 자 침

常內自省　항상 안으로 자기를 살필지니
상 내 자 성

行漏自欺　번뇌에서 달아남은 자기를 속임이라
행 루 자 기

漏盡無垢　번뇌가 다함에 때가 없어지나니라.
누 진 무 구

| 주석註釋 |

1 自省 : 스스로 반성反省함.
2 自欺 : ① 자기 자신의 마음을 속임. ② 스스로 자기에게 속음.
3 漏盡 : ① 새어서 조금도 남지 아니하고 다 없어짐. ② 마음이 물건에 끌리는 번뇌煩惱가 다 없어짐.

| 해의解義 |

공부하는 사람은 항상 내면으로 일상의 마음을 면밀하게 살펴서 탐욕貪慾이 일어나지는 않는지, 번뇌煩惱가 침노하지는 않는지, 업장業障이 가리지는 않는지 등을 살펴 방호벽防護壁을 만들어 들어오지 못하도록 해야 한다. 만일에 번뇌를 녹여내지 못하고 스스로 달아나는 것은 자신을 속이는 것이 되어 속이면 속일수록 번뇌는 치성하게 된다. 그러므로 수도를 잘하여 번뇌가 모두 소멸되면 일체의 때가 되는 삼독三毒이나 오욕五慾들이 녹아서 맑고 밝은 마음이 된다.

火莫熱於姪 화 막 열 어 음	불은 음욕보다 뜨거움이 없고
捷莫疾於怒 첩 막 질 어 노	날래기는 분노보다 빠름이 없으며
網莫密於癡 망 막 밀 어 치	그물은 어리석음보다 빽빽함이 없나니
愛流馳乎河 애 류 사 호 하	애욕의 흐름은 강물보다 빠르나니라.

주석註釋

1 捷 : 빠를 첩. ① 빠르다. 날래다. ② 싸우다. ③ 이기다. 승리하다.

2 網 : 그물 망. ① 그물. 포위망包圍網. ② 계통系統.

3 愛流 : 애욕愛慾의 바다.

4 馳 : 달릴 사. ① (말이) 달리다. (말이) 빠르다. ② 신속하다.

해의解義

《논어論語》계씨편季氏篇에 "군자유삼계君子有三戒, 소지시少之時 혈기미정血氣未定, 계지재색戒之在色, 급기장야及其壯也, 혈기방강血氣方剛, 계지재투戒之在鬪, 급기로야及其老也, 혈기기쇠血氣旣衰, 계지재득戒之在得."이라 하였다. 즉 '군자가 경계하여야 할 세 가지가 있으니, 젊어서는 혈기가 안정되지 않았으니 여색을 경계해야 하고, 장성해서는 혈기가 씩씩하니 싸움을 경계하며, 늙어서는 혈기가 이

미 쇠했으니 탐욕을 경계해야 한다.'고 하였으니, 음욕婬慾과 분노
憤怒를 잘 다스려야 한다.

虛空無轍迹　　허공에는 흔적이 없고
허 공 무 철 적

沙門無外意　　사문에는 바깥의 생각이 없네.
사 문 무 외 의

衆人盡樂惡　　뭇 사람은 모두 악을 즐기지만
중 인 진 낙 악

唯佛淨無穢　　오직 부처는 깨끗하여 더러움이 없나니라.
유 불 정 무 예

| 주석註釋 |

1 虛空 :【범】ākāśa, 아가사阿迦舍라 음역. ① 다른 것을 막지 않고, 다
른 것에 막히지도 않으며, 물·심의 모든 법을 받아들이는 당체. 공간
空間. 이 허공에는 횡변橫遍·수상竪常·무애無礙·무분별無分別·용
수容受 등의 여러 뜻이 있음. ② 온갖 물체를 여의고 아무것도 있지 않
는 곳, 곧 공계空界. 허공과 공계의 다른 점은, 허공이 비색非色·무견
無見·무대無對·무루無漏·무위無爲임에 대하여, 공계는 시색是色·
유견有見·유대有對·유루有漏·유위有爲인 것.

2 轍迹 : 수레바퀴의 자국이란 뜻으로, 먼저 지나간 어떤 사물의 흔적痕
迹을 이르는 말.

3 穢 : 더러울 예. ① 더럽다, 더러워지다. ② 거칠다.

| 해의解義 |

허공은 원래 흔적痕迹이 없다. 천지天地 사방四方이 텅 비어서 하
나로 통한다. 냄새도 없고 색깔도 없으며 무루無漏요, 무위無爲이다.
사문沙門도 바깥으로 나가는 마음이나 바깥에서 들어오는 마음이
없어서 허공처럼 텅 비워져야 한다. 보통의 사람들은 악惡, 곧 나쁜
짓을 하는데 재미를 붙여서 뒤에 올 고통苦痛은 생각하지 않고 행동
을 한다. 그러나 부처님은 진리를 알기 때문에 항상 깨끗한 몸과 마
음으로 중생을 향하여 설법說法을 하고, 하나도 버림이 없이 구제救
濟를 하신다.

원문原文 · 해역解譯

虛空無轍迹
허 공 무 철 적 　허공에는 흔적이 없고

沙門無外意
사 문 무 외 의 　사문에는 바깥의 뜻(마음)이 없네.

世間皆無常
세 간 개 무 상 　세상은 모두 무상하지만

佛無我所有　부처는 자기만의 소유가 없나니라.
불 무 아 소 유

| 주석註釋 |

1 無常 : 【범】anitya, 아니달야阿儞怛也라 음역. 물物·심心의 모든 현상
   은 한 찰나에도 생멸 변화하여 상주常主하는 모양이 없는 것. 여기에
   2종이 있다. ① 찰나무상刹那無常 ; 찰나 동안에도 생生·주住·이異·
   멸滅하는 것. ② 상속무상相續無常 ; 한평생 동안에 생·주·이·멸의
   4상相이 있는 것.

2 我 : ātman, 주재主宰·자아自我·신체身體의 뜻. 자기의 자체, 곧 자
   기 주관의 중심. 일반 불교에서는 이것을 나누어 실아實我·가아假
   我·진아眞我의 3종으로 분별. ① 실아는 인도 재래의 외도가 주장하
   는 것으로, 범부의 망정妄情에 스스로 존재한 아我의 사상을 말함. 이
   아는 무상無常이 아니고 상주常住하여 독존하는 것으로, 그 능동能動
   은 국왕·재상과 같이 자재한 것. ② 가아는 실제로 나라 할 것이 존
   재한 것이 아니고, 5온蘊이 화합하여 인과가 상속하는 몸이기 때문에
   다른 것과 구별하기 위하여 나라고 이름한 것. ③ 진아는 대승에서만
   말하는 것으로, 열반의 4덕인 상常·낙樂·아我·정淨의 아덕我德을
   말함. 진眞으로써 성품을 삼는 뜻으로 진아라 함.

3 所有 : 가지고 있음, 또는 그 물건.

| 해의解義 |

　일체에 걸림 없이 사는 사문의 자취가 허공같이 흔적없는 것은
아름다운 일이다. 쏜살 같은 삶이 얼마나 부질 없는가? 이 천지의 삼
라만상森羅萬象은 찰나무상刹那無常을 하나니, 찰나 동안에도 생生·

주住 · 이異 · 멸滅하는 것을 말한다. 또한 상속무상相續無常(서로 이어져 계속 무상)하나니 찰나의 생 · 주 · 이 · 멸의 4상相을 볼 수 있어야 한다.

제27
봉지품奉持品

1

奉持品者
봉 지 품 자

봉지품이란

解說道義
해 설 도 의

도의를 해설한 것이니

法貴德行
법 귀 덕 행

법은 덕행을 귀히 여기고

不用貪侈
불 용 탐 치

탐냄과 사치를 쓰지 않나니라.

| 주석註釋 |

1 奉持 : ① 받들어 간직하는 것을 말한다. ② 조선朝鮮 때, 임금이 거동
擧動할 때 말을 타고 용대기를 받들고 가던 금군禁軍.

2 解說 : 뜻을 알기 쉽게 풀어 설명함, 또는 그 책冊.

3 道義 : 사람이 마땅히 행해야 할 도덕道德 상의 의리義理. 도덕과 의리.

4 德行 : ① 어질고 너그러운 행실行實. ② 덕성德性스러운 행실. ③ 공덕
功德과 행법行法.

5 侈 : 사치할 치. ① 사치奢侈하다. ② 무절제無節制하다. 난잡亂雜하다.

| 해의解義 |

　봉지품의 취지에 대해서 말하고 있다. 봉지품은 도의道義를 해설
한 것을 주체로 하고 있다. 세상의 모든 법도 그렇게 되어야 하지만
부처님의 법은 덕행德行을 아주 귀중하게 여긴다. 왜 그런가 하면 덕
행은 바로 자비慈悲요, 사랑이며, 은혜로 중생을 건지는 행위行爲이
기 때문이다. 그러므로 법을 전파하고 덕행을 베푸는데 있어서는 탐
욕貪慾과 사치奢侈를 엄금嚴禁해야 한다. 만일에 탐욕이나 사치를 부
린다면 부처님의 가르침에 크게 위배됨으로 죄받음을 면치 못한다.

| 원문原文 · 해역解譯 |

好經道者　　바른 도를 좋아하는 사람은
호 경 도 자

不競於利　　이익을 다투지 아니하나니
불 경 어 리

有利無利　　이익이 있거나 이익이 없거나
유 리 무 리

無欲不惑　　욕심이 없어서 미혹되지 않나니라.
무 욕 불 혹

| 주석註釋 |

1 經道 : 경상經常과 도리道理, 쉽게 말해서 바른 도이다.
2 競 : 다툴 경. ① 다투다. ② 겨루다.
3 有利 : ① 이익利益이 있음. ② 이로움.
4 無利 : ① 이익이 없음. ② 이롭지 않음.
5 不惑 : ① 미혹迷惑하지 않음. ② 나이 마흔 살을 일컫는 말.

| 해의解義 |

이익은 "자리이타自利利他"가 제일이다. 즉 나도 이롭고, 남도 이롭다는 뜻이다. 그러나 대인大人은 이익을 가지고 장난을 치거나 세력勢力을 규합糾合하지 않는다. 그리하여 경우에 따라서는 자해이타自害利他가 된다고 할지라도 끌리거나 동요되지 않는다. 《논어論語》에 "지자불혹知者不惑"이라 하였다. 지혜로운 자는 도리道理를 깊이 알고 있으므로 어떠한 경우에도 미혹迷惑되지 아니하고 정견正見을 하고 정려正慮를 한다. 특히 욕심에 대해 더욱 엄격하여 얼씬대지 못하게 관리를 한다.

3

常愍好學　항상 걱정하고 배우길 좋아하고
상 민 호 학

正心以行　올바른 마음을 가져서 행하며
정 심 이 행

擁懷寶慧　보배로운 지혜를 속에 품어야
옹 회 보 혜

是謂爲道　이를 도 닦는 것이라 이르나니라.
시 위 위 도

| 주석註釋 |

1 愍 : 근심할 민. ① 근심하다(속을 태우거나 우울해하다), 걱정하다. ② 불
쌍히 여기다, 가엾게 여기다.

2 好學 : 학문學問을 좋아함.

3 正心 : ① 올바른 마음. ② 마음을 바르게 가다듬음.

4 擁 : 낄 옹. ① 끼다. ② 호위하다. ③ 안다.

5 擁懷 : 속에 품은 것.

6 寶慧 : 보배로운 지혜.

7 爲道 : 도를 닦는 것.

| 해의解義 |

　도를 닦고 행하는 것이 큰 것도 있지만 일상적日常的인 것도 무시
할 수는 없다. 그래서 노소老少를 막론하고 세상을 하직하는 날까지

"호학불권好學不倦"을 해야 한다. 즉 배우기를 좋아하여 책 읽기를 게을리하지 않아야 한다. 왜 그런가 하면 공자의 말씀처럼 "호학근호지好學近乎知"하기 때문이다. 학문學問이란 격물치지格物致知하는 길이므로 학문을 좋아하는 것 자체가 지知에 가까움이 되어서 지혜를 갖출 수 있다. 이렇게 하는 것이 도를 깨우쳐가는 사람이라고 할 수 있다.

所謂智者 이른바 지혜로운 사람은
소 위 지 자

不必辯言 반드시 말을 둘러대지 않고
불 필 변 언

無恐無懼 두려워하거나 염려함이 없이
무 공 무 구

守善爲智 선을 지켜서 지혜로 삼나니라.
수 선 위 지

| 주석註釋 |

1 智者 : 슬기가 있는 사람.
2 辯 : 말씀 변. ① 말씀. ② 이리저리 둘러대는 말.
3 辯言 : 말을 잘 하는 것.

4 恐 : 두려울 공. 두렵다, 두려워하다.

5 懼 : 두려워할 구. ① 두려워하다, 두렵다. ② 걱정하다. ③ 염려하다.

6 恐懼 : 몹시 두려워함.

| 해의解義 |

《논어論語》 자로편子路篇에 "강의목눌剛毅木訥 근인近仁"이라 하
였다. 이 말은 '강하고 굳세고 질박하고 어눌함이 인에 가깝다.'는
뜻이다. 지혜로운 사람은 달변達辯을 중요하게 여기지 않는다. 비록
어눌할지라도 참된 도리道理, 깊은 의지意志가 담겨 있으면 법어法語
가 된다. 그러므로 세상에서 말을 잘하는 사람이라 할지라도 두려워
하는 바가 없이 선善을 잘 지키는 것으로 지혜를 삼아 부처님의 말
씀을 받들고 받아서 부처의 인격을 도야陶冶해야 한다.

원문原文·해역解譯

奉持法者   법을 받들어 지니는 사람이란
봉 지 법 자

不以多言   말을 많이 하지 아니하고
불 이 다 언

雖素少聞   비록 평소에 들음이 적더라도
수 소 소 문

身依法行
신 의 법 행 　몸소 법에 의지해서 행하며

守道不忌
수 도 불 기 　도를 지켜 꺼려하지 않나니

可謂奉法
가 위 봉 법 　가히 법을 받듦이라 이르나니라.

| 주석註釋 |

1 多言 : ① 말수가 많음. ② 여러 말.
2 依法 : 법에 따름.
3 守道 : 도를 지키는 것.

| 해의解義 |

　불자佛子가 되어 불법을 받드는 사람이란 많은 말이 필요치가 않다. 평상시에 비록 들은 바가 적다고 할지라도 법에 의해 몸소 수행을 하면 된다. 공연히 말을 많이 하다가는 실수를 할 수가 있다. "다언삭궁多言數窮"이라는 말이 있다. 곧 말이 많으면 자주 곤란한 처지에 빠지게 된다는 의미이다. 또한 "다언혹중多言或中"이라 하였으니, 말을 많이 하다 보면 어쩌다가 사리事理에 맞는 말도 있다는 뜻이다. 수도이실로守道而失路가 되어서는 안 된다. 억지로 도를 지키려다가 오히려 참된 길을 잃게 된다.

6

所謂老者 <small>소 위 노 자</small>	이른바 장로란
不必年耆 <small>불 필 년 기</small>	반드시 나이가 많은 것만은 아니니
形熟髮白 <small>형 숙 발 백</small>	형체가 쇠하고 머리가 흰 것은
蠢愚而已 <small>준 우 이 이</small>	굼뜨고 어리석음일 따름이니라.

| 주석註釋 |

1 老者=長老 : ①【범】āyusmat, 아유솔만阿瑜率滿이라 음역. 존자尊
  者·구수具壽라고도 번역. 지혜와 덕이 높고 법랍이 많은 비구를 통
  칭. 젊은 비구가 늙은 비구를 높여 부르는 이름. 기년耆年 장로·법法
  장로·작作 장로의 3종이 있음. ②나이가 많고 덕이 많은 사람의 존
  칭尊稱.
2 耆 : 늙을 기. ①늙다. ②즐기다. 좋아하다. ③어른. ④스승.
3 熟 : 익었다는 뜻이니, 만물이 익으면 생기生氣가 없음으로 쇠衰하였
  다는 뜻.
4 蠢愚 : 굼뜨고 어리석음.

| 해의解義 |

  장로長老를 나이로 따져서는 안 된다. 그런 의미에서 장로란 지혜
와 덕이 높고 법랍法臘이 많은 비구比丘를 통칭通稱하여 부른다고 할

수 있다. 그러므로 나이가 많고 형체가 늙었으며 머리털이 희다고
다 장로는 아니라는 말이다. 그런데 어리석은 사람은 자신이 절에
들어와서 중노릇을 오래하고 여러 큰 스님들을 모시거나 친견親見
하였으며, 하안거夏安居 동안거冬安居를 많이 하고 사중寺中에서 직
위職位가 높은 것을 내세워서 대우를 받으려고 해서는 안 된다.

謂懷諦法　　진리의 법을 품고
위 회 제 법

順調慈仁　　조순하고 자애롭고 인자하며
순 조 자 인

明遠清潔　　밝고 원대하고 맑고 깨끗하다면
명 원 청 결

是爲長老　　이를 장로가 된 것이라 이르나니라.
시 위 장 로

| 주석註釋 |

1 諦法 : 진리의 법.
2 順調 : 아무 탈 없이 일이 잘 되어 가는 상태.
3 慈仁 : 자애慈愛롭고 인자함.
4 明遠 : 밝고 원대함.

세상에 사는 사람들은 부류部類를 따라서 흉중胸中의 회포懷抱가 다르다고 할 수 있다. 정치를 하는 사람이라면 최고의 권력자權力者가 되기를 추구하고, 기업을 하는 사람이라면 최고의 부유富裕를 추구하는 등 사람마다 다 다를 수 있다. 그런데 장로는 가슴에 진리를 품어야 한다. 그리고 유순柔順하고 조화調和로우며 자애롭고 인자하여 행동이나 마음이 밝고 원대遠大하며 맑아서 진애塵埃가 없어야 한다. 즉 일체 번뇌煩惱가 소멸되어 출중出衆하고 지혜로운 사람이다.

원문原文 · 해역解譯

所謂端政　이른바 바르고 얌전하다는 것은
소 위 단 정

非色如花　얼굴이 꽃 같음을 이름이 아니니
비 색 여 화

慳嫉虛飾　인색하고 질투하며 거짓으로 꾸미면
간 질 허 식

言行有違　말과 행동에 어긋남이 있나니라.
언 행 유 위

1 端政=端正 : 바르고 얌전함. 정政은 '바루다'의 뜻으로, 정正과 통함.

2 慳 : 아낄 간. ① 아끼다. ② 인색하다. ③ 쩨쩨하다.

3 嫉 : 미워할 질. ① 미워하다. ② 시새움하다. ③ 투기하다.

4 虛飾 : 겉으로만 보기 좋게 꾸미는 일. 실상實相 없는 겉치레.

5 言行 : 말과 행동을 아울러 이르는 말.

| 해의解義 |

세상에 단정端正한 사람이란 얼굴이 꽃처럼 예쁘고 키가 훤칠한 팔등신八等身을 이르는 것은 아니다. 단정하지 못한 사람을 앞으로서 단정한 사람이 드러나게 된다. 단정하지 못한 사람이란 재물에 인색하고 남을 시기질투猜忌嫉妬하며 허황虛荒하게 꾸미기를 좋아하는 사람이다. 또한 말과 행실이 서로 어긋난다. 즉 언행일치言行一致를 이루지 못하고 말 따로 행동 따로 되어 맞지 않은 톱니바퀴처럼 어긋나고, 물과 기름이 섞기지 않는 것처럼 겉도는 사람이라고 할 수 있다.

9

원문原文 · 해역解譯

謂能捨惡   이르기를 능히 악을 버리고
위 능 사 악

根原已斷 근 원 이 단	근원이 이미 끊어졌다면
慧而無恚 혜 이 무 에	지혜로워서 성냄이 없으니
是謂端政 시 위 단 정	이를 단정하다 이르느니라.

| 주석註釋 |

1 捨 : 버릴 사. 버리다.
2 根原=根源 : ① 물줄기의 근본根本. ② 사물이 생겨나는 본바탕. ③ 일의 밑바탕.
3 斷 : 끊을 단. ① 끊다. ② 결단하다. ③ 나누다.
4 恚 : 성낼 에. ① 성내다. ② 분노하다. ③ 성(화, 분노).

| 해의解義 |

　단정한 사람에 대해서 말하고 있다. 단정한 사람이라고 특별함이 있는 것이 아니라 평범한 가운데 살면서 도리道理를 다하면 된다. 그래서 악심惡心이 없고 악행惡行이 없어야 한다. 또한 재물에 대한 집착執着이나 색色에 대한 연정戀情을 근원에서 이미 끊어져 마음속에서 일어나지 않는다. 그러면서 대단히 지혜롭고 슬기로워 성질을 낸다거나 시기猜忌와 질투嫉妬가 없이 항상 언고행言顧行하고, 행고언행顧言하면서 살아가는 사람이라고 할 수 있다.

10

원문原文 · 해역解譯

所謂沙門 소 위 사 문	이른바 사문이란
非必除髮 비 필 제 발	반드시 머리털을 제거함이 아니니
妄語貪取 망 어 탐 취	망령되게 말하고 탐내고 취해서
有欲如凡 유 욕 여 범	욕심이 있다면 보통 사람과 같나니라.

주석註釋

1 除髮 : 중이 되어 머리를 깎는 것.
2 妄語 : ① 헛된 말. ② 거짓말.
3 貪取 : 남의 것을 탐내어 취하는 것.
4 凡 : 무릇 범. ① 무릇. 대체로 보아. ② 보통普通, 보통의. 예사로운.

해의解義

　머리를 빡빡 깎고 분소의糞掃衣를 입으며 바랑을 짊어지고 목탁을 두드리며 걸식乞食을 한다고 해서 진정한 사문沙門이라고 단정할 수는 없다. 그 사람됨이 입이 거칠어서 함부로 말을 하고 남의 물건에 탐욕貪慾을 가지며 좋아하는 것이면 수단 방법을 가리지 않고 취하여 손에 넣어 재물이 넘쳐흐르고 의복에 빛이 나며 얼굴에 기름기가 번쩍거리고 행동이 거만하게 보인다면 결코 부처님의 참된 제자라고 할 수 없는 보통 사람이요 중생에 지나지 않는다.

謂能止惡 위 능 지 악	이르기를 능히 악을 그친다면
恢廓弘道 회 곽 홍 도	도량이 크고 도가 넓은 것이라.
息心滅意 식 심 멸 의	마음이 쉬고 뜻(마음)이 멸하면
是謂沙門 시 위 사 문	이를 사문이라 이르나니라.

| 주석註釋 |

1 止惡 : 악한 일을 그침.
2 恢廓 : ① 도량度量이 넓고 큼. 마음이 넓음. ② 하던 사업을 넓힘.
3 弘道 : 도덕道德을 널리 폄.
4 息心 : 마음을 쉬다.
5 滅意 : 뜻을 멸하다.

| 해의解義 |

사문沙門이란 어떠한 사람을 말하는 것인가? 악심惡心을 그치고,

악행惡行을 그치며, 악한 일을 하지 않아야 한다. 도량度量이나 심량 心量을 한없이 넓고 크게 하여 어떤 중생이라도 다 품어주며 도덕을 넓혀서 생령을 제도해야 한다. 안에서 사심잡념私心雜念이 쉬어지고 의식意識을 좇아 흐름을 소멸시켜야 한다. 사문이란 말이 곧 식심息 心이요 근식勤息이니, 부지런히 모든 좋은 일을 닦고 나쁜 일을 일으 키지 않아야 한다. 불문에 들어와 오로지 부처님 법을 받들고 공부 하는 사람이다.

所謂比丘　이른바 비구란
소 위 비 구

非時乞食　때에 걸식함을 이름이 아니니
비 시 걸 식

邪行姪彼　사악하게 행동하고 상대를 음욕 한다면
사 행 음 피

稱名而已　이름만 일컬어질 뿐이니라.
칭 명 이 이

| 주석註釋 |

1乞食 :【범】pāiapātika, 빈다파저가賓茶波底迦 · 분위分衞라 음역, 단타 團墮라 직역. 비구가 자기의 몸과 목숨을 돕기 위하여 일정한 행의작

법行依作法으로 밥을 비는 일.

2 邪行 : ① 옳지 못한 행실. ② 간악奸惡한 행위行爲.

3 稱名 : 거짓 이름을 이르는 말.

| 해의解義 |

출가를 한 남자로서 걸식乞食의 생활을 한다고 해서 비구比丘라고 말할 수는 없다. 바랑을 짊어지고 목탁을 두드리며 행걸行乞하는 것이 결코 능사能事는 아니기 때문이다. 마음속으로는 어여쁜 여자나 신도를 보면 음심淫心이 동요動搖하여 가까이 하려 하고 사악邪惡한 마음을 일으켜 행동으로 옮기려 한다면 어찌 비구라 하겠는가. 이러한 사람은 "구피상피狗被象皮"라는 말처럼 개가 코끼리 가죽을 입었다고 코끼리는 아닌 것이니 시명是名 비구일 따름이다.

謂捨罪福   이르길 죄와 복을 버리고
위 사 죄 복

淨修梵行   범행을 깨끗이 닦아서
정 수 범 행

慧能破惡   지혜로 능히 악을 부수면
혜 능 파 악

是爲比丘　이를 비구라 하나니라.
시 위 비 구

| 주석註釋 |

1 罪福 : 죄와 복. 악업과 선업. 산 것을 죽이는 일 따위의 악한 과보를
받을 나쁜 짓을 죄라 하며, 남에게 보시하는 따위의 선한 과보를 받을
착한 짓을 복이라 함.

2 梵行 :【범】brahmacarya, 범은 청정 · 적정의 뜻, 맑고 깨끗한 행실.
정행淨行과 같음. ① 더럽고 추한 음욕을 끊는 것을 범행이라 한다. 곧
범천의 행법이란 말. ② 5행行의 하나. 공空 · 유有의 양쪽에 치우쳐
물들지 않고, 맑고 깨끗한 자비심으로 중생의 고통을 건지고 낙을 주
는 보살행.

3 破惡 : 비구오덕比丘五德의 하나. 도를 닦아 번뇌를 끊는 일을 이른다.

| 해의解義 |

참다운 비구란 어떤 사람인가? 출가한 승려로 250계를 받아 지녀
야 한다. 걸사乞士라 하였으니, 항상 밥을 빌어 깨끗한 생활을 해야
한다. 그리하여 위로는 법을 빌어 지혜를 이루고, 아래로는 밥을 빌
어 중생의 복전福田이 되어야 한다. 죄라는 것과 복이라는 것도 놓
아버리고 파악破惡인 계戒 · 정定 · 혜慧 3학學을 닦아서 견혹見惑 ·
사혹思惑을 끊고 정행淨行을 잘 닦으며 범행梵行을 이루어서 세상과
중생의 자비로운 등불이 되어주는 것이 진정한 비구이다.

14

所謂仁明 소 위 인 명	이른바 어질고 현명함이란
非口不言 비 구 불 언	입으로 말하지 않는 것이 아니니
用心不淨 용 심 부 정	마음을 쓰는 것이 깨끗하지 않으면
外順而已 외 순 이 이	겉으로만 유순할 따름이니라.

| 주석註釋 |

1 仁明 : 어질고 명철明哲함.

2 不言 : 말을 하지 않음.

3 用心 : 마음을 쓴다. 마음을 작용한다는 뜻.

4 不淨 : ① 조촐하거나 깨끗하지 못함. 더러움. ② (꺼리고 피해야 할 때) 사람이 죽거나 아이를 낳는 일이 생김. ③ 무당굿의 첫 거리.

| 해의解義 |

《순자荀子》에 "인적어중仁積於中, 이형어외而形於外."라 한다. 즉 '어짊이 가운데에 쌓이면 밖으로 나타난다.'는 뜻이다. 나는 어짊을 갈무리고 있다. 나는 명석明晳한 지혜를 가지고 있지 않을지라도 진정으로 인명仁明이 있으면 자연적으로 드러나 모든 사람들이 알아보게 된다. 반면에 그 사람의 마음을 쓰는 것이 맑지도 않고 바르

지도 않는다면 겉으로만 꾸며서 유순柔順하게 보이려는 가식假飾이요 허영虛榮으로 참다운 사람이라고 하기는 어렵다. 그러므로 내외가 공인共仁하고 안팎이 동명同明한 사람이 되어야 한다.

원문原文 · 해역解譯

謂心無爲
위 심 무 위
이르기를 마음에 다함이 없어서

內行淸虛
내 행 청 허
안으로 행함이 맑고 텅 비어

此彼寂滅
차 피 적 멸
이것저것이 고요하고 멸하면

是爲仁明
시 위 인 명
이를 어질고 현명함이 되나니라.

주석註釋

1 無爲 : 【범】asaṃskṛta, 모든 법의 진실체眞實諦를 말함. 위爲는 위작爲作 · 조작造作의 뜻. 곧 인연인 위작 · 조작을 여의고, 생 · 주 · 이 · 멸 4상相의 변천이 없는 진리를 말한다. 열반 · 법성 · 실상 등은 무위의 다른 이름. 구사종俱舍宗에서는 3무위를 세우고, 유식종唯識宗에서는 6무위를 세웠다.

2 淸虛 : 마음이 맑고 잡된 생각이 없어 깨끗함.

3 彼此 : ① 저것과 이것을 아울러 이르는 말. ② 이쪽과 저쪽의 양쪽.

4 寂滅 : 열반의 번역. 번뇌를 모두 끊어 더 이상 나고 죽는 인因·과果를 멸하여, 다시는 미혹한 생사를 계속하지 않는 적정한 경계.

| 해의解義 |

정말로 어질고 현명하다는 것은 무엇을 말하는 것인가? 위작爲作이나 조작造作이 없는 진실지제眞實之諦를 말한다. 즉 진실한 진리이다. 그리하여 안으로 마음의 행로行路가 맑고 텅 비워져서 이것과 저것이 아우르고 일체의 번뇌煩惱가 끊어진 해탈解脫의 열반涅을 이룬 사람이라고 할 수 있다. 우리가 부처님을 믿고 받들며 가르침을 받아들이는 것은 내외內外가 겸전兼全하고 지혜가 원만圓滿한 부처의 인격을 이루는데 있는 것임을 알아서 공부를 잘해야 한다.

원문原文·해역解譯

所謂有道
소위유도
이른바 도가 있다는 것은

非救一物
비구일물
한 물건만 구제하는 것을 이름이 아니니

普濟天下
보제천하
온 천하를 두루 제도하여

無害爲道 해침이 없어야 도인이 되나니라.
무 해 위 도

| 주석註釋 |

1 有道 : ① 정도正道에 맞음. ② 덕행德行이 있음. ③ 도덕道德을 몸에 갖
추고 있음.
2 一物 : 한 물건.
3 普濟 : 널리 제도하다.
4 無害 : 해롭지 아니함.

| 해의解義 |

"유도지인有道之人", 곧 도가 있는 사람이라면 고통에서 헤매는
중생을 보고 좌시坐視할 수는 절대로 없다. 그러므로 역대 불조佛祖
들이 투신投身의 심정으로 구제 사업에 뛰어들어 심신心身을 불살라
한 물건, 한 생령도 버림이 없이 정토극락淨土極樂으로 인도를 하였
다. 그런데 중요한 것은 생령을 해害함이 없어야 한다. 부처가 아닌
데 부처인 것처럼, 진리를 모르는데 깨달은 것처럼 행동을 해서 신
자들을 구렁텅이로 몰아넣는다면 그들에게 얼마나 많은 해를 끼치
는 일인가, 도 있는 사람의 할 바 아니다.

戒衆不言
계 중 불 언
　　계율이 많아도 말하지 않는다면

我行多誠
아 행 다 성
　　내 행실은 성실함이 많음이니

得定意者
득 정 의 자
　　뜻(마음)의 안정을 얻은 사람은

要由閉損
요 유 폐 손
　　중요함이 폐손으로 말미암나니라.

| 주석註釋 |

1 衆 : 무리 중. ① 무리(모여서 뭉친 한 동아리). ② 많다.
2 閉損 : 탐욕의 마음을 억제하고 더는 것.

| 해의解義 |

　계율戒律이라는 것은 행동에 제약制約을 주어서 자유롭게 하는 것
이라도 할 수 있으니 많은 말이 필요치 않다. 내 수행修行하는 바가
성실하게 되면 마음의 안정을 얻어가는 것이 어렵지 않고 오히려 쉬
어지게 된다. 우리가 공부하는데 있어서 마음속에 일어나는 탐욕貪
慾을 억제하기가 쉽지를 않다. 탐욕이란 위아래를 통해서 한계가 없
는 것으로 많으면 많을수록 더 채우려는 것이 탐욕의 본능本能이니,
이를 잠재우는데 진력盡力하여 소홀하게 처리함이 없어야 한다.

18

원문原文 · 해역解譯

意解求安 의 해 구 안	뜻(마음)을 깨달아 편하길 구하거든
莫習凡人 막 습 범 인	평범한 사람에게 배우지 말지니
使結未盡 사 결 미 진	인연 맺음을 다하지 않으면
莫能得脫 막 능 득 탈	능히 해탈을 얻지 못 하나니라.

주석註釋

1 習 : 익힐 습. ① 익히다. 익숙하다. ② 친압親狎하다. ③ 배우다.
2 凡人 : 평범平凡한 사람.
3 使結 : 남과 인연을 맺어 이를 부림.
4 得脫 : 불법佛法의 참된 이치를 깨달아서 번뇌煩惱 · 고뇌苦惱의 지경에서 벗어나 불과佛果를 얻음.

해의解義

공부하는 사람이 마음에 해탈解脫을 얻고자 한다면 진리를 깨달아야 한다. 진리를 깨닫지 못하면 아무리 해탈을 하려고 해도 벗어날 수가 없다. 그러려면 우선 속세俗世에 사는 보통 사람들과 친압親狎하지 말고 거리를 두어 그들의 행습行習을 배우고 익힘이 없어야 한다. 즉 모든 인연이 다해지지 않고는 해탈의 경지에 들어갈 수가 없는 것이니 잘 생각해야 한다. 가지 많은 나무는 작은 바람에도 흔들림이 심한 것이니 좌우의 인연이 많으면 공부를 하기에 어려움이 있게 된다.

제 28
도행품道行品

道行品者
도 행 품 자

도행품이란

旨說大要
지 설 대 요

뜻이 크고 요긴한

度脫之道
도 탈 지 도

해탈의 도를 설명한 것이니

此爲極妙
차 위 극 묘

이것이 지극히 미묘함이 되나니라.

| 주석註釋 |

1 道行 : ① 불도佛道의 수행. ② 학도學道의 수행. ③ 도덕다운 행을 하
   는 것.

2 大要 : 대체의 요지要旨. 대략적인 줄거리. 대약大約. 개략槪略. 대략적
   大略的인 요지를 간추린 것.

3 度脫 : 생사의 바다를 건너서, 미계迷界를 벗어나 오계悟界에 들어가

는 것.
4 極妙 : 아주 묘妙함.

| 해의解義 |

　도행품의 취지에 대해서 설명하고 있다. 불교에서는 온 세상이 고
해苦海라고 하는데, 고해 가운데서도 가장 괴로움이 되는 것은 생사
生死라고 할 수 있다. 그래서 이를 벗어나는 길이 해탈解脫이요 열반
涅槃이다. 누구를 막론하고 해탈의 열반을 얻지 못하면 절대로 고해
를 벗어날 수가 없는 것이니, 이렇게 벗어나는 길을 가장 잘 밝혀놓
은 것이 불법이다. 그러므로 불법을 잘 믿고 받들어 공부를 해나가
면 순풍順風에 돛을 달고 바다를 건너듯 쉽게 갈 수 있으니 이것이
불법의 극치極致이다.

원문原文 · 해역解譯

八直最上道　여덟 가지 곧음이 최상의 길이요
팔 직 최 상 도

四諦爲法迹　네 가지 진리가 법의 자취가 된다네.
사 제 위 법 적

不婬行之尊　음탕하지 않음이 행의 높은 것이요
불 음 행 지 존

施燈必得眼　등불을 보시하면 반드시 눈을 얻나니라.
시 등 필 득 안

| 주석註釋 |

1 八直=八道 : 【범】āryāṭāṅga-mārgaḥ, 또는 팔성도지八聖道支 · 팔정도
분八正道分 · 팔정도八正道. 불교의 실천 수행하는 중요한 종목을 8종
으로 나눈 것. 이것이 중정中正 · 중도中道의 완전한 수행법이므로 정
도, 성인의 도이므로 성도, 또 8종으로 나누었으므로 지, 또는 분이라
한다. 정견正見 · 정사유正思惟 · 정어正語 · 정업正業 · 정명正命 · 정정
진正精進 · 정념正念 · 정정正定의 중정 · 중도의 완전한 수행법. 부처
님이 최초의 설법에서 설하셨으며 4제 · 12인연과 함께 불교의 원시
적 근본 교의가 되는 것.

2 四諦 : 【범】Catvāri-āryasatyāni, 【팔】Cattāri-āriyasaccāni, 사성제四
聖諦라고도 함. 고苦 · 집集 · 멸滅 · 도道. 불교의 강격綱格을 나타낸 전
형典型으로서 유력有力한 것. 제諦는 불변여실不變如實의 진상眞相이란
뜻. ① 고제苦諦 ; 현실의 상相을 나타낸 것이니, 현실의 인생은 고苦라
고 관하는 것. ② 집제集諦 ; 고苦의 이유근거理由根據, 혹은 원인原因이
라고도 하니, 고의 원인은 번뇌인데, 특히 애욕과 업業을 말함. 위의 2
제는 유전流轉하는 인과. ③ 멸제滅諦 ; 깨달을 목표, 곧 이상理想의 열
반. ④ 도제道諦 ; 열반에 이르는 방법.

3 婬行=淫行 : ① 음란淫亂한 행위. ② 외설적인 행위.

3 得眼 : 눈을 얻었다는 뜻으로, 마음의 눈을 떴다는 의미.

| 해의解義 |

수행하는 사람은 눈을 얻어야 한다. 눈을 얻는다는 것은 눈을 떴
다는 뜻으로, 마음의 눈(心眼), 진리의 눈(道眼)이 밝아져서 우주 바깥

까지 볼 수 있다는 의미이다. 이 길을 제시하는 것이 팔정도八正道이
요 사제四諦이다. 이 팔정도와 사제만 수행하면 유무식有無識 남녀
노소를 막론하고 눈을 얻을 수 있는 것으로 불법을 공부하고 수행하
는 데서 가능하다고 할 수 있다. 만일에 잘못된 공부를 하게 되면 허
송세월虛送歲月만 할 뿐 얻어지는 것은 미미할 것이니 선택을 잘 해
야 한다.

원문原文 · 해역解譯

是道無復畏
시 도 무 부 외
이 도는 다시 두려워할 것이 없어서

見淨乃度世
견 정 내 도 세
깨끗함을 보아 이에 세상을 건너네.

此能壞魔兵
차 능 괴 마 병
이는 능히 악마의 군사도 무너뜨리나니

力行滅邪苦
역 행 멸 사 고
힘써 행하면 삿된 괴로움 사라지나니라.

주석註釋

1 度世 : ① 출세出世 · 출세간出世間 · 이세간離世間이라고도 한다. 생사
의 바다를 건너서 이상향인 열반에 이르는 것. ② 세상 사람들을 제도
하는 것.

2 魔兵 : ① 마왕魔王인 파순波旬의 병졸. ② 탐욕의 사악한 병졸.

3 邪苦 : 사악한 괴로움, 또는 삿된 번뇌.

| 해의解義 |

앞에서 말한 팔정도와 사제를 잘 공부하면 천지 간에 두려울 것
이 없고 두려운 마음도 나지 않는다. 그러면 마음이 맑고 깨끗하여
생사의 바다를 건너서 능히 이상향理想鄕인 열반涅槃의 세계에 이르
게 된다. 이렇게 되면 아무리 무서운 마왕파순魔王波旬의 졸개들이
라 할지라도 물리치고 무너뜨려서 장애가 되지 않는다. 그러면 자연
적으로 사악邪惡한 괴로움이나 무계無界한 탐욕이 녹여져서 청정한
정토淨土의 극락세계에서 아름답게 살아갈 수 있게 된다.

원문原文 · 해역解譯

我已開正道
아 이 개 정 도
내 이미 바른 도를 열어

爲大現異明
위 대 현 이 명
크게 기이한 광명을 나타내었네.

已聞當自行
이 문 당 자 행
이미 들었거든 마땅히 스스로 행할지니

行乃解邪縛
행 내 해 사 박
행하면 이에 삿된 결박에서 풀려나나니라.

1 正道 : 무루無漏의 진실하고 올바른 도. 만유 제법의 체성이 일미평등
一味平等한 이치를 체달한 무루지는 평등한 정리正理에 계합하고 이
지혜로 말미암아 불과에 도달하므로 정도라고 함.
2 異明 : 다른 사도邪道와는 다르게 무척 밝은 길임.
3 自行 : 스스로 행함.
4 邪縛 : 사념邪念의 결박.

| 해의解義 |

부처님의 6년 설산雪山 고행苦行으로 인해 깨우쳐진 진리가 부처
님의 영광뿐만 아니라 역겁歷劫을 이어오는 전 생령生靈의 바른길이
요 밝은 광명이 된다. 이렇게 바른길과 밝은 광명이 제시되지 않았
다면 세상에 사는 중생들이 어떻게 사악邪惡하고 사념邪念된 결박結
縛을 풀고 저 맑고 밝은 열반의 세계에 들 수가 있겠는가. 그러므로
부처님은 지금 당장 들었으면 바로 실행을 하라고 채근을 한다. 그
길을 가고 못가는 것은 각자의 책임이요 부처님의 책임은 아니다.

원문原文 · 해역解譯

生死非常苦　　생과 죽음은 덧없고 괴로운 것이니
생 사 비 상 고

能觀見爲慧　능히 살피고 보는 것이 지혜가 되네.
능 관 견 위 혜

欲離一切苦　일체의 괴로움을 여의고자 하거든
욕 리 일 체 고

行道一切除　도를 행하여 모두를 없앨지니라.
행 도 일 체 제

| 주석註釋 |

1 生死 : 【범】jāti-maraṇa, 중생의 일생 시종을 말함. 선마말랄남繕摩末
刺諵 · 사제말랄남闍提末刺諵이라 음역. 이에 분단생사分段生死 · 변역
생사變易生死의 구별이 있음.

2 非常 : 또는 무상無常. 항상불변恒常不變하지 못하는 것, 곧 항상 하지
않음.

3 觀見 : 자세히 살펴보는 것.

4 行道 : ① 불도를 수행함. ② 요불遶佛, 또는 요당遶堂. 줄을 지어 길을
걸어감. 여러 스님들이 경을 읽으면서 부처님의 주위를 도는 것. 부처
님의 오른쪽으로부터 등 뒤를 돌아서 왼쪽으로 돌아가는 것이 원칙.

| 해의解義 |

《순자荀子》의 예론禮論에 "생生 인지시야人之始也, 사死 인지종야
人之終也."라 하였다. 즉 '나음은 사람의 시작이요, 죽음은 사람의
마침이다'는 의미이다. 삶과 죽음이라는 자체가 결코 즐거운 것이
아니라 덧없는 괴로움이다. 이것을 자세히 살펴서 아는 것이 지혜이
니, 지혜만이 이런 고통을 여일 수 있다. 그러기로 하면 부처님이 가
르쳐준 법대로 행하면 된다. 다시 말하면, 부처님의 도를 수행해서

일체의 번뇌煩惱를 끊어서 해탈의 열반에 들어가는 길 외에는 다른 방법이 없다.

生死非常空　삶과 죽음은 덧없이 텅 빈 것이니
생 사 비 상 공

能觀見爲慧　능히 살피고 보는 것이 지혜가 되네.
능 관 견 위 혜

欲離一切苦　일체의 괴로움을 여의고자 하거든
욕 리 일 체 고

但當勤行道　다만 마땅히 부지런히 도를 행할지니라.
단 당 근 행 도

| 주석註釋 |

1 空 : 【범】śūnya, 순야舜若라 음역. ① 물건이 없는 곳. 보통 말하는 공간·공허·공무空無의 뜻. ② 유有가 아니란 뜻. 실체가 없고 자성自性이 없는 것. 불교에서 말하는 공의 종류는 매우 많으나 이를 크게 나누면, 실답지 않은 자아自我에 실재實在라고 인정하는 미집迷執을 부정하도록 가르치는 아공我空과, 나와 세계를 구성하는 요소에 대하여 항상 있는 것이라고 인정하는 미집을 부정하도록 가르치는 법공法空의 두 가지가 있음.

2 行道 : ① 여러 승려가 경을 읽으면서 거닐거나 불상佛像의 둘레를 도

는 일. ②도를 닦음.

| 해의解義 |

십이인연十二因緣의 차제次第에 무명無明으로부터 시작하여 생生
노사老死까지를 12인연이라 한다. 그런데 노사를 말하면서 우비고
뇌憂悲苦惱를 이야기한다. 이는 태어남으로 시작하여 죽을 때까지의
과정이 근심이요 슬픔이며, 괴로움이요 번뇌가 된다는 의미이다. 그
러나 이것은 모두 텅 비어서 아무것도 없다. 없는 것으로 여기면 될
것인데 있다고 보니까 고통이 따른다. 그러니 부처님 공空자리의 가
르침을 받아 수행하는 것이 불도佛道에 해탈解脫을 이루는 확실한
길이다.

7

원문原文·해역解譯

起時當卽起
기 시 당 즉 기   일어날 때는 마땅히 곧바로 일어나고

莫如愚覆淵
막 여 우 복 연   어리석음으로 연못을 덮듯이 하지 말라.

與墮與瞻聚
여 타 여 첨 취   함께 떨어지고 함께 보아서 모인다면

計罷不進道
계 파 부 진 도   헤아려 마쳐도 도에 나아가지 못 하나니라.

1 瞻 : 볼 첨. ① 보다. 쳐다보다. ② 우러러보다. ③ 살피다. 관찰하다.

2 聚 : 모을 취. ① 모으다, 모이다. ② 거두어들이다.

3 計 : 셀 계. ① 세다. ② 헤아리다. ③ 셈하다. 계산하다.

4 罷 : 마칠 파. ① 마치다. ② 그만두다.

| 해의解義 |

세상의 물물物物이 때가 있다. 가령 장미薔薇가 피는 시절이 있고 눈이 내리는 때가 있다. 공부하는 것도 이와 같아서 반드시 때가 있는 것이니 때가 이르렀을 때 빨리 일어나 공부를 해야 한다. 어리석은 사람은 연못을 덮으려는 계획만 하다가 그만두듯 하여서는 안 된다. 바라만 보고 있을 것이 아니라 바로 실천을 해야 한다. 이것저것 재다가는 나아가지 못하듯이 도에 들어가 닦는 것도 작심삼일作心三日이 되어서는 안 된다. 때는 항상 오는 것이 아니니 기회機會를 잡았을 때 부지런히 공부해야 한다.

원문原文 · 해역解譯

念應念則正　　응당 생각할 것을 생각하면 곧 바르고
염 응 념 즉 정

念不應則邪
염 불 응 즉 사
응당 하지 않을 것을 생각하면 곧 삿되네.

慧而不起邪
혜 이 불 기 사
지혜로우면 삿됨을 일으키지 아니하고

思正道乃成
사 정 도 내 성
바른 도를 생각하면 이에 성취가 되나니라.

| 주석註釋 |

1 應 : 응할 응. ① 응하다. ② 응당-하여야 한다. ③ 대답하다.
2 正邪 : ① 바른 일과 간사奸邪한 일. ② 정기正氣와 사기邪氣.
3 正道 : 무루無漏의 진실하고 올바른 도. 만유 제법의 체성이 일미평등
一味平等한 이치를 체달한 무루지는 평등한 정리正理에 계합하고 이
지혜로 말미암아 불과에 도달하므로 정도라고 함.

| 해의解義 |

당연히 생각해야 할 것을 생각하는 것은 바른 생각이다. 반면에
생각해서는 안 될 것을 생각하는 것은 삿된 생각이라고 할 수 있다.
사람이 지혜롭고 슬기로우면 삿된 생각을 바른 생각으로 돌려서 도
를 생각하게 된다. 공부하는 사람이 오직 도만을 생각한다면 깨달음
을 이룰 수 있고 도력道力을 갖출 수도 있다. 그러므로 부처님의 제
자가 된 사람들은 언행거지言行擧止에 부처님의 가르침인 도를 생각
하고 실천하며 알고 펴나가는데 혼신의 힘을 기우려야 한다.

9

愼言守意念
신 언 수 의 념

말을 삼가고, 생각을 지키며

身不善不行
신 불 선 불 행

몸으로 선하지 않으면 행하지 않을지니

如是三行除
여 시 삼 행 제

이와 같은 세 가지 행을 다스리면

佛說是得道
불 설 시 득 도

부처는 이에 '도를 얻으리라' 고 말씀하셨나 니라.

| 주석註釋 |

1 愼言 : 말을 삼감.

2 意念 : 생각. 견해見解. 의식意識.

3 除 : 덜 제. ① 덜다. 없애다. ② 다스리다.

4 得道 : 대도大道를 깨달은 것, 곧 개오開悟를 말함.

| 해의解義 |

　부처님은 도를 깨달아 이루는 방법으로, 세 가지를 말씀하셨다. 첫째는 말을 삼가라고 하였다. 입이 열렸다고 아무렇게나 쏟아내지 말고 신중히 생각하여 토吐해내야 한다. 둘째는 자신의 뜻, 곧 생각이나 견해見解를 잘 지켜서 흐리지 않고 맑게, 어둡지 않고 밝게 간직하고 있어야 한다. 셋째는 몸으로 선이 아니면 행하지 말아야 한다. 행동하는데 착하거든, 행하고 악하거든 절대로 하지 않아야 한

다. 이렇게 세 가지만 잘 다스리면 부처를 이룰 수 있다고 하였다.

원문原文 · 해역解譯

斷樹無伐本
단 수 무 벌 본
나무를 끊어도 근본을 베지 않으면

根在猶復生
근 재 유 부 생
뿌리가 있어서 오히려 다시 나오나니

除根乃無樹
제 근 내 무 수
뿌리를 제거해야 이에 나무가 없어지듯

比丘得泥洹
비 구 득 니 원
비구는 열반을 얻어야 하나니라.

주석註釋

1 復生 : ① 사라져 없어졌던 것이 다시 생기어남. ② 부활復活.

2 泥洹=涅槃 :【범】nirvāṇa,【팔】nibbāna, 불교의 최고 이상. 니원泥 洹 · 열반나涅槃那라 음역, 멸멸滅滅 · 적멸寂滅 · 멸도滅度 · 원적圓寂이라 번역. 또는 무위無爲 · 무작無作 · 무생無生. 모든 번뇌의 속박에서 해 탈하고, 진리를 궁구하여 미迷한 생사를 초월해서 불생불멸不生不滅의 법을 체득한 경지. 소승에서는 몸과 마음이 죄다 없어지는 것을 이상 으로 하므로, 심신이 있고 없음에 따라 유여의有餘依 · 무여의無餘依의 2종 열반을 세우고, 대승에서는 적극적으로 3덕德과 4덕을 갖춘 열반 을 말하며, 실상實相 · 진여眞如와 같은 뜻으로 본체本體, 혹은 실재實

在의 의미로도 쓴다. 법상종法相宗에서는 4종 열반을 세운다.

| 해의解義 |

비구比丘는 니원泥洹, 곧 열반涅槃을 얻어야 한다. 열반이란 모든 번뇌의 속박에서 해탈解脫하고, 진리를 궁구하여 미혹迷惑한 생사를 초월해서 불생불멸不生不滅의 법을 체득하는 길이다. 나무를 베는 사람이 줄기만 치고 뿌리를 그대로 덮어두면 봄에 다시 싹이 나온다. 뿌리까지 완전히 끊어버려야 그 나무는 없어지게 된다. 이와 같이 비구가 열반을 얻으려면 탐욕貪慾을 버리고 번뇌煩惱를 완전히 끊어야 한다. 그렇지 않으면 해탈의 열반을 얻을 수 없게 된다.

원문原文 · 해역解譯

不能斷樹
불 능 단 수
능히 나무를 베지 아니하면

親戚相戀
친 척 상 련
친척들이 서로 그리워하고

貪意自縛
탐 의 자 박
탐하는 마음이 저절로 결박되듯

如犢慕乳
여 독 모 유
송아지가 어미젖을 그리워함과 같나니라.

1 親戚 : ① 친척과 외척外戚. ② 성이 다른 가까운 척분. 고종姑從, 외종
外從, 이종姨從 따위.

2 相戀 : 서로 그리워함.

3 自縛 : ① 제 스스로를 옭아 묶음. ② 제 언행言行에 스스로 구속되어
자유롭지 못하게 되는 일.

4 犢 : 송아지 독. 송아지.

| 해의解義 |

나무를 뿌리까지 완전히 베어내지 못하면 결국 뿌리가 살아있으
므로 싹이 나와서 자라게 된다. 만일에 탐착貪着하거나 애착愛着하
는 마음이 있으면 친척 간에 서로 그리워하며 서로 얽히게 된다. 그
리하여 어떤 경우에는 떠날 수 없는 애련愛戀에 빠져서 장애가 되어
자유自由롭지 못하게 된다. 그러면 자연 괴로울 수밖에 없다. 이러
한 것은 마치 송아지가 어미의 젖이 아니면 살 수가 없어서 일분일
각一分一刻도 어미 곁을 떠나지 않으려는 것과 다름이 없다.

원문原文 · 해역解譯

能斷意本   능히 뜻(마음)의 근본을 끊어서
능 단 의 본

生死無疆
생 사 무 강

나고 죽는 데에 경계가 없게 되면

是爲近道
시 위 근 도

이는 도에 가까워지게 되는 것이니

疾得泥洹
질 득 니 원

빠르게 열반을 얻게 되나니라.

| 주석註釋 |

1 意本 : 사욕私慾의 근본, 즉 뿌리.
2 無疆 : 얼마 또는 어디까지라고 정定함이 없음. 한이 없음. 끝이 없음. 경계境界.
3 疆 : 지경 강. ① 지경地境(땅의 가장자리, 경계境界). ② 끝. 한계限界.
4 疾 : 병 질. ① 병病. 질병疾病. 괴로움. 아픔. ② 빨리. 급急히. 신속하게.

| 해의解義 |

　사람은 사욕私慾의 근본을 끊어야 한다. 이를 끊지 못하면 항상 만족滿足을 가지지 못하고 걸걸하며 살아가게 된다. 그리하여 의도한대로 얻으면 다행이지만, 그렇지 못하면 괴로움만 쌓여서 병통病痛이 생기기 쉽다. 이러한 가운데 삶과 죽음의 문제만 해결이 되면 저절로 도에 가깝게 되어질 것이요, 도에 가깝게 되면 해탈의 열반을 얻게 되리니 이보다 더 쉬운 공부는 없다고 할 수 있다. 그러므로 우리가 숙겁宿劫의 인연으로 부처님 법을 만났으니 부지런히 수행하여 불보살이 되어야 한다.

원문原文 · 해역解譯

貪婬致老 음욕을 탐하면 늙음이 이르고
탐 음 치 로

瞋恚致病 성내면 병이 이르며
진 에 치 병

愚癡致死 어리석으면 죽음에 이르나니
우 치 치 사

除三得道 세 가지를 제거하면 도를 얻나니라.
제 삼 득 도

주석註釋

1 貪婬=貪淫 : 지나치게 색을 탐냄. 여색女色에 빠짐.
2 瞋恚 : ①노여움. 분노. ②삼독三毒의 하나. 자기 의사意思에 어그러
   짐에 대하여 성내는 일. 성을 내는 마음의 작용.
3 愚癡 : 어리석고 못남. 어리석고 미욱함.

해의解義

사람이 여색女色을 탐하게 되면 진기眞氣가 소진消盡되어 쉽게 늙
음을 불러오게 된다. 또한 성을 많이 내면 간肝이 나빠지고, 간이 나
쁘면 성을 잘 내게 되어 모두가 짜증스러워지고 눈이 침침해지며 전
신이 피로한 증세가 나타나게 된다. 또한 어리석게 되면 삶이 제대로
풀리지 않아 괴로움이 생겨서 빨리 죽으려는 생각이 들어 극단적인
선택을 하게 된다. 그러므로 이 세 가지를 제거해야만 도를 얻을 수

있는 것이니 부처님의 가르침을 정신 바짝 차리고 받아들여야 한다.

釋前解後 석 전 해 후	앞의 것 놓아버리고 뒤의 것 풀어버리며
脫中度彼 탈 중 도 피	중간 것도 벗고 저기로 건너가면
一切念滅 일 체 념 멸	모든 생각이 사라지게 되리니
無復老死 무 부 로 사	다시는 늙음과 죽음이 없나니라.

| 주석註釋 |

1 度彼=渡彼岸 : 피안으로 건너간다는 뜻으로, 곧 도피안到彼岸이다. 도
  피안이란 바라밀다波羅蜜多의 역어로서 생사生死의 경계인 차안此岸에
  서 피안彼岸인 열반涅槃에 다다른다는 의미이다.
2 老死 : 늙어서 죽음.

| 해의解義 |

앞에서 말한 세 가지, 곧 음욕과 성냄과 어리석음을 내던져버려
야 한다. 이 세 가지가 도를 닦는데 큰 마장이 되고 번뇌가 되어 앞

길을 막아서기 때문이다. 또한 저 언덕으로 건너가야 한다. 생사生
死가 가득 찬 차안此岸을 빨리 건너서 해탈의 열반세계인 피안彼岸에
도달하여야 안심을 할 수 있다. 그러므로 일체의 번뇌가 되는 망상
妄想을 소멸시키고 업념業念을 녹이게 되면 자연적으로 늙고 죽는
것도 해결이 된다. 생사가 원래 없는 것이라 하였으니, 우리도 거기
에 이를 수 있지 않겠는가?

15

원문原文·해역解譯

人營妻子　사람이 아내와 자식을 다스리며
인 영 처 자

不觀病法　병이 되는 법을 보지 못하네.
불 관 병 법

死命卒至　죽음이 갑자기 이르게 되는 것은
사 명 졸 지

如水湍驟　여울물이 빠르게 흐르는 것과 같나니라.
여 수 단 취

│주석註釋│

1 營 : 경영할 영. ① 경영하다. ② 다스리다.

2 妻子 : 아내와 자식.

3 死命 : ① 죽게 된 목숨. 생사生死의 기로에 선 목숨. 죽을 목숨. ② 죽
음과 생명生命.

4 湍 : 소용돌이칠 단.

5 驟 : 빠를 취.

6 湍驟 : 여울물이 빨리 흐름.

| 해의解義 |

사람이 세상에 살면서 결혼을 하여 자식을 두게 되면 의식주衣食住를 해결해주어야 한다. 아침부터 늦게까지 일을 하다 보면 피곤하고 지치기 마련이다. 이렇게 오랜 세월을 지내면 자신도 모르게 병이 들어서 다시 일어날 수 없는 상황이 되기도 한다. 그러다 갑자기 죽게 되면 마치 여울물이 모여서 빨리 흘러가는 것과 같아 되돌릴 수 없게 되는 것이 인생이 살아가는 과정이라고 할 수 있다. 그러므로 평상시에 부처님 법을 잘 받들고 수행하여 생사에 대한 연마研磨를 잘 해두어야 한다.

16

원문原文·해역解譯

父子不救
부 자 불 구
아버지와 아들이 구제하지 못하거늘

餘親何望
여 친 하 망
나머지 친척들에게 무얼 바랄건가?

命盡怙親
명 진 호 친
목숨이 다하는데 친하다고 믿는 것은

如盲守燈　장님이 등불을 지키는 것과 같나니라.
여 맹 수 등

| 주석註釋 |

1 不救 : ① 구제하지 못한다. ② 구제하여 줄 수 없다.
2 怙 : 믿을 호, 아버지 호. ① 믿다. ② 의지하다. ③ 아버지, 아비, 아빠.

| 해의解義 |

아버지든, 아들이든 간에 죽음에 대해서는 서로 구제救濟를 해 줄 수 없다. 목숨이라는 것이 각자의 것으로 돌려주고 받을 수 있는 물건이 아니기 때문에 각자가 알아서 해야 한다. 따라서 아무리 친한 친척들이라고 할지라도 믿을 것이 못 되고 더구나 남들은 그 누구도 믿을 수가 없다. 결국 목숨은 자기가 책임을 져야 하는 것으로 영원한 세상의 인간계에 몸을 받아 명命을 누리고 살려거든 부처님에게 귀의歸依를 해야 한다. 그렇지 않으면 장님이 등불을 지키는 것과 같아서 쓸모가 없다.

17

원문原文 · 해역解譯

慧解是意　지혜로운 이는 이런 뜻을 알아
혜 해 시 의

可修經戒 　경과 계율을 닦고
가 수 경 계

勤行度世 　부지런히 수행하여 세상을 건너서
근 행 도 야

一切除苦 　일체의 괴로움을 제거하나니라.
일 체 제 고

| 주석註釋 |

1 經戒 : 경은 부처님이 말씀한 교법教法, 계는 불제자가 지켜야 할 규칙
規則이다.
2 勤行 : 부처 앞에서 독경讀經, 회향回向하는 일.
3 度 : 도渡와 통하여, 번뇌의 고해苦海를 건너는 것.

| 해의解義 |

지혜를 갖추고 슬기를 갈무리한 사람은 앞장에서 이야기한 글의
뜻을 알고 깨달아서 부처님의 교법教法과 계율戒律을 부지런히 수행
하고 지켜서 스스로 고해苦海를 건너간다. 생각해보면 세상을 살아
가는데 있어서 빈부貧富나 귀천貴賤이 결국 고통苦痛의 원인이 되는
번뇌煩惱를 벗어날 수는 없게 만든다. 잘 살고 귀하면 잘 살고 귀한
대로 고통이 있고, 못 살고 천하면 못 살고 천한대로 괴로움이 있는
것이니 그 원인이 되는 번뇌를 소멸시키기에 수행의 힘을 모아야 한
다.

18

遠離諸淵
원 리 제 연

온갖 깊은 연못 멀리 여의기(벗어나다)를

如風却雲
여 풍 각 운

바람이 구름을 물리치는 것처럼 할지니

已滅思想
이 멸 사 상

이미 온갖 생각을 없애버린다면

是爲知見
시 위 지 견

이것이 사물을 식별하고 관찰하는 능력이 되나
니라.

| 주석註釋 |

1 思想 : ①사유思惟를 통하여 생겨나는 생각. ②사고思考 작용의 결과
로 생기는 의식意識 내용. ③논리적論理的 정합성을 가진 판단判斷 체
계體系. ④사회와 인생에 대한 원리적으로 통일統一된 견해見解나 관
점觀點, 또는 태도態度.
2 知見=識見 : ①일의 이치를 밝게 아는 견해. ②사물을 식별하고 관찰
觀察하는 능력. ③학식學識과 견문見聞.

| 해의解義 |

하늘에 구름이 짙게 드리웠다 할지라도 바람이 불면 서서히 걷혀
서 맑은 하늘이 드러난다. 그러나 바람이 불지 않으면 좀처럼 걷히
지 않는다. 우리는 일상의 생활에서 받게 되는 괴로움의 깊은 연못
에서 벗어날 줄을 알아야 한다. 그 원인은 결국 온갖 사상思想과 번

뇌煩惱이다. 그러므로 공부를 열심히 하여 사념邪念과 번뇌만 없어지면 구름에 가렸던 달이 나타나는 것처럼 밝은 심월心月이 드러나게 된다. 오직 부처님의 지견知見이라야 고해를 무난히 건널 수 있다.

원문原文·해역解譯

智爲世長 지 위 세 장	지혜는 세상에 으뜸이 되나니
惔樂無爲 담 낙 무 위	편안하게 무위를 즐기면서
知受正敎 지 수 정 교	바른 가르침을 받을 줄 안다면
生死得盡 생 사 득 진	나고 죽음이 다함을 얻나니라.

주석註釋

1 惔 : 탈 담, 편안할 담. ① 타다. 불이 타다. ② 편안하다.

2 無爲 : 【범】asaṃskṛta, 모든 법의 진실체를 말함. 현상을 초월하여 상주常住 불변하는 존재를 이르는 말. 위爲는 위작爲作·조작造作의 뜻. 곧 인연인 위작·조작을 여의고, 생·주·이·멸 4상相의 변천이 없는 진리를 말한다. 열반·법성·실상 등은 무위의 다른 이름. 구사

종구사宗俱舍宗에서는 3무위를 세우고, 유식종唯識宗에서는 6무위를 세웠다.

3 正敎 : 사교邪敎가 아닌 바른 종교宗敎.

| 해의解義 |

　무릇 지혜智慧만큼 세상에 으뜸가는 것은 없다. 아무리 권력을 쥐고 재물이 많다고 할지라도 그 자리에서 내려오고 죽어지면 아무 소용이 없다. 그러나 지혜는 영겁을 함께하는 물건으로 빼앗아 갈 수도 없는 보배 가운데 보배이다. 그러므로 지혜가 있어야 항상 편안하고 무위無爲의 진리를 즐기며 부처님의 바른 가르침을 받아들여서 심력心力과 법력法力을 갖추게 된다. 그러면 괴로움의 극치라고 할 수 있는 생사生死에 매이거나 끌림이 없이 자유를 누리게 된다.

20

원문原文 · 해역解譯

知衆行空
지 중 행 공
모든 행이 텅 빈 줄을 알면

是爲慧見
시 위 혜 견
이것이 지혜로운 견해이라.

罷厭世苦
파 염 세 고
세상의 괴로움을 싫어하듯

從是道除
종 시 도 제
이에 도를 따라 없애 버릴지니라.

1 慧見 : 지혜로운 견해見解.
2 罷厭 : 고달파하고 싫어함.
3 世苦 : 세상을 살아가면서 겪는 여러 가지 고생.

| 해의解義 |

사람이 이 세상을 살면서 갖가지 행동은 모두 업業으로 뭉쳐져서 차곡차곡 쌓인다. 그러나 이러한 행위들이 모두 거짓이요 헛것이며, 무상無常이요 가상假相이다. 그러므로 이러한 상황을 비추어 볼 수 있는 것이 바로 지혜智慧이다. 사람은 이런 지혜를 갖추어야 세상에 드러나던, 드러나지 않던 간에 있어지는 모든 고통에서 벗어날 수가 있다. 아울러 세상의 모든 괴로움은 부처님의 도를 닦음으로서 제거 除去되는 것이요, 그 괴로움을 제거하려면 도를 깨쳐 얻어야 한다.

원문原文 · 해역解譯

知衆行苦
지 중 행 고
모든 행이 괴로움인 줄 알면

是爲慧見
시 위 혜 견
이것이 지혜로운 견해이라.

罷厭世苦
파 염 세 고
세상의 괴로움을 싫어하듯

從是道除 이에 도를 따라 없애 버릴지니라.
종 시 도 제

| 주석註釋 |

1 苦 : ① 4제諦의 하나. 고제苦諦란, 【범】 duḥkha-satya, 고제의 하나. 3
　계界에서 생사하는 과보는 고苦이고, 안락할 수는 없다는 것이 절대의
　진리이므로 고제라 함. ② 【범】 dukha, 【팔】 dukkha, 두카𡥘伕 · 납카
　納伕 · 낙카諸伕라 음역. 마음과 몸을 괴롭게 하여 편안치 않게 하는
　상태. 2고 · 3고 · 4고 · 5고 · 8고 등의 종류가 있음.
2 厭世 : 세상이나 인생을 괴롭게 여기고 싫증을 내는 것.

| 해의解義 |

　사람이 이 세상을 살면서 갖가지 행동은 모두 업業으로 뭉쳐져서
차곡차곡 쌓인다. 그리하여 이러한 행위들이 모두 괴로움이요, 고통
苦痛이며, 고인苦因이 된다. 그래서 이러한 상황을 비추어 볼 수 있
는 것이 바로 지혜智慧이다. 사람은 이런 지혜를 갖추어야 세상에
드러나던, 드러나지 않던 간에 있어지는 모든 고통에서 벗어날 수가
있다. 아울러 세상의 모든 괴로움은 부처님의 도를 닦음으로서 제거
除去되는 것이고 괴로움을 제거하려면 도를 깨쳐 얻어야 한다.

원문原文 · 해역解譯

衆行非身
중 행 비 신
모든 행함이 내 몸 아닌 줄을 알면

是爲慧見
시 위 혜 견
이것이 지혜로운 견해이라.

罷厭世苦
파 염 세 고
세상의 괴로움을 싫어하듯

從是道除
종 시 도 제
이에 도를 따라 없애 버릴지니라.

주석註釋

1 非身 : 현재의 몸은 인연因緣에 의하여 얻어진 것으로, 가상假相일 뿐
실체實體가 아님을 뜻한다.
2 慧見 : 신묘神妙한 지혜로 모든 것을 통찰洞察하는 고상한 식견識見.

해의解義

사람이 이 세상을 살아가면서 움직임의 주체主體가 이 몸은 근본
적으로 내 몸이 아니라 가상假相의 몸일 뿐이다. 따라서 이러한 사
실을 인지認知해서 볼 수 있는 것이 바로 지혜智慧이다. 그러니 내면
에서 이런 상황을 비춰 볼 지혜를 맑히고 밝혀 간직해야 한다. 사람
이 이러한 지혜를 갖추어야 세상에 드러나던, 드러나지 않던 간에
있어지는 모든 고통에서 벗어날 수가 있다. 아울러 세상의 모든 괴
로움은 부처님의 도를 닦음으로서 제거除去되는 것이고 괴로움을

제거하려면 도를 깨쳐 얻어야 한다.

吾語汝法　내 그대에게 법을 말하나니
오 어 여 법

愛箭爲射　애욕의 화살을 쏘아 버리고
애 전 위 사

宜以自勗　마땅히 스스로 힘써서
의 이 자 욱

受如來言　여래의 말씀을 받들어야 하나니라.
수 여 래 언

| 주석註釋 |

1 箭 : 화살 전. ① 화살. ② 어살(漁-:물고기를 잡는 장치).

2 勗 : 힘쓸 욱. ① 힘쓰다. ② 노력하다. ③ 권면勸勉하다.

3 如來 : 【범】tathāgata, 부처님 10호의 하나. 다타아가타多陀阿伽陀 ·
다타아가도多陀阿伽度 · 달타벽다怛他蘗多라 음역. 이 말 뜻에 대하여
는 이 말을 조성하는 두 단어單語로 나누어 볼 수 있음. 첫말을 tatha
또는 tathā, 둘째 말을 gata 또는 āgata라고 하는 차이가 있음. tatha는
진실 · 진리란 뜻. tathā는 같이, 곧 여시如是 또는 여실如實의 뜻. gata
는 가다(逝)의 뜻. āgata는 도달 · 오다(來格)의 뜻. 그러므로 만일 ①
tathā+gata라 하면 지금까지의 부처님들과 같이 저들과 같은 길을 걸

어서 열반의 피안彼岸에 간 사람이란 뜻, 곧 선서善逝·도피안到彼岸 등과 같은 뜻. ②tatha+āgata라 하면 진리에 도달한 사람이란 뜻. ③ tathā+āgata라 하면 지금까지의 제불과 같이 저들과 같은 길을 걸어서 동일한 이상경理想境에 도달한 사람이란 뜻. 또 이 밖에도 āgata를 오다(來格)의 뜻이라 하면, 여래라는 것은 부처님들과 같은 길을 걸어서 이 세상에 내현來現한 사람, 또는 여실한 진리에 수순하여 이 세상에 와서 진리를 보여주는 사람이란 뜻. 한역漢譯에서는 이 뜻에 의하여 여래를 해석하되 여如로서 내생來生한 사람이라고 한 것임.

| 해의解義 |

하늘에 해가 없다면 암흑이 되어 살기가 어렵다. 또 지구에 물이 없다면 역시 살기가 어렵다. 그런데 인세人世에 도덕道德이 없다면 더욱 살기가 어렵다. 그러므로 부처님은 때를 따라 나와서 도덕을 펼쳐 개인과 가정, 사회, 국가를 구원하는 구세주救世主이다. 그러므로 여래如來의 정법正法이란 한량없이 크고 넓고 깊어서 어느 생령이든지 구원救援이 될 수 있는 것임을 알아서 애착愛着이나 탐욕貪慾을 버리고 오직 불법을 믿고 받들어서 수행하기에 온 힘을 다 쏟아야 한다.

원문原文 · 해역解譯

吾爲都以滅   나는 모든 것을 이미 멸함으로
오 위 도 이 멸

往來生死盡 _{왕 래 생 사 진}	가고 옴과 나고 죽음이 다하였으니
非一情以解 _{비 일 정 이 해}	한 뜻으로 깨달은 것이 아니라
所演爲道眼 _{소 연 위 도 안}	부연하는 바가 도의 눈이 되나니라.

| 주석註釋 |

1 滅 : ① 유위법有爲法이 없어지는 것. 여기에 잠시멸暫時滅 · 구경멸究竟滅의 2종이 있다. ② 멸상滅相. ③ 멸제滅諦. ④ 열반涅槃.

2 往來 : 가고 오고 함.

3 演 : 펼 연. ① 펴다. 늘이다. ② 부연敷演하다. 자세히 설명하다. ③ 넓히다. 넓게 미치다.

4 道眼 : 진리眞理를 분명히 가려내는 눈, 또는 수행하여 얻은 안식眼識. ② 도를 보는 눈이니, 밝은 지혜를 뜻함.

| 해의解義 |

부처님 자신을 드러내어 말한 것이니, 부처님은 무엇에도 걸리고 막힘이 없이 자유자재自由自在를 한다. 그러므로 가고 오는 것이나 죽고 나는 것에 구애拘礙되지 않고 공간에 주유住留할 수도 있으며 인간에 몸을 받을 수도 있다. 따라서 일체 번뇌煩惱가 소멸하고 탐욕貪慾이 없음으로 부귀향락富貴享樂이나 권세향유權勢享有에 끌리지 아니하여 중고衆苦의 원천源泉이 막혀서 빠져들지 않는다. 이러한 것들을 마음대로 할 수 있는 것은 오직 도안道眼을 밝히고 갖추었기 때문이다.

駛流澍于海	빨리 흘러서 바다에 들어가면
사 류 주 우 해	
潘水漾疾滿	물이 출렁이며 빠르게 가득 차네.
반 수 양 질 만	
故爲智者說	그러므로 지혜로운 자를 위해 말하노니
고 위 지 자 설	
可趣服甘露	빨리 나아가서 감로를 마실지니라.
가 취 복 감 로	

| 주석註釋 |

1 駛 : 달릴 사. ① (말이) 달리다. ② (말이) 빠르다. ③ 신속하다.

2 澍 : 단비 주. ① 단비(꼭 필요한 때 알맞게 내리는 비). ② 흘러들어가다.

3 潘水 : 소용돌이치는 물.

4 漾疾滿 : 양은 물이 출렁거리는 것이니, 즉 물이 출렁거리면서 빠르게 나는 것을 말한다.

5 智者 : 슬기가 있는 사람.

6 趣 : 나아갈 취, 뜻 취. ① 취지趣旨. 내용內容. ② 풍취風趣. 멋. 자태姿態. ③ 나아가다. 달리다. 빨리 달려가다.

7 甘露 : 【범】amṛta, 아밀리다阿密哩多라 음역. 불사不死 · 천주天酒라 번역. 소마蘇摩의 즙, 천신들의 음료. 또 하늘에서 내리는 단 이슬이라 하여 감로라 이름. 예로부터 훌륭한 정사를 행하면 천지가 이 상서를 내린다고 함. 불경에는 감로란 말이 많은데, 불타의 교법이 중생을 잘 제도함에 비유한 것임.

저 산골에서 솟은 일적一滴이 돌 틈을 흐르고 모퉁이를 돌면서 여러 방울이 모여 시내에 이르고, 시내에서 여러 갈래 물이 모여 다시 흘러 강에 이르며, 강에서 다시 흘러 바다에 도착한다. 이렇게 바다에 도착하면 마음 놓고 출렁이면서 고기도 키우고 배도 띄우며 오대양五大洋을 오고 간다. 지혜로운 자는 말한다. 영겁을 통하여 믿고 받들며 본받아 나아갈 것은 오직 부처님 법뿐이니, 어서 그 감로甘露를 마시고 환골탈태換骨奪胎를 이뤄야 된다고 간곡懇曲하게 말한다.

| 원문原文 · 해역解譯 |

前未聞法輪
전 미 문 법 륜
전에 아직 들어보지 못한 법륜을

轉爲哀衆生
전 위 애 중 생
굴려감은 중생을 가엾게 여김이니

於是奉事者
어 시 봉 사 자
이에 받들고 섬기는 자는

禮之度三有
예 지 도 삼 유
그에게 예배하여 삼유를 건너나니라.

| 주석註釋 |

1 未聞 : 아직 듣지 못함.

2 法輪 : 【범】Dharmacakra, 교법을 말함. 부처님의 교법이 중생의 번 뇌 · 망상을 없애는 것이, 마치 전륜성왕의 윤보輪寶가 산과 바위를 부 수는 것 같으므로 법륜이라 한다. 또 교법은 한 사람 한 곳에 머물러 있지 아니하고 늘 굴러서 여러 사람에게 이르는 것이 마치 수레바퀴 와 같으므로 이렇게 이름.

3 衆生 : 범어 살타薩埵(sattva)의 번역. 마음과 인식작용이 있는 생물. 당 나라 현장玄奘 이전의 번역. 현장 이후에는 유정有情이라 번역. 중생 이란 말에는, 여러 생을 윤회한다, 여럿이 함께 산다, 많은 연이 화합 하여 비로소 생긴다는 뜻이 있다. 넓은 뜻으로 해석하면 깨달음의 세 계에 있는 불 · 보살에게도 통하나, 보통으로는 미계迷界의 생류生類 들을 일컫는 말.

4 奉事 : 웃어른을 받들어 섬기는 것.

5 三有 : 【범】trayo-bhava, (1) 유有는 존재한다는 뜻으로, 욕유欲有 · 색유色有 · 무색유無色有. 삼계三界와 같음. (2) ① 생유生有 ; 처음 나는 일찰나. ② 본유本有 ; 나서부터 죽을 때까지의 존재. ③ 사유死有 ; 죽 는 일. 찰나. (3) 유루有漏의 다른 이름. (4) 수론數論 외도가 세우는 선 성유善成有 · 성득유性得有 · 변이유變異有.

| 해의解義 |

법륜法輪이 바로 부처님의 설법說法이다. 이러한 설법은 전에도 듣지 못했고 미래에도 들을 수 없는 최상승最上乘의 묘법妙法으로 일 체 생령이 너무나 불쌍하고 애처롭게 미망迷妄의 번뇌煩惱를 벗어나 지 못하고 있기 때문에 부처님이 자비慈悲의 방편方便을 베풀어 구 제했다. 그러므로 우리가 부처님을 봉사奉事하여 항상 예배禮拜를 드리고 가르침을 배워간다면 삼유三有인 욕유欲有 · 색유色有 · 무색

유無色有의 삼계三界를 넘어서 피안彼岸의 열반涅槃에 이르게 된다.

원문原文 · 해역解譯

三念可念善
삼 념 가 염 선
세 가지를 생각하며 가히 선을 생각할지니

三亦難不善
삼 역 난 불 선
세 가지가 또한 어렵다면 선하지 않음이네.

從念而有行
종 념 이 유 행
생각을 따라서 행이 있어지나니

滅之爲正斷
멸 지 위 정 단
그마저 없애야 바른 끊음이 되나니라.

주석註釋

1 三念 : 삼유三有의 생각이 아닌가 함.
2 不善 : ① 착하지 아니함. ② 좋지 못함. ③ 잘하지 못함.
3 正斷 : 바른 단절斷絶을 이름.

해의解義

사람이라면 악惡보다는 먼저 선善을 생각하고 앞세워야 한다. 사람이 되어서 선을 생각하지 아니하고 선을 실행할 줄을 모른다면 사람의 범주範疇에 들 수가 없다. 따라서 사람은 생각이 있음으로 행동이 된다. 생각이 없는 행동은 자칫 사고事故를 부르기가 쉽지만 생각을 선하게 가지면 선한 행동을 하게 된다. 그러므로 번뇌煩惱가 따르고 번뇌를 부르는 생각을 끊고, 또한 번뇌에 의해 움직이는 행동을 끊어야 정말로 바른 끊음이 되어 짐을 알아야 한다.

원문原文 · 해역解譯

三定爲轉念
삼 정 위 전 념

세 가지를 정함을 전념이라 하나니

棄猗行無量
기 의 행 무 량

버려야 할 행은 한량없다네.

得三三窟除
득 삼 삼 굴 제

세 가지를 얻어 세 가지 굴을 제거하며

解結可應念
해 결 가 응 념

맺힘을 풀어야 가히 생각이 응하나니라.

주석註釋

1 三定 : 욕계欲界, 색계色界, 무색계無色界를 정하여 놓은 것.

2 轉念 : 생각을 이리저리 궁굴리는 것.

3 棄猗 : 의지할 것을 버림.

4 無量 : 한량限量이 없음.

5 三=三毒 : 탐욕貪慾, 성냄, 어리석음의 세 가지.

　해의 불제자가 되어 욕계欲界, 색계色界, 무색계無色界에 머물려는 생각을 굴려서 버려야 한다. 만일 여기에 근본하여 행동을 하게 되면 원융圓融한 행동이 아니어서 삼계三界를 벗어날 수가 없다. 그러므로 탐욕貪慾, 성냄, 어리석음의 세 가지 어두컴컴한 터널을 빨리 파괴하고 탈출하여 밝은 길로 나아가야 한다. 그렇지 않으면 영원히 갇혀서 업망業網의 굴레를 벗어 날 수가 없고 번뇌煩惱의 미망迷妄을 넘어설 수가 없을 것이니 부처님 법에 의지하여 피안彼岸으로 건너가야 한다.

29

知以戒禁惡　계율로써 악을 금할 줄을 알아야 하고
지 이 계 금 악

思惟慧樂念　사유로 지혜의 즐거움을 생각하며
사 유 혜 낙 념

已知世成敗　이미 세상의 성공과 실패를 알아서
이 지 세 성 패

息意一切解　뜻(마음, 생각)을 쉬면 일체가 풀리나니라.
식 의 일 체 해

1 禁惡 : ① 악을 금하는 것. ② 악을 막는 것.

2 思惟 : ① 마음으로 생각함. ② 개념概念, 구성構成, 판단判斷, 추리推理 등을 행하는 인간의 이성理性이 작용. 인간은, 이것에 의하여 논리적 論理的인 대상對象의 인식認識이나 관계의 파악 등을 할 수 있음. ③ 대 상對象을 분별하는 일, 또는 정토淨土의 장엄莊嚴을 관찰觀察하는 일. 선정禪定에 들어가기 전의 일심一心. 여의륜 관음觀音의 뺨에 댄 손을 사유수라 함.

3 成敗 : 성공成功과 실패失敗.

4 息意 : 뜻이나 생각이나 마음이 쉬어지는 것.

| 해의解義 |

사람이 악의 습관이 들면 좀처럼 바꾸기가 어렵다. 그럴 경우에 는 부처님이 제시한 계율戒律을 앞에 세워야 한다. 그러면 그 악습惡 習들이 쉽게 바뀌는 것을 알 수 있다. 따라서 지혜의 즐거움을 생각 해야 한다. 진력盡力의 수행을 통해서 얻기 어려운 지혜를 얻었으니 권권복응拳拳服膺하여 매昧해지지 않도록 깊이 사유思惟하고 갈무리 해야 한다. 그러면 자연적으로 세상의 흥망興亡이나 사업의 성패成敗 를 알게 되어 삶이 풍요롭게 된다. 아울러 의식적意識的인 생각이나 마음도 잘 풀리게 된다.

제*29*
광연품廣衍品

廣衍品者
광 연 품 자
광연품이란

言凡善惡
언 범 선 악
무릇 선과 악은

積小致大
적 소 치 대
작은 것이 쌓여 큰 것임을 말하고

證應章句
증 응 장 구
장구에 응하여 증명하였나니라.

| 주석註釋 |

1 廣衍 : 넓고 편편함.

2 善惡 : 윤리도덕倫理道德의 중요한 개념으로서, 선이란 착하고 올바른
것, 어질고 좋은 것, 양심良心이 있고 도덕성을 갖춘 것으로 윤리도덕
의 가장 높은 가치이다. 악이란 선과는 반대로 착하지 않고 올바르지

않는 것, 양심을 따르지 않고 도덕성을 상실한 것, 인간에게 해독을
입히는 것을 말한다.

3 章句 : ① 글의 장章과 구句. ② 문장文章의 단락段落. 장을 나누고 구를
자르는 일.

| 해의解義 |

광연廣衍이란 넓고 편편하여 한없이 뻗혀 있다는 의미이다. 그래
서 일체 만물이나 생령生靈을 다 안고 품어서 하나도 버림이 없이 갈
무리하는 것을 말한다. 선악 간에 적소성대積小成大가 된다는 사실
을 부처님의 법문을 기록한 경전의 장구章句에서 증명證明하고 있
다.

원문原文 · 해역解譯

施安雖小   베푸는 편안함이 비록 작아도
시 안 수 소

其報彌大   그 보답은 더욱 큰 것이요.
기 보 미 대

慧從小施   지혜는 작은 보시를 따를지라도
혜 종 소 시

受見景福   큰 복을 받아서 보게 되나니라.
수 견 경 복

1 施安 : 안락安樂함을 베풂.

2 彌 : 미륵 미, 두루 미. ① 미륵彌勒. ② 두루. 널리. ③ 더욱.

3 小施 : 조그만 보시布施.

4 景福 : 커다란 행복幸福.

| 해의解義 |

작은 한 알의 종자를 땅에 심으면 수천 개의 알맹이를 얻을 수 있다. 이것이 인과因果의 이치이다. 종자 속에 수많은 종자를 갈무리고 있어서 더 많은 종자 열매를 얻게 된다. 이게 단년單年의 작물이면 몰라도 다년多年의 작물이라면 소득이 대단히 많다. 내가 조그만 안락을 베풀면 그 과보는 말할 수 없이 크다. 더욱이 지혜는 조금만 베풀어도 더 큰 복을 받게 된다 하였으니, 물질적이나 행동적인 보시 보다는 정신精神을 맑히고 열어주는 지혜의 보시를 하기에 힘을 써야 한다.

施勞於人　수고를 남에게 베풀고
시 로 어 인

而欲望祐 이 욕 망 우	복을 바라고자 한다면
殃咎歸身 앙 구 귀 신	재앙과 허물이 몸에 돌아와서
自遘廣怨 자 구 광 원	저절로 널리 원망을 만나나니라.

| 주석註釋 |

1 望祐 : 복을 바라는 것.
2 殃咎＝災難 : 뜻밖에 일어나는 불행不幸한 일.
3 遘 : 만날 구. 만나다.

| 해의解義 |

《황석공소서黃石公素書》에 보면 "박시후망자불보薄施厚望者不報,
귀이망천자불구貴而忘賤者不久."라 하였다. 즉 '엷게 베풀고 두텁게
바라는 자는 보답해주지 아니하고, 몸이 귀하여 천했던 때를 잊는
자는 오래하지 못한다.'는 의미이다. 그러므로 두텁게 베풀고 엷게
받고자 할지언정 엷게 베풀고 두터운 보답은 바라지 말자. 이렇게
하지 않으면 재앙과 허물이 저 편으로 가지 않고 고스란히 맨몸으로
돌아와 오히려 널리 원망을 맺어서 잘 살아갈 수가 없게 된다는 것
임을 알아야 한다.

4

已爲多事 　이미 많은 일을 하고
이 위 다 사

非事亦造 　그릇된 일을 또 만들며
비 사 역 조

伎樂放逸 　풍류를 즐겨 방일하게 되면
기 락 방 일

惡習日增 　나쁜 버릇이 날로 더 하나니라.
악 습 일 증

| 주석註釋 |

1 多事 : 일이 많음. 일이 바쁨. 긴하지 아니한 일에도 간섭하기를 좋아
　함.
2 伎樂 : 고대의 종교적 예능으로 부처를 공양하기 위한 가무.
3 放逸 : 제멋대로 난봉이나 부리고 함부로 놂.
4 惡習 : 나쁜 버릇.

| 해의解義 |

우리가 세세생생을 오고 가면서 벌려놓은 일이 얼마나 많은지 모
른다. 좋은 일도 있었고 나쁜 일도 있었다. 그 뒤처리도 다 못하면서
또 일을 벌려놓고 있으니 한심한 일이 아닐 수 없다. 그것도 좋은 일
이면 혹 모르지만 그른 일을 벌려 놓는 수도 많이 있었다. 거기다가
온갖 기악伎樂을 동원하여 방탕하게 놀고 있으니 그 죄업을 어떻게

할 것인가. 이러하면 자연 악습惡習이 날로 더해져서 걸리고 막히게 되어 전로前路가 오리무중五里霧中이 될 것이니, 과연 어떻게 하리요.

5

精進惟行 정 진 유 행	정진을 오직 행해서
習是捨非 습 시 사 비	옳은 것 익히고 그른 것 버리며
修身自覺 수 신 자 각	몸(마음)을 닦아 스스로 깨달으면
是爲正習 시 위 정 습	이것이 바른 익힘이 되나니라.

| 주석註釋 |

1 習是 : 옳은 것을 익힘.

2 捨非 : 그른 것을 버림.

3 修身 : ① 악을 물리치고 선을 북돋아서 심신을 닦아 수행하는 것. 심신 동작을 법도에 맞게 하는 것. ② 일제시대에 소학교 · 중학교의 교과과목의 하나. 도덕성을 함양하고 도의의 실천 지도를 그 내용으로 하고 있다.

4 自覺 : 3각의 하나. 부처님 자리自利의 덕. 스스로 깨달아 증득하여 모든 것을 환히 아는 것. 또 중생이 자신의 어리석음을 돌이켜서 깨달

는 것.

5 正習 : 바른 버릇, 또는 바르고 좋은 습관.

| 해의解義 |

속담에 '말을 낳으면 제주도로 보내고, 사람을 낳으면 서울로 보내라.' 고 하였다. 서울에는 정치, 경제, 문화 등등이 몰려 있으니 그런지도 모른다. 아무튼 그 사람이 어디에 놓이고, 살며, 보고, 배우느냐에 따라 습관習慣이 달라질 수 있다. 그러므로 공부하는 사람을 자기 자신을 항상 관찰觀察하고 자각自覺하여 옳은 것은 죽기로서 실천하고, 그른 것은 죽기로서 버려서 바른 습관을 가져야 남들에게 손가락질 받지 않고 잘 살아가게 된다.

6

원문原文 · 해역解譯

旣自解慧	이미 스스로 지혜를 알고
기 자 해 혜	
又多學問	또한 학문이 많으면
우 다 학 문	
漸進普廣	점점 나아가고 널리 넓어짐이
점 진 보 광	
油酥投水	기름과 우유를 물에다 던짐과 같다.
유 소 투 수	

1 學問 : 학문(Academia)은 배우고 익히는 것이다. 학문은 지식을 다른 사람과 사물, 기록과 경험, 간접경험으로부터 얻어 배우고 이를 익혀서 체득하는 과정을 거친다. 이렇게 지식을 얻기 위해서는 지식, 기술과 가치를 얻기 위해 노력하고 이해하는 것이 필요하다. 학문은 교육을 통해 얻어질 수도 있지만 스스로의 탐구로도 이루어질 수 있다.

2 漸進 : ① 조금씩 앞으로 나아감. ② 점점 발전함.

3 酥 : 연유 소. ① 연유. ② 술의 이칭. ③ 깨끗하고 매끄러운 것의 비유.

| 해의解義 |

상근기上根機는 이미 지혜가 발현하여 출중出衆하다. 그러나 중하中下의 근기는 열심히 수도를 해야 지혜가 드러나게 된다. 여기에다 끊임없는 학문을 통해서 자신을 다스려간다면 더욱 쉬울 수가 있다. 학문이라는 것이 지식知識의 습득習得만을 목표로 하는 것이 아니라 수신修身에 중점을 두어서 가르치는 학문이어야 한다. 그러면 자연스럽게 지식도 습득되고 몸과 마음도 닦여져서 훌륭한 인격을 이루어 널리 이익을 주는 것이 마치 물에다 우유나 기름을 던짐과 같아서 퍼져감이 빠르다.

自無慧意 자 무 혜 의	스스로 지혜로운 뜻(마음)이 없으면서
不好學問 불 호 학 문	학문하기를 좋아하지 아니하면
凝縮狹小 응 축 협 소	엉기고 쪼그라들고 좁고 작아지는 것이
酪酥投水 낙 소 투 수	낙소를 물에 던짐이니라.

| 주석註釋 |

1 凝縮 : ① 한데 엉겨 굳어짐. ② 어느 한 점으로 집중集中되게 함. ③ 기체氣體가 액체液體로 변하는 현상.
2 狹小 : 공간空間이 어떤 일을 하기에 좁고 작음.
3 酪酥 : 우유를 정제한 제품.

| 해의解義 |

사람에 있어서 자각自覺이라는 것은 여러 가지가 있겠지만 자기 부족을 절감切感하고 그를 보충하기 위해서 많은 노력을 기울이는 것이 아니겠는가 하는 생각이 든다. 스스로 돌이켜 보면 지혜로운 마음도 없으면서 학문을 좋아하지도 않고 힘도 쓰지 않는다면 어찌 발전하고 펼쳐지겠는가. 아마 더욱 위축萎縮되고 협소狹小하여 이상理想을 펼칠 수가 없게 된다. 이러한 현상은 물에다가 우유를 정제

한 낙소酪酥 제품을 넣었을 때 오므라드는 것과 같다고 할 수 있다.

近道名顯　도를 가까이하면 명예 드러남이
근 도 명 현

如高山雪　높은 산의 눈과 같은 것이며
여 고 산 설

遠道闇昧　도를 멀리하면 어리석고 어둡나니
원 도 암 매

如夜發箭　밤에 화살을 쏘는 것과 같나니라.
여 야 발 전

| 주석註釋 |

1 顯 : 나타날 현. ① 나타나다. ② 드러나다.

2 闇昧=暗昧 : 사람됨이 어리석고 못나서 사리事理에 어두움.

3 發箭 : 화살을 쏘는 것을 말함.

| 해의解義 |

《장자莊子》 내편內篇의 소요유逍遙遊에 "명자실지빈名者實之賓"이
라는 글귀가 있다. 즉 '이름은 실지의 손님이다.' 는 뜻이다. 명名이
라 하면, 곧 명예名譽를 말하는 것이고, 실實이라 하면 덕행德行을 말

하며, 빈賓은 손님이다. 진실眞實한 덕행이 있으면 명예는 저절로 드러난다는 의미이다. 그러나 도를 멀리하면 자연 어리석고 어둡게 된다. 이는 활을 쏘는 사람이 밤에 과녁을 적중的中하려는 것과 같아서 가능성이 희박하다고 할 수 있다.

爲佛弟子   부처님 제자가 되었으면
위 불 제 자

常寤自覺   항상 깨어나 스스로 깨닫고
상 오 자 각

晝夜念佛   낮이나 밤이나 부처를 생각하며
주 야 염 불

惟法思衆   법을 사유하고 중생을 생각할지니라.
유 법 사 중

| 주석註釋 |

1 佛弟子 : 불교에 귀의한 사람.
2 念佛 : ①【범】buddhaanu-smṛti, 10념念의 하나. 부처님의 상호를 관찰하면서 그 공덕을 생각함. ② 입으로 아미타불의 명호를 일컫는 것. 선도善導 이후로는 염불이란 말이 이런 의미로 사용.

　　보살菩薩, 곧 불제자佛弟子가 실현해야 할 정신은 '상구보리上求菩提, 하화중생下化衆生.'이다. 위로는 보리를 구하는 동시에, 아래로는 중생을 교화하는 것으로, 성문聲聞이나 연각緣覺이 자기만 깨달으려는 것과 다르다고 할 수 있다. 그래서 깨달음의 목표는 진리이겠지만 사실은 어리석은 중생을 구제하는데 두어야 한다. 세상에 수도하는 사람들이 진리를 깨친 뒤에 중생을 제도할 사람이 과연 몇이나 있다고 하겠는가? 그러므로 중생 제도하면서 깨치고 깨치면서 중생을 제도해야 한다.

원문原文 · 해역解譯

爲佛弟子　부처님 제자가 되었으면
위 불 제 자

常寤自覺　항상 깨어나 스스로 깨닫고
상 오 자 각

日暮思禪　낮이나 밤이나 선정을 생각하여
일 모 사 선

樂觀一心　한마음 살펴보기를 즐겨할지니라.
낙 관 일 심

1 日暮 : ① 낮과 밤. ② 날이 저물다.

2 思禪 : 선정禪定을 생각하는 것으로, 곧 선정에 들어간다는 뜻이다. 선
정은 곧 선禪이다. 선이란 범어 선나禪那의 준말. 정定 · 정려靜慮 · 기
악棄惡 · 사유수思惟修라 번역. 진정한 이치를 사유思惟하고, 생각을
고요히 하여 산란치 않게 하는 것. 마음을 한 곳에 모아 고요한 경지
에 드는 일. 조용히 앉아 선악을 생각지 않고, 시비에 관계하지 않고,
유무有無에 간섭하지 않아서 마음을 안락 자재한 경계에 소요逍遙케
하는 것. 곧 좌선坐禪의 약칭이다.

3 樂觀 : ① 인생을 즐겁게 여기거나 세상을 밝고 좋게 생각함. ② 일이
잘 되어 갈 것으로 봄.

| 해의解義 |

부처님의 제자가 된 사람은 정신이 흐리멍덩하지 않고 항상 깨어
있어야 한다. 자각이 되었든, 아니면 누구로 인해 깨어나던 간에 흐
려있어서는 안 된다. 그리하여 밤이든 낮이든 가릴 것 없이 선정禪
定에 들어서 일체 번뇌가 잠자고 가라앉아 일어나지 않아야 한다.
그러면서 만유의 실체實體인 진여眞如가 되는 일심一心을 잘 살펴보
아서 늘 성성惺惺하게 유지를 할 수 있도록 진력盡力을 해야 한다.
그리하면 부처의 길로 한걸음 더 다가서는 것이라고 할 수 있다.

人當有念意　사람은 마땅히 하려는 뜻을 가질지니
인 당 유 념 의

每食知自少　매양 먹음에 스스로 적게 할 줄 안다면
매 식 지 자 소

則是痛欲薄　곧 이에 아픔과 욕심이 엷어져서
즉 시 통 욕 박

節消而保壽　절제와 소멸로 수명을 보전하나니라.
절 소 이 보 수

| 주석註釋 |

1 念意 : (무엇을) 하고자 하는 생각.
2 節消 : 정력의 소모를 절제함.
3 保壽 : 수명을 보전함.

| 해의解義 |

　사람이 살아있다는 것은 무엇인가를 하려는 의지意志가 있기 때문이다. 수행하는 사람은 특히 음식飮食에 대한 절제를 해야 한다. 과식過食도 안 되지만 허기虛飢도 조심해야 한다. 어찌되었든 많은 것보다는 적은 것이 좋은 것이니 조절을 하는 것이 좋다. 그럼으로써 탐욕貪慾이 적어지고 욕심이 적어지면 병통病痛도 자연 없어져서 수명壽命을 보전하게 된다. 부처님의 법이 꼭 마음 밝히는 것만을 강조한 것이 아니라 일상의 먹고 마시는 음식까지도 절조節調를 하

도록 가르침을 베풀었다.

學難捨罪難
학 난 사 죄 난
배우기가 어렵고 죄를 놓기가 어려우며

居在家亦難
거 재 가 역 난
집에 있어서 살기도 또한 어렵다네.

會止同利難
회 지 동 리 난
모이고 그침에 이익을 같이 하기 어렵고

艱難無過有
간 난 무 과 유
존재의 지나침을 없애기가 어렵나니라.

| 주석註釋 |

1 捨罪 : ① 죄를 놓는 것. ② 죄를 버리는 것.
2 在家 : 처자가 있고 세상일에 종사하는 세속의 사람들.
3 會止 : 남과 한 곳에 모임을 말한다.
4 同利 : ① 공동의 이익利益. ② 공공公共의 이익.
5 艱難 : (하는 일이) 힘들고 고생스러움.
6 有 : 있을 유. ① 있다. ② 존재存在하다. ③ 가지다. 소지所持하다.

| 해의解義 |

사람이 배운다는 것이 정말 어렵다. 돈이 없거나 기회가 없어서

못 배우는 수도 있다. 또한 집인 세속에 살기도 어렵다. 급속도로 변화되는 세상에 맞춰 살기가 여간 어려운 것이 아니다. 또한 남과 모여 있기도 어렵지만 이익이 있을 때 평등하게 분배分配하기는 정말 어렵다. 사람이 세상이라는 다리를 건너갈 때 여리박빙如履薄氷의 심경을 가지지 않으면 헤쳐 나가기가 어려운 것이니 항상 삼가고 조심하면서 살아야 한다. 결국 부처님의 법에 귀의歸依하여 살아가는 것이 제일 좋은 방법이다.

원문原文 · 해역解譯

比丘乞求難
비 구 걸 구 난
비구는 빌고 구하기가 어려운데

何可不自勉
하 가 부 자 면
어찌 가히 스스로 힘쓰지 않으랴!

精進得自然
정 진 득 자 연
정진을 하면 자연이 얻어지리니

後無欲於人
후 무 욕 어 인
뒤에 사람들은 하고자 함이 없나니라.

│ 주석註釋 │

1 乞求 : 남에게 빌어서 요구要求함.

2 自然 : ① 저절로 그렇게 되는 모양. 사람의 힘을 더하지 않는 천연天

然 그대로의 상태. ② 조화調和의 힘에 의하여 이루어진 일체의 것.

| 해의解義 |

불가에는 걸식乞食이라는 것이 있다. 이는 비구가 자기의 몸과 목숨을 돕기 위하여 일정한 행의작법行依作法으로 밥을 비는 일을 말한다. 이것을 칠가식七家食이라고도 하는데, 부처님도 음식을 얻든, 못 얻든 간에 일곱 집 이상은 걸식하지 않았다. 이렇게 걸식을 하기가 어려우니 빌어다가 먹으려고만 말고 자급자족自給自足의 길을 찾으라는 의미도 있다. 그래서 옛 선사들은 "선농일치禪農一致"를 실행하였고 "일일부작一日不作, 일일불식一日不食."도 하였으니, 지금 세상에도 생각해 볼 일이다.

| 원문原文 · 해역解譯 |

有身則戒成　　믿음이 있으면 계율을 성취하고
유 신 즉 계 성

從戒多致寶　　계율에 따르면 많은 보배 이루며
종 계 다 치 보

亦從得諧偶　　또한 따라서 뜻을 같이 하는 동지를
역 종 득 해 우

在所見供養　　있는 곳마다 공양에 당하게 되나니라.
재 소 견 공 양

1 致寶 : 보물을 이르게 한다는 뜻. 모든 부처(佛)와 부처님의 교법教法
인 법法, 불도를 닦는 스님(僧)을 삼보三寶라 하는데, 여기에 나오는 보
물이란 금金, 은銀, 주옥珠玉 등을 말하는 것이 아니고 삼보 같은 보배
를 뜻한다.

2 諧偶 : 뜻을 같이 하는 사람. 동지同志.

3 見 : 볼 견. ① 보다. ② 당當하다.

4 供養 : 【범】pūjanā, 또는 공시供施·공급供給·공供. 공급하여 자양資
養한다는 뜻. 음식·옷 따위를 삼보·부모·스승·죽은 이 등에게 공
급하여 자양하는 것.

| 해의解義 |

《화엄경華嚴經》 "신위도원공덕모信爲道源功德母"라 하였다. 즉
'믿음은 도의 근원이고 공덕의 어머니가 된다.'는 의미이다. 믿음
이란 모든 종교에 있어서 근간根幹이다. 종교에 발을 디딘 사람으로
신이 없으면 종교적인 성공을 이루기가 어렵다. 믿음이 있어야 계율
戒律도 이루게 되고 그 계율을 좇아서 보배로움이 따르게 된다. 즉
물질적 보물이 아니라 불법승佛法僧과 같은 보배를 말한다. 이렇게
종교적인 자질資質이 갖춰지면 어느 때, 어떠한 곳에 있다 할지라도
많은 공양供養을 받게 된다.

一坐一處臥
일 좌 일 처 와

한 번 앉거나 한 번 누울 때에도

一行無放恣
일 행 무 방 자

한 행이라도 방자함이 없이

守一以正身
수 일 이 정 신

하나를 지켜 몸을 바르게 하면

心樂居樹間
심 락 거 수 간

숲 사이에 살아도 마음이 즐겁나니라.

| 주석註釋 |

1 一行 : ① 하나의 행위, 또 일정一定한 방식. ② 한 동아리, 여행 등에 있어 함께 가는 사람, 또는 함께 가는 사람. 전체. ③ 문서文書의 한 줄.

2 放恣 : 어려워하거나 삼가는 태도가 없이 건방짐.

3 守一 : 한 가지만 지킴. 한 가지란, 오직 하나인 진리를 말한다.

4 正身 : 몸을 바르게 하는 것을 말한다.

| 해의解義 |

　노자老子의《도덕경道德經》에 "석지득일자昔之得一者, 천득일이청天得一以淸, 지득일이녕地得一以寧, 신득일이령神得一以靈, 곡득일이영谷得一以盈, 만물득일이생萬物得一以生." 이라 하였다. 즉 '옛날에 하나를 얻었으니 하늘은 하나를 얻어서 맑고, 땅은 하나를 얻어서 평

안하며, 신神은 하나를 얻어서 신령하고, 골짜기는 하나를 얻어서
채워지며, 만물은 하나를 얻어서 생겨나니라.'고 하였다. 하나(一)
는 진리眞理요 법신法身이며, 상제上帝요 하느님이며, 일원一圓이요
본성本性이다.

제 *30*
지옥품地獄品

1

地獄品者   지옥품이란
지 옥 품 자

道泥梨事   지옥의 일이니
도 니 리 사

作惡受惡   악을 지으면 악을 받아서
작 악 수 악

罪牽不置   죄에 끌려 그대로 두지 않음을 말함이니라.
죄 견 불 치

| 주석註釋 |

1 地獄 :【범】naraka;niraya, 나락가那落迦 · 니리泥犁라 음역. 불락不
樂 · 가염可厭 · 무유無有 · 무행처無幸處라 번역. 지옥은 뜻 번역. 3도
途의 하나. 3악도惡道의 하나. 6취趣의 하나. 중생들이 자기가 지은 죄
업으로 말미암아 가서 나게 되는 지하의 감옥. 남섬부주의 아래로 2

만 유순을 지나서 무간無間지옥이 있다. 길이·넓이·깊이가 각 2만 유순, 위로 1만 9천 유순 가운데에 층층으로 대초열지옥·초열지옥·대규환지옥·규환지옥·중합지옥·흑승지옥·등활지옥 등이 있고, 이것을 무간지옥과 합하여 8열熱지옥이라 함. 이 지옥들은 염라대왕이 다스리면서 그곳에 떨어진 중생들에게 여러 가지 고통을 준다고 한다. 또 이러한 지옥과는 달리 현재 우리가 사는 세계의 산이나 넓은 들에도 지옥이 있다는데, 이것을 고독孤獨지옥이라 한다 함.

2 道 : 길 도. ① 길. ② 말하다.

3 泥梨 : 지옥을 말한다.

4 罪牽 : 죄에 끌리는 것. 죄에 걸리는 것.

5 不置 : 그대로 두지 않음.

| 해의解義 |

"선인선과善因善果, 악인악과惡因惡果."가 인과因果의 원리이다. 즉 선한 인은 선의 과를 받고, 악의 인은 악의 과를 받는 것이 호리毫釐도 틀리거나 어긋남이 없는 진리이다. 그런데 모든 지옥은 염라대왕閻羅大王이 주재하며 다스리고 있다. 능력을 가진 염라대왕이라도 죄를 지은 자 극락으로 보내지 못하고, 복을 지은 사람 지옥으로 보내지 못한다. 자기가 지은 대로 각각의 선악지옥善惡之獄으로 들어가게 되어 있다. 그러므로 수도하는 사람은 선을 지어 극락을 갈지언정 악을 지어 지옥은 가지 말자.

2

妄語地獄近   망령된 말은 지옥이 가까워져서
망 어 지 옥 근

作之言不作   짓고도 짓지 않았다고 말하면
작 지 언 부 작

二罪後俱受   두 가지 죄를 뒤에 함께 받나니
이 죄 후 구 수

是行自牽往   이런 행은 스스로 끌려가는 것이니라.
시 행 자 견 왕

|주석註釋|

1 妄語 : 10악惡의 하나. 입(口)으로 지은 4과過의 하나. 허광어虛誑語라고도 한다. 진실치 못한 허망한 말을 하는 것. 거짓말.

2 二罪 : ① 지음과 안 지음. ② 한 것과 안 한 것.

|해의解義|

망어妄語는 거짓말이다. 진실하지 못한 말이요 허황된 말이다. 이런 말을 많이 하게 되면 지옥이 가까워진다. 사람이 세상을 살다보면 선의善意의 거짓말을 할 수도 있지만 이도 또한 거짓말인지라 진리의 심판은 틀림이 없다. 그러므로 한 것은 했다고 깨끗이 시인是認을 하고, 안 한 것은 안 했다고 시인을 하는 것이 경죄輕罪가 될 수 있다. 그러나 행동의 줏대가 강력하지 못하고 이리저리 끌려 다니면 죄를 짓기가 쉬운 것이니 신실信實한 자기 줏대를 잘 세워야 한다.

3

원문原文 · 해역解譯

法衣在其身 <small>법 의 재 기 신</small>	법의를 그 몸에 간직하고
爲惡不自禁 <small>위 악 부 자 금</small>	악하기를 스스로 금하지 아니하여
苟沒惡行者 <small>구 몰 악 행 자</small>	구차히 악행에 빠져드는 자는
終則墮地獄 <small>종 즉 타 지 옥</small>	마치면 지옥에 떨어지나니라.

| 주석註釋 |

1 法衣 : 승의僧衣 · 승복僧服 · 법복法服이라고도 한다. 비구 · 비구니가 입는 옷. 처음에는 삼의三衣, 곧 가사를 일컫던 것인데, 후세에는 가사 밖에 편삼褊衫 · 군자裙子 · 직철直綴 등을 입게 되니 이것들도 모두 법의라 부름.

2 惡行 : 악한 행실.

| 해의解義 |

《선가귀감禪家龜鑑》에 부처님이 이르기를 "운하적인云何賊人, 가아의복假我衣服, 비판여래裨販如來, 조종종업造種種業."이라 하였다. 즉 '어찌하여 도적들이 나의 옷을 빌려 입고, 부처를 팔아서 온갖 업을 짓느냐?'는 의미이다. 부처님이 준 법의法衣를 몸에 걸치고 여래를 팔아서 도적질을 하게 될 것이니 어찌하랴! 라고 일찍이 탄식을 하

였다. 악을 지으면서도 악을 하는 줄을 모르고, 악행惡行에 끌려가면서도 끌려가는 줄을 모르게 되면 죽어서 갈 곳은 지옥地獄 뿐이다.

無戒受供養	계행이 없이 공양을 받으면
무 계 수 공 양	
理豈不自損	이치에 어찌 자신을 해침이 아니랴!
이 기 부 자 손	
死噉燒鐵丸	죽어서 불에 달군 철환을 삼키리니
사 담 소 철 환	
然熱劇火炭	그러면 뜨겁기가 숯불보다 심하나니라.
연 열 극 화 탄	

| 주석註釋 |

1 損 : 덜 손. ① 덜다. 줄이다. 줄다. 감소하다. ② 해치다.

2 噉 : 먹을 담. 먹다. 먹이다.

3 鐵丸 : 쇠로 잘고 길둥글게 만들어 엽총 따위에 재어서 쓰는 탄알.

4 劇 : 심할 극. 심甚(정도가 지나치다)하다. 혹독하다.

5 火炭 : 숯.

스님이나 신도가 되어 부처님이 제시한 계율戒律을 안으로는 어기면서 밖으로는 지키는 체하여 남의 공양을 받아먹는다면 어떻게 될까? 결국 자기가 자신을 해치는 꼴이 되고 만다. 즉 부처님의 바른 도리를 실천하지 않으면서 겉치레만 하는 것이기 때문이다. 이런 사람이 죽으면 지옥에 떨어져서 불에 달구어진 철환鐵丸을 삼키게 될 것이니 그 뜨겁기를 무엇으로도 비교할 수 없다. 마치 이글거리며 뜨겁게 타오르는 숯불을 삼키는 것보다 더 심하리니, 어찌 두렵고 무서운 일이 아니랴!

원문原文 · 해역解譯

放逸有四事
방 일 유 사 사
방일에는 네 가지 사태가 있나니

好犯他人婦
호 범 타 인 부
남의 부인 범하기 좋아하고

臥險非福利
와 험 비 복 리
위험한데 누움은 행복과 이익이 아니며

毁三淫佚四
훼 삼 음 일 사
헒이 셋째요 음탕함이 넷째이니라.

1 放逸 :【범】pramāda, 심소心所의 이름. 대번뇌지법大煩惱地法의 하나.
20수번뇌隨煩惱의 하나. 인간으로서 해야 할 착한 일이나, 방지해야
할 악한 일을 뜻에 두지 않고, 방탕하고 함부로 하는 정신 작용을 말
함.

2 臥險 : 위험한 곳에 누워있는 것을 말한다.

3 福利 : 행복幸福과 이익利益.

4 淫佚 : 마음껏 음탕淫蕩하게 놂.

| 해의解義 |

방탕放蕩하고 난잡亂雜하게 노는 네 가지를 들어서 크게 경계警戒
를 한다. 하나는 남의 부인 범하기를 좋아하는 것이요, 둘은 이것으
로 인하여 위험한 곳에 누워있는 것은 행복과 이익이 되지 않는 것
이며, 셋은 남을 비방하고 헐뜯는 것이요, 넷은 음탕한 짓을 하면서
제 맘대로 노는 것이니, 곧 교사음일驕奢淫佚이다. 이 교사음일이란
교만驕慢하며 사치奢侈스럽고 방탕放蕩한 사람을 이르는 말이다. 이
에 공부하는 사람은 이 네 가지를 슬기롭게 극복하고 넘겨야 한다.

6

원문原文 · 해역解譯

不福利墮惡   행복과 이익이 아니면 악에 떨어지리니
불 복 리 타 악

畏惡畏樂寡　악이 두렵고 즐거움이 적을까 두려워라.
외 악 외 락 과

王法重罰加　염라대왕의 법은 무거운 벌을 더하여
왕 법 중 벌 가

身死入地獄　몸이 죽으면 지옥으로 들어가나니라.
신 사 입 지 옥

| 주석註釋 |

1 寡 : 적을 과. ① 적다. 수량數量이 적다. ② 작다. ③ 약하다.

2 王法 : ① 염라대왕閻羅大王의 법. ② 제왕帝王의 법. 왕의 법도法度.

3 重罰 : 중한 형벌刑罰. 무거운 징벌. 중징重懲.

| 해의解義 |

　사람이 선善을 행하면 자연적으로 복이 돌아오고 이익이 돌아오지만, 악惡을 범하면 재앙이 돌아오고 손해가 따르게 된다. 그러므로 우리는 악을 두려워해야 선으로 향할 수 있다. 또한 즐거움이 많은 것을 좋아하지 말고 왜 적지 않은가를 두려워해야 한다. 사람이 현실을 살면서 악한 짓을 하면 나라의 법에 의하여 중징重懲을 받게 되는 것이요, 죽게 되면 저절로 지옥으로 들어가서 갖은 고통을 받게 될 것이니 살았을 때 범악犯惡하지 않도록 노력해야 한다.

7

譬如拔菅草
비 여 발 관 초
비유하자면 왕골 풀을 뽑음에

執緩則傷手
집 완 즉 상 수
느슨하게 잡으면 손이 상하는 것 같이

學戒不禁制
학 계 불 금 제
계율을 배워 금하고 제어하지 않으면

獄錄乃自賊
옥 록 내 자 적
지옥에 기록되어 이에 저절로 해롭나니라.

| 주석註釋 |

1 菅草 : 왕골 풀.
2 緩 : 느릴 완. 느리다. 느슨하다.
3 禁制 : 어떤 행위, 또는 일을 못하게 말림.
4 獄錄 : 옥의 기록. 즉 지옥의 장부에 기록된 것을 말한다.

| 해의解義 |

왕골은 방동사니과에 딸린 한해살이풀로, 1.5m쯤 자란다. 줄기의 단면은 삼각형이며 겉은 매끄럽고 속은 물렁하다. 이를 짜개어 말려서 돗자리나 방석, 바구니를 만든다. 이를 짜갤 때 느슨하게 잡으면 손을 상하게 된다. 그런데 수행하는 사람이 계율戒律을 배워서 자기를 제어制御하지 않고 제멋대로 하다 보면 악을 범하고 죄를 지어서 나라의 법에 의해 구속을 당하게 된다. 따라서 지옥의 장부에

죄상罪狀이 낱낱이 기록이 되어 죽으면 자연적으로 들어가게 되는 것이니 삼가야 한다.

人行爲慢惰
인 행 위 만 타   사람이 수행을 게을리하면

不能除衆勞
불 능 제 중 로   능히 뭇 수고로움 제거하지 못하고

梵行有玷缺
범 행 유 점 결   범행에 흠이나 이지러짐이 있으면

終不受大福
종 불 수 대 복   마침내 큰 복을 받지 못 하나니라.

| 주석註釋 |

1 慢惰 : 게으른 것.
2 衆勞 : 뭇 수고로움. 온갖 괴로움.
3 玷缺 : 흠이나 이지러짐, 곧 결함缺陷.
4 大福 : 큰 복력福力.

| 해의解義 |

사람이 세상에 살든, 아니면 출가를 하였든 간에 부처님이 제시

한 수행의 방법을 무시하고 제멋대로 하거나 게으름을 피운다면 마음이 청정淸淨할 리가 없다. 청정하지 못하면 자연 번뇌煩惱가 치성熾盛하고 욕심慾心이 충만充滿하여 치자癡者가 되는 것은 시간문제이다. 즉 맑은 행이 되지 못하면 흠이나 이지러짐이 있어서 온전穩全한 마음이 될 수 없고, 온전한 마음이 안 되면 큰 복을 받을 수도 없을 뿐만 아니라 지니고 살 수도 없는 것이니 수행을 하는데 나태懶怠를 부리지 말자.

9

원문原文 · 해역解譯

常行所當行　　항상 마땅히 행할 바를 행하고
상 행 소 당 행

自持必令强　　스스로 뜻을 세워 반드시 굳게 하여
자 지 필 령 강

遠離諸外道　　여러 외도들을 멀리 여의어서
원 리 제 외 도

莫習爲塵垢　　티끌이 되는 것을 익히지 말지니라.
막 습 위 진 구

| 주석註釋 |

1 當行 : 마땅히 행해야 할 것.

2 自持 : ① 자기가 가짐. ② 스스로가 지님.

3 遠離 : ① 멀리 떨어지다. ② 멀리하다. ③ 삼가다.

4 外道 : ①【범】tīrthaka;tīrthika, 외교外敎·외학外學·외법外法이라고
도 함. 인도에서 불교 이외의 모든 교학. 종류가 많아 96종이 있고, 부
처님 당시에 6종의 외도가 있었음. tirthaka는 신성하고 존경할 만한
은둔자隱遁者라는 뜻이나, 불교에서 보면 모두 다른 교학이므로 외도
라 함. ② 불교 이외의 종교. 곧 외도의 법을 받드는 이도 외도라 함.

5 塵垢 : 마음을 어지럽게 하는 티끌과 때라는 뜻. 번뇌를 말함.

| 해의解義 |

부처님이 내놓은 모든 법이나 제도制度는 마땅히 행해야 할 도리
道理이다. 이러한 도리를 실행하는데 굳센 의지를 가져야 한다. 그
리하여 모든 외도外道들의 사법邪法을 멀리 여의어서 정법正法으로
자리매김이 되어야 한다. 그래야 일체 행위가 티끌이나 때에 더럽힘
을 당하지 아니하여 청정淸淨을 이룰 수 있다. 그러므로 공부를 하
는 사람은 부처님의 가르친 바를 따를지언정 외도들의 달콤한 유혹
誘惑에 놀아나지 않아야 큰 진리眞理를 깨달을 수 있다.

| 원문原文 · 해역解譯 |

爲所不當爲   마땅히 하지 않아야 할 것을 한다면
위 소 부 당 위

然後致鬱毒 연 후 치 울 독	그런 뒤에는 답답하고 괴로우리니
行善常吉順 행 선 상 길 순	선을 행하면 항상 길하고 순조로워
所適無悔悋 소 적 무 회 린	가는 곳마다 뉘우침이 없나니라.

| 주석註釋 |

1 不當爲 : 해서는 안 되는 것.
2 鬱毒 : 답답하고 괴롭다.
3 鬱 : 답답할 울. ① 답답하다. ② 우울하다. ③ 울적하다.
4 毒 : 독 독. ① 독毒, 해독害毒, 해악害惡. ② 비참悲慘하고 참혹慘酷한 방
  법. ③ 괴로워하다, 괴롭히다.
5 悔悋 : 뉘우침.
6 悋 : 아낄 린. ① 아끼다. ② 인색하다.

| 해의解義 |

  사람이 해서는 안 될 행동으로 어떤 일을 하게 되면 할 때는 몰라
도 정신이 들게 되면 답답하고 괴로운 심정이 되는 것은 당연한 것
이라고 할 수 있다. 반대로 해서 좋은 일이나 선행善行은 자연 길상
吉祥이 깃들고 순조로워서 뒤에 탈이 없이 사람들의 칭송을 받게 된
다. 그리하여 이러한 사람이 가는 곳이나 처하는 곳에는 늘 화기和
氣가 감돌아 사람들이 모이고 가까이 하여 가르침을 입게 된다. 그
러면 모든 면에 뉘우치는 일이 없이 생의 아름다움을 구가謳歌하게
된다.

其於衆惡行 기 어 중 악 행	그 뭇 악행에
欲作若已作 욕 작 약 이 작	하려 해서 만약 이미 지었다면
是苦不可解 시 고 불 가 해	이런 괴로움은 가히 풀리지 않으리니
罪近難得避 죄 근 난 득 피	죄가 가까워져도 피함을 얻기가 어렵나니라.

| 주석註釋 |

1 惡行 : 악惡한 행실.
2 若已作 : 만약 이미 하였으면, 만약 이미 지었으면.
3 難得 : 구求하여 얻기 어려움.

| 해의解義 |

사람이 드러난 악행惡行은 법의 제약制約이나 사람들의 눈초리를
받아서 잘못을 뉘우치기가 쉽다. 그러나 마음속에서 지어지는 악행
은 보이지도 않고 나타나지도 않기 때문에 오래 간직되어 저지르므
로 그치거나 풀어지기가 어렵다. 그러므로 이미 지은 악행의 결과인
죄고罪苦가 이르게 되면 피할 방법도 없고 돌아갈 길도 없게 될 것
이니 후회後悔하지 않을 수 없다. 아무튼 부처님 법대로 살면 아무
런 문제가 없으련만 항상 법로法路를 벗어남으로써 문제가 발생하

게 된다.

妄證求敗
망 증 구 패
망령된 증거로 이기기를 구하면

行已不正
행 이 부 정
행실이 이미 바르지 못한데다

怨譖良人
원 참 양 인
선량한 사람을 원망하고 무함하여

以枉治士
이 왕 치 사
써 옥사 다스리기를 굽게 하리니

罪縛斯人
죄 박 사 인
죄는 이런 사람을 결박해서

自投于坑
자 투 우 갱
저절로 구덩이에 던져버리나니라.

| 주석註釋 |

1 求敗 : 패는 깨뜨린다는 뜻이니, 남을 이기기를 구하는 것을 말함.

2 不正 : ① 옳지 않음. ② 바르지 않음. ③ 정당正當하지 아니함.

3 怨譖 : 원망하고 무함誣陷하는 것.

4 良人 : ① 착한 사람. ② 선량善良한 백성. ③ 벼슬아치를 하지 못하고
천인이 아닌 상사람.

5 枉 : 굽을 왕. 도리에 어긋나다.

6 坑 : 구덩이 갱. ① 구덩이. ② 광혈鑛穴(광물을 파내기 위하여 땅속을 파 들어간 굴). ③ 갱도坑道.

| 해의解義 |

사람이 혹 송사訟事를 함에 있어서 증거證據나 증언證言을 거짓으로 꾸며서 상대를 이기려 한다면 이는 바르지 못한 행동이다. 이렇게 했는데도 이기지 못하면 죄가 없는 상대방을 죄가 있는 것처럼 꾸미고 무함誣陷하여 들이대면 송사訟事를 다스리는 관원官員이 잘못 판단을 내리기가 쉬워진다. 이런 죄를 지은 사람은 죽어서 틀림없이 지옥에 떨어지게 되는 것이니, 결국 제 손으로 자기를 결박하여 죄의 구덩이에 몰아넣는 것과 같으리니 어찌 삼가지 않으랴!

원문原文·해역解譯

如備邊城
여 비 변 성
변방의 성을 방비하는 것과 같이

中外牢固
중 외 뇌 고
안팎을 견고하고 굳게 하여

自守其心
자 수 기 심
스스로 그 마음을 지키면

非法不生　그릇된 법이 생기지 않지만
비 법 불 생

行缺致憂　행동이 이지러지면 근심이 이르러서
행 결 치 우

令墮地獄　지옥에 떨어지게 되나니라.
영 타 지 옥

| 주석註釋 |

1 邊城 : 변경邊境에 있는 성성.
2 牢固 : (의지나 요새要塞 같은 것이) 깨뜨릴 수 없을 만큼 튼튼하고 굳음.
3 非法 : 법이나 도리道理에 어긋남.
4 地獄 : 【범】 naraka;niraya, 나락가那落迦 · 니리泥犁라 음역. 불락不樂 · 가염可厭 · 무유無有 · 무행처無幸處라 번역. 지옥은 뜻 번역. 3도途의 하나. 3악도惡道의 하나. 6취趣의 하나. 중생들이 자기가 지은 죄업으로 말미암아 가서 나게 되는 지하의 감옥.

| 해의解義 |

　무릇 나라를 다스리는데 있어서는 국경國境이 튼튼해야 외적外敵이 함부로 침범하지 못한다. 만일에 외곽의 성벽城壁이 견고하지 못하면 외인外人이 밀고 들어와서 나라가 망하게 된다. 이와 같이 사람도 원래 맑고 밝은 자기의 마음을 잘 지키면 번뇌煩惱나 사악邪惡이 일어나거나 쉽게 침입을 못하여 흔들리지 않는다. 만일에 마음을 지키지 못해서 악행惡行을 저지르게 되면 죽은 뒤에 지옥에 떨어져서 갖은 고초苦楚를 받게 되리니 어찌 한스럽지 않겠는가?

14

可羞不羞   부끄러워해야 할 것을 부끄러워하지 않고
가 수 불 수

非羞反羞   부끄럽지 않을 것을 도리어 부끄러워하면
비 수 반 수

生爲邪見   살아서는 삿된 견해가 되고
생 위 사 견

死墮地獄   죽어서는 지옥에 떨어지나니라.
사 타 지 옥

| 주석註釋 |

1 羞 : 부끄러울 수. ① 부끄러워하다. ② 수줍어하다. ③ 두려워하다.
   겁내다.

2 邪見 : 5견見의 하나. 10악(5리사 · 5둔사)의 하나. 주로 인과의 도리를
   무시하는 옳지 못한 견해. 온갖 망견妄見은 다 정리正理에 어기는 것
   이므로 사견이라 하거니와, 특히 인과의 도리를 무시하는 것은 그 허
   물이 중대하므로 사견이라 함.

| 해의解義 |

《맹자孟子》 공손추편公孫丑篇에 "수오지심의지단야羞惡之心義之端
也"라는 구절이 있다. 즉 '부끄러운 마음은 의의 실마리이다.' 는 뜻
이다. 다시 말하면, 옳지 못한 것을 부끄러워할 줄 알고 착하지 못한
것을 미워할 줄 아는 마음은 의義의 단서端緖가 된다는 의미이다. 그

래서 부끄러워할 것은 당연히 부끄러워하고, 부끄러워 안 해도 될
것은 부끄러워 안 하면 된다. 만일 사람의 세상을 살면서 사견邪見
을 정견正見으로 돌리지 못하면 죽어서 지옥에 들어가는 것은 당연
지사當然之事이다.

可畏不畏　　두려워해야 할 것을 두려워하지 않고
가 외 불 외

非畏反畏　　두렵지 않은 것을 도리어 두려워하여
비 외 반 외

信向邪見　　삿된 견해를 믿고 나아가면
신 향 사 견

死墮地獄　　죽어서는 지옥에 떨어지나니라.
사 타 지 옥

| 주석註釋 |

1 可畏 : ① 두려워할 만함. ② 무서움.

| 해의解義 |

옛 글에 "대교인불가불소심對狡人不可不小心, 비외피즉경오非畏彼

卽敬吾.”라 하였다. 즉 '교활한 사람을 상대하면 가히 소심해지지 않을 수 없으나, 그를 두려워하지 아니하고 나를 존중하라.' 는 뜻이다. 이는 교활한 사람을 대함에 있어서 조심하지 않을 수 없는 것이니, 그를 두려워해서가 아니라 곧 나를 공경하고 존중하기 때문에 내가 삼간다는 말이다. 자기가 자신을 두려워하고 조심하지 않으면 사견邪見이 나오고 죽으면 지옥으로 직행直行하게 된다.

원문原文 · 해역解譯

可避不避
가 피 불 피
피해야 할 것을 피하지 않고

可就不就
가 취 불 취
나아가야 할 데에 나아가지 않으면서

翫習邪見
완 습 사 견
삿된 견해를 가지고 놀며 익히면

死墮地獄
사 타 지 옥
죽어서는 지옥에 떨어지나니라.

| 주석註釋 |

1 不避 : 피하지 못하거나 피하지 아니함.

2 不就 : 세상에서 일어나는 어떠한 일에 대하여 나서지 아니함.

3 翫 : 희롱할 완. ① 희롱하다. ② 가지고 놀다. ③ 비틀거리다.

《이견지夷堅志》에 "피색여피수避色如避讐, 피풍여피전避風如避箭."
이라 하였다. 즉 '여색 피하기를 원수 피하는 것과 같이하고, 바람
을 피하기를 날아오는 화살 피하는 것과 같이하라.' 는 뜻이다. 사람
이 세상에 살면서 피해야 할 것은 내가 손해를 좀 보더라도 피해야
뒤에 탈이 생기지 않는다. 그러나 사차불피死且不避의 경우도 있다.
이는 죽는 한이 있을지라도 피할 수가 없는 상태가 있을 수 있는 것
이니 충신忠臣은 구국救國을 피하지 않고, 성인聖人은 제중濟衆을 피
하지 않는다.

원문原文 · 해역解譯

可近則近
가 근 즉 근
가까이해야 할 것은 가까이하고

可遠則遠
가 원 즉 원
멀리해야 할 것은 멀리해서

恒守正見
항 수 정 견
항상 바른 견해를 지키면

死墮善道
사 타 선 도
죽어서 선도에 떨어지나니라.

1 正見 : 【범】samyag-dṛṣṭi, 8정도正道의 하나. 유·무의 편견을 여읜
　　정중正中의 견해. 곧 불교의 바른 이치를 올바르게 받아들이는 견해.

2 善道 : ①악도의 반대로 좋은 곳을 말한다. ②착하고 바른 도리.

| 해의解義 |

　우리가 세상을 살면서 가까이해야 할 것은 가까이하고 멀리해야
할 것은 멀리해야 한다. 가령 부처님의 법은 영생을 가까이해야 득
도得度를 하는 것이지만, 외도外道들의 삿된 법은 멀리해야 해독害毒
을 입지 않는다. 옛 글에 "불가근불가원不可近不可遠"이라 하였다.
즉 '가까이할 수도 없고 멀리할 수도 없다.'는 말이다. 《논어論語》
태백泰伯에 "수사선도守死善道"라 하였다. 사람이 '목숨으로라도 선
한 도를 지켜야 한다.'는 의미이다. 이러면 선도善道에 수생을 할 수
있다.

제31

상유품象喻品

1

象喻品者
상 유 품 자

상유품이란

教人正身
교 인 정 신

사람에게 몸을 바르게 하고

爲善得善
위 선 득 선

선을 하여 선을 얻어지는

福報快焉
복 보 쾌 언

복의 보답이 빠름을 가르침이니라.

주석註釋

1 象喻 : 코끼리의 비유, 또는 깨우침.

2 喻 : 비유할 유, 깨우칠 유. ① 비유하다. ② 깨우치다, 깨닫다, 깨우쳐
  주다. 가르쳐 주다.

3 正身=生身 : ① 부처나 보살菩薩이 중생衆生을 구하기 위해서 부모에

의탁하여 태생胎生하는 육신. 정신正身. ② 부모로부터 난 몸.

4 福報 : 복덕의 과보. 복의 보답.

5 快焉 : '쾌'는 빠르다는 뜻이고, '언'은 어조사가 되므로 '빠르다'는
뜻이다.

| 해의解義 |

상유품의 취지에 대하여 말하고 있다. 사람은 수신修身이 중요하
다. 수신이란 바로 몸가짐이다. 수신의 의미를 대체로 악을 물리치고
선을 북돋아서 마음과 행실行實을 바르게 닦아서 기른다는 것이(修
養) 일반적인 뜻이라고 할 수 있다. 더 구체적인 의미는 '선을 가려서
좇고 널리 글을 배우며 아울러 예로써 멈추는 것이라(擇善而從 博學于
文 幷約之以禮).'고 할 수 있다. 이러하면 자연 선행善行이 이뤄지고 선
행은 복락의 보응報應을 받아 삶을 아름답게 누리며 가꾸게 된다.

我如象鬪   나는 마치 코끼리가 싸움에
아 여 상 투

不恐中箭   화살 맞음을 두려워하지 않듯이
불 공 중 전

常以誠信   항상 정성과 믿음으로써
상 이 성 신

度無戒人　계율이 없는 사람을 제도하나니라.
도 무 계 인

| 주석註釋 |

1 鬪 : 싸움 투. ① (두 병사가 손에 병기를 들고) 싸우다. ② 싸우게 하
　다. 승패를 겨루다. ③ (두 사람이 손에 물건을 들고) 다투다.
2 中箭 : 중은 '맞는다' 의 뜻으로, 화살에 맞음을 말한다.
3 誠信 : 정성스럽고 참됨.
4 無戒 : 계를 받지 아니함.

| 해의解義 |

　부처님이 중생 제도의 의지를 보인 것이라고 할 수 있다. 만일 코
끼리가 싸울 때에는 육중肉重한 몸을 저돌적으로 달려들어서 설사
화살을 맞게 된다 할지라도 두려워하지 않는다. 이와 같이 진리를
깨달은 입장에서는 사람들의 비방誹謗이나 어떤 공격攻擊도 두려울
것이 없다. 그리하여 오직 정성과 믿음을 가지고 계율을 행하지 않
는 어리석은 사람들을 선의 길로 인도하고, 지혜의 길로 인도하며,
복락의 길로 인도하여 번뇌나 죄고罪苦에 시달리지 않도록 최선을
다해 제도濟度를 할 뿐이다.

3

譬象調正 비 상 조 정	비유하면 코끼리 길들임이 바르면
可中王乘 가 중 왕 승	가히 임금이 타더라도 알맞으리니
調爲尊人 조 위 존 인	길들여지면 존귀한 사람이 되어
乃受誠信 내 수 성 신	이에 남의 성실과 믿음을 얻나니라.

| 주석註釋 |

1 調 : 고를 조. ① 고르다. ② 길들이다. ③ 조절하다.

2 調正 : 길들임이 바름.

3 王乘 : 임금이 타는 것.

4 尊人 : ① 존귀한 사람. ② 훌륭한 사람.

| 해의解義 |

과거에는 임금들이 말도 탔지만 코끼리도 타고 다녔다. 존귀한 몸을 가진 왕자王者들이 길이 들지 않는 코끼리는 탈 수 없다. 길이 잘든 코끼리라야 안심하고 탈수 있다. 그러면 코끼리도 자연 사람들의 관심과 사랑을 받아서 건강하게 살아갈 수 있다. 이와 같이 수행자가 수행을 잘하여 진리를 깨달아 부처의 인격을 이루면 모든 사람들이 정성과 믿음으로 흠모欽慕하고 받들며 사랑하게 되는 것이니

게으름을 부리지 말고 부지런히 공부를 해서 부처님이 내놓은 진리를 깨쳐야 한다.

원문原文 · 해역解譯

雖爲常調
수 위 상 조
비록 항상 길들인다 해도

如彼新馳
여 피 신 치
그가 새롭게 달리는 것과 같나니

亦最善象
역 최 선 상
또한 최고로 좋은 코끼리일지라도

不如自調
불 여 자 조
저절로 길들여짐만 같지 못 하나니라.

| 주석註釋 |

1 新馳 : 낳은 지 얼마 안 되어서 새로이 뛰어다니는 것.
2 善象 : 좋은 코끼리.
3 自調 : 자기가 스스로 길을 들이는 것.

| 해의解義 |

사람이 소나 말을 길들일 때에 여간 힘이 드는 게 아니다. 때로 뛰기도 하고 발로 차기도 하며 뒹굴기도 한다. 그러나 꾸준하게 힘을

다하여 길을 들이면 순순히 따른다. 이는 일차적인 길들임이다. 정말로 길이 드는 것은 말 자신이요, 소 자신이며, 코끼리 자신이다. 그러므로 우리도 부처님의 제자가 되어 내놓은 법으로 수행을 잘해서 저절로 길이 들어져야 한다. 억지로 수행하고, 억지로 공부를 하는 것은 끝에 이르러서는 별로 드러낼만한 소득이 없다는 것을 알아야 한다.

彼不能適 피 불 능 적	그들이 능히 가지 못한다면
人所不至 인 소 부 지	사람도 이르지 못하리.
唯自調者 유 자 조 자	오직 스스로 길들이려는 자는
能到調方 능 도 조 방	능히 길들여진 곳에까지 이르나니라.

| 주석註釋 |

1 適 : 맞을 적. ① 맞다. ② 가다.
2 方 : 모 방. ① 모. 네모. ② 곳. 장소場所.

　　조주선사趙州禪師의 삼전어三轉語에 "금불부도로金佛不渡爐, 목불부도화木佛不渡火, 이불부도수泥佛不渡水."라 하였다. 즉 '쇠로 만든 부처는 용광로를 건너가지 못하고, 나무로 만든 부처는 불속을 건너가지 못하며, 흙으로 만든 부처는 물을 건너가지 못한다.' 는 의미로 지나지 못할 곳이 있다. 코끼리가 갈 수 없다면 사람도 또한 갈 수 없다. 그러나 길이 잘 들여지면 어디든지 잘 가게 된다. 우리가 현생에 수행을 잘하면 다음 생애에는 더 쉽게 이룰 수가 있는 것이니 금생에 깊은 수행을 쌓아놓아야 한다.

6

如象名財守　　재수라는 이름의 코끼리는
여 상 명 재 수

猛害難禁制　　사납게 해치므로 금하고 제어하기 어렵네.
맹 해 난 금 제

繫絆不與食　　고삐로 매어 놓고 주는 밥은 먹지 않으며
계 반 불 여 식

而猶暴逸象　　오히려 사납게 달아나는 코끼리이니라.
이 유 폭 일 상

1 財守 : 사나운 코끼리의 이름.

2 禁制 : 어떤 행위, 또는 일을 못하게 말림.

3 繫絆 : 몸을 결박하는 것.

4 暴 : 사나울 폭, 사나울 포. ① 사납다. ② 난폭하다. ③ 해치다.

| 해의解義 |

재수財守라는 코끼리가 있었다. 사납기가 말로 다하지 못할 정도여서 쉽게 다루기가 어려웠다. 사방으로 달리는가 하면 길이길이 날뛰기도 하고, 소리도 지르며 아주 난폭하여 묶어서 제어하기도 어렵다. 먹이를 주어도 먹지 않고 사납게 굴기만 하였다. 이는 길들이지 않은 우리의 마음과 다름이 없다. 부처님 법에 의하여 훈련訓練이 잘 된 심행心行은 모든 면에서 법도法度에 맞지만, 그렇지 않으면 길들이기 어려운 코끼리처럼 천방지축天方地軸이 되기 쉬울 것이니 공부를 해야 한다.

원문原文 · 해역解譯

沒在惡行者   악한 행위에 빠져 있는 사람은
몰 재 악 행 자

恒以貪自繫 <small>항 이 탐 자 계</small>	항상 탐욕으로 자신을 결박하나니
其象不知厭 <small>기 상 부 지 염</small>	그것은 만족할 줄 모르는 코끼리라
故數入胞胎 <small>고 삭 입 포 태</small>	그러므로 자주 포태에 들어가나니라.

| 주석註釋 |

1 惡行 : 악한 행실, 악한 행위.
2 厭 : 싫어할 염. ① 싫어하다. ② 넉넉하다. 만족하다.
3 數 : 자주 삭, 셈할 수. ① 자주, 자주 하다. ② 셈. 산법.
4 胞胎 : ① 임신姙娠. ② 태내의 아이를 싸는 얇은 막.

| 해의解義 |

　악행惡行은 악업惡業을 짓고, 악업은 악과惡果를 열리게 하며, 악과는 신고辛苦를 낳게 하고, 신고는 결국 축생畜生에 들어가게 한다. 사람이 탐욕貪慾을 부리면 처음에는 달콤한 것 같지만 끝에 이르러서는 그 탐욕에 의해 결박을 당해 꼼짝을 할 수가 없게 된다. 그러므로 생명을 가진 부류部類가 한번 악도惡道에 떨어지게 되면 인간계人間界에 몸을 받기는 하늘의 별을 따기보다 어려운 것이니, 사람이 되었을 때 사람의 몸을 잃지 않도록 불법佛法을 신봉信奉하고 수행을 해야 한다.

本意爲純行 _{본 의 위 순 행}	본래 뜻(마음)으로 순수하게 행하고
及常行所安 _{급 상 행 소 안}	또 항상 편안한 바를 행하며
悉捨降伏結 _{실 사 항 복 결}	모두를 버리고 맺혀진 것 항복받기를
如鉤制象調 _{여 구 제 상 조}	갈고리로 코끼리를 제어하여 길들임과 같이 할지니라.

| 주석註釋 |

1 本意 : ① 애당초 마음속에 가지고 있는 뜻. ② 본디 가진 참된 심정心
情.

2 純行 : 순진한 행동.

3 悉捨 : 모두 버리는 것, 곧 탐욕의 마음을 버리는 것.

4 降伏 : ① 전쟁 · 싸움 · 경기 등에서 힘에 눌려서 적에게 굴복함. ②
나를 굽히어서 복종함. ③ 불타佛陀의 힘으로 악마惡魔, 외도들을 진압
함.

5 鉤 : 갈고리 구. ① 갈고리. ② 올가미. ③ 계략計略.

| 해의解義 |

우리의 본래 마음은 누구나 "순진무구純眞無垢"한 마음이다. 그
런데 "견물생심見物生心"이듯, "견물생욕見物生慾"이 되어 갖가지 번

뇌가 일어나고 탐욕貪慾이 생겨 본래 주인인 마음은 어디로 가고 객심客心이 판을 치고 있음으로 난심亂心이 되고 혼심混心이 되었다. 그러므로 말을 안 듣는 코끼리를 쇠갈고리를 써서 길을 들이듯이 부처님의 가르침에 의해 바깥으로 치닫는 마음을 잡아매어 길을 들여야 본래 마음으로 돌아오게 되어서 부처와 조사祖師를 이룰 수 있다.

樂道不放逸   도를 즐겨서 방일하지 않고
낙도불방일

能常自護心   능히 항상 자기의 마음을 지키면
능상자호심

是爲拔身苦   이는 몸의 괴로움을 빼내는 것이니
시위발신고

如象出于埳   코끼리가 함정을 벗어남과 같나니라.
여상출우감

| 주석註釋 |

1 樂道 : 도를 즐기는 것.
2 放逸 : 제멋대로 난봉이나 부리고 함부로 놂.
3 埳 : 구덩이 감. ① 구덩이. 함정. ② 빠지다. 빠뜨리다.

《회남자淮南子》의 전언훈詮言訓에 보면 "고지존기자故之存己者, 낙도이망천樂道而忘賤, 고명부동지故名不動志, 낙도이망빈樂道而忘貧, 고리부동심故利不動心."이라 하였다. 즉 '옛적에 자기를 보존하는 사람은 도를 즐겨 천함을 잊음이라, 그러므로 명예에 뜻이 움직이지 않았고, 도를 즐겨하여 가난을 잊음이라, 그러므로 이익에 마음이 움직이지 않았다.'의 뜻이다. 도를 즐길 줄 알면 일체의 괴로움이나 이익에 뜻이나 마음이 움직이지 아니하여 구덩이에 빠진 코끼리가 밖으로 나오는 것과 같다.

若得賢能伴
약 득 현 능 반

만일 어질고 능숙한 짝을 얻어

俱行行善悍
구 행 행 선 한

함께 선 행하기를 굳세게 행하면

能伏諸所聞
능 복 제 소 문

능히 모든 소문을 항복 받음으로

至到不失意
지 도 불 실 의

이르는 데마다 뜻(희망)을 잃지 않나니라.

1 賢能 : 어질고 재간才幹이 있는 사람.

2 行善 : 다만 악惡한 일을 하지 않는 데 그치지 않고 적극적으로 향하는 선線. 삼복三福의 하나. 스스로 불도佛道를 닦으면서 다른 사람을 이끌어 불도를 믿게 하여 얻은 복福.

3 悍 : 사나울 한. ① 사납다. 억세고 모질다. ② 세차다. 빠르다.

4 至到 : 이르는 곳마다.

5 失意=失望 : ① 희망을 잃어버림. ② 일이 뜻대로 되지 않아 낙심落心함.

| 해의解義 |

　사람이 세상을 살아가면서 곁에 어떤 사람이 있느냐에 따라 자기도 물들어서 변화될 수 있다. 어진 사람을 친우로 두면 나도 어질게 된다.　마원馬援은 "종신행선終身行善, 선유부족善猶不足." 이라 하였다. 즉 '종신토록 선을 행해도 선은 오히려 부족하다.' 는 뜻이다. 사람은 죽을 때까지 선을 행해야 한다고 말을 한다. 또한 소문이란 날개가 달린듯 금방 퍼진다. 그런데 좋은 소문은 묻히고, 나쁜 소문은 빠르다. 내가 하지 않은 소문은 능히 극복克服하고 평심平心으로 살아갈 수 있어야 한다.

원문原文 · 해역解譯

不得賢能伴　　어질고 능숙한 짝을 얻지 못하고
부 득 현 능 반

俱行行惡悍　　함께 악 행하기를 굳세게 행하면
구 행 행 악 한

廣斷王邑里　　왕의 넓은 고을과 마을도 끊어지리니
광 단 왕 읍 리

寧獨不爲惡　　차라리 홀로라도 악을 짓지 아니할지니라.
영 독 불 위 악

주석註釋

1 行惡 : 험상스럽고 모진 짓을 함, 또는 그런 행동.

2 邑里 : ① 읍내邑內에 있는 이里. ② 읍과 이.

해의解義

　사람이 세상을 살아가면서 곁에 어떤 사람이 있느냐에 따라 자기
도 물들어서 변화될 수 있다. 어진 사람을 친우로 두지 않으면 나도
어질게 되지 못한다. 마원馬援은 "일일행악一日行惡, 악자유여惡自有
餘."라 하였다. 즉 '하루만 악을 행해도 악은 저절로 남음이 있다.'
는 뜻이다. 사람은 죽을 때까지 악을 행하여서는 안 된다. 설사 왕이
하사한 넓은 식읍食邑이나 영지領地가 없어진다 할지라도 용감하게
끊어서 두 번 다시 악을 행해서는 안 된다는 사실을 자기에게 다짐
을 해야 한다.

원문原文 · 해역解譯

寧獨行爲善 <small>영 독 행 위 선</small>	차라리 홀로 선을 할지언정
不與愚爲侶 <small>불 여 우 위 려</small>	어리석음으로 더불어 짝하지 않을지라.
獨而不爲惡 <small>독 이 불 위 악</small>	홀로라도 악을 하지 않기를
如象驚自護 <small>여 상 경 자 호</small>	놀란 코끼리가 자신을 보호하듯 할지니라.

주석註釋

1 侶 : 짝 려. ① 짝. 벗. 벗하다. ② 동반同伴하다.
2 驚 : 놀랄 경. ① 놀라다, 놀라게 하다. ② 두려워하다.

해의解義

자하子夏의 문인이 자장子張에게 교제交際에 대해 물었다. 자하는 "좋은 사람과 사귀되, 좋지 못한 사람은 거절하라."고 했다. 자장이 말했다. "내가 들은 바와는 다르구나. 군자는 어진 사람을 존경하지만 대중을 포용하며, 선량한 사람을 칭찬하지만 무능한 사람도 긍휼히 여긴다. 내가 크게 어질다면 남에 대해 용납하지 못할 것인가? 내가 어질지 못하다면 남이 나를 거절할 것이니, 어찌 남을 거절하겠는가?"라 하였다. 선한 사람을 가까이하는 것이 바로 자기를 보호하는 길이다.

生而有利安 살아서 이익이 있으면 편안하고
생 이 유 리 안

伴耎和爲安 짝도 부드럽고 온화하면 편안하며
반 연 화 위 안

命盡爲福安 목숨이 다해도 복이 있으면 편안하고
명 진 위 복 안

衆惡不犯安 모든 악을 범하지 않으면 편안하나니라.
중 악 불 범 안

주석註釋

1 耎 : 가날플 연. ① 가날프다. ② 부드럽다.
2 衆惡 : ① 모든 악. ② 여러 가지 악.
3 不犯 : ① 남의 것을 침범侵犯하지 않음. ② 남녀가 사통私通하지 않음.

해의解義

　사람이 사는 동안 수행을 통해서 이익을 얻으면 편안하게 살아간다. 또한 좌우의 친구들이 부드럽고 화합하여 선을 행한다면 편안하다. 또한 현생을 살면서 착한 일을 많이 해서 목숨이 다해 죽은 뒤에 복을 누릴 수 있는 곳에 몸을 받게 되면 편안하다. 또한 뭇 악을 범하여 남에게 지탄指彈을 받지 않고 마음에 괴로움이 없으면 편안하다. 사람이 항상 편안할 수는 없지만 부처님 법에 의지하여 삶을 엮어간다면 이보다 더한 편안함은 세상에 없으리니, 이것이 바로 불자의 행복이다.

원문原文 · 해역解譯

人可有母樂
인 가 유 모 락
사람의 집에 어머니가 있으면 즐겁고

有父斯亦樂
유 부 사 역 락
아버지가 있으면 이에 또한 즐겁듯이

世有沙門樂
세 유 사 문 락
세상은 사문이 있어서 즐겁고

天下有道樂
천 하 유 도 락
천하는 도가 있어서 즐겁나니라.

| 주석註釋 |

1 沙門 : 부지런히 모든 좋은 일을 닦고 나쁜 일을 행하지 않는 사람의
뜻으로, 머리를 깎고 불문佛門에 들어가 오로지 도道를 닦는 사람. 곧
출가한 승려僧侶를 달리 이르는 말.
2 道樂 : 도를 깨달아 스스로 즐기는 일.

| 해의解義 |

《맹자孟子》에 "부모구존父母俱存, 형제무고兄弟無故, 일락야一樂
也."라 하였다. 즉 '부모가 모두 살아 계시고 형제들이 사고가 없는

것이 첫째 즐거움이다.' 는 의미이다. 사람이 누구나 죽기 마련이지만 천명天命을 누리고 부모가 돌아가시는 것은 즐거움이 된다. 또한 세상에 정신적이 지주支柱가 되는 부처님의 제자가 되어서 법문을 설파說破하는 것이 즐거움이다. 또한 세상에 도덕道德이 있어서 사람의 삶에 진정眞情이 상통相通한다면 이도 큰 즐거움이 된다.

원문原文 · 해역解譯

持戒終老安
지 계 종 노 안
계율을 지니면 늙어서 편안하고

信正所正善
신 정 소 정 선
바른 믿음은 바르고 착해지며

智慧最安身
지 혜 최 안 신
지혜가 있으면 최고로 몸이 편안하고

不犯惡最安
불 범 악 최 안
악을 범하지 않으면 최고로 편안하나니라.

| 주석註釋 |

1 持戒 : 6바라밀의 하나. 계율을 지켜 범하지 않음. 계상戒相에는 비구 250계, 비구니 500계가 있음.

2 正善 : 마음이 바르고 착함.

3 智慧 : ① 삶의 경험이 풍부하거나 세상 이치理致나 도리道理를 잘 알

아 일을 바르고 옳게 처리하는 마음이나 두뇌의 능력能力. 슬기. ② 미혹을 없애고 보리菩提를 성취하는 힘.

4 安身 : 몸을 편안히 함.

| 해의解義 |

계율戒律은 사람이 죄를 범하기 이전 미리 막아주는 역할을 하기 때문에 누구든지 지녀야 한다. 또한 바른 것을 믿어야 한다. 그른 것을 믿으면 악이 되지만 바른 것을 믿어야 선이 된다. 또한 지혜가 있어야 한다. 사람이 미혹迷惑에 빠지지 않으려면 슬기로움이 있어야 하고 슬기로워야 몸도 편안하게 된다. 또한 악을 범하지 않아야 한다. 악은 바로 죄고罪苦의 종자가 되는 것이니 범하면 괴로움이 따르고, 범하지 않으면 편안하게 된다는 사실을 알아야 참으로 편안함을 누릴 수 있다.

16

如馬調偄
여 마 조 연
말을 부드럽게 길들이면

隨意所如
수 의 소 여
뜻(마음)한 대로 가듯이

信戒精進
신 계 정 진
믿음과 계율과 정진과

定法要具　선정은 법의 중요한 도구이니라.
정 법 요 구

| 주석註釋 |

1 耎 : 가냘플 연. ① 가냘프다. ② 부드럽다.

2 隨意 : 자기 마음대로 함.

3 如 : 같을 여. ① 같다, 같게 하다. ② 가다. 이르다.

4 定法 : 정은 마음을 깨끗하고 고요한 데에 멈추어서 동요됨이 없는 것
이니 참선參禪이 그 방법이라고 할 수 있다.

| 해의解義 |

"노마식도老馬識途"라 한다.《한비자韓非子》설림편說林篇에 나온
이야기이다. 제齊의 경공景公과 관중管仲이 겨울 전쟁에서 길을 잃
었는데 늙은 말을 풀어 길을 알았다는 뜻이다. 길을 알 정도의 말이
라면 평상에 길이 잘 들었다는 의미이다. 이와 같이 수도자도 마음
을 길들여야 한다. 그러려면 '믿음'과 '계율戒律'과 '정진精進'과
'선정禪定'을 바탕으로 해야 한다고 했다. 수도하는 사람이 이 네 가
지만 가지면 마음을 고르게도 하고 길도 잘 들여서 마음대로 부릴
수 있다.

17

明行成立
명 행 성 립   밝은 행이 이뤄져서 세워지고

忍和意定
인 화 의 정   인내하고 온화하여 뜻(마음)이 안정되면

是斷諸苦
시 단 제 고   이에 온갖 괴로움이 끊어져서

隨意所如
수 의 소 여   뜻(마음)을 따라 가게 되나니라.

| 주석註釋 |

1 成立 : 사물事物이 이루어 짐.
2 諸苦 : 가지가지의 괴로움. 많은 괴로움.

| 해의解義 |

　사람의 행동이 어두우면 음마陰魔가 따라붙지만 밝으면 슬기로워
진다. 밝은 행동이 성립이 되면 매사에 참을 수 있고, 모두와 화합을
할 수 있으며, 마음이 안정安定을 얻을 수 있다. 그러면 자연적으로
모든 고통苦痛이 단멸斷滅하여 번뇌가 없어지고 미망迷妄에서 깨어
나게 된다. 그리하여 걸림이 없이 마음대로 오갈 수 있는 자유를 얻
어서 생사거래生死去來에 해탈解脫을 이루고 피안彼岸의 열반涅槃에
까지 닿게 되리니 수도자가 이 밖에 더 구하고, 얻으며, 깨달을 것이
없다.

從是往定 종 시 왕 정	이로 좇아 선정으로 나아감은
如馬調御 여 마 조 어	길들여진 말을 어거함과 같아서
斷恚無漏 단 에 무 루	성냄이 끊어지고 번뇌가 없어지리니
是受天樂 시 수 천 락	이에 하늘의 즐거움을 받나니라.

| 주석註釋 |

1 定=禪定 : 참선參禪하여 삼매경에 이르는 것. 선禪.

2 調御 : 조복제어調伏制御의 뜻. 중생의 3업을 잘 다스려서 여러 가지 악한 행위를 굴복시키고, 다시는 악업을 짓지 않도록 바르게 다스리는 것.

3 漏 : 【범】āsrava, 번뇌의 다른 이름. 누루漏는 '흐른다 · 샌다'는 뜻. 번뇌는 눈 · 귀 따위의 6근根으로 밤낮 새어나와 그치지 아니하므로 누라 하고, 또 그치지 않고 우리 마음을 흘러 달아나게 하므로 누라 한다.

4 天樂 : 하늘의 도리에 화和하여 즐김, 또는 그런 즐거움.

| 해의解義 |

우리가 수행을 하는데 가장 중요한 것은 선정禪定을 익히는 일이다. 이 선정은 모든 법도法道를 이루는 근간根幹이 되는 것임으로 여기서 득력得力을 하면 무엇이든 마음대로 부려 쓸 수가 있다. 말을 잘 다루는 사람은 아무리 사나운 말이라도 마음대로 부리는 것과 같다. 또한 진에瞋恚를 끊어야 한다. 결국 삼독三毒을 끊어야 한다는 말이다. 따라서 번뇌를 소멸시켜야 한다. 번뇌가 없어야 맑고 밝아진다. 이러하면 하늘의 도리에 화합和合하여 하늘의 즐거움을 누릴 수 있다.

원문原文 · 해역解譯

不自放恣 스스로 방자하지 않으면
부 자 방 자

從是多寤 이로 좇아 깨달음이 많아서
종 시 다 오

羸馬比良 파리한 말이 좋은 말과 비교되듯이
리 마 비 량

棄惡爲賢 악을 버려서 어진 이가 되나니라.
기 악 위 현

주석註釋

1 放恣 : 어려워하거나 삼가는 태도가 없이 건방짐.
2 寤 : 잠 깰 오. ①잠 깨다. ②깨닫다. 각성覺醒하다.
3 羸 : 파리할 리. ①파리하다(핏기가 전혀 없다). ②고달프다. 지치다.
4 羸馬 : 약한 말. 수척한 말.

5 棄惡 : 악을 버리는 것.

| **해의解義** |

사람이 수행을 해야 방자放恣한 마음이 바뀌어 영정寧靜한 마음이
되어서 마침내 깨달음에 이르게 된다. 이는 마치 파리하여 수척한
말이 좋은 사료를 먹이고 적당한 운동을 시키는 등 관리를 잘하여
좋은 말로 재탄생되는 것과 같다. 그러므로 우리가 살아가면서 악惡
이 되고, 욕辱이 되며, 과過가 되는 것들을 과감하게 버린다면 현명
賢明한 사람으로 얼마든지 바뀔 수가 있다. 즉 욕심慾心이 없고 번뇌
煩惱가 없는 밝고 맑은 마음을 가져야 어진 사람이라고 할 수 있다.

제 *32*
애욕품愛欲品

원문原文 · 해역解譯

愛欲品者
애 욕 품 자

애욕품이란

賤婬恩愛
천 음 은 애

천한 음행과 은애를

世人爲此
세 인 위 차

세상 사람들이 이를 위함으로

盛生災害
성 생 재 해

재해가 많이 생기나니라.

| 주석註釋 |

1 愛欲 : 탐애하고 욕락하는 뜻. 사물을 탐애하고 욕구하는 마음.

2 婬 : 음탕할 음. 음탕淫蕩하다. 음란淫亂하다.

3 恩愛 : 부모 · 형제 · 부부가 서로 사랑하여 연련함.

4 災害 : 재앙災殃으로부터 받은 피해.

애욕품의 취지趣旨에 대해서 말하고 있다. 세상 사람들이 살아가는 자체가 애욕愛欲의 추구에 있는지도 모른다. 흔히 사랑이나 욕심으로 인하여 귀중한 생명을 헌신짝처럼 버리는 것을 보게 된다. 또는 부모나 형제나 부부간의 은애恩愛의 연련戀戀으로 인하여 운신運身의 폭이 좁아지기도 한다. 이러한 현상이 나쁘다는 것은 아니지만 자칫 집착執着을 낳아 더 큰 포부抱負, 더 큰 사업事業을 위해 헌신獻身할 수 있는 기회가 좁혀지고 줄어들지 않을까 하는 조바심이 생기기 때문이다.

心放在婬行
심 방 재 음 행

마음을 음행에다 놓아두면

欲愛增枝條
욕 애 증 지 조

애욕은 가지를 더하여

分布生熾盛
분 포 생 치 성

나뉘고 펼쳐져 치성함이 생기나니

超躍貪果猴
초 약 탐 과 후

과일을 탐내는 원숭이의 날뜀이니라.

1 婬行 : ① 음란淫亂한 행위. ② 외설적인 행위.

2 欲愛 : 욕락欲樂하고 탐애貪愛하는 것.

3 增枝條 : 지조는 나뭇가지의 뜻이니, 곧 가지가 뻗어나는 것을 말한다.

4 分布 : ① 널리 퍼져 있음. ② 나누어서 퍼뜨림.

4 熾盛 : 불길이 타오르는 듯 왕성함.

5 超躍 : 힘차게 뛰는 것.

6 猴 : 원숭이 후. 원숭이.

| 해의解義 |

　마음의 출입出入을 "일원육창一猿六窓"이라 한다. 즉 마음이 눈과 귀와 코와 입과 몸과 뜻(마음)의 여섯 창문을 통해서 들쭉날쭉하여 가라앉지 않기 때문이다. 이런 마음을 음행婬行에다 던져두게 되면 애욕愛慾의 가지만 사방으로 치성하게 뻗어가서 나중에는 쳐낼 수가 없게 된다. 이러한 모습은 마치 한 마리 원숭이가 과실을 탐하는 마음이 생겼지만 따기가 어려워서 이리 뛰고 저리 뛰어서 안절부절하는 것과 같다. 그러므로 자기의 마음을 자기가 잘 다스려서 널려짐이 없게 해야 한다.

以爲愛忍苦   애욕을 참기가 괴롭다고 해서
이 위 애 인 고

貪欲著世間   세상을 탐내고 욕심내어 집착하면
탐 욕 착 세 간

愚患日夜長   걱정과 근심이 밤낮으로 자라나리니
우 환 일 야 장

莚如蔓草生   넝쿨이 생겨 뻗는 것과 같나니라.
연 여 만 초 생

| 주석註釋 |

1 忍苦 : 괴로움을 참음.

2 日夜 : 밤과 낮. 밤낮.

3 莚 : 뻗을 연. ① (덩굴이) 뻗다. ② 길게 자라나다.

4 蔓草 : 덩굴이 뻗는 풀.

| 해의解義 |

불교에서 말하는 팔고八苦에 "애별리고愛別離苦"가 있다. 즉 '사
랑하는 사람과 헤어져야 하는 괴로움이라.'는 뜻이다. 사람과 사람
사이에 사랑이 없으면 살아가는 의미가 없다. 다만 집착執着을 하지
말라는 것이지, 사랑하지 말라는 것은 아니다. "은애옥恩愛獄"이라
한다. 육친六親이 서로 정애情愛로써 애착愛着하여 속박되는 상태로
감옥監獄과 같다는 말이다. 너무 집착을 하면 걱정과 근심이 생기기

마련이고 넝쿨이 뻗어나가듯 끊기도 어려운 것이니 삼가야 한다.

人爲恩愛惑　사람들은 은혜와 사랑에 미혹되어
인 위 은 애 혹

不能捨情欲　능히 정욕을 버리지 못하나니
불 능 사 정 욕

如是憂愛多　이와 같이 근심과 애정이 많아지면
여 시 우 애 다

潺潺盈于池　졸졸 흘러가서 연못을 채우나니라.
잔 잔 영 우 지

| 주석註釋 |

1 恩愛 : ① 온정과 애정. ② 은혜와 사람. ③ 부모 자식 사이나 부부간의
애정. ④ 애정이나 은혜에 끌리는 집착執着.

2 惑 : 미혹할 혹. ① 미혹하다, 미혹케 하다. ② 현혹시키다.

3 情欲 : 이성異性의 육체에 대한 욕망.

4 潺潺 : ① 졸졸 흐르는 시냇물 소리가 약하고 가늚. ② 소리가 나지막
함. ③ 가라앉아 조용함. ④ 커다란 변화 없이 조용함.

사람의 삶에 은혜도 좋고 사랑도 좋다. 이러한 것이 없으면 삶이 무의미無意味해진다. 그런데 여기에 미혹迷惑되고 집착執着하는 것이 문제이다. 삼가고 조심해야 한다. "혹어후처惑於後妻"라는 말이 있다. 뒤에 얻은 아내에게 홀딱 반하고 빠졌다는 의미이다. 정욕情欲을 놓지 못하는 한 단면이다. 물이 졸졸졸 약하고 가늘게 흐르지만 웅덩이나 연못을 채운다. 작은 것이 큰 것을 이루는 것이니, 근심이나 걱정을 작을 때 끊고 버려야 한다는 의미이다.

夫所以憂悲 부 소 이 우 비	대저 근심하고 슬퍼하는 이유가
世間苦非一 세 간 고 비 일	세상에 괴로움이 하나만은 아니지만
但爲緣愛有 단 위 연 애 유	다만 애욕을 인연해서 있게 되나니
離愛則無憂 이 애 즉 무 우	애욕을 여의면(떠나면) 근심도 없어지나니라.

| 주석註釋 |

1 憂悲 : 근심과 슬픔.

2 非一 = 非一非再 : 같은 일이 한두 번이 아님이란 뜻으로, 한 둘이 아님.
3 無憂 : 아무 근심이 없음.

| 해의解義 |

세상을 살다보면 근심거리나 슬픔거리가 한 둘이 아니라 비일비재非一非再하다. 이러한 원인이 애욕愛慾이나 애착愛着에 인연하여 생기는 것이라고 단정을 할 수 있다. 사랑이 좋은 것은 사실이지만 자칫 사람을 미혹迷惑하게 하는 미약媚藥과 같을 수 있다. 이 미약이란 상대에게 연모戀慕의 정情을 일으키게 하는 약으로 한번 빠져들면 헤어나기가 어렵다. 그러므로 도를 닦는 사람은 애욕을 여의어야 한다고 가르친다. 이 애욕만 여의면 근심 걱정이 없어지게 된다.

원문原文 · 해역解譯

已意安棄憂　　뜻(마음)에 근심을 버리면 편안하나니
이 의 안 기 우

無愛何有世　　애욕이 없는데 어찌 세상이 있으랴!
무 애 하 유 세

不憂不染求　　근심하지 않고 집착하여 구하지 않으며
불 우 불 염 구

不愛焉得安　　애착하지도 않는다면 편안함을 얻나니라.
불 애 언 득 안

| 주석註釋 |

1 染求 : 집착하여 구함.
2 不愛焉 : '언' 은 어조사語助辭이니, '사랑하지 않는다.' 는 뜻이다.

| 해의解義 |

《경행록景行錄》에 "지족가락知足可樂, 무탐즉우務貪則憂."라 하였다. 즉 '만족할 줄을 알면 가히 즐거울 것이요, 탐하기에 힘쓰면 근심이라.' 는 뜻이다. 사람이 세상을 살아가는데 있어서 사랑은 절대적으로 필요한 것으로, 다만 법도法度를 넘어가지 않게 사랑하면 근심될 것이 없다. 억지로 구하고 억지로 얻으려 하니까 근심 걱정이 생기고, 근심 걱정이 생김으로 편안함을 누리지 못한다. "인자불우仁者不憂"라는 말처럼 참으로 어진 사람이 되어 도리道理와 양심良心에 따르면 근심거리가 없게 된다.

원문原文 · 해역解譯

有憂以死時   근심이 있으면 죽을 때에
유 우 이 사 시

爲致親屬多   친한 권속들이 많이 이르더라도
위 치 친 속 다

涉憂之長塗   근심의 긴 길을 건너야 하리니
섭 우 지 장 도

愛苦常墮危 애욕의 괴로움은 항상 위험에 떨어지게 하나
애 고 상 타 위 니라.

| 주석註釋 |

1 死時 : ① 죽을 때. 숨이 넘어가려고 할 때. ② 죽어야 할 시기時期. 죽
어 마땅한 때.
2 親屬=親族 : ① 촌수寸數가 가까운 겨레붙이. 흔히 사종四從 이내를 말
함. 족류族類. 친속. 친척. ② 민법民法 상上 8촌 이내의 혈족血族, 4촌
이내의 인척姻戚 및 배우자配偶者의 일컬음.
3 長塗=長途 : ① 긴 여행. ② 먼 길.
4 愛苦=愛別離苦 : 불교에서 말하는 팔고八苦의 하나. 사랑하는 사람과
헤어져야 하는 괴로움.

| 해의解義 |

사람이 사랑이 있다는 것은 그만큼 근심 걱정도 있다는 말이다.
이렇게 근심 걱정을 안고 죽을 때에 평소 친애親愛하였던 권속眷屬
들이 다들 모인다 할지라도 길쭉한 도랑에 가로놓인 외나무다리를
혼자 건너가야 한다. 이런 사람은 마지막까지도 사랑을 놓지 못하여
머뭇거리기도 하지만 염라대왕閻羅大王의 사자使者는 눈 한번 깜빡
거리지 아니하고 데려간다. 그러면 어떻게 될까? 지옥에 집어던져
서 나오지 못하도록 한다. 그러므로 우리는 부처님의 법을 신봉信奉
하며 공부를 잘 해야 한다.

8

爲道行者 위 도 행 자	도를 위해 수행하는 자는
不與欲會 불 여 욕 회	애욕으로 더불어 만나선 안 되나니
先誅愛本 선 주 애 본	먼저 애욕의 뿌리를 끊고
無所植根 무 소 식 근	뿌리를 심는 바가 없어서
勿如刈葦 물 여 예 위	갈대를 베어버린 것과 같이
令心復生 영 심 부 생	마음에 다시 생기지 않게 할지니라.

│ 주석註釋 │

1 誅 : 벨 주. ① 베다. ② 덜다. ③ 형벌刑罰.

2 愛本 : 애욕의 뿌리.

3 刈 : 벨 예. ① (풀이나 곡식 따위를) 베다. ② 자르다. 베어 죽이다. ③ 없애다. 제거하다.

4 葦 : 갈대 위. 갈대(볏과의 여러해살이풀).

│ 해의解義 │

아카시아(acacia) 나무는 조그마한 뿌리만 있어도 싹이 다시 나서 자란다고 한다. 그러면서 '네 땅이 얼마나 넓은가 보자.' 고 한단다.

그만큼 왕성하게 자란다는 의미이다. 애욕愛慾의 뿌리가 이러하다.
아무리 끊어낼지라도 조그만 뿌리가 있으면 자리를 잡게 된다. 그러
므로 완전히 제거해서 세근細根까지 없애버려야 안심을 할 수 있다.
그래야 애욕의 마음이 다시 생겨나지 않는다. 여기에 바탕을 해서
나온 마음이 바로 자비慈悲의 마음이니, 이런 마음을 가져야 참으로
생령을 사랑하게 된다.

원문原文 · 해역解譯

如樹根深固
여 수 근 심 고
나무뿌리가 깊고 굳으면

雖截猶復生
수 절 유 부 생
비록 끊을지라도 오히려 다시 나오나니

愛意不盡除
애 의 부 진 제
애욕의 뜻(마음)을 다 없애지 아니하면

輒當還受苦
첩 당 환 수 고
문득 마땅히 도리어 괴로움을 받게 되나니라.

| 주석註釋 |

1 不盡 : ① 끝나거나 다하지 않음. ② 없어지지 않음.
2 輒 : 문득 첩. ① 문득. ② 번번이.

나무가 뿌리를 깊고 단단하게 박고 있으면 나무를 벤다고 할지라도 완전히 제거하기가 어려움으로 시간이 지나면 다시 자라나게 된다. 이와 마찬가지로 애욕愛慾의 뿌리가 사람의 마음에 박히면 찾기도 어렵고 도려내기도 어렵다. 그러므로 처음부터 심지 않는 것이 첫째가 되겠지만 이미 심어졌다면 깊게 뿌리를 내려 박혀지지 않도록 해야 한다. 결국 애욕이 괴로움의 근본이 되는 것이니, 괴로움을 받지 않고 청정淸淨하게 살려면 애욕의 뿌리가 심어지지 않도록 해야 한다.

원문原文 · 해역解譯

獼猴得離樹 원 후 득 이 수	원숭이가 나무에서 떠남을 얻었을지라도
得脫復趣樹 득 탈 부 취 수	벗어남을 얻었다가 다시 숲으로 나아가듯
衆人亦如是 중 인 역 여 시	세상 사람들도 또한 이와 같아서
出獄復入獄 출 옥 부 입 옥	감옥에서 나왔다가 다시 감옥으로 들어가나니라.

1 猨猴 : 원숭이.
2 得脫 : 불법佛法의 참된 이치를 깨달아서 번뇌煩惱·고뇌苦惱의 지경
   에서 벗어나 불과佛果를 얻음.
3 出獄 : 형기刑期를 마치고 교도소로부터 석방되어 나옴.
4 入獄 : 감방監房에 가두거나 갇힘.

| 해의解義 |

한 마리 원숭이가 있었다. 365일 나무에서 살다 보니 너무 싫어
서 바닷가로 나갔다. 시원한 바람을 맞으며 고기를 잡아먹고 잘 살
아갔다. 어느 정도 시간이 지나자 먹는 것, 자는 것은 문제가 안 되
는데 너무 외로워서 살 수가 없었다. 그리하여 다시 나무로 돌아갔
다. 세상 사람들이 욕심慾心과 욕정欲情을 벗어나서 살 것 같지만 사
실 어렵다. 마치 죄를 지은 사람이 형기刑期를 마치고 나오면서 절
대로 다시 죄를 짓고 감옥으로 들어가지 않으리라 하지만 자신도 모
르는 사이에 또 죄를 지어서 들어가게 되듯이 욕정의 폐해弊害가 이
와 다를 바 없다.

원문原文 · 해역解譯

貪意爲常流　탐욕의 뜻(마음)은 항상 흐르게 되고
탐 의 위 상 류

習與憍慢幷　습관은 교만과 아울러 익혀지며
습 여 교 만 병

思想猗婬欲　생각은 음욕에 기울어져
사 상 의 음 욕

自覆無所見　스스로 덮어버려서 보이는 바가 없나니라.
자 복 무 소 견

| 주석註釋 |

1 常流 : 항상 흐름. 즉 늘 마음속에 흐르고 있음.

2 憍慢=驕慢 : 잘난 체하고 뽐내며 방자放恣함.

3 思想 : ①사유思惟를 통하여 생겨나는 생각. ②사고思考 작용의 결과
로 생기는 의식意識 내용. ③논리적論理的 정합성을 가진 판단判斷 체
계體系. ④사회와 인생에 대한 원리적으로 통일된 견해見解나 관점觀
點, 또는 태도.

4 所見 : 보고 헤아리는 생각. 올바로 인식認識하거나 올바로 처리할 수
있는 능력.

| 해의解義 |

　사람이 가지기 쉬운 세 가지 병폐病弊를 들어서 경계를 하고 있
다. 첫째는 탐욕貪慾이다. 분수分數를 벗어나서 과도過度하게 취하려

는 것을 말한다. 둘째는 교만憍慢이다. 자기를 내세워 드러내려는 것으로 내면은 가히 볼게 없다. 셋째는 음욕淫慾이다. 인륜人倫의 강기綱紀가 금수禽獸가 되어가는 과정이다. 이런 세 가지가 들어서 사람의 정신을 흐리게 하고 지혜를 덮음으로 보이는 것도 없고 들리는 것도 없이 세월의 흐름을 따라 사람도 흘러가게 된다.

원문原文 · 해역解譯

一切意流衍　　온갖 뜻(마음)은 흘러넘치고
일 체 의 류 연

愛結如葛藤　　사랑의 얽힘은 갈등과 같나니
애 결 여 갈 등

唯慧分別見　　오직 지혜라야 분별하고 보아서
유 혜 분 별 견

能斷意根原　　능히 뜻(마음)의 뿌리를 끊나니라.
능 단 의 근 원

| 주석註釋 |

1 一切 : ① 일체. ② 일절. ③ 모든 (것). 온갖 (것). 동시同時. ④ 한 번 끊거나 자름. 전혀. 도무지. 일시적으로. 임시로.

2 流衍 : 넘쳐흐름.

3 愛結 : ① 애정이 맺어짐, 즉 서로 얽히는 것. ② 구결의 하나로, 사물

을 탐내는 마음에서 비롯하는 얽매임.

4 葛藤 : ① 칡과 등나무라는 뜻으로, 일이나 사정이 서로 복잡하게 뒤 얽혀 화합和合하지 못함의 비유. ② 서로 상치되는 견해見解 · 처지處 地 · 이해理解 따위의 차이로 생기는 충돌衝突. ③ 정신精神 내부에서 각기 틀린 방향의 힘과 힘이 충돌하는 상태. 정신精神 분석에 있어 근 본 개념의 하나임.

5 分別 : ① 서로 구별을 지어 가르는 것. ② 사물을 종류에 따라 나누는 것. ③ 세상 물정物情에 대한 바른 생각이나 판단判斷.

6 意根 육근六根의 하나. 마음에 의해서 인식 작용이 행해질 때의 의지 意志하는 근거가 되는 기관器官.

| 해의解義 |

우리 내면에는 온갖 의지意志나 생각들이 흘러넘친다. 때로 공상 空想이 될 수도 있고 실상實相이 될 수도 있다. 이렇게 되다 보니 애 욕愛慾이 칡넝쿨이나 등나무넝쿨처럼 얽히고 설켜서 도저히 풀어낼 수가 없다. 그러므로 오직 지혜라야 정확하게 분별하여 보게 되는 것으로, 능히 의지나 생각의 근원을 끊어서 다시 흐르지 못하게 할 수 있다. 사람이 세상을 살면서 자기의 생각이요 의지라고 할지라도 길이 잘 들여지지 않으면 남에게 피해를 줄 수가 있는 것이니 늘 자 고自顧를 해 보아야 한다.

13

夫從愛潤澤　　대저 애욕의 윤택함을 좇으면
부 종 애 윤 택

思想爲滋蔓　　생각은 점점 뻗어나 퍼져가네.
사 상 위 자 만

愛欲深無底　　애욕은 깊어서 밑이 없으니
애 욕 심 무 저

老死是用增　　늙음과 죽음도 이를 쓰므로 불어나나니라.
노 사 시 용 증

| 주석註釋 |

1 潤澤 : ① 윤기潤氣 있는 광택. ② 물건이 풍부함. 넉넉함.

2 滋蔓 : ① 차츰 뻗어나 퍼짐. ② 점점 늘어서 퍼짐.

3 老死 : 【범】jarā-maraṇa, 12인연의 하나. 늙어서 목숨이 다함을 말함.

4 是用增 : 이것을 써서 늘어남. 이것으로 인하여 수가 많아짐.

| 해의解義 |

　부모가 자식을 사랑하는 것과 남편이 아내를 사랑하는 것은 아무런 문제가 없는 숭고한 사랑이요, 윤기가 흐르는 아름다운 사랑이라고 할 수 있다. 이러한 사랑의 생각이 널리 퍼져가게 되면 사람의 삶이나 세상이 윤택潤澤하게 펼쳐진다. 그러나 애욕愛慾은 한계가 없고 밑바닥이 없는 사랑으로 나락奈落으로 끌어가서 함께 빠지는 구덩이가 된다. 그러므로 이 길을 밟는 사람은 늙기도 빠르게 이뤄지

고 죽기도 빠르게 이루어지는 것이니 사랑은 할지언정 애욕은 삼가
야 한다.

所生枝不絶 소 생 지 부 절	생겨나는 가지가 끊어지질 않아서
但用食貪欲 단 용 식 탐 욕	다만 탐욕으로 먹는데 쓰이나니
養怨益丘塚 양 원 익 구 총	원한을 기르면 무덤만 더하는 것을
愚人常汲汲 우 인 상 급 급	어리석은 사람은 항상 골똘하게 정신을 쏟나니라.

| 주석註釋 |

1 丘塚=丘冢 : 무덤. 송장이나 유골을 땅에 묻어 놓은 곳.
2 愚人 : 어리석은 사람.
3 汲汲 : 골똘하게 한 가지 일에만 정신精神을 쏟음, 또는 한 가지 일에
   만 정신을 쏟아 골똘함.

| 해의解義 |

나무의 한 줄기가 자라면 자랄수록 가지가 늘려져서 끊어지지 않

고 이어진다. 이는 한 집안에서 자손들이 이어져 태어나는 것과 같다. 그런데 태어나서 살아가는 사람들은 탐욕貪慾을 속에 품고 있다. 그리하여 일이 뜻과 같이 안 되면 원망怨望을 하게 되고, 그 원망이 깊어지고 심해지면 극단적極端的인 생각으로 또 하나의 무덤이 늘어나게 된다. 이런 처사는 어리석은 사람들이 하는 것이요 부처님의 법을 신봉하는 사람들은 안심安心과 안분安分과 안명安命으로 살아가야 한다.

15

원문原文·해역解譯

雖獄有鉤鍱
수 옥 유 구 섭
비록 감옥에 갈고리와 쇠고리가 있어도

慧人不謂牢
혜 인 불 위 뢰
지혜로운 사람은 견고하다 하지 않지만

愚見妻子息
우 견 처 자 식
어리석은 사람은 아내와 자식을 보고

染着愛甚牢
염 착 애 심 뢰
애욕에 물들고 집착하니 심히 견고하다 하니라.

| 주석註釋 |

1 鉤 : 갈고리 구. ① 갈고리. ② 올가미.

2 鍱 : 쇳조각 섭. ① 쇳조각. ② 쇠고리.

3 牢 : 우리 뢰(뇌). ① 우리. ② 감옥監獄. ③ 굳다. ④ 견고하다.

4 染着 : 번뇌煩惱로 인하여 일에 집착執着함.

| 해의解義 |

　노자老子의 《도덕경道德經》에 "선폐무관건善閉無關鍵, 이불가개而
不可開."라 하였다. 즉 '잘 닫혀지면 빗장이 없어도 가히 열리지 않
는다.' 는 뜻이다. 감옥에다 아무리 쇠고리를 채우고 열쇠를 채워도
지혜로운 사람의 입장에서 본다면 굳은 것이 아니다. 그런데 어리석
은 사람은 애욕愛慾이 깊게 물이 들어서 아내나 자식이 영원히 곁에
있을 것이라고 굳게 믿고 정신을 거기에 쏟고 있다. 세상에 나타난
것은 절대 영원하지 않다는 것을 알아서 대응對應할 수 있는 힘을 기
른 삶을 살아야 한다.

16

원문原文 · 해역解譯

慧說愛爲獄　지혜로운 사람 말하길 애욕은 감옥이 되어
혜 설 애 위 옥

深固難得出　깊고 굳어 나가기를 얻기가 어렵다네.
심 고 난 득 출

是故當斷棄　그러므로 마땅히 끊어서 버릴지니
시 고 당 단 기

不視欲能安　애욕을 보지 않으면 능히 편안하나니라.
불 시 욕 능 안

| 주석註釋 |

　1 難得出 : 벗어나는 것을 얻기가 어렵다.
　2 斷棄 : 끊어버림.

| 해의解義 |

　옛말에 "처수자옥妻囚子獄"이라 한다. 즉 '아내는 가두는 사람이
요, 자식은 감옥이라는 뜻이다.' 한 가정을 꾸리고 살아가는 것이
인륜人倫의 중요한 과정이지만 여기는 애정愛情으로 지어진 감옥과
같다고 할 수 있다. 이 감옥은 깊고 굳어서 빠져 나오기가 어렵다.
그러므로 출가出家를 한 사람은 오직 부처님 법에 귀의하여 애욕愛
慾을 끊어야 한다. 만일에 애욕을 끊지 못하면 편안할 수가 없고 큰
공부를 이룰 수가 없다는 것을 알아서 감옥의 문을 박차고 뛰쳐나와
야 한다.

17

원문原文 · 해역解譯

見色心迷惑　색을 보고 마음이 미혹되어서
견 색 심 미 혹

不惟觀無常 불 유 관 무 상	오직 덧없다고 보지 않고
愚以爲美善 우 이 위 미 선	어리석어서 아름답고 좋다 하니
安知其非眞 안 지 기 비 진	어찌 그것이 참이 아닌 것을 알겠는가?

| 주석註釋 |

1 色 : 빛 색. ① 빛, 빛깔. 색채色彩. ② 색정色情. 여색女色. 정욕情慾.

2 迷惑 : ① 사事와 이理의 잘못됨을 미迷라 하고, 사리에 밝지 못한 것을 혹惑이라 함. ② 마음이 흐려서 무엇에 홀림

3 無常 : 【범】anitya, 아니달야阿儞怛也라 음역. 물物·심心의 모든 현상 은 한 찰나에도 생멸 변화하여 상주常主하는 모양이 없는 것. 여기에 2종이 있다. ① 찰나무상刹那無常 ; 찰나 동안에도 생生·주住·이異· 멸滅하는 것. ② 상속무상相續無常 ; 한평생 동안에 생·주·이·멸의 4상相이 있는 것.

4 美善 : 아름답고 좋은 것.

5 安 : 어찌 안.

| 해의解義 |

　세상에는 여색女色이라는 말이 많이 쓰이지만 남색男色이라는 말 도 있다. 여자는 남색에 빠지고, 남자는 여색에 빠지게 되면 마음이 미혹을 부르게 되어 서툰 짓을 하기가 쉽다. 그러므로 이것이 덧없 는 것, 즉 무상無常임을 확실하게 알아야 한다. 어리석은 사람은 아 름답게 보이고 좋게 보이는 것을 선호選好하여 취하려 하고 가지려

한다. 그러나 이러한 것은 가상假相에 지나지 않는다. 설사 취했다 할지라도 길이 우리 곁에 있어지는 것이 아니요 금방 사라지는 것임을 알아야 한다.

18

원문原文 · 해역解譯

以婬樂自裹
이 음 락 자 과
음행의 즐거움으로 자기를 감싸는 것이

譬如蠶作繭
비 여 잠 작 견
비유하자면 누에가 고치를 지음과 같네.

智者能斷棄
지 자 능 단 기
지혜로운 사람은 능히 끊어 버리고

不盻除衆苦
불 혜 제 중 고
흘겨보지 않아서 뭇 괴로움이 없나니라.

주석註釋

1 婬樂 : 음행의 즐거움.
2 裹 : 쌀 과. ① 싸다. ② 얽다.
3 蠶 : 누에 잠. ① 누에. ② 양잠養蠶(누에를 치는 일). (누에를) 치다.
4 繭 : 고치 견. ① 고치(벌레가 실을 내어 지은 집). ② 누에고치.
5 盻 : 흘겨볼 혜. ① 흘겨보다. ② 원한怨恨의 눈길로 보다. ③ 돌아보다.

　누에가 고치를 만듦으로 인하여 비단이 탄생한다. 그러나 누에는 제 몸에서 나온 실로 자기를 감싸게 되니 불행不幸한 일이 아닐 수 없다. 사람이 음행婬行의 즐거움을 누에에 비유하여 음욕淫慾이나 애욕愛慾이 자신을 가두는 협옥狹獄이 된다고 말을 한다. 반면에 지혜로운 사람은 끊고 또한 버려서 흘겨보지도 않는다. 왜냐하면 바로 괴로움의 인자因子가 되기 때문이다. 불법佛法을 열심히 수행하면 뭇 괴로움이 제거되고 또한 벗어나서 안락安樂을 누리게 된다.

원문原文 · 해역解譯

心念放逸者
심 념 방 일 자
　마음으로 방일을 생각하는 자는

見婬以爲淨
견 음 이 위 정
　음행을 보고 깨끗하다 해서

恩愛意盛增
은 애 의 성 증
　은애의 뜻(마음)이 왕성하고 더하여

從是造獄牢
종 시 조 옥 뢰
　이를 좇아 감옥을 만드나니라.

| 주석註釋 |

　1 心念 : 마음속으로 생각함, 또는 그러한 마음.

2 放逸방일 : 제멋대로 난봉이나 부리고 함부로 놂.

3 恩愛은애 : ① 온정과 애정愛情. ② 은혜恩惠와 사랑. ③ 부모 자식 사이나 부부간의 애정. ④ 애정이나 은혜에 끌리는 집착執着.

4 盛增성증 : 더욱 왕성함.

5 獄牢옥뢰 : 죄인罪人을 가두어 두는 곳.

| 해의解義 |

　노란 안경을 쓰면 사물이 노랗게 보이고, 파란 안경을 쓰면 세상이 파랗게 보인다. 그러나 사물이 모두 노란 것이 아니요, 세상이 다 파란 것도 아니다. 방일放逸을 일삼고 생각하는 사람은 음탕淫蕩한 음욕淫慾을 오히려 깨끗하고 좋은 곳이라고 여겨서 더 은애지욕恩愛之慾에 집착하여 재미를 붙여 놀기에 바쁘니, 이것이 죄인罪人을 가두는 감옥이 되는 줄을 알지 못하고 빠져들어 간다. 그러므로 음행이 심하면 심할수록 감옥의 두께가 두꺼워지고 튼튼하여 나올 기약이 없게 된다.

20

원문原文 · 해역解譯

覺意滅婬者
각 의 멸 음 자
　뜻(마음)으로 깨달아 음욕을 없앤 자는

常念欲不淨
상 념 욕 부 정
　항상 애욕이 깨끗하지 않음으로 생각하나니

從是出邪獄　이로 좇아 삿된 감옥에서 나옴으로
종 시 출 사 옥

能斷老死患　능히 늙음과 죽음의 근심이 끊어지나니라.
능 단 노 사 환

| 주석註釋 |

1 滅婬 : 음행의 욕심을 없앰.
2 不淨 : ① 조촐하거나 깨끗하지 못함. 더러움. ②(꺼리고 피해야 할 때) 사람이 죽거나 아이를 낳는 일이 생김. ③ 무당굿의 첫 거리.
3 邪獄 : 삿된 감옥.
4 老死 : 늙어서 죽음.

| 해의解義 |

　사람이 마음속에서 음욕淫慾의 폐해弊害가 크다는 것을 철저하게 깨달아서 음욕을 없앤 사람은 항상 음욕 그 자체가 더러우면 더러웠지 깨끗하지 않다는 것을 생각하고 알아차린다. 그리하여 애욕의 삿된 감옥이 되는 이것에서 탈출하려고 부처님의 정법正法에 귀의하여 실천의 수행을 하지 않을 수 없다. 그래야 종내에는 누구나 겪게 되는 늙음과 죽음의 근심 걱정에서 벗어나서 저 피안彼岸의 세계인 해탈解脫과 열반涅槃의 경지로 돌아갈 수 있기 때문이다.

21

以欲網自蔽
이 욕 망 자 폐
탐욕의 그물로서 자신을 가리고

以愛蓋自覆
이 애 개 자 복
애욕의 덮개로써 자기를 덮으며

自恣縛於獄
자 자 박 어 옥
스스로 방자하여 감옥에 얽히나니

如魚入笱口
여 어 입 구 구
고기가 통발 주둥이로 들어감과 같나니라.

| 주석註釋 |

1 欲網 : 욕심의 그물.

2 蔽 : 덮을 폐. ① 덮다. ② 가리다.

3 愛蓋 : 사랑의 덮개. 애욕의 덮개.

4 恣 : 마음대로 자, 방자할 자. ① 마음대로. ② 제멋대로. ③ 방자하다.
방종하다.

5 笱 : 통발 구. 통발(대오리로 엮어 만든 고기를 잡는 제구).

6 笱口 : 통발 주둥이. 통발은 물고기를 잡는 제구.

| 해의解義 |

물고기는 뒤로는 가지 못하고 앞으로만 간다고 한다. 그래서 통
발에 한번 들어가면 나오지 못하고 갇히게 된다. 이는 사람이 탐욕
貪慾의 그물에 들어가서 돌아나올 줄을 모르는 것과 다름이 없다.

애욕愛慾이 감싸고 덮어주는 것으로 착각錯覺하여 좋다고 나오지를 않는다. 결국 스스로 자기가 자기를 얽어매는 것이나 다름이 없다. 바로 이것이 감옥인데, 감옥인 줄을 모르고 갇혀서 꼼짝을 못하고 살아가고 있다. 이러한 것은 물고기가 통발에 갇히듯이 사람도 애욕이나 탐욕에 갇혀 사는 꼴이 같다.

원문原文 · 해역解譯

爲老死所伺 위 노 사 소 사	늙음과 죽음이 엿보는 바는
若犢求母乳 약 독 구 모 유	송아지가 어미젖을 찾는 것과 같네.
離欲滅愛迹 이 욕 멸 애 적	욕심을 여의고(떠나) 애정의 자취를 없애서
出網無所弊 출 망 무 소 폐	그물에서 나오면 폐해 되는 바 없나니라.

| 주석註釋 |

1 伺 : 엿볼 사. ① 엿보다. 노리다. ② 정찰하다. 정탐하다.

2 犢 : 송아지 독. 송아지.

3 母乳 : 제 어미의 젖.

4 愛迹 : 애정의 흔적.

5 弊=弊害 : ① 폐단弊端과 해악害惡. ② 폐가 되는 나쁜 일. ③ 나쁘고 해로운 일.

| 해의解義 |

송아지는 어미가 없으면 안 된다. 혹 송아지가 어디를 가서 뛰어놀면 어미는 귀를 꼿꼿이 세우고 코를 벌름거리며 살피고, 찾고, 울부짖는다. 이와 같이 늙음과 죽음이 내 안에 들어와 있어서 서서히 때를 기다리며 엿보고 있다. 또한 사람은 욕심을 없애고 애정의 자취를 없애야 한다. 이런 것들이 그물이다. 여기에 갇히면 꼼짝을 못하고 살아갈 수밖에 없다. 부처님 법에 귀의한 사람은 여기서 벗어나야 한다. 이를 벗어던져야 어떤 폐단弊端과 해악害惡이 없는 자유를 누릴 수 있다.

원문原文 · 해역解譯

盡道除獄縛 도에 힘써서 감옥의 결박을 끊고
진 도 제 옥 박

一切此彼解 이것저것을 모두 다 풀어버리며
일 체 차 피 해

已得度邊行 이미 치우친 행동에서 건넘을 얻으리니
이 득 도 변 행

是爲大智士　이에 크게 지혜로운 사람이 되나니라.
시 위 대 지 사

| 주석註釋 |

1 盡道 : 힘써서 수행을 함.

2 獄縛 : 감옥의 결박.

3 邊行 : 한 쪽으로 치우친 나쁜 행동.

4 大智士 : 크게 지혜를 갖춘 사람.

| 해의解義 |

흙탕물에서 맑은 물을 찾으면 절대로 찾을 수 없다. 한쪽에서 솟아나는 한 가닥의 생수의 샘물이 있어야만 흙탕물은 맑아진다. 우리가 감옥 속에서 오래 살면 거기가 집이 되어 버린다. 도를 닦아야 한다. 도가 있어야 감옥의 모든 얽힘을 풀고 나올 수가 있다. 도를 닦는다는 것은 바로 지혜智慧를 갖추는 길이다. 지혜가 있어야 감옥이 본래 내가 살았던 집이 아니라는 것을 알아서 바로 나올 수가 있다. 다시 말하면, 지혜라는 것은 감옥의 얽힘에서 풀려 나올 수 있는 맑은 물이 되기 때문이다.

원문原文 · 해역解譯

勿親遠法人 물 친 원 법 인	법을 멀리하는 사람과 친하지 말고
亦勿爲愛染 역 물 위 애 염	또한 애욕에 물들지도 말지니
不斷三世者 부 단 삼 세 자	삼세를 끊지 못한 자는
會復墮邊行 회 부 타 변 행	반드시 치우치는 행동에 떨어지나니라.

주석註釋

1 愛染 : 애욕愛慾의 왕성함을 불꽃에 비긴 말.

2 三世 : 【범】try-adhvan, 과거 · 현재 · 미래, 또는 전세前世 · 현세現世 · 내세來世, 전제前際 · 중제中際 · 후제後際. 세世는 격별隔別 · 천류遷流의 뜻이니, 현상계의 사물은 잠깐도 정지하지 않고, 생기면 반드시 멸한다. 이 사물의 천류하는 위에 3세를 가假로 세운 것. 곧 불교에서는 인도철학의 방方 논사論師와 같이 시간의 실체를 인정하지 않고, 법法이란 위에 세운 것. ①현재 ; 어떤 법이 생겨서 지금 작용하고 있는 동안. ②과거 ; 법이 멸했거나 또 그 작용을 그친 것. ③미래 ; 법이 아직 나지 않고, 작용을 하지 않는 것.

3 會 : 모일 회. ①모이다, 모으다. ②반드시 ~해야 한다.

해의解義

부처님의 정법正法과 친하지 않고 오히려 비방誹謗하는 사람은 멀리해야 한다. 세상이 부처님의 법에 근간根幹을 두고 경영이 되어 가는데 멀리하는 사람은 어리석은 사람이다. 또한 애욕愛慾에 물이 든 사람도 가까이해서는 안 된다. 상당히 이기적利己的인 사람이기 때문이다. 과거와 현재와 미래의 삼세三世를 통해서 애욕이나 탐욕貪慾이나 우치愚癡 등을 끊지 못하는 사람은 원만한 인격을 이루기가 어렵고 늘 치우친 생각을 가져서 사람들과 소통疏通을 하기가 어렵다.

若覺一切法
약 각 일 체 법
만일 일체의 법을 깨달아

能不著諸法
능 불 착 제 법
능히 모든 법에 집착하지 않으면

一切愛意解
일 체 애 의 해
일체 애욕의 마음이 풀리리니

是爲通聖意
시 위 통 성 의
이러하면 거룩한 뜻을 통달하나니라.

| 주석註釋 |

1 一切法 : ① 일체 만유. ② 일체 제법. ③ 일체 만물과 같은 뜻.
2 聖意 : ① 부처님의 거룩한 뜻. ② 거룩한 뜻.

　수행자는 법도法道에 대한 깨달음을 반드시 이루어야 한다. 만일 이루지 못하면 수행을 한 것이 수포水泡로 돌아가기가 쉽다. 그래야 일체 만물에 대해서 집착執着을 하지 않고 자유롭게 활용을 할 수가 있다. 따라서 일체 애욕愛慾에 대한 마음도 자연 풀리게 되어 대녀對女라도 자연스럽게 행동을 할 수 있다. 이렇게 되면 부처님의 거룩한 마음과 서로 통하고 또한 위신지력威身之力을 가피加被하여 제도를 받을 수 있고 앞길도 크게 열리게 된다.

원문原文 · 해역解譯

衆施經施勝
중 시 경 시 승
　뭇 보시엔 경전의 보시가 수승(뛰어나다)하고

衆味道味勝
중 미 도 미 승
　뭇 맛엔 도의 맛이 으뜸이며

衆樂法樂勝
중 락 법 락 승
　뭇 즐거움엔 법의 즐거움이 제일이니

愛盡勝衆苦
애 진 승 중 고
　애욕이 다하면 뭇 괴로움을 이기나니라.

| 주석註釋 |

1 經施 : 부처님의 경전을 베풀어 주는 것.

2 法樂 : ① 불법의 묘하고 깊은 맛에 맛 들여 즐김. 또 선행禪行을 닦고 덕을 쌓아서 마음이 즐거운 것. ② 법회를 마칠 때 아름다운 음악을 하거나 시詩·노래를 지어서 부처님께 공양하는 것.

3 衆苦 : 중인衆人의 괴로움 많은 고통.

| 해의解義 |

보시를 많이 한다고 할지라도 그 가운데 수승한 보시는 부처님의 경전을 베끼고 발간하여 베풀어 주는 것이요, 여러 맛이 있다 할지라도 맛 가운데 제일 맛있는 맛은 도를 깨달아 얻은 맛이며, 많은 즐거움을 누리며 산다고 할지라도 으뜸가는 즐거움은 부처님의 법을 사방으로 전파하여 중생들이 제도를 받는 것이다. 이러한 세 가지 보시에다가 애욕愛慾까지 소멸이 된다면 아무리 많은 괴로움이요 고통이라 할지라도 화로에 눈이 내리듯(紅爐點雪) 바로 녹아 없어지게 된다.

원문原文·해역解譯

愚以貪自縛   어리석으면 탐욕으로써 자기를 묶어서
우 이 탐 자 박

不求度彼岸   저 언덕으로 건너가길 구하지 않나니
불 구 도 피 안

貪爲愛欲故   애욕을 탐하기 때문에
탐 위 애 욕 고

害人亦自害   남을 해치고 또한 자기도 해치나니라.
해 인 역 자 해

| 주석註釋 |

1 自縛 : ① 제 스스로를 옭아 묶음. ② 제 언행言行에 스스로 구속되어
  자유롭지 못하게 되는 일.
2 彼岸 : ① 강의 건너편 기슭. ② 사바세계娑婆世界의 저쪽에 있다는 정
  토淨土. ③ 도피안到彼岸의 준말.
3 愛欲=愛慾 : ① 애정愛情과 욕심慾心. ② 사랑하고 싶어 하는 욕망. 삼
  사의 한 가지.
4 害人 : 사람을 해害침, 또는 그렇게 하는 사람.
5 自害 : ① 자살自殺. ② 스스로 자기 몸을 해침.

| 해의解義 |

　어리석은 사람은 탐욕貪慾이라는 밧줄로 "자승자박自繩自縛"을
한다. 자승자박이란 '자기의 줄로 자기를 묶다.' 라는 말이다. 자기
가 자기를 망치게 한다는 의미도 있다. 즉 자기의 언행言行으로 인
하여 자신이 꼼짝 못하게 되는 일이라고 할 수 있다. 이렇게 되면 저
언덕으로 건너갈 수가 없다. 따라서 애욕愛慾을 탐하여 놓지 않기
때문에 남을 해치는 것은 다반사茶飯事이요, 자기 자신도 해쳐서 얼
굴을 들고 살아갈 수 없도록 세상에 나쁜 짓이 알려지게 된다.

愛欲意爲田 애 욕 의 위 전	애욕의 마음은 밭이 되고
婬怒癡爲種 음 노 치 위 종	음욕 · 성냄 · 어리석음은 종자가 되나니
故施度世者 고 시 도 세 자	그러므로 세상을 건넌 자에게 보시하면
得福無有量 득 복 무 유 량	얻어지는 복덕은 한량이 없나니라.

| 주석註釋 |

1 種 : 씨 종. ① 씨. ② 종류種類.

2 無有量 : 한량限量이 없음.

| 해의解義 |

성어成語에 "종과득과種瓜得瓜, 종두득두種豆得豆."라 한다. 즉 '오이를 심으면 오이를 얻고, 콩을 심어 콩을 얻는다.' 는 뜻이다. 오이는 오이씨가 종자가 되고, 콩은 콩씨가 종자가 된다. 이는 원인原因이 있으면 그 원인에 따른 결과結果가 있음을 이르는 말이다. 애욕은 밭이 된다. 이 밭에 뿌리는 종자는 음욕과 성냄과 어리석음이다. 이 세 가지가 싹이 트고 잘 열매를 맺는 것이 죄고罪苦이다. 같은 보시라도 진리를 깨달은 사람에게 베푸는 것이 복을 받는데 있어서 유리有利할 뿐만 아니라 한량이 없다.

원문原文·해역解譯

伴少而貨多 　동반자는 적은데 재물이 많으면
반 소 이 화 다

商人怵惕懼 　장사꾼은 근심하고 두려워하네.
상 인 출 척 구

嗜欲賊害命 　기욕의 도적은 목숨도 해치나니
기 욕 적 해 명

故慧不貪欲 　그러므로 지혜로워 탐욕이 없어야 하나니라.
고 혜 불 탐 욕

주석註釋

1 伴 : 짝 반. ① 짝. 동반자同伴者. ② 동료同僚. 반려伴侶(짝이 되는 동무).
　③ 벗.
2 怵惕 : 두려워서 조심함.
3 懼 : 두려워할 구. ① 두려워하다, 두렵다.② 걱정하다.
4 嗜欲=嗜慾 : 기호嗜好의 욕심慾心. 즐기고 좋아하는 욕심.

해의解義

　옛날에 산에는 산적山賊이 있었고, 바다에는 해적海賊이 있었다.
이런 도적들은 일을 해서 먹고 살기 보다는 남의 물건을 빼앗아서
먹고 살았다. 그래서 장사를 하는 사람들은 물건은 많은데 사람이
적으면 두려워하여 나가기를 주저하였다. 도적들이 물건을 빼앗아
가는 것이 문제가 아니라 목숨을 해치기 때문에 각별히 조심을 하였

다. 탐욕貪慾도 마찬가지이다. 그래서 지혜로운 사람은 탐욕을 부리는 바가 없이 살아간다. 곧 분수分數 밖을 벗어나서 사는 것을 삼간다.

心可則爲欲 심 가 즉 위 욕	마음으로 좋다 하면 욕심이 되나니
何必獨五欲 하 필 독 오 욕	어찌 반드시 유독 오욕뿐이랴!
違可絶五欲 위 가 절 오 욕	가히 오욕을 끊음으로 달려가면
是乃爲勇士 시 내 위 용 사	이에 용맹한 사람이 되나니라.

주석註釋

1 可 : 좋다고 하는 것.

2 五欲 : 【범】 pañca-kāma-guṇāḥ, ① 5묘욕妙欲 · 묘오욕妙五欲 · 5묘색妙色 · 5묘妙라고도 함. 5근의 대상이 되어 가의可意 · 가애可愛 · 가락可樂의 것으로 모든 욕망의 근원이 되는 것. 곧 색色 · 성聲 · 향香 · 미味 · 촉觸의 5경境. 그러나 이 5경은 욕구欲求의 대상이고, 욕구 그 자체는 아님. 이 다섯 가지가 모든 욕망을 일으키므로 5욕이라 함. ② 재욕 ·

색욕色欲(성욕) · 음식욕 · 명예욕 · 수면욕睡眠欲.

3 違 : 어긋날 위. ① 어긋나다. 어기다. ② 달아나다.

4 勇士 : ① 용맹스러운 사람. ② 용병用兵.

| 해의解義 |

　대욕大慾은 무욕無慾이라 한다. 가장 큰 욕심을 가진 사람은 사소한 욕심이 없다. 사람이 남의 물건을 빼앗아서만 도적이 아니라 '마음에 좋다.', '마음에 든다.' 라고만 해도 욕심이라고 했다. 이렇게 보면 오욕五慾이 분명 도적은 도적인데, 이것만을 도적이라고 단정은 하지 말아야 한다. 그러므로 이 오욕을 끊고 뿌리까지 뽑아내서 다시는 싹이 나오지 않도록 해야 참으로 용기가 있는 사람이라고 할 수 있다. 그러므로 우리는 용사勇士가 되어 도적의 굴에 들어가 소탕掃蕩을 시켜야 한다.

無欲無有畏　욕심이 없으면 두려울 것이 없고
무 욕 무 유 외

恬淡無憂患　편안하고 맑으면 근심 걱정이 없으니
염 담 무 우 환

欲除使結解　욕심을 제거하여 결박을 풀어버리면
욕 제 사 결 해

是爲長出淵　이것이 길이 연못에서 나옴이 되나니라.
시 위 장 출 연

| 주석註釋 |

1 恬淡 : ① 욕심이 없고 담백淡白함. ② 이익을 탐내는 마음이 없음.

2 憂患 : ① 근심이나 걱정되는 일. 질병. ② 가족 가운데 병자 있는 가정.

3 使結解 : '결'은 탐욕에 몸이 결박당함을 뜻하는 것이니, 이 결박을 푸는 것임.

| 해의解義 |

"무욕염담無慾恬淡"이라 한다. 즉 '욕심이 없이 마음이 깨끗하고 담담하.'는 뜻이다. 욕심이 없는데 무엇이 두려울 것 있으며, 또 무슨 근심 걱정이 있겠는가. 내 앞에 쌓아두려는 데서 두려움이 생기고 내 호주머니에 집어넣으려는 데서 근심이 나온다. 그리하여 이런 결박을 제거하고 풀어버리면 저 깊은 연못에 빠졌던 사람이 뛰쳐나오듯이 일체 번뇌의 미망迷妄이나 출렁이는 고해苦海에서 발을 빼낼 수가 있다. 오직 부처님의 법이라야 이러한 역할을 할 수 있다.

32

원문原文 · 해역解譯

欲我知汝本　욕심아! 나는 너의 근본을 아나니
욕 아 지 여 본

意以思想生
의 이 사 상 생
　　뜻(마음)에 생각함으로써 생겨나네.

我不思想汝
아 불 사 상 여
　　내가 너를 생각하지 아니하면

則汝而不有
즉 여 이 불 유
　　곧 너는 존재하지 못 하나니라.

| 주석註釋 |

1 不有 : ① 존재할 수가 없다. ② 존재하지 못한다.
2 有 : 있을 유. ① 있다. ② 존재하다.

| 해의解義 |

　　욕심慾心의 근본은 무엇일까? 아마 무조건 탐취貪聚하려는 것이
아닐까 하는 생각이 된다. 즉 탐심을 내서 모으려는 것이라고 할 수
있다. 보는 대로 탐취하고, 듣는 대로 탐취하며, 생각나는 대로 탐취
하고, 마음먹은 대로 탐취하려는 심사心思가 아니겠는가. 이러하다
면 마음과 생각을 끊어내자. 마음과 생각이 끊어지면 욕심이 발을
붙일 곳을 잃게 되어 자연적으로 일어나지 않게 된다. 즉 욕심이란
존재存在 자체가 세워지고 착근着根할 수 없음으로 사라지고 말 것
이 아닌가.

伐樹勿休
벌 수 물 휴

나무 베기를 쉬지 말지니

樹生諸惡
수 생 제 악

나무에서 모든 악이 생기네.

斷樹盡株
단 수 진 주

나무를 베되 밑동(뿌리)까지 다하면

比丘滅度
비 구 멸 도

비구는 멸도하게 되나니라.

| 주석註釋 |

1 諸惡 : 모든 악. 온갖 악.

2 盡株 : '주'는 뿌리를 말하는 것으로, 뿌리까지 없애버리는 것.

3 株 : 그루 주. ① 그루. ② 그루터기(풀이나 나무 따위의 아랫동아리, 밑동).
   ③ 근본根本. 뿌리.

4 滅度 : 열반涅槃을 번역한 말. 나고 죽는 큰 환난을 없애어 번뇌의 바
   다를 건넜다는 뜻.

| 해의解義 |

나무를 베는 사람이 가지와 줄기를 베고는 다 베었다고 안심을
한다. 그런데 봄이 되니까 더 많은 싹과 줄기가 나오게 된다. 그래서
나무 베는 것을 쉬지 말고 뿌리의 원덩치인 밑동까지 자르고 파내버
리라고 한다. 즉 욕심慾心의 뿌리를 잘라내고 파내라는 말로 욕심이

란 모든 악을 생산하기 때문이다. 사람이 욕심이 있으면 악을 범할 수밖에 없는 것이니 마음속에서 욕심의 밑동을 도려내야 한다. 그러면 비구比丘로서 열반을 얻어서 극락왕생極樂往生을 할 수 있다.

원문原文 · 해역解譯

夫不伐樹
부 불 벌 수
대저 나무를 베지 아니하여

少多餘親
소 다 여 친
조금이라도 남은 것과 친한다면

心繫於此
심 계 어 차
마음이 여기에 얽매어서

如犢求母
여 독 구 모
송아지가 어미를 찾는 것과 같나니라.

| 주석註釋 |

1 少多=多少 : ① 분량分量이나 정도의 많음과 적음. ② 조금이긴 하지만 어느 정도.

2 繫 : 맬 계. ① 매다. ② 묶다. ③ 얽다.

3 犢 : 송아지 독. 송아지.

　나무를 베는 사람이 하기 싫고 게을러서 나뭇잎으로 가려두고 흙으로 살살 덮어두었다면 어떻게 될까? 봄이 되면 다복이 싹이 나온다. 여기에다 미련未練이 있어서 조금이라도 친분을 가진다면 나무의 커나감을 따라서 나도 커갈 수밖에 없다. 무슨 말인가 하면, 욕심慾心의 뿌리를 깨끗이 캐내버리지 아니하고 세근細根만 남아있어도 결국 나에게 큰 욕심이 된다는 말이다. 그리하여 마음이 욕심에 얽어매어서 떠나갈 수도 없는 상황이 마치 송아지가 어미를 여읠 수 없는 것과 같은 것이라고 할 수 있다.

제*33*
이양품利養品

1

利養品者 _{이 양 품 자}	이양품이란
勵己防貪 _{여 기 방 탐}	자신을 권면하여 탐욕을 막고
見德思義 _{견 덕 사 의}	덕을 보고 의를 생각하여
不爲穢生 _{불 위 예 생}	더러운 삶이 되지 않게 할지니라.

│ 주석註釋 │

1 利養 : ①【범】lāvha, 이익. 이득. 재물. ②【범】Satkāra, 존경, 존중. 공경, 공양. ③ 남은 생각지 않고 제 몸만 좋게 기르는 것, 또는 재리 財利를 탐하며 자기를 자양하려는 것.

2 勵 : 힘쓸 려. ① 힘쓰다. ② 권면勸勉(권하고 격려하여 힘쓰게 함)하다. ③

권장하다.

3 勵己 : 몸을 가다듬는 것.

4 思義 : 정의正義의 길을 그려 생각함.

5 穢生 : 더러운 삶.

| 해의解義 |

이양품의 취지에 대해서 설명을 하고 있다. 사람은 반드시 "각고 면려刻苦勉勵"를 해야 한다. 즉 심신心身을 괴롭히고 노력해야 하며, 또한 대단한 고생은 할지라도 힘써 정성을 들여야 한다는 의미로 자기독려自己督勵를 통해 욕심을 막아야 한다는 말이다. 사람은 덕德도 볼 줄 알아야 하고 의義도 생각할 줄 알아야 한다. "견리사의見利思義"라 했다. 눈앞에 이익利益을 보거든, 먼저 그것을 취함이 의리義理에 합당한가를 생각하라는 말이다. 만일에 이익만 따라간다면 결국 더러운 삶이 되고 만다.

2

원문原文 · 해역解譯

芭蕉以實死   파초는 열매 때문에 죽고
파 초 이 실 사

竹蘆實亦然   대와 갈대도 열매도 또한 그러하네.
죽 로 실 역 연

駏驉坐妊死　거허는 새끼를 낳고 죽는 것이지만
거 허 좌 임 사

士以貪自喪　사람은 탐욕 때문에 저절로 죽게 되나니라.
사 이 탐 자 상

| 주석註釋 |

1 芭蕉 : ① 파초과에 딸린 여러해살이풀. 높이 3m 가량. 잎은 길둥근
　모양으로 길이 1~2m인데 몇 개가 모여 좌우 양쪽에 나며, 기부基部는
　서로 붙어 굵은 줄기처럼 보임. 잎 사이로부터 긴 꽃줄기가 나와 여름
　에 황갈색黃褐色 단성화單性花가 피었다가 차례대로 떨어져 짐. 열매
　는 길이 6cm쯤이고 모양은 바나나와 비슷함. 중국 원산原産으로 여
　러 품종이 있는 데, 따뜻한 지방에서 관상용觀賞用으로 가꿈. 감초甘
　蕉. ② 파초의 줄기 · 잎 · 뿌리. 소갈消渴 · 황달黃疸, 또는 외과外科의
　약재藥材로 씀.
2 蘆 : 갈대 로. 갈대(볏과의 여러해살이 풀).
3 駏驉 : 버새. 수말과 암탕나귀 사이에서 난 일대一代의 잡종雜種.
4 坐妊 : 새끼를 배는 것. '좌' 는 일에 당當한다는 뜻이 된다.
5 士 : 선비 사. ① 선비(학식은 있으나 벼슬하지 않은 사람을 이르던 말). ② 관
　리官吏. 벼슬아치. ③ 사내. 남자.
6 喪 : 잃을 상. ① 잃다, 잃어버리다. ② 죽다. 사망하다. ③ 복 입다.

| 해의解義 |

　파초芭蕉는 열매로 인하여 결국 죽게 된다. 대에 꽃이 피고 열매
를 맺으면 또한 죽는다. 갈대도 다를 바가 없다. 버새라는 짐승이 있
는데 수말과 암컷 당나귀 사이에서 태어난 일대一代 잡종이라 한다.
이도 또한 새끼를 낳으면 죽는다고 한다. 이렇게 보면 조만早晚의

차이는 있을지라도 형상을 가진 것은 다 죽는다. 그런데 사람은 어떠한가. 사람도 죽는다. 죽음이 와서 그냥 죽는 것이 아니라 탐욕貪慾으로 인해서 죽는다고 하니 매우 슬퍼해야 할 일이 아닐 수 없다.

如是貪無利 　이와 같이 탐욕은 이익이 없고
여 시 탐 무 리

當知從癡生 　마땅히 어리석음으로 좇아 생기나니
당 지 종 치 생

愚爲此害賢 　어리석어 이에 어진 이를 해친다면
우 위 차 해 현

首領分于地 　목을 땅에다 나누어 주게 되나니라.
수 령 분 우 지

| 주석註釋 |

1 害賢 : 어진 사람을 해치는 것.
2 首領 : 목을 말함.

| 해의解義 |

탐욕貪慾이라는 것은 누구에게나 죽음을 부르는 것으로 해害가 되었으면 되었지 이익 될 것이 없다. 사람은 마땅히 이것이 어디서

날아오는 것이 아니라 자신의 어리석은 마음에서 생겨나는 것임을 알아야 한다. 따라서 이것을 구하는데 어진 자가 있어서 나무라면 오히려 시비是非를 걸어 그 사람까지도 해치고 있으니 한심할 일이다. 사람이 아무리 탐욕을 부려서 앞뒤에 금은보화를 태산처럼 쌓아놓았다 할지라도 결국 수령首領, 곧 목을 땅에다 나눠주면서 다시 못 올 길을 가고 만다.

4

天雨七寶 천 우 칠 보	하늘이 일곱 가지 보배 비를 내려도
欲猶無厭 욕 유 무 염	욕심은 오히려 싫어함이 없다네.
樂少苦多 낙 소 고 다	즐거움은 적고 괴로움만 많나니
覺者爲賢 각 자 위 현	깨달은 사람이 어진 이가 되나니라.

| 주석註釋 |

1 七寶 : 【범】sapta-ratna, 일곱 가지 보석. ① 금金. ② 은銀. ③ 유리琉璃(검푸른 보옥). ④ 파려玻瓈(수정). ⑤ 자거硨磲(백산호). ⑥ 적주赤珠(적진주). ⑦ 마노碼碯(짙은 녹색의 보옥). 이것은 『아마타경』에 있는 말. 《법

화경法華經》보탑품寶塔品에는 파려 대신에 매괴玫瑰가 들었음.

2 無厭 : 물리지 않고 싫증남이 없음.

3 覺者 : 【범】buddha, 불타佛陀를 번역한 이름. 부처님을 말함. 스스로 깨닫고 남을 깨닫게 하며, 깨닫기 위한 수행을 완전히 마친 이.

| 해의解義 |

가령 하늘에서 일곱 가지의 보배로운 비가 쏟아지면 누구나 싫어하지는 않는다. 그러나 이것이 "무염지욕無厭之慾"이 되어서는 안 된다. 무염지욕이란, 만족할 줄 모르는 끝없는 욕심慾心이요 한이 없는 욕심이라는 뜻으로, 분수分數 밖을 넘봐서는 안 된다는 말이다. 욕심이란 즐거움은 적고 괴로움이 많은 것으로 깨달음을 이룬 어진 사람은 분수에 맞게 취할 만큼만 취하고 나머지는 여러 사람에게 나누어주어서 함께 잘 살아가도록 할 뿐 내 몫을 따로 챙겨가지 않는다.

원문原文 · 해역解譯

雖有天欲   비록 하늘같은 욕심이 있더라도
수 유 천 욕

慧捨無貪   지혜로운 이는 버리고 탐하지 않네.
혜 사 무 탐

樂離恩愛　　은애 여의기를(떠나다) 즐거워하면
낙 리 은 애

爲佛弟子　　부처님의 제자가 되나니라.
위 불 제 자

| 주석註釋 |

1 恩愛 : ① 온정과 애정. ② 은혜와 사랑. ③ 부모 자식 사이나 부부간의
애정. ④ 애정이나 은혜에 끌리는 집착執着.
2 佛弟子 : 불교에 귀의歸依한 사람.

| 해의解義 |

사람이 하늘을 집어삼킬만한 욕심慾心, 즉 탐욕貪慾을 가졌을지라
도 한계限界를 짓지 않는다. 그러나 지혜로운 사람은 그것을 자제自
制하여 수용할 줄을 알기 때문에 어리석은 사람과는 다른 면이 있다
고 할 수 있다. 은애옥恩愛獄이라 한다. 육친六親이 서로 정애情愛로
써 애착愛着하여 속박束縛되는 상태라는 뜻이다. 세상 사람들이 이
렇게 살아간다. 출가한 스님이든, 재가한 신도든 간에 이를 여의고
부처님의 가르침을 착실하게 실천해 간다면 진정한 부처님의 제자
로 자리매김을 하게 된다.

遠道順邪 원 도 순 사	도를 멀리하고 삿됨을 따르며
貪養比丘 탐 양 비 구	이양만을 탐하는 비구들이여!
止有慳意 지 유 간 의	인색한 뜻(마음)이 있음을 그치고
以供彼姓 이 공 피 성	써 저 겨레들을 공양할지언정
勿猗此養 물 의 차 양	이런 이양에 의지하지 말지니라.

| 주석註釋 |

1 順邪 : 사념邪念에 따르는 것.

2 貪養 : 이양利養을 탐하는 것. 이양이라 몸을 잘 기르는 것을 말한다.

3 供 : 공양의 뜻이니, 부처님 앞에 음식을 올리는 것. 스님이 음식을 먹
  는 것인데, 여기서는 후자에 해당됨.

4 姓 : 성씨 성. ① 성. 성씨姓氏. ② 백성百姓. ③ 겨레. 씨족氏族.

| 해의解義 |

부처님의 제자인 비구比丘나 비구니比丘尼가 되어서 자기 몸, 자
기 절만을 위한다면 이런 스님은 부처님의 도를 멀리하고 사념邪念
과 사욕私慾을 따르는 것이라고 아니할 수 없다. 아무리 부처님의

제자라 할지라도 신도信徒들의 시물施物만 받아먹는 것은 옳은 일이라고 보지를 않았다. 그러니 절에서도 신도들에게 공양을 해주어야 한다고 분명히 말하고 있다. 부처님이나 참된 법은 중생의 복전福田이 될 수 있지만 과연 스님들도 중생의 복전이 될 수 있는지 가슴에 손을 얹고 생각해봐야 한다.

7

원문原文 · 해역解譯

爲家捨罪　　가정을 위해서 죄를 버릴지라도
위 가 사 죄

此非至意　　이는 지극한 마음이 아니니.
차 비 지 의

用用何益　　사역을 한들 무슨 이익이 있으랴!
용 용 하 익

愚爲愚計　　어리석음은 어리석음을 꾀함으로
우 위 우 계

欲慢用增　　탐욕과 교만만 늘어 나나니라.
욕 만 용 증

주석註釋

1 至意 : 더없이 극진한 마음. 매우 지극한 마음.

2 用 : 쓸 용. ①쓰다. ②부리다. 사역使役하다.

3 欲慢 : 욕심과 교만.

| 해의解義 |

원元 마치원馬致遠의 《황양몽黃粱夢》에 "일자오도一子悟道, 구족생천九族生天."이라 하였다. 즉 '(집안의) 한 자식이 도를 깨달으면 구족이 모두 하늘나라에 태어난다.'는 의미이다. 자식이 도를 이룬 불보살이 된다면 혹 그럴지 몰라도 그렇지 않으면 별무소용別無所用이다. 그래서 지극한 마음이 아니라고 하였음을 알아야 한다. 어리석은 사람은 제 살 궁리는 하지 않고 저 죽을 궁리만 하는 것이라, 자칫 탐욕만 늘어나고 교만만 늘어나서 자기 몸 하나도 운신運身하지 못하게 되기가 쉽다.

원문原文 · 해역解譯

異哉失利
이 재 실 리
이상스럽다! 이양을 잃어버리면

泥洹不同
니 원 부 동
열반에 함께 하지 못 한다는

諦知是者
제 지 시 자
이치를 아는 이런 사람은

比丘佛子
비 구 불 자
비구와 불제자로

不樂利養　이양을 즐기지 아니하고
불 락 이 양

閑居却意　한가하게 살며 뜻을 물리치나니라.
한 거 각 의

| 주석註釋 |

1 失利 : 손해損害를 봄.

2 諦 : 살필 제(체). ① 살피다. ② 진리. 이치.

3 佛子 : ① 부처의 가르침을 믿는 사람. ② 부처의 제자. ③ 모든 중생.

4 閑居 : ① 한가閑暇하고 조용하게 살음. ② 하는 일 없이 집에 한가히 있음.

5 却意 : 뜻을 물리침. 뜻은, 곧 탐욕의 마음을 가리킴.

| 해의解義 |

　사람이 불도에 귀의는 하였으나 부처님의 가르침을 착실하게 밟지 않으면 열반에 들어갈 수가 없다. 이러한 이치를 누구보다 잘 아는 사람이 비구이요 불제자들이다. 그러므로 자기 몸만을 이익 되게 하려는 이기심利己心을 버려야 한다. 그리하여 한가롭게 살면서 탐욕貪慾의 마음을 물리칠 줄 알아야 한다. 만일에 이 마음을 물리치지 못하면 미망迷妄에 들고 무명無明에 가려서 진리를 깨닫지 못하고 나락奈落으로 떨어져서 헤쳐 나오기가 어렵게 된다.

自得不恃 자 득 불 시	스스로 얻었음을 믿지 않고
不從他望 부 종 타 망	남의 소망에 좇지는 않지만
望彼比丘 망 피 비 구	저것을 바라는 비구는
不至正定 부 지 정 정	바른 선정에 이르지 못 하나니라.

| 주석註釋 |

1 自得 : ① 스스로 터득攄得함. ② 스스로 만족함. ③ 스스로 뽐내어 우쭐거림. ④ 자기가 자기의 한 일에 대하여 갚음을 받는 일.
2 正定 : 바른 선정禪定.

| 해의解義 |

옛 글에 "음주식육飮酒食肉, 무방반야無妨般若, 행도행음行盜行淫, 불애보리不礙菩提."라 하였다. 즉 '술 마시고 고기 먹어도 보리에 장애되지 않고, 도둑질하고 음행을 해도 반야에 방해되지 않는다.'는 뜻이다. 이 말은 자칭 깨달았다는 사람들이 자주 쓰는 말이다. 이를 믿을 수 있을까? 아마 자기 자신도 확실하게 믿지 못하면서 객기客氣를 부려보는 말에 지나지 않는다. 이러한 비구가 있다면, 어떻게 부처님의 호대浩大한 법을 짊어지고 중생 구제를 할 수 있을 것인가

생각해 보아야 한다.

10

원문原文 · 해역解譯

夫欲安命 부 욕 안 명	무릇 천명에 편안하려거든
息心自省 식 심 자 성	마음을 쉬고 자신을 성찰하며
不知計數 부 지 계 수	의복이나 음식의
衣服飲食 의 복 음 식	수효를 헤아려 알려 하지 않을지니라.

| 주석註釋 |

1 安命 : ① 천명天命을 따라 분수分數를 지킴. ② 타고난 운명에 편안함.
2 自省 : 스스로 반성反省함.
3 計數 : 수효數爻를 헤아림.

| 해의解義 |

사람이 원래 타고나온 천명天命, 곧 운명運命에 편안하려거든 사
방으로 흩어져 달아나는 마음을 쉬어야 하고, 자기 자신의 행동거지
行動擧止를 깊이 성찰省察해 보아야 한다. "반궁자성反躬自省"은 "반

구저기反求諸己"와 같은 말이다. 즉 '잘못을 자신에게서 찾는다.' 라는 뜻으로, 어떤 일이 잘못되었을 때 남의 탓을 하지 않고 그 일이 잘못된 원인을 자기 자신에게서 찾아 고쳐 나간다는 의미이다. 의복이나 음식의 출입出入을 헤아리는 것은 소인배小人輩의 일이라고 할 수 있다.

원문原文·해역解譯

夫欲安命
부 욕 안 명
무릇 천명에 편안하려거든

息心自省
식 심 자 성
마음을 쉬고 자신을 성찰하며

取得知足
취 득 지 족
취하고 얻음에 만족할 줄을 알고

守行一法
수 행 일 법
한 법을 지켜서 행할지니라.

| 주석註釋 |

1 取得 : ① 자기 소유로 함. ② 수중手中에 넣음. ③ 어떤 자격을 취하여 얻음.

2 知足 : 제 분수分數를 알아 마음에 불만不滿함이 없음, 곧 무엇이 넉넉하고 족한 줄을 앎.

3 一法 : 한 법, 한 가지 법이니, 바로 불법佛法을 말한다.

| 해의解義 |

　사람이 원래 타고나온 천명天命, 곧 운명運命에 편안하려거든 사방으로 흩어져 달아나는 마음을 쉬어야 하고, 자기 자신의 행동거지行動擧止를 깊이 성찰省察해 보아야 한다. "안분지족安分知足"을 해야 한다. 즉 자기의 분수分數에 만족하여 다른 데 마음을 두지 않아야 한다. 그리하여 오직 부처님의 한 법인 불법佛法을 안으로 철저하게 지켜서 심력心力을 얻고 밖으로 확실하게 실천하여 행력行力을 얻어서 고해苦海에서 헤매는 중생을 건져내야 한다.

12

원문原文 · 해역解譯 |

夫欲安命　무릇 천명에 편안하려거든
부 욕 안 명

息心自省　마음을 쉬고 자신을 성찰하며
식 심 자 성

如鼠藏穴　쥐가 구멍에 숨는 것 같이
여 서 장 혈

潛隱習教　잠기고 숨어서 가르침을 익힐지니라.
잠 은 습 교

1 藏穴 : 몸을 구멍에 감추는 것.

2 潛隱 : ① 남모르게 몸을 숨기는 것. ② 잠겨 숨음. ③ 벼슬하지 않고
은둔隱遁함.

3 쩹敎=敎쩹 : ① 가르쳐서 익히게 함. ② 특수한 공무원이 될 자격을 얻
으려고 훈련訓鍊받는 과정.

| 해의解義 |

사람이 원래 타고나온 천명天命, 곧 운명運命에 편안하려거든 사
방으로 흩어져 달아나는 마음을 쉬어야 하고, 자기 자신의 행동거지
行動擧止를 깊이 성찰省察해 보아야 한다. 쥐가 구멍 속에 숨고 있으
면 천적天敵들로부터 안전하게 자기를 지킬 수 있다. 이와 같이 조
그만 얻음이 있다 할지라도 바깥으로 나투려 말고 꼭꼭 숨겨서 얻은
바 진리를 더욱 깊고 넓게 익힌다면 크게 드러날 때가 있게 되는 것
이니 조동조動을 하지 말고 대시待時를 해야 한다.

約利約耳   이익을 멈추고 귀를 묶으며
약 리 약 이

奉戒思惟   계율을 받들어 마음으로 생각하면
봉 계 사 유

爲慧所稱 지혜롭다 일컫게 되리니
위 혜 소 칭

淸吉勿怠 맑고 길하여 게을러지지 말지니라.
청 길 물 태

| 주석註釋 |

1 約 : 맺을 약, 약속할 약. ① 맺다. ② 약속하다. ③ 묶다. 다발 짓다. ④ 멈추다. 말리다.

2 思惟 : ① 마음으로 생각함. ② 개념槪念, 구성構成, 판단判斷, 추리推理 등을 행하는 인간의 이성理性이 작용. 인간은, 이것에 의하여 논리적인 대상對象의 인식認識이나 관계의 파악把握 등을 할 수 있음. ③ 대상을 분별하는 일, 또는 정토淨土의 장엄莊嚴을 관찰하는 일. 선정禪定에 들어가기 전의 일심一心.

3 怠 : 게으를 태. ① 게으르다, 게을리하다. ② 거만倨慢하다. ③ 업신여기다. 깔보다.

| 해의解義 |

《논어論語》 헌문편憲問篇에 공자가 "견리사의見利思義, 견위수명見危授命, 구요불망평생지언久要不忘平生之言, 역가이위성인의亦可以爲成人矣."라 하였다. 즉 '이익을 보고 의를 생각하며, 위태로움을 보고 목숨을 바치며, 오래된 약속이라도 평생 말을 잊지 않으면, 또한 가히 써 성인이라 하리라.'는 뜻이다. 수도자가 계율戒律을 잘 지키면 지혜로울 뿐만 아니라 겸하여 청정淸淨하게 되고 길상吉祥이 펼쳐져서 부처님의 위광威光이 앞길을 비추게 되는 것이라 할 수 있다.

14

如有三明 여 유 삼 명	만일 세 가지 밝음이 있으면
解脫無漏 해 탈 무 루	해탈하여 번뇌가 없어지고
寡智鮮識 과 지 선 식	지혜가 적고 아는 것이 드물면
無所憶念 무 소 억 념	생각하고 기억되는 바도 없나니라.

| 주석註釋 |

1 三明：【범】tri-vidya, 【팔】ti-vijjā, 아라한의 지혜에 갖추어 있는 자재하고 묘한 작용. 지혜가 분명히 대경을 아는 것을 명明이라 함. 6신통神通 중의 숙명통 · 천안통 · 누진통에 해당하는 숙명명宿命明 · 천안명天眼明 · 누진명漏盡明. ①숙명명；구족하는 숙주수념지작증명宿住隨念智作證明. 자기와 남의 지난 세상에 생활하던 상태를 아는 것. ②천안명；구족하게는 천안지작증명天眼智作證明, 또는 사생지작증명死生智作證明이라 하니, 자기나 다른 이의 다음 세상의 생활상태를 아는 것. ③누진명；누진지작증명漏盡智作證明이라고도 하니, 지금 세상의 고통을 알아 번뇌를 끊는 지혜. 부처님에 대하여는 3달達이라 함.

2 解脫：【범】vimoka;vimuki;mukti, 【팔】vimokkha;vimutta;vimutti, 비목차毘木叉 · 비목저毘木底 · 목저木底라 음역. ①번뇌의 속박을 벗어나 자유로운 경계에 이르는 것. ②열반의 다른 이름. 열반은 불교가 추구하는 궁극적인 이상의 경지이며, 여러 가지 속박에서 벗어난

상태이므로 해탈이라 함. ③ 선정의 다른 이름. 속박을 벗고 자유자재
로와지는 것이 선정의 덕이므로 해탈이라 함.

3 無漏 : 【범】anāsrava, 유루有漏. 누漏는 객관 대상에 대하여 끊임없이
6근에서 허물을 누출漏出한다는 뜻으로, 번뇌의 다른 이름. 소승에서
는 번뇌를 증상增上하지 않음을 말하고, 대승에서는 번뇌와 함께 있지
아니함을 말한다.

4 憶念 : 깊이 생각에 잠김, 단단히 기억함, 또는 그 기억.

| 해의解義 |

　삼명三明이라는 것은 숙명명宿命明·천안명天眼明·누진명漏盡明
을 말한다. 이 세 가지는 본래 아라한阿羅漢의 지혜에 갖추어 있는 자
재自在하고 미묘微妙한 작용이다. 이를 갖추면 저절로 해탈解脫이 되
고 번뇌가 소멸된다. 그러나 지혜가 적고 아는 것도 드물게 되면 자
연 어리석게 되어서 도道를 생각한다거나 기억할 수 없는 상태가 되
어 불도佛道를 성취하기가 대단히 어렵다. 그러므로 수도에는 삼명
을 갖추는 것이 지름길이 된다는 것을 깊이 인식認識해야 한다.

| 원문原文·해역解譯 |

其於食飮　그 먹고 마심에
기 어 식 음

從人得利 종 인 득 리	남을 좇아서 이익을 얻지만
而有惡法 이 유 악 법	나쁜 법이라도 있게 된다면
從供養嫉 종 공 양 질	공양을 좇음에 미움이 길러지나니라.

| 주석註釋 |

1 食飮 : 먹고 마심.

2 得利 : 이익利益을 얻음.

3 惡法 : ① 사회에 해독을 끼치는 나쁜 법률法律. ② 나쁜 방법.

4 從供 : 공양 받음을 따라.

5 養嫉 : 미움을 기름, 즉 미워하는 마음을 기르는 것.

| 해의解義 |

성어에 "휼방상쟁鷸蚌相爭, 어옹득리漁翁得利."라 한다. 즉 '도요새와 조개가 서로 싸우다 둘 다 어부에게 잡히다.' 라는 뜻이니, 쌍방이 다투는 사이에 제삼자가 힘들이지 않고 이득을 챙긴다는 뜻으로 "어부지리漁父之利"와 같은 의미이다. 우리가 음식의 공양을 받는 것은 다른 사람들이 있기 때문에 얻어지는 이익이다. 그런데 혹탐욕貪慾의 마음이 있으면 많을 때는 좋아하고, 적을 때는 싫어하여 오히려 미워하는 마음이 길러져서 나쁜 짓을 할 수도 있는 것이니 삼가야 한다.

원문原文 · 해역解譯

多結怨利
다 결 원 리
원망과 이익을 많이 맺어서

强服法衣
강 복 법 의
억지로 법복을 입고

但望飮食
단 망 음 식
다만 마시고 먹기를 바란다면

不奉佛敎
불 봉 불 교
부처님의 가르침은 받들지 못 하나니라.

| 주석註釋 |

1 强服 : '복' 은 옷 입는다는 뜻으로, 억지로 법의를 입는 것.

2 法衣 : 승의僧衣 · 승복僧服 · 법복法服이라고도 한다. 비구 · 비구니가
입는 옷. 처음에는 삼의三衣, 곧 가사를 일컫던 것인데, 후세에는 가사
밖에 편삼編衫 · 군자裙子 · 직철直綴 등을 입게 되니 이것들도 모두 법
의라 부름.

| 해의解義 |

출가 수행자가 신도들의 공양을 받아서 사는 것은 크게 이익이
된다. 반면에 공양의 다과多寡를 남과 비교하고 헤아리면 원망怨望
을 맺기도 한다. 이런 마음으로 억지로 법복法服을 입고 중인 체 하
면서 절집에서 살고 있지만, 마음은 속세俗世를 그리워하고 세월을
지내며 음식을 먹어간다면 진정한 불제자라고 할 수 없다. 오직 절

집에서 사는 사람은 부처님의 법, 부처님의 가르침, 부처님의 계율
戒律 등을 천칙天則으로 삼아서 신봉信奉해야 한다.

當知是過 _{당 지 시 과}	마땅히 이런 허물을 알지니
養爲大畏 _{양 위 대 외}	이양이란 크게 두려운 것으로
寡取無憂 _{과 취 무 우}	적게 취하면 근심이 없으리니
比丘釋心 _{비 구 석 심}	비구는 마음으로 깨쳐야 하나니라.

| 주석註釋 |

1 是過 : 이런 허물.

2 大畏 : 크게 두려워하는 것.

3 無憂 : 아무 근심이 없음.

4 釋 : 풀 석. ① 풀다, 풀리다. ② 깨닫다.

| 해의解義 |

남의 공양을 받으면서 음식에 대해 투정妬情을 부리면 바로 허물

이 되어 다른 사람들의 미움을 사게 되는 것이니 이런 허물은 지체하지 말고 고쳐야 한다. 따라서 자기만을 위하려는 이양利養은 두렵게 생각하여 삼가야 한다. 무엇이나 적게 취하면 근심될 거리가 없음으로 걱정도 자연 없다. 기위 출가하여 스님이 되었다면, 이런 도리道理와 아울러 본래 마음을 깨우쳐서 부처님 법을 펴고 중생을 제도하는 길에 오점汚點을 남겨서는 안 되는 것임을 알아야 한다.

18

원문原文·해역解譯

非食命不濟　먹지 않으면 목숨을 건지지 못하나니
비 식 명 부 제

孰能不揣食　누가 능히 헤아려서 먹지 않으리요.
숙 능 불 췌 식

夫立食爲先　무릇 서서 먹어도 우선으로 삼나니
부 입 식 위 선

知是不宜嫉　이를 알아서 마땅히 미워하지 않을지니라.
지 시 불 의 질

주석註釋

1 不濟 : 건지지 못함.
2 揣食 : 정도를 헤아려 먹는 것.
3 立食 : (음식을) 서서 먹음.

4 爲先 : 다른 것에 앞서 우선하는 일이라는 뜻으로, 조상祖上을 위하여
일함. 또는 그러한 일을 이르는 말.

| 해의解義 |

《소학小學》 명륜明倫에 "비부즉불생非父則不生, 비식즉부장非食則
不長, 비교즉부지非敎則不知."라 하였다. 즉 '아버지가 아니었으면
태어날 수 없고, 먹지 않았으면 성장할 수 없으며, 가르치지 않았으
면 알지 못한다.'는 뜻이다. 세상에 태어나고 배우는 것도 중요하지
만 살아가는 것이 중요한 것이라 먹지 않으면 살 수 없다. 그러므로
혹 서서 먹게 될지라도 서운하거나 미워하는 마음을 조금도 가지지
말고 감사하는 마음을 가지고 먹고 살아야 더욱 큰 복을 누리는 삶
이 된다.

원문原文 · 해역解譯

嫉先創己   미워하면 먼저 자기가 상하고
질 선 창 기

然後創人   그런 뒤에는 남도 상해지네.
연 후 창 인

擊人得擊   남을 공격하면 공격을 얻나니
격 인 득 격

是不得除　이를 제거하여 얻어지지 않게 할지니라.
시 부 득 제

| 주석註釋 |

1 創 : 비롯할 창, 다칠 창. ① 비롯하다. ② 다치다. ③ 상傷하다.
2 創己 : 내 몸을 상함. 창은 상처를 낸다는 뜻이다.

| 해의解義 |

　남을 미워하는 것은 이미 먼저 내가 미운 것이고, 남을 상傷하게 하는 것은 이미 내가 상한 것이나 다름이 없다. 사람을 때리면 그 사람도 나를 때리게 되고, 사람을 좋아하면 그 사람도 좋아하게 되는 것은 인지상정人之常情이다. 그러므로 우리는 먼저 마음 가운데서 미워하는 감정感情, 상처傷處를 주려는 감정, 때리려는 감정 등을 바로바로 제거除去한다면 사람과 사람이 서로 대하는 사이에 불쾌不快한 감정이 앞서지 않고 아름답게 상면相面을 할 수가 있다.

| 원문原文 · 해역解譯 |

寧噉燒石　차라리 불에 달군 돌을 먹고
영 담 소 석

吞飲洋銅　끓는 구리쇠 물을 삼킬지언정
탄 음 양 동

不以無戒　계율이 없으면서
불 이 무 계

食人信施　사람의 믿음과 보시를 먹지 않을지니라.
식 인 신 시

| 주석註釋 |

1 燒石 : 불에 달군 돌.
2 洋銅 : 구리쇠 물. 쇠는 끓여야 물이 되기 때문에 끓는 구리쇠물이라
  는 의미이다.
3 信施 : 신앙심이 발로하여 금전이나 곡식 따위를 절에 기부함.

| 해의解義 |

　사람이 남을 미워하는 마음을 속에다 담아두고 있는 것은 수행자
로서 가장 중요한 부처님의 계율을 가지지도 않고 더구나 지키지도
않기 때문이다. 이런 사람은 부처님의 제자라고 할 수 없을 뿐만 아
니라 불에 달구어진 돌덩이를 삼켜야 하고 구리쇠 녹인 물을 마시도
록 해야 한다. 더욱이 신심信心이 견고한 신도들이 베풀어주는 음식
이나 의복을 취하는 것은 빚을 떠안고 사는 것과 같아서 세세생생에
두고두고 갚아가야 할 것이니 두렵게 생각하지 않을 수 없다.

제34
사문품沙門品

1

沙門品者
사 문 품 자

사문품이란

訓以法正
훈 이 법 정

바른 법으로써 가르치면

弟子受行
제 자 수 행

제자가 받아서 행하여

得道解淨
득 도 해 정

도를 얻게 되고 알음알이가 맑아지나니라.

| 주석註釋 |

1 沙門 :【범】śramaṇa, 상문桑門(喪門)·사문婆門·사문나沙門那·사라
마나舍囉摩拏라고도 쓰며, 식심息心·공로功勞·근식勤息이라 번역.
부지런히 모든 좋은 일을 닦고, 나쁜 일을 일으키지 않는 이란 뜻. 외
도·불교도를 불문하고, 처자 권속을 버리고 수도 생활을 하는 이를
총칭함. 후세에는 오로지 불문에서 출가한 이를 말한다. 비구와 같은

뜻으로 씀.

2 法正 : 법이 바른 것.

3 弟子 : 스승으로부터 가르침을 받는 사람.

4 得道 : 대도大道를 깨달은 것. 곧 개오開悟를 말함.

5 解淨 : 청정淸淨의 진리를 깨닫는 것.

| 해의解義 |

　사문품의 취지에 대해서 설명을 하고 있다. 《맹자孟子》진심편盡心
編에 삼락三樂이라는 이야기가 있다. 그 가운데 세 번째 즐거움은
"득천하영재得天下英才, 이교육지而敎育之."라 하였으니, 즉 '천하의
영재를 얻어서 가르치고 기르는 것이라'고 하였다. 다시 말하면, 스
승의 바른 법이나 바른 사상思想을 이을 제자를 잘 가려서 가르치고
길러야 한다는 의미이다. 그리하여 도를 얻도록 하고 깨달음을 이루
도록 해야 한다는 것이니, 누구나 제자가 되는 것도 아니지만 아무나
스승이 될 수도 없다.

端目耳鼻口　　눈·귀·코·입을 단정히 하고
단 목 이 비 구

身意常守正　　몸과 뜻(마음)을 항상 바르게 지킬지니
신 의 상 수 정

比丘行如是 비구가 이와 같이 행하면
비 구 행 여 시

可以免衆苦 가히 써 뭇 괴로움을 면하게 되나니라.
가 이 면 중 고

| 주석註釋 |

1 比丘 : 출가出家하여 불문佛門에 들어 구족계具足戒를 받은 남승男僧.
2 衆苦 : 중인衆人의 괴로움 많은 고통苦痛.

| 해의解義 |

눈으로는 보고, 귀로는 듣고, 코로는 냄새 맡고, 입으로는 말하고,
몸으로는 움직이며, 뜻(마음)으로는 경계를 접하는 것이 항상 단정端
正해야 한다. 만일에 조금이라도 단정하지 못함이 있으면 욕정欲情을
일으키거나 미망迷妄으로 빠져들어서 마음과 몸가짐에 혼란混亂을
초래하게 된다. 그러므로 비구는 부처님의 가르침을 잘 따라서 수행
을 해야 한다. 만일에 길을 잘못 가게 되면 나락奈落으로 들어가서 뭇
괴로움을 받게 될 것이니, 삼가고 또 삼가는 삶으로 엮어가야 한다.

3

원문原文 · 해역解譯

手足莫妄犯 손과 발로 망령됨을 범하지 말고
수 족 막 망 범

節言順所行 절 언 순 소 행	말을 절제하며 행하는 바를 따라서
常內樂定意 상 내 락 정 의	항상 안으로 선정의 뜻을 즐겨하며
守一行寂然 수 일 행 적 연	하나를 지켜 맑고 고요하게 행할지니라.

| 주석註釋 |

1 妄犯 : 함부로 범하는 것.
2 順所行 : 순은 순리順理이니, 즉 행동을 바르게 하는 것을 말한다.
3 寂然 : ① 맑고 고요함. ② 아무 기척이 없이 조용하고 기괴奇怪함. 고요하고 쓸쓸함.

| 해의解義 |

손과 발을 망령되거나 함부로 놀려서는 안 된다. 손발의 움직임을 따라서 죄도 될 수가 있고, 복도 될 수가 있으며, 살수殺手가 될 수도 있기 때문이다. 또한 말도 마찬가지이다. 절제節制된 말, 함축含蓄된 말을 해야지 망어妄語가 되어서는 안 된다. 또한 행동도 순리順理가 되어야 하고 안으로 선정禪定을 즐겨하여 심력心力을 쌓아야 한다. 그리하여 오직 하나뿐인 부처님의 도道를 따르고 지켜서 맑고 고요한 본원本源으로 돌아간다면 영겁을 안심할 수 있다.

4

學當守口 마땅히 입 지키기를 배워서
학 당 수 구

宥言安徐 말이 너그럽고 편안하며 조용하면
유 언 안 서

法義爲定 법의 이치가 정해지게 되나니
법 의 위 정

言必柔軟 말을 반드시 부드럽고 곱게할지니라.
언 필 유 연

| 주석註釋 |

1 守口 : ① 입을 지키는 것. ② 입을 다무는 것.

2 宥 : 너그러울 유. ① 너그럽다. 너그럽고 어질다. ② 용서하다.

3 宥言 : 너그러운 말. 말이 너그러움.

4 安徐 : 편안하고 느림, 즉 조용한 것.

5 法義 : 불법佛法의 근본 뜻.

6 柔軟 : 부드럽고 연함.

| 해의解義 |

주자朱子가 말하기를 "수구여병守口如甁, 방의여성防意如城."이라 하였다. 즉 '입을 지키기를 병과 같이 하고, 뜻을 막기를 성과 같이 하라.'는 뜻이다. 입 다물기를 병마개 막듯이 해서 비밀秘密을 남에게 폭로해서는 안 된다. "수신양덕修身養德"에 말하기를 "구설호화

□說好話, 심상호의心想好意, 신행호사身行好事."라 하였으니, 즉 '입은 좋은 말을 말하고, 마음은 좋은 뜻을 생각하며, 몸은 좋은 일을 행해야 한다.'고 이르고 있다. 그러므로 말은 항상 넉넉하고 고우며, 바르고 부드러워야 한다.

樂法欲法
낙 법 욕 법
법을 즐겨서 법이 되려 하고

思惟安法
사 유 안 법
법에 편안하기를 생각할지니

比丘依法
비 구 의 법
비구로서 법에 의지하면

正而不費
정 이 불 비
바르게 되어서 소모하지 않나니라.

| 주석註釋 |

1 欲法 : 법을 가지고자 하는 것.

2 依法 : 법에 따름.

3 不費 : ① 힘을 소비하지 않는 것. ② 힘들지 않는 것.

4 費 : 쓸 비. ① 쓰다. 소비하다. ② 소모하다.

　법이란 무엇일까? 광의적廣義的으로 본다면 우주질서宇宙秩序라고 할 수 있고, 협의적狹義的으로 본다면 인간(세상)의 안녕질서安寧秩序라고 할 수 있다. 그런데 부처님이 내놓은 불법佛法은 이 둘을 다 포함하고 있는 묘법妙法이요 정법正法이다. 그러므로 출가든 재가든 가릴 것 없이 이 법을 즐기고 이 법을 가질 것이며, 이 법에 편안하고 이 법에 의지를 하면 삶을 경영해 가는데 별달리 미혹迷惑되거나 장애障礙됨이 없이 순탄하게 나아가게 된다는 사실을 알아서 수행을 해야 한다.

6

원문原文 · 해역解譯

學無求利
학 무 구 리
배움에 이익 구하길 없어야 하고

無愛他行
무 애 타 행
다른 행도 사랑함이 없을지니

比丘好他
비 구 호 타
비구가 다른 것을 좋아하면

不得定意
부 득 정 의
선정의 뜻(마음)을 얻지 못 하나니라.

1 求利 : 이익을 찾고 구하는 것.
2 不得 : ① 얻을 수 없다. ② 얻지(터득하지) 못하다.
3 定意 : 선정禪定의 마음.

| 해의解義 |

이익을 추구하는 것은 농사와 공장과 장사를 하는 사람들의 일상이라고 할 수 있다. 만일에 출가하여 수도문중에 들어온 비구가 도를 닦는 데는 뜻을 두지 않고 이익을 찾는다면 참다운 부처님의 제자는 될 수 없다. 우리 속담에 중이 '염불에는 정신없고 젯밥에만 정신 판다.' 라고 하였으니, 이렇게 되면 제대로 중노릇을 하는 것이라고 할 수 없다. 부처님의 제자가 된 비구는 진리를 깨닫기 위한 선정禪定을 부지런히 익힌다면 식재기중食在其中이 되지만, 그렇지 않으면 배부채업背負債業이 된다.

7

원문原文 · 해역解譯

比丘少取   비구가 적게 취하여
비 구 소 취

以得無積   쌓임이 없음을 얻으면
이 득 무 적

天人所譽 하늘과 사람의 기리는 바로
천 인 소 예

生淨無穢 삶이 깨끗하여 더러움이 없나니라.
생 정 무 예

| 주석註釋 |

1 所譽 : 기리는 바, 즉 기리는 것.
2 生淨 : 삶이 깨끗한 것.
3 穢 : 더러울 예. ① 더럽다, 더러워지다, 더럽히다. ② 거칠다.

| 해의解義 |

축재蓄財는 속세에 사는 사람들이 하고자 하는 소망이다. 그들도 부정부패不正腐敗를 통해서 재물을 모으면 뭇 사람의 지탄을 받아 유지하기가 어렵다. 그런데 비구가 되어서 이것저것을 취한다면 원성怨聲을 듣게 되어 중노릇을 하는데 지장도 있지만 죽은 뒤에 부처님 앞에 섰을 때 무어라 변명을 할 것인가. 그러므로 비구의 생활이 깨끗하면 할수록 사람과 하늘의 기리는 바가 되어 도업자창道業自昌하고 교화자성教化自成하게 되리니, 비구는 세속화世俗化가 되는 것을 크게 경계해야 한다.

8

比丘爲慈
비 구 위 자
비구는 자비로워서

愛敬佛教
애 경 불 교
부처님 가르침을 사랑하고 공경하며

深入止觀
심 입 지 관
깊이 지관에 들어서

滅行乃安
멸 행 내 안
행이 멸해지면 이에 편안하나니라.

| 주석註釋 |

1 慈=慈悲 : 중생에게 낙을 주는 것을 자, 고를 없애 주는 것은 비. 또는 고를 없애 주는 것을 자, 낙을 주는 것을 비라 하기도 함.

2 愛敬 : 공경恭敬하고 사랑함.

3 止觀 : 지止는 범어로 śamatha, 관觀은 vipaśyanā. 정定 · 혜慧를 닦는 2법法. 불교의 중요한 수도 방법. 지는 정지停止. 마음을 고요히 거두어 망념을 쉬고, 한 곳에 집중하는 것. 관은 관달觀達. 지혜를 일으켜 관조하여 진여에 계합하는 것. 이 둘은 서로 떨어질 수 없는 일대一對의 법이어서, 두 법이 서로 의지하고 도와서 해탈의 중요한 길을 이루므로 지관이라 함. 잡념을 버리고 마음을 하나의 대상에 집중시켜 바른 지혜로 대상을 비추어 보는 일.

4 滅 : ① 유위법有爲法이 없어지는 것. 여기에 잠시멸暫時滅 · 구경멸究竟滅의 2종이 있다. ② 멸상滅相. ③ 멸제滅諦. ④ 열반涅槃.

5 滅行 : 행을 멸하는 것. 행은 몸(身), 입(口), 뜻(意)의 조작造作으로 이루어지는 선악善惡의 일체 행위를 말한다.

　　부처님의 가르침을 드러내라 하면 진리眞理나 심성心性, 그리고
부처 등 여러 가지가 있겠지만 자비慈悲를 말하지 않을 수 없다. 이
런 자비가 있어야 중생을 고해苦海에서 건져낼 수가 있기 때문이다.
그러므로 이 자비를 갖추려면 지관止觀의 수행을 해야 한다. 지止는
마음을 고요히 거두어 망념이나 번뇌를 쉬고 한 곳에 집중하는 것이
라고 한다면, 관觀은 지혜를 깨어내어 관조觀照하여 진여眞如에 계합
하게 하는 것으로 둘이 아닌 하나의 수행방법으로, 곧 해탈열반解脫
涅槃의 길을 말한다.

一切名色　　모든 이름이나 형색은
일 체 명 색

非有莫惑　　존재가 아니니 미혹되지 말고
비 유 막 혹

不近不憂　　가까이 아니하고 근심하지 않으면
불 근 불 우

乃爲比丘　　이에 비구가 되는 것이니라.
내 위 비 구

1 名色 : 【범】nāma-rūpa, 12인연의 하나. 구사종俱舍宗에서는 명名은
심법心法을 가리킨다. 심왕心王·심소心所는 크고 작은 모양새가 없
고, 단지 이름으로만 부르는 것이므로 명이라 한다. 색色은 색법色法
을 말한다. 크고 작은 모양새는 있으나 아직 6근根이 구족되지 못하
여 단지 몸과 뜻만 있는 것을 말한다. 이를 5온蘊으로 말하면, 색온色
蘊 이외의 나머지 4온은 명, 색온은 색에 해당. 곧 명색은 탁태托胎 제
2 찰나 이후 6근을 갖추기까지의 5온을 이름 한 것.

2 非有 : 있는 것이 아님. 일체 만물은 인연因緣으로 말미암아 생긴 것이
기 때문에 가상假相일 뿐 실지로 있는 것이 아니다.

3 惑 : 깨달음을 장애하는 체體. 증오證悟와 반대되는 것, 곧 번뇌를 말
함. 번뇌는 우리의 마음을 의혹하는 것이므로 혹이라 함.

4 莫惑 : 미혹迷惑되지 말라는 뜻.

| 해의解義 |

이름으로 불러지고 형상으로 나타난 것들이 영원히 존재한다는
이야기는 들은 적이 없다. 고려高麗의 삼은三隱인 야은冶隱 길재吉再
의 시조에 '오백 년 도읍지를 필마로 돌아드니, 산천은 의구하되 인
걸은 간 곳 없네. 어즈버 태평년월이 꿈이런가 하노라.' 고 읊조렸
다. 아무리 훌륭하고 화려한 국가나 단체나 개인도 흥망성쇠興亡盛
衰의 과정을 아니 겪을 수 없다. 그러므로 가상假相에 집착執着하여
일생을 허송虛送하지 말고 진정한 부처님의 제자인 비구比丘로 살아
가야 한다.

원문原文 · 해역解譯

比丘扈船 비구호선	비구는 배처럼 넓어서
中虛則輕 중허즉경	속을 비우면 곧 가벼워지네.
除婬怒癡 제음노치	음욕 · 성냄 · 어리석음을 버리면
是爲泥洹 시위니원	이것이 열반이 되나니라.

주석註釋

1 扈 : 따를 호. ① 따르다, 뒤따르다. ② 넓다. 광대廣大하다.

2 泥洹=涅槃 : 【범】nirvāṇa, 【팔】nibbāna, 불교의 최고 이상. 니원泥洹 · 열반나涅槃那라 음역, 멸멸滅滅 · 적멸寂滅 · 멸도滅度 · 원적圓寂이라 번역. 또는 무위無爲 · 무작無作 · 무생無生. 모든 번뇌의 속박에서 해탈하고, 진리를 궁구하여 미迷한 생사를 초월해서 불생불멸不生不滅의 법을 체득한 경지. 소승에서는 몸과 마음이 죄다 없어지는 것을 이상으로 하므로, 심신이 있고 없음에 따라 유여의有餘依 · 무여의無餘依의 2종 열반을 세우고, 대승에서는 적극적으로 3덕德과 4덕을 갖춘 열반을 말하며, 실상實相 · 진여眞如와 같은 뜻으로 본체本體, 혹은 실재實在의 의미로도 쓴다. 법상종法相宗에서는 4종 열반을 세운다.

해의解義

비구는 비워내야 한다. 물질은 물론이지만 직위職位나 권리權利

도 다 던져버려서 남음이 없어야 한다. 더 나아가서는 몸도 없애고 마음까지도 없애야 한다. 그래야 가득 채울 수 있다. "영과이후진盈科而後進"이라 한다. 구멍을 가득 채운 뒤에 나간다는 뜻으로, 물이 흐를 때는 조금이라도 오목한 데가 있으면 우선 그곳을 가득 채우고 아래로 흘러간다는 말이다. 그러니 비구가 음욕 · 성냄 · 어리석음을 버릴 때 굳게 닫힌 열반涅槃의 큰 문이 활짝 열리게 된다.

11

| 원문原文 · 해역解譯 |

捨五斷五
사 오 단 오
다섯 가지를 버리고 다섯 가지를 끊을지니

思惟五根
사 유 오 근
오직 다섯 가지 뿌리를 생각하여

能分別五
능 분 별 오
능히 다섯 가지를 분별하면

乃渡河淵
내 도 하 연
이에 강과 깊은 못을 건너나니라.

| 주석註釋 |

1 捨五 : 다섯 가지를 버린다는 것이니, 다섯 가지는 탐욕(貪)과 성냄(瞋)과 어리석음(癡)과 교만(慢)과 의심(疑)의 오혹五惑을 말한다.
2 斷五 : 다섯 가지를 끊는다는 것이니, 다섯 가지는 재물(財)과 여색(色)

과 음식(食)과 명예(名)와 수면(睡)의 오욕五慾을 말한다.

3 五根 : ①【범】pañca-indriyāṇi, 5관官, 곧 보고, 듣고, 맡고, 맛보고, 접촉하는 5감각 기관인 눈(眼根)과 귀(耳根)와 코(鼻根)와 혀(舌根)와 몸(身根)의 5근. ② 5력力이라고도 함. 보리에 도달하기 위한 향상기관向上機關 방법으로 유력한 5종. 신근信根 · 진근進根 · 염근念根 · 정근定根 · 혜근慧根.

| 해의解義 |

오혹五惑을 버려야 한다. 오혹은 탐욕(貪)과 성냄(瞋)과 어리석음(癡)과 교만(慢)과 의심(疑)이다. 오욕五慾을 끊어야 한다. 오욕은 재물(財)과 여색(色)과 음식(食)과 명예(名)와 수면(睡)이다. 오근五根을 바루어야 한다. 오근이란 눈(眼根)과 귀(耳根)와 코(鼻根)와 혀(舌根)와 몸(身根)이다. 이 다섯 가지씩을 잘 해결하여 걸림이 없으면 생사生死가 이루어지는 번뇌煩惱와 미망迷妄의 고해苦海를 건너서 열반涅槃의 피안彼岸에 도달하여 지락至樂을 수용할 수 있다.

12

원문原文 · 해역解譯

禪無放逸   선정을 닦아 방일함이 없고
선 무 방 일

莫爲欲亂   탐욕으로 어지럽히지 말며
막 위 욕 란

不吞洋銅　끓는 구리쇠 물을 마시고
불 탄 양 동

自惱燋形　스스로 괴롭혀 몸을 태우지 아니할지니라.
자 뇌 초 형

| 주석註釋 |

1 禪 : 범어 선나禪那의 준말. 정정定 · 정려靜慮 · 기악棄惡 · 사유수思惟修
라 번역. 진정한 이치를 사유思惟하고, 생각을 고요히 하여 산란치 않
게 하는 것. 마음을 한 곳에 모아 고요한 경지에 드는 일. 조용히 앉아
선악을 생각지 않고, 시비에 관계하지 않고, 유무有無에 간섭하지 않
아서 마음을 안락 자재한 경계에 소요逍遙케 하는 것.

2 放逸 : 【범】 pramāda, 심소心所의 이름. 대번뇌지법大煩惱地法의 하
나. 20수번뇌隨煩惱의 하나. 인간으로서 해야 할 착한 일이나 방지해
야 할 악한 일을 뜻에 두지 않고, 방탕하고 함부로 하는 정신 작용을
말함.

3 欲亂 : 욕심이 마음을 어지럽게 하는 것.

4 自惱 : 스스로 괴로워하는 것.

5 燋形 : 몸을 불태우는 것.

| 해의解義 |

수도하는 사람이 선禪을 열심히 익히게 되면 모든 번뇌가 자연히
가라앉고 마음이 맑아지게 된다. 이렇게 마음이 맑아지면 방일放逸
이 없어지고 일체의 욕심도 수그러지게 된다. 그러면 마음의 지혜智
慧가 나타나서 자기가 자신을 괴롭히는 행위가 물러나게 되어 형체
를 태울 필요가 없게 된다. 이런 것이 오직 부처님이 제시한 선을 통

해서 이루어지는 것임을 확실하게 알아서 쉬지 않고 나아가면 내면
內面의 자유를 얻고 외면外面의 행화行化가 골라지게 된다.

無禪不智   선정이 없으면 지혜롭지 않고
무 선 부 지

無智不禪   지혜가 없으면 선정도 안 되나니
무 지 불 선

道從禪智   도는 선정과 지혜로 좇아
도 종 선 지

得至泥洹   열반에 이르게 됨을 얻나니라.
득 지 니 원

| 주석註釋 |

1 智 :【범】Jñāna,【팔】Paññā, 사나闍那 · 야나若那라 음역. 결단決斷하
  는 뜻. 앎. 지식. 모든 사상事象과 도리에 대하여 그 옳고 그름을 분별
  판단하는 마음의 작용. 지는 혜慧의 여러 작용 가운데 하나이나, 지혜
  知慧라 붙여서 쓴다. 불교에서는 오계悟界의 진인眞因은 지를 얻는 데
  있다 하고, 불과佛果에 이르러서도 지를 주덕主德으로 한다.

소금이 짜지 않으면 소금이 아니요, 소금이 아니면 짜지 않다. 선禪이 아니면 지혜롭지 않고, 지혜롭지 않으면 선이 아니다. 선은 지혜를 열어가는 묘방妙方이니, 이 묘방을 쓰지 않으면 지혜를 열 수가 없다. 도道란 길이다. 이 길은 열반涅槃에 이르게 하는 길이다. 그러므로 선지禪智가 아니면 이 길을 갈 수가 없는 것이니, 선지를 부지런히 익혀야 한다. 호대浩大한 불법佛法은 선과 지를 다 갖추었으니, 누구든 이 도에 귀의歸依하면 열반에 이르는 것이 비행기 탄 것과 같게 된다.

원문原文·해역解譯

當學入空
당 학 입 공
마땅히 공에 들기를 배워서

靜居止意
정 거 지 의
고요하게 살며 뜻(마음)을 쉬고

樂獨屛處
낙 독 병 처
홀로 그윽한 곳에 있길 즐겨서

一心觀法
일 심 관 법
한마음으로 법을 볼지니라.

1 入空 : 모든 법을 분석하거나 혹은 모든 법이 인연으로 생긴 것임을
  알고서 실성實性은 없다는 진리에 깨달아 들어감.

2 空 : 【범】śūnya, 순야舜若라 음역. ① 물건이 없는 곳. 보통 말하는 공
  간·공허·공무空無의 뜻. ② 유有가 아니란 뜻. 실체가 없고 자성自性
  이 없는 것. 불교에서 말하는 공의 종류는 매우 많으나 이를 크게 나
  누면, 실답지 않은 자아自我에 실재實在라고 인정하는 미집迷執을 부
  정하도록 가르치는 아공我空과, 나와 세계를 구성하는 요소에 대하여
  항상 있는 것이라고 인정하는 미집을 부정하도록 가르치는 법공法空
  의 두 가지가 있음.

3 靜居 : 세상일을 떠나 한가히 지냄, 또는 한가히 살아감.

4 止意 : 지는 정지의 뜻이니, 즉 망념을 버리고 마음이 쉬는 것.

5 屛處 : 그윽한 곳, 그윽한 곳에 있는 것.

6 觀法 : ① 법을 관함. 곧 마음으로 진리를 관념하는 것. 불교에 대한
  실천 수행을 가리키는 말. 관심觀心은 주관인 마음을 관하는 것, 관법
  은 객관 대상을 관하는 것으로, 불교 관념론 철학에서는 주관과 객관
  이 서로 융통融通하고 상즉相卽하므로 관법이 관심과 같다. ② 관심을
  수행하는 방법이란 뜻.

| 해의解義 |

불교, 또는 불법佛法의 궁극窮極인 도리道理를 한마디로 말하자면,
바로 "공空"이라고 할 수 있다. 이 공은 허무의 공이 아니라 "비실지
공備實之空"이다. 즉 '실상을 다 갖춘 공이라.'는 뜻이다. 그렇지만
공이라고 할 수 없고, 공 아니라고 할 수도 없는 공이다. 소리도 없
고(無聲) 냄새도 없으며(無臭) 형상도 없는(無相) 공이다. 여기에는 모

든 보물과 조화造化와 묘리妙理를 다 갈무린 뚜렷한 자리이니 이 자리를 보려면(깨치려면) 한마음으로 불교의 법리法理를 수행하지 않고는 어렵다.

常制五陰　　항상 오음을 제어하고
상 제 오 음

伏意如水　　뜻(마음)을 항복받길 물같이 하면
복 의 여 수

淸淨和悅　　맑고 깨끗하며 온화하고 기뻐서
청 정 화 열

爲甘露味　　감로의 맛이 되나니라.
위 감 로 미

| 주석註釋 |

1 五陰=五蘊 :【범】pañca-skandhāḥ,【팔】pañca-kkhandha, 5취온取
蘊 · 5음陰 · 5중衆 · 5취聚라고도 함. 온蘊은 모아 쌓은 것, 곧 화합하
여 모인 것. 무릇 생멸하고 변화하는 것을 종류대로 모아서 5종으로
구별. ① 색온色蘊 ; 스스로 변화하고 또 다른 것을 장애하는 물체. ②
수온受蘊 ; 고苦 · 락樂 · 불고불락不苦不樂을 느끼는 마음의 작용. ③
상온想蘊 ; 외계外界의 사물을 마음속에 받아들이고, 그것을 상상하여

보는 마음의 작용. ④ 행온行蘊 ; 인연으로 생겨나서 시간적으로 변천
함. ⑤ 식온識蘊 ; 의식意識하고 분별함.

2 伏意 : 마음을 항복 받음.

3 淸淨 :【범】śuddha, 나쁜 짓으로 지은 허물이나, 번뇌의 더러움에서
벗어난 깨끗함. 자성청정自性淸淨·이구청정離垢淸淨의 2종이 있음.

4 和悅 : 마음이 화평和平하여 기쁨.

5 甘露 :【범】amṛta, 아밀리다阿密哩多라 음역. 불사不死·천주天酒라 번
역. 소마蘇摩의 즙, 천신들의 음료. 또 하늘에서 내리는 단 이슬이라
하여 감로라 이름. 예로부터 훌륭한 정사를 행하면 천지가 이 상서를
내린다고 함. 불경에는 감로란 말이 많은데, 불타의 교법이 중생을 잘
제도함에 비유한 것임.

| 해의解義 |

오음五陰을 오온五蘊이라 한다. 온蘊은 '모아 쌓은 것', 곧 '화합
하여 모인 것'으로, 무릇 생멸生滅하고 변화變化하는 것을 말한다.
이는 실재實在가 아니라 변천變遷해 가는 과정을 다섯으로 나누어
놓은 것이다. 그래서 마음으로 이를 항복받아 물처럼 된다면 마음이
자연 청정하고 화평하여 기쁨과 즐거움이 넘쳐서 감로甘露와 같이
된다. 감로란 천신天神들이 마시는 단 이슬로 불로장생不老長生하는
천주天酒이니, 바로 부처님의 교법敎法을 말하는 것이라고 할 수 있
다.

不受所有 불 수 소 유	남의 가진 것을 받지 않는다면
爲慧比丘 위 혜 비 구	지혜로운 비구가 되고
攝根知足 섭 근 지 족	근을 단속하고 만족할 줄 알아서
戒律悉持 계 율 실 지	계율을 모두 간직할지니라.

주석註釋

1 所有 : 가지고 있음, 또는 그 물건.

2 根 : ①【범】mūla, 근본이란 뜻. 선근善根 등의 근. ②【범】indriya, 5 관官 등의 기관이란 뜻으로, 증상增上하고 능생能生하는 작용이 있는 것을 말함. 5근·22근 따위가 이것. 기근機根이란, 근도 또한 이런 능 력이 있다는 뜻.

3 知足 : 제 분수分數를 알아 마음에 불만함이 없음, 곧 무엇이 넉넉하고 족足한 줄을 앎.

4 戒律 : 경계하고 규율 있게 한다는 뜻. 부처님 제자들의 비도덕적인 행위를 막는 율법. 계戒와 같음.

해의解義

속세에 사는 사람들은 많이 가진 것이 자랑이 될지 몰라도 수도 하는 비구는 하나라도 덜 가짐을 자랑으로 삼아야 한다. 그래서 무 소유無所有를 강조하고 있다. 즉 가진 것이 없어야 한다는 뜻이다. 있으면 있는 대로 없으면 없는 대로 사는 것이지만, 있는 만큼 번뇌煩惱가 따르고 없는 만큼 번뇌도 줄어들게 된다. 무엇이든 가짐에 만족을 해야 하지만 더 나아가서는 가지지 않음에 만족할 줄 알아야 진정한 비구이요, 계율을 지켜서 갈무리한 비구라고 할 수 있다.

원문原文 · 해역解譯

生當行淨
생 당 행 정
살면서 마땅히 청정을 행하고

求善師友
구 선 사 우
착한 스승과 벗을 구할지니

智者成人
지 자 성 인
지혜로운 자가 어른이 되면

度苦致喜
도 고 치 희
괴로움을 벗어나 기쁨을 이루나니라.

주석註釋

1 行淨 : 깨끗한 마음을 행함.

2 師友 : 스승과 벗.

3 智者 : 슬기가 있는 사람.

4 成人 : ① 성년成年이 됨, 또는 성년이 된 사람. 대인大人. ② 인간 발육

의 최종기인 청년기靑年期에 계속하여 심신心身의 발육을 마치고 어른
이 된 사람.

5 度苦 : ① 고해苦海를 건넘. ② 괴로움을 벗어남.

| 해의解義 |

　생이정심生而淨心한 사람은 좀처럼 없다. 즉 나면서 마음이 맑은
사람은 드물다는 말이다. 어릴 때는 혹 맑은 마음을 가졌을지 몰라
도, 업業은 그대로 갖고 있기 때문에 커가면서 욕심이 생겨 점점 매
혹昧惑하게 된다. 그러므로 법 있는 스승을 찾고 도반道伴을 만나서
열심히 수행하여 지혜를 이룬 성인成人이 되어야 한다. 그러면 지혜
가 솟아나서 그 혜력慧力으로 고해苦海를 건널 수 있고 번뇌煩惱를
소멸시킬 수 있으며, 영락永樂을 누릴 수 있고 부처나 조사를 이룰
수 있다.

원문原文 · 해역解譯

如衛師華　마치 위사화가
여 위 사 화

熟知自墮　무르익으면 저절로 떨어짐을 알듯이
숙 지 자 타

釋婬怒癡　음욕과 성냄과 어리석음을 놓으면
석 음 노 치

生死自解　나고 죽음에서 저절로 풀려나나니라.
생 사 자 해

| 주석註釋 |

1 衛師華 : 꽃 이름을 말한다.
2 生死 :【범】jāti-maraṇa, 중생의 일생 시종을 말함. 선마말랄남繕摩末
   刺諵・사제말랄남闍提末刺諵이라 음역. 이에 분단생사分段生死・변역
   생사變易生死의 구별이 있음.
3 自解 :① 제 스스로 풀어 냄. ② 어떤 일에 구애됨이 없이 스스로 풀어
   서 해탈解脫함. ③ 자기를 변명辨明함.

| 해의解義 |

　무릇 위사화衛師華가 아무리 아름다운 꽃이라고 할지라도 무르익
으면 저절로 떨어지게 된다. 이와 같이 수도修道하는 사람을 망치게
하는 것은 음욕婬慾과 성냄과 어리석음이다. 이 세 가지가 있는 한
수도를 하는데 장애障礙가 될 뿐만 아니라 마음을 사장死藏시키고
지혜를 개폐蓋蔽하는 마군魔軍이 되는 것이니 반드시 항복받아 끊어
내야 한다. 반면에 이 세 가지를 확실하게 풀어서 놓아버린다면 생
사生死의 바다를 유유자적悠悠自適하게 건너서 열반涅槃의 항구에
닿게 된다.

止身止言
지 신 지 언
　몸을 그치고 말을 그치며

心守玄默
심 수 현 묵
　마음으론 현묵을 지킬지니

比丘棄世
비 구 기 세
　비구가 세상을 버리면

是爲受寂
시 위 수 적
　이는 적멸의 안락을 받게 되나니라.

| 주석註釋 |

1 玄默 : ① 죽은 듯이 침묵沈默함. ② 우아하여 마구 말하지 아니함.
2 棄世 : ① 세상을 버림이라는 뜻으로, 윗사람의 죽음을 일컫는 말. ②
　세상과의 관계를 끊어 버림. ③ 세상을 초월하여 인사를 돌보지 않음.
3 受寂 : 적멸寂滅의 안락安樂을 받는 것. 적멸은 열반涅槃의 뜻이다.

| 해의解義 |

　몸을 그친다는 것은 몸을 대휴大休한다는 것이요, 말을 쉰다는 것
은 말을 대헐大歇한다는 뜻이다. 이와 같이 몸과 말을 크게 쉬면 지
정至定에 이르게 된다. 또한 마음도 대적묵大寂默을 지키면 바로 지
정에 드는 것이다. 비구가 이렇게 수행을 하여오다가 시간이 흘러서
세상을 떠나지 않을 수 없게 된다. 그러면 반드시 적멸寂滅의 안락安
樂을 얻어서 열반涅槃의 극처極處에 이르게 되리니 평소에 열심히 수

행을 하지 않으면 이런 결과를 이룰 수 없다는 것을 알아 늘 다짐하며 살아야 한다.

當自勅身
당 자 칙 신
마땅히 스스로 몸을 신칙할지니

內與心爭
내 여 심 쟁
안으로 마음을 잡아끌어서

護身念諦
호 신 염 제
몸을 지키고 진리를 생각하면

比丘惟安
비 구 유 안
비구는 오직 편안하나니라.

| 주석註釋 |

1 勅 : 칙서 칙, 신칙할 칙. ① 칙서勅書. 조서詔書. ② 신칙申飭(단단히 타일러서 경계함)하다.

2 勅身 : 몸을 신칙함.

3 爭 : 다툴 쟁. ① 다투다. ② 잡아끌다. ③ 논쟁하다.

4 護身 : 몸을 지키고 보호함.

5 念諦 : 진리를 생각하는 것.

항상 몸을 단단히 타이르고 경계를 해야 한다. 게으르거나 삿되지 않고 부지런하고 바르게 나아가도록 해야 한다. 마음도 사악邪惡하고 탐욕貪慾하는 마음과 늘 싸워서 청정한 경지를 잃지 않도록 해야 한다. 그리하여 몸을 지켜 보호하고 오직 진리를 생각하여 깨달으면 부처님의 법을 받들고 수행하는 비구로서는 세상에 있든, 세상을 떠나든 간에 언제나 부처님의 보호를 받게 된다. 그러하면 악도惡道에 들지 않고 선도善道에 수생하여 제도濟度를 받게 되리니 이보다 더 큰 은혜는 없다.

我自爲我 아 자 위 아	나는 스스로 나라고 하지만
計無有我 계 무 유 아	내가 있는 것이 아님을 헤아릴지니
故當損我 고 당 손 아	그러므로 마땅히 나를 덜어내서
調乃爲賢 조 내 위 현	길들이면 이에 현명하게 되나니라.

1 計 : 셀 계. ① 세다. 셈하다. 계산하다. ② 헤아리다.
2 損 : 덜 손. ① 덜다. 줄이다. ② 줄다. 감소하다.
3 損我 : 나를 덜음. 즉 나의 존재를 없애는 것.
4 調 : 고를 조. ① 고르다. 조절하다. ② 길들이다.

| 해의解義 |

현재의 '나'라는 것은 사대四大로 뭉쳐진 가상假相이지 실체實體
의 '나'는 아니다. 그런데 보통 사람들은 나라는 것이 있어서 잘 먹
이고, 잘 입히며, 잘 놀리려 하다가 집착執着을 하기도 하고 애착愛着
을 가지기도 한다. 그러나 수도하는 사람이라면 이 몸의 존재存在를
덜어내서 없애야 한다. 만일 이 몸이 있다고 생각하는 한 수행 길에
서 멀어지고, 수행 길에서 멀어지면 지혜를 갖춘 현명賢明한 인품人
稟을 이루기가 어렵고, 또한 현명하지 않으면 고뇌苦惱를 떨쳐버릴
수가 없다.

| 원문原文 · 해역解譯 |

喜在佛敎   기쁨을 부처님 가르침에 두면
희 재 불 교

可以多喜　가히 써 기쁨이 많아서
가 이 다 희

至到寂寞　지극한 적막에 이르리니
지 도 적 막

行滅永安　행이 멸하여 길이 편안하나니라.
행 멸 영 안

| 주석註釋 |

1 佛教 : 석가모니불께서 말씀하신 교법과, 그 발달하고 분파한 온갖 교
　리와 법문과 종지宗旨의 총칭.
2 寂寞 : 적적寂寂함. 고요함.
3 永安 : 길이길이 편안함.

| 해의解義 |

　부처님을 믿는 사람이라면 나의 모든 기쁨을 부처님과 맞추어야
한다. 그러면 우울할 날이 없고 찡그릴 시간이 없다. 반면에 더 큰
기쁨과 즐거움을 얻게 된다. 따라서 부처님의 가르침을 따라 열심히
공부하고, 계율을 지키며, 수행을 해서 고요하고 아득한 궁극窮極의
자리에 이른다면, 일체 번뇌煩惱가 소멸되고 미망迷妄에서 벗어나게
된다. 그러면 자연적으로 최고 극처極處의 안락安樂인 열반涅槃을 얻
어서 영겁을 자유하게 되리니 부처님 자비慈悲의 법화法化가 크다고
아니할 수 없다.

儻有少行　　혹시 조그만 행이 있을지라도
당 유 소 행

應佛敎戒　　부처님의 가르침과 계율에 맞으면
응 불 교 계

此照世間　　이것이 세간을 비추어서
차 조 세 간

如日無曀　　해에 구름 낌이 없는 것과 같나니라.
여 일 무 에

｜주석註釋｜

1 儻 : 빼어날 당, 혹 당. ① 빼어나다. 뛰어나다. ② 혹시. 적어도.

2 應 : 상응相應의 뜻. 곧 서로 맞는 것.

3 無曀 : ① 구름 낌이 없는 것. ② 흐림이 없는 것.

4 曀 : 음산할 에. ① 음산陰散하다. ② 덮어 가리다. ③ 구름 끼다.

｜해의解義｜

　비록 내가 하는 하찮은 조그만 행동이라 할지라도 부처님의 가르
침과 계율에 맞아지면 부처님의 법을 잘 실천하는 것이요, 또한 불
의佛意를 잘 지니는 것이라고 할 수 있다. 이렇게 작은 실행의 빛이
세상의 모퉁이에서부터 비추기 시작하여 널리 파급波及이 된다면,
바로 부처님의 세상이 펼쳐지는 것과 다름이 없다. 이는 마치 음산
한 구름이 하늘의 밝은 해를 가리고 있다가 어느 쪽에선가 바람이

불면 서서히 걷히나 싶더니 해가 빛을 확 쏟으며 드러나는 것과 같
은 것이라 할 수 있다.

원문原文 · 해역解譯

棄慢無餘憍 기 만 무 여 교	오만을 버린 나머지 교만도 없으며
蓮華水生淨 연 화 수 생 정	연꽃이 물에서 깨끗하게 나오듯이
學能捨此彼 학 능 사 차 피	배움은 능히 이것저것을 버리는 것이니
知是勝於故 지 시 승 어 고	이러하면 옛날보다 나아졌음을 아나니라.

| 주석註釋 |

1 慢 : 거만할 만. 거만倨慢하다. 오만傲慢하다.

2 憍 : 교만할 교. ① 교만驕慢하다. 거만倨慢하다. ② 방자放恣하다.

3 蓮華 : 인도의 연화 종류에 우발라화 · 구물두화 · 파두마화 · 분다리
화의 4종이 있고, 니로발라를 더하여 5종인데, 이것을 다 연화라 번
역. 보통 연화라 하는 것은 분다리화(백련화)를 말함.

4 彼此 : ① 저것과 이것. ② 서로.

5 故 : 연고 고. ① 연고緣故. 사유事由. ② 옛날. 옛일

거만倨慢함을 버려야 한다. 거만이란 제가 잘난체하는 것을 말한다. 거만이 있으면 자칫 사람들에게 교만憍慢(驕慢)하게 보이기가 쉽다. 연꽃은 더러운 어니淤泥, 곧 진흙에서 나온다. 그렇지만 그 꽃은 너무나 청초淸楚하여 많은 사람들의 사랑을 받아 불전佛前에까지 올려진다. 사람도 거만과 교만을 없애면 연꽃처럼 된다. 또한 부처님의 가르침을 잘 배워서 익히게 되면 이것저것의 분별分別이 없고 집착執着이 없이 하나를 이루어 옛날보다 수도修道에 전진이 있게 된다.

25

割愛無戀慕
할 애 무 연 모
사랑을 끊어 그리워함이 없으면

不受如蓮華
불 수 여 연 화
연꽃이 (더러움을) 받지 않음과 같다네.

比丘渡河流
비 구 도 하 류
비구가 (애욕의) 강물을 건너면

勝欲明於故
승 욕 명 어 고
욕심을 이겨서 옛날보다 밝아지나니라.

1 割愛 : 애욕을 끊음.

2 愛 : 【범】taṇhā, ① 12인연의 하나. 애지愛支. 『구사론』에서는 남녀
16~17세 이후에 애욕이 생기기 시작하나 아직 음욕을 만족함에 이르
지 못한 때, 『성유식론成唯識論』에서는 다음 생을 받을 인연이 될 탐번
뇌貪煩惱라 함. 모두 임종 시에 일어나는 탐애貪愛. ② 남녀의 성욕에
근거하여 서로 사랑하는 연애 · 처자애妻子愛 · 명리애名利愛 등 좋지
못한 마음에서 일어나는 것이므로 염오애染汚愛라 함. ③ 불 · 보살 등
이 중생을 구제하려는 것 같이 아무 데도 치우치지 아니한 대자비심
으로서 순전한 정에서 일어나는 사랑. 이것은 불염오애不染汚愛.

3 戀慕 : 이성異性을 사랑하여 간절히 그리워함.

4 渡河 : 강물을 건넘.

| 해의解義 |

12인연因緣에서 애愛 다음 취取, 취 다음 유有이다. 애란, 갈애渴愛
의 의미라면 취는, 애愛를 연하여 일어나는 집착執着이다. 유란 미계
迷界에 태어나는 원인인 업을 짓는 것이라고 할 수 있다. 그래서 애
욕愛慾이나 애정愛情을 끊어야 물속에서 솟는 연꽃의 아름다움처럼
된다. "삼수도하獸渡河"라는 말이 있다. 이 말은 수행修行의 얕고 깊
음을 토끼와 말과 코끼리가 항하恒河를 건너는 데 비유한 말이니, 과
연 나의 수행은 무엇과 비교할 수 있을까?

截流自恃 (애욕의) 흐름을 끊어 스스로 믿고
절 류 자 시

逝心却欲 마음을 보내며 애욕을 물리칠지니
서 심 각 욕

仁不割欲 어짊으로도 애욕을 끊지 못하면
인 불 할 욕

一意猶走 한 뜻(마음)은 오히려 달려가나니라.
일 의 유 주

| 주석註釋 |

1 自恃 : ① 무슨 일이 그러하려니 하고, 저 혼자 속으로 믿고 겉에 드러 냄. ② 저의 능력能力과 값어치를 스스로 믿음 자부自負하고 자신自信함.
2 逝心 : 마음을 흘려보내는 것.
3 却欲 : 욕심을 물리치는 것.
4 一意 : ① 하나의 뜻. ② 한 가지 사물事物에 뜻을 기울임.

| 해의解義 |

애욕愛慾으로 흘러가는 자신의 마음을 능히 끊어낼 수 있을 때에 자기를 믿어야 한다. 그렇지 않고 마음을 흘려 보내고 애욕을 물리 칠지라도 힘만 들지, 되지 않는다. 그런데 자칫 나는 어질고, 또 착 하니까 차마 애욕을 끊을 수 없다고 한다면 잘못이라고 할 수 있다.

즉 애욕의 끝은 나락奈落이면 이었지 승급昇級은 아니기 때문이다. 따라서 일의직도—意直到라는 말처럼 자기 생각하는 그대로 나타내고 좇아가서 돌이킬 수 없는 지경에 이르게 되면 후회해도 소용이 없다.

爲之爲之
위 지 위 지
하고 하면

必强自制
필 강 자 제
반드시 굳게 저절로 억제되지만

捨家而懈
사 가 이 해
집을 버렸다 할지라도 게으르면

意猶復染
의 유 부 염
뜻(마음)은 오히려 다시 더러움에 물드나니라.

| 주석註釋 |

1 爲之 : 수행을 하는 것.
2 自制 : 스스로 자기의 감정感情과 욕심慾心을 억누름.
3 捨家 : 집을 버리고 불문佛門에 들어감. 승려가 되는 일.
4 懈 : 게으를 해. 게으르다. 나태하다.
5 復染 : 또 더러움에 물이 드는 것.

　사람이 어디를 목표하고 가면 아무리 멀다 할지라도 닿을 수 있다. 그러나 수행을 하는 것은 하고, 또 할지라도 끝이라는 것을 찾을 수 없고 이를 수도 없다. 그래도 자신의 욕망을 자제하고 굳세게 정진精進을 해야 한다. 사가기욕捨家棄欲이라 한다. 즉 집이나 세속적인 욕망慾望을 버리고 불문佛門에 들어간다는 뜻이다. 어쩌면 불문에 들어와서도 부지런하지 않고 수행에 게으름을 피우면 마음이 방일放逸하여 다시 세속에서 살았던 모습으로 되돌아가는 것이니 각심刻心을 해야 한다.

行懈緩者
행 해 완 자
수행이 게으르고 느슨한 자는

勞意弗除
노 의 불 제
뜻(마음)이 수고러워도 제거하지 못하나니

非淨梵行
비 정 범 행
깨끗한 범행이 아니면

焉致大寶
언 치 대 보
어찌 큰 보배 이루리요.

1 懈緩＝怠慢 : 해야 할 일을 하지 않고 게으름을 피움.

2 勞意 : 마음을 수고롭게 하는 것. 즉 마음을 괴롭힘.

3 梵行 :【범】brahmacarya, 범은 청정·적정의 뜻, 맑고 깨끗한 행실. 정행淨行과 같음. ① 더럽고 추한 음욕을 끊는 것을 범행이라 한다. 곧 범천의 행법이란 말. ② 5행行의 하나. 공空·유有의 양쪽에 치우쳐 물들지 않고, 맑고 깨끗한 자비심으로 중생의 고통을 건지고 낙을 주는 보살행.

4 大寶 : 불법승佛法僧을 삼보三寶라 함. 불은 석가모니 부처님, 법은 부처님의 교법, 승은 스님이다.

| 해의解義 |

　수행하는데 있어서는 부지런함이 최고이다. 그래서 근행勤行이라 한다. 만일 게으름을 피운다면 깨닫기 직전에 그만 둘 수도 있는 것이니, 우리 속담처럼 '귀먹은 중 마 캐듯' 해야 한다. 즉 남이 무슨 말을 하거나 말거나 알아듣지 못한 체하고 저 하던 일만 하듯이 수행에 게으름을 피워서는 안 된다. 맑고 깨끗한 행실行實, 곧 정행淨行을 이루지 못하면 불佛, 법法, 승僧의 삼보三寶를 이룰 수가 없는 것이기 때문에 게으른 수행은 하지 않아야 한다.

29

원문原文 · 해역解譯

沙門何行　사문으로서 어디를 가든지
사 문 하 행

如意不禁　만일 뜻(마음)을 금하지 못한다면
여 의 불 금

步步著粘　걸음걸음마다 달라붙어서
보 보 착 점

但隨思走　단지 그 생각만 따라 달리나니라.
단 수 사 주

| 주석註釋 |

1 步步 : 걸음걸음. 한 걸음 한 걸음.
2 著粘 : 달라붙음.
3 粘 : 붙을 점. ① 붙다. ② 끈끈하다.

| 해의解義 |

　수도를 하는데 있어서는 마음에서 일어나는 탐욕貪慾이나 애욕愛慾을 억제抑制하고 끊어내야 한다. 그렇지 않으면 이 마음이 미치는 곳마다 끈끈이가 어디든 잘 붙듯이 집착執着이 되어 영영 떼어낼 수 없게 된다. 부처님의 제자로 사문沙門이 되었으면 자기의 기잠起潛하는 마음을 잘 관찰하여 어떤 생각을 하고, 어느 방향으로 달려가는 가를 보아서 돌리기도 하고 제거하기도 하여야 한다. 그렇지 않으면 자칫 죄악罪惡의 구덩이로 빠져 들어가서 나올 수 없게 된다.

30

袈裟披肩
가 사 피 견
가사를 어깨에 걸쳤더라도

爲惡不損
위 악 불 손
악을 덜어내지 못해서

惡惡行者
악 악 행 자
온갖 악을 행하는 자는

斯墮惡道
사 타 악 도
이에 악도에 떨어지나니라.

| 주석註釋 |

1 袈裟 : 【범】kaṣāya, 가사야袈裟野 · 가라사예迦邏沙曳라고도 쓰며, 적
색赤色 · 부정색不正色 · 염색染色이라 번역. 이진복離塵服 · 소수의消瘦
衣 · 간색의間色衣 · 무구의無垢衣 · 공덕의功德衣 · 인개忍鎧 · 연화복蓮
華服 · 복전의福田衣 · 전문상田文相이라고도 함. 승려가 입는 법의法
衣. 청 · 황 · 적 · 백 · 흑의 5정색正色 밖에 잡색으로 물들여 쓰기를
규정한 것이므로 이 같은 이름이 있다. 그 재료를 의체衣體, 또는 의재
衣財라 함. 흔히 시주에게서 얻은 낡은 옷을 쓰되, 이를 조각조각 벤
뒤에 다시 꿰매어 만든다. 5조條(1長1短)로 만든 것을 안타회安陀會, 7
조(2장1단)로 만든 것을 울다라승鬱多羅僧, 9조 · 11조 · 13조(이상 2장 1
단) · 15조 · 17조 · 19조(이상 3장 1단) · 21조 · 23조 · 25조(이상 4장 1
단)를 승가리僧伽梨라 함. 이 3의衣는 본래 부처님께서 더운 인도 지방
에 사는 이를 위하여 만든 법의로서 이것만을 몸에 가리므로 의衣라
하였으나, 우리나라 · 중국 · 일본 등지에서는 가사 아래 옷(장삼)을

입어 이를 가사와 구별한다.

2 披 : 헤칠 피. ① 헤치다. 펴다. (끈을) 풀다. ② 걸치다.

3 惡行 : 악한 행실.

4 惡道 : 악취惡趣와 같음. 나쁜 일을 지은 탓으로 장차 태어날 곳. 여기
에 3악도·4악도·5악도 등이 있음.

| 해의解義 |

'법복 입은 도둑(袈裟賊)'이라는 말이 있다. 《능엄경楞嚴經》에 "불
운佛云 '운하적인云何賊人, 가아의복假我衣服, 패판여래稗販如來, 조종
종업造種種業.'"이라 하였다. 즉 "부처님이 이르기를 '어찌하여 도
둑들이 나의 옷을 빌려 입고 부처를 팔아서 가지가지 업(악업)을 짓
는냐?'"고 하였다. 가사를 걸친 중이 되어서 악을 덜어내지도 못하
고 악행을 저지른다면, 이러한 사람은 죽은 뒤에 악도에 떨어져서
보통 사람들보다 훨씬 큰 고통을 받게 된다 하였으니 가사를 입은
도적이 되지 말고 더욱 정진해야 한다.

| 원문原文 · 해역解譯 |

不調難誡　　길들지 않으면 경계하기가 어렵나니
부 조 난 계

如風枯樹　　바람이 나무를 말리는 것과 같네.
여 풍 고 수

作自爲身 하는 것은 자기 몸을 위함이거늘
작 자 위 신

曷不精進 어찌 정진하지 않으리요.
갈 부 정 진

| 주석註釋 |

1 不調 : 길들지 않음.

2 枯樹 : 나무를 말림.

3 曷 : 어찌 갈. 어찌, 어찌하여.

| 해의解義 |

길이 들지 않은 송아지나 망아지는 여간해서는 다루기가 어렵다. 불문에 들어온 사람도 부처님의 법으로 길이 들지 않게 되면 깨우침을 일러주기가 여간 어려운 것이 아니다. 가령 절집에서 일을 한다는 것은 자신이 먹고 살고 공부의 자료資料를 장만해 두는 것인데, 이런 사실을 알지 못하고 핑계를 대거나 게으름을 부린다면 어떻게 중의 생활을 할 것인가? 오직 중이 되었으면 정진精進이 있을 뿐이니, 정진을 못한다면 큰 죄업을 짓기 전에 하산下山을 하는 것이 오히려 낫다.

息心非剔   마음을 쉰다는 것은 머리 깎는 게 아니지만
식 심 비 척

慢訑無戒   교만하고 방종하면 계율이 없는 것이네.
만 탄 무 계

捨貪思道   탐욕을 버리고 도를 생각하면
사 탐 사 도

乃應息心   이에 마음이 쉬어짐에 응하게 되나니라.
내 응 식 심

| 주석註釋 |

1 息心 : 마음을 쉼. 모든 욕정欲情을 버려서 마음을 고요하게 함을 말한
  다.
2 剔 : 뼈 바를 척. ① (뼈를) 바르다. ② 깎다. 베어내다.
3 慢訑 : 교만하고 방종함.
4 訑 : 방종할 탄, 으쓱거릴 이. ① 방종放縱하다. ② 으쓱거리다. 속이다.
5 無戒 : 계를 받지 아니함.

| 해의解義 |

우리가 마음을 쉰다는 것은 마음이라 할 것도 없는 무심無心의 상
태에 들어가는 것을 말하기도 하지만 욕정欲情이나 탐욕貪慾이 일어
나지 않는다는 의미도 있다. 따라서 행동도 계율을 받은 바가 없으
면 교만驕慢하고 방종放縱하여 코를 꿰지 않은 송아지와 다름이 없

게 된다. 그러므로 항상 탐욕을 버리고 오직 부처님의 가르침인 도를 생각하고 실천해 간다면 마음이 흔들리지 아니하고 자연히 고요하게 되어 자성自性의 본처本處에 계합契合을 이루게 된다.

息心非剔
식 심 비 척

마음을 쉰다는 것은 머리 깎는 게 아니지만

放逸無信
방 일 무 신

방일하면 믿음이 없는 것이네.

能滅衆苦
능 멸 중 고

능히 뭇 괴로움을 소멸하면

爲上沙門
위 상 사 문

최상의 사문이 되나니라.

| 주석註釋 |

1 放逸 :【범】pramāda, 심소心所의 이름. 대번뇌지법大煩惱地法의 하나. 20수번뇌隨煩惱의 하나. 인간으로서 해야 할 착한 일이나, 방지해야 할 악한 일을 뜻에 두지 않고, 방탕하고 함부로 하는 정신 작용을 말함.
2 無信 : ① 믿음이 없음. ② 신용信用이 없음.
3 衆苦 : 중인衆人의 괴로움. 많은 고통苦痛.

　우리가 마음을 쉰다는 것은 마음이라 할 것도 없는 무심無心의 상태에 들어가는 것을 말하기도 하지만, 욕정欲情이나 탐욕貪慾이 일어나지 않는다는 의미도 있다. 따라서 행동도 믿음을 가진 바가 없으면 방탕放蕩하고 교만驕慢하여 코를 꿰지 않은 송아지와 같다. 그러므로 능히 모든 괴로움 소멸消滅하기를 우선으로 삼아야 한다. 그리고 오직 부처님의 가르침인 정법正法을 따라 간다면 마음 가운데 일체 번뇌가 저절로 사라져서 최상의 부처님 제자인 사문沙門이 되어 진다.

제35
범지품梵志品

1

梵志品者
범 지 품 자

범지품이란

言行淸白
언 행 청 백

말과 행실이 맑고 결백하며

理學無穢
이 학 무 예

이치를 배워 더러움이 없음으로

可稱道士
가 칭 도 사

가히 도사라 일컫나니라.

| 주석註釋 |

1 梵志 : 【범】brahma-cārin, 범사梵士라고도 쓴다. 정예淨裔 · 정행淨行
이라 번역. 바라문의 생활 가운데 4기期가 있다. 이것은 그 제1기로
스승에게 가서 수학하는 동안을 말함. 이 시기는 8세부터 16세까지,
혹 11세부터 22세까지 종성種性에 따라 제각기 다르다. 이 기간에는

스승에게 가서 훈식薰食을 피하고 사치를 금하고, 모든 정욕을 멀리하며, 매일 아침에 나가 밥을 빌어다 스승에게 바치고, 스승이 먹고 난 뒤에 자기가 먹는다. 나무하고, 물 길고, 스승의 이부자리를 펴고 개는 등 여러 가지 고행을 하면서 한마음 한뜻으로 성지聖智에 이르기 위하여 정진. 이 기간을 마치고는 집에 가서 결혼하여 살다가 뒤에 다시 숲 속에 가서 공부하면서 여러 곳으로 다니며 교화사업을 함.

2 言行 : 말과 행동.

3 淸白 : 청렴淸廉하고 결백潔白함.

4 理學 : 이치를 배움.

5 道士 : 본디는 불도를 수행하는 스님들을 말한 것인데, 뒤에는 도교道敎의 재주를 부르는 말로 되었다.

| 해의解義 |

범지품의 취지에 대해서 설명을 하고 있다. 범지란 자체가 여러 가지 고행을 하면서 한마음 한뜻으로 성지聖智에 이르기 위하여 정진을 해야 한다. 범지 기간이 끝나면 집에 가서 결혼하여 살다가 뒤에 다시 숲 속에 가서 공부하면서 여러 곳으로 다니며 교화사업을 하는 것을 말한다. 그러므로 말과 행실이 청렴淸廉하고 결백潔白해야 하며, 이치를 배우고 깨달음을 얻어서 진리를 확연히 알고 본래 마음이 번뇌煩惱에 더럽혀짐이 없다면 가히 훌륭한 도사道士라고 할 수 있다.

2

截流而渡　(애욕의) 흐름을 끊고 건너니
절 류 이 도

無欲如梵　욕심 없음이 범천과 같으며
무 욕 여 범

知行已盡　행이 이미 다한 줄을 알면
지 행 이 진

是謂梵志　이를 범지라 이르나니라.
시 위 범 지

| 주석註釋 |

1 梵：【범】brahman, 범마梵摩·발람마勃嚂摩·바라하마婆羅賀摩·몰
라함마沒羅憾摩·범람마梵覽磨라고도 음역. 이욕離欲·청정清淨·적
정寂靜·청결清潔이라 번역. 인도의 우파니샤드 철학 및 바라문교에
서 세운 우주 최고의 원리. 곧 우주 만유의 근본을 범이라 하고, 온갖
세계는 이 최고인 범梵이 스스로 번식하려는 뜻을 내므로 말미암아
생긴 것이니, 범에서 생긴 세계는 차별·욕망·고통·허망의 세계인
것. 이제 허망하고 고통인 세계를 벗어나려면 우리가 저마다의 정신
이 차별의 속박을 여의고, 최고 지대至大한 정신인 범과 합일하지 않
고는 될 수 없는 것이다. 우리 각자의 정신은 애착하는 것에 혹惑하여
고통의 세계에서 헤매거니와, 그 자성은 최고 정신인 범과 동일한 것
이므로 우리는 자기의 성품을 깨닫고 최고 정신을 알면, 곧 범과 합일
하여 허망하고 고통스런 세계를 해탈하게 된다고 함.

2 知行：지식과 행위.

　수도인은 애욕愛慾으로 흘러가는 마음이나 감정이 안정되고 끊어져야 한다. 그러면 마음이 저절로 맑아지고 밝아져서 탐음貪淫이 없는 청정淸淨한 경지에 이르게 된다. 그리하여 아는 것과 행하는 것까지도 완전히 끊어져서 진제眞諦에 합일이 되어야 한다. 그러면 범지梵志, 곧 훌륭한 부처님의 부류部類가 되어 사방으로 다니면서 교화敎化를 할 것이니, 이런 사람이 진정한 불법佛法을 알고 실행하는 미증유未曾有의 부처님 제자라고 할 수 있다.

3

| 원문原文 · 해역解譯 |

以無二法　둘도 없는 법으로써
이 무 이 법

淸淨渡淵　맑고 깨끗한 못을 건너고
청 정 도 연

諸欲結解　온갖 욕심의 결박을 풀었다면
제 욕 결 해

是謂梵志　이를 범지라 이르나니라.
시 위 범 지

| 주석註釋 |

　1 無二法 : ①부처가 되는 길은 오직 하나일 뿐 둘도 없음을 말함. ②다

시없음.

2 法 : 【범】 dharma, 【팔】 dhamma, 달마達磨라 음역. 제 성품을 가졌
고(任持自性) 물건의 알음알이를 내게 하는(軌生物解) 두 뜻을 가졌다.
자신의 독특한 성품을 가지고 있어 궤범軌範이 되어 다른 이에게 일정
한 요해了解를 내게 하는 것. 물질·정신의 일체 만유는 모두 이 뜻을
가졌으므로 일체제법 또는 만법이라 하고, 혹은 분류하여 75법·100
법 등이라 하며, 그 대부분은 제6의식意識의 대경이 되므로 법경法境
이라 한다. 또 궤범의 뜻을 주로 하여 규칙을 법이라 하니, 부처님의
가르침을 불법·정법·교법 등이라 하며, 부처님이 제정한 계율을 계
법이라 하고, 규정을 따라 수행하는 의식을 수법修法이라 함.

3 渡淵 : 깊고 큰 연못을 건너는 것. 생사生死의 늪을 건너는 것.

4 結解 : ① 번뇌煩惱의 사슬에 묶이는 일과 그 사슬에서 벗어나는 일.
② 진리를 깨달아 번뇌의 속박에서 벗어남.

| 해의解義 |

세상에 이루기 어려운 것이 많이 있지만 부처가 되고 조사祖師가
되는 것 같이 어려운 것은 없다. 그런데 부처님의 가르침 속에는 그
이치와 바른길이 들어 있다. 먼저 온갖 욕심慾心을 버리고 욕정欲情
을 버리라고 가르친다. 그러면 모든 번뇌煩惱도 자연히 끊어져서 청
정淸淨한 마음이 되고 공적空寂한 마음이 된다. 마음이 맑고 고요하
면 진리眞理가 깨쳐지고 자성自性이 드러나서 복락과 지혜가 원만하
게 갖추어진 참된 범지梵志의 부처가 된다.

4

適彼無彼   저기로 가려면 저기가 없고
적 피 무 피

彼彼已空   이것저것이 모두 이미 비어서
피 피 이 공

捨離貪婬   탐욕과 음욕을 놓고 마음 모두 버리면
사 리 탐 음

是謂梵志   이를 범지라 이르나니라.
시 위 범 지

| 주석註釋 |

1 彼彼 : 그것과 그것인데, 이것저것이기도 함.
2 捨離 : 모든 것을 버리고 집착하지 않아 번뇌에서 떠나는 일.
3 貪婬 : ①탐욕과 음욕. ②지나치게 색을 좋아함. ③마구 탐함.

| 해의解義 |

우리가 살고 있는 이 지구는 한 덩어리이다. 산이든, 물이든 한 덩
어리 안에 있는 것이지 따로 떨어져 있는 것은 아니다. 그런데 나누
고 구분하여 이 나라, 저 나라를 만들어 놓았다. 이것저것이 어디 있
는가, 다 비어버린 것이 아닌가. 이렇게 텅 비었으니 탐욕貪慾이 어
디 있으며, 음욕淫慾이 어디 있는가. 이분법적二分法的인 논리論理로
생각을 하니까 선악善惡이 있고, 호오好惡가 있으며, 시비是非가 있
지만 공경空境에서 본다면 다 포용이 될 수 있는 것이니, 이것을 범

지라고 이른다.

思惟無垢
사 유 무 구 　생각해 보면 때가 없고

所行不漏
소 행 불 루 　행함에 번뇌도 없으며

上求不起
상 구 불 기 　위로 구함을 일으키지도 않음을

是謂梵志
시 위 범 지 　이를 범지라 이르나니라.

| 주석註釋 |

1 思惟 : ① 마음으로 생각함. ② 개념概念, 구성構成, 판단判斷, 추리推理 등을 행하는 인간의 이성理性이 작용. 인간은, 이것에 의하여 논리적 論理的인 대상對象의 인식認識이나 관계의 파악 등을 할 수 있음. ③ 대상을 분별하는 일, 또는 정토淨土의 장엄莊嚴을 관찰觀察하는 일. 선정 禪定에 들어가기 전의 일심一心.

2 無垢 : ① 유마維摩. ② 잡물雜物이 섞이지 않고 순수純粹함. ③ 마음이나 몸이 깨끗함. ④ 꾸밈새 없이 자연 그대로 순후醇厚함. ⑤ 죄가 없음.

3 不漏 : 누는 샌다는 뜻으로, 새지 않음을 말한다.

4 上求 : 깨달음을 얻기 위하여 노력하는 일.

| 해의解義 |

우리가 생각을 함에 있어서 잡물雜物이 섞이지 않고 순수하여 마음이나 몸에 티끌이 없이 깨끗하며, 꾸밈이 없고 더 나아가 일호一毫의 죄罪가 없는 상태를 무구無垢의 경지라고 할 수 있다. 이런 경지는 일체 번뇌가 다 소멸하였다고 할 수 있다. 또한 위로 구한다는 것은 깨달음을 얻기 위하여 노력을 하지만 원래 지혜智慧가 구족한 심원心源을 함유含有한 위位에 올라 있어서 구차한 수행의 공력功力을 쓰지 않아도 되는 상승上乘의 사람을 범지라고 할 수 있다.

6

원문原文 · 해역解譯

日照於晝   해는 낮을 비추고
일 조 어 주

月照於夜   달은 밤을 비추며
월 조 어 야

甲兵照軍   갑옷 입은 병사는 군대를 비추고
갑 병 조 군

禪照道人   선정은 도인을 비추며
선 조 도 인

佛出天下　부처님은 천하에 출현하여
불 출 천 하

照一切冥　모든 어둠을 비추나니라.
조 일 체 명

| 주석註釋 |

1 日照 : 해가 내리 쬠.
2 月照 : 달이 내리 쬠.
3 甲兵 : 갑옷을 입은 병사兵士.
4 禪 : 범어 선나禪那의 준말. 정정定·정려靜慮·기악棄惡·사유수思惟修라 번역. 진정한 이치를 사유思惟하고, 생각을 고요히 하여 산란치 않게 하는 것. 마음을 한 곳에 모아 고요한 경지에 드는 일. 조용히 앉아 선악을 생각지 않고, 시비에 관계하지 않고, 유무有無에 간섭하지 않아서 마음을 안락 자재한 경계에 소요逍遙케 하는 것.
5 道人 : 불도에 들어간 사람, 곧 출가한 수행자.

| 해의解義 |

해는 주로 낮에 나와서 온 세상을 비춘다. 달은 주로 밤에 떠서 온 세상을 비춘다. 군인은 갑옷을 갖춰 입고 나라를 지킨다. 열심히 수선修禪을 하면 도를 갖춘 사람이 된다. 그러면 부처님은 어떠할까? 어두운 사바세계의 무지몽매無知蒙昧한 중생을 위하여 현신現身하였고, 6년 설산雪山의 고행苦行을 통해 진리를 깨달아 고해苦海에서 헤매는 생령을 구제하려고 49년간 설법을 하였으니, 과거와 현재와 미래를 통해서 부처님 같은 분은 일찍이 없다고 할 수 있다.

7

非剃爲沙門
비 체 위 사 문

머리를 깎았다고 사문이 되는 것 아니고

稱吉爲梵志
칭 길 위 범 지

길함에 맞는 것을 범지라 하며

謂能捨諸惡
위 능 사 제 악

능히 모든 악을 버림을 일러서

是則爲道人
시 즉 위 도 인

이가 곧 도인이라 하나니라.

| 주석註釋 |

1 剃 : 머리 깎을 체. 머리 깎다. 털 깎다.
2 稱吉 : 칭은 서로 맞는 것이니, 길한 것에 맞는 것을 말한다.
3 諸惡 : 모든 악. 온갖 악.

| 해의解義 |

머리를 깎고 가사장삼을 걸쳤으며, 바랑을 짊어지고 목탁을 두드
린다고 모두 존경받는 수행자는 아니라고 하였다. 그러면 누가 진짜
부처님의 제자인 사문沙門인가. 이는 간단하다. 오직 부처님의 교법
敎法, 즉 모든 계율戒律이나 제도制度나 망원望願에 부응하여 조금도
어김이 없으면 된다. 술 마시고 고기 먹어도 반야에는 해가 되지 않
는다.(飮酒食肉無妨般若.)는 식의 기행奇行이나 망행妄行은 불법지로
佛法之路에 별반 도움이 되지 않는다 하여도 과언過言은 아니다.

出惡爲梵志 출 악 위 범 지	악에서 나옴이 범지가 되고
入正爲沙門 입 정 위 사 문	바름에 들어감이 사문이 되며
棄我衆穢行 기 아 중 예 행	자신의 온갖 더러운 행동을 버리는 것이
是則爲捨家 시 즉 위 사 가	이가 곧 집을 버림이 되나니라.

| 주석註釋 |

1 出惡 : 악에서 벗어나는 것.
2 入正 : 바른 도에 들어가는 것.
3 穢行 : 더러운 행동行動. 추한 행동.
4 捨家 : 집을 버리고 불문佛門에 들어감. 승려僧侶가 되는 일.

| 해의解義 |

"제악막작諸惡莫作"이라 하였다. '모든 악을 짓지 말라.'는 뜻이다. 사람이 살아가면서 직간접적直間接的으로 악을 지을 수도 있다. 그러나 이보다 더 중요한 것은 악惡의 경계로부터 뛰쳐나와서 선善인 바름으로 들어가야 한다. 그래서 내외적으로 나에게 묻혀있는 온갖 더러움을 버려야 한다. 사가기욕捨家棄欲이라 한다. 즉 '집이나 세속적인 욕망을 버리고 불문佛門에 들어간 것'으로 출가出家를 말

한다. 재가在家 같은 출가, 출가 같은 재가는 할 수 없을까?

9

若猗於愛 약 의 어 애	만일 애정에 의지할지라도
心無所著 심 무 소 착	마음에 집착하는 바가 없고
已捨已正 이 사 이 정	이미 탐욕을 버리고 도가 바르면
是滅衆苦 시 멸 중 고	이는 온갖 괴로움을 소멸하였나니라.

| 주석註釋 |

1 滅 : ① 유위법有爲法이 없어지는 것. 여기에 잠시멸暫時滅 · 구경멸究
竟滅의 2종이 있다. ② 멸상滅相. ③ 멸제滅諦. ④ 열반涅槃.
2 衆苦 : 중인衆人의 괴로움. 많은 고통苦痛.

| 해의解義 |

　사람이 살아가는데 있어서 물질이나 금전도 필요하지만 이는 보
조적補助的인 역할에 지나지 않고 주체가 되는 것은 오직 "사랑(愛)"
이라고 할 수 있다. 이 사랑이 인인지간人人之間에 가교架橋가 되는

것은 사실이지만 우리가 살아가는데 있어서 집착執着만은 말아야
한다. 만일 집착이 되면 "애별이고愛別離苦"를 부르게 되기 때문이
다. 도를 닦는 사람은 탐욕貪慾을 버려서 도를 깨우쳐야 한다. 그래
야 모든 괴로움으로부터 탈출하여 안락安樂의 열반涅槃을 누릴 수
있게 된다.

원문原文 · 해역解譯

身口與意	몸과 입과 더불어 뜻(마음)이
신 구 여 의	
淨無過失	깨끗하여 아무 허물이 없는 것이니
정 무 과 실	
能捨三行	능히 세 가지 행을 놓으면
능 사 삼 행	
是謂梵志	이를 범지라 이르나니라.
시 위 범 지	

| 주석註釋 |

1 過失 : ① 조심을 하지 않거나 부주의不注意로 저지른 잘못이나 실수失
手. 허물. ② 부주의로 인하여 어떤 결과의 발생을 예견豫見하지 못한
일. 민법民法 상으로는, 주의하면 인식認識할 수 있었음에도 불구不拘
하고 부주의로 인해 이를 인식하지 못한 심리心理 상태狀態. 형법刑法

상으로는, 행위자行爲者가 범죄犯罪 유형類型에 해당하는 사실과 그 위법성違法性을 인식하는 경우에만 비난非難받는 것이 아니라, 인식해야 하고 인식하였으리라는 사실이 있는 경우에도 비난받음.

2 三行 : 몸과 입과 마음의 조작을 말한다.

3 梵志 : 바라문婆羅門의 생활 중의 제 1기期로 스승에게 가서 수학하는 동안. 이 시기는 8~16세 또는 11~22세까지인데, 종성種姓에게 따라 제각기 다름.

| 해의解義 |

대개 우리의 몸을 부정不淨한 것이라고 보고 있다. 그러면 몸에 딸린 육근六根도 결국 부정한 것이 된다. 즉 몸과 입과 마음이 결코 깨끗한 물건이라고 할 수 없다. 이렇게 깨끗하지 못하다 할지라도 행行에 있어서는 깨끗할 수 있다. 이것은 나의 의지意志대로 움직일 수 있기 때문에 맑고 조촐하게 행동을 하면 된다. 우리가 수행을 오래 계속하여 마음의 힘을 얻고 보면 6근을 노복奴僕처럼 마음대로 부려 쓸 수 있음으로 얼마든지 삼업三業의 청정을 이룰 수 있다.

원문原文 · 해역解譯

若心曉了   만일 마음으로
약 심 효 료

佛所說法 불 소 설 법	부처님이 법을 설한 바를 깨달아 알고
觀心自歸 관 심 자 귀	마음으로 보고 스스로 귀의하면
淨於爲水 정 어 위 수	물이 되듯이 깨끗하나니라.

| 주석註釋 |

1 曉 : 새벽 효. ① 새벽. 동틀 무렵. ② 깨닫다. 환히 알다. ③ 밝다. 환하다.

2 了 : 마칠 료(요). ① 마치다. 끝나다. 완결하다. ② 깨닫다. ③ 알고 있다.

3 說法=說教 : ① 교법을 말하여 남을 가르침. ② 창도唱導 · 설법說法 ·
법담法談 · 찬탄讚歎 · 담의談義 · 권화權化 · 설경說經이라고도 함. 교
법을 말하여 사람들을 인도하는 것.

4 觀心 : 자기 마음의 본 성품을 똑똑히 관조觀照하는 것. 마음은 만법萬
法의 주체로 어떠한 일도 마음에서 빠지는 것이 없으므로, 마음을 관
찰하는 것은 곧 온갖 법을 관찰하는 일이 됨. 그러므로 사事와 이理를
관찰함을 총칭하여 관심이라 함.

| 해의解義 |

《사십이장경四十二章經》에 부처님이 "학불도자學佛道者, 불소언설
佛所言說, 개응신순皆應信順, 비여식밀譬如食蜜, 중변개첨中邊皆甛, 오
경역이吾經亦爾."라 하였으니, 즉 '불법을 배우는 자는 부처님의 말
씀을 다 응당 신순해야 하나니, 비유하면 꿀을 먹음에 가운데나 갓
이 모두 단 것과 같이 나의 경전도 그와 같느니라.'는 뜻이다. 법문
을 듣는 것이 근기根機따라 다르겠지만 마음으로 믿고 보아서 스스

로 귀의를 해야 한다. 다시 말하면, 부처님의 설법은 누구에게 다 맞도록 되어 있기 때문이다. 그러면 물보다 훨씬 맑은 정신을 소유하게 된다.

원문原文 · 해역解譯

非蔟結髮 비족결발	머리를 모아 상투나 쪽을 했어도
名爲梵志 명위범지	범지라 이름 하지 않나니
誠行法行 성행법행	성실한 행과 법다운 행이
淸白則賢 청백즉현	맑고 깨끗해야 현명하나니라.

| 주석註釋 |

1 蔟 : 대주 주, 섶 족. ① 대주大蔟(셋째 음률). ② 무리(모여서 뭉친 한 동아리). ③ 모이다.

2 結髮 : 상투를 틀거나 쪽을 찜.

3 誠行 : 성실한 행동.

4 法行 : 법에 따라 행동하는 것.

5 淸白 : 청렴淸廉하고 결백潔白함.

"결발부처結髮夫妻"라 한다. 즉 '귀밑머리를 풀어 쪽을 찌고 상투를 튼 부부夫婦라.'는 뜻으로, 정식으로 결혼한 부부를 이르는 말이다. 즉 결발부처가 되었다고 해서 범지梵志는 할 수 없다. 범지란, 매사에 성실한 행동과 법다운 행동이 되어져서 사람들에게 모범模範이 되고 의지依支가 될 만할 때 범지라고 할 수 있다. 그래서 범지는 누구보다 어질고 자비로우며, 사랑을 베풀고 항상 맑고 깨끗하여 일체 중생을 제도할 수 있는 지혜를 갖추어 세상의 목탁木鐸이 되고 등불이 되어야 한다.

원문原文 · 해역解譯

飾髮無慧
식 발 무 혜

머리를 꾸몄어도 지혜가 없으면

草衣何施
초 의 하 시

풀 옷을 입었어도 무엇을 베풀며

內不離著
내 불 이 착

안으로 집착을 여의지 못하면

外捨何益
외 사 하 익

바깥으로 놓은들 무슨 이익이리요.

1 飾髮 : 머리를 꾸며서 단장하는 것.
2 草衣 : ① 속세俗世를 떠나서 숨어 사는 사람의 의복. ② 은자隱者.
3 離著 : 집착을 여의는 것.

| 해의解義 |

머리를 자르거나 아니면 머리를 동여매고 상투를 틀며 풀로 만든 이속離俗한 은자隱者의 옷을 입었다고 할지라도 지혜智慧를 이룸이 없다면 남에게 무엇을 베풀어 줄 것인가? 또한 안으로 마음이 물질物質이나 애착愛着이나 탐욕貪慾의 집착執着을 여의지 못하면서, 밖으로 집을 여의고 부모를 떠나서 출가를 하여 중이 되었다고 한들 무슨 이익 될 것이 있겠는가? 그러니 현자賢者의 모습은 옷에 있는 것이 아니요 지혜에 있으며, 출가의 모습은 이속에 있는 것이 아니요 깨달음에 있다.

14

| 원문原文 · 해역解譯 |

被服弊惡　해져서 나쁜 옷을 입었어도
피 복 폐 악

躬承法行　몸소 법을 받들어 행하고
궁 승 법 행

閑居思惟　한가롭게 있으면서 (도를) 생각한다면
한 거 사 유

是謂梵志　이를 범지라 이르나니라.
시 위 범 지

| 주석註釋 |

1 被服 : 옷을 입는 것.
2 弊惡 : 해지고 나쁜 옷을 말함.
3 閑居 : ① 한가하고 조용하게 살음. ② 하는 일 없이 집에 한가히 있음.
4 思惟 : ① 마음으로 생각함. ② 대상을 두루 생각하는 일. ③ 〈철학〉
　개념, 구성, 판단, 추리 따위를 행하는 인간의 이성 작용.

| 해의解義 |

　옷 속에 감추어진 성자聖者와 도적盜賊이 있다. 옷으로 가렸을 때
는 알 수가 없지만 행동하는 것을 보면 확연이 드러난다. 탐욕貪慾
을 부리는 자는 도적이요 베푸는 자는 성자이며, 기행欺行을 하는 자
는 도적이요 법행法行을 하는 자는 성자이며, 망분忙奔을 하는 자는
도적이요 한가로운 자는 성자이다. 즉 범지는 언행言行이 청결하고
시리施利하야 구제를 하는 것이니, 부처님의 법하法下에 머물러 사
는 사람은 성자가 되자는 것이지 도적이나 범인凡人이 되자는 것은
아니다.

15

佛不教彼
불 불 교 피
부처님은 저들에게

讚己自稱
찬 기 자 칭
자기를 칭찬하여 스스로 일컬으라 가르치지
않았으니

如諦不妄
여 제 불 망
진실하여 망령되지 않으면

乃爲梵志
내 위 범 지
이에 범지가 되나니라.

| 주석註釋 |

1 讚己 : 자기가 자기를 칭찬하는 것.
2 如諦 : 진리대로 행하는 것.

| 해의解義 |

부처님은 항상 자기를 낮추라고 하였다. 더 나아가서는 자기를
아예 없애버리라고 가르쳤다. 그런데 어떻게 자기가 자기를 드러내
며 칭찬을 할 수가 있겠는가? 익은 벼가 고개를 숙이듯이 안으로 갈
무린게 있으면 저절로 드러나 칭찬이 자자할 것이지만, 속이 빈 거
품이 된다면 칭찬을 하라고 일러도 먹히지 않는다. 그러므로 진실한
진리를 깨쳐서 심력心力을 얻고 지혜智慧를 갖춘 사람이 바로 범지
이니, 이런 사람은 얼마든지 칭찬을 받아도 부담이 되지 않을 사람

들이다.

16

絶諸可欲　　모두 가히 하고자 함을 끊고
절 제 가 욕

不婬其志　　그 뜻(마음)을 어지럽히지 않으며
불 음 기 지

委棄欲數　　탐욕의 수효를 버린다면
위 기 욕 수

是謂梵志　　이를 범지라 이르나니라.
시 위 범 지

| 주석註釋 |

1 可欲 : 욕심을 낼만한 것.
2 婬=淫 : ① 음란하다. ② 어지럽다, 어지럽히다. 미혹시키다. ③ 탐하
　다. 욕심내다.
3 委棄 : 버리고 돌보지 않음.
4 數 : 셈 수. ① 셈. 산법. ② 일정한 수량이나 수효數爻.

| 해의解義 |

"욕과욕欲過慾"이다. 즉 '하고자 하는 의욕意欲이 지나치면 욕심

이 된다.' 는 뜻이다. 사람은 누구나 좋은 것은 서로 하려 하고, 싫은 것은 안 하려 한다. 그런데 사리事理의 구분이 부족한 사람은 그 마음을 어지럽히면서까지 하려다가 실패를 하게 된다. 그러므로 탐욕貪慾의 수효를 줄이고 버려야 한다. 탐욕을 가지고 있는 한마음이 깨끗하고 행동이 바를 수가 없다. 그래서 범지가 되려면 가장 간소簡素한 것으로 필요한 것 외에는 모두 다 버려야 한다.

斷生死河
단 생 사 하
　　나고 죽음의 강물을 끊고

能忍起度
능 인 기 도
　　능히 참고 구제할 마음 일으켜서

自覺出塹
자 각 출 참
　　스스로 깨달아 구덩이를 벗어나면

是謂梵志
시 위 범 지
　　이를 범지라 이르나니라.

| 주석註釋 |

1 起度 : 구제할 마음을 일으키는 것.
2 出塹 : 구덩이를 벗어나는 것.
3 塹 : 구덩이 참. ①구덩이. ②해자垓子(성 밖을 둘러싼 못). ③(땅을) 파다.

우주의 이법理法이 쉬지 않고 돌아가는 것을 사람들이 시간時間이라고 정해놓고 지키면서 살아간다. 그러므로 이 시간 안에 들어 있는 모든 것들은 낳고 죽고, 죽고 낳는 반복을 계속하고 있다. 이런 가운데서 사람이 살아가는 동안에 지은 죄업罪業을 보통 사람의 힘으로는 제멸除滅하지 못하고 가지고 다닌다. 이런 상황을 보고 구제할 마음을 일으켜 구덩이에서 건져내어 깨달음을 얻을 수 있도록 이끌어주기 위해 노력하는 선지자先知者를 범지라고 한다.

18

원문原文 · 해역解譯

見罵見擊
견 매 견 격
욕설을 당하고 매질을 당해도

默受不怒
묵 수 불 노
잠자코 받아들여 성내지 아니할지니

有忍辱力
유 인 욕 력
인욕의 힘이 있으면

是謂梵志
시 위 범 지
이를 범지라 이르나니라.

| 주석註釋 |

1 罵 : 꾸짖을 매. ① 꾸짖다. ② 욕하다. 욕, 욕설.

2 默受 : 묵묵히 받는 것.

3 不怒 : 성내지 아니함.

4 忍辱 :【범】kṣānti, 6바라밀의 하나. 10바라밀의 하나. 욕됨을 참고
안주安住하는 뜻. 온갖 모욕과 번뇌를 참고 원한을 일으키지 않음.

| 해의解義 |

부처님 10대 제재 가운데 설법 제일의 부루나존자富樓那尊子가 있
었다. 그가 고향인 "수나아파란타국"으로 돌아가 교화를 펴고자 함
에 그곳 사람들의 성질이 흉악凶惡하였다. 이런 상황에서 사람들이
돌이나 지팡이로 때리더라도 참아 내고 칼로 죽이더라도 언젠가는
죽을 목숨의 수고를 덜어준 것만으로도 고맙게 생각하겠다고 부처
님께 말을 하였다. 이것이 성내지 않음이요, 또한 인욕忍辱이다. 이
정도의 수행이 되어 사명使命에 대한 굽힘이 없어야 가히 범지라고
말할 수 있다.

원문原文 · 해역解譯

若見侵欺   만일 침범과 속임을 당하더라도
약 견 침 기

但念守戒   자못 계율 지킴만을 생각하여
단 념 수 계

端身自調 　몸을 단정하게 스스로 조절하면
단신자조

是謂梵志 　이를 범지라 이르나니라.
시위범지

| 주석註釋 |

1 侵欺 : 침범하고 속이는 것.
2 守戒 : 계율을 지키는 것.
3 端身 : 몸을 단정端正히 함.

| 해의解義 |

　세상은 조그만 권력權力을 가지고 남을 침범侵犯하고 기만欺瞞하는 일이 얼마나 많은지 모른다. "호표기수견양기虎豹豈受犬羊欺"라는 말이 있다. 즉 '범이나 표범이 어찌 개나 양에게 속임을 받겠느냐?'는 뜻이다. 이 말은 군자君子는 소인小人의 업신여김을 받지 아니한다는 의미이지만 속임수를 쓰는데 있어서는 누구도 당해내기가 어렵다. 세상이 이러할수록 부처님의 계율을 잘 지키고 몸을 단정히 하여 자신을 잘 고르고 조절을 할 줄 알아야 범지라고 이를 수 있다.

心棄惡法　　마음에 악법을 버리기를
심 기 악 법

如蛇脫皮　　뱀이 허물 벗는 것 같이 하고
여 사 탈 피

不爲欲汚　　욕심에 더럽혀지지 않는다면
불 위 욕 오

是謂梵志　　이를 범지라 이르나니라.
시 위 범 지

| 주석註釋 |

1 惡法 : ① 사회에 해독害毒을 끼치는 나쁜 법률法律. ② 나쁜 방법.

2 脫皮 : ① 파충류爬蟲類나 곤충류昆蟲類 등이 성장함에 따라 낡은 허물
을 벗는 일. 낡은 표피表皮 밑에 새로운 표피가 준비되어 있는 데, 표
피가 대부분 각질角質이거나 키틴질로 되어 있어 성장함에 따라 신축
伸縮이 부자유不自由스럽기 때문임. ② 낡은 사고思考 방식에서 벗어나
진보進步하는 일.

3 欲汚 : 탐욕에 마음이 더럽혀짐.

| 해의解義 |

　　보조국사普照國師의 《수심결修心訣》에 "여석압초如石壓草"라 하였
다. 즉 '돌로 풀을 누름과 같다.' 는 뜻이다. 다시 말하면, 풀이 자라
나지 못하도록 돌로 누른다는 의미이다. 과연 자라나는 풀 위에 돌

을 덮어놓았다고 그 풀이 자라나지 않겠는가. 마음속의 악법은 무엇일까? 아마 탐욕貪慾이나 애욕愛慾이라 할 수 있다. 도를 닦는 사람이 이런 탐애貪愛의 욕심을 겉으로는 버리는 듯하면서 저 깊은 마음속에서 확연히 버리지 못한다면 '여석압초'와 다름이 없다. 이도 버려야 참된 범지이다.

원문原文·해역解譯

覺生爲苦 각 생 위 고	삶이란 괴로움이 되는 것임을 깨닫고
從是滅意 종 시 멸 의	이에 따라 뜻(마음)을 멸하여
能下重擔 능 하 중 담	능히 무거운 짐을 내려놓으면
是謂梵志 시 위 범 지	이를 범지라 이르나니라.

주석註釋

1 意 : 범어 말나末那의 번역. 사량思量하는 정신의 본체. 해석에 여러 가지가 있음. 『구사론俱舍論』에서는 ① 심心을 심心·의意·식識으로 나누어 물건을 사량하는 작용을 의意라 함. ② 의와 식을 과거와 현재에 나누어, 식이 일어나는 근기根基의 식인 현재의 식이 멸하여 과거에

들어가 전념前念의 식을 말하는 것. 체는 다르지 아니하나 5식은 각기 소의所依의 5근이 있으므로 제6의식意識이 의지하는 의근意根을 특히 의라 함. 『유식론唯識論』에서는 8식과 여기에 따라서 일어나는 심소心所가 전념前念에 멸한 것을 의라 하는 뜻은 『구사론』과 같으나, 제7식의 특징은 작용(제8식이 항상 앞에서 멸하고 뒤에서 생기어 끊어지지 않고 상속하는 것을 마치 항상불변恒常不變하는 아我인 존재가 있는 듯이 사량함)으로 보아서, 이 식을 의라 하고, 또 제6식의 가장 가까운 의지依止인 점으로 보아 제7식을 의라 함. 『기신론起信論』에서는 3세 6추 중 3세와 6추의 전이前二를 의라 하니, 곧 업식業識 · 전식轉識 · 현식現識 · 지식智識 · 상속식相續識의 5를 말함.

2 重擔 : ① 무거운 짐. ② 무거운 책임責任.

| 해의解義 |

낳고 죽는 그 자체가 고통임을 알고 깨달아야 한다. 그리하여 온갖 사량분별思量分別을 일으키는 마음을 소멸시켜야 한다. 생사生死도 사량분별이니 다시 일어나지 않도록 해야 한다. 이것을 무거운 짐을 지고 있다가 내려놓듯이 단번에 버린다면 범지라고 할 수 있다.

22

원문原文 · 해역解譯

解微妙慧 미묘한 지혜를 깨닫고
해 미 묘 혜

辯道不道　도와 도 아닌 것을 분별하여
변 도 부 도

體行上義　최상의 도리를 체득하여 행하면
체 행 상 의

是謂梵志　이를 범지라 이르나니라.
시 위 범 지

| 주석註釋 |

1 微妙 : ① 어떤 현상이나 내용이 뚜렷하게 드러나지 않으면서 야릇하
고 묘妙함. ② 섬세纖細하고 묘함.

2 辯 : 말씀 변. ① 말씀. ② 분별하다, 변별하다.

3 道不道 : 도와 도가 아닌 것.

4 體行 : 몸소 체득體得하여 실행함.

5 上義 : ① 최상의 도리道理. ② 훌륭한 이치.

| 해의解義 |

부처님 말씀에 "자증미묘지법自證微妙之法, 즉무상보리卽無上菩提,
불증무상보리명자각佛證無上菩提名自覺."이라. 즉 '스스로 미묘한 법
을 증득했다는 것은 곧 위가 없는 보리이니, 부처가 증득한 무상보
리를 이름해서 스스로 깨침이라 한다.' 는 뜻이다. 이런 의미에서 볼
때 깨달음이라는 것은 보리를 깨달은 것이다. 그러므로 보리를 깨달
았을 때 지혜智慧가 발현된다. 따라서 그 지혜를 통해서 도道와 도
아닌 것을 분별하고 비추어서 최상의 도리道理를 행하는 사람이 바
로 범지라고 할 수 있다.

23

棄捐居家　　집에 삶을 버리고
기 연 거 가

無家之畏　　집이 없는 두려움도 버리며
무 가 지 외

少求寡欲　　구하길 조금하고 욕심을 적게 하면
소 구 과 욕

是謂梵志　　이를 범지라 이르나니라.
시 위 범 지

| 주석註釋 |

1 棄捐 : ① 내어 버림. ② 자기의 재물을 내어서 남을 도와줌.
2 捐居家 : 살던 집을 버리는 것.
3 寡欲=寡慾 : 욕심慾心이 적음.

| 해의解義 |

　옛사람이 말하기를 "년년난과년년과年年難過年年過, 처처무가처
처가處處無家處處家."라 하였다. 즉 '해마다 지내기 어렵지만 해마다
지냈고, 곳곳에 집이 없지만 곳곳이 집이어라.'는 뜻이다. 출가하여
부처님의 제자가 된 사람은 사가私家뿐만 아니라 세상의 모든 집을
잊고 버려야 한다. 아울러 나는 집이 없으니 어쩔까하는 두려움까지
도 놓아야 한다. 아무리 좋은 것이라도 구하기를 조금만 하고 욕심
을 조금만 부려서 "지족상족知足常足, 종신불욕終身不辱."이 되어야

한다. 넉넉한 줄을 알아 항상 만족하면 죽을 때까지 치욕스럽지 않는 것이 범지의 삶이다.

棄放活生
기 방 활 생 　　살아가는 삶을 놓아버리고

無賊害心
무 적 해 심 　　해치려는 마음이 없으며

無所嬈惱
무 소 요 뇌 　　번거로운 괴로움이 없으면

是謂梵志
시 위 범 지 　　이를 범지라 이르나니라.

| 주석註釋 |

1 活生 : 생활生活과 같은 것으로, 세상을 살아가는 것.
2 賊害 : ① 남을 해치는 것. ② 도둑에게서 받은 피해.
3 嬈惱 : 번거로운 괴로움.

| 해의解義 |

출가를 하여 부처님의 제자가 된 사람은 세상의 살아가는 모습에 대해서 지나친 관심을 가지고 있어서는 안 된다. 그러면 자칫 욕정

欲情이 생기기가 쉽다. 또한 남을 미워하거나 해치려는 마음을 가져서도 안 된다. 이런 마음이 있으면 사람 꼴을 못 보게 된다. 그러므로 오로지 수행에 정진精進하여 번거로운 번뇌煩惱가 달려들고 일어나지 않도록 계율戒律을 잘 지켜야 한다. 그러면 고뇌苦惱도 사라지고 마음도 자연 편안하여 청정淸淨한 범지로서 살아가게 된다.

25

원문原文 · 해역解譯

避爭不爭   싸움을 피하여 다투지 않고
피 쟁 부 쟁

犯而不慍   침범해도 성내지 않으며
범 이 불 온

惡來善待   악이 와도 선으로 대하면
악 래 선 대

是謂梵志   이를 범지라 이르나니라.
시 위 범 지

| 주석註釋 |

1 爭 : 다툴 쟁. ① 다투다, 다투게 하다. ② 논쟁하다.
2 慍 : 성낼 온. ① 성내다. 화를 내다. ② 원망하다.

사람이 살다 보면 서로 다투게 될 때가 많이 있다. 그런데 우리는 다투고 화해和諧를 하기 보다는 먼저 다투지 않음으로 화해할 건수를 만들지 말아야 한다. 혹 다투게 되었다면 이선대악以善對惡을 하자. 즉 선으로써 악을 대해야 한다. 설령 내가 잘한 점이 많고 상대가 적을 때를 당해서 내가 선으로 다가서면 상대도 풀어지기 마련이다. 그래서 "선대타인득선보善待他人得善報"라 하였다. '선으로 다른 사람을 대하면 선의 보답을 얻는다.' 하였으니, 이렇게 하는 것이 범지가 된 소이所以이다.

26

원문原文 · 해역解譯

去婬怒癡 거 음 노 치	음욕과 성냄과 어리석음과
憍慢諸惡 교 만 제 악	교만과 모든 악을 버리기를
如蛇脫皮 여 사 탈 피	마치 뱀이 허물 벗듯 하면
是謂梵志 시 위 범 지	이를 범지라 이르나니라.

1 三毒 : 탐욕貪欲·진에瞋恚·우치愚癡의 세 번뇌. 독이라 한 것은 『대
   승의장』에 "3독이 모두 3계의 온갖 번뇌를 포섭하고, 온갖 번뇌가 중
   생을 해치는 것이 마치 독사나 독용毒龍과 같다." 하고, 『법계차제』에
   는 "독은 짐독(鴆毒)으로 뜻을 삼고, 내지 출세의 선심善心을 무너뜨리
   는 까닭이라"고 함.
2 憍慢 : 뽐내는 태도로 다른 이를 업신여기는 마음.
3 諸惡 : 모든 악. 온갖 악.

| 해의解義 |

《장아함경長阿含經》에서 삼독三毒에 대하여 "세 가지가 선근이 아
니라고 이르니 첫째 탐욕이요, 둘째 진에이며, 셋째 우치이다.(謂三
不善根, 一者貪欲, 二者瞋恚, 三者愚癡.)"고 하였다. 또 《지도론智度論》에
서는 "이익이 나에게 있으면 탐욕이 생기고 나를 거슬리면 진에가
생기나니, 이를 마구 부림으로 좇아 지혜가 생기지 않고 광혹이 좇
아 생긴다. 이러함으로 어리석음이라 이르나니 삼독은 모든 번뇌의
근본이 된다.(有利益我者生貪欲, 違逆我者而生瞋恚, 此結使不從智生, 從狂
惑生, 是故名爲癡, 三毒爲一切煩惱根本.)"고 하였다.

斷絶世事
단 절 세 사
세상일 끊어버리고

口無麤言
구 무 추 언
입으론 거친 말이 없으며

八道審諦
팔 도 심 제
여덟 가지 길을 환히 알면

是謂梵志
시 위 범 지
이를 범지라 이르나니라.

| 주석註釋 |

1 世事 : 세상에서 일어나는 온갖 일.

2 麤言 : 〈불교〉 거친 말이라는 뜻으로, 불법佛法을 말함에 부족한 것을 이르는 말. 대승의 가르침에 대하여 소승의 가르침을 이르고, 적극적으로 선행을 권하는 권문權門의 가르침에 대하여 악을 행하지 않도록 막고 불심佛心을 의심하지 않도록 경계하는 계문誡門의 가르침을 이른다.

3 八道=八正道支 : 【범】āryāṭāṅga-mārgaḥ, 또는 팔성도지八聖道支 · 팔정도분八正道分 · 팔정도八正道. 불교의 실천 수행하는 중요한 종목을 8종으로 나눈 것. 이것이 중정中正 · 중도中道의 완전한 수행법이므로 정도, 성인의 도이므로 성도, 또 8종으로 나누었으므로 지, 또는 분이라 한다. 정견正見 · 정사유正思惟 · 정어正語 · 정업正業 · 정명正命 · 정정진正精進 · 정념正念 · 정정正定의 중정 · 중도의 완전한 수행법. 부처님이 최초의 설법에서 설하셨으며 4제 · 12인연과 함께 불교의

원시적 근본 교의가 되는 것.

4 審諦 : 이치를 밝게 살피는 것.

| 해의解義 |

옛 글에 "세사금삼척世事琴三尺, 생애주일배生涯酒一盃."라 하였
다. 즉 '세상일은 석 자 거문고에 실어 보내고 인생은 한 잔 술로 달
래리.'의 의미이다. 출가한 사람은 세상의 일을 끊어야 한다. 따라
서 거친 말을 삼가야 한다. 특히 불법佛法에 대한 말을 하는데 있어
서 부족한 것을 추언麤言이라 한다. 그러므로 부처님이 내놓은 팔정
도八正道를 잘 수행하여야 한다. 이 팔정도는 중정中正·중도中道의
완전한 수행법으로 성인의 도이므로 성도聖道이다. 이를 잘 수행함
으로 범지에 이르게 된다.

| 원문原文·해역解譯 |

所世惡法
소 세 악 법
이 세상의 악한 법은

修短巨細
수 단 거 세
길건 짧건 크건 작건

無取無捨
무 취 무 사
취함도 없고 버림도 없으면

是謂梵志　이를 범지라 이르나니라.
시 위 범 지

| 주석註釋 |

1 惡法 : 형식상 정규의 요건을 갖추고는 있으나 그 내용이 나쁜 법률.

2 修短 : ① 길이. ② 긴 것과 짧은 것.

3 巨細 : 엄청나게 넓고 큰 것과 매우 가늘고 작은 것을 아울러 이르는 말.

4 取捨 : 쓸 것은 쓰고 버릴 것은 버림.

| 해의解義 |

"악법도 법이다."라는 말이 있다. 아무리 불합리한 법이라도 법체계를 지켜야 한다는 말이다. 이 말은 고대 로마의 법률 격언인 '법은 엄하지만 그래도 법이다.' 이는 사회나 국가를 경영하는데 필요한 규칙規則이라고 할 수 있다. 그러나 부처님의 법의 궁극窮極은 길거나 짧거나 크거나 작은 어떤 개념概念도 없는 원만圓滿한 법이기 때문에 취할 수 있는 것도 없고 버릴 수 있는 것도 없다. 진리 자체가 허공虛空과 같은 것이라, 허공의 이치를 인도人道에 옮겨놓은 것을 잘 아는 사람이 범지이다.

29

今世行淨
금 세 행 정
지금 세상에 행이 청정하면

後世無穢
후 세 무 예
다음 세상에서도 더러움이 없으리니

無習無捨
무 습 무 사
익힘도 없고 버림도 없으면

是謂梵志
시 위 범 지
이를 범지라 이르나니라.

| 주석註釋 |

1 行淨 : 행실이 깨끗한 것.
2 穢 : 더러울 예. ① 더럽다, 더러워지다. ② 거칠다.

| 해의解義 |

정토淨土라는 말이 있고, 예토穢土라는 말이 있다. 정토는 모든 번뇌煩惱의 속박을 벗어난 세계로 서쪽에 있다는 극락세계極樂世界이며 아주 깨끗한 세상을 말한다. 예토란 더러운 땅이라는 뜻으로, 이승을 이르는 말이다. 사람이 예토에서 옳지 못하고 깨끗하지 못하게 살았다면 다음 태어나는 세상에서 그렇게 될 수밖에 없을 것이고, 청정하게 잘 살았다면 다음 세상에서 잘 살아가게 된다. 이러한 이치를 잘 알아서 지금 맑고 밝게 삶을 꾸릴 줄 아는 사람을 범지라고 한다.

30

棄身無猗
기 신 무 의
몸을 버려서 의지함이 없고

不誦異行
불 송 이 행
다른 행을 외우지 않으며

行甘露滅
행 감 로 멸
감로의 멸을 행하면

是謂梵志
시 위 범 지
이를 범지라 이르나니라.

| 주석註釋 |

1 異行 : ① 이단異端의 행. 즉 불법佛法이 아닌 외도外道를 말함. ② 보통
사람과 다른 행동.
2 甘露滅 : 감로는 열반涅槃의 비유로, 열반을 얻어서 생사의 괴로움을
멸하였음을 말한다.

| 해의解義 |

《논어論語》 위정爲政에 공자가 "공호이단攻乎異端, 사해야이斯害也
已."라 하였다. 즉 '이단을 공격하면 이는 해로울 뿐이다.'는 뜻이
다. 나와 다른 입장이라서, 또는 경서經書가 아닌 잡서雜書를 파고드
는 등 다름을 행한다면 나에게 해롭게 된다는 의미이다. 이행異行이
라는 말은 곧 이단異端이다. 이단은 불법佛法이 아닌 외도外道를 말
하는 것으로 이런 것을 외우지 말고 감로甘露의 열반을 얻고 더 나아

가서 열반까지도 멸해버릴 줄을 아는 사람이 범지이다.

於罪與福
어 죄 여 복
죄와 더불어 복

兩行永除
양 행 영 제
두 가지 행을 길이 제거하고

無憂無塵
무 우 무 진
근심도 없고 티끌도 없으면

是謂梵志
시 위 범 지
이를 범지라 이르나니라.

| 주석註釋 |

1 罪福 : 죄와 복. 악업과 선업. 산 것을 죽이는 일 따위의 악한 과보를
받을 나쁜 짓을 죄라 하며, 남에게 보시하는 따위의 선한 과보를 받을
착한 짓을 복이라 함.

2 永除 : 영원히 없앰.

3 無憂 : 아무 근심이 없음.

4 無塵 : 티끌이 없는 것. 번뇌가 없는 것.

비사부불毘舍浮佛의 게송偈頌에 "전경약무심역무前境若無心亦無, 죄복여환기역멸罪福如幻起亦滅."이라 하였다. 즉 '앞서 경계가 만일 없으면 마음도 또한 없고, 죄와 복도 허깨비 같아서 일어났다 또한 멸하는 것이라.' 는 의미이다. 이렇게 볼 때 죄를 소멸해야 하지만 복까지도 영원히 없애야 한다. 다시 말하면, 죄는 없애야 하니까 근심이요 번뇌煩惱이며, 복은 많아야 하니까 역시 근심이요 번뇌가 된다. 그러므로 이 둘을 다 없애서 허공 같은 마음으로 맑게 살아가는 사람이 범지이다.

원문原文 · 해역解譯

心喜無垢
심 희 무 구
마음이 기뻐서 때가 없음이

如月盛滿
여 월 성 만
달이 가득 찬 것과 같고

謗毀已除
방 훼 이 제
비방하거나 헐뜯음이 이미 없으면

是謂梵志
시 위 범 지
이를 범지라 이르나니라.

1 無垢 : ① 잡물雜物이 섞이지 않고 순수함. ② 마음이나 몸이 깨끗함.
　③ 꾸밈새 없이 자연 그대로 순후醇厚함. ④ 죄가 없음.

2 盛滿 : ① 빈 데 없이 가득히 참. ② 집안이 번창함.

3 謗毀=毀謗 : ① 남을 헐뜯어 비방誹謗함. ② 남의 일을 방해함.

| 해의解義 |

마음이 맑고 밝고 깨끗하면 저절로 기쁨이 솟아난다. 이렇게 기쁜 마음에는 어디에도 잡물雜物이 섞이지 않은 순수純粹이요, 꾸밈새가 없는 순후醇厚로 조그만 때도 끼어 있지 않다. 이는 마치 무흠무결無欠無缺한 보름달과 같아서 빈 곳이 없이 가득 차있다. 이런 사람은 텅 빈 원만圓滿한 마음을 가지고 공평무사公平無私한 행동을 하기 때문에 누가 비방하거나 시기하는 사람이 없다. 아울러 이런 비방이 이미 제거되어 허공의 보름달처럼 살아가는 사람이 바로 범지이다.

見癡往來　어리석어 오고 가다가
견 치 왕 래

墮塹受苦　함정에 빠져 고통 받음을 보고
타 참 수 고

欲單渡岸 욕 단 도 안	혼자 언덕으로 건너고자 하여
不好他語 불 호 타 어	남의 말을 좋아하지 않고
唯滅不起 유 멸 불 기	오직 멸도 되어 일어나지 않으면
是謂梵志 시 위 범 지	이를 범지라 이르나니라.

| 주석註釋 |

1 墮塹 : 구덩이에 떨어지는 것.
2 受苦 : ① 고통을 받다. ② 고생을 하다.
3 渡岸 : 저 언덕으로 건너가는 것. 도피안到彼岸.
4 他語 : 다른 사람의 말.

| 해의解義 |

'청맹靑盲과니' 라는 말이 있다. 이는 겉으로 보기에는 눈이 멀쩡하지만 앞을 보지 못하는 눈을 가진 사람을 말한다. 한편으로는 사리事理에 밝지 못하여 눈을 뜨고도 사물을 제대로 분간하지 못한다는 말이기도 하다. 사람이 어리석으면 영생을 거래하면서 구덩이에 떨어져 온갖 고통을 받게 된다. 그러다 정신이 들어 피안彼岸으로 건너가려는데 이런 말 저런 말을 하지만, 여기에 조금도 현혹眩惑되지 않고 외도外道에도 흐르지 않고 오직 일심정진一心精進하는 사람이 바로 범지이다.

已斷恩愛 이미 은혜와 애욕을 끊고
이 단 은 애

離家無欲 집을 떠나서 욕심이 없으며
이 가 무 욕

愛有已盡 애욕의 집착이 이미 없어졌다면
애 유 이 진

是謂梵志 이를 범지라 이르나니라.
시 위 범 지

| 주석註釋 |

1 恩愛 : ① 온정과 애정愛情. ② 은혜恩惠와 사랑. ③ 부모 자식 사이나
  부부간의 애정. ④ 애정이나 은혜에 끌리는 집착執着.
2 離家 : ① 집을 떠나 타향으로 감. ② 마을에서 외따로 떨어져 있는 집.
3 無欲=無慾 : 욕심이 없음.
4 愛有 : 애욕의 존재.

| 해의解義 |

사람이 살아가면서 탐욕貪慾이 생기는 것은 거의 육친肉親간의
얽매어진 은애恩愛의 정리情理로 말미암은 바가 많다. 그래서 이로
인해 갖가지 불상사不祥事가 많이 일어난다. 그러나 집을 떠나 출가
한 사람은 이 탐욕을 버리는 것을 급선무로 삼아야 한다. 만일 이를
극복하지 못하면 수행을 하는데 큰 지장을 초래하게 된다. 그러므로

이런 애욕愛慾의 존재存在에 대하여 이미 다 버리고 끊어서 조금의
미련未練도 없이 공부하는 사람이 바로 범지이다.

離人聚處 이 인 취 처	사람이 모인 곳을 여의고(떠나고)
不墮天聚 불 타 천 취	하늘 모임에도 떨어지지 않으며
諸聚不歸 제 취 불 귀	모든 세계에도 돌아가지 않으면
是謂梵志 시 위 범 지	이를 범지라 이르나니라.

| 주석註釋 |

1 人聚處 : 사람이 모인 곳이니, 사람의 세계를 말한다.
2 聚 : 모을 취. ① 모으다, 모이다. ② 거두어들이다.
3 天聚 : 하늘의 세계.
4 不歸 : 한 번 가고는 다시 돌아오지 않거나 또는 돌아가지 아니함. 곧
  죽음을 일컬음.

| 해의解義 |

육도六道에 삼선도三善道와 삼악도三惡道가 있다. 선도에는 인도人道와 천도天道가 들어있다. 사람이 죽은 뒤에 천도에 낳는 것도 중요하지만 여기는 복진타락福盡墮落이 된다. 즉 지은 복 다 받으면 떨어지게 된다. 그렇다면 선호처選好處가 바로 인도이다. 인도는 복락福樂을 지어 마련할 수가 있기 때문이요, 불조佛祖도 이룰 수 있기 때문이다. 그러나 인도도 천도도 돌아가지 말라 한다. 그렇다면 어디로 갈까? 오직 자기의 본래 자성自性으로 돌아갈 줄을 아는 것이 범지이다.

36

| 원문原文 · 해역解譯 |

棄樂無樂　　즐거움을 버려서 즐거움이 없고
기 락 무 락

滅無惱懦　　(모든 행을) 멸하여 성냄과 나약함도 없이
멸 무 온 나

健違諸世　　굳건하게 온갖 세상으로 나아간다면
건 위 제 세

是謂梵志　　이를 범지라 이르나니라.
시 위 범 지

1 慍 : 성낼 온. ① 성내다. 화를 내다. ② 원망하다.

2 儒 : 나약할 나. ① 나약하다. 여리다. ② 무기력하다.

3 慍儒 : 온은 성내는 것, 나는 나약한 것.

4 違 : 어긋날 위. ① 어긋나다. 어기다. ② 다르다.

| 해의解義 |

지락至樂이라는 말이 있다. 지극한 즐거움이란 뜻으로, 더할 수 없는 즐거움을 이르는 말이다. 일상적인 즐거움을 버리라 했다. 부귀나 권력, 유람遊覽이나 좋은 음식 등 현상적으로 누릴 수 있는 즐거움을 버려야 한다. 이런 즐거움은 수도에 도움이 되지 않는다. 그래서 이런 즐거움은 없어야 한다. 또한 세상의 모든 일에 대해서나 모든 규범規範의 행동에 대해서 혹 자신이 어기고 거슬림이 있다 할지라도 마음을 맑히고 진리를 깨닫는데 일로매진一路邁進할 수 있는 자세를 가진 사람이 범지이다.

37

원문原文 · 해역解譯

所生已訖 사는 바를 이미 마치고
소 생 이 흘

死無所趣 죽어서도 나아갈 곳이 없이
사 무 소 취

覺安無依
각 안 무 의

깨닫고 편안하여 의지함이 없으면

是謂梵志
시 위 범 지

이를 범지라 이르나니라.

| 주석註釋 |

1 訖 : 이를 흘. ① 이르다. 도달하다. ② 마치다. 그만두다.

2 趣 : 뜻 취, 나아갈 취. ① 뜻. 취지趣旨. 내용內容. ② 달리다. 빨리 달
려가다. 향하다.

3 無依 : ① 사물에 집착執着하지 아니함. ② 의지하지 아니함.

| 해의解義 |

이 세상에 태어나서 할 수 있는 일을 다 마쳐야 한다. 사업적으로
성공도 하고 학문도 이루며 부귀영화도 누릴 수 있으면 좋다. 그러
나 이 한 가지는 꼭 마쳐야 한다. 진리眞理를 깨닫고 본성本性에 돌
아가 부처를 이루는 일이다. 이 일을 마치면 죽더라도 극락極樂이나
천당天堂을 갈 필요가 없다. 이 자리가 천당이요 여기가 꽃자리니,
어딜 가겠는가. 이렇게 깨달음을 얻어서 항상 편안하고 즐거우며 누
구에게 의지할 것도 없고 도움을 받을 필요가 없음을 확연하게 아는
사람이 바로 범지이다.

38

已度五道 　오도를 이미 건너고
이 도 오 도

莫知所墮 　떨어질 곳을 알지 못해도
막 지 소 타

習盡無餘 　습기가 다해서 남음이 없으면
습 진 무 여

是謂梵志 　이를 범지라 이르나니라.
시 위 범 지

| 주석註釋 |

1 五道 : 또는 5취趣. 도道는 중생이 업인業因에 따라 왕래하는 곳. 지옥
地獄 · 아귀餓鬼 · 축생畜生 · 인도人道 · 천도天道.

2 習盡 : ① 습기가 다 없어짐. ② 버릇이 다 없어짐.

| 해의解義 |

사람이 부처님 법에 귀의하여 제자가 되었으면 수행을 열심히 하
여 진리를 깨쳐 생사生死에 해탈解脫을 얻어서 자유를 해야 한다. 그
래서 중생이 업인業因에 따라 왕래하는 다섯 가지인 지옥地獄과 아
귀餓鬼와 축생畜生과 인도人道와 천도天道를 뛰어넘을 수 있어야 한
다. 그러면 어디에 떨어지든 간에 상관없이 성자聖者의 삶을 이루게
된다. 따라서 이미 습기習氣가 다해버린지라 무애無礙롭고 무계無繫
로운 사람이 될 것이니, 이것이 바로 범지의 행화行化이다.

39

于前于後   앞과 뒤
우 전 우 후

乃中無有   이에 중간에도 가진 것이 없어서
내 중 무 유

無操無捨   잡을 것도 없고 놓을 것도 없으면
무 조 무 사

是謂梵志   이를 범지라 이르나니라.
시 위 범 지

| 주석註釋 |

1 前後 : ① 앞과 뒤. ② 먼저와 나중.

2 有 : 있을 유. ① 있다. 존재하다. ② 가지다. 소지하다.

3 操 : 잡을 조. ① 잡다. (손에) 쥐다. 장악掌握하다. ② 부리다. 다루다.
  조종하다.

| 해의解義 |

앞이 되었든, 뒤가 되었든, 중간이 되었든, 가장자리가 되었든 간
에 마음이라는 존재存在의 자체自體가 없기 때문에 굳이 집착執着을
부릴 필요가 없다. 이렇게 되었다면 능히 일체의 번뇌煩惱가 끊어지
고 모든 미망迷妄이 녹아졌으며 온갖 고통苦痛이 사라진 진인眞人이
라고 할 수 있다. 이런 사람은 망념妄念을 제거할 필요도 없고 청념
淸念을 기를 필요도 없으며, 일심一心을 이룰 필요도 없고 불심佛心

을 가질 필요도 없는 범지의 삶으로 살아가게 된다.

最雄最勇   가장 씩씩하고 가장 용맹하여
최 웅 최 용

能自解度   능히 스스로 깨달아 건너되
능 자 해 도

覺意不動   깨달은 뜻(마음)이 흔들리지 않는다면
각 의 부 동

是謂梵志   이를 범지라 이르나니라.
시 위 범 지

| 주석註釋 |

1 雄 : 수컷 웅. ① 수컷. ② 씩씩하다. ③ 용감하다.

2 不動 : 움직이지 않음.

| 해의解義 |

부처님의 팔상八相 가운데 수하항마상樹下降魔相이 있다. 악마惡
魔를 대치항복對治降伏한 것을 말한다. 즉 부처님이 보리나무 아래
에서 성도成道하려 할 때에 욕계 제6천왕이 악마의 모양을 꾸미고
나타나서 난폭하게 위압하고 괴롭히며 그럴듯한 말로 달래기도 하

였지만 부처님은 이것을 모두 항복받은 일을 말한다. 이런 상황에서
씩씩하고 용맹스러웠기에 능히 항복 받았고, 나아가 깨달음을 이루
어 일체 고해苦海를 건넜으니 이렇게 살아가는 것이 범지이다.

41

원문原文 · 해역解譯

自知宿命　자신의 숙명과
자 지 숙 명

本所更來　본래 다시 올 것을 알아
본 소 갱 래

得要生盡　삶이 다하여 원한 바를 얻었고
득 요 생 진

叡通道玄　지혜로 도의 현묘함을 통달하여
예 통 도 현

明如能默　밝을지라도 능히 침묵할 것 같으면
명 여 능 묵

是謂梵志　이를 범지라 이르나니라.
시 위 범 지

| 주석註釋 |

1 宿命=宿命通 : 6통의 하나, 또는 숙명지통宿命智通. 지난 세상의 생애,
　곧 전세의 일을 잘 아는 신통력. 통력의 크고 작음에 따라 1세 · 2세,
　또는 천만세千萬世를 아는 차이가 있음.

2 本所 : 본디의 것.

3 要 : 요긴할 요. ① 요긴하다. 중요하다. ② 원하다. 바라다. 요구하다.
  ③ 요약하다. ④ 모으다. 합치다.

4 叡 : 밝을 예. ① (사리에) 밝다. ② 밝게 하다. 통달하다. ③ 슬기롭다.

5 道玄 : ① 도의 현묘함. ② 현묘한 도.

6 默=沈默 : ① 잠잠潛潛하게 아무 말도 하지 않음. ② 정적靜寂.

| 해의解義 |

자신이 지난 생애에 어떤 일을 해서 세상에 태어남을 알고 또 죽어
서 가더라도 다시 올 것을 안다. 이러하면 지금의 생이 다한다 할지
라도 소원所願하는 바를 얻었으니 섭섭할 것이 하나도 없다. 따라서
슬기로운 지혜로 현묘한 도의 극처極處를 통달하였으니 우주를 품에
안은 것이나 마찬가지이다. 이런 사람은 밝게 알고 크게 얻은 것이
있을지라도 자랑하거나 내보이지 않고 능히 침묵하여 영원히 마음속
에 간직해 둔다. 이것이 바로 범지가 영생을 살아가는 즐거움이다.

제36
니원품泥洹品

泥洹品者
니 원 품 자

니원품이란

敍道大歸
서 도 대 귀

도가 크게 돌아감을 서술해서

恬淡寂滅
념 담 적 멸

편안하고 맑고 적멸하여

度生死畏
도 생 사 외

생사의 두려움을 건넘이니라.

| 주석註釋 |

1 泥洹=涅槃 : 【범】nirvāṇa, 【팔】nibbāna, 불교의 최고 이상. 니원泥
洹 · 열반나涅槃那라 음역, 멸멸滅滅 · 적멸寂滅 · 멸도滅度 · 원적圓寂이라
번역. 또는 무위無爲 · 무작無作 · 무생無生. 모든 번뇌의 속박에서 해
탈하고, 진리를 궁구하여 미迷한 생사를 초월해서 불생불멸不生不滅의

법을 체득한 경지. 소승에서는 몸과 마음이 죄다 없어지는 것을 이상으로 하므로, 심신이 있고 없음에 따라 유여의有餘依 · 무여의無餘依의 2종 열반을 세우고, 대승에서는 적극적으로 3덕德과 4덕을 갖춘 열반을 말하며, 실상實相 · 진여眞如와 같은 뜻으로 본체本體 혹은 실재實在의 의미로도 쓴다. 법상종法相宗에서는 4종 열반을 세운다.

2 敍 : 펼 서, 차례 서. ① 펴다. ② 서술하다. 진술하다.

3 大歸 : ① 여자가 이혼離婚을 하고 친정으로 돌아옴. ② 근본根本으로 돌아간다는 뜻으로, 죽음을 이르는 말.

4 恬淡 : ① 욕심이 없고 담백淡白함. ② 이익을 탐내는 마음이 없음.

5 寂滅 : 열반의 번역. 번뇌를 모두 끊어 더 이상 나고 죽는 인因 · 과果를 멸하여 다시는 미혹한 생사를 계속하지 않는 적정한 경계.

6 生死 : 【범】 jāti-maraṇa, 중생의 일생 시종을 말함. 선마말랄남繕摩末剌諵 · 사제말랄남闍提末剌諵이라 음역. 이에 분단생사分段生死 · 변역생사變易生死의 구별이 있음.

7 畏 : 두려워할 외. ① 두려워하다. ② 경외敬畏하다. ③ 꺼리다.

| 해의解義 |

니원품의 취지에 대해서 설명을 하고 있다. 수도인의 궁극목적窮極目的이 과연 무엇일까? 아마 생사生死에 해탈解脫을 얻어서 열반涅槃에 머무는 것이 아닐까? 그러기로 하면 먼저 부처님 법에 귀의하여 가르침을 따라 열심히 수행하여 깨달음을 이루어야 한다. 그렇지 않고는 누구도 열반에 들 수가 없다. 깨달음이라는 것이 말에 있는 것도 아니고 경전에 있는 것도 아니며, 행동에 있는 것도 아닌 자기의 마음에서 터지는 고고孤高의 첫 소식이라고 할 수 있다.

2

忍爲最自守
인 위 최 자 수
　　참는 것이 최고로 자기를 지킴이 되고

泥洹佛稱上
니 원 불 칭 상
　　열반을 부처님은 최상이라 일컬었으니

捨家不犯戒
사 가 불 범 계
　　가정을 놓았으면 계율을 범하지 말고

息心無所害
식 심 무 소 해
　　마음을 쉬어서 해될 바가 없게 할지니라.

주석註釋

1 忍 : 참을 인. ① 참다. 참음. ② 차마 못하다. ③ 용서하다.

2 佛＝佛陀 : 【범】Buddha, 부도浮圖(浮屠) · 부타浮陀(部陀) · 부두浮頭 ·
발타勃馱 · 모타母馱 · 몰타沒馱라고도 음역. 각자覺者라 번역. 불佛이
라 약칭. 미망迷妄을 여의고 스스로 모든 법의 진리를 깨닫고, 또 다른
중생을 교도하여 깨닫게 하는 자각自覺 · 각타覺他의 2행行을 원만히
성취한 이. 이 말은 처음 보리수나무 아래서 성도한 석존에 대한 칭호
로 쓴 것. 불타는 석존뿐이었으나, 뒤에 불교의 교리가 발달함에 따라
과거 · 현재 · 미래의 모든 부처님이 있게 되고, 시방十方의 모든 부처
님으로 발전하여 드디어 그 수가 한량없게 되었고, 이것이 처음은 역
사적 인물이던 것이 점점 이상화理想化되어 유형무형 온갖 방면으로
도 원만한 인격적 존재가 됨.

3 稱上 : 상등임을 일컬음.

4 犯戒 : 계율戒律을 어김.

5 息心 : 마음을 쉼.

　사람이 자기 자신을 지키는데 있어서 참는 것이 으뜸이다. 참는데 있어서는 육체적인 힘도 필요하지만 마음의 인내忍耐가 더욱 중요하다. 그래서 우리 속담에 '참을 인 세 개면 살인도 면한다.'고 하였다. 그런데 잘 참을 수 있도록 북돋아주는 요소要素는 계율戒律을 철저하게 지켜서 범하지 않는데 있다. 출가한 사람이 계율에 어긋나기 시작하면 자칫 행동이 허랑방탕虛浪放蕩하여 수도인답지 못하게 되는 것이니 빨리 마음을 쉬고 가다듬어서 본처本處에 돌아가도록 해야 한다.

원문原文 · 해역解譯

無病最利　병 없음이 가장 이익이고
무 병 최 리

知足最富　만족할 줄 앎이 가장 부자이며
지 족 최 부

厚爲最友　덕이 두터움을 최고의 벗으로 삼고
후 위 최 우

泥洹最快　열반이 최고의 유쾌함이니라.
니 원 최 쾌

1 無病 : 병이 없음.

2 知足 : 제 분수分數를 알아 마음에 불만함이 없음. 곧 무엇이 넉넉하고 족足한 줄을 앎.

3 厚 : 두터울 후. 두텁다. 후덕厚德하다.

4 最友 : 가장 좋은 벗.

5 快 : 쾌할 쾌. 쾌하다. 상쾌하다.

| 해의解義 |

속담에 '우환憂患이 도둑이다' 는 말이 있다. 집안에 아픈 사람이 있으면 돈이 도둑을 맞은 듯이 나간다는 말이다. 그래서 병듦이 없으면 이익이다. 명언名言에 '최대의 부는 작은 것을 가지고 만족하는데 있다.' 고 하였다. 부유한 자의 고민은 가난한 자의 고민에 비하여 무게가 더 나간다. 벗을 사귀려면 지적知的인 사람보다는 후덕厚德한 사람을 사귀어 친구가 되어야 한다. 결국은 생사生死를 넘어서 해탈解脫을 이루고 해탈을 넘어서 열반涅槃을 얻어야 한다.

4

飢爲大病　굶주림은 큰 병이 되고
기 위 대 병

行爲最苦 행함이 가장 괴로움이 되며
행 위 최 고

已諦知此 이미 이치를 이렇게 안다면
이 제 지 차

泥洹最樂 열반이 최고로 즐거움이니라.
니 원 최 락

| 주석註釋 |

1 大病 : 위중危重한 병.
2 行爲 : ① 사람이 행하는 짓. ② 권리權利의 득실得失, 이전移轉 등의 원
인이 되는 의사의 표시. ③ 사람의 도덕적道德的 성질性質을 띤 의식적
意識的인 행동.
3 諦 : 살필 제. ① 살피다. ② 이치理致. ③ 진실眞實.

| 해의解義 |

병이라는 것이 꼭 몸이 아파서만은 아니다. 영양營養이 균형均衡
에 맞지 않아도 병이고, 마음이 아픈 것도 병이며, 무엇이나 부족不
足함을 느끼는 것도 병이라고 할 수 있다. 그런데 이것을 행동화行動
化하여 극복하려고 하는데 자신의 역량力量이 미치지 못한다면 많은
괴로움을 받고 느끼게 된다. 그러므로 되는 이치와 안 되는 이치가
다른 것은 아니지만, 되지 않는다는 사실을 알았을 때 빨리 그만두
는 것이 현명하다고 할 수 있다. 궁극은 열반의 가장 큰 즐거움이다.

5

少往善道
소 왕 선 도
선도로 나아감은 적고

趣惡道多
취 악 도 다
악도로 나아감은 많다네.

如諦知此
여 제 지 차
이런 이치를 알 것 같으면

泥洹最安
니 원 최 안
열반이 최고의 편안함이니라.

| 주석註釋 |

1 善道 : ①바르고 착한 도리道理. 선하고 아름다운 도리. ②선취善趣.
③좋은 길로 올바르게 인도함.

2 惡道 : 나쁜 길. 악업惡業을 지어서 죽은 뒤에 나는 고통苦痛의 세계世
界. 지옥地獄, 아귀餓鬼, 축생畜生, 수라의 네 가지.

| 해의解義 |

선도善道라고 문을 열어놓고 악도라고 문을 닫아놓은 것은 아니
다. 그런데 열어놓은 선도로는 들어가는 사람들이 적고, 닫아놓은
악도로 들어가는 사람들이 많다. 그래서 단악수선斷惡修善을 해야
한다. 즉 악업惡業을 끊고 선업을 닦아 선도에 들어가야 한다. 우리
가 선을 실행하든, 악을 실행하든 행위行爲는 한가지이니 이왕이면
악도보다는 선도를 실천하여 선덕善德을 쌓아야 한다. 이런 이치를

확연이 알 때 선도 실천의 길이 한발 더 다가서게 된다는 사실을 알아야 한다.

從因生善
종 인 생 선   인을 좇아 선한데 태어나고

從因墮惡
종 인 타 악   인을 좇아 악한데 떨어지며

由因泥洹
유 인 니 원   인으로 말미암아 열반을 얻나니

所緣亦然
소 연 역 연   인연된 바도 또한 그러하나니라.

| 주석註釋 |

1 因 : 인명학因明學에서 종宗 · 인因 · 유喩의 3지支를 세우는 중에서 인은 종을 성립시키기 위한 이유理由. 예를 들면 "소리는 무상無常하다(宗). 소작성所作性인 고로(因), 와병瓦甁 등과 같다(喩)." 할 때에 소리는 상주성常住性을 가지지 아니한 것을 입증立證하려면 그것이 인연으로 성립된 것임을 설명함이 필요. 이것이 인.

2 緣 : ①【범】pratyaya, 순익자생順益資生의 뜻. 물건이 생길 때에 친한 원인이 되는 것과, 힘을 주어 인으로 하여금 과를 낳게 하는 것. 결과를 내는 데 장애가 되지 않는 힘. 만일 인과 연을 나누어 말하면 친한

원인인 것을 인, 멀리 도와주는 것을 연이라 함. 4연緣으로 말하면, 인연은 인즉연因卽緣으로 전 것에 속하고, 소연연所緣緣 · 증상연增上緣 · 등무간연等無間緣을 연이라 함. ② 연려緣慮의 뜻. 심식心識이 객관대상客觀對象을 생각해 아는 것. ③ 연유緣由의 뜻. 유연중생有緣衆生 · 소연연所緣緣 등의 뜻.

| 해의解義 |

　인연因緣이란 무엇인가? 예를 들어보면, 결과를 내는 친인親因은 인因이요, 결과를 내는 데 보조되는 것은 연緣이다. 쌀과 보리는 그 종자를 인으로 하고, 노력勢力 · 우로雨露 · 비료肥料 등을 연으로 한다. 이 세상 모두와 우주 자체가 인연으로 얽혀있어서 독자적獨自的인 것은 없다. 이 인因은 저 연緣을 매개媒介로 하여 변역變易이 나타나고, 이 연은 저 인을 매개로 하여 생성生成을 하게 된다는 것을 알아서 인이든 연이든 소홀하게 다루지 말자.

7

麋鹿依野　사슴들은 들에 의지하고
미 록 의 야

鳥依虛空　새들은 허공에 의지하네.
조 의 허 공

法歸其報　법은 그 보응報應으로 돌아가고
법 귀 기 보

眞人歸滅　진인은 열반으로 돌아가나니라.
진 인 귀 멸

| 주석註釋 |

1 麋鹿 : ① 고라니와 사슴. ② 촌스러운 행동行動의 비유.

2 虛空 : 【범】ākāśa, 아가사阿迦舍라 음역. ① 다른 것을 막지 않고, 다른 것에 막히지도 않으며, 물·심의 모든 법을 받아들이는 당체. 공간空間. 이 허공에는 횡변橫遍·수상竪常·무애無礙·무분별無分別·용수容受 등의 여러 뜻이 있음. ② 온갖 물체를 여의고 아무것도 있지 않는 곳. 곧 공계空界. 허공과 공계의 다른 점은, 허공이 비색非色·무견無見·무대無對·무루無漏·무위無爲임에 대하여, 공계는 시색是色·유견有見·유대有對·유루有漏·유위有爲인 것.

3 法 : 【범】dharma, 【팔】dhamma, 달마達磨라 음역. 제 성품을 가졌고(任持自性) 물건의 알음알이를 내게 하는(軌生物解) 두 뜻을 가졌다. 자신의 독특한 성품을 가지고 있어 궤범軌範이 되어 다른 이에게 일정한 요해了解를 내게 하는 것. 물질·정신의 일체 만유는 모두 이 뜻을 가졌으므로 일체제법 또는 만법이라 하고, 혹은 분류하여 75법·100법 등이라 하며, 그 대부분은 제6의식意識의 대경이 되므로 법경法境이라 한다. 또 궤범의 뜻을 주로 하여 규칙을 법이라 하니, 부처님의 가르침을 불법·정법·교법 등이라 하며, 부처님이 제정한 계율을 계법이라 하고, 규정을 따라 수행하는 의식을 수법修法이라 함.

4 報應 : 선악의 행위에 따라 받게 되는 되갚음.

5 滅 : ① 유위법有爲法이 없어지는 것. 여기에 잠시멸暫時滅·구경멸究竟滅의 2종이 있다. ② 멸상滅相. ③ 멸제滅諦. ④ 열반涅槃.

　　사슴들은 산야山野에 의지하여 풀도 뜯고 새끼도 키우며 집을 만들고 살아간다. 새들은 나무나 집안에 의지하기도 하지만 날아다닐 때는 반드시 허공을 통해서 이동을 한다. 법이라는 것은 제6의식意識의 대경對境이 되므로 법경法境이라 하는데, 진리적인 법은 독자성獨自性을 가졌다고 볼 수 있지만, 경계境界가 되는 법은 서로의 보응報應에 의해서 변이變異하는 것이라고 할 수 있다. 이런 이치를 아는 참된 사람은 궁극窮極의 세계인 열반涅槃으로 돌아가게 된다.

8

| 원문原文 · 해역解譯 |

始無如不　시작은 (시작하지) 않음만 같지 못하고
시 무 여 불

始不如無　시작은 (시작이) 없음만 같지 못하니
시 불 여 무

是爲無得　이는 얻는 것 없음이 되며
시 위 무 득

亦無有思　또한 생각도 없는 것이니라.
역 무 유 사

| 주석註釋 |

　1 不如 : ① …만 못하다. ② …하는 편이 낫다 함.

2 無得 : 얻음이 없는 것.

| 해의解義 |

우리가 무슨 일을 시작할 때 과정過程을 중요하게 여길 수도 있고
결과를 중요하게 여길 수도 있다. 그런데 대개 과정을 중요시한 일
은 결과도 아름답게 열매를 맺지만, 결과만을 중요하게 여기면 불화
不和나 분쟁忿爭을 일으켜서 결과까지 좋지 않게 된다. 그러므로 과
정이야 어찌 되었든 결과만을 취하려 한다면 처음부터 일을 시작하
지 않는 것이 훨씬 좋을 것이라는 생각을 해야 한다. 만일 그렇지 않
으면 많은 난관難關도 있고 악연惡緣도 맺으며 끝내는 병살倂殺을 가
져올 수도 있다.

원문原文 · 해역解譯

心難見習可觀
심 난 견 습 가 도

마음은 보기 어려우나 익히면 가히 보고

覺欲者乃具見
각 욕 자 내 구 견

욕심을 깨달은 자는 바른 견해를 갖추네.

無所樂爲苦際
무 소 락 위 고 제

즐거움이 없음은 괴로움의 끝이 되고

在愛欲爲增痛
재 애 욕 위 증 통

애욕이 있음은 고통을 더함이 되나니라.

1 可視 : 볼 수 있다.

2 具見 : 견해를 갖춤.

3 苦際 : 제는 가장자리의 뜻이니, 즉 괴로움의 끝을 말한다.

4 愛欲=愛慾 : ① 애정愛情과 욕심慾心. ② 사랑하고 싶어 하는 욕망. 삼
사의 한 가지.

5 增痛 : 고통을 더함.

| 해의解義 |

우리가 흔히 마음은 흔적이 없어서 보기 어렵다고 한다. 그러나
부처님의 법에 의지하여 닦으면 얼마든지 볼 수가 있다. 또한 욕정
欲情의 폐해弊害를 깨달아서 아는 사람은 바른 견해見解를 갖추어서
결과까지 예측豫測을 할 수 있다. 또한 괴로움은 어디서 오는가. 이
는 즐겨할 꺼리가 없는 데서 온다. 부처님 법을 좋아해서 수행을 하
면 절대로 괴로움은 없다. 또한 애욕愛慾이라는 것은 애정愛情과 욕
심慾心이니 "애별리고愛別離苦"처럼 고통을 수반隨伴하여 언제든지
더하게 한다.

| 원문原文 · 해역解譯 |

明不淸淨能御   청정하지 않음에 밝아서 능히 억제하면
명 불 청 정 능 어

無所近爲苦際 가깝게 되는 괴로운 경계가 없다네.
무 소 근 위 고 제

見有見聞有聞 보면 봄이 있고 들으면 들음이 있으며
견 유 견 문 유 문

念有念識有識 생각하면 생각이 있고 의식하면 의식이 있
염 유 념 식 유 식 나니라.

| 주석註釋 |

1 清淨 :【범】śuddha, 나쁜 짓으로 지은 허물이나 번뇌의 더러움에서
  벗어난 깨끗함. 자성청정自性清淨·이구청정離垢清淨의 2종이 있음.

2 御 : 거느릴 어, 막을 어. ① 거느리다. 통솔하다. ② 다스리다. 통치統
  治하다. ③ 어거馭車하다. 막다. 제어하다. 억제하다.

3 無所近 : 가까이 할 것이 없음.

4 識 :①【범】vijñāna,【팔】viññāa, 요별了別하는 뜻. 경계를 대하여 인
  식하는 마음의 작용. 심왕心王에만 말하고, 심소心所는 별개別個로 함.
  이에 6식識·8식·9식의 구별이 있음. ② 마음의 작용을 심心·의
  意·식識으로 나누어 말하기도 함. ③ 12인연의 제3. 소승에서는 과거
  세의 혹惑·업業에 의하여 심식心識이 처음 모태母胎에 들어가는 1찰
  나의 지위, 대승에서는 미래에 3계에 태어날 몸의 주체인 제8식을 낼
  이숙무기異熟無記의 종자를 말함.

| 해의解義 |

  청정清淨하지 않다는 것은 더럽다는 것이다. 청정 자체가 더러움
을 내포內包했다는 의미이다. 이를 밝혀서 억제할 수 있는 힘이 있
어야 한다. 세상에 친압親狎할 것이 없다는 것은 괴로움도 없다는

것으로 그 고통에서 벗어나기가 쉽다. 원래 보고(見), 듣고(聞), 생각
(念), 의식(識)이 원래 있는 것이 아니다. 내가 눈으로 보니까 보이는
것이 있고, 귀로 들으니까 들리는 것이 있으며, 마음으로 생각하니
까 생각이 있고, 안으로 의식을 하니까 의식이 있게 된다.

원문原文 · 해역解譯

親無著亦無識
도 무 착 역 무 식

보아도 집착 없고 또한 의식이 없으며

一切捨爲得際
일 체 사 위 득 제

모두를 버림이 얻음이 되어지네.

除身想滅痛行
제 신 상 멸 통 행

몸과 생각을 버리면 고통의 행이 멸하고

識已盡爲苦竟
식 이 진 위 고 경

의식이 이미 다하면 괴로움이 끝난다.

주석註釋

1 無著 : 집착執着이 없음.

2 無識 : ① 의식이 없음. ② 배우지 못하여 아는 것이 없음.

3 痛行 : 고통스러운 여러 가지 행동.

4 竟 : 마침내 경. ① 마침내. 드디어. ② 끝.

《대학大學》에 "심부재언心不在焉, 시이불견視而不見, 청이불문聽而不聞, 식이부지기미食而不知其味."라 하였다. 즉 '마음에 있지 않으면 보아도 보이지 않고, 들어도 들리지 않으며, 먹어도 그 맛을 모른다.'는 뜻이다. 우리가 보는 데에 집착執着이 없으면 자연 의식意識도 없게 된다. 또한 일체를 모두 버리면 괴로움에서 벗어나게 된다. 따라서 몸과 마음과 아울러 생각까지도 버린다면 모든 고통이 소멸되며 의식도 사라지리니 그러하면 괴로움도 자연적으로 마쳐지게 된다.

원문原文·해역解譯

猗則動虛則淨
의 즉 동 허 즉 정
의지하면 동요하고 비우면 맑아지지만

動非近非有樂
동 비 근 비 유 락
동요를 가까이하지 않고 즐거움도 가지지 않네.

樂無近爲得寂
낙 무 근 위 득 적
즐거움을 가까이함이 없으면 고요를 얻으리니

寂已寂已往來
적 이 적 이 왕 래
고요하고 고요해지면 가고 옴이 없나니라.

1 寂 : 고요할 적. ① 고요하다. 조용하다. ② 쓸쓸하다. 적막寂寞하다.

2 往來 : 가고 오고 함.

| 해의解義 |

우리가 보통 의뢰依賴나 주착住着을 하게 되면 동요動搖가 되고 비워지면 맑아진다. 그래서 마음 가운데 집착이 있으면 동요가 일어나지만 반면에 없으면 자연 맑아진다. 즐거움이란 가까이 할 것도 못되지만 가질 것도 못 된다. 어찌 보면 집착이 있음으로 인하여 즐거움이 있게 되어 괴로움을 당해 동요가 있어진다고 볼 수 있다. 그러므로 즐거움을 가까이 하지 않으면 마음이 고요해지고 마음이 이미 고요해지면 세상이나 사물事物을 대하여 내고 들임이 없으므로 자연 텅 비게 된다.

원문原文 · 해역解譯

來往絶無生死
내 왕 절 무 생 사
오고 감을 끊으면 생과 사가 없고

生死斷無此彼
생 사 단 무 차 피
생사를 끊으면 이것저것도 없네.

此彼斷爲兩滅
차 피 단 위 양 멸
이것저것을 끊으면 두 가지가 멸하여

| 滅無餘爲苦除 | 멸하되 남음이 없으면 괴로움도 제거 되나 |
| 멸 무 여 위 고 제 | 니라. |

| 주석註釋 |

1 彼此 : ① 저것과 이것. ② 서로.
2 滅 : ① 유위법有爲法이 없어지는 것. 여기에 잠시멸暫時滅·구경멸究
竟滅의 2종이 있다. ② 멸상滅相. ③ 멸제滅諦. ④ 열반涅槃.

| 해의解義 |

　삶과 죽음이 없다는 것은 단지 이 육신이 생겨났다가 어느 시간
을 경과하며 기능이 약해져서 늙어지고 또한 아팠다가 없어진 것만
을 말하는 것은 아니다. 오고 가는 것도 생사生死요, 해가 뜨고 지는
것도 생사며, 음陰과 양陽이 바뀌는 것도 생사요, 오늘 내일이 갈마
드는 것도 생사이다. 그래서 생사가 끊어지면 피차彼此가 없어지고,
피차가 끊어지면 생과 사도 자연 멸하게 된다. 그리하여 완전히 멸
하여 남음이 없으면 모든 괴로움도 따라서 제거되고 소멸하게 된다.

원문原文 · 해역解譯

| 比丘有世生 | 비구는 세상에 나옴이 있기에 |
| 비 구 유 세 생 | |

有有有作行 <small>유 유 유 작 행</small>	존재가 있고 행함을 지음이 있네.
有無生無有 <small>유 무 생 무 유</small>	존재라도 태어남이 없으면 존재가 있을 수 없고
無作無所行 <small>무 작 무 소 행</small>	지음이 없으면 행하는 바도 없나니
夫唯無念者 <small>부 유 무 념 자</small>	무릇 오직 생각이 없는 자만이
爲能得自致 <small>위 능 득 자 치</small>	능히 스스로 이룸을 얻나니라.

| 주석註釋 |

1 有 : 있을 유. ① 있다. ② 존재存在하다. ③ 가지다. 소지所持하다.

2 比丘 :【범】bhikṣu, bhikkhu, 또는 필추苾芻·픽추煏芻·비호比呼라
고도 함. 걸사乞士·포마怖魔·파악破惡·제근除饉·근사남勤事男이
라 번역. 남자로서 출가하여 걸식으로 생활하는 승려로 250계를 받아
지니는 이. 걸사라 함은 비구는 항상 밥을 빌어 깨끗하게 생활하는 것
이니, 위로는 법을 빌어 지혜의 목숨을 돕고, 아래로는 밥을 빌어 몸
을 기른다는 뜻. 포마라 함은 비구는 마왕과 마군들을 두렵게 한다는
뜻. 파악이라 함은 계戒·정定·혜慧 3학學을 닦아서 견혹見惑·사혹
思惑을 끊는다는 뜻. 제근이라 함은 계행戒行이란 좋은 복전福田이 있
어 능이 물자를 내어 인과의 흉년을 제한다는 뜻. 근사남이라 함은 계
율의 행을 노력하여 부지런하다는 뜻.

3 無作 : 인연因緣에 의해서 생기는 것이 아닌 생멸生滅 변화를 초월超越
한 것.

4 所行 : ① 이미 하여놓은 일이나 짓. ② 하는 행위.

5 無念 : 아무런 감정感情이나 생각하는 것이 없음.

6 自致 : ① 스스로 있는 힘을 다함. ② 스스로 성취함.

| 해의解義 |

사람이 이 세상에 태어나서 자기 멋에 산다고 한다. 비구比丘도 세상에 나오는 것은 부모를 매개媒介로 하여 몸을 받았기 때문에 한 인간으로 세상에 나와서 부처님의 제자로 멋을 부리며 존재存在를 드러내는 것이라고 볼 수 있다. 그렇지만 수행을 열심히 하여 깨달음을 이루어 자기라는 존재를 인식認識하지 않고 무아無我로 살아간다면 무엇을 만들어내는 바도 없게 된다. 그러므로 무념無念이 되면 스스로 모두를 이루게 되는 것이니 무념을 주체로 삼아서 수행해야 한다.

원문原文 · 해역解譯

無生無復有
무 생 무 부 유
태어남이 없으면 다시 존재가 없고

無作無行處
무 작 무 행 처
지음이 없으면 행하는 곳도 없네.

生有作行者
생 유 작 행 자
태어남을 지어 행함이 있다면

是爲不得要
시 위 부 득 요
이는 요제를 얻지 못함이 되나니라.

| 주석註釋 |

1 無行 : 실천하거나 행하지 아니함.
2 要=要諦 : ① 중요重要한 점. ② 중요한 깨달음.

| 해의解義 |

사람이 다른 사람을 의식하지 않는다면 나라는 존재도 있을 수 없다. 따라서 내가 주체가 되어 짓는 것도 자연히 없기 마련이다. 반면에 태어남이 있고 또 존재로서 자리를 한다면 역시 지어지는 것이 있기 마련이다. 따라서 사람이 이 세상에 몸을 받아 태어난 것이 정말 다행임을 알고 부처님의 회상을 만나고 부처님의 가르침을 따르게 된 것을 더없는 천행天幸으로 알아야 한다. 그리하여 모든 악을 짓지 말고(諸惡莫作) 마음의 행처도 멸(心行處滅)하게 해야 의식하지 않는 진정한 나라는 존재를 세우게 된다.

若已解不生　만일 이미 나지 않는 이치를 깨달으면
약 이 해 불 생

不有不作行　존재도 없고 지어서 행함도 없으리니
불 유 부 작 행

則生有得要　곧 생과 존재가 요제를 얻었음이니라.
즉 생 유 득 요

1 不生 : ① '모든 현상은 진여眞如 그대로의 모양이며 늘 존재存在하는 것으로 갑자기 생긴 것이 아님'을 뜻하는 말. ② 늘 그대로 나지도 죽지도 아니한다는 뜻으로, '여래如來'를 일컫는 말.

| 해의解義 |

무릇 낳음과 죽음이 없고, 가고 오는 것이 없으며, 부처와 중생도 없고, 나와 남이라는 존재存在까지도 없다고 하는 것이 불법佛法의 진리眞理라고 할 수 있다. 이렇게 없다는 진리를 알았을 때 존재로서의 행위行爲도 없게 되는 것은 틀림없는 사실이다. 이런 없음의 진리, 또는 텅 빔의 진리를 체득體得하여 걸리고 막힘이 없을 때 불법의 요체要諦를 알았다고 할 수 있다. 따라서 이를 행으로 나타내는데 있어서는 자비慈悲와 사랑과 은혜로 한없이 베풀어서 득도得度토록 해 주어야 한다.

원문原文 · 해역解譯

從生有已起   살아감으로 좇아 존재가 이미 일어나면
종 생 유 이 기

作行致死生   지어 행함으로 죽음과 삶을 이루나니
작 행 치 사 생

爲開爲法果　법의 결과를 열어감이 되나니라.
위 개 위 법 과

| 주석註釋 |

1 法果 : 법의 결과.
2 果=果位 : 인위因位. 과지果地와 같음. 인행因行이 성취되어 증득하는
　　불과佛果의 자리. 깨달은 지위.

| 해의解義 |

　사람이 이 세상을 살아가면서 남을 의식하지 않을 수 없다. 이렇
게 남을 의식하다보면 으시대려는 마음도 생기고 자기의 존재를 부
각浮刻시키려는 마음도 없지 않다. 그러다 보면 자기의 존재에 대한
집착執着이 생겨서 탐욕貪慾의 행위를 하게 되는 것이니, 이는 또 다
른 파국破局을 불러오게 된다. 그것은 바로 삶과 죽음이 있게 된다
는 사실이다. 원래 불교는 일체 번뇌가 멸절滅絶된 공空의 자리인데
생사生死를 논한다는 것은 바로 탐욕이 들어서 만들어내는 억설臆說
이라고 할 수 있다.

18

원문原文 · 해역解譯

從食因緣有　먹음을 좇아서 인연이 있고
종 식 인 연 유

從食致憂樂 종 식 치 우 락	먹음을 좇아서 근심과 즐거움을 이루니
而此要滅者 이 차 요 멸 자	이것을 필요함을 멸하고자 하는 사람만이
無復念行迹 무 부 념 행 적	다시 행의 자취를 생각함이 없어서
諸苦法已盡 제 고 법 이 진	모든 괴로움의 법이 이미 다해서
行滅湛然安 행 멸 담 연 안	행이 사라지면 맑아 편안하나니라.

| 주석註釋 |

1 因緣 : 결과를 내는 친인親因은 인. 결과를 내는 데 보조되는 것은 연.
쌀과 보리는 그 종자를 인으로 하고, 노력勞力·우로雨露·비료肥料
등을 연으로 함.
2 憂樂 : 근심과 즐거움을 아울러 이르는 말.
3 行迹 : ① 행위의 실적實績이나 자취. ② 평생에 한 일.
4 湛然 : 맑고 깨끗한 모양.

| 해의解義 |

　사람이 살아가는 데는 먹는 것을 좇아서 인연을 맺을 수도 있고
때로는 근심과 즐거움이 생길 수도 있다. 혹 불선不善의 인연이 되
고, 혹 근심에 고민하며 즐거움에 빠져서 헤어나지 못하는 수도 있
게 된다. 그래서 이를 없애려면 온갖 행行이 없어야 하고 또한 버려
야 한다. 다시 말하면, 일체의 행이 사라져서 욕정欲情이 일어나지
않는다면 그때는 당연히 번뇌煩惱도 없게 된다. 만일에 번뇌가 없다

면 그 마음은 맑고 고요하여 편안하지 않음이 없게 된다.

比丘吾已知
비 구 오 이 지
비구여! 내가 이미 알았다면

無復諸入地
무 부 제 입 지
다시 모두 들어갈 곳이 없어야 하나니

無有虛空入
무 유 허 공 입
허공에 들어감도 없어야 하네.

無諸入用入
무 제 입 용 입
모두 들어감이나 작용의 들어감이 없어야 하고

無想不想入
무 상 불 상 입
생각이나 생각하지 않음에 들어감도 없어야
하나니라.

| 주석註釋 |

1 虛空 : 【범】 ākāśa, 아가사阿迦舍라 음역. (1) 다른 것을 막지 않고, 다른 것에 막히지도 않으며, 물·심의 모든 법을 받아들이는 당체. 공간 空間. 이 허공에는 횡변橫遍·수상竪常·무애無礙·무분별無分別·용수容受 등의 여러 뜻이 있음. (2) 온갖 물체를 여의고 아무것도 있지 않는 곳. 곧 공계空界. 허공과 공계의 다른 점은, 허공이 비색非色·무견無見·무대無對·무루無漏·무위無爲임에 대하여, 공계는 시색是色·유견有見·유대有對·유루有漏·유위有爲인 것.

2 無想무상 : 아무 상념想念이 없음.

| 해의解義 |

　부처님의 제자로 살려면 수행을 해야 한다. 부처님의 가르침을 알고 법을 알며 진리를 깨달아야 한다. 그리하여 법이든, 진리든 간에 들어갈 구멍이 없어야 한다. 허공도 들어갈 곳이 없어야 하며 필요로 하는 쓰임에도 들어감이 없어야 한다. 또한 생각을 하던, 생각을 하지 않던 들어갈 곳이 없어야 한다. 사람이 들어간다는 것은 무엇인가 부족不足하니까, 무엇인가 얻어 보거나 배워보거나 알아보려고 가까이한다는 의미이다. 사실 불법이란 닦아서 이루는 것은 아니다.

원문原文 · 해역解譯

無今世後世
무 금 세 후 세
지금 세상이나 뒤 세상도 없고

亦無日月想
역 무 일 월 상
또한 해와 달이라는 생각도 없으며

無往無所懸
무 왕 무 소 현
가는 것도 없고 매달리는 것도 없나니라.

1 今世 : 이승. 지금의 세상.

2 後世 : ① 뒷세상. ② 뒤의 자손子孫. ③ 뒤에 올 시대의 사람들. ④ 삼
세三世의 하나. ⑤ 죽은 뒤에 가서 산다는 미래의 세世.

3 日月 : ① 해와 달. 날과 달. ② 세월을 이르는 말.

4 往 : 갈 왕. ① 가다. ② (물품을) 보내다, 보내 주다, 향하다.

5 懸 : 달 현. ① 달다. 매달다. 달아매다. ② 멀다. 멀리 떨어지다. 동떨
어지다.

| 해의解義 |

불제자로서 깨달음을 얻으면 욕심慾心도 담박하게 되고, 정욕情慾
도 일어나지 않으며, 미망迷妄에 빠지지도 않고, 번뇌煩惱에 시달리
지도 않는다. 이렇게 되면 현세는 어떻고, 내세는 어떨 것인가의 관
념觀念이나 우려憂慮가 하나로 통일되어 일관一貫하게 되니 하나의
세상이 된다. 또한 해와 달, 일체 물상物象도 일체一體를 이루어 진
리 그대로 화현化現한 진여眞如의 실상實相으로 보여 어떤 차별이나
간택揀擇이 없이 한울을 이루게 된다.

원문原文 · 해역解譯

我已無往反　나는 이미 가고 돌아옴이 없어서
아 이 무 왕 반

不去而不來 불 거 이 불 래	가지도 않고 오지도 않네.
不沒不復生 불 몰 불 부 생	죽지도 않고 다시 태어나지도 않는
是際爲泥洹 시 제 위 니 원	이런 경계가 열반이 되나니라.

| 주석註釋 |

1 往反=往返 : 갔다가 돌아옴.

2 沒 : 빠질 몰. ① (물에) 빠지다. 가라앉다. 잠수하다. 무자맥질하다(물
속에서 팔다리를 놀리며 떴다 잠겼다 하다). ② 죽다(歿).

| 해의解義 |

《장자莊子》응제왕應帝王에 보면 "태씨泰氏, 기와서서其臥徐徐, 기
각우우其覺于于, 일이기위마一以己爲馬, 일이기위우一以己爲牛."라 하
였다. 즉 '태씨는, 누워자면 평안하고, 일어나면 태평하여 세상 사람
들이 자기를 말이라고 하면 말이 되고, 소라고 부르면 소가 된다.'
는 뜻이다. 열반涅槃을 얻은 사람의 심경心境은 이러하다. 죽었다고
하면 죽은 것이고, 도둑이라 하면 도둑이며, 악마惡魔라고 부르면 악
마여서 조금도 막히거나 걸림이 없이 자유를 누려서 구구하게 따지
거나 중얼거리지 않는다.

원문原文 · 해역解譯

如是像無像   이와 같이 하여 형상의 있고 없음과
여 시 상 무 상

苦樂爲以解   괴로움과 즐거움을 벗어나면
고 락 위 이 해

所見不復恐   보는 바가 다시 두렵지 아니하고
소 견 불 부 공

無言言無疑   말은 없지만 말을 함에 의심도 없나니라.
무 언 언 무 의

| 주석註釋 |

1 苦樂 : 괴로움과 즐거움.

2 恐 : 두려울 공. 두렵다, 두려워하다.

3 無言 : ①말이 없음. ②아무 말도 없이 잠잠潛潛함.

4 無疑 : 의심할 것이 없음.

| 해의解義 |

　진리를 깨친 사람은 형상이나 물질에 대한 집착執着이 없고 계영
繫縈도 없다. 그런데 하물며 육신이나 생명에 대한 애착愛着이 어디
있으며, 석민惜悶이 어디 있겠는가. 따라서 괴롭다는 것과 즐겁다는
것을 다 벗어던지면 무엇을 보고, 무엇을 대한다 할지라도 두려움이
생기지 않고 혹심惑心도 나오지 않는다. 그리하여 말을 하지 않아도
도에 어긋남이 없고, 또 말을 하게 되면 적어중的於中하야 누구도 의

심을 한다거나 토를 달수가 없는 진언眞言이요, 실언實言이 된다.

斷有之射箭   존재의 화살 쏘는 것을 끊고
단 유 지 사 전

遘愚無所猗   어리석음을 만날지라도 의지할 바 없다면
구 우 무 소 의

是爲第一快   이것이 제일 유쾌함이 되나니
시 위 제 일 쾌

此道寂無上   이러한 도는 고요하지만 그 위가 없나니라.
차 도 적 무 상

| 주석註釋 |

1 射箭 : 화살을 쏘는 것.

2 遘愚 : 어리석음을 만남.

3 無上 : 그 위에 더할 수 없이 높고 좋음.

| 해의解義 |

　존재存在에 대한 집착執着을 끊고 놓아야 한다. 자신의 존재를 내세우면 안 된다. "나는 이런 사람이고, 이런 권력을 가졌으며, 이런 부귀를 누리고, 이런 능력이 있다." 하여 앞에 세운다면 서글픈 일이

아닐 수 없다. 그러므로 어리석음을 만날지라도 멀리한다면 제일로 유쾌愉快한 일이 된다. 따라서 이러한 도道는 원래 적정寂靜하여 유무有無가 포용되고 진공眞空과 실상實相이 함유含有되었으며 묘법妙法과 진언眞言이 하늘땅만큼 갈무리해져서 이 이상 가는 도는 다시 없다.

受辱心如地
수 욕 심 여 지
모욕을 받아도 마음은 땅과 같고

行忍如門閾
행 인 여 문 역
참음을 행함은 문지방 같으며

淨如水無垢
정 여 수 무 구
깨끗함은 물에 때가 없음과 같아서

生盡無彼受
생 진 무 피 수
삶이 다하여도 더러움을 받지 않나니라.

| 주석註釋 |

1 辱 : 욕될 욕. ① 욕되다. 수치스럽다. ② 더럽히다. ③ 욕辱되게 하다. 모욕侮辱을 당하다.

2 忍 : 참을 인. ① 참다. ② 동정심同情心이 없다. ③ 차마 못하다.

3 門閾 : 문지방.

4 閾 : 문지방 역. ① 문지방門地枋. ② 내외內外의 한계.

5 無垢 : ① 잡물雜物이 섞이지 않고 순수純粹함. ② 마음이나 몸이 깨끗함. ③ 꾸밈새 없이 자연 그대로 순후醇厚함. ④ 죄가 없음.

6 彼受 : 더러움을 받다.

| 해의解義 |

불법佛法을 깨쳐야 한다. 깨치면 마음이 넓어지고 도량이 트이며 행동이 자비慈悲로워진다. 그러면 어떠한 모욕侮辱이나 치욕恥辱을 받아도 흔들림이 없이 참을 수가 있다. 따라서 심행心行이 물처럼 맑아 때가 끼어있지 않기 때문에 다른 사물이 닿는다 할지라도 청량淸凉하게 된다. 그리하여 이생이 다 마치는 날이 될지라도 사람들이 아까워하고 아쉬워는 할지언정 누구에게도 손가락질을 받지 않고 더러움을 입지 않아서 생사生死가 여일如一하게 사람들의 존모尊慕를 받게 된다.

25

원문原文 · 해역解譯

利勝不足恃
이 승 부 족 시
이익이 뛰어나도 족히 믿을 것이 못되나니

雖勝猶復苦
수 승 유 부 고
비록 이길지라도 다시 괴로워진다네.

當自求法勝　마땅히 스스로 법의 뛰어남을 구할지니
당 자 구 법 승

已勝無所生　이미 이겼으면 생겨난 바가 없나니라.
이 승 무 소 생

| 주석註釋 |

1 勝 : 이길 승. ① 눈여겨보다. ② 이기다. ③ 뛰어나다.
2 不足 : ① 필요한 양이나 한계에 미치지 못하고 모자람. 넉넉하지 못
함. ② 만족滿足하지 않음. 마음에 차지 않음.

| 해의解義 |

　일상생활에서 이익을 좇는 비중比重이 클 경우가 있다. 그런데 이
익을 얻었다 할지라도 믿을 만한 것은 못된다. 이는 한때의 기쁜 일
은 될지 몰라도 자칫 일생을 무너뜨리고 고통으로 몰아넣는 기인起
因이 될 수도 있기 때문이다. 법의 승리를 구하는 것은 결국 깨달음
을 얻고 지혜智慧를 갖추며 복락福樂을 만들어내자는 것이니 이보다
더한 기쁨과 즐거움은 없다. 그러므로 우리는 부처님의 정법 만남을
영생의 진연眞緣으로 알아 수행을 잘해나가야 한다.

26

畢故不造新　옛것 다하면 새것 만들지 않고
필 고 부 조 신

厭胎無婬行　잉태를 싫어해서 음행하지 않네.
염 태 무 음 행

種燋不復生　종자(씨앗)가 타면 다시 나오지 않나니
종 초 불 부 생

意盡如火滅　불이 꺼진 것처럼 뜻이 다하나니라.
의 진 여 화 멸

| 주석註釋 |

1 畢故 : 옛것을 다 쓰는 것.

2 厭胎 : 아이 배는 것을 싫어함.

3 婬行=婬行 : ① 음란婬亂한 행위. ② 외설적인 행위.

| 해의解義 |

　사람이 옛것을 다 쓰게 되면 새로운 것을 만들지 않을 수 없다. 그러나 수행하는 사람은 새로운 것을 만들지 않고 살아야 한다. 즉 새로운 것을 만든다는 것은 음행婬行을 저질러서 잉태孕胎가 되는 것을 말한다. 세상에 종자라는 것이 여러 가지가 있지만 태워진 것이 다시 싹을 내는 법은 없다. 그러므로 나의 의식意識으로 만들어지는 온갖 번뇌煩惱나 사념思念들이 불에 태워지듯 소멸된다면 해탈解脫의 열반涅槃을 이룰 수 있는 것이니 오직 부처님 법을 수행함에서 나

오는 것이라고 할 수 있다.

胞胎爲穢海　　잉태란 더러운 바다가 되나니
포 태 위 예 해

何爲樂婬行　　어찌 음행을 즐거워하겠는가?
하 위 낙 음 행

雖上有善處　　비록 최상의 좋은 곳이 있다 해도
수 상 유 선 처

皆莫如泥洹　　모두가 열반만 같지 못하나니라.
개 막 여 니 원

| 주석註釋 |

1 胞胎 : ① 임신姙娠. ② 태내의 아이를 싸는 얇은 막.

2 穢海 : '더러움의 바다' 라는 뜻으로, 서로 사랑이 생겨서 무한한 괴로
움을 당하게 됨으로 하는 말이다.

3 善處 : ① 사람이 죽어서 다시 태어난다는 좋은 곳. ② 좋은 방법으로
알맞게 처리함.

| 해의解義 |

사람이 사람을 세상에 내보내는 것이지만 수행자의 입장에서 볼

때 가장 방해가 되는 것이 사랑에 의한 임신姙娠이라고 할 수 있다. 이것은 욕정欲情에 의하여 저질러지는 음행婬行으로 큰 고뇌苦惱를 벗어나기가 힘들다고 아니할 수 없기 때문이다. 그래서 음란淫亂을 억제하라고 가르침을 준다. 아울러 저 위 하늘에 아무리 좋은 곳이 있다 할지라도 수행을 열심히 하여 얻어지는 열반만은 못할 것이니, 목표를 여기에 두고 세상의 즐거움이 되는 것들을 과감하게 정리해야 한다.

원문原文 · 해역解譯

悉知一切斷
실 지 일 체 단

이런 이치를 다 알아 모두를 끊고

不復著世間
불 부 착 세 간

다시는 이 세상에 집착하지 아니하여

都棄如滅度
도 기 여 멸 도

모두 버리기를 멸도하는 것처럼 하면

衆道中斯勝
중 도 중 사 승

온갖 도 가운데서 이것이 뛰어나니라.

| 주석註釋 |

1 滅度 : ①모든 번뇌煩惱의 속박에서 벗어나고, 진리眞理를 깨달아 불생불멸不生不滅의 법을 체득體得한 경지. 불교의 최고 이상理想. ②열

반열반涅槃을 번역한 말. 나고 죽는 큰 환난을 없애어 번뇌의 바다를 건넜다는 뜻. ③ 승려僧侶가 죽음.

| 해의解義 |

　수도하는 사람이 번뇌煩惱를 담아가지고는 절대로 청정淸淨한 경지에 이를 수 없고, 청정한 경지에 이르지 못하면 멸도滅度의 열반涅槃을 이루기가 어렵다는 사실을 알아야 한다. 그리하여 열반을 이루는데 방해가 되는 모든 것을 미련 없이 끊고 버려야 한다. 다시 말하면, 모든 도 가운데 불도佛道가 제일이지만 바라만 본다거나 생각만 하고 있어서는 돼지에게 진주珍珠를 던져준 것과 같아서 아무 소용이 없다. 오직 열반을 이루기 위하여 열심히 수도에 매진邁進하여 쉼이 없어야 한다.

29

원문原文 · 해역解譯

佛以現諦法
불 이 현 제 법　　부처님은 진리의 법을 나타냈으니

智勇能奉持
지 용 능 봉 지　　지혜와 용맹으로 능히 받들어 지녀서

行淨無瑕穢
행 정 무 하 예　　행이 깨끗하여 티끌과 더러움이 없다면

自知度世安 　스스로 세상 건널 줄 알기에 편안하나니라.
자 지 도 세 안

| 주석註釋 |

1 諦 : 【범】satya, 【팔】sacca, 진실한 도리, 변하지 않는 진리. 여如와
　여如한 진상眞相 등의 여러 가지 뜻으로 해석.

2 智勇 : 슬기와 용기.

3 奉持 : 조선朝鮮 때, 임금이 거동할 때 말을 타고 용대기를 받들고 가
　던 금군禁軍.

4 瑕 : 허물 하. ① 허물. ② 티(조그마한 흠). ③ 옥의 티(조그마한 흠).

5 瑕穢 : 결점과 더러움.

| 해의解義 |

　부처님은 누구나 쉽게 해탈解脫하여 열반涅槃의 길로 나아갈 수
있는 방법을 밝혀 놓았다. 그런데 사람들이 어렵다 생각하고 받아들
여서 자기를 정화淨化하지 못하고 고해苦海에서 헤엄을 치고 있다.
그러므로 슬기와 용맹勇猛을 가지고 죽기로서 공부한다면 기발機發
의 시기가 반드시 이르게 된다. 즉 자기 자신의 심행心行을 먼저 청
정하게 하여 어떤 티나 허물, 또는 결점이나 더러움을 먼저 씻어낸
다면 세상을 살아가는데 편안하고 즐거움이 항상 넘쳐나게 된다.

30

道務先遠欲
도 무 선 원 욕
도에 힘써서 먼저 욕심을 멀리하고

早服佛教戒
조 복 불 교 계
일찍 부처님의 가르침인 계율을 심복하며

滅惡極惡際
멸 악 극 악 제
악을 멸하여 악의 끝에 이른다면

易如鳥逝空
이 여 조 서 공
쉽기가 허공을 나는 새와 같나니라.

주석註釋

1 遠欲 : 욕심을 멀리 함.
2 戒 :【범】śīla,【팔】sīla, 3학學의 하나. 6도度의 하나. 3장藏 중 율장에서 말한 것. 불교 도덕의 총칭. 범어 시라(尸羅, śīla)는 금제禁制의 뜻으로, 소극적으로는 방비防非 · 지악止惡의 힘, 적극적으로는 만선萬善 발생의 근본이라 하여 흔히 그 작용에 따라 해석. 또 계는 율장에서 말한 것이므로 비나야毘奈耶와 같이 생각되지만, 율은 경장經藏에 대한 일부의 총칭이고, 시라尸羅는 비나야 중에서 하나하나 계와 율장 이외에 여기저기에서 말한 것으로, 둘 사이에 구별이 있다. 보통으로 계는 계법戒法 · 계체戒體 · 계행戒行 · 계상戒相의 네 항목으로 설명. 계법은 부처님이 제정한 법, 계체는 계를 일러 주는 작법에 의하여 마음에 받아들인 법체로서 방비防非 · 지악止惡하는 작용이 있는 것을 말하고, 계행은 이 계체를 낱낱이 행동에 나타내는 것, 계상은 그 행에 따른 여러 가지 차별상差別相을 말한다.
3 鳥逝空 : 새가 허공을 난다는 말.

4 逝 : 갈 서. ① 가다. 지나가다. ② 날다. ③ 죽다. 세상을 떠나다.

| 해의解義 |

　사람이 욕심을 품고 도를 공부하면 절대로 진처眞處에 접근할 수 없다. 반면에 도를 가슴에 품으면 욕심은 자연스럽게 녹아 흘러내려 간다. 부처님의 가르침은 도를 수행하는데 있어서 계율戒律을 중시 하였다. 계율은 "방비지악防非止惡"이라 하여 그름을 미리 막고 악 을 범하지 않도록 하였다. 이는 수행의 기본이 되는 의식意識의 행 화行化를 청정하게 하라는 것이니 행회에 있어서 악을 제거하는 것 이 우선 되어야 한다. 그러면 새가 하늘을 나는 것처럼 쉽고 수월하 게 해탈의 열반을 얻게 된다.

원문原文 · 해역解譯

若已解法句
약 이 해 법 구

만일 이미 법의 글귀를 알았거든

至心體道行
지 심 체 도 행

지극한 마음으로 도를 본받아 행할지니

是度生死岸
시 도 생 사 안

이러하면 생사의 언덕을 건너서

苦盡而無患
고 진 이 무 환

괴로움이 다하고 근심이 없나니라.

1 法句 : ① 불경佛經의 글귀(-句). ② 부처님의 가르침.
2 至心 : 3심의 하나, 3신信의 하나. 곧 진실심眞實心.
3 體 : 본받다. 받아들이다. 근본. 몸소. 친히.
4 道行 : 불도를 수행함, 또는 도덕다운 행을 하는 것.

| 해의解義 |

세상에 아무리 좋은 글귀가 있고 좋은 말이 있다 할지라도 부처님의 법구法句같이 좋은 글이 없고, 부처님의 말씀같이 좋은 말씀이 없다. 이것이 바로 부처님의 가르침이니, 체 받고 본받아서 수행을 하면 부처를 이루지 아니함이 없다. 또한 삶과 죽음이 있는 이 언덕에서 생사가 없는 열반의 피안彼岸에 건너가서 안주安住를 하게 된다. 그러면 직접이나 간접으로 지었던 괴로움이 봄눈 녹듯 다하여 근심 걱정이 없게 될 것이니 부처님의 법이 아니면 이런 길을 찾아보기가 쉽지 않다.

32

원문原文 · 해역解譯

道法無親疏   도와법은 친함과 소원함이 없고
도 법 무 친 소

正不問羸强
정 불 문 이 강
바름은 약함과 굳셈을 묻지 않나니

要在無識想
요 재 무 식 상
요는 분별하는 생각이 없어서

結解爲淸淨
결 해 위 청 정
맺힘만 풀리면 청정하게 되나니라.

| 주석註釋 |

1 道法 : ① 도리道理와 법도法度. ② 깨달음에 이르는 올바른 법. ③ 불법佛法. ④ 도교道敎의 법.

2 親疎＝親疏 : ① 친함과 친하지 아니함. ② '친하여 가까움' 과 '친하지 못하여 버성김' 을 아울러 이르는 말.

3 不問 : ① 캐묻지 아니함. ② 차이를 가리지 않음. ③ 물어 밝히지 않는 것.

4 羸强 : 약한 것과 굳센 것.

5 識想 : 의식意識을 말하는 것이니, 사물을 분별하는 생각.

| 해의解義 |

부처님의 도나 법에는 친한 것과 친하지 않은 구별이 있을 수 없다. 또한 바른 행동에는 굳센 자와 약한 자의 다름이 있을 수 없고 캐묻거나 따질 것도 없어야 한다. 사람에게는 사물을 분별分別하는 의식意識이 있는 까닭에 원근친소遠近親疎에 집착執着이 생겨서 자연 번뇌煩惱에 얽매이게 되고 아울러 구속이 되어서 자유를 잃게 된다. 그러므로 업장業障이나 증오憎惡 등등에 맺힌 것을 풀어야만 몸과 마음이 저절로 청정하여져서 불과佛果를 수월스럽게 이루게 된다.

33

上智饜腐身 　상등의 지혜는 썩을 몸이니 싫어하고
상 지 염 부 신

危跪非眞實 　꿇어앉음이 진실한 것이 아니어서
위 궤 비 진 실

苦多而樂少 　괴로움이 많고 즐거움이 적을 것이니
고 다 이 낙 소

九孔無一淨 　아홉 구멍은 하나도 깨끗함이 없나니라.
구 공 무 일 정

주석註釋

1 上智 : 보통의 사람보다 지혜가 뛰어난 사람.

2 饜 : 포식할 염. ① 포식하다. 실컷 먹다. ② 물리다. 싫증을 느끼다.

3 腐 : 썩을 부. ① 썩다, 썩히다. ② (나쁜) 냄새가 나다. ③ (마음을) 상하다.

4 危跪 : 단정히 꿇어앉음. 가부좌跏趺坐를 말한다.

5 眞實 : 방편方便 · 권가權假. 교법에서 진에 들어가게 하기 위하여 베푼 방편이 아닌, 영구불변하는 실의實義를 말한 것. ② 실제로 수행하는데 있어 몸과 입이 일치하지 않고, 생각과 말이 위반되지 않고, 뜻과 말과 행동이 서로 일치하여 거짓이 없음.

6 九孔=九竅 : 두 눈 · 두 코 · 입 · 두 귀의 일곱 구멍과 똥 · 오줌 구멍을 합슴하여 모두 아홉 구멍을 일컬음.

지혜가 있는 사람은 지수화풍地水火風으로 모여진 이 몸은 아홉 구멍(두 눈·두 코·입·두 귀의 일곱 구멍과 똥·오줌 구멍)이 뚫려진 가상假相의 육체이다. 원효元曉 스님의 《발심수행장發心修行章》에 "끽 감애양喫甘愛養, 차신정괴此身定壞라." 하였다. 즉 '달게 먹이고 사랑하여 기를지라도 이 몸은 결정코 무너진다.'는 뜻이다. 이 몸이 살아가고 수행하는데 가장 중요한 것이지만 그다지 애지중지愛之重之하지 아니하고 도업道業을 이루는데 값진 도구道具로 삼을 뿐이다.

원문原文 · 해역解譯

慧以危貿安
혜 이 위 무 안
지혜로움은 위태로움을 편안함과 바꾸고

棄猗脫衆難
기 의 탈 중 난
의지함을 버려서 온갖 어려움 벗어나네.

形腐銷爲沫
형 부 소 위 말
형체가 썩고 녹으면 물거품이 되나니

慧見捨不貪
혜 견 사 불 탐
슬기로운 견해로 버리고 탐내지 않을지니라.

1 貿 : 무역할 무. ① 무역貿易하다. 바꾸다. ② (물건을) 사다.

2 銷 : 녹일 소. ① 녹이다, 녹다. ② 사라지다.
3 慧見 : 슬기로운 견해見解.

| 해의解義 |

　사람이 지혜롭고 슬기롭다는 것은 위기危機를 대처對處하여 편안
함으로 만든다거나 어려움을 대처하여 용이容易함으로 바꿀 수 있
는 능력이 있기 때문이다. 반면에 이 형체形體에 대해서는 결국 썩
어지고 녹여지고 물거품이 될 것으로 생각하여 애착愛着을 갖는다
거나 집착執着을 하지 않고 건강하게 지낼 수 있도록 관리를 잘 한
다. 그러므로 지혜를 가진 견해見解란 놓을 것은 놓고, 버릴 것은 버
려서 탐취貪取를 하지 않기 때문에 살아가는데 난관難關이 자연 사
라지게 된다.

35

원문原文 · 해역解譯

觀身爲苦器　몸을 관찰하면 괴로운 그릇이 되어
관 신 위 고 기

生老病死痛　나고 늙고 병들고 죽는 아픔이라네.
생 로 병 사 통

棄垢行淸淨　때를 버려서 행하면 맑고 깨끗하게
기 구 행 청 정

可以獲大安　가히 써 큰 편안함을 얻나니라.
가 이 획 대 안

| 주석註釋 |

1 器 : 그릇 기. ① 그릇. ② 도구道具.

2 生老病死 : 중생의 일평생을 4기로 나눔. 혹은 사상四相 · 사고四苦라
고도 함. 나는 모양 · 늙는 모양 · 병 앓는 모양 · 죽는 모양을 4상相이
라 하며, 모두 고통이 따르므로 4고苦라 함.

3 垢 : 때 구. ① 때. 티끌. ② 번뇌煩惱. ③ 수치羞恥. 부끄러움.

4 大安 : 제반諸般이 평안平安하다는 뜻.

| 해의解義 |

그릇이란 물건을 담는 도구道具이다. 도구의 종류가 수만 가지이
고 크기도 각각 다르다. 사람은 육신을 가지고 있다. 이 육신이 평범
하게 있는 것이 아니라 반드시 거쳐야 하는 4가지 과정이 있으니 이
를 통해서 변역變易을 한다. 그것은 곧 낳고, 늙고, 병들고, 죽는 과
정으로 큰 고통苦痛을 수반隨伴한다. 그러므로 청정을 이루려면 때
를 버려야 한다. 때가 되는 것은 번뇌煩惱일 수도 있고, 탐욕貪慾일
수도 있으며, 애착愛着일 수도 있는 등 이런 것들을 버렸을 때 비로
소 큰 평안을 얻게 된다.

36

원문原文 · 해역解譯

依慧以却邪
의 혜 이 각 사
지혜에 의하여 삿됨을 물리치고

不受漏得盡
불 수 루 득 진
받아들임이 없으면 번뇌가 다함을 얻으리니

行淨致度世
행 정 치 도 세
행이 깨끗하여 세상 건넘을 이루면

天人莫不禮
천 인 막 불 례
하늘과 사람이 예배하지 않을 수 없나니라.

주석註釋

1 却 : 물리칠 각. ① 물리치다, 물러나다. ② 피避하다.

2 漏 : 【범】āsrava, 번뇌의 다른 이름. 누漏는 흐른다·샌다는 뜻. 번뇌는 눈·귀 따위의 6근根으로 밤낮 새어나와 그치지 아니하므로 누라 하고, 또 그치지 않고 우리 마음을 흘러 달아나게 하므로 누라 한다.

3 度世 : ① 출세出世·출세간出世間·이세간離世間이라고도 한다. 생사의 바다를 건너서 이상향인 열반에 이르는 것. ② 세상 사람들을 제도하는 것.

4 天人 : ①【범】deva-manuṣya, 또는 인천人天. 천상의 유정과 인간의 유정. 곧 천과 인. ②【범】apsaras, 또는 비천飛天·낙천樂天. 천상의 유정들. 허공을 날아다니며 음악을 연주하고 하늘 꽃을 흩기도 하며 항상 즐거운 경계에서 살지만 그 복이 다 하면 다섯 가지 쇠락하는 괴로움이 생긴다 함.

사람이 지혜롭다는 것은 "입정벽사立正辟邪"할 줄을 안다는 의미이다. 즉 '바르면 되지만 삿됨도 물리쳐야 한다.'는 뜻이다. 또한 욕정欲情을 받아들이지 않는다면 누漏인 번뇌煩惱는 사라지게 된다. "누영진무소외漏永盡無所畏"라 한다. 누란, 부처의 4무소외無所畏의 하나로, 부처님은 모든 번뇌를 아주 끊어 없앴다 하였으므로 외난外難에 두려워할 것이 없다. 이러면 행行도 자연 청정해져서 생사의 바다를 건너 열반에 도달하게 되리니 천인아수라天人阿修羅가 존경하여 예배하지 않을 수 없게 된다.

제 *37*
생사품生死品

원문原文 · 해역解譯

生死品者
생 사 품 자

생사품이란

說諸人魂靈亡神
설 제 인 혼 령 망 신

모든 사람의 혼령과 망신은

在隨行轉生
재 수 행 전 생

행함을 따라 전생이 있음을 말함이니라.

주석註釋

1 魂靈 : 죽은 이의 넋.

2 亡神 : 죽은 이의 신.

3 轉生=輪廻轉生 : 일체중생이 한없는 세월에 육도윤회하면서 몸을 바
꾼다는 뜻으로, 윤회를 더욱 강조하는 말. 수레바퀴가 끊임없이 돌고
돌듯이 중생이 번뇌 망상의 업력에 따라 삼계 육도에 나고 죽고, 나고
죽고 수없이 생사를 반복해 간다는 말. 윤회전생에서 생사 해탈을 얻

으려는 것이 불도 수행의 목적이다.

| 해의解義 |

생사품의 취지에 대해 설명하고 있다. 무릇 생사生死란 생령들이 육도윤회하는 미혹의 세계로 삶과 죽음의 생로병사生老病死이다. 생사는 인생에 있어서 가장 중요한 문제이다. 삶이란 지금 살아가고 있는 현실이지만, 죽음의 세계는 알 수 없기 때문에 죽음을 어떻게 맞이하고 극복할 것인가 하는 것은 크게 문제가 된다. 인생의 모든 문제는 결국 생사로 귀결된다 하여도 과언이 아니다. 사람 각자 행업行業의 여하如何에 따라서 지나옴과 지금과 다음의 생애生涯가 결정되는 것이라고 할 수 있다.

원문原文 · 해역解譯

命如菓待熟
명 여 과 대 숙
목숨이란 열매가 익길 기다려

常恐會零落
상 공 회 영 락
항상 떨어짐을 만날까 두려워하는 것처럼

已生皆有苦
이 생 개 유 고
이미 태어나면 다 괴로움이 있나니

孰能致不死
숙 능 치 불 사
누가 능히 죽지 않음을 이루리요.

1 菓 : 과자 과, 실과 과. ① 과자菓子. ② 과일. 실과實果.

2 待熟 : 익기를 기다림.

3 零落 : ① 권세權勢나 살림이 줄어서 보잘것없이 됨. ② 초목이 시들어 떨어짐.

4 不死 : ① 죽지 아니함. ② 속인俗人으로서 염불念佛을 공부하다가 죽은 사람의 혼령魂靈을 무당이 이르는 말. ③ 육체는 비록 죽은 후라도 혼魂은 살아 있다는 생각.

| 해의解義 |

사람이 세상에 나온다는 것은 고苦의 연속이라고 하지 않을 수 없다. "고중이생苦中而生, 고중이활苦中而活, 고중이사苦中而死."이다. 즉 '괴로운 가운데에 나서, 괴로움 가운데에 살다가, 괴로운 가운데에 죽는다.'고 할 수 있다. "불로불사不老不死"라는 늙지도 않고 죽지도 않는 것은 없는 것이요, "불사영생不死永生"라는 죽지 않고 영원히 사는 것도 있을 수 없다. 아무리 아름다운 꽃이라도 10일을 넘기가 어렵고 또한 튼실한 과일이라도 익어서까지 붙어있을 수는 없는 것이 자연의 운행運行이다.

3

從初樂恩愛
종 초 낙 은 애
처음 은애를 즐겨함으로 좇아

可婬入泡影
가 음 입 포 영
가히 음행으로 덧없음에 들어

受形命如電
수 형 명 여 전
몸과 목숨을 받음이 번개와 같아

晝夜流難止
주 야 유 난 지
밤낮으로 흘러서 멈추기가 어렵나니라.

| 주석註釋 |

1 恩愛 : ① 온정과 애정愛情. ② 은혜恩惠와 사랑. ③ 부모 자식 사이나
부부간의 애정. ④ 애정이나 은혜에 끌리는 집착執着.

2 泡影 : 물거품과 그림자. 덧없는 사물을 이르는 말.

3 形命 : 형체形體와 목숨.

| 해의解義 |

남녀의 정상적인 만남으로 인하여 사람의 몸과 생명을 받아 태어
난다. 그 태중胎中에 들었다 태어나는 상황을 물거품과 그림자에 비
유를 한다. 결국 사람의 생애가 물거품과 그림자에 지나지 않다는
의미이다. 《금강경金剛經》에서 "일체유위법一切有爲法, 여몽환포영
如夢幻泡影, 여로역여전如露亦如電. 응작여시관應作如是觀." 이라 하였
다. 즉 '일체의 모든 것은 꿈과 같고 그림자 같으며, 이슬과 같고 또

한 번갯불과 같다. 마땅히 이와 같이 볼 것이니라.' 하였으니, 이렇게 보면 아무 문제가 없다.

是身爲死物 　 이 몸은 죽은 물건이 되지만
시 신 위 사 물

精神無形法 　 정신은 형상이 없는 법이니
정 신 무 형 법

假令死復生 　 가령 죽었다 다시 태어날지라도
가 령 사 부 생

罪福不敗亡 　 죄와 복은 싸움에 져서 망하지 않나니라.
죄 복 불 패 망

| 주석註釋 |

1 死物 : ① 죽은 생물生物. 생명이 없는 물건. ② 탈이 나거나 처박혀 활동하지 못하거나 활용되지 못하여 쓸모가 없는 물건의 비유.

2 無形 : 형상이나 형체形體가 없음.

3 罪福 : 죄와 복. 악업과 선업. 산 것을 죽이는 일 따위의 악한 과보를 받을 나쁜 짓을 죄라 하며, 남에게 보시하는 따위의 선한 과보를 받을 착한 짓을 복이라 함.

4 敗亡 : ① 싸움에 져서 망亡함. ② 싸움에 져서 죽음. 패상敗喪. 경복傾覆.

"정업난면定業難免"이라 한다. 자기가 이미 지어놓은 업業에 대해서는 어느 누구도 피하기가 어렵다는 말이다. "인과보응因果報應"의 법칙에 의해서 전생前生에 지은 업은 선업善業이든, 악업惡業이든 누구나 다 받게 된다. 이 업은 죽으면 없어져서 끝나는 것이 아니라 형상이 없는 정신(精神 : 마음. 혼魂. 영혼靈魂 등)을 따라 태어나는 곳마다 죄罪와 복福으로 따라다닌다. 마치 형상에 그림자가 따르는 것과 같다. 그러므로 우리는 죄업罪業(惡業)은 짓지 말고 복업福業(善業)을 지어야 한다.

원문原文 · 해역解譯

終始非一世
종 시 비 일 세
끝남과 시작은 한 세상만 아니고

從癡愛久長
종 치 애 구 장
어리석음 좇아 애욕은 오래고 길어지니

自此受苦樂
자 차 수 고 락
이로부터 괴로움과 즐거움을 받아

身死神不喪
신 사 신 불 상
몸은 비록 죽어도 정신(영혼)은 죽지 않나니라.

1 終始 : 마지막과 처음.

2 一世 : ① 사람의 일생. ② 온 세상. ③ 한 임금의 시대. ④ 그 시대. 당
대. ⑤ 과거, 현재, 미래의 삼세 중의 하나. ⑥ 이주민移住民 등의 최초
의 대代의 사람. ⑦ 아버지로부터 아들에 걸치는 일대一代. 30년 동안.

3 苦樂 : 괴로움과 즐거움을 아울러 이르는 말.

4 喪 : 잃을 상. ① 잃다, 잃어버리다. ② 복 입다. ③ 죽다. 사망하다.

| 해의解義 |

　사람이 이 세상에 한 번 와서 살다가 가면 다시 그 형상으로는 올
수가 없다. 그러나 한 생만을 사는 것은 아니라 바꿔가면서 살아간
다. 그렇지만 어리석은 마음으로 어리석은 행동을 해서 애욕愛慾의
업業을 지어 놓는다면 이 업에 기인起因하여 즐거움보다는 괴로움을
많이 받게 된다. 그러므로 이 몸이야 죽어진다 할지라도 정신精神은
없어지는 것도 아니요 죽어지는 것도 아니기 때문에 평상시에 정신
을 똑바로 차리고 살아가기를 오직 부처님의 가르침대로 한다면 별
스런 문제가 없게 된다.

6

원문原文 · 해역解譯

身四大爲色　　몸은 네 가지 요소로 색이 되고
신 사 대 위 색

識四陰曰名 식 사 음 왈 명	의식의 네 가지 쌓임이 명(이름)이 되네.
其情十八種 기 정 십 팔 종	그 정은 열여덟 가지이고
所緣起十二 소 연 기 십 이	인연이 일어나는 바는 열두 가지이니라.

| 주석註釋 |

1 四大 : 불교에서 사람의 육신이나 일체의 물체를 생성시키는 근원으로 보는 4개의 원소. 지・수・화・풍地水火風의 네 요소를 말하는 것으로 사대종四大種, 또는 사연四緣이라고도 한다. 우주만물은 이 지수화풍 사대의 이합離合이나 집산集散으로 생겨나기도 하고 없어지기도 한다.

①지地 ; 굳고 단단한 성질을 바탕으로 만물을 실을 수 있고 재료가 된다.

②수水 ; 습윤濕潤을 성질로 하여 만물을 포용하고 조화하는 바탕이 된다.

③화火 ; 따뜻함을 성질로 하여 만물을 성숙시키는 바탕이 된다.

④풍風 ; 움직이는 것을 성질로 하여 만물을 키우는 바탕이 된다.

2 四陰＝四蘊 : 사음은 사온과 통하며 수受, 상想, 행行, 식識의 네 가지 마음의 작용을 말한다. 이것은 형체가 없어서 이름으로만 알 수 있기 때문에 여기서 이름이라고 하였다.

3 緣起十二＝十二緣起 : 십이인연十二因緣・십이유지十二有支・십이지十二支・십이인생十二因生・십이연문十二緣門・십이견련十二牽連・십이극원十二棘園・십이중성十二重城・십이형극림十二荊棘林. 3계에 대한 미迷의 인과를 12로 나눈 것이니,

①무명無明 ; 미迷의 근본인 무지無知.

②행行 ; 무지로부터 다음의 의식 작용을 일으키는 동작.

③ 식識 ; 의식 작용.

④ 명색名色 ; 이름만 있고 형상이 없는 마음과 형체가 있는 물질.

⑤ 육처六處 ; 안眼 · 이耳 · 비鼻 · 설舌 · 신身의 5관官과 의근意根.

⑥ 촉觸 ; 사물에 접촉함.

⑦ 수受 ; 외계外界로부터 받아들이는 고苦 · 낙樂의 감각.

⑧ 애愛 ; 고통을 피하고, 즐거움을 구함.

⑨ 취取 ; 자기가 욕구하는 물건을 취함.

⑩ 유有 ; 업業의 다른 이름. 다음 세상의 결과를 불러올 업.

⑪ 생生 ; 이 몸을 받아 남.

⑫ 노사老死 ; 늙어서 죽음.

또 어떤 때는 연기를 해석할 적에 1찰나刹那에 12연기를 갖춘다는 학설과, 시간적으로 3세世에 걸쳐 설명하는 2종이 있음. 뒤의 뜻을 따르면 양중인과兩重因果가 있음. 곧 식識으로 수受까지의 5를 현재의 5과果라 하고, 무명 · 행을 현재의 과보를 받게 한 과거의 2인因이라 함(過現一重因果). 다음에 애 · 취는 과거의 무명과 같은 혹惑이요, 유有는 과거의 행과 같은 업業이니, 이 현재는 3인因에 의하여 미래의 생 · 노사의 과果를 받는다고 한다(現末一重因果).

| 해의解義 |

사람의 몸은 지地 · 수水 · 화火 · 풍風의 네 가지 요소가 가합假合하여 이루어진 물건이다. 따라서 진신眞身이라 가신假身이다. 또한 마음은 수受 · 상想 · 행行 · 식識의 네 가지로 흐른다고 할 수 있는데, 이것도 진심眞心이 아닌 가심假心이라고 할 수 있다. 그리고 12인연因緣이란, 과거過去 · 현재現在 · 미래未來의 3세에 걸친 모든 중생의 윤회전생輪廻轉生을 순서에 따라 말을 해놓았다. 그러나 부처

는 이런 이치를 깨달았기 때문에 걸림이 없이 오갈 수 있다.

神止凡九處 영혼이 머무는 곳은 무릇 아홉 곳으로
신 지 범 구 처

生死不斷滅 태어남과 죽음은 끊어져서 없어지지 않네.
생 사 부 단 멸

世間愚不聞 세상의 어리석은 자는 듣지 못하여
세 간 우 불 문

蔽闇無天眼 덮이고 어두워서 하늘눈이 없나니라.
폐 암 무 천 안

| 주석註釋 |

1 神止 : 신이 머무는 것.

2 九處 : 불계佛界에서 말하는 미망迷妄의 경계境界이니, 보살계菩薩戒.
연각계緣覺界 · 성문계聲聞界 · 천상계天上界 · 인간계人間界 · 수라계修
羅界 · 축생계畜生界 · 아귀계餓鬼界 · 지옥계地獄界이다. 성불득도成佛
得道하여 불계에 들어가기 전에는 이 아홉 경계에 윤회전생輪廻轉生하
여 끊어지지 않는다.

3 斷滅 : 끊어져 없어짐.

4 蔽 : 덮을 폐. ① 덮다. ② 가리다.

5 闇 : 어둘 암. ① 어둡다. 희미稀微하다. ② 어둡게 하다.

6 天眼 : 5안의 하나. 천취天趣에 나거나 또는 선정禪定을 닦아서 얻게
   되는 눈. 미세한 사물까지도 멀리 또 널리 볼 수 있으며, 중생들이 미
   래에 생사하는 모양도 미리 알 수 있음. 이에 수득修得과 생득生得의 2
   종이 있는데, 인간에서 선정을 닦아 천안을 얻은 것을 수득 천안, 색
   계천에 나므로 얻는 것을 생득 천안이라 함.

| 해의解義 |

　우리들의 정신精神이 머무는 곳을 구처九處, 또는 구계九界라고 하
는데 보살계菩薩戒를 빼고는 열심히 수행하여 열반에 들어가야 할
경지境地들이다. 그렇지 않으면 구계에 윤회전생輪廻轉生하여 한없
는 승강昇降을 하게 된다. 따라서 세상에 사는 어리석은 사람들은
생사生死의 단멸斷滅을 못했기 때문에 해탈解脫하기가 어렵다. 또한
불도佛道를 듣지 못하여 무명無明과 업장業障으로 가려져 삼세三世
를 뚫어볼 수 있는 천안天眼을 얻을 수 없게 되었다.

8

自塗以三垢　스스로 세 가지 때를 바르고
자 도 이 삼 구

無目意妄見　눈과 뜻(마음)이 없어서 망령된 견해로
무 목 의 망 견

謂死如生時　죽음이란 산 때와 같은 것이라 이르고
위 사 여 생 시

或謂死斷滅　혹은 죽으면 끊어져서 없어진다 이르나니라.
혹 위 사 단 멸

| 주석註釋 |

1 三垢 : ① 삼독三毒의 다른 이름이니, 탐독貪毒은 탐욕貪慾의 해독害毒
이요, 진독瞋毒은 성냄의 해독이며, 치독癡毒은 어리석음의 해독이다.
② 구는 번뇌의 다른 이름. 탐욕貪慾·진에瞋恚·우치愚癡.

2 妄見 : 망령된 견해.

3 生時: ① 살아 있는 동안. ② 자지 않고 깨어 있을 때. 평소平素. ③ 난
때. 난 시간.

| 해의解義 |

　사람이 맨 얼굴보다는 화장을 하면 훨씬 예뻐 보인다. 그런데 무
명無明에 덮이고 미망迷妄에 가린 중생들은 좋은 화장품으로 화장을
하는 것이 아니라 삼독三毒이나 오욕五慾의 화장수化粧水를 얼굴에
바르고 있다. 그러니 눈귀도 어두워지고 견해見解도 망령되어 앞길
도 내다보지 못한다. 따라서 분명히 죽었는데 나는 살아있다는 생각
을 버리지 못하여 생시生時처럼 행동을 한다. 또한 사람이 한번 죽
으면 끝나는 것이지 무슨 윤회輪廻가 있고 삼생三生이 있는 것이냐
고 반문反問하기도 한다.

識神造三界 식 신 조 삼 계	식신은 삼계와
善不善五處 선 불 선 오 처	선하고 선하지 아니한 다섯 곳을 만들었으니
陰行而默到 음 행 이 묵 도	가만히 행하여 묵묵히 이름에
所往如響應 소 왕 여 향 응	가는 곳마다 울림에 응하는 것과 같나니라.

주석註釋

1 識神 : ① 식은 사물을 분별하는 마음이고, 신은 정심임. 의식하는 마음의 작용을 뜻한다. ② 분별 인식하는 정신이란 뜻. 곧 영혼.

2 三界 : 【범】Trayo-dhātavaḥ, 【팔】Tayodhātavo, 생사유전生死流轉이 쉴 새 없는 미계迷界를 셋으로 분류한 것. 욕계 · 색계 · 무색계. ① 욕계欲界 ; 욕은 탐욕이니, 특히 식욕 · 음욕 · 수면욕睡眠欲이 치성한 세계. ② 색계色界 ; 욕계와 같은 탐욕은 없으나, 미묘微妙한 형체가 있는 세계. ③ 무색계無色界 ; 색계와 같은 미묘한 몸도 없고, 순 정신적 존재의 세계. 이 3계를 6도道 · 25유有 · 9지地로 나누기도 함.

3 善不善 : ① 착함과 착하지 못함. ② 잘 됨과 잘 되지 못함. ③ 좋음과 나쁨.

4 五處 : ① 지옥도地獄道. ② 아귀도餓鬼道. ③ 축생도畜生道. ④ 인도人道. ⑤ 천도天道.

5 陰行 : 가만히 행하는 것.

6 響應 : ① 소리에 따라서 마주쳐 그 소리와 같이 울림. ② 남의 주창主
唱에 따라 다른 사람이 그와 같은 행동을 마주 취取함. ③ 소리에 응
함. 메아리.

| 해의解義 |

식신識神은 우리의 마음과 정신精神이다. 이 마음과 정신이 어떻
게 작행作行을 하느냐에 따라 욕계欲界, 색계色界, 무색계無色界의 삼
계三界 가운데 한 세계에 이르게 된다. 또한 착하고 좋은 행동을 했
느냐, 아니면 반대로 하였느냐에 따라 지옥도地獄道 · 아귀도餓鬼
道 · 축생도畜生道 · 인도人道 · 천도天道의 다섯 곳 중에 어느 한 곳
을 선택하게 된다. 이렇게 식신 작용의 선악지간善惡之間 행위에 의
하여 보응報應이 되는 것은 공곡空谷의 메아리처럼 울리게 된다.

원문原文 · 해역解譯

欲色不色有　욕계와 색계와 무색계가 있어서
욕 색 불 색 유

一切因宿行　모두가 전생의 업으로 행에 인연하나니
일 체 인 숙 행

如種隨本像　종자가 본래 모양을 따르는 것처럼
여 종 수 본 상

自然報如意 　자연히 과보도 뜻(마음)과 같이 되나니라.
자 연 보 여 의

| 주석註釋 |

1 宿行 : 전생의 업으로, 곧 선악의 업業이다.

2 本像 : 본디의 생김새.

3 如意 :【범】Aniruddha, 아나율타阿那律陀의 번역. 설법說法 · 법요法
要 · 논의論議할 적에 가지는 것. 원래는 뿔이나 대나 나무 같은 것으
로 사람의 손가락 같이 만들어서 등의 가려운 데를 긁는 기구. 곧 등
긁기, 또는 강의하는 스님이 혼자서 글을 기록하여 두고 참고하는데
쓰는 것이라고도 함. 모두가 뜻과 같이 된다는 데서 여의如意라 함.

| 해의解義 |

《명심보감明心寶鑑》 천명편天命編에 "종과득과種瓜得瓜, 종두득두
種豆得豆. 천망회회天網恢恢, 소이불루疎而不漏."라는 말이 있다. 즉
'오이를 심으면 오이를 얻고, 콩을 심으면 콩을 얻는다. 하늘의 그
물이 넓고 넓어서 성글지만 새지는 않는다.' 는 뜻이다. 오이를 심은
데서 콩이 나지 않고, 콩을 심은 데서 오이가 나오지 않는다. 우리가
선악善惡 간에 행위를 하여 업업業을 지으면 인과율因果律을 따라서 죄
를 받고 복을 받는 것이 호리毫釐도 틀림이 없다는 것을 알아야 한
다.

神以身爲名 신 이 신 위 명	영혼이 몸으로써 이름이 붙여짐은
如火隨形字 여 화 수 형 자	불이 형상을 따름이니
着燭爲燭火 착 촉 위 촉 화	초에 붙이면 촛불이 되듯이
隨炭草糞薪 수 탄 초 분 신	숯 · 풀 · 똥 · 섶나무를 따름과 같나니라.

| 주석註釋 |

1 神 : 귀신 신. ① 귀신鬼神. 신령神靈. ② 정신精神. 혼魂, 영혼靈魂. ③ 마음.
2 燭火 : 촛불. 초에 켠 불.

| 해의解義 |

무릇 만물은 이름이 다 붙여 있다. 이와 같이 영혼靈魂이 그 형체形體를 따라서 이름이 붙여지는 것은 불이 그 붙는 물질의 형상에 따라서 이름이 붙여지는 것과 같다. 예를 들자면, 초에 붙여진 불 이름을 '촛불'이라 하고, 호롱에 붙여진 불 이름을 '호롱불'이라 하는 것과 같다. 그러므로 산이든, 나무든, 물이든 간에 영혼이 붙어있는 것이니 초목草木이나 돌멩이 하나라도 소홀히 대하거나 함부로 하지 말고 경외敬畏의 마음 자세를 가지고 접근해서 보살피고 가꾸어

가야 한다.

12

心法起則起
심 법 기 즉 기
마음 법이 일어나면 곧 일어나고

法滅而則滅
법 멸 이 즉 멸
법이 사라지면 (마음도) 곧 사라지네.

興衰如雨雹
흥 쇠 여 우 박
흥하고 쇠하는 것이 비와 우박 같아서

轉轉不自識
전 전 불 자 식
돌고 구르지만 스스로 알지 못 하나니라.

| 주석註釋 |

1 興衰 : ① 흥함과 쇠함. ② 성쇠盛衰. ③ 흥패興敗.
2 雨雹 : 큰 물방울이 공중에서 갑자기 찬 기운을 만나 얼어 떨어지는
   백색 덩어리.
3 轉轉 : 이리저리 정한 데 없이 옮겨 다님.

| 해의解義 |

우리의 마음속에서 법이 일어난다. 물론 진리의 근원이 우주에
있다고 하지만 그 진리를 깨닫는 것은 오직 마음에 있기 때문이다.

그러므로 마음이 일어나면 법도 일어나고, 반면에 마음이 소멸하면 법도 따라서 소멸하게 된다. 세상에서 일어나고 쇠퇴하는 것이란 우박雨雹과 같아서 얼음이 되어 뭉칠 수도 있고 빗물로 사라질 수도 있다. 그러나 그 이면에 있어서는 어떤 힘이 작용하여 구르고 돌지만 스스로 인식認識하지도 않고 내세우지도 않으니 알 수도, 볼 수도, 냄새 맡을 수도 없다.

원문原文·해역解譯

識神走五道
식 신 주 오 도
식신은 다섯 길로 달리지만

無一處不更
무 일 처 불 경
한 곳도 바뀌지 않음이 없네.

捨身復受身
사 신 부 수 신
몸을 버렸다가 다시 몸을 받는 것은

如輪轉著地
여 륜 전 착 지
바퀴가 굴러 땅에 붙여짐과 같나니라.

│ 주석註釋 │

1 識神 : ① 생명이 있는 존재. ② 마음과 영혼靈魂.

2 五道 : 불교에서 말하는 5도로, 천상·인간·지옥·축생畜生·아귀餓鬼의 다섯 세계.

3 更 : 다시 갱, 고칠 경. ① 다시(갱). ② 고치다(경). 개선改善하다(경). 변경變更되다(경). ③ 바뀌다(경).

4 輪轉 : 바퀴가 돎. 바퀴 모양으로 회전回轉함.

5 著地 : ① 착륙着陸하는 장소. ② 도착한 곳, 도착지. ③ 체조 등에서의 연기를 마치고 마루에 내려 섬. 著 본자. 着 동자. 着 동자.

| 해의解義 |

영혼靈魂이란 끊임없이 달리는 것이라고 할 수 있다. 천상天上·인간人間·지옥地獄·축생畜生·아귀餓鬼의 다섯 세계에 출몰出沒을 하고 출입出入을 거듭하여 쉬거나 머무는 바가 없이 윤회輪廻를 계속하고 있다. 다시 말하면, 천상이나 인간에서 살다가 복이 다하고 지은 복이 없이 죄만 지었다면 지옥이나 축생으로 들어가고, 축생이나 지옥에 살더라도 지었던 업장業障이 해소되고 또한 부처님의 제도법력濟度法力을 만나게 되면 진급進級하여 인간계나 천상계로 승급昇級할 수도 있다.

14

원문原文 · 해역解譯

如人一身居 사람은 하나의 몸으로 사는 것과 같아
여 인 일 신 거

去其故室中 그 옛집 가운데에 버려진다네.
거 기 고 실 중

神以形爲廬   정신(영혼)은 형체를 집으로 삼나니
신 이 형 위 려

形壞神不亡   형체가 무너져도 정신(영혼)은 죽지 않나니라.
형 괴 신 불 망

| 주석註釋 |

1 故室 : 옛집.
2 廬 : 농막집 려, 집 려. ① 농막農幕(논밭 가운데 간단히 지은 집) 집. ② 집.

| 해의解義 |

사람이 활동하는 영역領域은 세상 전체가 될지 모르지만 실지로 먹고 자고 사는 데는 집안의 방 한 칸이라고 할 수 있다. 그러다가 사람이 죽게 되면 그 방 한 칸마저도 버리고 떠나가게 된다. 우리의 정신(영혼)은 형체를 집으로 삼아서 살아간다. 그러므로 형체를 먹이기도 하고, 입히기도 하며, 감싸기도 하여 새거나 터지지 않도록 늘 돌본다. 그러다가 형체가 무너질 경우를 당해서 형체는 비록 사라진다 할지라도 정신(영혼)은 절대로 없어지지 아니하여 길이길이 쉼없이 윤회輪廻하게 된다.

15

精神居形軀
정 신 거 형 구
정신은 형체에서 살아가는 것이

猶雀藏器中
유 작 장 기 중
참새가 새장 가운데 넣어짐과 같아서

器破雀飛去
기 파 작 비 거
새장이 부서지면 참새가 날아가듯이

身壞神逝生
신 괴 신 서 생
몸이 무너지면 정신(영혼)은 떠나서 사나니라.

| 주석註釋 |

1 形軀 : 몸. 신체身體.
2 雀 : 참새 작. 참새.
3 藏器 : 갈무리를 하는데 쓰는 그릇.
4 逝 : 갈 서. ① 가다. 지나가다. ② 죽다. 세상을 떠나다.

| 해의解義 |

　원元나라 때 이붕비李鵬飛는 "신자身者 옥야屋也, 심자心者 거실지주인야居室之主人也."라 말했다. 즉 '몸이란 집이요, 마음이란 집에 사는 주인이라.'고 하였다. 새장에서 새가 살듯이 사람의 형체에서는 정신(마음)이 산다. 만일에 새장이 부서지면 새는 자연적으로 멀리 날아가게 된다. 이와 같이 사람도 몸이 죽게 되면 영혼靈魂은 떠나가서 다른 곳에 몸을 받아 태어나고 살아가게 된다. 따라서 생전

에 지은 바 업을 좇아 좋은 곳일 수도 있고 나쁜 곳일 수도 있다.

性癡淨常想
성 치 정 상 상

성정이 어리석으면 깨끗하길 늘 생각하고

樂身想疑想
낙 신 상 의 상

몸이 즐겁다 생각하며 의혹도 생각하나니

嫌望非上要
혐 망 비 상 요

싫어함이나 바람은 최상의 중요함이 아님으로

佛說是不明
불 설 시 불 명

부처님은 이것을 밝음이 아니라 말씀했나니라.

| 주석註釋 |

1 性=性情 : ① 성질性質과 심정心情. ② 사람이 본디 가지고 있는 성질性質과 심정心情.

2 嫌 : 싫어할 혐. ① 싫어하다. ② 미워하다. ③ 의심하다.

3 嫌望 : '혐'은 싫어하는 것, '망'은 바라는 것.

4 上要 : 가장 좋은 것.

5 不明 : ① 확실하지 않음. ② 사리事理에 어두움.

　무릇 성정(마음)이 어리석은 사람은 항상 깨끗해야 한다는 것만 생각을 한다. 사실 깨끗하거나 더러운 것이 없는 것인데 청정淸淨해야 한다고 고집을 부린다. 또한 우선 몸으로 즐거움을 누리면서도 더 즐거운 일이 없는 것인가 찾게 되고 의심을 하게 된다. 사람이 살면서 한편으로는 싫어하는 마음이 있고, 한편으로는 바라는 마음이 있다면 이는 좋은 모습이라고 볼 수 없다. 그러므로 우리는 부처님께서 이런 행동이 결코 바람직하거나 밝은 처사가 된다고 하지 않았음을 알아야 한다.

17

원문原文 · 해역解譯

一本二展轉
일 본 이 전 전
하나의 근본이지만 둘로 펼쳐져 구르고

三垢五彌廣
삼 구 오 미 광
삼구와 오도는 더욱 넓어진다네.

諸海十三事
제 해 십 삼 사
모든 바다의 열세 가지 일이

淵銷越度歡
연 소 월 도 환
연못이 녹듯 넘고 건너니 기쁨이 되나니라.

1 展轉：① 되돌아감. ② 되풀이함.
2 三垢：구는 번뇌煩惱의 다른 이름. 탐욕貪慾·진에瞋恚·우치愚癡.

| 해의解義 |

　사람의 본성本性은 원래 하나이지만 마음이 들어서 선善과 악惡으로 나뉘어 움직이며, 세 가지 번뇌(貪慾·瞋恚·愚癡)로 벌려지고, 다섯 가지(天上·人間·地獄·畜生·餓鬼)로 집이 만들어져 더욱 넓어지게 되었다. 그러므로 십이인연十二因緣이라는 연기관계緣起關係를 깨달으면 기쁨과 즐거움을 얻을 수 있다. 그러나 사람은 번뇌煩惱나 탐욕貪慾이나 애욕愛慾이나 삼독三毒을 통해서 자신의 몸을 더럽히고 우치愚癡하게 만들기 때문에 신령神靈한 영혼靈魂은 깃들지 않고 자연 떠나가게 된다.

원문原文 · 해역解譯

三事斷絶時
삼 사 단 절 시
세 가지 일이 끊어진 때에는

知身無所直
지 신 무 소 직
몸에 바로잡을 바가 없음을 알지니

命氣煴煖識
명 기 온 난 식
따뜻한 목숨의 기운과 의식은

捨身而轉逝　　몸을 버리고 굴러서 윤회輪廻가나니라.
사 신 이 전 서

| 주석註釋 |

1 三事 : 탐냄. 성냄. 어리석음.
2 熅煖=溫暖 : 날씨가 따뜻함.

| 해의解義 |

　사람이 탐내는 것과, 성내는 것과, 어리석은 것 세 가지의 때가 끊
어지고 버려졌을 때에는 그 몸에 더 이상 바로잡을 것이 자연 없어
지게 된다. 사람은 목숨과 기운과 의식意識이 따뜻하게 포진布陳되
어 있어서 모든 활동을 하는 것이지만 만일에 이런 기능이 우리 몸
에서 쉬어지거나 없어진다면 영혼靈魂은 이 몸을 놓아버리고 떠나
가게 되어 있다. 그러나 몸이 무너지고 버려졌다 하여 영혼까지 없
어지는 것이 아니라 이 한 점 영식靈識은 한없는 세상을 통해서 윤회
輪廻의 전생轉生을 하게 된다.

19

원문原文 · 해역解譯

當其死臥地　　그가 죽어서 땅바닥에 누움을 당하면
당 기 사 와 지

猶草無所知   초목과 같아서 아는 바가 없네.
유 초 무 소 지

觀其狀如是   그 형상을 이와 같이 본다면
관 기 상 여 시

但幻而愚貪   단지 허깨비거늘 어리석기에 탐하나니라.
단 환 이 우 탐

| 주석註釋 |

1 幻 : 헛보일 환, 변할 환. ① 헛보이다. ② 허깨비. ③ 미혹迷惑하다. 괴
이怪異하다. 신기神奇하다. ④ 어지럽히다. 현혹眩惑시키다.

2 愚貪 : 어리석음과 탐욕.

| 해의解義 |

글에 "사후청심환死後淸心丸"이라는 말이 있다. 즉 '죽은 뒤의 약
이라.' 는 뜻이다. 청심환은 한약으로 죽어가는 사람도 살린다고 한
다. 그러나 한번 죽어버리면 초목草木과 같아 별무소용別無所用이다.
그러므로 이와 같은 상황을 잘 보고 파악을 해서 허깨비 같은 인생
살이에 애착愛着을 하고 탐욕貪慾을 부려서는 안 된다. 부처님이 이
세상에 옴은 오직 불쌍한 중생들을 고해苦海에서 건져 낙원樂園에
살리기 위함인데, 그 가운데 생사의 해탈을 이루어 열반涅槃을 얻는
것이 요점要點이라고 할 수 있다.

제*38*
도리품道利品

1

道利品者
도 리 품 자

도리품이란

君父師行
군 부 사 행

임금과 아버지와 스승은

開示善道
개 시 선 도

선한 도를 열어 보여서

率之以正
솔 지 이 정

바름을 따르라고 하나니라.

| 주석註釋 |

1 君父師 : 임금과 아버지와 스승.

2 開示 : ① 열어서 보임. ② 가르쳐 타이름.

3 善道 : ① 바르고 착한 도리道理. 선하고 아름다운 도리. ② 선취善趣.
③ 좋은 길로 올바르게 인도함.

4 率 : 거느릴 솔. ① 거느리다. ② 좇다. ③ 따르다.

| 해의解義 |

   학당學堂에는 스승이 제일이요, 가정에는 아버지가 제일이며, 나라에는 임금이 제일이다. 이 세 부류는 같은 위치로서 역할役割만 다른 것이라고 할 수 있다. 그러므로 옛날에 "군사부일체君師父一體"라 하였다. 즉 '임금과 스승과 아버지는 한 몸이다.' 는 뜻으로, 그 은혜가 똑같다는 말이다. 모두가 선도善道와 정로正路를 열어 보여서 우리들로 하여금 사악邪惡한 길을 바꾸어서 올곧은 길로 나아가게 한 것이니, 우리의 삶은 임금과 아버지와 스승의 기대企待에 어긋남이 없어야 한다.

| 원문原文 · 해역解譯 |

人知奉其上 인 지 봉 기 상	사람은 그 위를 받들 줄 알아야 하나니
君父師道士 군 부 사 도 사	임금과 아버지와 스승과 도사라네.
信戒施聞慧 신 계 시 문 혜	믿음과 계율과 보시와 들음과 지혜는
終吉所生安 종 길 소 생 안	끝까지 길하여 나는 곳마다 편안하나니라.

1 道士 : ① 도를 닦는 사람. 선인仙人. 방사方士. ② 불도佛道를 닦아 깨달은 사람. 속인俗人에 대하여 승려僧侶를 일컫는 말. ③ 도교道教를 믿고 수행하는 사람. 도인道人. 도자道者. 도가자류道家者流. ④ 무슨 일에 도가 트이어서 썩 잘하는 사람.

2 信 : 【범】śraddhā, ① 구사俱舍의 대선지법大善地法의 하나. 우리의 심왕心王·심소心所로 하여금 대경을 올바르게 인식케 하며, 마음에 의혹이 없게 하는 정신 작용. ② 신심信心. ③ 4법法의 하나. ④ 5근根의 하나. ⑤ 수행하는 계제階梯인 52위位의 초초初. 10신信을 말함.

3 戒 : 【범】śīla, 【팔】śīla, 3학學의 하나. 6도度의 하나. 3장藏 중 율장에서 말한 것. 불교 도덕의 총칭. 범어 시라(尸羅, śīla)는 금제禁制의 뜻으로, 소극적으로는 방비防非·지악止惡의 힘, 적극적으로는 만선萬善 발생의 근본이라 하여, 흔히 그 작용에 따라 해석. 또 계는 율장에서 말한 것이므로 비나야毘奈耶와 같이 생각되지만, 율은 경장經藏에 대한 일부의 총칭이고, 시라尸羅는 비나야 중에서 하나하나 계와 율장 이외에 여기저기에서 말한 것으로 둘 사이에 구별이 있다. 보통으로 계는 계법戒法·계체戒體·계행戒行·계상戒相의 네 항목으로 설명. 계법은 부처님이 제정한 법, 계체는 계를 일러 주는 작법에 의하여 마음에 받아들인 법체로서 방비防非·지악止惡하는 작용이 있는 것을 말한다.

4 施 : 【범】dāna, 단나檀那라 음역. 보시布施라 번역. 아끼는 마음을 여의고 남에게 물품을 대가 없이 줌. 여기에 재시財施·법시法施·무외시無畏施의 3종이 있음.

5 聞 : 들을 문. ① 듣다. ② (소리가) 들리다. ③ 알다. 깨우치다. ④ 소문나다. 알려지다.

6 慧 : ① 【범】prajñā, 반야般若라 음역. 사물의 이치를 추리하는 정신작

용. 심소心所의 이름. 우주 간의 일체만법을 『구사론』에서는 75,『유식론』에서는 100으로 분류하며,《구사론俱舍論》에서는 혜慧라는 심소를 대지법大地法의 하나로 하여 모든 심식心識에 따라서 일어난다 하고,『유식종』에서는 어리석고 우매한 마음에는 이 심소가 없다 하며, 바깥 경계에 대하여 사邪·정正과 득·실을 판단하여 좋은 것은 취하고 나쁜 것은 버리는 작용이 있다고 한다. ②【범】Mati, 말저末底·마제摩提라 음역.《성유식론술기成唯識論述記》에 의하면, 말저末底는 혜慧의 다른 이름이고, 반야般若의 별명이라 함.

| 해의解義 |

사람은 상봉하솔上奉下率이 아주 중요하다. 즉 위로는 받들고 아래로는 거느리라는 말이다. 위로 받들어야 할 사람은 임금과 스승과 아버지와 도사이요, 아래로 거느려야 할 사람은 자식을 비롯한 친솔親率과 가솔家率이다. 이렇게 해서 항상 불도를 신봉하고 계율을 지키며, 자비를 베풀고 설법을 들으며 지혜를 밝혀놓으면 어느 때, 어느 곳, 어느 생을 당한다 할지라도 태어나는 곳마다 또 세상마다 편안하여 걸리고 막힘이 없이 불토낙지佛土樂地에서 길이길이 행복을 누리며 살게 된다.

宿命有福慶
숙 명 유 복 경

숙명에 행운과 경사가 있으면

生世爲人尊
생 세 위 인 존

세상에 나와 사람에 존귀함이 되어

以道安天下
이 도 안 천 하

도로써 천하를 편안하게 하리니

奉法莫不從
봉 법 막 부 종

법을 받들어 따르지 아니함이 없나니라.

| 주석註釋 |

1 宿命 : 사람이 태어날 때부터 정해진 운명. 선천적으로 타고난 운명.
2 福慶 : ① 행운幸運과 경사慶事. ② 행복과 경사를 아울러 이르는 말.
3 人尊 : 〈불교〉'부처('석가모니'의 다른 이름)'를 높여 이르는 말. 사람
   가운데 가장 존귀한 분이라는 뜻이다.

| 해의解義 |

　사람은 어떤 운명運命을 가지고 태어난다. 이렇게 태어나면서 가
지고온 운명대로 된다는 확실한 보장은 없지만 거의 대부분 그대로
된다고 보아야 한다. 즉 전세에 복福을 많이 짓고 선善을 쌓으며 수
행修行을 많이 한 사람은 금세에서 사람 가운데서 존귀尊貴하게 되
어 도道를 가지고 천하를 편안하게 한다. 그러면 자연 세상 사람들
도 믿고 받들며 따르게 된다. 그러므로 우리는 부처님 법에 근간根

幹을 두고 열심히 수행을 해서 진급進級하고 도업道業을 이루어야 한다.

王爲臣民長　임금은 신하와 백성들의 어른이니
왕 위 신 민 장

常以慈愛下　항상 자비로 아랫사람을 사랑하고
상 이 자 애 하

身率以法戒　자신을 법과 계율로 이끌어서
신 솔 이 법 계

示之以休咎　허물이 쉬었음을 보여주어야 하나니라.
시 지 이 휴 구

| 주석註釋 |

1 臣民 : 군주국君主國에 있어서의 관원官員과 백성.

2 慈愛 : 아랫사람에게 베푸는 자비慈悲로운 사랑.

3 法戒 : 신이 인간에게 종교적宗敎的, 도덕적道德的으로 지키도록 내린 규범規範.

4 休咎 : ① 길吉한 것과 흉凶한 것. ② 복福과 화禍. ③ 허물을 쉰다는 말로, 허물을 짓지 않는 것.

| 해의解義 |

　임금이라 하면 "국태민안國泰民安"을 근본으로 삼아야 한다. 만일 임금이 되어 나라를 외적外敵으로부터 방어防禦를 못하고 백성들을 보양保養하지 않는다거나 억압抑壓을 한다면 임금의 자격이 없다. 따라서 임금은 부처님의 법과 계율을 기본으로 해서 자신이 먼저 잘 훈습薰習하여 그 모습 그대로 백성들에게 보여서 한 치의 흐트러짐도 없이 명감明鑑이 되어야 한다. 그러면 백성들도 더 잘 신뢰信賴하고 따라서 인의仁義의 정치를 해서 모범적인 국가를 이루게 된다.

| 원문原文 · 해역解譯 |

處安不忘危
처 안 불 망 위
편안한데 처하되 위태로움을 잊지 않고

慮明福轉厚
여 명 복 전 후
생각이 밝으면 복의 구름이 두텁나니

福德之反報
복 덕 지 반 보
복과 덕의 반복되는 보응은

不問尊以卑
불 문 존 이 비
높음과 낮음을 묻지 아니 하나니라.

| 주석註釋 |

1 不忘 : 잊지 아니함.

2 福德 : ① 타고난 복과 후한 마음. ② 타고난 행복幸福.

3 不問 : ① 캐묻지 아니함. ② 차이를 가리지 않음. ③ 물어 밝히지 않는 것.

4 尊卑 : (지위地位·신분身分 따위의) 높음과 낮음.

| 해의解義 |

《주역易經》계사하繫辭下에 "군자君子, 안이불망위安而不忘危, 존이불망망存而不忘亡, 치이불망란治而不忘亂." 이라 하였다. 즉 '군자는 편안하여도 위태로움을 잊지 않고, 보존되어도 망함을 잊지 않으며 다스려져도 어지러움을 잊지 않는다.' 는 뜻이다. 이렇게 조심하고 삼가면 어려움이 예방豫防이 된다. 복덕福德의 보응, 곧 보답이라는 것은 지위나 신분身分의 높낮이와는 관계가 없이 전세前世나 금세今世에 지었으면 받고, 안 지었으면 받지 않는 것이 보편타당普遍妥當한 진리이다.

夫爲世間將
부 위 세 간 장
무릇 세상의 장수가 되었거든

修正不阿枉
수 정 불 아 왕
바름을 닦아 구부러지지 아니하며

心調勝諸惡
심 조 승 제 악
마음을 조절하여 온갖 악을 이기나니

如是爲法王
여 시 위 법 왕
이와 같음으로 법왕이 되나니라.

| 주석註釋 |

1 修正 : 잘못된 점點을 바로 잡아서 고침.

2 阿 : 언덕 아. ① 언덕. 고개. 구릉. ② 알랑거리다. 영합迎合하다.

3 枉 : 굽을 왕. ① 굽다. 휘다. ② 굽히다. 복종하다.

4 諸惡 : 모든 악. 온갖 악.

5 法王 : ① 【범】dharma-rāja, 부처님을 찬탄하는 말. 왕은 가장 수승하고 자재하다는 뜻. 부처님은 법문의 주인이며, 중생을 교화함에 자유 자재한 묘용妙用이 있으므로 이렇게 이름. ② 명계冥界에 있는 염라대왕의 별명. 법에 의하여 죄를 결정하므로 법왕이라 함.

| 해의解義 |

장수란, 용감한 군인으로서 휘하麾下의 군인을 잘 관리하는 사람이다. 이와 같이 세상을 거느리는 주인이 된 사람은 바른 도리道理를 닦아서 알랑거리거나 영합迎合하지 않고 구부러지지 않도록 대인大人의 의지意志를 똑바르게 세워야 한다. 그리하여 마음을 잘 조절해서 모든 악을 항복降伏받아 세상을 평정平正하게 다스린다면 백성들이 즐거워서 가무歌舞를 하게 된다. 이것이 법왕法王이 되는 부처님 일편一片의 능력能力이니 우리도 이 범주範疇에 들어서 살아야 한다.

見正能施惠
견 정 능 시 혜

바름을 보아 능히 은혜를 베풀고

仁愛好利人
인 애 호 이 인

인애로 사람을 이롭게 하길 좋아하며

旣利以平均
기 리 이 평 균

이미 이로움으로 평등하고 고르게 한다면

如是衆附親
여 시 중 부 친

이와 같음으로 뭇 사람이 붙좇고 친하나니라.

| 주석註釋 |

1 施惠 : 은혜를 베풂, 또는 그 은혜.

2 仁愛 : 어질고 남을 사랑하는 마음, 또는 어진 사랑.

3 利人 : 사람을 이롭게 하는 것.

4 平均 : ① 부동不同이나 다소多少가 없이 균일均一함, 또는 그렇게 함.
연등連等. ② 어떤 가정假定 밑에서, 많은 수數나 같은 종류의 양量의
중간의 값을 갖는 수數. 혹은 그런 수치數値를 구求하는 일. 그 가정의
상이相異에 따라 산술평균算術平均 · 기하평균幾何平均 · 조화평균調和
平均 등으로 나눔.

5 附親 : 붙좇고 친애하는 것.

| 해의解義 |

사람은 바른 도리道理를 보고 깨쳐야 남을 위해 진정으로 베풀 수
가 있다. 이렇게 깨달은 사람은 마음이 어짊과 사랑으로 꽉 차서 무

슨 방면으로든지 사람을 이익이 되게 하기를 좋아한다. 그리하여 그
이익이 고르게 돌아가게는 할지언정 편파적偏頗的이거나 불평등不
平等하지 않기 때문에 누구나 따르고 친하려고 다가선다. 이는 부처
님의 법을 봉대奉戴하여 갈고 닦은 실력이 내면에 쌓여서 발로發露
되는 것이니 우리도 법에 의한 수행을 부지런히 해서 심력心力을 갖
추어야 한다.

원문原文 · 해역解譯

如牛厲渡水 여 우 여 도 수	소가 힘쓰면서 물을 건넘과 같이
導正從亦正 도 정 종 역 정	이끎이 바르면 따름도 또한 바르다네.
奉法心不邪 봉 법 심 불 사	법을 받들어 마음이 사악하지 않으면
如是衆普安 여 시 중 보 안	이와 같음으로 뭇 사람이 널리 편안하나니라.

| 주석註釋 |

1 厲 : 갈 려. ① 갈다. ② 힘쓰다.
2 導 : 인도할 도. ① 인도하다. ② 이끌다.
3 導正 : 앞에서 인도하는 자가 바르게 가는 것.

4 不邪 : 사악邪惡하지 않음. 삿되지 않음.

소들이 물을 건널 때 얼마나 힘들어하는지 모른다. 서로 건너려 하지만 이것이 서로에게 힘이 되어서 무사히 건너게 된다. 이와 같이 앞에서 이끄는 사람이 바르면 뒤에서 따르는 사람도 자연 바르게 된다. 반면에 인도하는 사람이 구렁텅이로 인도하여 들어가면 따라서 들어가기가 쉽다. 그러므로 부처님 법을 받들어 마음에 일체 사악邪惡이 제거된 성자聖者라야만 모든 생령生靈을 감싸고 안아서 두루 편안하게 살도록 할 수 있는 능력이 있는 것이니 우리도 이런 현자賢者를 놓치지 말고 잘 따라다녀야 한다.

9

원문原文 · 해역解譯

勿妄嬈神象
물 망 요 신 상
망령되게 신성한 코끼리 상을 희롱하지 말지니

以招苦痛患
이 초 고 통 환
괴로움과 아픔과 근심을 부른다네.

惡意爲自煞
악 의 위 자 살
악한 뜻(마음)은 자신을 죽이게 되어서

終不至善方
종 부 지 선 방
마침내 선한 곳에 이르지 못 하나니라.

1 嬈 : 번거로울 요. ① 번거롭다. 괴로워하다. ② 희롱戱弄하다.

2 神象 : 신령스러운 코끼리. 불교에서는 코끼리를 신성시神聖視한다.

3 苦痛 : 몸이나 마음의 괴로움과 아픔.

4 惡意 : ① 남을 해害치려는 마음. ② 나쁘게 받아들이는 뜻. ③ 어떤 사정을 알고 있는 일.

5 自煞 = 自殺 : 자기 목숨을 스스로 끊어서 죽음.

6 善方 : 좋은 곳.

| 해의解義 |

인도에서는 지방마다 다르기는 하지만 대체로 코끼리를 신성神聖하게 여겨서 함부로 할 수가 없다. 혹 함부로 했다가는 재앙을 당하고 고통을 받게 된다고 믿어왔다. 만일 사람이 악의惡意를 품고 행동을 잘못하면 자신을 스스로 죽이는 칼날이 될 수 있다. 아울러 살아가는데 선善의 방향을 알기가 어렵고, 또한 죽는다 할지라도 좋은 곳에 몸을 받기가 어렵게 된다. 그러므로 우리는 부처님의 법하法下에서 영겁을 살아야 하기 때문에 그 가르침에 벗어나는 어떤 행위도 해서는 안 된다.

10

戒德可恃怙 _{계 덕 가 시 호}	계율의 공덕을 가히 믿고 의지하면
福報常隨己 _{복 보 상 수 기}	복의 과보가 항상 몸에 따른다네.
見法爲人長 _{견 법 위 인 장}	법을 보아서 사람들의 어른이 된다면
終遠三惡道 _{종 원 삼 악 도}	마침내 삼악도가 멀어지나니라.

주석註釋

1 戒德 : 계율을 지켜서 이룬 공덕.

2 恃怙 : 믿고 의지함.

3 見法 : 법을 본다는 뜻. 진언을 공부하는 이가 소원을 성취하는 일에 대하여 물들지 않고, 애착하지 않고, 깨끗하고 진실한 마음으로 실상實相을 자세히 관찰하여 그 참된 뜻을 잘 통달하는 것.

4 三惡道 : ① 또는 삼악취三惡趣. 지옥 · 아귀 · 축생. 죄악을 범한 결과로, 태어나서 고통을 받는 악한 곳. ② 살아서 지은 죄과罪過로 인因하여 죽은 뒤에 간다는 지옥도地獄道와 축생도畜生道와 아귀도餓鬼道의 세 악도惡道.

해의解義

계율戒律을 믿고 의지하며 잘 지키면 무한한 공덕을 이루어서 좋은 행동을 하게 됨으로 복락福樂이 몸에 그림자처럼 따르게 되어서 영겁을 살아가는데 별다른 마장魔障이 없게 된다. 또한 불제자가 되어 법을 보고 법을 깨쳐서 진리를 갈무리한 성자가 된다면 인과因果의 이치를 확연하게 알게 된다. 즉 "불락인과不落因果"가 아닌 "불매인과不昧因果"가 된다는 것을 알기 때문에 악업惡業을 짓지 않고 선업善業을 쌓아서 영겁을 삼악도三惡道가 멀어지게 한다.

원문原文 · 해역解譯

戒愼除苦畏
계 신 제 고 외 계율을 삼가서 괴로움과 두려움을 제거하면

福德三界尊
복 덕 삼 계 존 복과 덕이 삼계에서도 높으리니

鬼龍邪毒害
귀 룡 사 독 해 귀신이나 용들의 사악한 해로운 독도

不犯持戒人
불 범 지 계 인 계율을 지닌 사람을 침범하지 못 하나니라.

| 주석註釋 |

1 戒愼 : ① 계율을 지켜 삼감. ② 경계하여 삼감.

2 鬼龍 : 귀신과 용. 여기선 뱀의 의미.

3 毒害 : ① 해침. ② 독살毒殺. 독약毒藥을 먹이거나 써서 죽임. ③ 해독.
재앙災殃.

4 持戒 : 6바라밀의 하나. 계율을 지켜 범하지 않음. 계상戒相에는 비구 250계, 비구니 500계가 있음.

| 해의解義 |

사람이 계율을 잘 지키고 삼가는 행동을 하면 선善이 나타나고 이익利益이 베풀어져서 자연적으로 괴로움과 두려움이 제거除去되게 된다. 이렇게 되면 복덕福德이 더욱 증장增長되어서 삼계三界를 덮게 되고 생령生靈들에게까지 미쳐가게 된다. 이러면 아무리 사악邪惡한 귀축鬼畜이요, 사갈蛇蝎이며, 악룡惡龍이라 할지라도 감히 달려들지 못한다. 더구나 계율이 몸에 박힌 듯이 조금도 어긋남이 없이 살아가는 사람에게는 모두가 굴복屈伏하여 저절로 노복奴僕이 된다.

12

원문原文 · 해역解譯

無義不誠信 무 의 불 성 신	의리도 없고 성실과 믿음도 없으며
欺妄好鬪諍 기 망 호 투 쟁	속이고 망령되고 싸우기를 좋아한다면
當知遠離此 당 지 원 이 차	마땅히 멀리 이를 여일(떠날) 줄 알아야 하나니
近愚興罪多 근 우 흥 죄 다	어리석음을 가까이하면 죄가 일어남이 많나니라.

1 無義 : 신의信義나 의리義理가 없음.

2 誠信 : ① 성실誠實. ② 성의誠意에서 나온 믿음.

3 鬪諍=鬪爭 : ① 상대를 쓰러뜨리려고 싸워서 다툼. ② 사회운동, 노동운동 등에서 계급이나 주의가 다른 사람끼리 다툼. 흔히 피지배被支配 계급階級에서의 행위를 이름.

4 興罪 : 죄를 일으킴.

| 해의解義 |

《논어論語》안연편顔淵篇에, 공자孔子에게 자공子貢이 정치政治에 대해 여쭈었다. 공자는 "식량을 풍족하게 하고(足食), 군대를 충분히 하고(足兵), 백성의 믿음을 얻는 일이다(民信)."라고 대답했다. 이 세 가지 중에서 먼저 포기한다면 어떤 것인가에 대해 공자님은 군대를 포기하고, 다음으로 식량을 포기하라고 하였다. 그러면서 "예로부터 모든 죽음은 있거니와 백성의 믿음이 없이는 (나라에) 서지 못한다.(自古皆有死, 民無信不立.)"고 대답했다. 믿음이 없으면 싸우고, 싸우면 죄罪를 많이 만들게 된다.

13

仁賢言誠信
인 현 언 성 신

어질면 말이 성실하고 믿어지며

多聞戒行具
다 문 계 행 구

많이 들어서 계율 행함을 갖추었으니

當知親附此
당 지 친 부 차

마땅히 이에 붙여 친할 줄 알면

近智誠善多
근 지 성 선 다

지혜에 가까워서 성실과 선이 많나니라.

| 주석註釋 |

1 仁賢 : 인자仁者와 현인賢人. 마음이 어질고 똑똑함.
2 戒行 : 계율戒律을 지켜 닦는 행위.
3 親附 : 친하여 쫓아다님.

| 해의解義 |

인자仁者나 현인賢人의 말은 똑같은 말을 한다 할지라도 성실하여
믿음이 간다. 그들은 열심히 수행하여 진리를 알고 도를 깨달았으며
계행戒行이 철저하여 흐트러지는 바가 없기 때문이다. 이런 사람을
알아보고, 친근하고, 붙여간다면 나도 자연적으로 지혜로워져서 성
실한 선업善業을 많이 쌓게 된다. 다시 말하자면, 보리는 콩이 될 수
없고 토끼는 노루가 될 수 없다고 할지라도 근본적으로 지혜를 갈
무려 있는 중생은 수행을 쌓으면 얼마든지 보살도 되고 부처도 될

수 있다.

14

善言不守戒
선 언 불 수 계
말만 착하고 계율을 지키지 않으며

志亂無善行
지 란 무 선 행
뜻이 산란하여 착한 행이 없다면

雖身處潛隱
수 신 처 잠 은
비록 몸이 고요한 곳에 은거해도

是爲非學法
시 위 비 학 법
이는 법을 배우는 것이 아니니라.

| 주석註釋 |

1 善言 : ① 말을 잘 하는 것. ② 듣기 좋은 말. ③ 짜임새가 있는 말.

2 守戒 : 율법을 지키다.

3 善行 : 착하고 어진 행실.

4 潛隱 : ① 잠겨 숨음. ② 벼슬하지 않고 은둔隱遁함. ③ 고요히 숨어사
는 것.

| 해의解義 |

무릇 선언善言이란 말을 잘하는 것으로 짜임새가 있는 듣기 좋은

말이다. 즉 "언행일치言行一致"로 말과 행동이 같아서 말한 대로 행동을 한다. 반면에 계행戒行을 지키지 않는다면 "언행상반言行相反"으로 하는 말과 하는 짓이 서로 반대를 이루게 된다. 따라서 뜻이 어지러워서 착한 행동을 하지 않고 제멋대로 한다면 아무리 고요한 곳에서 은거隱居를 한다 해도, 이는 부처님의 법을 배우는 자세가 될 수 없는 것이니 결국 죄업罪業만 쌓여 감을 부르게 된다.

美說正爲上 　아름다운 말이 바르면 으뜸이 되고
미 설 정 위 상

法說爲第二 　법다운 말이 둘째가 되며
법 설 위 제 이

愛說可彼三 　사랑의 말이 셋째가 되고
애 설 가 피 삼

誠說不欺四 　성실한 말로 속이지 않음이 넷째이니라.
성 설 불 기 사

| 주석註釋 |

1 法說 : ① 대도 정법을 강설講說하는 말씀. 진리 · 도道를 설하는 말씀.
② 말씀에 법이 있고, 진리 · 도가 들어 있어서 듣는 사람에게 감화를 주는 말씀. ③ 불법의 진리를 깨친 사람이 하는 말씀. 깨친 사람의 말

씀을 법설이라 하고, 깨치지 못한 사람의 말을 마설魔說이라 한다.

| 해의解義 |

무릇 아름다운 말이 첫째가 된다. "미사여구美辭麗句"를 나열하여 꾸미는 말이 아름다운 것이 아니라 적합성適合性이 있어야 한다. 정법正法을 강설講說하는 말이 둘째이다. "선위설사善爲說辭", 즉 말을 재치 있게 잘한다 해도 법이 들어 있어야 한다. 사랑스런 말이 셋째이다. "애물이생愛物利生"의 말이라 해도 편협편애偏狹偏愛는 금물이다. 정성스런 말이 넷째이다. "흔천동지掀天動地"의 말이라 해도 기편지설欺騙之說은 안 된다. 결국 불법佛法을 설하는 것보다 더 좋은 말은 없다.

16

| 원문原文 · 해역解譯 |

無便獲利刃
무 변 획 이 인
문득 예리한 칼을 얻었을지라도

自以剋其身
자 이 극 기 신
스스로 그 몸을 해침은 없다네.

愚學好妄說
우 학 호 망 설
어리석으면 망령된 말 배우길 좋아해서

行牽受幸戾
행 견 수 행 려
행에 이끌려 행복을 받음이 어그러지나니라.

1 獲 : 얻을 획. ① 얻다. ② 얻어지다.

2 利刃 : ① 날카로운 (예리한) 칼날. ② 날카로운 칼(검). ③ 잘 드는 칼.

3 妄說 : 망령된 생각이나 주장.

4 幸 : 다행 행. 다행多幸. 행복幸福. 좋은 운.

5 戾 : 어그러질 려. ① 어그러지다. 거스르다. ② 사납다. 포악暴惡하다.

| 해의解義 |

《논어論語》에 "할계割鷄, 언용우도焉用牛刀?"라는 말이 있다. 즉 '닭 잡는데, 어찌 소 잡는 칼을 쓰겠느냐?'의 뜻이다. 똑같은 칼이지만 쓰임새는 다를 수 있다. 조그만 닭을 잡는 칼을 가지고 커다란 소를 잡기는 어렵다. 아무리 날카로운 칼을 가졌을지라도 자신을 베지는 않는다. 그러나 망령된 말을 하는 것이 좋아서 배우는 사람은 자신의 말인 망령된 말에 끌려서 행복을 잡지도 못하고 오히려 불행不幸을 끌어들이는 수가 있는 것이니 아름답고, 법 있고, 사랑스럽고, 진실한 말을 해야 한다.

17

| 원문原文 · 해역解譯 |

貪婬瞋恚癡　　탐음과 성냄과 어리석음
탐 음 진 에 치

是三非善本 시 삼 비 선 본	이 셋은 선의 근본이 아니어서
身以斯自害 신 이 사 자 해	이로써 자기의 몸을 해치나니
報由癡愛生 보 유 치 애 생	과보는 어리석은 애욕으로 말미암아 생기나니라.

| 주석註釋 |

1 貪婬 : 음행婬行을 탐하는 것.
2 善本 : ① 좋은 결과를 얻은 원인原因. ② 얻기 어려운 귀중한 책册.
3 自害 : ① 자살. ② 스스로 자기 몸을 해害침.
4 癡愛 : 어리석은 애욕愛慾.

| 해의解義 |

무릇 음행婬行과, 성냄과, 어리석음 이 세 가지는 결코 선의 근본이 된다고 할 수 없다. 음행은 정신을 흐리는 원인이 되고, 성냄은 막무가내의 성격을 기르는 원인이 되며, 어리석음은 지혜를 어둡게 하는 원인이 되기 때문이다. 따라서 이런 것들은 스스로 제 몸을 해치는 몽둥이나 칼로 작용할 수 있는 성질이 있기 때문에 조심하고 멀리 해야 한다. 아울러 좋지 않은 과보라는 것은 어리석은 애욕愛慾으로 인하여 생기는 수가 많은 것이니 늘 삼가는 마음을 가지고 선업善業을 지어서 대치對峙해야 한다.

18

有福爲天人
유 복 위 천 인
복이 있으면 하늘 사람이 되고

非法受惡形
비 법 수 악 형
법답지 못하면 나쁜 형상을 받는다네.

聖人明獨見
성 인 명 독 견
성인만이 홀로 밝게 보아서

常善承佛令
상 선 승 불 령
항상 착하여 부처님 가르침을 받드나니라.

| 주석註釋 |

1 有福 : 복이 있음.

2 天人 : ① 하늘과 사람. 우주와 인생. ② 도道가 있는 사람. ③ 재질才質
이나 용모가 몹시 뛰어난 사람. ④ 썩 아름다운 여자. ⑤ 천상天象과
인사人事. ⑥ 천리天理와 인욕人慾.

3 惡形 : ① 악한 형상形相. ② 나쁜 형체形體.

4 獨見 : 자기 혼자의 견해見解.

5 佛令 : 부처님의 명령. 곧 부처님의 가르침.

| 해의解義 |

정말 복이 있어야 하늘에 낳기도 하고 사람의 몸을 받기도 한다.
어지간한 적선積善이나 보시布施가 아니면 하늘에 낳고 사람이 되기
가 어렵다. 반면에 법다운 심행心行을 갖지 않으면 악한 형체形體를

가진 금수禽獸로 태어나거나, 사람이라도 흉안凶顔을 갖거나, 불인不
仁한 몸을 받게 된다. 그러나 성인은 독견지명獨見之明, 곧 남들이 보
지 못하는 것을 보고, 남들이 깨닫지 못하는 것을 깨닫는 총명聰明과
지혜智慧가 있어서 가르침을 베푸는 것이니 소홀하게 여기지 말고
따라야 한다.

戒德後世業 계 덕 후 세 업	계율의 공덕은 후세의 업이 되어
以作福追身 이 작 복 추 신	지은 복이 몸을 따른다네.
天人稱譽善 천 인 칭 예 선	하늘과 사람들은 착하다 칭찬하며
心正無不安 심 정 무 불 안	마음이 바름으로 편안하지 아니함이 없나니라.

| 주석註釋 |

1 後世 : ① 뒷세상. ② 뒤의 자손. ③ 뒤에 올 시대의 사람들. ④ 삼세三
世의 하나. ⑤ 죽은 뒤에 가서 산다는 미래의 세世.

2 業 : 어떤 결과의 원인으로 생각되는 일체 행위. 이것을 행위와 말 그
리고 생각으로 나누어 신구의身口意 삼업三業이라 말한다. 이를 좀 더

쉽게 설명하면, 우리가 하는 말이나 생각, 혹은 행동 일체를 말함. 그리고 우리가 짓는 모든 행위, 곧 업業은 우연한 소행이 아니라는 것. 곧 콩 심은데 콩 나고, 팥 심은데 팥 난다는 것을 알아야 하며, 또 모든 행위는 결국 마음의 소행이라는 것도 알아야 함. 그래서 일체유심조라는 말이 나오며, 마음공부의 이치가 나온다. 업을 범어梵語로는 '카르마'라고 하며, '짓는다.'라는 뜻. 그런가 하면, 전생에 지은 선악의 소행所行으로 인하여 현세에서 받는 응보應報로서 윤리에 관한 불교의 핵심 교리이기도 함.

3 追身 : 몸에 따름.

4 稱譽=稱讚 : ① (사람이 다른 사람을) 좋은 일을 한다거나 했다고, 또는 어떤 일을 잘 한다거나 했다고 말하거나 높이 평가評價하는 것. ② 또는 (사람이 다른 사람의 행동이나 특성, 또는 이룬 일을) 좋거나 훌륭하다고 말하거나 높이 평가하는 것.

| 해의解義 |

계율을 잘 받들어 지킨 공덕은 미래 세상에 좋은 업業의 종자가 되어 선연善緣을 만날 수 있는 계기가 된다. 그리하여 복락이 항상 몸을 따르고 떠나지 않기 때문에 어느 곳, 어느 때든지 하늘이나 사람의 칭찬을 받고 진급進級을 하게 된다. 마음에 항상 부처님의 바른 도를 신봉하고 바른 법을 수행하기 때문에 마음에 힘(心力)이 길러져서 살아가는데 편안할 뿐만 아니라 법력法力도 쌓이게 된다. 그러므로 세상에 나와 살면서 내생의 준비를 확실하게 하여 사세斯世를 떠나야 한다.

爲惡不念止
위 악 불 염 지　　악을 행하면서 그치기를 생각하지 않고

日縛不自悔
일 박 부 자 회　　날마다 얽매면서 스스로 뉘우치지 않네.

命逝如川流
명 서 여 천 류　　목숨이 가는 것은 냇물의 흐름과 같나니

是恐宜守戒
시 공 의 수 계　　이것이 두렵거든 마땅히 계율을 지킬지니라.

| 주석註釋 |

1 自悔 : 제가 한 일에 대해 뉘우침.
2 恐 : 두려울 공. 두렵다, 두려워하다.
3 戒 : 삼학三學 중의 하나. 불교 도덕의 총칭. 불교에서 말하는 계戒는
　강제 조항이라기보다는 스스로 지키는 자기 자신과의 약속이며, 신분
　에 따라 여러 가지가 있다.

| 해의解義 |

《논어論語》에 "자-재천상왈子-在川上曰 '서자여사부逝者如斯夫! 불
사주야不舍晝夜.'"라 하였다. 즉 "공자께서 냇물 위에 있으면서 말씀
하기를 '가는 것이 이와 같구나! 밤낮으로 그치지 아니하는구나.' 라
고 하였다는 뜻이다. 사람이 죽어가는 것도 중요하지만 현실에 살아
서 어떤 업業을 짓는가도 중요하다. 악한 생각을 가지고 악행惡行을

저질러서 악업惡業을 쌓고도 조금도 뉘우침이 없이 살아간다면 올바른 업일까? 아니다, 그러니 계율을 지켜서 쌓은 업이 참된 업임을 알아야 한다.

원문原文 · 해역解譯

今我上體首
금 아 상 체 수
지금 내 윗몸 머리에

白生爲被盜
백 생 위 피 도
흰털이 생겨나 목숨 도둑을 맞아서

已有天使召
이 유 천 사 소
이미 하늘 사자의 부름이 있으니

時正宜出家
시 정 의 출 가
때는 바로 마땅히 집을 나와야 하리로다.

| 주석註釋 |

1 上體 : 몸의 윗부분. 사람에서는 대개 배꼽 위를 일컬음.

2 被盜 : 도적을 맞는 것을 이름.

3 天使 : ① 천자天子의 사자使者. ② 천국天國에서 상제上帝를 시중하며, 또 상제의 사자로서 인간계에 파견되어 신과 인간과의 중개를 맡고, 신의 뜻을 인간에게 전하며, 인간의 기원祈願을 신에게 전한다는 자.

4 出家 : 세속의 집을 버리고 불도佛道의 수행에 들어가는 것.

"세월여수歲月如水이요, 세월여시歲月如矢."라 한다. 즉 '세월은 흐르는 물과 같고, 세월은 쏜 화살과 같다.'는 뜻이다. 엊그제까지만 해도 검은 머리털이었는데 오늘 아침 거울을 보다가 검은 털 도둑맞은 것을 보고 소스라치게 놀란다. 따라서 우리 곁에는 염왕閻王의 심부름꾼인 사자使者가 24시간을 졸졸 따라다니며 잡아갈 기회만 엿보고 있다. 그러니 어서 빨리 집을 뛰쳐나와 수도문중修道門中에 들어서 세월을 잡아매고 부처님 법을 공부해야 사자에게 끌려가지 않고 제 발로 걸어갈 수 있다.

제 *39*
길상품吉祥品

1

吉祥品者
길 상 품 자

길상품이란

修己之術
수 기 지 술

자기를 닦는 방법이니

去惡就善
거 악 취 선

악을 버리고 선으로 나아가면

終厚景福
종 후 경 복

마침내 큰 행복이 두텁게 되나니라.

| 주석註釋 |

1 吉祥 : ① 행복 또는 기쁨. ② 운수運數가 좋을 조짐兆朕. ③ 경사慶事가
날 조짐.

2 修己 : 자신의 몸을 닦음.

3 術 : 재주 술. ① 재주. 꾀. ② 방법. 수단手段.

4 景福 : 커다란 행복幸福.

| 해의解義 |

　길상품의 취지에 대해서 설명을 하고 있다. 길상이라는 것은 행
복이요, 기쁨이며, 경사慶事이다. 사람이 자기를 닦는 수행을 할지라
도 사술邪術을 택하지 말고 오직 부처님의 가르친 법을 바탕으로 자
신을 수행해간다면 어려움이 없다. 따라서 모든 악은 무조건 버리고
선으로 나아가면 개인을 비롯하여 가정이나 사회 국가에 커다란 복
조福祚가 내리고 길성吉星이 비추어서 극락정토極樂淨土의 태평성대
太平聖代가 이루어지게 될 것이니 부처님의 법이 아니면 안 된다.

원문原文 · 해역解譯

佛尊過諸天　부처의 존귀함은 모든 하늘을 뛰어넘어서
불 존 과 제 천

如來常現義　여래는 항상 도의를 나타내나니
여 래 상 현 의

有梵志道士　범지와 도사가 있어서
유 범 지 도 사

來問何吉祥　와서 묻기를 "무엇이 길상입니까?" 하니라.
내 문 하 길 상

1 過 : 지날 과. ① 지나다. ② 뛰어넘다. ③ 초월하다.

2 諸天 : 모든 천상계天上界. 불교에서는 마음을 수양한 경계에 따라 여러 가지의 하늘이 나누어진다고 하는데, 욕계육천欲界六天, 색계십팔천色界十八天, 무색계사천無色界四天, 일천日天, 월천月天, 위태천韋駄天 등 천신天神을 말한다. 여러 천부天部이다.

3 如來 : 시작도 없고 끝도 없는 진정한 초월적 실체인 진여眞如에 대한 다른 이름인 '여래'는 '그와 같이 왔다'는 의미를 가진 석가모니 부처님의 열 가지 이름 중의 하나.

4 梵志 : 【범】brahma-cārin, 범사梵士라고도 쓴다. 정예淨裔·정행淨行이라 번역. 바라문의 생활 가운데 4기期가 있다. 이것은 그 제1기로 스승에게 가서 수학하는 동안을 말함.

5 道士 : 도인道人이라고도 말함. 불교 또는 외도外道를 불문하고 도道를 행하는 사람을 가리키며, 깨달음을 얻은 사람이건, 얻지 못한 사람이건 공통적으로 사용했음.

| 해의解義 |

부처는 존귀하다. 어떤 하늘의 천신天神보다도 훨씬 뛰어넘어 존숭尊崇되어야 할 여래如來이다. 항상 바른 법과 옳은 진리를 설파說破하여 미혹한 생령들을 깨우치니 우주나 세상을 통해 누가 이런 일을 일찍이 하였던가? 오직 부처님만 하시었다. 그러니 범지梵志나 도사道士를 막론하고 모든 하늘의 신神들이 고개를 조아리면 묻지 않을 수 없고 제도濟度를 받지 않을 수 없다. 그러니 생민이래生民以來로 가장 위대한 성자聖者라고 말을 하게 된다.

3

於是佛愍傷   이에 부처님은 가엾게 여기시어
어 시 불 민 상

爲說眞有要   진실한 요제가 있음을 말씀 하였으니
위 설 진 유 요

已信樂正法   이미 바른 법을 믿고 즐거워한다면
이 신 낙 정 법

是爲最吉祥   이것이 최고의 길상이 되나니라.
시 위 최 길 상

| 주석註釋 |

1 愍傷 : 가엾어하다. 불쌍히 여기다. 가엾게 여기다.

2 眞有要 : 참으로 요체要諦가 있다는 것으로, 참된 이치를 말한다.

3 正法 : 두 가지 뜻이 있다. 하나는 부처님의 올바른 가르침, 다른 하나
는 정正, 상像, 말末 삼시三時 중 첫 번째인 정시正時. 그런데 무엇이 부
처님의 올바른 가르침인가? 그것은 곧 불교의 근본인 연기법緣起法을
말한다.

| 해의解義 |

부처님의 안목眼目으로 보면 불보살佛菩薩을 이루지 못한 중생은
누구를 가릴 것 없이 불쌍하고 가엾지 않음이 없다. 그래서 세상에
오셨고 진리를 펼쳐서 영원히 구제救濟를 받을 수 있도록 정법正法
을 남겨 놓은 자비慈悲의 화신化身이다. 그러므로 이 법에 의지하고

받들며 닦아나간다면 누구나 부처를 이루고 보살이 될 것이며, 영겁에 혜복慧福을 누리고 살게 된다. 이것이 최고의 길상吉祥이 되는 것이니, 이러하므로 불문佛門에 어서 빨리 들어와서 제도를 받아야 한다.

원문原文 · 해역解譯

若不從天人 만일 하늘이나 사람을 좇아
약 부 종 천 인

希望求僥倖 요행을 바라거나 구하지 아니하고
희 망 구 요 행

亦不禱祠神 또한 귀신에게 빌고 제사 지내지 않으면
역 부 도 사 신

是爲最吉祥 이것이 최고의 길상이 되나니라.
시 위 최 길 상

주석註釋

1 天人 : 천상의 유정有情들, 곧 비천飛天. 비천이란 천상의 유정들로써 허공을 날아다니며 음악을 하고, 하늘 꽃을 흩기도 하며 항상 즐거운 경계에 있지만, 그 복이 다하면 죽을 때 다섯 가지의 쇠약衰弱한 괴로움이 생긴다고 함.

2 希望 : ① 앞일에 대하여 기대를 가지고 바람. ② 좋은 결과를 기대하

는 마음, 또는 밝은 전망展望.

3 僥倖 : 뜻밖에 얻는 행운.

4 禱祠=禱祀 : 기도하고 제사하는 것.

5 神 : 신은 성스러운 존재. 초자연적인 능력을 가진 존재. 인간 생존이
   나 길흉화복吉凶禍福에 영향을 미치는 존재. 인간과 우주의 본질적인
   정신세계 등을 의미하며, 숭배하고 외경畏敬하는 대상 또는 특정 종교
   에서는 신앙의 대상이 되기도 한다.

| 해의解義 |

가령 "길흉화복吉凶禍福"을 주기도 하고 빼앗기도 하는 것이 신神
의 영역領域인가, 아니면 자연적인 현상으로 이루어지는 것인가? 아
니라고 할 수 밖에 없다. 길흉화복을 몸소 짓는 것은 사람 마음의 발
로發露인 일체 행위行爲에 있는 것이라 한다면, 그에 상응相應한 과
보果報의 분배分配는 인간의 영역이 아닌 진리眞理의 영역이라고 할
수 있다. 그러므로 무턱대고 희원希願을 한다거나 신에게 기도祈禱
하며 구하려 하지 말고 자기를 돌아보며 상찰詳察하는 것이 최고의
길상이 된다.

5

友賢擇善居　　어진 이를 벗하고 선 한데를 가려서 살며
우 현 택 선 거

常先爲福德 상 선 위 복 덕	항상 먼저 복덕을 만들고
勅身從眞正 칙 신 종 진 정	몸을 경계하여 참되고 바름을 좇으면
是爲最吉祥 시 위 최 길 상	이것이 최고의 길상이 되나니라.

| 주석註釋 |

1 擇善 : 선善을 택함.
2 福德 : 선행善行과 선행에 대한 과보果報로서 받는 복리福利, 복스러운 공덕. 복덕은 행위의 결과로 받게 되는 측면과 복덕을 닦고 쌓는 과정 모두를 가리킨다.
3 勅 : 칙서 칙, 신칙할 칙. ① 칙서勅書. 조서詔書. ② 신칙申飭(단단히 타일러서 경계하다)하다. ③ 삼가다(몸가짐이나 언행을 조심하다).
4 勅身 : 몸가짐을 삼가는 것.
5 眞正 : 거짓이 없이 참으로.

| 해의解義 |

중국의 남북조시대에 송계아宋季雅라는 고위관리가 정년퇴직을 한 뒤에 집을 샀다. 천백만 금을 주고 여승진呂僧珍이란 사람의 이웃 집으로 이사를 했다. 백만금의 집을 천백만 금을 주고 산 이유를 여승진이 물었다. 송계아는 "백만매택百萬買宅, 천만매린千萬買隣."이라 했다. 즉 '백만 금은 집을 샀고, 천만 금은 이웃(여승진)을 샀다.'는 말이다. 여승진의 사람됨이 어질고 발라서 이웃하려는 것처럼 우리도 사람들이 많은 돈을 주고도 아깝지 않게 집을 사서 이웃으로

이사할 수 있는 부처의 인격을 이루어야 한다.

6

去惡從就善
거 악 종 취 선
악을 버리고 선을 좇아 나아가고

避酒知自節
피 주 지 자 절
술을 피하여 스스로 절제할 줄 알며

不婬于女色
불 음 우 여 색
여색에 빠지지 않는 것

是爲最吉祥
시 위 최 길 상
이것이 최고의 길상이 되나니라.

| 주석註釋 |

1 善惡 : 착한 것과 악한 것을 아울러 이르는 말.

2 女色 : ① 여자와의 성적性的 관계. ② 남성의 눈에 비치는 여성의 아름다운 자태姿態.

| 해의解義 |

《시전詩傳》 관저關雎에 "낙이불음樂而不淫, 애이불상哀而不傷." 이란 시가 있다. 즉 '화락하되 음란하지 않고, 슬퍼하되 이지러지지 않았다' 는 뜻이다. 또한 《좌전左傳》 장공이십이년莊公二十二年에

"주이성례酒以成禮, 불계이음不繼以淫, 의야義也."라 하였다. 즉 '술은 예를 이루는 것이므로, 넘치도록 이어지지 않음이 도의이다.' 는 의미이다. 여기에서 음일은 음일淫淫의 음란淫亂하다는 뜻으로, 너무나 지나쳐서 신세身世를 망치는 상황이 벌어져서는 절대로 안 된다.

多聞如戒行   많이 들어서 계율따라 행하고
다 문 여 계 행

法律精進學   법률을 정진하여 배우며
법 률 정 진 학

修己無所爭   몸을 닦아 다툴 바가 없는 것
수 기 무 소 쟁

是爲最吉祥   이것이 최고의 길상이 되나니라.
시 위 최 길 상

| 주석註釋 |

1 多聞 : 들은 것이 많아 잘 앎. 많은 법문을 외워 지님이 많음.

2 戒行 : 계戒를 받은 뒤, 계법戒法에 따라 이를 실천 수행하는 것.

3 法律=戒律 : 계戒와 율律의 병칭竝稱으로 불자가 널리 지켜야 할 생활 규범을 말함.

4 精進 : 팔정도八正道의 여섯 번째. 속된 생각을 버리고 선행을 닦아 오

로지 불도佛道에만 열중하는 것. 정진을 일반정진一般精進(8-10시간), 가행정진加行精進(12-14시간), 용맹정진勇猛精進(18시간 이상), 무문관정진無門關精進(몇 개월 동안 독방정진) 등으로 구분하기도 함.

5 修己 : 자신의 몸을 닦음.

| 해의解義 |

    사람이 소음騷音이나 폭언暴言이나 가창歌唱 등을 많이 들으면 마음의 이상을 가져오기가 쉽다. 그러나 부처님의 법문은 많이 들으면 들을수록 마음이 가라앉고 안정이 되며 저절로 맑아지고 밝아지게 된다. 따라서 불가佛家의 법률이라 할 수 있는 계율戒律을 배우기에 정진하고 자기의 몸과 마음을 완전하게 닦아야 한다. 그리하여 누구와도 다툼이 없고 더 나아가 진리와도 다툼이 없는 실력을 갖추어 일체 생령을 제도하는데 진력盡力하는 것이 더할 수 없는 길상이다.

居孝事父母
거 효 사 부 모
집에서는 부모를 효도로 섬기고

治家養妻子
치 가 양 처 자
가정을 다스려 처자를 기르며

不爲空之行
불 위 공 지 행
부질없는 짓 행하지 않는 것

是爲最吉祥　이것이 최고의 길상이 되나니라.
시 위 최 길 상

| 주석註釋 |

　1 事 : 일 사, 섬길 사. ① 일. ② 섬기다.

　2 父母 : 어버이. 아버지와 어머니.

　3 治家 : 집안일을 다스림.

　4 妻子 : 아내와 자식.

　5 空 : 빌 공. ① 비다. 없다. ② 부질없이. 헛되이. ③ 공간. 하늘.

| 해의解義 |

　수신修身 · 제가齊家 · 치국治國 · 평천하平天下가 유교儒教 치세治世의 원리요 방향이다. 그중에서도 수신을 기본으로 해서 치가로 이어진다. 효행孝行으로서 부모를 섬기는 것이 중요하고 사랑으로 처자를 기르는 것이 또한 중요하다. 부모를 섬기는데 있어서 육체적인 봉양도 중요하지만 심지心志의 안락心地이 더욱 중요하다. 글에 "아신불선我身不善, 욕급부모辱及父母."라 하였다. 즉 '내 몸이 착하지 않으면 욕됨이 부모에게 미친다.'는 뜻이다. 자식은 부모에게 부담이 되지 않도록 행동을 해야 한다.

9

不慢不自大 교만하지 않고 스스로 잘난 체하지 않으며
불 만 부 자 대

知足念反復 만족할 줄 알고 반복하여 생각하며
지 족 염 반 복

以時誦習經 때로 써 경전을 외워 익히는 것
이 시 송 습 경

是爲最吉祥 이것이 최고의 길상이 되나니라.
시 위 최 길 상

주석註釋

1 自大 : 스스로 큰체함, 또는 크게 여김.

2 知足 : 제 분수分數를 알아 마음에 불만不滿함이 없음. 곧 무엇이 넉넉
하고 족足한 줄을 앎.

3 誦習 : 외면서 배움.

4 經 : 범어梵語 sutra의 번역으로, 수다라修多羅라 음역하고 정경正經이
라고도 번역함. 곧 석존釋尊께서 설법하신 가르침을 말하며, 율律 · 론
論과 함께 삼장三藏의 하나로 경장經藏이라고도 말함.

해의解義

사람은 교만驕慢하지 않아야 한다. 그리고 "자존자대自尊自大"하
거나 "자고자대自高自大"하지 않아야 한다. 즉 스스로 저를 높고 크
게 여기지 않아야 하고, 스스로 잘난 체하여 우쭐대지 않아야 한다.

"안분지족安分知足"해야 한다. 자기 분수分數에 만족하여 다른 데 마음을 두지 않아야 하는 것이니, 곧 "지족불욕知足不辱"을 해야 한다. 모든 일에 분수를 알고 만족하게 생각하면 모욕侮辱을 받거나 당하지 않는다. 이러한 가운데 불경佛經을 부지런히 외우면서 배워야 한다.

所聞常以忍 소 문 상 이 인	듣는 바를 항상 참음으로써 하고
樂欲見沙門 낙 욕 견 사 문	사문 보기를 즐거워하며
每講輒聽受 매 강 첩 청 수	매양 강설에 문득 듣고 받아들이는 것
是爲最吉祥 시 위 최 길 상	이것이 최고의 길상이 되나니라.

| 주석註釋 |

1 每講 : 강론이 있을 때마다, 설법이 있을 때마다.
2 聽受 : 잘 들어서 마음에 받아들여 간직하는 것.

《논어論語》에 "조문도석사가의朝聞道夕死可矣"라 하였다. 즉 '아침에 도를 들으면 저녁에 죽어도 옳다.' 는 의미이다. 사람이 참된 이치理致를 듣고 깨달으면 당장 죽어도 한恨이 없다는 뜻으로, 짧은 인생이니 값있게 살아야 한다. 아울러서 출가한 사문沙門은 부처님의 제자로 법문을 많이 외워서 가지고 있는 스님이니 가까이하면 전해들을 수 있다. 따라서 법주法主가 법을 강론하는 기회가 있을 때마다 열심히 쫓아다니며 듣고 받아서 마음 깊이 간직하여 영겁의 지혜智慧로 삼아야 한다.

持齋修梵行
지 재 수 범 행

재계齋戒를 지녀서 범행을 닦고

常欲見賢聖
상 욕 견 현 성

항상 어진 성인을 보고자 하며

依附明智者
의 부 명 지 자

지혜 밝은 사람에게 의지하고 따르면

是爲最吉祥
시 위 최 길 상

이것이 최고의 길상이 되나니라.

1 持齋 : ① 부처가 제정制定한 식사 시간인 정오를 지나서 식사하는 것을 금지禁止한 계법戒法을 지킴. ② 정진精進 · 결재潔齋하여 몸과 마음을 깨끗이 하는 일.

2 梵行 : brahmacarya의 번역. 범梵은 청정을 뜻함. 정행淨行이라고도 말하며, 맑고 깨끗한 행실. 불도佛道의 수행으로 음욕淫慾을 끊기 위한 청정한 금욕지계禁慾持戒. 화엄경 '범행품梵行品'에 열 가지 청정행清淨行에 관한 설법이 있다.

3 賢聖 : 현인賢人과 성인聖人. 불도佛道를 닦은 이름난 승려.

4 依附=倚附 : 의지하여 따름.

5 明智 : 밝은 지혜.

| 해의解義 |

승려가 된 사람은 늘 정진精進하고 결재潔齋하여 몸과 마음을 깨끗이 하는 범행梵行을 게을리해서는 안 된다. 그러면서 법을 가지고 자비를 베풀고 가르치는 어진 성인을 가까이해서 마음의 샘물이 마르지 않도록 법수法水를 대주어야 한다. 또한 밝은 지혜智慧를 가진 사람으로 무명無明의 흑굴黑窟을 뚫어가는 어리석은 중생을 불쌍히 여겨서 아낌없이 광명을 놓는 이에게 의지하고 따라다니며 공부를 해야 한다. 이렇게 하면 최고의 길상을 가진 사람이라고 할 수 있다.

12

원문原文·해역解譯

以信有道德　도덕이 있음을 믿음으로써
이 신 유 도 덕

正意向無疑　뜻(마음)을 바르게 하여 의심 없는데 나아가
정 의 향 무 의

欲脫三惡道　삼악도를 벗어나고자 한다면
욕 탈 삼 악 도

是爲最吉祥　이것이 최고의 길상이 되나니라.
시 위 최 길 상

| 주석註釋 |

1 道德 : ① 사회의 구성원들이 양심良心, 사회적 여론, 관습 따위에 비추어 스스로 마땅히 지켜야 할 행동 준칙이나 규범의 총체總體. 외적 강제력을 갖는 법률과 달리 각자의 내면적 원리로서 작용하며, 또 종교와 달리 초월자超越者와의 관계가 아닌 인간 상호 관계를 규정한다. ② 도道와 덕德을 설파하는 데서, 노자老子의 가르침을 이르는 말.

2 正意 : 바른 뜻, 또는 올바른 생각.

3 三惡道 : 육도六道 중 하위 세계. 줄여서 삼악三惡 또는 삼취三趣, 그런가 하면 삼고취三苦趣라고도 말함. 살아서 지은 죄로 인해 죽은 후에 간다는 세 악도惡道 또는 세계. 삼악도가 탐진치貪瞋痴를 가리키는 경우도 있다. ① 지옥地獄의 세계. ② 갈증과 굶주림으로 허덕이는 아귀餓鬼의 세계. ③ 서로 물어뜯고 잡아먹는 축생畜生의 세계.

　도덕道德이란 일반적으로 사회의 구성원들이 양심良心, 사회적 여론, 관습 따위에 비추어 스스로 마땅히 지켜야 할 행동 준칙이나 규범의 총체總體라고 할 수 있다. 또한 종교 초월자超越者의 가르침이기도 한다. 따라서 진리의 원천源泉은 도道요, 나타난 은혜恩惠는 덕이라고 할 수 있다. 그러니 이런 도덕을 신지무의信之無疑, 즉 꼭 믿어 의심하지 않아야 하고 십분무의十分無疑 조금도 의심할 것이 없이 따라야 한다. 이러하면 최고의 길상을 가진 수행자라고 할 수 있다.

13

원문原文 · 해역解譯

等心行布施　평등한 마음으로 보시를 행하고
등 심 행 보 시

奉諸得道者　모든 도를 얻은 사람을 받들며
봉 제 득 도 자

亦敬諸天人　또한 모든 하늘과 사람을 공경하면
역 경 제 천 인

是爲最吉祥　이것이 최고의 길상이 되나니라.
시 위 최 길 상

| 주석註釋 |

1 等心 : 평등한 마음을 이름.

2 布施 : 육바라밀과 십바라밀의 하나이면서 불자들의 가장 중요한 미
덕중의 하나로, 물질, 지혜 등을 다른 사람에게 베푸는 일.

3 得道 : 오묘한 이치, 곧 대도大道를 깨닫는 것을 말함. 이를 불가佛家나
도가道家의 입장에서 본다면, 제행무상諸行無常과 제법무아諸法無我의
진리를 깨닫는 것으로, 이를 좀 더 자세히 설명하면, 진정한 깨달음이
란 그 어떤 절대가치를 내세우는 대신, 무한한 변화 속의 불변의 이치
를 깨달음과 동시에 이를 완전히 수용함을 뜻한다. 다시 말해, 천지와
그 안의 온갖 개별 형상이 사실은 모두 하나이며, 다양한 변화 속에
불변의 이치와, 불변의 이치 속에 다양한 온갖 현상의 변화를 깨달아
피안彼岸의 세계에 이름을 뜻한다고 말할 수 있다.

4 天人 : 천상의 유정有情들, 곧 비천飛天. 비천이란 천상의 유정들로써
허공을 날아다니며 음악을 하고, 하늘 꽃을 흩기도 하며 항상 즐거운
경계에 있지만, 그 복이 다하면 죽을 때 다섯 가지의 쇠약衰弱한 괴로
움이 생긴다고 함.

| 해의解義 |

진리의 근원인 그 자체가 무아無我이요 무상無相이니, 곧 평등平等
이라는 말이다. 그러므로 남을 위해 베푸는데 있어서 "원근친소遠近
親疎"나 "차별간택差別揀擇"을 두어서는 안 된다. 따라서 대도大道인
진리를 깨쳐 얻은 삼세三世의 모든 성인聖人을 받들어 모셔야 하고
아울러 모든 하늘 사람을 공경할 줄 알아야 한다. 그러면서 진리의
가르침을 "권권복응拳拳服膺"하여 가슴에 안고 하늘 사람의 자비慈
悲를 실현할 줄 아는 사람이 진정한 길상을 간직한 사람이라고 할
수 있다.

常欲離貪欲 _{상 욕 이 탐 욕}	항상 탐욕과 음행과
愚癡瞋恚意 _{우 치 진 에 의}	어리석음과 성냄을 여의어서(떠나려 하여)
能習誠道見 _{능 습 성 도 견}	능히 진실한 도의 견해를 익히면
是爲最吉祥 _{시 위 최 길 상}	이것이 최고의 길상이 되나니라.

| 주석註釋 |

1 貪慾 : 삼독의 하나. 탐애貪愛, 탐착貪着이라고도 말함. 자기의 뜻에 맞
   는 일이나 물건을 애착하여 탐내고 만족할 줄을 모르는 것을 말함.
2 愚癡 : 범어梵語 moha의 번역. 어리석고 미욱함. 진리에 대한 무지.
   마음이 어두워 일체의 도리를 분별할 지혜가 없는 것으로 근본 삼독
   의 하나.
3 瞋恚 : 삼독의 하나로 분노憤怒.
4 誠道見 : 진실한 도의 견해見解.

| 해의解義 |

원효대사의《발심수행장發心修行章》에 "무방천당無防天堂, 소왕지
자少往至者, 삼독번뇌三毒煩惱, 위자가재爲自家財."라 하였다. 즉 '막
음이 없는 천당에 적게 가서 이르는 것은, 삼독의 번뇌로 자기 집의

재물을 삼음이라.' 는 의미이다. 이렇게 삼독으로 재물을 삼은 사람은 어떻게 부처님의 법이 들어갈 수 있겠는가? 이런 사람은 천불千佛이 출세出世해도 제도濟度하기가 어렵다는 말을 듣게 된다. 그러므로 불자는 진실한 부처님의 법도法道를 익혀서 살아가야 한다.

若以棄非務
약 이 기 비 무
만일 그릇되게 힘쓰는 것을 버림으로써

能勤修道用
능 근 수 도 용
능히 부지런히 도의 행을 닦으며

常事於可事
상 사 어 가 사
항상 섬길 것을 가히 섬긴다면

是爲最吉祥
시 위 최 길 상
이것이 최고의 길상이 되나니라.

| 주석註釋 |

1 非務 : 힘쓰지 않을 것. 필요치 않은 일.

2 勤修 : ① 힘써 닦음. ② 학문, 행실 따위를 부지런히 힘써 닦음.

3 道用 : 도의 작용. 다시 말하면, 도의 행行.

4 常事=例常事 : 보통普通으로 흔히 있는 일.

5 可事 : 반드시 섬겨야 할 것.

무릇 수행이라는 것은 '버리는 것', '없애는 것', '갖지 않는 것'부터 시작해야 하는 지도 모른다. 필요치 않는 일인데 기어이 붙잡고 씨름을 하는 수가 있고, 급한 것도 아닌데 빵집에 불이 난 것처럼 호들갑을 떠는 수도 있다. 그러므로 수도인은 부지런히 도를 닦아서 도행道行을 나투어야 하고, 꼭 모셔야 할 부처님을 회응懷膺하여 동숙동기同宿同起를 해야 한다. 그러면 자연적으로 그 법력法力과 연계連繼를 이루어 함께 성장成長을 해가는 길상의 보살이 된다.

16

一切爲天下
일 체 위 천 하
모두가 천하를 위하여

建立大慈意
건 립 대 자 의
큰 자비의 뜻(마음)을 세우고

修仁安衆生
수 인 안 중 생
인을 닦아 중생을 편안하게 하면

是爲最吉祥
시 위 최 길 상
이것이 최고의 길상이 되나니라.

| 주석註釋 |

1 天下 : ①하늘 아래의 온 세상. ②한 나라 전체. ③온 세상 또는 한

나라가 그 정권政權 밑에 속하는 일.

2 大慈意 : 무척 큰 자비로운 마음.

3 仁=仁德 : 어진 덕.

4 衆生 : 불교에서 인간을 위시하여 생명을 가진 사바세계娑婆世界의 모든 존재를 가리키는 말. 생을 거듭하면서 살아가는 생명, 곧 윤회하는 존재. 유정有情이라고도 번역함. 온갖 인연에 의해 태어나 존재하는 유형무형의 모든 생명체 또는 이들의 허상虛像. '보살은 중생을 이렇게 봅니다. 물에 비친 달그림자, 거울 속의 자기 모습, 한낮의 아지랑이, 하늘에 뜬 구름, 물 위에 뜬 거품, 또는 번갯불과 같다고.'

| 해의解義 |

저 동해東海에 꿋꿋하게 서 있는 독도獨島가 천하의 한 모퉁이이요, 아침에 빗자루를 들고 마당 귀퉁이를 쓰는 것이 천하를 쓰는 것이나 마찬가지이다. 우리의 하는 모든 일이 천하의 일 아님이 없는 것으로 바로 큰 자비慈悲의 마음을 가지고 있기 때문에 가능하다. 또한 인덕仁德을 부지런히 닦아서 천하의 일체 생령을 편안하게 살도록 토대를 마련해 주는 것이 불보살의 하는 일이니, 다른 것에 힘쓰려 말고 이 일을 하는데 힘쓰면서 살아간다면 언제나 길상이 앞에 나타나게 된다.

17

원문原文 · 해역解譯

欲求吉祥福 _{욕 구 길 상 복}	길상의 복을 구하고자 하거든
當信敬於佛 _{당 신 경 어 불}	마땅히 부처님을 믿고 공경하며
欲求吉祥福 _{욕 구 길 상 복}	길상의 복을 구하고자 하거든
當聞法句義 _{당 문 법 구 의}	마땅히 법의 글귀의 뜻(이치)을 들으며
欲求吉祥福 _{욕 구 길 상 복}	길상의 복을 구하고자 하거든
當供養衆僧 _{당 공 양 중 승}	마땅히 뭇 스님을 공양하며
戒具淸淨者 _{계 구 청 정 자}	계율을 청정하게 갖추는 것
是爲最吉祥 _{시 위 최 길 상}	이것이 최고의 길상이 되나니라.

주석註釋

1 信敬 : 믿고 공경하는 것.

2 佛 : 범어梵語 buddha의 음역. 한역漢譯으로는 불타佛陀, 불타佛馱, 부타浮陀 등 여러 가지가 있다. 그런가 하면 각자覺者, 지자知者, 각覺이라고도 번역하며, 진리를 깨달은 이라는 뜻. 이는 특히 불교의 창시자이신 석가모니 부처님을 가리키나, 깨달음을 얻은 성자들에게도 사용된다.

3 法 : 삼보三寶인 불법승佛法僧의 하나. 사실 법法에는 어떤 모양이나

이름이 없다. 그러면서도 불교에서 말하는 법에는 여러 가지 뜻이 있으며, 그중 가장 중요한 것이 다음 세 가지다. ① 존재存在(사물의 진실한 모습). ② 이법理法(존재의 법칙). ③ 교법敎法 또는 경전經典(이법理法을 깨달은 부처님의 가르침. '법法은 본래 있는 것도 없는 것도 아니며, 모든 법은 모두가 인연으로 생겨나는 것.' 유마경維摩經에 나오는 말씀).

4 法句 : 불경佛經의 글귀.

5 供養 : 부처님께 올리는 것. pūjanā라는 범어梵語의 본래 뜻은, '존경하는 마음으로 간절히 대접한다.' 는 것이었으나, 이것이 후대에 식사 등 여러 가지 뜻으로 발전했다.

6 僧 : 삼보三寶. (불佛, 법法, 승僧)의 하나. 범어梵語 Sangha의 음역音譯으로 승가僧家의 준말. 승가는 곧 불가佛家이니, 불가란 불교를 믿는 사람, 불교 가족, 사찰寺刹, 승려 등의 총칭. 불문佛門, 승문僧門, 또는 승가僧家라고도 말함.

7 戒具 : 계율을 갖춤.

8 淸淨 : 나쁜 짓으로 지은 허물이나 번뇌의 더러움에서 벗어난 깨끗함, 또는 계행戒行이 아주 조촐함.

| 해의解義 |

불가에서는 삼보三寶로 불佛·법法·승僧을 말한다. 이 세 가지 보배가 무엇으로도 견줄 수 없는 복락福樂의 원천源泉이요 지혜智慧의 원천이며, 교화敎化의 원천이요 제도濟度의 원천이 되기 때문이다. 그래서 불·법·승 삼보를 잘 봉대하고 따르며 법도와 가르침과 계율戒律을 체體받아 수행을 해간다면 안으로 마음이 청정하여 진리를 깨달아 지혜를 이루고, 밖으로는 무량한 복덕이 쌓여서 복락福樂

이 흡족한 불보살의 길상을 갖추게 되리니 이보다 더 큰 보배는 없다.

18

智者居世間 지 자 거 세 간	지혜로운 사람은 세상에 살면서
常習吉祥行 상 습 길 상 행	항상 길상한 행을 익혀서
自致成慧見 자 치 성 혜 견	스스로 지혜로운 견해를 이루나니
是爲最吉祥 시 위 최 길 상	이것이 최고의 길상이 되나니라.

주석註釋

1 智者 : 슬기가 있는 사람.
2 慧見 : 슬기로운 견해見解.

해의解義

무릇 지혜를 갖춘 선지자先知者요 선각자先覺者는 어떤 세상에 처하여 살아간다 할지라도 항상 길상을 익혀서 몸과 마음에 두텁게 쌓아 대인접물待人接物에 그대로 나투어 쓰기 때문에 현자賢者요 성인

聖人이라 할 수 있다. 아울러서 오묘奧妙한 진리를 깨닫고 신묘神妙한 지혜를 이루어 어느 곳, 어느 때를 막론하고 활용하기 때문에 대인접물待人接物에 걸리거나 막힘이 없다. 이것이 불보살의 역량力量이요 자비慈悲이며, 길상吉祥이요 법력法力이다.

원문原文 · 해역解譯

梵志聞佛教
범 지 문 불 교
범지는 부처님의 가르침을 듣고

心中大歡喜
심 중 대 환 희
마음속으로 크게 기뻐하면서

卽前禮佛足
즉 전 예 불 족
앞으로 나아가 부처님 발에 예배하고

歸命佛法衆
귀 명 불 법 중
불 · 법 · 승에 귀의하였나니라.

| 주석註釋 |

1 心中: 마음속.
2 歡喜 : ① 매우 즐거움. ② 불법佛法을 듣고 믿음을 얻어 느끼는 기쁨.
3 佛足 : 부처의 발.
4 歸命 : 나무南無, 또는 나모南謨라 번역. 불법승佛法僧 삼보三寶에 돌아가 몸과 마음을 불교에 의지함. 귀명歸命과 귀의歸依는 같은 뜻이다.

　　대범 성인 중에는 불성佛聖이 으뜸이요, 종교 중에는 불교佛教가 으뜸이며, 법 중에는 불법佛法이 으뜸이요, 원력 중에는 불원佛願이 으뜸이다. 또한 고해苦海를 건너 해탈解脫을 이루고 열반涅槃의 피안彼岸에 도달하는 길을 환히 밝혀 놓았다. 그러므로 진리眞理를 얻으려면 불교를 알아야 하고, 복락福樂을 갖추려면 불도를 닦아야 하며, 지혜를 밝히려면 불리佛理를 깨쳐야 한다. 불교는 마음 밝히는 방법을 가장 잘 마련해 놓았으니 부처를 이루고자 하는 사람은 불교를 외면하고는 어렵다.

결구結句

　《법구경》을 받들어 졸역拙譯·졸석拙釋을 마쳤다. 황감惶感한 일이 아닐 수 없다. 더욱 정진精進을 다짐하면서 척필이음擲筆而吟하였다.

1

佛祖蓮臺坐 불 조 연 대 좌	부처 조사는 연화대에 앉았고
衆生極樂遊 중 생 극 락 유	중생들은 극락에서 노니네.
乾坤隨變易 건 곤 수 변 역	하늘땅은 변하고 바뀜을 따르고
萬物理源抽 만 물 이 원 추	만물은 진리 근원서 뽑힘이어라.

2

太虛鴻理滿
<small>태 허 홍 리 만</small>　　태허에 큰 진리가 가득 찼고

世上聖心盈
<small>세 상 성 심 영</small>　　세상은 성인의 마음 채워졌네.

本始無言者
<small>본 시 무 언 자</small>　　본래부터 말하는 자 없었거늘

空然起念縈
<small>공 연 기 념 영</small>　　공연히 생각 일으켜 얽혔어라.

3

本來無法道
<small>본 래 무 법 도</small>　　본래 법이나 도가 없었고

亦是不成醒
<small>역 시 불 성 성</small>　　또한 깨쳐 이룰 것도 없네.

莫覓深山路
<small>막 멱 심 산 로</small>　　깊은 산에서 길을 찾으려 말고

回觀體裏靈
<small>회 관 체 리 령</small>　　돌아와 몸속 신령을 살필지니라.

4

蒼天眞理在
창 천 진 리 재

푸른 하늘에 참된 이치가 있음을

經句得成醒
경 구 득 성 성

법구경 구절에서 깨달아 이루고 얻었네.

永劫隨行路
영 겁 수 행 로

긴긴 세월 수행하는 길 따른다면

必遊佛祖庭
필 유 불 조 정

반드시 부처 조사 정원에 놀으리라.

5

木末乾坤闢
목 말 건 곤 벽

나무 끝에 하늘과 땅이 열리고

水中宇宙開
수 중 우 주 개

물 가운데 우주가 열리었네.

盡盛斯橐裏
진 성 사 탁 리

모두 이 자루 속에 담아서

高擧擲魔胎
고 거 척 마 태

높이 들어 마군 태속에 던지리라.

진리의 말씀 지혜의 법문
● 법구경法句經 풀이

초판 인쇄 2016년 6월 10일
초판 발행 2016년 6월 20일

역   해 ┃ 오광익
발행자 ┃ 김동구
디자인 ┃ 이명숙 · 양철민
발행처 ┃ 명문당(1923. 10. 1 창립)
주   소 ┃ 서울시 종로구 윤보선길 61(안국동)
          우체국 010579-01-000682
전   화 ┃ 02)733-3039, 734-4798(영), 733-4748(편)
팩   스 ┃ 02)734-9209
Homepage ┃ www.myungmundang.net
E-mail ┃ mmdbook1@hanmail.net
등   록 ┃ 1977. 11. 19. 제1~148호

ISBN 979-11-85704-72-2 (93220)
30,000원

＊낙장 및 파본은 교환해 드립니다.
＊복제불허

삶이 풍요로운 여섯 비결
葉玉屛의 『六事箴言』

《육사잠언》은 수많은 현인 철인들이 그 시대를 살면서 修修·제齊·치治·평平의 이념을 실현하기 위하여 고뇌하고 염려한 나머지 실현방법으로 제시한 글들로 이루어졌다.

• 오광익 역해 / 신국판 / 488쪽 / 값 **20,000**원

42편의 지혜법문
[佛説四十二章經]

부처님께서 말씀하신 "마흔 두 가지"의 단편 법문을 기록하여 놓은 경전이라는 뜻이다. 불교의 요지를 42장으로 나누어 간명하게 말씀하신 것으로 부처님의 교훈집 教訓集이요, 법요집法要集이라 할 수 있다.

• 오광익 번역·해의 / 신국판 / 492쪽 / 값 **15,000**원

국역 선가귀감(禪家龜鑑)
마음달 법계에 솟고

모든 도를 이루려는 자는 깊이 자신의 마음을 믿어서 스스로 굽히지 아니하고 스스로 높이지 않아야 하나니라. 모름지기 생각(마음)을 비우고 스스로 비추어서 한 생각 인연의 일어나는 것이 남이 없음을 믿어야 하나니라.

• 서산 휴정 지음·오광익 역해·송 / 신국판 / 612쪽 / 값 **25,000**원